新编21世纪心理学系列教材

社会心理学

第3版

Social Psychology

乐国安 主 编
管 健 副主编

中国人民大学出版社
·北京·

主编简介

乐国安，男，南开大学社会心理学系教授、博士生导师，中国心理学会前理事长、中国社会心理学会前理事长、教育部高等学校心理学教学指导委员会委员、享受国务院特殊津贴专家、美国心理学会外籍会员。曾获得中国心理学会终身成就奖。主要研究领域为心理学理论及应用社会心理学。先后主持国家自然科学基金项目、国家哲学社会科学重大项目及“973 项目”课题，主讲的社会心理学课程被评选为国家精品课程，至今出版各类著作 40 余部，发表在《心理学报》《社会学研究》《哲学研究》《中国社会科学》等刊物及国外一些学术期刊上的论文 170 余篇。

管健，女，南开大学周恩来政府管理学院社会心理学系副教授、博士，教育部新世纪优秀人才，中国心理学会国际工作交流委员会委员，中国心理学会青年工作委员会委员，中国社会心理学会秘书长，欧洲社会表征与沟通博士学位海外导师，韩国首尔国立大学客座研究员，国家精品课程、教育部视频公开课及视频共享课主讲教师。作为项目负责人承担国家级及省部级课题 10 余项，出版独著 6 部、译著 1 部，参编书籍 30 余部，在《新华文摘》《社会学研究》等期刊上发表中、英文章 50 余篇。

内容简介

社会心理学，作为与人们的日常生活密切相关的科学，通过考察个人与社会的关系、解释人类的心理与行为，有助于人们理解更广范围内的人类社会生活。《社会心理学》（第 3 版）兼收并蓄，从心理学和社会学这两大不同的研究方向上介绍社会心理学，使之既具有心理学方面的优势，又带有社会学方面的特色。在体系的构建上，本书力图完整地呈现社会心理学的全貌，涵盖了社会心理学发展简史、社会心理学基本理论、社会化、社会角色、自我意识、社会态度、社会认知、人际关系、人际沟通、群体心理、社会影响、利他与侵犯等方面。

在修订过程中，本书力图体现社会心理学的应用性，将所呈现的内容与具体的社会生活实践相结合。书中设计的“章节导读”“背景人物”和“学以致用”等栏目将最新的社会事件与社会心理学的研究成果、基本理论以及做出突出贡献的专家学者介绍相结合，使读者在潜移默化中深入理解所学知识，充分领会应用的方法和途径。此外，本书还增加了“推荐视频”栏目，输入栏目下的网址即可观看丰富多彩的视频内容，既提高了本书的可读性，又拓展了读者的知识面。

本书既可作为心理学、应用心理学、教育学、社会学、哲学等相关专业本科生教材，也可作为心理学爱好者的学习参考用书。

修订序言

社会心理学的主要特点是生动性。本书延续了第 1 版的风格，采用了丰富多彩的插图和插文。我们希望它既引人入胜又发人深省，希望没有心理学背景的读者也能发现这本书的阅读乐趣。当然，社会心理学还具备一门科学所必备的科学方法和严谨的研究思维，这要求这本教材的编写须有严格的证据支持，要言而有据。第 3 版修订工作希望延续本书的风格，以富有逻辑性的组织结构引领读者了解自身、了解社会、了解自己与社会之间的关系。

在第 2 版的基础上，南开大学社会心理学团队进行了与时俱进的修订工作：一方面，在“章节导读”中，吸纳了更多贴近现实生活的案例，呈现了当下的社会热点及其折射出的社会问题，希望这些在人们身边发生的最新事件能引导读者从社会心理学的视角加以深入思考。另一方面，介绍了最新的一些学术研究成果，力争能反映社会心理学发展与研究的最新进展。在本书的修订中，为了适应应用型人才的培养需求，使学生能将所学知识与实际应用相结合，从而提高其实践能力，我们在原有基础上增加了“学以致用”栏目。在增强教材可读性的同时，还与考研大纲紧密结合。此外，将有价值的网络资料和电子课件，以网址的形式附于每章之后，以便一线教研人员使用。

具体的修订工作分工如下：第一章，管健、孙琪；第二章，周一骑、张梦璇；第三章，陈子晨、乐国安；第四章，汪新建、张慧娟；第五章，王进、李强；第六章，李强、王进；第七章，孙思玉、乐国安；第八章，汪新建、张曜；第九章，乐国安、王丛；第十章，管健、金淑娴；第十一章，李强、汪娜；第十二章，孙思玉、乐国安；第十三章，管健、郭倩琳。① 全书由我统稿、定稿，管健协助我做了大量的工作，张宏学编辑为本书的再次出版付出了辛勤的劳动，在此表示深深的谢意。

在本书的写作过程中，征引了大量国内外相关研究者的宝贵学术成果和资料，没有他们出色的研究工作，本书不可能得以完成，在此向各位原作者表示敬意和谢忱。在资料引用或有关研究与观念的转述中如有不当或差错，恳请作者知会并予以指正。本书如有疏漏之处，也恳请广大读者和专家学者不吝赐教。

乐国安

谨识于南开大学周恩来政府管理学院

2016 年 12 月 1 日

① 上述参编人员，除了王进、孙思玉来自天津职业技术师范大学心理学系，均来自南开大学社会心理学系。

第1版前言

2008年对于世界社会心理学者来说，是一个不同寻常的年份。整整100年前，也就是1908年，在北美和欧洲大陆几乎同时出现了两本专门的社会心理学著作：一本是1908年6月出版的美国社会学家E. A. 罗斯（E. A. Loss）的《社会心理学》，另一本是同年10月英国的本能主义心理学家威廉·麦独孤（W. McDougall）的《社会心理学导论》。正是这两本书的出版标志着社会心理学的诞生。

如果论及中国社会心理学的萌发，就要回溯至20世纪20年代初期。当时的一些心理学家对西方的社会心理学理论和具体研究成果进行了介绍，翻译出版了多种西方的社会心理学著作，其中有古斯塔夫·勒庞（G. Le Bon）的《群众心理学》、麦独孤的《社会心理学导论》、奥尔波特的《社会心理学》等。当时中国的学者也撰写了一些有关社会心理学的专著，如陆志韦的《社会心理学新论》、陈东原的《群众心理ABC》、潘菽的《社会的心理》、高觉敷的《群众心理学》、张九如的《群众心理与群众领域》等。孙本文1929年开始在中央大学教授社会心理学课程，并于1946年出版了《社会心理学》一书，这是当时中国一本比较全面的社会心理学著作。此外，在这期间，中国的学者还进行过一些社会心理学的专题研究工作。

然而，1949年以后的中国，由于受苏联学术观点的影响和“文化大革命”的干扰，社会心理学一直没有得到应有的重视。而这个时期正好是西方社会心理学发展非常迅速的时代，不过我国香港、台湾地区的很多学者，特别是那些有过欧美教育背景的学者，在此时期并没有受到影响，开始重视社会心理学的研究。1982年4月，中国社会心理学会研究会（后更名为中国社会心理学会）成立，中国社会心理学研究进入了崭新的时期。同年，北京师范大学心理学系开始招收以社会心理学为主攻方向的研究生，南开大学、广州师范学院等院校也相继开展相关招生工作。这一时期，北京、上海、天津、广州等地一批新老结合的研究群体出现，一部分译介著作陆续出版，中国社会心理学研究者用较短的时间完成了社会心理学的重建工作。

今天，中国的社会心理学正面临着前所未有的发展契机。

所谓契机，一是大的社会背景为社会心理学的发展提供了舞台。随着改革开放的深入，中国在取得举世瞩目成就的同时，如一些社会学家所言，也出现了一些“发展困境”和“类发展困境”的现象，这些现象的解决需要社会心理学工作者的支持。党的十六届六中全会通过的《中共中央关于构建社会主义和谐社会若干重大问题的决定》

首次明确提出，在构建社会主义和谐社会中，要注重促进人的心理和谐，塑造自尊自信、理性平和、积极向上的社会心态。2007年，党的十七大报告提出注重人文关怀和心理疏导的思想，这一论断强调和谐社会不仅是指社会生活秩序或状态的和谐、安定，也包括社会成员心理的健康、和谐。和谐社会孕育心理和谐，心理和谐造就和谐社会。

二是社会心理学专业本身已经步入组织化和规范化的道路。中国社会心理学在1949年之前曾有一部分针对中国特定问题的研究，但不够系统化。20世纪80年代以后，中国的社会心理学进入了新的发展时期。今天，社会心理学的研究领域既有对社会心理学基本理论问题的探讨，又有对社会心理学各专门领域的具体分析，还有社会心理学在社会生活各个方面的应用性研究。所有这些成果充分显示了中国的社会心理学工作者为创建有中国特色的中国社会心理学而付出的辛劳，更体现出了他们不断提高的学术研究水平。

在心理学领域中，社会心理学或许是与人们日常生活关系最为密切的科学了，它不仅可以使人们科学地了解诸多社会心理现象，而且有助于人们解决日常生活中的各种问题，同时它在许多领域，如社会学、管理学、法学、经济学等领域中都被广泛使用。

本书的内容不仅充分反映了国内外社会心理学界多年来的研究成果，而且尽量吸收了国外已有的同类教科书的长处以及国外新的研究成果。同时，考虑到社会心理学这门学科的发展历史和现状，本书兼收并蓄，从心理学和社会学这两大不同的研究方向上介绍社会心理学，使之既具有心理学方面的优势，又带有社会学方面的特色。在体系的构建上，本书力图完整地呈现社会心理学作为一个学科的全貌，在撰写中涵盖了社会心理学的发展简史、社会心理学的基本理论、社会化、社会角色、自我意识与人格、社会态度、社会认知、人际关系、人际沟通、群体心理、社会影响、利他与侵犯，以及社会心理学在管理、法律、健康和环境方面的应用等内容，并在相关的章节和内容上安排了进一步的内容导读、背景资料的分析和延伸阅读等。此外，为了提高本书的可读性，本书的大部分章节有条理地穿插了人物阅读、延伸知识阅读等，其内容与主干内容紧密相关，对整体的知识掌握具有很好的辅助作用。

全书虽然由我主编，但它是南开大学社会心理学团队的集体写作成果，各章的作者是：第一章，乐国安、伍承聪；第二章，乐国安、伍承聪；第三章，乐国安、伍承聪；第四章，汪新建、吴清；第五章，管健；第六章，汪新建、吴清；第七章，管健；第八章，王恩界；第九章，李强、高文君；第十章，李强、管健、王佳佳；第十一章，李磊、闵锐；第十二章，李强、高文君；第十三章，王恩界；第十四章，乐国安、薛婷；第十五章，乐国安、薛婷；第十六章，乐国安、尚素园；第十七章，乐国安、尚素园。管健对本书的写作发挥了重要作用，她不仅协助我制订写作大纲，而且承担了书稿的校对和修改工作。

在本书的写作过程中，征引了大量国内外社会心理学研究者的学术成果和资料，在此我要向他们表示衷心的感谢。我还要感谢中国人民大学出版社邀请我主编这本教材并全力支持本书的写作和出版，感谢编辑龚洪训先生为本书的出版付出的辛劳，感谢北京大学方文教授对本书的写作和出版给予的帮助。

虽然本书的作者们都试图努力写好这本书，但是其中难免有不当之处，我诚恳地期待着广大读者和专家学者的帮助和指教。

乐国安

2008 年于南开大学

目　录

第一章 绪论

章节导读

英国于2016年6月23日就是否脱离欧盟进行了全国公投，投票持续了近15个小时。最终，“脱欧”派以51.9%的支持率胜出，英国政府决定尊重公投结果，宣布英国将退出欧盟。“脱欧”结果一公布，便有人在英国议会网站上发起了第二次公投请愿，截至2016年7月9日第二次公投请愿签名人数高达412.5万，创下英国请愿签名人数的最高纪录。在公投结果公布的第二天，随着英镑贬值、首相卡梅伦辞职等公投结果所带来的一系列变化，戏剧性的转变发生在一些原本投票支持“脱欧”的英国民众中间。他们请求二次公投的呼声更高，他们不仅对自己原来的选择后悔了，而且后悔的理由还非常有趣。这些人表示第一次投票并不能反映他们的真实想法。有些人觉得英国一定不会脱离欧盟，所以自己就投了支持票；有些人甚至表示在投票时并不知道欧盟是什么，“脱欧”对英国意味着什么；还有些人直接表示在投票后很后悔，称自己当时投支持票的原因只是为了在朋友中间显得与众不同。这些民众为何在投票前后发生了如此戏剧性的态度转变？在结果公布后，后悔的民众提到的看似荒诞的理由背后潜藏了哪些认知活动？在一次重大群体性事件前后民众的行为反应、态度变化等都是社会心理学家所关心的内容。社会心理学的经典研究领域将向你展示个体在社会环境中的心理和行为规律，人类与环境如何相互作用，个体及其所属群体在不同环境中如何行动，以及个体与个体之间如何相互作用等社会心理学研究课题。

引领性问题

- 从社会心理学的视角出发怎样去看待社会重大事件？
- 在网络时代，社会心理学的研究内容有哪些变化？
- 面对一个社会心理学的研究课题，如何选取合适的研究方法？

第一节　社会心理学的定义

社会心理学是有关人类社会心理与行为的一门现代科学。作为一门系统阐述心理与行为本质规律的学科，它力求对心理与行为的发生、发展、变化的规律做出科学的评价。学习社会心理学这门学科，需要从了解这门学科的定义入手。

一、社会心理学的基本定义及特征

社会心理学由“社会”和“心理学”两个词组合而成，从这点出发，或许就可以预见，对社会心理学下定义并不是一件简单的事情。

（一）国内外社会心理学家的观点

社会心理学家们从一开始就比较关注个体的心理和行为如何受到社会的影响。美国著名社会心理学权威G. 奥尔波特（G. W. Allport）认为，社会心理学的含义是“设法了解与解释个人的思想、情感和行为怎样受到他人存在的影响；这个‘他人存在’包括实际存在、想象中的存在或暗指的存在”[①]。J. 弗里德曼（J. L. Freedman）指出，“社会心理学是对社会行为的系统研究，它探讨我们怎样感知其他人和各种社会情境，我们怎样对他们和他们怎样对我们发生反应，以及我们怎样受社会情境的影响”[②]。另一位美国社会心理学家巴克（K. W. Back）在他的著作《社会心理学》中补充说：“社会心理学家对于导致一个人改变他对别人的态度的过程很感兴趣。”“只有当某个个体受到与他相互作用的社会成员的影响或者这些成员受到该个体影响的时候，社会心理学家才去考察这个个体。”[③] 对某一个人，其他人会做出一定的反应，这个人对这些反应必定会有所知觉，这种知觉会影响他看待自己的方式，而社会心理学家研究的就是这种知觉影响怎样作用于知觉者的整个过程。

社会心理学对人与人之间的相互关系和相互影响也比较关注。阿伦森(E. Aronson)在《社会心理学入门》一书中提到，“社会心理学研究的是人们对别人的信念和行为所产生的影响”[④]。社会心理学要解释的是：人是怎样受影响的？人为什么会受到影响？所受到的影响究竟是什么？这些影响的效果是永久的还是暂时的？这些变因会增加或减少社会影响效果的长久性吗？西尔弗曼（R. E. Silverman）指出，在现实生活中，人们并不是活动在真空状态中的。大家都是社会的一员，其行为受到许多人际关系的影响。这些人际关系就是社会心理学的主要兴趣所在。迈尔斯（D. Mayers）也认为社会心理学是一门对人们如何看待他人，如何影响他人，又如何相互关联等种种问题进行研究的科学。[⑤]

① 汪青．对西方一些社会心理学定义的初步分析．外国社会心理学，1985（2）．

② 弗里德曼．社会心理学．哈尔滨：黑龙江人民出版社，1984.

③ 巴克．社会心理学．天津：南开大学出版社，1984：5.

④ 阿伦森．社会心理学入门．北京：群众出版社，1985：13.

⑤ 迈尔斯．社会心理学（第8版）．北京：人民邮电出版社，2006.

背景人物

G. 奥尔波特（1897—1967），美国社会心理学家。1897 年 11 月 11 日出生于美国印第安纳州。1922 年获哈佛大学博士学位，并于 1924 年至 1967 年留校任教，是该校社会关系系的奠基人。1939 年任美国心理学会主席，曾获美国心理学会杰出科学贡献奖。奥尔波特以研究人格著称，是《变态与社会心理学》杂志的主编。

人与人之间的相互影响最终要作用于人的主观世界，引起人的心理活动变化，产生相应的心理现象。因此，一些研究者认为社会心理学是研究人们如何认识自己，如何影响他人并与他人相处的学问。① 20 世纪 80 年代，我国学者吴江霖认为，社会心理学是研究个体或若干个体在特定社会生活条件下心理活动的变化发展的科学。② 时蓉华提出，社会心理学是从社会与个体相互作用的观点出发，研究在特定生活条件下个体心理活动发生发展及其变化规律的学科。③ 胡寄南指出，社会心理学应该突出社会与个体的相互作用，重视个体所处的社会情境及个体内在的心理因素。④

苏联社会心理学家比较重视对社会群体的研究。彼得罗夫斯基（A. B. Петровский）和施巴林斯基（B. B. шпалинский）在专著《集体的社会心理学》中将社会心理学定义为“心理科学的一个部分，它研究各种无组织（彼此无关个体的偶然集合、人群等）的和有组织（其最高发展水平是集体）的人类共同体里人们交往、相互作用和相互关系过程中产生的心理现象”⑤。安德列耶娃（Г. М. Андреева）认为，社会心理学“研究受所参加社会团体制约的人们的行为活动的规律，以及这些团体本身的心理特征”⑥。库兹明（Кузмин）等将社会心理学视作研究社会心理现象和揭露社会心理现象规律的学科。他认为，“社会心理现象的特征和性质要通过相当高的社会决定作用才能理解”⑦。这个相当高的社会决定作用是指在生产方式、经济基础、上层建筑的水平上，社会经济和政治条件成为个人社会化、个人周围环境形成以及个人参加更广泛共同体的决定性原因。而社会心理学要揭示的规律则表示个人、小群体和更广泛共同体水平上现象的稳定、必然联系和重复性。也就是说，社会心理学不仅将个体作为研究的对象，研究人与人的互动，还必须研究各种形式和规模的群体和社会心理现象，如流行、时尚、风俗、群体性事件、民族甚至国家。

---

① Taylor S E，Peplau L A，Sears D O. Social Psychology. 12th ed. Upper Saddle River，NJ：Prentice-Hall，2006.

② 吴江霖．马克思主义社会心理学展望．广州师范学报（社会科学版），1982（2）．

③ 时蓉华．现代社会心理学．2 版．上海：华东师范大学出版社，1989.

④ 胡寄南．胡寄南心理学论文选．北京：学林出版社，1995.

⑤ 彼得罗夫斯基，施巴林斯基．集体的社会心理学．北京：人民教育出版社，1984：1.

⑥ 安德列耶娃．社会心理学．天津：南开大学出版社，1984：7.

⑦ 库兹明，等．社会心理学．杭州：杭州大学出版社，1981：43.

（二）综合性观点

综合国内各种定义及观点，可以使用一种较全面的定义来表述社会心理学的含义：社会心理学是一门系统地研究处于社会环境中的个人和群体的社会行为及社会心理的本质和原因，并预测其发展和变化规律的科学。这个定义包含以下几个特征：首先，它说明了社会心理学主要关注的是人类的社会行为和社会心理，包括他人在场时个体的行动、两者或两者以上社会互动的过程、个人及其所属群体之间的关系等（见图 1-1）。其次，这个定义还说明了社会行为的原因，社会心理学家试图寻找导致各种社会行为的先决条件。各变量间的因果关系对理论建设很重要，同样理论对预测和控制社会行为也很重要。最后，这个定义还说明了社会心理学家是使用科学的方法系统地对人类的社会心理和社会行为进行研究的，其研究方法包括结构观察法、抽样调查法、实验法等。

图 1-1

说明：研究和认识社会文化对人们的心理和行为的影响，揭示人与人之间的相互影响和作用，探究社会文化和社会心理的相互建构过程及特性，是社会心理学研究的主要内容。左图是云南傣族人民一年一度举行的“泼水节”。右图为 2015 年 8 月 12 日天津滨海新区爆炸事故发生时的新闻图片。事故发生之后，各种谣言在网络上盛传，引起人们的恐慌。

二、社会心理学的学科性质及与其他学科的关系

（一）社会心理学的学科性质

社会心理学的学科性质一直是一个具有很大争议的议题，社会心理学学科性质的这种众说纷纭、莫衷一是的情况，很大程度上源于社会心理学作为一门学科正式诞生的标志，即 1908 年分别由心理学家和社会学家发表的著作。一个是英国心理学家麦独孤的（W. McDougall）《社会心理学导论》，另一个是美国社会学家罗斯（E. A. Ross）的《社会心理学》。此后，社会心理学领域就一直存在着两种研究取向的争论。

> **实验社会心理学**：以实验方法研究社会心理现象的社会心理学分支。

心理学取向的社会心理学认为，社会心理学是心理学的一个分支，这种倾向在西方社会心理学界的整体格局中占据优势地位。美国心理学家 F. 奥尔波特于 1924 年出版的《社会心理学》被公认为**实验社会心理学**诞生

的标志。他认为，心理学的所有分支都是研究个体的科学，社会心理学当然也不例外。我国著名心理学家潘菽也明确提出，“社会心理学是心理学的一个主要分支，它所研究的是和社会有关的心理学问题”①。吴江霖把社会心理学和生理心理学看作心理学的两大支柱。他指出，把**普通心理学**中研究人的心理活动的社会基础这一侧面独立出来，给予更详细、更深入的研究，便构成心理学的另一重要分支，即社会心理学。②

普通心理学：研究心理学基本原理和心理现象的一般规律的心理学。

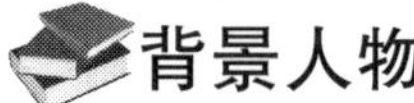

背景人物

潘菽（1897—1988），中国现代著名心理学家、教育家、社会活动家。1926 年获美国芝加哥大学博士学位。曾任南京大学校长、中国科学院心理研究所所长、中国心理学会理事长、全国人大代表、全国政协常委。潘菽早年较注重心理学的实验研究，后致力于心理学基本理论的研究，是我国理论心理学的主要倡导者和学术带头人。他发表论文百余篇，著有《心理学概论》《心理学简札》《论所谓心身问题》《略论心理学的科学体系》等。

以罗斯为代表的社会学取向的社会心理学认为，社会心理学是社会学的一个部分。美国社会心理学家埃尔伍德（C. A. Ellwood）的社会心理学概念典型地反映了社会学家对社会心理学的理解。他认为，社会心理学是关于社会互动的研究，它立足于群体生活，以对群体所产生的人类反应类型、沟通类型和各种行动的解释为出发点。奥尔布赖特（S. L. Albright）认为，社会心理学研究社会制度、社会团体与个体行为间的关系。I. 戴维斯（I. H. Davis）认为，社会心理学可以解释为对人类交互作用的研究。③

虽然社会学取向的社会心理学发展势头远没有心理学取向的那么大，但仍然是社会心理学学科体系的另一条路径。与心理学取向的社会心理学集中于实验研究不同，社会学取向的社会心理学家主要兴趣在于理论研究，产生了影响巨大的符号互动理论和社会交换理论等。两种理论取向的差异见表 1-1。

表 1-1　心理学和社会学取向的社会心理学的比较

心理学取向的社会心理学	社会学取向的社会心理学
关注的核心是个体	关注的核心是团体

① 中国科学院心理研究所，中国心理学会．潘菽全集：第 3 卷．北京：人民教育出版社，2007：15-16.

② 吴江霖．马克思主义社会心理学展望．广州师范学院学报（社会科学版），1982（2）．

③ 全国十三所高等院校《社会心理学》编写组．社会心理学．4 版．天津：南开大学出版社，2008：2.

续前表

心理学取向的社会心理学	社会学取向的社会心理学
研究者试图通过分析心理状态的即时刺激以及人格特质来理解社会行为	研究者试图通过分析社会变量，如社会地位、社会角色及社会准则来理解社会行为
研究方法主要是实验法	研究方法主要是相关研究和观察法

上述两种倾向实际上是将社会心理学与社会学或心理学看作局部与整体的关系。但是就社会心理学的知识来源而言，绝大多数学者更倾向于把社会心理学看作处于社会学和心理学之间的一门边缘性跨界学科。换言之，社会心理学是一门独立的学科，它自身既带有社会学的性质，又带有心理学的性质。

（二）社会心理学与社会学、心理学等学科的关系

作为介于社会学与心理学之间的一门边缘性学科，社会心理学与社会学或心理学之间存在着复杂而密切的关系，这种边缘学科的性质也使得社会心理学与其他自然学科、社会学科之间存在着千丝万缕的联系。

1. 社会心理学与社会学的关系

社会心理学与**社会学**之间是相互依赖、相互渗透、相互影响的。从社会心理学正式产生至今，大批社会学家、文化人类学家都对社会心理学的发展做出了不可磨灭的贡献。

社会学：一门研究社会事实的拥有多种范式的学科。
人格：构成一个人的思想、情感及行为的特有统合模式。

社会学先驱孔德（A. Comte）早在1852年就提出了“要研究个体如何既成为社会的原因，又成为社会的结果”的问题。20世纪30年代，社会学家G. 米德（G. H. Mead）的“社会化”理论探讨了人的社会化过程、**人格**和角色形成的过程等问题，对社会心理学的发展具有重要作用。

从理论的角度来考虑，社会心理学和社会学都重视探讨社会环境与个人之间的相互影响和相互作用。两者的研究对象都包括人的社会关系和社会行为，并且它们之间也相互借鉴研究成果。

社会心理学与社会学的另一个联系是：社会心理学的研究要使用一定的社会学的研究方法，比如使用比较普遍的调查法，包括访谈法和问卷法等。

尽管社会心理学与社会学是相互交叉、相互渗透的，但是作为一门独立的学科，社会心理学与社会学的区别不容忽视。社会心理学家罗斯指出，社会心理学与社会学的区别在于，前者考察社会的“心理面”和“心理流”，而后者考察社会群体和社会结构。社会心理学是在人们开始形成具有一致性“心理面”或“心理流”时才考察他们，而不是在人们开始形成群体时就对他们进行研究。由于社会的“心理面”和“心理流”决定了社会群体和社会结构，因此社会心理学在研究顺序上先于社会学。[①]

① 罗斯．社会控制．北京：华夏出版社，1989：34.

背景人物

罗斯（1866—1951），美国社会学家、社会心理学家。1893 年任斯坦福大学行政学与财经学教授，1906 年至 1937 年在威斯康星大学任教。1911 年曾来到中国，发表了对中国人民族性格的看法。其主要著作有：《社会控制》（1901）、《罪恶与社会》（1907）、《社会心理学》（1908）、《社会学原理》（1920）等。罗斯是从社会学角度研究社会心理学的代表人物之一，他于 1908 年出版的《社会心理学》一书，与麦独孤同年出版的《社会心理学导论》同被看作社会心理学产生的标志。

这里将社会心理学与社会学的区别归纳为以下两个大的方面。

第一，从内容来说，社会学侧重于探讨社会和各种群体的结构、变化及发展，而社会心理学的侧重点则在于各种群体和个人的心理活动变化发展的规律。一方面，社会心理学与社会学的研究范围不同。社会学的研究非常广泛，它涉及社会生活的各个领域和各种社会现象，而社会心理学的研究范围相对狭窄一些。另一方面，社会心理学与社会学的研究对象不同。社会学的研究对象是整个社会，主要侧重于研究社会结构及其变化和发展规律，而社会心理学关心社会关系中的个人，研究侧重于个人和群体的社会心理现象与社会心理活动，了解并预测人的行为及其相互影响。

第二，从研究的着眼点和方法来讲，社会学使用大量社会调查的方法，虽然近年来社会学的有些研究是从微观的立场出发的，但一般来讲它基本上还是着重宏观的社会研究和分析。尽管有时在研究群体特别是大群体时是从宏观出发的，但社会心理学的研究更加关注微观领域的现象，研究方法上更多地采用大量的实验法来测量人的情绪、态度等心理现象和心理活动。

2. 社会心理学与心理学的关系

许多学者认为，社会心理学与心理学的关系较社会心理学与社会学的关系而言更加紧密，甚至很多学者将社会心理学看作心理学的一个重要分支和组成部分。这是因为社会心理学无论从产生、发展，还是理论研究和实证研究方面来说，与心理学的联系都显得更加紧密。

首先，无论是心理学研究的各种心理现象，还是社会心理学研究的社会心理现象，都是对客观现实的反映，在研究中都必须坚持唯物主义的反映论原则。

从历史的角度来说，社会心理学雏形时期的两大代表——形成于 19 世纪中叶，以德国心理学家冯特（W. Wundt）为代表的民族心理学，以及 20 世纪初期，以英国心理学家麦独孤为代表的本能（个体）心理学——都是建立在心理学研究的理论和实践基础之上的。

背景人物

威廉·麦独孤（1871—1938），英国心理学家、策动心理学的创建人、社会心理学先驱。他出生于英国兰开夏郡的查德顿（Chadderton），因癌症病逝于美国北卡罗来纳州达勒姆（Durham）。麦独孤对生理心理学、实验心理学、普通心理学、社会心理学、变态心理学等都有独创性的研究和见解。

其次，社会心理学不但建立在心理学的研究基础之上，而且需要借助大量心理学的研究方法和研究成果。同时，社会心理学的研究成果也可以丰富心理学的研究。例如，在研究社会态度时，社会心理学家会应用投射、行为观察和生理反应等一系列心理学的知识，在研究过程中必然会运用观察法、实验法、个案法、启动实验、焦点小组讨论法或其他方法来收集资料或进行测量。

但是作为一门独立的学科，社会心理学与心理学之间存在着重要的区别。

首先，心理学的研究带有一定的抽象性，它从一般意义来研究个人和群体的心理现象和规律，而社会心理学则带有具体性和情境性，分析人们具体的心理现象和心理活动如何受到特定社会环境的影响和作用。

其次，研究对象不同。心理学研究的是群体中的个人，包括个体的行为、知觉、情绪和态度等。社会心理学研究的是个人心理活动产生或发展所依赖的社会因素和条件，它不但着眼于个体，而且还把个体置于群体中进行更深层次的研究。

最后，在研究方法上，心理学更多地运用观察法和实验法，而社会心理学不仅采用上述方法，还要利用档案研究、问卷调查和现场研究等方法。

3. 社会心理学与其他学科的关系

社会心理学除了与社会学、心理学联系非常紧密以外，与哲学、政治学、教育学、文化人类学等学科也存在着千丝万缕的关系。这些学科所积累的经验、方法和技术有很多已经被社会心理学家们广泛借鉴和使用。它们的一些理论和实践成果不但能够对社会心理学的发展起到积极的推动作用，有时甚至起到非常重要的辅助作用。因此，社会心理学工作者应该广泛地涉猎和学习相关学科的知识和技能。

然而，值得注意的是，在使用这些研究方法和成果的时候不能混淆社会心理学与这些学科。例如，虽然社会心理学与文化人类学都以个体作为分析的主要单位，并且重视社会文化对人类行为和心理特征的作用，但是人类学家研究的是不同文化间的具体区别，而社会心理学家的任务则是在不同文化中寻找它们的共同点和相似性。因此，社会心理学是具有独特观点和体系的独立学科。

分析了社会心理学与各个学科之间的联系和区别后，可以得出以下结论：在社会心理学的研究中，必须吸取社会学、心理学及其他学科的知识养分，但是同时应该防止将社会心理学的问题社会学化、心理学化或是其他学科化。社会心理学与社会学以及心理学存在着极为密切的关系，这是毫无疑问的，但是人们对于这种密切关系的理解却存在着分歧。把社会心理学单纯地等同于社会学或心理学，恐怕是不妥当的。社会心理学能否被认为是社会学或心理学的一个分支也还在争论之中。鉴于上述原因，我们应该既重视社会心理学与其他学科之间的紧密联系，又要清楚地鉴别社会心理学与其他学科之间的显著区别。

第二节 社会心理学的研究对象

心理学是一门探索心灵奥秘，揭示人类自身心理活动规律的科学，它以人类的心理现象作为研究对象，研究人的感觉、知觉、表象、想象、记忆、思维等心理过程的活动规律及人格特征等。那么社会心理学的研究对象又是什么呢?

一、国内学者关于社会心理学研究对象的讨论

社会心理学家潘菽曾探讨和分析了社会心理学的研究对象。他认为，社会心理学研究的应该是人一生的全部心理的发展变化及其一般的表现与他所受社会环境影响的关系。这一内容包括两个方面：一方面，任何人在心理上的成长、发展，都可以说是一个社会化的过程。因此，社会环境对人的心理发展的影响是社会心理学的重要研究内容。另一方面，个人对这种社会环境的影响也必然会有不同的反应方式，这也属于社会心理学的研究范围。关于具体的研究对象，潘菽做出了非常详细的阐述："社会心理学所要研究的就是家庭、学校、师友伙伴、社会地位（阶级、阶层、身份等）、居处（城市、乡村、街道等）、集团、组织、文化民族、国家等社会因素对人的心理发展所产生的影响及其规律，以及个人对各种社会环境方面的影响所产生的反应及其方式。"①

其他学者在总结了自社会心理学在我国重建以来学者们对社会心理学的研究对象问题进行的大量探讨之后，提出了社会心理学所呈现出的一种趋势：从强调个体层面与维度，到强调个体和群体层面与维度，再到强调个体、互动、群体甚至更多的层面与维度。②

我国学者关于社会心理学研究对象的探讨，表现出以下一些特征和问题。

第一，绝大部分学者把社会心理的发生、发展及变化规律视为社会心理学的研究对象，但对于什么是社会心理，看法不尽一致。

第二，学者较普遍的观点是，不仅应把外显的行为表现而且也需要把内在的心理过程作为社会心理学的研究内容。这一点表明，克服在西方长期占统治地位的行为主义社会心理学只强调研究外显行为的片面倾向，进而避免其带来的弊病，已成为我国

① 潘菽．试论社会心理学//潘菽心理学文选．南京：江苏教育出版社，1987：190-191.
② 乐国安．中国社会心理学研究进展．天津：天津人民出版社，2004：22.

社会心理学界的一种共识。

第三，在对社会心理主体的认识上，我国不同学者之间的着重点有所差异。其中少数学者认为，个体的社会心理是社会心理学的主要研究对象，表现出明显的心理学取向的社会心理学特征。多数人主张把个体和群体（包括小群体和大群体）的社会心理共同作为社会心理学的研究对象。有的学者在所提出的社会心理学研究对象中，除包括个体与群体的社会心理两个方面之外，还明确加入交往心理与互动心理。这些情形在一定程度上意味着，在我国越来越多的学者已经站在对国外尤其是西方社会心理学研究对象问题进行历史经验总结的基点上，试图从整合心理学取向与社会学取向的角度来规定社会心理学的研究对象。

二、社会心理学的具体研究对象

综合了国内社会心理学家对社会心理学研究对象的阐述和分析之后，本书将社会心理学的主要研究对象划分为四个主要方面。

（一）个体的心理及行为

社会心理学研究个体的心理和行为如何受到社会的影响，而社会是由一个个相互影响、相互作用的个体所构成的，因此，个体是形成社会的基本单元和分子，研究个体的心理及行为是社会心理学的基本研究内容之一，具体包括：

（1）研究人的社会化。对社会化的研究目的是了解人的一生的全部心理发展变化及其一般规律的表现与他所受环境影响之间的关系。具体包括研究社会化的过程、结果以及个体不同时期社会化的表现形式等。

（2）研究自我与同一性。包括自我的起源和本性，自我意识的形成过程，自我意识、自我矛盾对个体社会行为和情绪的影响，自我图式以及对自尊的研究等。

（3）研究社会动机，包括社会动机的种类、社会动机的外在表现特征和模式等内容。

（4）研究社会感觉和认知。社会感觉和认知包括对自我的认知和对他人的认知。对他人的认知包括对他人个性特点、行为的认知，以及对人际关系的认知等。对自我的认知包括自我评价、情绪自我认知等。此外，印象的形成过程、印象修饰和刻板印象，以及对归因理论的探究，包括归因的模型、归因的文化基础、归因中的偏差和错误及其形成原因等也都属于社会认知方面的研究。

（5）研究态度改变。包括人的社会态度的形成、组成部分及功能，态度的特征与激活，态度的测量，态度的组织和变化，态度与行为之间的关系等问题（见图1-2）。

（二）社会交往和互动的心理及行为

研究社会交往和互动的心理及行为也包含几个方面。首先，研究人际吸引和人际关系，包括影响人际关系和人际吸引的因素、人际关系的发展和改善、人际吸引和人际关系的测量等。其次，研究人际沟通，揭示沟通类型、功能、程序以及如何提高沟通的效果。再次，还应该研究社会影响，包括社会影响的构成（对说服、威胁和顺从权威的研究）、社会影响是如何发生的、对人与人之间的社会行为产生怎样的作用。最后，由于语言和符号是社会交往和互动的媒介，因此对符号互动和语言的研究引起了很多学者的关注。这方面的研究包括对语言和非语言互动的研究、社会结构和互动研究，以及谈话分析等（见图 1-3）。

图 1-2

说明：第二次世界大战期间，法西斯国家对平民展开了大屠杀，也许这些普通士兵的本意并非如此，但是面对权威和群体的压力他们别无选择（左图）；刻板印象是个体受社会影响而对某些人或事物形成固定不变的看法，刻板印象有利于个体快速地了解他人，但也容易造成错误的认知（右图）。

图 1-3

说明：语言、手势和表情等均是人际交流和沟通的媒介，因人而异的沟通符号对于成功的交流至关重要。上面三幅图在世界范围内表示“胜利”，下面三幅图在世界范围内表示“爱与和平”。

（三）群体心理及行为

对于群体心理及行为的研究主要是指对社会中存在的形形色色的正式或非正式群体的探讨和分析。它涵盖了研究群体气氛与群体成员行为之间的相互影响、群体的凝聚力和一致性、群体的目标和规范、群体的结构和互动、领导活动和领导效力、群体决策、群体的冲突和解决方法，以及集体行为和社会运动。此外，对大群体心理（包括民族心理、阶级或阶层心理、性别差异心理等）的研究也是十分重要的（见图1-4）。

图 1-4

说明：左图为我国反法西斯战争胜利70周年大阅兵，激发人民的爱国精神，增强国家凝聚力。右图为2016年韩国民众举行集会反对部署“萨德”系统。

（四）社会心理学的应用研究

社会心理学的研究不单纯是理论上的探讨，其最终目的是将它应用到实际的社会生活中。因此，从社会心理学的大家庭中分化出许多专门的应用研究领域。比如：教育社会心理学要研究学校、班级、教师以及学生之间的相互作用和影响；管理社会心理学要研究领导者、员工以及企业、单位之间的关系，研究如何提高群体绩效和组织气氛、如何激励员工等问题；法律社会心理学要研究社会心理学在司法工作中的应用研究，包括对犯罪原因、犯罪预测和预防的研究，对原告、被告、证人、律师的心理研究，以及警察心理学和侦察心理学等；环境社会心理学研究人的行为与环境之间的相互关系，掌握人和环境相互关系的实质，研究环境污染对居住者心理的影响等。总之，应用研究是社会心理学非常重要的一个部分（见图1-5）。

图 1-5

说明：社会心理学已经在犯罪侦查、环境设计、管理实践等领域中发挥着重要的作用。左图是美剧《犯罪心理》，剧中展示了社会心理学在犯罪侦查和讯问中的广泛应用；右图是为应对“博物馆疲劳”而做的设计。

第三节 社会心理学的研究方法

社会心理学的研究有自己的方法论体系，也有多种多样具体的研究方法。社会心理学的研究者正是凭借这些方法，推动这门学科不断向前发展的。

一、社会心理学研究的方法论

在介绍具体的研究方法之前，有必要梳理社会心理学的方法论体系，因为所有的具体方法都是围绕方法论展开的。

关于“方法论”一词的用法和含义，西方学者和中国学者的界定是截然不同的。尽管西方社会心理学者也从哲学、逻辑学的角度思考社会心理学的研究方法，但是他们更倾向于探讨实际的操作工具，即具体的研究方法。在我国，社会心理学者则将方法论体系分为哲学指导思想、方法原则和具体研究方法三个层面，并突出强调哲学指导思想对社会心理学研究的重要作用。

（一）社会心理学的哲学方法论

哲学方法论：讨论问题的一般方法。
专门方法论：一般方法论在具体学科研究领域的体现。

哲学方法论又称为一般方法论。西方社会心理学家以实证、实用主义为基本指导思想，只承认经验事实和经验现象，因此很少谈及哲学问题。我国的科学研究受到苏联很大影响，在我国指导社会心理学研究的哲学方法论就是马克思主义哲学，即辩证唯物主义和历史唯物主义。

（二）专门方法论

专门方法论是一般方法论在具体学科研究领域中的体现。就社会心理学这门学科而言，是指专门适用于社会心理学的方法原则，它是联结社会心理学的哲学方法论与具体研究方法之间的中间桥梁。

社会心理学的方法原则主要体现在以下几个方面。

（1）客观性原则。所谓客观性原则，是指在社会心理学研究工作中，不论是观察个人的心理现象还是社会互动，都必须坚持实事求是的原则，尊重客观事实，不能主观臆断。只有基于客观实际基础上的研究，所揭示的变化和规律才是科学的、准确的。客观性还体现为理论联系实际的原则。也就是说，必须以马克思主义的哲学观和方法论作为社会心理学研究全过程的指导思想，以我国社会心理学的实际现象和问题作为研究的出发点，把社会实践作为检验社会心理学研究成果的根本标准。

（2）联系性原则。一方面，社会心理现象、心理活动具有多方面、多层次、多维度的性质，因此在研究社会心理现象和活动时，必须将研究对象看作一个有机的整体。另一方面，社会心理现象和活动受到时间、地域、环境、社会关系、社会情境等多种因素的影响和制约，研究者必须研究这些因素间的相关联系和相互影响。

（3）发展性原则。马克思主义要求人们必须用发展的眼光，从动态的视角来观察社会现象和社会活动，社会心理学的研究也是如此。社会心理现象并非静止不动，而是处于不断发展和变化中，因此只有研究这些不断出现的新问题、新变化、新情况，才能促进社会心理学的不断前进。此外，还应该不断更新社会心理学的知识成分和研究工具，使之随着人类科学的总体进步而日趋丰富和完善。

定量研究：与定性研究相对的概念，也称量化研究，是社会科学领域的一种基本研究范式。

定性研究：与定量研究相对的概念，也称质化研究，是社会科学领域的一种基本研究范式。

（4）**定量研究**与**定性研究**有机统一的原则。定性研究和定量研究都是社会心理学研究的有用工具，因此在实际工作中，应该将两者有机地结合起来，共同为社会心理学的发展做贡献。

（5）批判与继承辩证统一的原则。在我国，社会心理学的研究工作还处于起步阶段，无论是理论方法体系还是实践研究都不甚完善。因此，社会心理学工作者要秉承去粗取精、去伪存真的原则，一方面批判地继承以往社会心理学思想的精华，另一方面积极借鉴国外社会心理学的经验和成果。

（三）具体研究方法

仅仅具备哲学方法论和专门方法论的指导是不够的，在具体的社会心理学研究过程中，需要一套具体的专门工具来检验理论命题。可以说，具体的研究方法是区分科学活动和非科学活动的基本工具。具体的研究方法有很多种类型，每一种方法都有各自的优点与不足，那么应该选用哪种工具来完成研究任务呢？这取决于不同研究对象的特点、研究课题的要求和实践操作的可能性。同时，在具体的研究工作中，不应该仅局限于使用某一种研究方法，而应该将几种方法结合起来，取长补短，才能发挥最大功效。对于具体的研究方法，需要重视几个问题：第一，正确看待实验法的地位与作用。第二，我国的思想、教育和管理等方面的工作者在长期的实践中积累下许多了解社会心态、体察民意人情的成功经验和独特方法，需要认真地加以总结和提炼。第三，随着人类科学发展进程的不断深入和社会心理学学科的日益完善，在社会心理学的研究手段上应该不断地向其他学科借鉴和自我创新。

总之，只有在坚持社会心理学研究基本原则的基础上，使用正确的方法论体系指导具体的研究，才能保证我国社会心理学的研究工作沿着科学、健康的方向前进。

二、具体研究方法及其评价

方法论为社会心理学的研究提供了指导方针，但在实际的研究和操作过程中，则涉及具体的研究和评价方法。

（一）社会心理学研究的信度和效度

一项好的社会心理学研究，必须具备较高的信度和效度，最大限度地减少各种误差。因此，在探讨具体的研究方法之前，首先要分析什么是较高的研究信度和效度，以及如何提高社会心理学研究的信度和效度。

1. 信度

信度，即可靠性，它是指采用同样的方法对同一对象重复测量时所得结果的一致性程度。信度指标多以相关系数表示，大致可分为三类：稳定系数（跨时间的一致性）、等值系数（跨形式的一致性）和内在一致性系数（跨项目的一致性）。一项研究是否具有较高的信度可以通过三种主要的方法来分析。

> **信度**：采用同样的方法对同一对象重复测量时所得结果的一致性程度。
> **效度**：测量工具或手段能够准确测出所需测量的事物的程度。

（1）测量稳定系数，即测量跨时间的一致性。这种方法是用同种研究方法对同一组被研究者间隔一定时间重复测量，计算两次测量结果的相关系数。重测信度法适用于研究事实状况。如果没有突发事件致使被研究者的态度、意见发生突然性的改变，该方法也适用于研究个体或群体的态度、意见。由于重测信度法需要对同一样本测试两次，而且在测量的间隔时间内，被研究者很容易受到各种事件、活动和他人的影响而改变原有的状况或态度，因此实施的难度相对较大。

（2）测量等值系数，即测量跨形式的一致性。研究者可以使用同一种研究方法的两种不同形式来测量同一组被研究者，计算两种形式间的相关系数。比如一项问卷研究，研究者可以让同一组被研究者一次填答两份问卷复本，要求两个复本除了表述方式不同以外，在内容、格式、难度和对应题项的提问方向等方面要完全一致。但是在实际调查中，人们很难达到这种要求，因此采用这种方法者较少。

（3）测量内在一致性系数，即测量跨项目的一致性。在问卷研究中有一种折半信度法就是用来测量内在一致性的。折半信度法是将研究的样本分为两半，分别计算两半得分的相关系数，进而估计整个研究的信度。这种方法测量的是两半样本得分间的一致性。这种方法一般常用于测量态度、意见研究的信度。

2. 效度

效度，即有效性，它是指测量工具或手段能够准确测出所需测量的事物的程度。效度分为两种类型：内部效度和外部效度。内部效度是指，研究结果不受其他不相干变量影响的程度。外部效度是指，特殊人群中的被试在特定情境下的偶然关系被推广到其他人群、情境和时间中仍然有效的程度。

影响内部效度的因素主要有八种。

（1）历史因素。历史因素是指在研究过程中，对大多数被研究者存在影响的事件。

（2）成熟。这里所说的成熟是指在研究过程中，被研究者的生理和心理发生了改变，如年龄、疲劳程度、知识结构、情绪状态等，这些都会影响研究结果。

（3）测量的敏感作用。它是指在因变量上所看到的变化不是由于自变量变化而产生的，而是由于前测导致的。

（4）统计回归。统计回归也叫“平均回归”，经常在有匹配过程的实验中出现。由于在实验处理前选择了某一特征方面具有极端分数的被试，所以实验处理后的后测验分数有回归到平均数的趋向，这是因为大多数极端分数含有较大的偶然因素。

（5）选择。它包括被研究者的智力、动机、对研究情况的反应以及研究者本身的人格特点等。由于测量前实验组和控制组不相等，因此测量结果很难完全归因于自变量的作用。

（6）测量工具失灵。测量工具失灵是指在研究过程中，记录的准确性或敏感性降低。它分为测量工具的损坏和由于各种因素导致的研究者自身的疏忽大意。

（7）被研究者的缺失。这里是指由于生病、疲劳、厌烦或是恐惧等原因而导致被研究者中途退出研究，进而影响测量结果。

（8）各种因素的交互作用。即以上所提到的各种因素的共同作用。

研究表明，上述几种因素有时会联合起来产生交互作用，从而影响研究结果。如果研究者能够很好地控制每种因素对研究对象的作用，整个研究过程就不会产生几种因素交互作用的问题了。

除了内部效度会影响研究的效度以外，社会心理学的研究还存在外部效度的因素。影响外部效度的因素主要来自三个方面。

（1）被研究者缺乏代表性。一方面，如果被研究者的总体无限大，有时就不可能随机选取样本或者需要选取一个很大的样本。另一方面，即使可以取样，但随机选取的被研究者也有可能不愿意参加实验。这几种情况都会降低研究的外部效度。

调查法：根据被调查者对事先拟定问题的回答来收集和整理资料，通过统计分析了解人们的行为和心理活动的特征。

（2）实验环境的人为性。实验室研究是在控制条件下进行的，实验环境不真实、不自然，即实验环境的人为性很可能会造成某些实验结果难以直接用来解释日常生活中的心理和行为现象。

（3）测量工具的局限性。研究者对于自变量和因变量的操作定义往往凭借所使用的测量工具的测量结果，因此结论不可以相互推论。比如，使用某一量表得出的结论就不能推及采用其他量表的情况中。

（二）调查法

调查法又被称为询问法，它根据被调查者对事先拟定问题的回答来收集和整理资料，通过统计分析来了解人们的行为和心理活动的特征。调查法在研究社会态度、社会知觉等方面十分有效。

1. 调查的目的

调查的目的可以有多种。研究者可以通过调查来获得各种社会问题的数据资料。比如，调查20岁以下务工女性的同居状况或是调查20岁以下男女青年酗酒和吸毒状况等。这类调查可以获得活动程度的信息和卷入此类活动的人们的资料，从而有助于形成有效的社会政策。

研究者可以通过调查获得来自个人关于其自身属性（态度、行为、经历）的情况。

这种调查可以帮助研究者发现各类属性的群体在人口中的分布情况。

一些社会心理学工作者进行调查的主要目的是为社会心理学的基础理论建设做贡献。比如，关于社会化的过程和结果、歧视和偏见、集体行为的研究等都会利用调查法。

2. 调查法的分类

根据研究者的提问和被调查者回答方式的不同，调查法一般分为访谈法和问卷法。

访谈法是研究者以口头提问的方式亲自对被调查者进行访谈，记录被调查者对问题的回答。访谈法不仅可以获取详细、典型的个案资料，加深人们对问题的了解，获得研究假设，还可以为问卷设计提供必要的素材，补充定量分析研究的不足。访谈法根据其性质和对象可以分为结构式访谈和非结构式访谈。结构式访谈通过研究者把问题标准化，让所有被访者都回答同一结构的问题。非结构式访谈则是事先不设计问题和程序，由访谈者根据具体情况提问，请被访者自由发表意见。

问卷法是研究者使用书面方式提问，被调查者根据一定形式的问题或表格来填写问卷。问题的形式分为开放式和封闭式两种。所谓开放式问题是指被调查者对问题的回答不受限制，自由回答。封闭式问题则是被调查者根据已有的范围，在几个答案选项中选择答案。

3. 问卷调查的实施及问卷设计过程中的问题

问卷调查的实施过程需要周密的计划和专业的指导。就问卷本身而言，即使是相同内容的问卷，不同的提问形式、词汇的运用以及上下文联系都可能会使相同的被调查者产生不同的反应。

（1）问题越简明、清晰、集中，问卷的信度和效度就越大。问题千万不能含糊不清，并且研究者所提的问题必须有针对性，能够反映被调查者的实际心理状态。

（2）关于术语的运用。除非被调查者是某方面的专家，否则不应该使用行业术语。在提问的方式、语气和态度方面也要适当注意，不能过于强硬或是诱导被调查者做出某种期望性的回答。对于不同的教育程度和阅读水平的被调查者，研究者应该适当调整问题，以适应不同情况。

（3）问题的长度。研究表明，中等长度的问题比非常短的问题更能引起被调查者的重视和使之进行完整的作答。

（4）问题不应该带有潜在的威胁性和敏感性。比如关于性、收入、吸毒等问题，有些被调查者可能拒绝回答或做出虚假回答，致使问卷失效。

（三）实验法

1. 定义

实验法是社会心理学研究最常用的一种基本研究方法。它是指在控制无关变量的前提下，由实验者任意建立自变量并对其加以操纵和控制，激起被试的某种心理或行为，通过观察因变量，找出自变量和因变量之间的因果关系。在实验法中一般要划分出控制组和实验组，以便测量结果能够同某些标准相对比。

> **实验法**：控制无关变量的前提下，由实验者建立自变量并加以操纵和控制。

2. 分类

实验法可分为实验室实验法、现场实验法和自然实验法。

（1）实验室实验法。它是指在特定的实验室内，实验者借助各种实验仪器操纵和控制某些自变量，获得精确的数据，从而研究个体或群体心理的方法。实验室实验法可以对所研究的情境进行高度的控制，避免额外无关因素的干扰，因此内部效度较高。但实验环境的严格控制限制了实验结果在真实生活中的应用，因而实验室实验法的外部效度较低（见图1-6）。

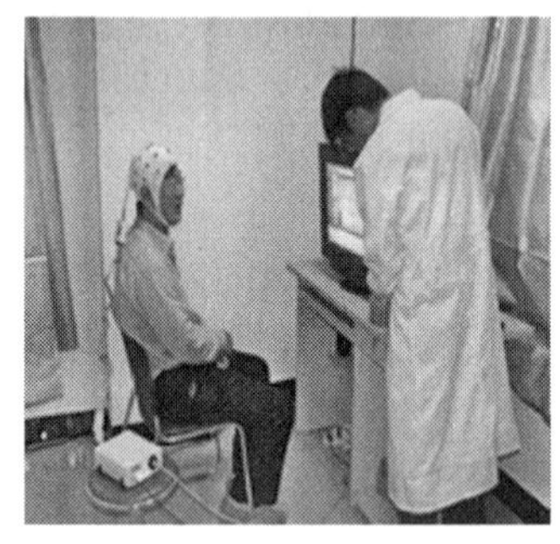

图 1-6

说明：实验室实验的仪器多种多样，面对的实验对象也可以多种多样，然而都需要有严格的实验控制条件和规范的操作，设计好一个实验并成功执行，需要研究人员有较高的研究水平。

（2）现场实验法。研究者将实验室搬到日常生活的自然情境中，在自然正常条件下进行的实验研究被称为现场实验法。由于摆脱了实验室高度的人为性，现场实验法观察到的现象更接近客观事实，研究结果具有更大的适用范围。但是为了避免无关因素的过度影响，现场实验法需要对环境条件进行一定程度的控制。由于控制的水平相对较低，现场实验法不但要消耗大量时间，也会遇到很多伦理问题。

（3）自然实验法。自然实验法所研究的变量完全是由环境来操纵和控制的，因此行为的发生完全是按照自然的先后顺利进行的。与现场实验法相比，自然实验法的外部效度无疑更高，但同时无关因素影响更大，耗费时间更久。

（四）观察法

1. 定义

观察法是指在没有任何干预的情况下，研究者直接地、系统地观察被研究者在日常环境下发生的自然行为，记录客观发生的事实和数据，并根据这些事实和数据来了解其心理活动的方法。

> **观察法**：在没有干预的情况下，直接地、系统地观察被研究者的自然行为。

2. 分类

观察法分为一般观察法和参与观察法。

一般观察法又称为非参与观察法。它是指不介入研究的观察，即研究者置身社会群体之外，不参与互动，以避免被观察的行动者产生反应。当行为发生在公共场合时，观察者就可以直接到这些地方进行一般性的自然观察而不用与他人互动。

但是如果行为属于隐私或受限制，研究者就可以使用参与观察法。使用参与观察法的研究者需要加入所研究的群体，与他人互动，并在事件中扮演主动的角色，这样研究者就可以获得通常情况下无法观察到的行为信息。但值得注意的是，参与观察的研究者不能破坏正常的互动交流。在一些情况下，他们甚至需要隐瞒自己的真实身份。因此，参与观察分为两种情况：如果群体成员知道自己的行为是被观察和记录的，这类观察就称为公开参与观察；如果研究者对群体成员隐瞒了自己的真实身份和目的，这类观察就称为隐蔽参与观察。

3. 优缺点

观察法的主要长处是现实性。观察研究技术允许研究者在真实世界里开展研究活动。自然真实的环境不但可以使研究者进行长时间的观察，而且研究者可以得到关于行为发生的先后顺序、发生过程方面的大量信息。同时，观察到的现象可以用来解释或验证其他研究方法得出的结论，有助于对研究问题形成全面、完整、正确的认识。

另外，由于观察法的技术是相对非介入式的，因此研究者可以研究那些敏感的或私人的行为和心理，如宗教信仰、偏见、消费心理等问题。

观察法的不足主要体现在以下几个方面。首先，由于研究记录的方法不同，如果使用先观察后记录的方法，研究者所获得的信息就往往没有现场或录像信息可靠；但是如果使用边观察边记录的方法，研究者则可能遗漏许多重要信息。同时，运用观察法获得的材料比较零散，在处理和统计分析时相对烦琐。

其次，观察的效度有赖于研究者所扮演的角色，如果被试突然发现他们在被观察，效度遭到破坏，研究者就难以辨别行为的真伪，甚至导致研究中断。

最后，由于观察事件某种程度上的突发性和不确定性，观察法具有被动性和耗时性。有时观察者要花费大量的时间等待某种行为的发生。

（五）档案研究法

1. 定义及资料来源

档案研究法是指研究者根据研究需要，有目的地收集大量现有资料，获得并分析已有的信息，找出某些社会事实与社会心理之间的关系。由于档案分析比其他方法更节省时间和费用，一般来说，如果存在所需要的档案数据，研究者更倾向于分析这些数据而不是收集新的数据。

档案研究法：研究者有目的地收集大量现有资料，获得并分析已有的信息，找出因果关系。

档案研究的资料来源有几个方面：政府机构的文件记录，学校的数据库，正式组织的档案记录，个人信件、日记，报纸、期刊等文献及其他印刷品等。

2. 优缺点

档案研究法的优点主要有四个方面。

（1）节省时间。研究者可以在非常短的时间内，迅速收集到较长时间范围内的相关信息，有利于研究者进行历史研究或跨文化的比较研究。

（2）费用低。档案研究不需要先进的、精密的仪器设备，只需要查找档案资料即可，不但简便易行，而且可以节省相当一部分费用。

（3）档案研究不直接面对被研究者，因此被研究者不会因为察觉到自己正在被研究而做出不自然的反应。

（4）研究者可以检验先前的一些现象假设，也能够为正在开展的研究活动提供一些有用的因果联系。

与此同时，档案研究法也存在不可避免的缺点。

（1）研究者无法控制信息的类型和质量，只能研究现有的资料，这些文献和信息可能不包括研究者希望研究的所有变量，或是有的材料本身的准确性和可信程度不高。

（2）档案研究的工作量大。如果记录相对复杂，可收集的信息量过大，那么创建一个具有代表性的样本是十分困难的。

（3）一些记录可能不连续或丢失了，从而阻碍了研究的进程。

（4）档案研究对研究者自身素质要求较高，研究者必须具备很强的概括总结能力以及高度的洞察力，才能发现新问题。

（六）具体研究方法间的比较

无论是调查法、实验法、观察法还是档案研究法都有其自身的长处和不足。社会心理现象十分复杂，既涉及社会文化层面也涉及个体层面，既涉及群体与群际也涉及个体和无意识。因此社会心理学给各种研究方法提供了展示的平台。在实际研究过程中，研究者应该依据研究问题、研究对象和研究目的的不同选取不同的方法，或者将几种适合的方法搭配起来，取长补短，以提高研究的总体效度和信度。表1-2显示了不同研究方法间的优缺点比较。

表1-2　不同研究方法间的优缺点比较

各项指标	研究方法			
	调查法	实验法	观察法	档案研究法
内部效度	中等	高	中等	低
外部效度	中等	中等	高	中等
研究者控制	中等	高	中等	低
介入测量	中等	中等	低	低
处理研究结果的难度	中等	中等	高	低
伦理问题	少量	一些	许多	少量

学以致用

大数据能为社会心理学带来什么①

社会心理学是以科学的方法研究人们的思想、情感和行为如何受到他人影响的一

① 管健．大数据能为社会心理学带来什么．光明日报，2014-12-03.

门学科，它以社会现象为研究导向，旨在探寻个体和群体社会心理现象的发生、发展及其规律，深刻了解社会群体行为背后的动机与目的。自20世纪40年代信息科技革命以来，社会心理学在研究方法上经历了多次变革。第一次变革发轫于20世纪70年代前后，从那时起，心理学家开始运用计算机实施具体的心理实验。第二次变革发生于网络技术突飞猛进的20世纪90年代，其代表性事件是基于网络的心理学问卷诞生、虚拟的网络心理学实验室成立、关于网络的心理学实验研究成果在《科学》上发表。大数据时代的到来则使社会心理学迎来了第三次变革，以瞬时生产并存贮的海量网络数据为支撑的大数据样本，正逐渐成为研究者观察和预测人类个体和群体心理行为特征与规律的宝贵资源。可以预见，大数据将为社会心理学的发展带来变革与挑战。

第一，大数据给社会心理学带来研究方法上的变革。以往的社会心理学通常基于问卷、数据统计、抽样调查和实验室研究分析心理数据，而在大数据时代，真实、准确、及时的大数据样本将为社会心理学研究方法的变革带来崭新机遇。随着研究的日益深入，也许我们能够发现，以往所从事的研究可能只是冰山一角，其潜在的内容需要通过大数据逐一揭示。借助大数据，社会心理学能够在很大程度上摆脱对实体实验室的依赖，最大限度、最为高效地扩充潜在的研究对象，使社会心理学的研究不再只局限于实验室小样本或问卷调查采集的随机样本，从而面向尽可能全面的数据、趋近于总体的样本，这就使社会心理学的研究基础发生了翻天覆地的变化。与此同时，大数据还能够为社会心理学的研究提供更为多样化、异质化的样本，并使研究者摆脱时间、空间的限制，尽可能避免社会期许效应，最大限度规避研究对象在测试过程中受到的各种复杂、无关的干扰。

第二，大数据拓宽和加深了社会心理学研究的广度和深度。大数据时代，一切事物都被数据化：情绪变成数据、思维变成数据、行为模式变成数据、认知变成数据、沟通变成数据、关系变成数据……受此影响，社会心理学的研究视角和研究领域不断更新和扩展，很多传统的社会心理学问题，如社会心态、个体行为偏好、集群行为、社会态度与公众情绪、动态人际互动与人际关系、社会认知、主观幸福感等，都可能借助大数据得到更为准确的、可视化的测量和呈现。例如：大数据网络实验室可以通过记录用户的网络使用情况提取用户的网络行为特征，分析用户的心理属性和网络行为的关联模式；大数据心理健康系统可以为犯罪矫正人员、精神病患者、特殊心理儿童等建立心理健康档案；借助大数据检测和评估社会心态，能够获取大众的社会心理态势，及时发现社会不稳定因素和风险，为社会治理提供科学、客观的研究报告和应对方案等。

第三，大数据宣告社会心理学预测时代的到来。社会心理学有四项基本功能，即描述、阐释、预测和控制，传统社会心理学多关注描述和阐释两项功能，对于预测和控制则显得有些捉襟见肘。大数据时代，这种状况将获得很大改观。由于大数据时代的社会心理学研究不再过多依赖随机采样，而是通过处理和分析相关数据获取结论，这有助于预测能力的提升。例如：有关心理健康的预测，可以利用被试的网络痕迹代替通过问卷收集的答案，并且用机器学习的方法建立基于网络行为的心理健康预测模型，通过模型计算得出被试的心理健康状态评分；关于幸福感的预测可以对社会公众进行幸福感知的预测；关于社会心态、社会风险判断、群体情绪和集群行为、经济发展信心和政府信任的预测，可以预知和评估国民的社会态度，并根据某类群体社会态度的时间性变化研判社会舆情、引导社会舆论等。大数据的背后是人的心理表现，大数据带来的巨大变革必将使社会心理学在预测与控制方面大展身手。

第四，大数据可能给社会心理学研究带来风险。随着计算科学、数据挖掘等信息分析技术的迅速发展，高效处理和分析海量数据正在成为可能。在此背景下，社会心理学研究者在研究过程中利用大数据、树立大数据思维显得极为重要。但也要认识到，大数据也有可能给社会心理学研究带来风险。风险之一在于网络用户隐私权和安全感风险。以脸书（Facebook）为例，其瞬时可以生成详尽的用户心理数据，如包括种族、性格、智商、幸福感、政治观点、宗教信仰等在内的人口特征资料。一旦掌握了这些数据，便可以自动建立起模型。这提示我们，网络数据的使用应注意透明度是否合理，以及合理界定网络控制权的外延和边界。风险之二是研究方法问题。社会心理学面向的是个人、群体和社会，但大数据所带来的研究方法的改变却使得社会心理学研究者可能更多地关注数据，这或许会使某些研究者误入“数据万能论”的误区。事实上，大数据所分析的是每个鲜活的个体，是每个个体的心理与行为，他们是庞大数据神经元的突触。大数据的研究方法并不能完全取代以往的研究方法，大数据的网络实验室也不能完全取代实体实验室。只有关注“人”，只有坚持研究方法上的兼容并包，社会心理学才能在大数据时代获得长足发展。

三、社会心理学研究中潜在的问题

以上提及的社会心理学的研究方法，为开展社会心理学领域的研究提供了有利条件，推动了该学科向前发展。然而，任何事物都具有两面性，发展的背后存在着某些潜在的问题。

（一）研究偏向问题

研究偏向是指在具体的研究工作中，研究者和被研究者具有某些有意或无意的期望，这些期望可能会导致实验结果产生偏差。研究偏向分为研究者偏向和被研究者偏向。

研究偏向：研究者和被研究者具有某些有意或无意的期望，这可能会导致实验结果产生偏差。

1. 研究者偏向

在一般的研究工作中，研究者与被研究者之间需要互动，但是在互动过程中，研究者可能有意或无意地通过面部表情、身体姿势、语音语调等流露出某些“线索”，以致被研究者按照这些线索来表现自己的行为，使被研究者的行为与实际事实之间产生偏差。为了克服这种倾向，一方面，研究者可以在选择研究方法时采取参与观察法，或者把实验指令写下来或用录音设备录下来。另一方面，研究者也可以利用助手帮助研究，事先不告诉助手研究的目的是什么，然后让助手操控实验过程，这样就不会影响被研究者的行为了。

2. 被研究者偏向

被研究者偏向主要是指被研究者知道自己正在被研究以后，担心自己在研究中表现不好，不符合研究者的要求，因此尽量迎合研究者，结果反而表现失常。或者被研究者知道自己将要扮演的角色以后，就尽量按照自己理想中这个角色应有的行为来表现自己，结果导致行为失真。减少被研究者偏向也要注意两个方面：一方面，研究者应该尽量减少被研究者的心理压力；另一方面，研究者可以采取比较隐蔽的测量方法，使被研究者在没有察觉的情况下接受测量。

（二）研究伦理问题

1. 潜在的危害源

在社会心理学的研究过程中存在许多伦理方面的麻烦。这些麻烦主要是指实验研究对被研究者可能造成的潜在的危害。这些危害包括：

（1）身体上的危害。例如，不让被研究者吃饭、喝水，剥夺他们的睡眠权利或是使用电击、噪音刺激等。

（2）心理上的危害。研究者使被研究者接受了关于自身的负面信息。如果研究者在研究结束后没有立即详细地解释清楚他们给被研究者的信息是完全错误的，那么被研究者可能承受巨大的心理压力并影响其以后的正常生活。

（3）泄露机密。对于越轨或犯罪等敏感性的研究，如果研究者与被研究者之间存在其他的社会关系，就可能泄露相关信息。

2. 基本原则

处理伦理问题的基本原则主要有三条。

（1）自愿参加原则。实验研究可能会干扰被研究者的正常学习、工作和生活。有时研究内容涉及个人及各方面的利害关系，从而使被研究者遭受某种程度的伤害。所以，研究者必须采取被研究者自愿参加的原则。这样做会使被研究者对研究课题形成正确的认识，进而会大大提高研究效率。

（2）匿名和保密原则。一方面，为了使被研究者不会因为披露某些资料而受到来自各方面的压力，研究者应当使用匿名原则来开展调查和研究工作。针对那些不暴露姓名、不提供基本资料就无法开展的研究活动，研究者应该严格执行保密原则，从而保护被研究者的利益不受侵害。另一方面，应当避免研究者与被研究者之间存在其他的社会关系，以免泄露机密。此外，应该将被研究者的身份信息与其他信息和记录相分离。在观察特殊组织时，对组织成员只使用编码来代替其姓名，做好保密工作。

（3）风险最小化原则。为了使被研究者免受不必要的痛苦、恐惧和压力的困扰，研究者在设计研究过程时应该尽量避免让被研究者冒险。

3. 制度上的保障

除了让研究者自觉遵循基本的研究原则以外，研究者还应该为被研究者提供制度上的保障。这些保障包括：

（1）风险-利益分析。风险-利益分析是指在研究过程中，研究者和研究机构都对参与者负责，有义务将风险最小化。具体做法是：一般由一个评估委员会进行风险分析，衡量被研究者可能的风险和利益，以及研究结果的重要性，使风险和利益保持利弊平衡状态。

（2）获得正式的许可。研究者应征得所有参与研究的个体、团体或组织的许可。这些许可大致包括七个主要方面：

第一，向被研究者说明研究或调查的主体情况，提供研究的简单介绍、采取的步骤、调查研究的程序等方面的资料，同时也应该向被研究者说明研究者本人的基本情况。需要注意的是，虽然可以提供给被研究者上述内容的资料，但是不需要告诉被研究者研究的目的和假设，否则会影响被研究者的正常行为，进而影响研究结果。

第二，说明研究可能给被研究者造成的不适、风险和后果，同时说明研究对被研究者的好处和准备给予的报酬，保证被研究者自愿加入实验研究。

第三，说明若研究计划、研究内容等发生变化，必须及时与被研究者协商并征得其同意后才可以继续进行研究。

第四，通知被研究者他们的信息会得到匿名或保密处理，可能的话给被研究者提供一份保证书。

第五，允诺向被研究者提供医疗和心理咨询。如果研究导致了对被研究者的伤害，那么研究者必须提供医疗条件。

第六，研究者应该保证随时随地向被研究者解答各种与研究有关的问题。

第七，告知被研究者有随时中止研究行为的权利。

（3）事后说明。

在研究结束后，研究者有义务向被研究者说明研究的目的及实验期间隐瞒的细节，解释这样做的理由，得到被研究者的理解。对那些因实验而给被研究者造成的心理困扰，还需无偿提供心理援助，帮助其恢复心灵平静。

结合我国社会心理学研究的现实情况，更需要注重的是提高研究者的素质和水平。一方面要保证客观公正、实事求是地收集资料；另一方面也要保护被研究者的利益不受侵害，使社会心理学的研究工作能够顺利开展。

基本概念

社会心理学	哲学方法论	专门方法论	具体研究方法
信度	效度	调查法	实验法
观察法	档案研究法	研究偏向	研究伦理

本章要点

1. 社会心理学是一门边缘性的独立学科，它系统地研究处于社会环境中的个人和群体，以及其社会行为与社会心理的本质和原因，并预测其发展和变化的规律。社会心理学主要关注的是人类的社会行为和社会心理。社会心理学家试图寻找导致各种社会行为的先决条件。社会心理学家使用科学的方法，系统地对人类的社会心理和社会行为进行研究。社会心理学与社会学、心理学、哲学、政治学、教育学、文化人类学等学科之间存在着千丝万缕的关系。社会心理学既要借鉴这些学科的研究方法和成果，又要明确与这些学科之间的差别。

2. 社会心理学的具体研究对象包括个体的心理及行为、社会交往和互动的心理及行为、群体心理及行为以及社会心理学的应用研究四个主要方面。

3. 在我国，社会心理学的方法论体系分为哲学指导思想、方法原则和具体研究方法三个层面，并突出强调哲学指导思想对社会心理学研究的重要作用。

4. 调查法又称询问法。它根据被调查者对事先拟定问题的回答来收集和整理资料，通过统计分析来了解人们的行为和心理活动的特征。调查法在研究社会态度、社会知觉等方面十分有效。

5. 实验法是指在控制不相干变量的前提下，由实验者任意建立自变量并对其加以操纵和控制，从而激起被试的某种心理或行为，通过观察因变量，找出自变量和因变量之间的因果关系。在实验法中，研究者一般要划分出控制组和实验组，以便使测量结果能够与某些标准对比。实验法可以分为实验室实验法、现场实验法和自然实验法。

6. 观察法是指在没有任何干预的情况下，研究者直接地、系统地观察被研究者在日常环境下发生的自然行为，记录客观发生的事实和数据，并根据这些事实和数据来了解其心理活动的方法。观察法适用于研究群体中的互动。

7. 档案研究法是指研究者根据研究需要，有目的地收集大量现有资料，获得并分析已有的信息，找出某些社会事实与社会心理之间的关系。档案研究法具有比其他方法更节省时间和费用的特点。

8. 由于每一种研究方法都具有自己的优缺点，因此在社会心理学研究中，我们必须根据客观实际综合运用各种方法来提高研究的信度和效度，并且要不断探索和创新。同时我们也要更加重视研究中潜在的研究偏向、研究伦理等方面的问题，做好各类防范措施，积极寻找解决途径。

复习思考题

1. 社会心理学的定义是什么，如何看待它与其他学科的关系？

2. 社会心理学的具体研究对象有哪些？

3. 社会心理学有哪些具体的研究方法？优缺点各是什么？

推荐阅读书目

1. 吉洛维奇．社会心理学（第三版）．侯玉波，等，译．北京：中国轻工业出版社，2016.

2. 勒庞．心理学改变人生．一兵，译．北京：民主与建设出版社，2016.

3. 迈尔斯．社会心理学（第十一版）．侯玉波，乐国安，张智勇，等，译．北京：人民邮电出版社，2016.

4. 阿伦森，威尔逊，埃克特．社会心理学：阿伦森眼中的社会性动物．侯玉波，朱颖，等，译．北京：机械工业出版社，2014.

5. 赵志裕，康萤仪．文化社会心理学．刘爽，译．方文，校．北京：中国人民大学出版社，2011.

推荐视频

1. 波波玩偶实验视频（http://www.schooltube.com/video/08b54cb04f82415daff6/Bobo-Doll-Experiment）

2. 超星视频：中国人的管理行为分析（http://video.chaoxing.com/serie_400001500.shtml）

第二章 社会心理学的发展简史

章节导读

1879 年 12 月的一天，在莱比锡大学一栋破旧建筑物三楼的一间小屋子里，一位中年教授和两个年轻人正准备一些器具张罗着实验。他们在桌子上安装了微时测定器、发声器、报务员的发报键、电池及变阻器。然后，他们把这五件东西用电线连接起来，这套设备不会比今天开始电气培训的初学者用的那套复杂到哪里去。这三个人是：冯特，一个 47 岁的男人，脸长长的，一身简朴的装束，满脸浓密的胡须；他的两个年轻学生，德国人弗里德里奇（M. Friedrich）以及美国人黑尔（G. S. Hare）。这套设备是弗里德里奇做的，他要用它收集博士论文所需的数据。他的博士论文题目是“知觉的长度”——被试感知到他已经听到球落在平台上的时间到他按动发报键之间的时间。没有记载写明那天是谁负责让球落下，谁坐在发报键前的，可是，随着那只球“砰”的一声落在平台上，随着发报键“喀”的一响，随着微时测定器记录下所耗费的时间，现代心理学的时代到来了。

很大程度上是因为这间研究所，冯特才被认为不仅仅是现代心理学的奠基人之一，而且是最主要的创始人。正是在这里，他进行了自己的心理学研究，并以他的实验室方法和理论培训了许多研究生。他还在这里培养了心理学的骨干（他亲自指导了近 200 名博士的论文答辩），把他们送往欧洲和美国的大学机构。另外，他撰写了一系列学术论文和卷帙浩繁的著作，使心理学作为一个有其自身身份的科学领域确立下来。他本人是第一位可以合适地称为心理学家，而不只是对心理学有兴趣的生理学家、物理学家或者哲学家的科学家。因此，我们经常说，心理学有一个漫长的过去，但仅有一段短暂的历史——以 1879 年冯特创办心理学实验室作为心理学诞生的标志。作为一门独立的学科，社会心理学的历史也不长。人们通常把 1908 年英国心理学家麦独孤的《社会心理学导论》和美国社会学家罗斯的《社会心理学》作为社会心理学诞生的标志。

引领性问题

- 社会心理学各个阶段的发展与社会的发展存在着怎样的联系？
- 中国社会心理学该如何进行本土化发展？
- 社会心理学在面向未来的过程中，应如何找到独特的发展道路？

第一节 社会心理学的形成和发展过程

社会心理学从诞生至今仅历时百余年。不过，它的思想渊源一直可以追溯到古希腊罗马的先哲以及中国春秋战国时代的思想家那里。作为一种学术思想或理论观点的社会心理学的存在，要比作为一门具体学科的社会心理学的出现在时间上早得多。[①]

一、社会心理学的孕育时期

社会心理学作为一门业已成形的学科，一个长足发展、硕果累累的独立领域，在其诞生之前经过了一个长时期的准备阶段。美国当代社会心理学家霍兰德（E. P. Hollander）在1971年所著的《社会心理学：原理和方法》一书中，将其称为“社会哲学阶段”，而我国社会心理学界将其称为“孕育时期”。[②] 这是社会心理学形成前的一个准备时期，它的母体要追溯到古希腊时代，并一直延续到19世纪上半叶的西欧思辨哲学。这一时期与其后的几个时期相比，时间跨度较大，而且由于这一时期社会心理学思想同一般的心理学思想的见解紧密相连，因而很难把纯粹的社会心理学的观点划分出来[③]，但这一时期理论的系统化和条理化直接为后来社会心理学的各个理论流派的形成提供了理论基础。

从总体上看，有两条基本线索论及社会心理学思想。

第一条来源于古希腊的苏格拉底（Socrates）和柏拉图（Plato）。他们认为人性虽然不能完全摆脱生物遗传的影响，但是却会受到环境和教育的深刻影响。苏格拉底说过：“如果善不是由于本性就是善的，岂不是由于教育而成的么？”从这一观点来看，人性是由社会决定的。因此，柏拉图在《理想国》中主张设计一种社会，使其中的孩子能够由适当的教育加以适当的塑造。他的观点在后来的社会哲学家康德（Kant）、歌德（Goethe）和卢梭（Jean-Jacques Rousseau）等人的学说中继承了下来，并得到了进一步的发展。他们相信，人是具有潜在的善性的，使人趋向邪恶的是邪恶的社会，因此，改变人性的前提在于改变社会。这种改变社会、改变人性的方案体现在卢梭的《爱弥儿》中，并一直延续至今，构成了当代美国新行为主义心理学家斯金纳（B. F. Skinner）的《超越自由与尊严》《沃尔登第二》等一系列著作的母体。

第二条来源于古希腊的亚里士多德（Aristotle）。他认为社会来源于人的自然本性，而人性又是由生物或本能的力量所决定的，因此改变人的本性、建立理想国的主张是无法实现的。亚里士多德的思想对后来社会心理学中的一些领域产生了一定的影响。

---

① 乐国安，沈杰．社会心理学理论．兰州：兰州大学出版社，1997：12-16.

② 全国十三所高等院校《社会心理学》编写组．社会心理学．4版．天津：南开大学出版社，2008：20.

③ 安德列耶娃．社会心理学．天津：南开大学出版社，1984：24.

作为古希腊哲学的集大成者，他的许多著述为当代心理学直接开辟了许多研究领域。现代社会心理学许多有关态度或劝说的研究是与亚里士多德直接联系着的，他将这些内容归入了修辞学。[①] 例如，他提出过有关愉快和痛苦的动机理论，概述了**宣泄理论**并进而影响了当代社会心理学对人类侵犯行为的研究。他关于社会和人性的思想经由基督教的教父哲学和经院哲学传递下来，影响了后世的很多社会哲学理论。

虽然和柏拉图不一样，亚里士多德更重视经验证据和归纳推理，但是，受时代所限，包括亚里士多德思想在内的古代社会哲学中的社会心理思想都无法借用经验的方法来证明自己的假设，此时的社会心理学距离成为一门科学还有很长的路要走。

宣泄理论：关于人的需要、动机、本能、行为等受到挫折后产生消极情绪的理论。

二、社会心理学的形成时期

社会心理学真正成为一门科学还要到 19 世纪下半叶，19 世纪下半叶到 20 世纪初是人类社会发生重大历史变化的时期。伴随着整个资本主义世界的相对稳定和发展，许多学科取得了很大的发展和进步，其中包括那些同社会生活的各个过程有直接关系的学科。社会学、心理学、文化人类学及其与社会相关的邻近学科都取得了长足的发展。社会心理学是在社会学和心理学分别脱离哲学母体之后，从这两门学科中应运而生的一门边缘学科。

社会心理学学科的出现来自社会发展的需要和相关学科的理论准备。美国社会心理学家希布塔尼（T. Hibutani）指出，社会心理学之所以能在 19 世纪末 20 世纪初成为独立的学科，其部分原因在于当时已有的学科（主要是社会学和心理学）无法解决具有某些特点的问题，也就是说，社会学和心理学的发展过程交汇，直接产生了建立新学科的需要。

当时，资本主义的经济变革所导致的大动荡促使人们用已经出现的政治数学和人口统计来考察人口、死亡率、家庭收入、生活状况、犯罪类型等社会问题。在这些社会调查中，有不少问题已涉及社会心理学的研究课题，如法国的帕兰·杜沙特列（A. J. B. Parent Duchatelet）在 1834 年发表的两卷本《关于巴黎城里的卖淫》中就使用了警方记录和私人访谈法来了解有关这些妇女的社会出身、对宗教和婚姻的态度、堕落的原因等问题。虽然这些人并不是社会心理学研究者，也没有意识到他们所从事的研究是关于社会心理学方面的，但在后人看来，他们是“社会心理学研究的头一批样板”[②]。

社会学对社会心理学的兴趣与社会学中的心理学派有着密切的联系。自从 1838 年

① 萨哈金．社会心理学的历史与体系．贵阳：贵州人民出版社，1991：13.

② 拉特纳．美国社会心理学的历史与现状．中国社会科学，1984（2）.

法国实证主义哲学家孔德的三大卷《实证哲学教程》宣布了作为独立学科的社会学诞生之日起，社会学就力图从其他知识领域借鉴现有的规律解释一系列社会事实，这种社会学的还原主义在历史上的第一种形式是**生物还原主义**。这种生物还原主义在斯宾塞（H. Spencer）的著作中被发挥得淋漓尽致，成为社会学历史中的有机学派。然而，生物还原主义的失败迫使他们运用心理学的规律解释社会，尽管这种心理规律决定社会过程的构思注定还是行不通的，但社会学中的这种心理学倾向为社会心理学的诞生打下了基础。尽管心理学对社会心理学的兴趣丝毫不亚于社会学，但这种兴趣最初却形成于精神病学和变态心理学。精神病学实践的发展，特别是作为特殊暗示形式的催眠术的应用，揭示了个体的心理调节依赖于另一个体的操纵作用这一事实，从而推动了社会心理学的研究。早在1824年，由布雷德（J. Braid）进行的催眠术实验成为解释社会心理现象的基础。① 1890年前后，人们开始将精神分裂归因于社会行为。这些触及社会心理学的思想都产生在冯特的《民族心理学》（1900—1920）之前。这一切都说明社会心理学在形成过程的一开始就受到两种不同学科的影响，这一影响一直持续到现在也没有完全消失。社会心理学中的理论一直带有社会学或心理学的取向问题，而缺乏这一学科的中性理论。苏联社会心理学家安德列耶娃将社会学和心理学比作社会心理学的"双亲"，是恰如其分的。

生物还原主义：将高层次还原为低层次，将整体还原为各组，分别加以研究。

背景人物

赫伯特·斯宾塞（1820—1903），英国实证主义哲学家、社会学家和教育家。他为人所共知的就是"社会达尔文主义之父"，他所提出的一套学说把进化理论的"适者生存"应用在社会学上尤其是教育和阶级斗争上。另外，他的著作对很多课题都有贡献，包括规范、形而上学、宗教、政治、修辞、生物和心理学等。

在其初创时期，社会心理学理论基本以社会经验论为基础，以下几大事件成为社会心理学形成的主要标志：1859年，德国人拉扎勒斯（M. Lazarus）和斯坦达尔（H. Steinthal）创办了《民族心理学和语言学》杂志，并发表了《民族心理学序言》一文，成为民族心理学的创始人，社会心理学由此进入社会经验论阶段。1875年，德国学者舍夫勒（A. E. Schaffle）首先在现代意义上使用了"社会心理学"一词，在《社会躯体的结构及其生活》一书中，舍夫勒论述了社会生活中的心理状况和民族意识的一般现象。1894年，斯莫尔（A. W. Small）和文森特（G. E. Vincent）在美国率先使用"社会心理学"一词，并将"社会心理学"列为《社会研究导论》一书的主要章节。

① 萨哈金．社会心理学的历史与体系．贵阳：贵州人民出版社，1991：3.

1897 年，美国人鲍德温（J. M. Baldwin）以“一种社会心理学研究”为《心理发展的社会和伦理解释》一书的副标题，描述了个人是个体化了的社会我，是社会的一部分，也是社会的结果。同年，特里普利特（N. Triplett）在《美国心理学杂志》上首次发表了一份社会心理学的实验报告，对骑自行车人的单独行驶、陪伴行驶以及竞赛时的速度进行了测量和对比研究。由此，1897 年被称为美国社会心理学的诞生之年。1898 年，法国人塔尔德（G. Tarde）写出了《社会心理学研究》一书，企图用模仿的概念来解释社会行为。1908 年，英国心理学家麦独孤和美国社会学家罗斯分别从不同的学科角度撰写了社会心理学的教科书，其象征意义在于，社会心理学由此终于从促使其诞生的社会学和心理学土壤中脱生出来，走向独立。

在社会心理学的初创时期存在四种主要的理论形态：德国的民族心理学、法国的群众心理学、英国的本能心理学和美国的社会心理学。①

民族心理学是社会心理学理论的最初形态之一，是于 19 世纪中叶在德国形成的，属于心理学的社会心理学理论发展线索。早在 1807 年，黑格尔（G. Hegel）在《精神现象学》一书中论及不同于个体精神的绝对精神。在近一个世纪后，现代心理学之父冯特通过拉扎勒斯和斯坦达尔的杂志深受黑格尔影响，当他完成了有关“生理心理学”和“实验心理学”的大量著作后，在其生命的最后 20 年中开始撰写《民族心理学》。虽然这部多达十卷的著作在影响方面远不如他的个体心理学体系那么深远，但却成为社会心理学的来源之一。

法国群众心理学的代表人物是塔尔德（G. Tarde）、迪尔凯姆（E. Durkheim）和勒庞。塔尔德主要从事法理学和犯罪学的研究，他在社会心理学方面值得一提的是他在其所著的《模仿律》中创设了模仿理论。在他看来，模仿不但是犯罪的根本规律，而且可以用来解释一切社会现象。1 个人发明创造，99 个人跟着模仿，这样就有了风俗和时尚。由于他将模仿看成是最简化的个人活动，因此，团体行为也被解释为是个体心理学的，而不是社会心理学的。迪尔凯姆的理论观点正好同塔尔德相反，作为早期最杰出的社会学家之一，迪尔凯姆始终从集体的方面论及人的行为，诸如集体中的自杀问题、宗教问题和公德问题。他认为集体意识绝不是个体意识的相加之和，前者大于后者并决定后者。在《社会分工论》中，他写道：“集体意识是独立于个人置身其间的特殊情况的，个人消逝了，它仍旧存在。”② 因此，社会心理学开始于群体并终结于群体。勒庞对群众心理学的观点和迪尔凯姆的理论有点相似，“他的群众心理统一律并不意味着一群人仅仅是其成员的平均数或集合体”，而“有某种新的东西出现”③。但他对感染、暗示的论述又受到塔尔德的影响。迪尔凯姆和勒庞的理论都在美国社会学家罗斯那里得到了继承与发展，他的《社会心理学》一书是当时社会学家对社会心理学的最系统的论述。

---

① 乐国安，沈杰．社会心理学理论．兰州：兰州大学出版社，1997：12-16.

② 阿隆．社会学主要思潮．上海：上海译文出版社，1988：345.

③ 查普顿，克拉威克．心理学的体系和理论．北京：商务印书馆，1984：310.

背景人物

埃米尔·迪尔凯姆（1858—1917），法国社会学家，社会学的学科奠基人之一。他出生于一个犹太教教士家庭，1882 年毕业于法国高等师范学校，后又赴德国学习教育学、哲学、伦理学，深受冯特实验心理学的影响。迪尔凯姆一生主张将理论研究和经验研究相结合，奠定了现代社会学的基础，也使社会学在研究对象、方法和基础概念上同哲学、历史学和心理学划清了界限。

本能心理学：基于力比多的心理学研究，本能即人类与生俱来的、不需要教导和训练的、天赋的动机。

提出**本能心理学**的是英国著名的心理学家麦独孤。他在《社会心理学导论》一书中，沿着达尔文（C. Darwin）进化论的线索，探讨了个体行为的动力问题。他认为本能是一切社会行为的基础，而作为人类社会行为的基础，本能又有相应的情绪和后天形成的情操相伴随。情操对本能和情绪起控制作用。他提出了诸如求食、拒绝、求新、逃避、斗争、性及生殖、母爱、合群、支配、服从、创造、建设等 18 种本能，并认为从这些本能中可以衍生出全部的社会生活和社会现象。

但此时初具雏形的“社会心理学”，还缺乏能使它不断繁荣的任何一种实验作为基础。因此在这个社会经验论的阶段，尽管已经可以宣告作为一门独立学科的社会心理学诞生了，但它还带有明显的思辨和抽象性质，是一门描述性较强而实证性较为欠缺的科学。

在美国社会心理学理论这一阶段，社会学家罗斯开始了美国的社会心理学研究。罗斯在《社会心理学》一书中，主张社会心理学要研究人们的相互作用对其行为的影响。他认为社会就是模仿、效法，其中模仿是人类行为形成的基本方式。模仿遍布于整个社会中，渗透到人类生活的各个领域。罗斯甚至把模仿说延展到解释时髦、习惯和舆论等社会现象上。罗斯的思想不仅深受塔尔德的影响，而且还深受勒庞的影响。在罗斯看来，群众受到暗示后就会发生相互影响，这样相互影响就变成群众力量。因此，群众经过相互影响后，一些荒诞的暗示就更可能吸引群众，以致引起骚动之后，群众更加相信他们所受到的暗示，因而他们就会更加狂热。

三、社会心理学的确立时期

从 20 世纪 20 年代起，伴随着实验手段的运用，社会心理学完成了在其整个历史上最具革命意义的转折，大踏步地走向科学。这是社会心理学的确立时期，即社会心理学成为一门真正的实证科学的时期，其具体特征为社会心理学已经从描述转变为实验，从定性转变为定量，从理论转变为应用，并从普遍论转变为特殊论。从那以后，社会心理学得到了空前的发展。由于上述转变，社会心理学从欧洲传统向美国传统转变。年轻、富有开拓精神和实用主义倾向的美国为同样年轻的社会心理学提供了最适宜发展的土壤。“爱搞实验是美国人性格中根深蒂固的特点，而美国的经验又进一步加深了这一特点，美国本身就是一个最大的实验场……”① 这一精神和文化氛围既能说明社会心理学从描述向实验的转变，同样也能说明这一时期在同社会心理学的发展有着密切联系的相关学科中出现的各种转变，心理学从强调本能发展到强调习得，行为主义迅速统治了整个美国，社会学中也同时出现并牢固确立了重视经验的倾向。

这种朝向美国传统的改变，使此时的社会心理学同其他学科一样表现出了极端的实用倾向，它明确地指向实际的社会需要。这体现在 F. 奥尔波特对前人成果的综合上，其创立的社会心理学中的实验方法及有关实验成果都具有划时代的意义。奥尔波特的研究主要受到特里普利特于 1897 年发表的关于他人在场和竞争对个人行为影响的实验报告以及德国的莫德（W. Moede）1913 年有关群体对个人行为影响的实验的启发和影响。在 1916—1919 年，他做了一系列有关“社会促进”的实验，富有成效地观察到合作群体中存在的社会刺激会使个人工作在速度和数量方面有所提升。这一增进在涉及外部物理运动的工作中要比在纯智力工作中表现得更为突出。他将这些实验成果写进了他于 1924 年出版的《社会心理学》一书，该书被人们公认为实验社会心理学诞生的标志。同时，奥尔波特除了研究社会促进以外，还研究了从众、群体态度和人格特征等，这些研究课题一直受到社会心理学家的关注，有些已成为社会心理学的经典实验。

背景人物

F. 奥尔波特（1890—1978），1919 年在哈佛大学获哲学博士学位。曾任北卡罗来纳大学教授。1924 年以来任锡拉丘兹大学教授。1921—1925 年曾任《变态与社会心理学》杂志编辑。1965 年获得美国心理学会的杰出科学贡献奖。1968 年获得美国心理学基金会金质奖章。1974 年锡拉丘兹大学授予他名誉博士学位。1978 年奥尔波特在锡拉丘兹去世。他的主要著作是《社会心理学》。

20 世纪 20 年代至 30 年代，当社会心理学通过一系列实验研究向前蓬勃发展时，理论探索的兴趣也通过社会学家库利（C. H. Cooley）、托马斯（W. I. Thomas）等人延续下来，J. 米德（J. Mead）是这一派别的集大成者。米德的理论兼有哲学、社会学和社会心理学的色彩。从内容上看，他将原先社会学家对社会的宏观研究缩小到微观研究，即将社会行为看成是两个人或两个人以上的社会互动。这一思想为后来的布鲁默（H. G. Blumer）的“符号互动论”的社会心理学理论奠定了基础，同时也直接孕育了 20 世纪四五十年代后形成的诸多社会心理学理论。无论是萨宾（T. Sarbin）的社会角色理论、海曼（H. H. Hyman）的参照群体理论，还是戈夫曼（E. Goffman）的社会戏剧理论、勒默特（E. M. Lemert）的社会标签理论，都与米德的思想有着这样或那样的

① 康马杰．美国精神．北京：光明日报出版社，1988：15.

联系。另外，社会学家有关社会心理学的经验研究也能与心理学家的实验室研究相媲美。例如，20世纪三四十年代的关于社区心理和社会流动方面的调查，代表作有林德（R. S. Lynd）等人的《中镇》和沃纳（W. L. Warner）的《美式小城》，它们揭示了一个人所占据的阶级位置是决定其世界观的最重要因素。1935年，美国社会学家盖洛普（G. H. Gallup）运用分层抽样法开展的民意测验调查，促进了民意测验在美国的迅速发展。

四、社会心理学的扩展时期

社会心理学的扩展时期开始于第二次世界大战，这是世界范围内社会心理学新格局出现的时期，这一阶段最重要的特征表现为社会心理学在世界许多国家和地区都得到不同程度的普及与发展，尤其是社会心理学的本土化运动正在改变着以西方为中心的格局。其中最引人注目的事件无疑是，以美国为代表的西方社会心理学在经历了深刻危机之后正在调整原来的发展策略，而苏联、东欧的社会心理学重新建设并在一段时期内成为一支重要的力量。此外，中国的社会心理学也在迅速地崛起。

第二次世界大战的爆发促进了美国社会心理学的繁荣，而且社会心理学也直接服务于战争。在这一时期，社会心理学的主要课题包括信仰、偏见、说服、宣传、态度改变及大众传播等。例如：霍兰德在第二次世界大战中开展了沟通与说服及态度改变的研究；拉扎斯菲尔德（P. Lazarsfeld）对1940年战时美国总统选举进行了调查，并在1944年出版的《人民的选择》一书中，提出了“二级传播理论”；而斯托弗（S. A. Stauffer）等人通过对美军人员的素质及心理状况的调查，提出了“相对剥夺”的概念。战后，社会心理学研究的范围触及有关人际关系和人格特征对社会行为的影响。其中费斯汀格（L. Festinger）的认知失调理论具有较大的影响。另外，小群体的研究也有较大的发展，对诸如领导方式、竞争、合作等均有所涉及。进入20世纪60年代，社会心理学在美国达到鼎盛时期。1968年出版的《社会心理学手册》有五大卷，共250万字。从事社会心理学工作的专业人员达5 000人。社会心理学被广泛应用于学校、医院、企业、家庭等，研究课题也更加广泛。理论建设在此期间也有所成就，社会学习理论、社会认知理论、社会角色理论先后崛起，试图对社会行为做出新的解释。

但是进入20世纪70年代以后，美国的社会心理学发生了一场危机，主要发端于美国当时的社会危机，黑人运动、妇女运动、反越战运动以及以“全球大造反”为标志的青年运动造成了社会的大动荡。面对日益严峻的现实，人们呼吁社会心理学家走出书斋和实验室，到社会现实中去解决最迫切的社会问题。然而社会心理学家一时手足无措，拿不出治愈社会疾病的灵丹妙药，因此人们对这门原来深得推崇的学科大失所望。针对这一危机，研究者寻找出不少原因，其中包括理论定向、研究方法和社会期望等问题。总之，种种问题都说明了社会心理学还是一门不太成熟的学科。

欧洲原本是现代社会心理学的策源地，但在20世纪30年代之后，随着大批欧洲优秀学者由于动乱和战争而移居美国，美国的社会心理学开始迅速发展并逐渐成为主流。第二次世界大战之后，世界社会心理学由美国占据霸主地位。而战后欧洲的社会心理学，当时也只能说是“美国殖民化”的社会心理学，因为从研究理论、观念直到具体选题和方法，这时的欧洲社会心理学基本上都是美国社会心理学的复制品。这种状况于 20 世纪 60 年代中期开始有了变化。一批欧洲社会心理学家提出了建立欧洲社会心理学的主张。而且，在之后社会心理学危机中，美国式的社会心理学逐渐显现出来的种种弊端激发了欧洲社会心理学家对美国研究范式的进一步批判，并促进了欧洲社会心理学的本土化运动。1966 年，欧洲实验社会心理学创立，这标志着欧洲社会心理学开始了学科的制度化。此后，欧洲社会心理学进一步发展和壮大，逐步创建和发行自己的权威学术期刊，出版有影响力的专著丛书，编撰本土社会心理学教材，直至出版与美国社会心理学手册相对应的欧洲社会心理学手册。

当代欧洲社会心理学在初期发展中，注重对美国社会心理学中流行的实验主义、个体主义等倾向的批判。在对美国主流社会心理学研究定向的批评和反省过程中，欧洲社会心理学建构起修辞学和话语分析等独特的研究方法和技术。同时，欧洲学者注重理论的创新，特别关注社会影响和群际关系等领域，建构起一些具有本土特色的理论，比如社会认同论和社会表征论。这些欧洲本土理论在不断发展的过程中逐步被美国社会心理学主流所接受。到了 1991—2000 年，欧洲和美国的社会心理学已处于动态的相互融入过程，这主要表现在两个方面：第一，体现欧洲社会心理学独具特征的社会关怀，如**社会认同**、群体创新，已经融入美国当代社会心理学的研究中。此外，**社会表征论**也开始对美国社会心理学产生重要影响。第二，美国社会心理学从 20 世纪 80 年代以来蓬勃发展的社会认知范式，也已经成为当代欧洲社会心理学的主导研究范式之一。经过多年的不懈努力，现在欧洲社会心理学在研究视角、研究方法以及理论创新方面都有了自己的特点。以 2001 年出版的欧洲《社会心理学手册》为标志，欧洲社会心理学已成功地解构了美国社会心理学的霸权地位，并和美国社会心理学一起成为当今世界社会心理学的主流。[①]

> **社会认同**：一个人对他或她是谁的定义，包括个人属性和与其他人共同拥有的属性。
>
> **社会表征论**：集体成员通过沟通形成的关于特定社会对象的社会共识。

在苏联，20 世纪 50 年代末中断了 30 余年的社会心理学开始复苏。1959 年，科瓦列夫（А. Г. Ковалев）在《列宁格勒国立大学学报》上发表了题为《论社会心理学》的文章，导致了一场关于社会心理学的大讨论。其主要议题是社会心理学在整个社会结构中的地位、社会心理学的研究对象和学科性质，以及如何看待资本主义国家发展起来的传统社会心理学。虽然观点各异，但在总体上确立了马克思主义的指导原则并客观地评价了西方的社会心理学。至 20 世纪 60 年代，苏联的社会心理学开始迅速发展。在 60 年代初召开的“讨论高级神经活动生理学和心理学的哲学问题”会议上，人们指出了研究社会心理学的必要性。1963 年，在苏联心理学第二届代表大会上，讨论了社会心理学的基本问题。1968 年，在列宁格勒国立大学成立了全苏联第一个社会心理学

① 方文．欧洲社会心理学的成长历程．心理学报，2002（6）．

教研室。另外，苏联也派代表参加了国际上有关社会心理学的专题会议。苏联社会心理学经过了20世纪20年代末、60年代初的大讨论后，于70年代以后得到了进一步的发展。到20世纪70年代末，苏联社会心理学朝着深入研究个性、小群体和集体问题以及社会共同体的方向发展，同时社会心理学家也走向社会，参与社会规划、社会管理、工业生产、日常生活和大众传播等方面的工作。

社会心理学在中国的发展可以最早追溯到科学社会心理学诞生初期。中国学者翻译了早期的社会心理学著作，并且撰写了一些社会心理学的教材和著作。1924年，陆志韦的《社会心理学新论》是中国人撰写的第一本社会心理学著作。1944年，孙本文编撰的《社会心理学》系统介绍了社会心理学的理论和具体研究，是当时中国比较全面的一本社会心理学著作。此外，在此期间还展开了一些心理学的专题研究。由此可以看出在1949年之前中国社会心理学起步阶段的发展状况。1949年之后，由于国内外形势等原因，社会心理学一度陷入停滞阶段。20世纪80年代，中国的社会心理学研究进入了恢复和重建时期，研究者开始系统地引入西方社会心理学的研究成果，并加紧进行社会心理学学科建设和发展。1981年，北京心理学会首次举办社会心理学学术座谈会，来自全国各地的50多位学者就社会心理学的研究对象、方法和性质等理论问题发表了意见，这是社会心理学重建的重要标志。1982年，中国社会心理学研究会（后更名为中国社会心理学会）成立，中国社会心理学研究进入新时期。同年，南开大学开设社会心理学研究生班，北京师范大学心理学系、广州师范学院等院校也相继开展同样的工作。在这一时期，北京、上海、天津、广州等地有一批新老结合的研究群体出现，一部分译介著作陆续出版，使中国社会心理学研究者可以用较短时间完成社会心理学的重建。此后，社会心理学在中国的发展进入全新的发展时期，在理论探索、实践研究、学科建设、人才培养等方面都取得了重大的成果。随着中国社会的变迁，中国社会心理学一方面致力于解决重大社会现实问题，另一方面在此基础上建立起了完备的学科体系与不可替代的学科地位，展现出基础研究和应用研究比翼齐飞的学科特点。

第二节　社会心理学发展中的两种研究取向

在社会学和心理学的发展中，出现了一种彼此接近的运动，与其说这种运动首先形成的是社会心理学这门边缘学科，不如说它首先形成的是“真正的边缘问题”。这就能够从一种新的角度说明为什么“当社会心理学形成之时，它趋向于分为两支，一支是心理学家的社会心理学……一支是社会学家的社会心理学”[①]。所以，社会心理学学科在20世纪初问世，除了当时社会实践的需要外，更直接的动因在于社会学与心理学

① 墨菲，柯瓦奇．近代心理学历史导引．北京：商务印书馆，1980：607.

之间的交互作用。诚然，许多与人类社会生活关系密切的学科，如语言学、犯罪学、民族学、考古学、文化人类学、社会生物学等，都对社会心理学的产生和成长起到促进作用，但是对社会心理学起到直接孕育作用的则是社会学和心理学这两个“母体”学科，社会心理学从一诞生起便一直带着它的“胎记”，即包含着与生俱来的两种取向，社会学取向和心理学取向。社会心理学之所以能从社会学和心理学这两门学科中独立出来，是因为无论是社会学家还是心理学家都在自己的学科中面临着这类“边缘问题”。如果说当心理学家注意到个人行为受他人存在影响时，心理学家便触及了社会学，那么，当社会学家开始研究个体和群体间的互动时，社会学家便涉足了心理学领域。

一、心理学取向的社会心理学

1908 年以后，心理学取向的社会心理学在整个社会心理学发展的总体格局中占据了优势地位。这种情形的出现要得益于**达尔文进化论**所取得的全面胜利，正是在这种时代背景下，麦独孤自然成为社会心理学的宠儿。从 1908 年到 1921 年的短短 13 年中，他的《社会心理学导论》就连续印刷了 14 版之多。在 20 世纪 20 年代以后，随着行为主义的兴起而产生的实验社会心理学虽然抛弃了对本能的研究，但却继承了麦独孤注重个体的研究取向，从而把心理学取向的社会心理学推进到崭新的阶段。F. 奥尔波特在一系列实验研究基础上，于 1924 年出版的《社会心理学》及其提出的“社会促进论”，被公认为实验社会心理学诞生的标志。从他开始，直至 20 世纪 70 年代之前，心理学取向的社会心理学一直处于发展的高峰状态，其主要表现为经典研究不断涌现、理论观点纷呈林立以及应用研究在局部出现等。比如：1929 年，瑟斯顿（L. L. Thurstone）和蔡夫（E. J. Chave）开展了态度测量；1932 年，李克特（R. A. Likert）对前两人的态度量表进行了改进，提出了一套现今已在舆论调查中广为运用的测量方法；1935 年，谢里夫（M. Sherif）进行了有关社会规范形成的实验研究；1939 年，勒温（K. Lewin）在早期提出的**场论**基础上开展了群体动力学研究；1951 年，阿希（S. E. Asch）做了遵从行为的实验研究；1963 年，米尔格拉姆（S. Milgram）进行了引起广泛争议的服从权威的实验研究。上述研究都成为当时被多次引用的经典范例。

> **达尔文进化论**：以自然选择为核心，第一次对整个生物界的发生、发展做出唯物的、规律的解释。
> **场论**：一个人所能创造的绩效不仅与他的能力和素质有关，也与其所处的环境有密切的关系。

但是，在心理学取向的社会心理学中，少有统一理论基础的完整流派，多数只是在方法原则上方向大致相同。此外，心理学取向的社会心理学在 20 世纪 40 年代以前的工作主要是致力于实验室研究，到了 20 世纪 40 年代以后，一些局部性的应用研究才开始出现。这主要是因为第二次世界大战的爆发使社会心理学不得不在一定程度上趋向现实社会生活，其中围绕信仰、偏见、说服、宣传以及态度的形成与改变等问题的研究开始展开。在第二次世界大战后的 20 世纪五六十年代，应用研究主要涉及提高劳动生产率、发展大众传播媒介、改进组织管理方法等具有实用性的领域，但它对于与社会宏观结构紧密相关的社会问题则采取回避态度。

二、社会学取向的社会心理学

社会互动：群体活动和社会过程是以互为条件和结果的社会行动为基础的。

美国社会心理学家埃尔伍德关于社会心理学的定义，典型地阐述了社会学取向的社会心理学的研究宗旨。他认为，社会心理学是关于**社会互动**的研究，它是立足于群体生活的心理学，以对群体所产生的人类反应类型、沟通类型和各种行动的解释为出发点。从罗斯开始发端的社会学取向的社会心理学，其发展的态势尽管不如心理学取向的社会心理学那样显赫，但它还是形成了社会心理学学科体系的另一条大动脉。

自20世纪20年代开始，当心理学取向的社会心理学通过一系列实验研究而蓬勃发展的时候，理论研究的兴趣却主要在社会学取向的社会心理学家们身上表现出来，产生了巨大影响的是符号互动理论学派和社会交换理论学派。从20世纪初期开始，社会学取向的社会心理学所进行的经验研究或应用研究持续不断，代表著作不断问世，比较有影响的如：20世纪三四十年代对社区心理和社会流动方面的调查研究，其代表作有林德等人的《中镇》和沃纳的《美式小城》；20世纪30年代由于世界经济萧条和社会动荡所引起的对公众舆论、恐慌、流言和谣言等方面的研究；1935年美国社会学家盖洛普运用分层抽样法进行的科学的民意测验；斯托弗等人根据对美军人员素质和心理状况的调查在1949年出版的《美国士兵》。自罗斯的《社会心理学》发表以来，社会学取向的社会心理学教材尽管在数量上不如心理学取向的社会心理学教材那么多，但是也仍在陆续出版，较著名的有埃尔伍德的《社会心理学导论》、林德史密斯（A. Lindsmith）的《社会心理学读本》、罗森伯格（M. Rosenberg）和R. 特纳（R. Terner）的《社会心理学——社会学的透视》以及麦考尔（G. J. McCall）和西蒙斯（J. L. Simmons）的《社会心理学——一种社会学的研究》等。[①]

三、两种取向社会心理学的分歧与整合

人的心理与行为同社会、人格之间存在着制约与被制约的关系，这种关系不仅决定了作为研究人类心理与行为的学科社会心理学的交叉学科地位，同时也决定了社会心理学的研究对象原本就可以从“心理学”和“社会学”两个不同的方向进行探索。迄今为止，心理学取向的社会心理学在整个学科发展的总体格局中一直占据着优势地位，而社会学取向的社会心理学则显得势单力薄。不过，在社会心理学百余年的发展中，两种取向的社会心理学由初创时期的敌对，到发展中的逐渐趋近，直至演变为合作。从某种意义上来讲，这正是社会心理学的一种进步，两者之间的互动标示了社会

① 乐国安，沈杰．社会心理学理论．兰州：兰州大学出版社，1997：333-336.

心理学的未来之路。

（一）两种取向社会心理学的分歧

从社会心理学学科体系结构的角度来看，两种取向的社会心理学之间的差异主要表现在研究对象、研究范围和研究方法上。

在研究对象上，心理学取向的社会心理学强调个体变量的重要性，而社会学取向的社会心理学则注重群体变量的意义。这种研究对象侧重点的不同是导致两种取向的社会心理学在研究范围、研究方法及其成果应用等一系列方面存在差异的基本原因。从理论层面上看也是如此，社会学取向的理论多属于**中层理论**范畴，心理学取向的理论多处在微观理论层次。

> **中层理论**：也称中观理论，主张研究应着重于发展处于宏观和微观之间的中间层次的理论。

在研究范围上，心理学取向的社会心理学主要是通过了解个体在学习过程中所形成的个人特质以及特定社会情境中他人对个体的影响来解释人的社会行为；而社会学取向的社会心理学主要是通过考察人们在社会化过程中所获得的社会角色以及人们的社会互动作用来说明人的社会行为。

在研究方法上，心理学取向的社会心理学倾向于把实验法作为主要的研究方法，在一个时期它甚至主张，不使用实验室方法的社会心理学都不具有科学性质，后来其态度有所改变，在使用实验室方法的同时，也采用现场实验、自然实验及其他方法；而社会学取向的社会心理学主要采用的研究方法是社会学的基本调查方法，如问卷法、访谈法等。

以上方面仅是从社会心理学学科体系的角度，对两种取向的社会心理学之间在结构上的差异进行了静态的分析比较。然而，要想对两种取向的社会心理学在整个社会心理学学科中的地位与作用做出比较完整的评价，还必须从社会心理学的发展历程方面，对两种取向各自所表现出的功能状况进行动态的考察认识。

从心理学取向的社会心理学来看，它对于促进整个社会心理学学科的进步做出了重要贡献，同时，它还体现了社会学取向的社会心理学所不能取代的独特优势。首先，作为心理学取向的社会心理学重要代表的实验社会心理学的兴起与发展，加速了刚刚诞生不久的社会心理学彻底摆脱思辨研究、经验描述的初级阶段而步入精确测试、定量分析的高级阶段的进程。心理学取向的小群体实验研究具有的以往思辨探讨和经验描述所不可比拟的先进性就在于实验法能对影响行为的因素进行严格控制与量化分析，易于找出精确的行为机制和规律，因此有利于建立假设、实施研究、检验理论、推出成果。其次，与社会学取向相比，心理学取向的社会心理学所具有的特殊优势表现在：由于它注重个体变量的研究，以个体特质作为解释社会行为的基本依据，而为了把握这种依据，势必深入探讨个体的生理和经验因素、社会学习过程、环境或他人的影响等细微方面对人的作用。因此，心理学取向的社会心理学长于对微观社会心理层面和深层社会心理机制做出透视，以便于建构各种小理论乃至中层理论。如社会促进理论、挫折-攻击理论、竞争与合作理论、认知一致性理论等都是这方面的典型代表。

但是，不可否认的是，心理学取向的社会心理学仍然存在着很多不足之处，这表现在：第一，研究对象方面的问题。心理学取向的社会心理学以个体为研究重点，从而不可避免地在很大程度上忽视了对群体特别是大群体层面的注意，忽视了对根本上决定社会心理的宏观社会结构的分析。第二，研究方法方面的问题。20 世纪 20 年代以后，心理学取向的社会心理学在研究方法论上主要接受新实证主义哲学的指导，把可证明性或可操作性原则当作检验知识真伪的唯一标准，使社会心理学研究与社会哲学、价值理论相脱离，把实验法尤其是实验室实验法视为衡量社会心理学是否属于一门科学的绝对标准。其结果是，社会心理学研究远离真实的社会背景而成为一种“真空中的实验”，即一种对人为社会情境甚至是非社会情境中的“社会行为”所做的研究。正如墨菲（G. Murphy）所言：“从实验室中‘社会助长’问题研究到理解校园内的动乱或国际的仇恨还有很长一段距离。”① 第三，研究取向方面的问题。出于对新实证主义的科学研究准则的尊崇，心理学取向的社会心理学要求严格地建立假设与检验，注重完善数学程序，讲究精确地收集资料。这种“方法崇拜”倾向不免产生两种结果：一是对理论研究极端轻视；二是对应用研究兴趣淡薄。

与此相对立的社会学取向的社会心理学的突出特征在于，它以群体变量为研究重点，以社会互动为主要研究内容，多采用能在较大范围内实施的研究方法，如观察法、问卷法、跨文化研究法等。因而其优势是便于把握宏观的社会心理层面，灵敏反映现实生活中的心理问题，而研究成果干预社会实际领域的能力较强。因此，加强社会学取向的研究无疑是使社会心理学面向社会的合理策略。但是，强调加强社会学取向的社会心理学研究，并不是要用社会学取代社会心理学。因为正像社会心理学的“心理学化”会使社会心理学蒙受严重损失一样，社会心理学的“社会学化”也是没有任何前途的。庸俗的社会学化也是社会心理学前进道路上的重大障碍。②

（二）两种取向社会心理学的整合尝试

在社会心理学中两种取向分裂的同时，整合两种取向的尝试也一直存在着。例如，20 世纪 30 年代前后，由勒温开创的群体动力学研究就在某种程度上突破了“社会学的社会心理学”和“心理学的社会心理学”的界限。群体动力学本身便是一个汇集了社会科学不同学科的学术潮流，它与心理学、社会学、文化人类学乃至经济学都保持着较为密切的关系，是社会科学中多学科交叉研究的一次全新尝试。而这种尝试对于弥合社会心理学一开始就存在的社会学取向和心理学取向的裂痕起了极为重要的作用。

20 世纪 50 年代，美国也曾经大张旗鼓地开展两种取向在学科制度上的弥合。第二次世界大战期间和战后几年，社会心理学曾经历短暂的跨学科研究的繁荣时期。为了适应战争的需要，一大批美国社会心理学家和其他学者一起被政府、军方招募，投入一系列与战争有关的社会问题的研究。社会心理学者因而有机会和其他学者如人类学

① 墨菲，柯瓦奇．近代心理学历史导引．北京：商务印书馆，1980：635.

② 安德列耶娃．西方现代社会心理学．北京：人民教育出版社，1987：206.

者、社会学者和政治学者一起工作，使突破既定的学科制度堡垒，暂时性的学科制度创新成为现实。在战后，一系列社会心理学的跨学科研究和培养项目纷纷建立起来。[①]

随着社会心理学的发展，整合的努力仍然在继续。特别是在 20 世纪 70 年代，社会心理学出现危机以后，研究者们进一步地意识到，一直以来以心理学取向为主流的社会心理学需要重新重视更"社会性"的视角。当代欧洲社会心理学的建设和发展就能够体现社会心理学的这种反思。同时，美国主流社会心理学的发展也开始逐渐接纳和吸收偏向社会学视角的理论体系、研究主题和研究方法。

当然，并不是所有研究者都认同两种取向整合的趋势。重要的是应该认识到：强调加强一种取向的社会心理学研究，并不意味着另一种取向的社会心理学研究可以偏废或放弃；强调两种取向互相之间应该取长补短，也并不意味着两种思路的合并。虽然社会心理学只有在更多地参与研究社会问题的条件下才能获得进一步的发展，但是，保持社会心理学和社会学之间的差别仍然很重要。社会心理学对社会问题的兴趣增长，并不意味着它要变成社会学，应该保持这两门学科对于社会问题的态度上的特点。只有将两种取向的社会心理学有机地结合，才能达到全方位、多维度地透视复杂社会心理现象的目的。

基本概念

孕育时期	形成时期	确立时期	扩展时期
心理学取向	社会学取向	德国的民族心理学	法国的群众心理学
英国的本能心理学	美国的社会心理学	欧洲的社会心理学	

本章要点

1. 社会心理学有一个很长的过去，但作为独立学科的历史并不长。通常的观点是把 1908 年视为社会心理学的诞生之年。

2. 从古希腊时期到 19 世纪上半叶是社会心理学发展过程的第一阶段，可以称为社会心理学的孕育时期。在这一阶段中论及社会心理学的思想主要有两条线索：一是以苏格拉底和柏拉图为代表的社会决定论，二是以亚里士多德为代表的自然决定论。

从 19 世纪下半叶到 20 世纪初属于社会心理学形成的第二阶段，可以称为社会心理学的形成时期。这一时期与社会心理相关的流派主要有德国的民族心理学、法国的群众心理学、英国的本能心理学和美国的社会心理学。

从 20 世纪 20 年代起，伴随着实验手段的运用，社会心理学完成了在其整个历史

① 方文．社会心理学的演化：一种学科制度视角．中国社会科学，2001（6）．

上最具革命意义的转折，大踏步地走向科学。这是社会心理学的确立时期，即社会心理学成为一门真正的实证科学的时期。

从第二次世界大战开始到现在，社会心理学经历了深刻的危机之后进入了扩展时期。

3. 社会心理学形成之后，一直存在着两种不同的研究取向：一是心理学取向的社会心理学，这种研究取向在研究方法上坚持以实验法为主，侧重于对个体心理现象的研究，主要流派有精神分析、行为主义和认知流派等；二是社会学取向的社会心理学，这种研究取向在研究方法上借鉴了社会学的研究方法，使用调查法、观察法和访谈法等多种研究方法，以社会与个体之间的互相影响作为主要的研究对象，产生了符号互动理论学派和社会交换理论学派等。这两种取向之间虽然曾存在分歧，但从历史上看逐渐表现出整合的趋势。

复习思考题

1. 如何理解“作为一种学术思想或理论观点的社会心理学的存在，要比作为一门具体学科的社会心理学的出现在时间上早得多”？

2. 社会心理学的形成和发展可以划分为几个阶段？各阶段的特点是什么？

3. 社会心理学存在哪两种不同的研究取向？各自的特点和主要流派有哪些？

推荐阅读书目

1. 乐国安．中国社会心理学研究进展．天津：天津人民出版社，2004.

2. 乐国安．20世纪80年代以来西方社会心理学新进展．广州：暨南大学出版社，2004.

3. 俞国良，等．社会心理学前沿．北京：北京大学出版社，2010.

4. 麦独孤．社会心理学导论．北京：北京大学出版社，2010.

5. 方文．学科制度与社会认同．北京：中国人民大学出版社，2008.

推荐视频

1. 加利福尼亚大学洛杉矶分校公开课：社会心理学（http://open.163.com/special/opencourse/socialpsychology.html）

2. 斯金纳箱（http://baidu.ku6.com/watch/05956646662256643870.html?page=videoMultiNeed）

第三章

社会心理学基本理论

章节导读

近几年，我国电信诈骗案件频发，平均每年造成损失约 100 亿元，而骗子针对的目标大多是老年人。社会心理学研究发现，年龄与信任感具有显著的正向相关性：随着年龄增大，针对特定或非特定他人的信任感都会显著提高。为什么老年人更容易信任他人呢？社会情绪选择理论（socioemotional selectivity theory）对此的解释是，个体选择自身所追求的社会目标时会受到时间知觉的影响。当个体感觉未来时间充裕时，会偏向获得知识、信息的目标；而当个体知觉时间有限时，情绪则成为主要追求的目标。随着年龄增长，老年人不再关注未来，而更关注情感体验，比如和他人建立亲密的情感联结，而信任他人无疑是获得这种亲密关系的重要前提。同时，老年人的情绪加工中出现"积极效应"（positivity effect），即更容易关注积极的情绪情感信息，对他人采取正面评价，这也让老年人更容易信任他人。因此，老年人就更容易成为诈骗案的侵害对象。社会心理学就是这样一门十分有趣的学问，它关注日常生活中的各种现象，并通过实验、调查等各种方法寻求表面现象下的规律，而社会心理学的理论就是社会心理学家对事实现象进行的推测和解释的整合。

社会心理学家在各自的研究过程中总结和发展出多种理论。社会心理学的发展始终受到来自不同研究取向和研究视角的各种理论的推动。由于社会心理学这一学科处于诸多社会科学的交叉地带，其理论来源极为多元化。因此，我们很难概括出一个十分完善的社会心理学理论体系。19 世纪末到 20 世纪初，社会心理学早期的理论家建构了各种跨历史、文化背景的"大理论"（grand theory）或"统一理论"（general theory），它们形成了社会心理学的理论基础。而 20 世纪中叶以来的理论家们则更倾向于建构"中层理论"（middle range theory）。这些理论不像传统大理论那样试图找出人类全部的社会心理和行为模式的普遍规律，而是仅仅针对某一方面做出解释，如社会影响论、挫折-侵犯论，以及接下来各章中我们将见到的很多针对各个具体领域和主题的理论。而本章将主要介绍作为这些理论的思想基础的各种经典理论流派。它们为社会心理学学科的构建做出了各自独特的贡献，可以说是社会心理学研究的基本理论。

引领性问题

●在本章介绍的理论流派中，你对哪个最感兴趣？为什么？

●你认为我们应该通过哪些标准来评价一个社会心理学理论？

●能否尝试用你学过或了解的社会心理学理论来解释一个身边的现象或新闻中的热点事件？

第一节 精神分析学派的社会心理学理论

心理动力学是在弗洛伊德（S. Freud）的经典精神分析学说基础之上形成的心理学思想体系，其主要特点是探寻深藏于人类内心深处的动力源，以及揭示这些动力的性质、强度和活动模式。心理动力学家认为，人的许多行为，包括社会行为，不是出于个体的自由意志，而是由这些动力全权决定的。由于这些动力基本上是无意识操作的，因此人们往往不知道自己行为的真正动机。

一、弗洛伊德的经典精神分析学说

生本能：指向生命的生长和增进的本能。

死本能：个体存在的某种侵略、破坏或自我毁灭的本能。

美国著名心理学史研究者波林（E. G. Boring）在其巨著《实验心理学史》一书中曾这样写道："谁想在今后300年内写出一本心理学史而不提弗洛伊德的名字，那就不能自诩它是一部心理学通史。"[①] 可以这样讲，精神分析学说不仅在西方心理学界占有举足轻重的地位，而且作为一种重要的社会人文思潮，对整个20世纪的西方文化都产生了不可估量的影响。单就社会心理学领域而言，西方所有的社会心理学家实际上都把弗洛伊德学说当作自己观点的理论根源，尤其是他关于"本能""超我""人格发展"和"群体心理学"等方面的论述，对社会心理学的发展影响深远。

（一）本能与社会的冲突

弗洛伊德认为，本能的主要根源是人体的需要或冲动，是人体某个组织或器官的兴奋过程，这一过程将使体内积蓄的能量得以释放。本能的能量决定了感知、记忆、思维等心理过程的目标和方向，而本能的目的则是寻求满足，即消除人体的紧张状态。与绝大多数社会心理学家坚信本能是社会行为的基础不同，弗洛伊德认为本能的冲动与社会的利益之间存在冲突，它在社会压力作用下得到升华之前是以自我为中心的。

在弗洛伊德的早期著作中，本能被区分为自我本能和性本能，人们依赖这两种本能来完成个体生存和种族延续的生命进化过程。性本能有一种潜力，它驱使人们寻求快感，消除紧张状态，弗洛伊德将这种潜力称为力比多（libido）。弗洛伊德在其晚期著作里重新划分了本能的种类。他认为，自我本能和性本能都是指向生命的生长和增进，可以合称为**生本能**（eros）；与之相对的是**死本能**（thanatos），即个体可能存在的

① 舒尔茨．现代心理学史．北京：人民教育出版社，1981：355.

某种侵略、破坏或自我毁灭的本能。生本能驱使人们为生活的满足而努力、追求、产生创造性活动，而死本能则以向外侵害、向内自戕而告终。

可以看到，弗洛伊德用本能范畴重新解释了人类行为的最初动因，改变了人们对其自身种种行为的固有解释。他认为，决定人的行为的最终、最根本的动力就是人的原始本能。所以，弗洛伊德的本能论也就是其社会心理动机论。

背景人物

西格蒙德·弗洛伊德（1856—1939）出生在奥地利帝国摩拉维亚（今属捷克）。作为精神分析学的创始人，弗洛伊德强调人的行为中的无意识思维过程极为重要，创造了用精神分析来治疗精神病的方法，系统地论述了人的个性结构学说，还发展和普及了一些心理学学说，如有关焦虑、防御功能、阉割情绪、抑制和升华的理论等。

（二）超我

弗洛伊德在进一步完善其本能论时，在潜意识的基础上提出了人格说。他认为，人格是由**本我**（id）、**自我**（ego）和**超我**（superego）三部分构成的（见图 3-1）。

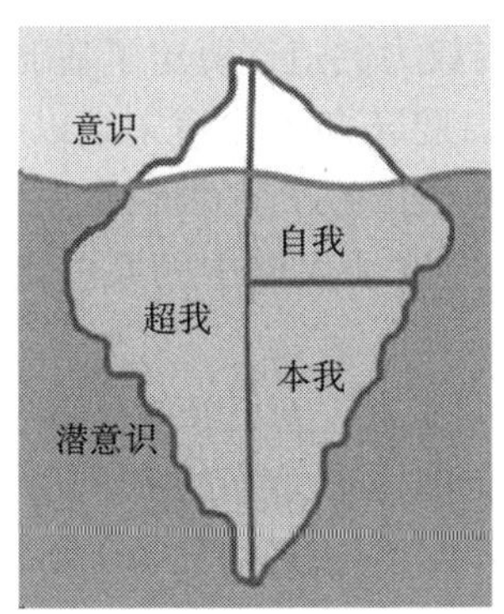

图 3-1

说明：左图以冰山为比喻，自我只是浮出水面的冰山一角，本我是暗藏在水下的部分，超我则贯穿于水面上下；又可以如右图那样比喻，自我是个体在日常生活中表现出来的自然面，本我是原始人的一面，超我是天使的一面。

> **本我**：最原始的、无意识的人格结构部分，由本能和欲望组成，遵循“快乐原则”。
>
> **自我**：个体对自己存在状态的认知。
>
> **超我**：道德良心和自我理想相结合的部分。

本我是最原始的、无意识的结构部分，由本能和欲望组成，本我包含大量不为社会道德规范所接受的原始欲望和冲动，它的活动遵循“快乐原则”。自我是人格的意识部分，它遵循“现实原则”，依现实可以允许的尺度而控制和压抑本我的冲动。超我是人格的又一组成部分，它综合了道德良心和自我理想，将社会与个体融于一体，它的活动遵循“道德原则”。正是在超我的概念中，弗洛伊德理论的社会性才得以充分显露。

超我的提出，部分地纠正了弗洛伊德在其本能理论中的强烈的生物决定论倾向。超我使得个体与社会有了密不可分的联系，超我使人产生了一种对越轨行为的内疚感，从而维护和促进了文化的发展。超我的自我理想标准使人产生一种自然的、谦卑的家庭感，这是所有宗教信仰的根本因素，更重要的是，超我概念也是弗洛伊德的社会化理论的关键概念。由于父母总是按照自己的超我来教育自己的孩子，因而孩子的超我常常是父母超我的折射；儿童通过对父母的模仿，逐渐习得父母所认同的文化。这种机制还会表现在个体日后对各种权威人物的认同行为上。超我是一种个体力图与社会和文化保持一致的心理机制，个体以此达到社会化。

（三）人格发展理论

力比多：性本能，弗洛伊德认为它是人格发展的动力。

弗洛伊德关于人格发展具体阶段的理论建立在性发展理论的基础之上。他认为，人格发展的动力是**力比多**，在不同的年龄阶段，“力比多”所集中表现的区域是不同的。这种区域可称为“性满足区”，个体使用或操作这种区域时会有一种快乐的满足。它包括口唇区、肛门区、生殖器及生殖欲等，儿童从出生到成年正是沿着这一顺序完成其人格的发展历程的。

在口唇区阶段（0～1岁），儿童的主要活动为口腔活动。他通过吃奶和撕咬得到快乐的满足，这种模式为其成年后对知识、爱情与权力的追逐奠定了基础。

儿童从出生后的第二个年头，便进入了从口腔转向消化道末端以寻求满足的肛门区阶段（1～3岁）。这一时期，儿童要接受排泄大小便方面的训练，并由此得到快感。此时排便的本能欲和外部的阻力之间的冲突，导致了人格中的某些定式，诸如反抗、报复、越轨、慷慨、施善、防御、控制等。

大约在3岁，儿童进入生殖器阶段（3～6岁）。此时儿童已经能分辨两性，他开始将注意力集中在生殖器上，并产生了对异性双亲的爱恋和对同性双亲的嫉妒。男孩对母亲产生了“俄狄浦斯情结”（Oedipus Complex，又称“恋母情结”），女孩对父亲产生了“厄勒克特拉情结”（Electra Complex，又称“恋父情结”）。就男孩而言，为了争夺母亲的爱，他嫉妒自己的父亲，但由于父亲的权威又不得不模仿、认同自己的父亲。因此，这种对父亲的认同作用带上了敌对的色彩，并变成一种要驱除父亲并取代他对母亲的地位的欲望。①

此后，儿童会经历潜伏期阶段（6～12岁），这一时期儿童性欲倾向受到压抑，快感主要来自对外部世界的兴趣，学习是这一时期的主要任务。

其后，儿童进入生殖欲阶段（12～18岁），此时个体的兴趣逐渐转向异性，开始了两性间的相互吸引，最终达到两性的真正结合。在弗洛伊德看来，自我和超我的能量发泄作用和反能量发泄作用的形成，以及二者之间的相互作用，决定了人格的发展道路。②

---

① 克里曼．弗洛伊德著作选．成都：四川人民出版社，1986：286.

② 霍尔．弗洛伊德心理学入门．北京：商务印书馆，1985：102.

（四）群体心理学思想

弗洛伊德对群体心理学问题的探讨是从早期社会心理学家勒庞和麦独孤的理论开始入手的。勒庞认为，群体是一种具有易受感染、暗示，易于模仿他人的人群组合。而麦独孤则强调群体心理只是粗俗的情绪和粗糙的情感，因而易受他人操纵，缺乏自我意识。① 弗洛伊德据此想进一步解答在群体中迫使个人心理发生变化的关键因素到底是什么。继而，弗洛伊德以其人格发展理论中的“俄狄浦斯情结”为纽带，并利用以它为核心的家庭动力关系作为理论基础，构建了他独特的群体心理学思想。

弗洛伊德认为，社会心理学的问题也可在一个单一的、具体的问题上得到解决。在一个由母亲、父亲、儿子组成的家庭之中，儿子总是最先选择母亲作为性的对象，而父亲势必成为其竞争对手和敌人。由于儿子不可能长久维持这种对父亲和母亲的完全不同的情感，所以家庭中三者关系的组合必然会发生变化，而“俄狄浦斯情结”是这种家庭动力关系之源。

在《群体心理学和自我分析》中，弗洛伊德提出了群体心理学理论的两个核心概念——“情绪联系”和“认同作用”。弗洛伊德认为，原先以“性”为目的的“力比多”在群体中将转化成一种广泛的、普遍意义上的“爱”，并由此构成群体心理的基本成分，即群体中的情绪联系靠爱来维系。弗洛伊德以家庭关系作为其群体关系的原型，作为解释各种人类群体中人际关系的基础，把家庭中的父亲比作群体中的领袖。在他看来，在一个有明显领头人但并不以正式方式组成的典型群体中，领头人暂时成了情绪取向的共同对象，以代替形成超我的父母情绪。当群体的成员用领头人代替自己的超我的时候，用弗洛伊德的话说，他们也在自己的自我中相互认同。② 在弗洛伊德看来，领袖是具有自恋品质的个人，他不依恋群体中的其他任何人，他只爱他自己，他自信而独立。由于领袖拥有群体内其他成员所不可企及的能力和品质，他便成为群体的理想。然而，群体成员对领袖的认同作用不能只被看作对领袖的积极情感的投射，它同时也可能是防止对领袖抱有敌对情感的防御机制。弗洛伊德认为，由于领袖强有力的影响，由于群体成员对领袖的依赖性，群体的受暗示性会增强，而理性则会降低。在领袖的强力感召下，群体成员就会像接受催眠的个体一样行事，相互之间还会产生暗示和感染现象。

二、精神分析的社会文化学派

20 世纪 30 年代前后，精神分析学派的发展方向发生了变化，即从注重本能理论转向了重视社会文化影响，弗洛伊德之后荣格（C. G. Jung）、阿德勒（A. Adler）、霍妮（K. Horney）、弗洛姆（E. Fromm）和埃里克森（E. Erikson）各自按照自己的观点对

---

① 克里曼．弗洛伊德后期著作选．上海：上海译文出版社，1986：91.

② 舒伦伯格．社会心理学的大师们．沈阳：辽宁人民出版社，1987：30.

精神分析理论进行了发展。他们的理论趋向存在着一定的共同性，即淡化了生物性色彩，更关注社会文化对心理成长和后天自我发展的影响，因此又被称为精神分析的社会文化学派。

（一）阿德勒的追求卓越与社会兴趣学说

阿德勒认为，人生而具有自卑感，为了克服自卑感，就会在其一生中不断追求卓越。所以，个体行为的最根本动力并非如弗洛伊德所说的是对性快感的追求，而是克服自卑感，追求卓越。他指出，自卑感能使个体通过对自身劣势的认识而确定优势目标，并追求此目标以克服种种想象的或真实的劣势与软弱。因此，自卑感是人们趋向成长、追求卓越的一种重要因素，是人所有形式的成就和进步的基础。

生活风格：个体在追求卓越目标时所采取的各种行为模式的总和。

阿德勒指出，每个人都有追求卓越的独特方式，即**生活风格**。生活风格是个体在追求卓越目标时所采取的各种行为模式，要了解一个人首先就要了解他的生活风格。但他同时还指出，生活风格有正确与错误之分。正确的生活风格使个体趋向完美，有利于促进社会目标的实现，使个体与他人和睦相处；错误的生活风格与社会目标相背离，建立在自私自利的基础之上。他进一步提出了“社会兴趣”的概念，社会兴趣是指全人类和谐生活、相互友好、渴望建立美好社会的天生需要，它主要包括职业任务、社会任务和爱的任务等。阿德勒认为，正确的生活风格就是带有社会兴趣的生活风格。因此从某种角度上来讲，阿德勒可谓精神分析学派中第一位严格意义上的社会心理学家。

（二）霍妮的基本焦虑学说

在弗洛伊德那里，神经症被完全归因于对本能驱力的压抑，而霍妮认为文化才是导致神经症的真正渊薮。霍妮坚持认为，神经症不仅源于个体偶然的经验，而且也源于个体生活于其间的特殊的文化条件。在霍妮看来，所有对个体心理行为的分析都是以某一特定文化的思考为基础的。一个人的心理和行为，在很大程度上是由他所处的社会文化条件所决定的。通常判断一个人是否“正常”的基础是一个社会的主流文化，即行为的正常与否是由该文化决定的。事实上，文化条件不仅赋予个人经验以丰富多彩的影响，而且也决定了这些经验的特定形式。霍妮认为，患神经症的人往往具有这样的特征：他们都曾以一种极端的形式经历了由文化所制造的困难，并且在此之后无法解决这些困难，或者即使能够解决也付出了极高的人格代价。[①] 她甚至确信，文化的性质可以决定神经症冲突的强度和病态行为的特征。霍妮曾特别指出，西方社会经济领域中的个人竞争原则就是现代社会神经症盛行的主要根源。

---

① 萨哈金．社会心理学的历史与体系．贵阳：贵州人民出版社，1991：235.

（三）弗洛姆的社会潜意识学说

继荣格之后，弗洛姆也对弗洛伊德的潜意识的概念进行了发展，提出了“社会潜意识”的概念。弗洛姆认为，社会潜意识是被社会意识压抑的，是为社会所不容许的个体的欲望和要求。每个社会都通过自己漫长的历史存在、特殊的生存方式发展出一套约定俗成的规范体系，从而对个体形成一种普遍存在的社会性压抑作用。社会潜意识并不依据生物学的标准来判定善恶，它只是为特定的社会价值所压抑，因此，要理解个体的潜意识必须以批判地分析他那个社会为前提，否则他就不能全面地认识自己的人性。①

弗洛姆还从社会历史演进的角度考察了人的社会化。他认为社会化的后果是使个体产生孤独感，并且社会化的程度与自由度、孤独感的程度成正比。随着社会由传统向现代的过渡，个体的社会化程度愈来愈高，自由度也愈来愈大，但个体却愈来愈感到孤独。特别是随着资本主义生产方式的确立、社会物质条件的极大改善，人的自由大大发展了，但人的心理危机却产生了。弗洛姆认为现代人主要面临三种危机：逃避自由、疏离和机器人化。他指出，特定的社会结构会决定特定个体的社会化，而当社会结构发生重大变化时，必然会导致个体人格的社会特征混乱。

弗洛姆可以说是精神分析理论的集大成者，从某种角度上看，他已将这一理论转变成一种社会哲学，其全部命题就在于人和社会的关系，认为人的社会化是在社会的各种复杂关系中实现的。弗洛姆最终将心理分析学从原先主要是一种“个体的心理学”改造为一种“社会的心理学”②。

（四）埃里克森的“人格发展八阶段论”

埃里克森通过临床观察与经验总结，对弗洛伊德的人格发展理论进行了改进，提出了“人格发展八阶段论”。该理论认为，人格发展可划分为八个阶段（见表 3-1），每一阶段都有一个特殊矛盾或危机，同时都有积极的解决方法和消极的解决方法。积极的解决方法有助于自我的加强并形成比较好的适应能力；消极的解决方法削弱了自我，阻碍了适应能力的形成。“危机”这个词，表示个体正面临着一个重要的发展转折点，其中有停滞或倒退的危险，也有发展和进步的机会。

表 3-1　　埃里克森的人格发展八阶段论

大概年龄阶段	心理社会危机
婴儿出生到 18 个月	信任对不信任
18 个月到 3 岁	自主性对羞怯和怀疑
3 岁到 5 岁	主动性对内疚

① 弗洛姆．弗洛伊德的使命．北京：三联书店，1986：129.

② 弗洛姆．为自己的人．北京：三联书店，1988：3.

续前表

大概年龄阶段	心理社会危机
5岁到13岁	勤奋对自卑
13岁到21岁	同一性对角色混乱
21岁到39岁	亲密对孤独
40岁到65岁	繁衍对停滞
65岁以上	自我完整对失望

埃里克森发展了弗洛伊德的人格理论，特别是不再像弗洛伊德一样主要关注性对人格发展的作用。不过，埃里克森的理论仍然将自我和情绪中相对无意识和内在的心理内容作为人格发展的基本动力，因此仍然属于精神分析学派的理论框架。他的人格发展阶段论对后世的社会人格发展理论有着较大的影响。

三、对精神分析学派理论的简要评价

从学科历史的角度看，精神分析作为一种探寻人类潜意识的理论体系，打破了行为主义困于可直接观察行为的藩篱，将心理学的研究对象延伸至个体行为的内部动机。对潜意识的研究也使心理学家们渐渐学会并接受了假设演绎的科学方法，冲破了科学主义心理学严格的实验程序的束缚，使得对人类行为的研究能够更多地与社会文化的各种变量相关联，对心理与社会的关系给予了真切的关注。

另外，在探讨个体心理发展的理论中，精神分析所提供的概念体系也是最为系统和实用的。它着力探究了个体心理的发展动力，并对这种动力在各种社会文化因素的作用中的发展作了多种预测。虽然对社会心理现象的动力的考察在各种心理学理论中并不鲜见，但是它们却都不如弗洛伊德的“力比多”、本能及冲突、焦虑和防御机制等概念那样切中社会心理现象的本质，而且它们在概念的系统性和解释力上也稍逊一筹。因此，虽然精神分析理论已经不在当代主流社会心理学中占据重要位置，但是其影响却已经融入社会心理学领域的很多方面。

与此同时，弗洛伊德带来的冲击，很大程度上来自他对人类“非理性”一面的昭示。但这也是精神分析对理性价值的疏失之处及其理论逻辑发展的必然结果。同时，对人类理性的漠视也就是对个体能动性及创造性的抹杀，所以精神分析理论面对人类高级的社会心理现象时，往往显得力不从心，比如利他行为、社会语言、群体行为等。

第二节　社会学习理论

在西方心理学发展史中，新、老行为主义都强调研究人可观察的外显行为，并认为人的行为是通过学习获得和改变的。社会学习理论是在对传统行为主义的批判与继承中发展起来的，是当传统行为主义陷入危机之后，作为对危机的反应而形成的多种学习理论体系的统称。

一、传统行为主义的学习理论

传统行为主义以华生（J. B. Watson）和斯金纳的理论为代表。行为主义对学习问题的关注点主要在于学习如何发生，或“刺激-反应”的联结如何形成。由于传统行为主义对意识的存在持怀疑与排斥的态度，因此他们的理论基本只对学习做出解释，而不考虑带有主观色彩的有机体的内部过程。

（一）华生的行为主义思想

1913年，华生在美国《心理学评论》杂志上发表了《行为主义者心目中的心理学》一文，宣告了**行为主义**的诞生。由此，心理学研究在很大程度上改变了原有的研究取向，开始将注重人的内在心理的研究转移到研究人的外显行为上来。华生的行为主义观点可追溯到桑代克（E. L. Thorndike）的联结理论和巴甫洛夫的经典条件反射原理。桑代克的联结理论为行为主义搭好了桥，巴甫洛夫的经典条件反射原理为行为主义理论的生理还原主义倾向提供了最终依据，而20世纪初的资本主义社会，为最大限度地提高生产率、最稳定地控制行为，又向心理学提出了时代的要求。华生的极端行为主义观点便在这样的背景下应运而生。

> **行为主义**：也称“刺激-反应”理论，是当今学习理论的主要流派之一。

背景人物

J. B. 华生（1878—1958），美国心理学家，行为主义心理学的创始人。他认为心理学研究的对象不是意识而是行为，心理学的研究方法必须抛弃“内省法”，而代之以自然科学常用的实验法和观察法。华生在使心理学客观化方面发挥了巨大的作用，于1915年当选为美国心理学会主席。

在华生看来，人类行为完全来自学习，尤其是早期训练，而学习的决定因素是外部刺激，外部刺激是可以被控制的，控制的最基本途径是巴甫洛夫的条件反射机制。

他认为，条件反射是整个习惯所由形成的单位。[①]华生指出，不管多么复杂的行为都是由一系列反应联结而成的，其联结的关键是先行反应所产生的动觉刺激成了后继反应的条件刺激。这样一来，不论多么复杂的行为都可通过条件反射这一机制建立起来。在他看来，不但动物的行为可以用学习或训练加以控制，而且人类特别是儿童也是如此，所以他敢发出如此的豪言："给我一打健全的婴儿和我可用以培育他们的特殊世界，我就可以保证，随机选出任何一个，不问他的才能、倾向、本领和他的父母的职业及种族如何，我都可以把他训练成为我选定的任何类型的特殊人物，如医生、律师、艺术家、大商人甚至乞丐、小偷。"[②]

（二）赫尔与斯金纳的学习理论

新行为主义学者赫尔（E. Hull）反对华生将有机体的所有行为都归因于后天学习的极端思想，反对华生的"刺激-反应"公式。赫尔重视中介变量和整体行为，他认为，有机体是环境中的一个自动化的学习系统，而驱力是这个行为系统的基石。这一观点导致赫尔不重视有机体固有的反应模式，而重视那些能成功地还原驱力的行为反应，即有机体通过学习去获得具有适应性作用的联结。

斯金纳是新行为主义者中激进派的代表，他有关行为的实验研究深受巴甫洛夫和华生的影响。传统的"刺激-反应"心理学强调没有刺激就没有行为，斯金纳则认为，除了这种"引起的反应"外，还有一种自发的反应。为此，他提出应答行为和操作行为这两个不同的概念[③]，条件反射也相应地分为两个类型。一个是S-R（刺激-反应）的过程（如巴甫洛夫的经典条件反射作用），另一个是R-S（反应-刺激）的过程。在斯金纳看来，后者更为重要。斯金纳认为操作行为就是那种作用于环境从而产生结果的行为，在这个过程中行为是获得刺激的手段，学习过程就是操作条件反射过程。如果一个操作发生后，接着就呈现一个强化刺激，那么这个操作行为以后出现的频率就会增加。

背景人物

斯金纳（1904—1990），美国行为主义心理学家，新行为主义的代表人物，操作性条件反射理论的奠基者。1930年获心理学硕士学位，1931年获哲学博士学位。他发明了研究动物学习活动的仪器——斯金纳箱。1958年获美国心理学会授予的杰出科学奖；1968年获美国政府颁发的最高科学奖——国家科学奖；1971年获美国心理学会基金会颁发的金质奖章。

在斯金纳的理论中，他反对中介变量的概念，坚持华生的基本立场，以行为而不是

---

① Watson. Behavior and the Concept of Mental Disease. Journal of Philosophy, Psychology, and Scientific Methods, 1916, 13: 589-597.

② Watson. Behavior: An Introduction to Comparative Psychology. Henry Holt and Company, 1914.

③ 斯金纳．新行为主义学习论．济南：山东教育出版社，1983：51.

以心理或意识为研究对象。斯金纳最重要的贡献是操作主义。他认为，巴甫洛夫的条件反射实验是一种应答行为的研究，其特点是给予一个或几个已知的刺激，而操作行为是在不具备已知刺激的情境下由对自身需要的刺激而产生的反应。例如，斯金纳箱中的白鼠为了获取食物，就必须学会操作压杆。因此，操作行为实际上是一种获取刺激的工具，食物的获得将会强化这一操作行为，这便是学习（见图 3-2）。由此可以推出，操作行为在现实生活的人类学习情境中是更有代表性的。①

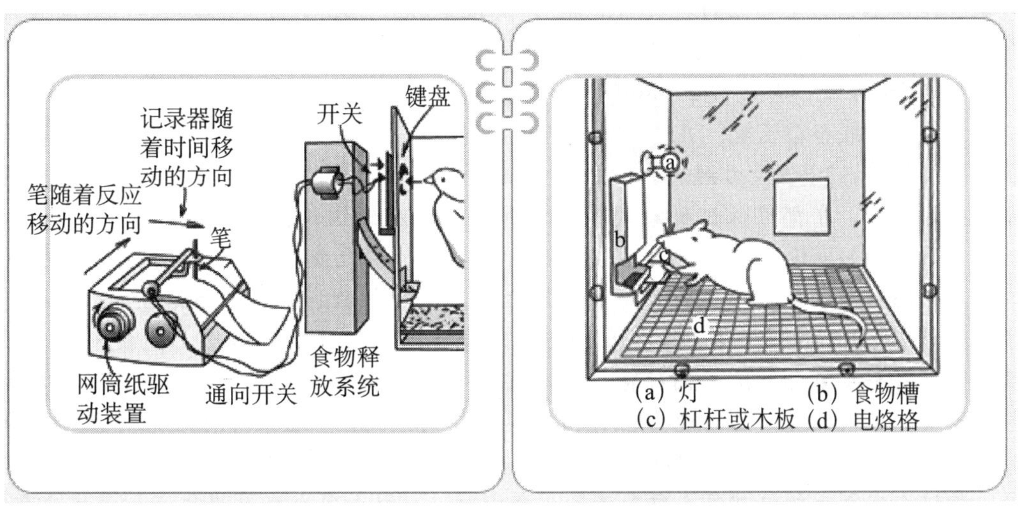

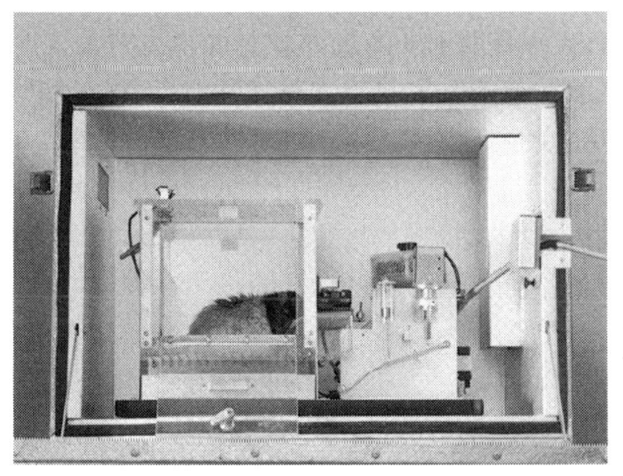

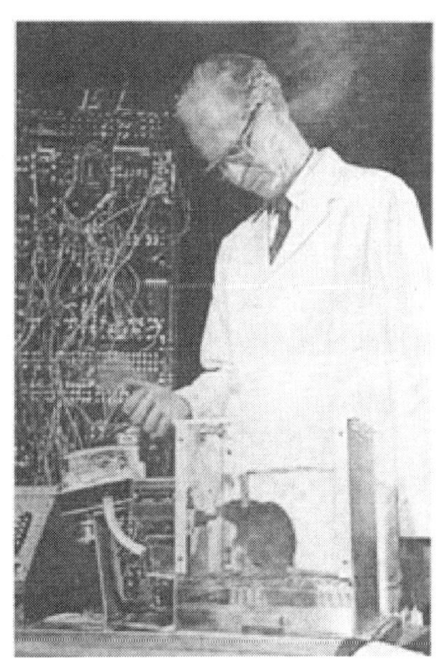

图 3-2

说明：上面两幅图为斯金纳箱的基本结构，下面两幅图为斯金纳箱实物和斯金纳在操作斯金纳箱。

① 舒尔茨．现代心理学史．北京：人民教育出版社，1981：272.

学以致用

《沃尔登第二》和乌托邦社区

斯金纳以一本乌托邦小说《沃尔登第二》（1948）的形式表达了他对一种理想中的、科学控制的社会的展望。他在小说里面展现了一个小型社会的图景。从诞生开始，孩子们都通过奖励（积极的强化）进行严格的条件反射形成训练，所有的行为都受到控制，但这都是为了全体的利益和幸福。《沃尔登第二》描绘了一个按照操作性条件反射原理设计的理想化的文化。

“沃尔登第二”是一个由1 000户人家组成的理想化公社，这个公社没有私有制家庭，居民住在联合公寓里。儿童不与他们父母住在一起，他们最初住在托儿所，而后住进集体宿舍，13岁左右搬进他们自己的公寓，生活设施内不设炊事设备，一切用餐都在公社餐厅，在那里保证健康的饮食，并使个人从做饭这种单调工作中解放出来。沃尔登第二的妇女没有做饭、打扫或带孩子的负担，因此能同男人一样充分实现她们的潜力。公社鼓励十六七岁的青年人结婚生育。由于夫妇是根据志趣结合的，因而易于白头偕老。儿童由专家抚育，所以不存在抚养儿童的负担。这里实行的是个性化教育，因而每个儿童都能按他们独特的情况发展自己，即使在大学阶段，也只是教学生学会思考，让他们凭自己的能力去自由地获取任何东西，在公社中不存在年级划分和毕业文凭。在沃尔登第二，实际上不存在金钱，相反，每个人都有义务完成1 200个工分，但这个定额大约仅需每人每天劳动4个小时。公社向每个成员提供一切基本需要，例如，食物、闲暇活动、衣服、教育、老年及健康保险都由公社供给。公社没有监狱、没有酒吧、没有失业、没有吸毒者、没有精神病医院、没有战争、没有犯罪。

这样的社会可能存在吗？根据《沃尔登第二》中提出的建议，在美国及其周边已有人组织了几个试验公社，比如1977年在弗吉尼亚州建立的社区，以及1977年在墨西哥建立的社区。这些社区在现实操作中其实都并非完全遵照书中所描写的制度和规范，而是按照自己的道路逐渐发展。斯金纳的科学主义乌托邦理想其实正好与反乌托邦文学的主旨形成对照，如赫胥黎的《美丽新世界》或奥威尔的《1984》。前者相信用科学技术和观念控制人类行为所带来的好处，而后者则强调用技术去控制和塑造人类的邪恶后果。

二、社会学习理论的基本观点

如前所述，社会学习理论发展是对传统行为主义的批判和继承。自称为“社会学习理论”的不同理论流派虽然都或多或少地继承了行为主义的传统，但它们在体系和基本观点上又各不相同，有些甚至相互对立。

（一）米勒-多拉德的模仿理论

N. 米勒（N. Miller）与多拉德（J. Dollard）合作写的《社会学习与模仿》，标志着社会学习理论研究的开始。他们的学习理论实质上是将赫尔的逻辑行为主义延伸到人格、冲突、社会行为等领域。米勒和多拉德认为，人类的一切行为，包括理性行为都是习得的，这与传统行为主义没有本质差异。不过，他们的理论之所以能够被称为“社会学习”，是因为他们注意并考察了社会文化因素对人类学习行为的影响。

米勒和多拉德运用赫尔的学习理论来研究模仿。他们将模仿看作一种工具性条件作用学习过程。米勒和多拉德认为，在任何学习过程中都包括驱力、线索、反应和奖赏四种因素。在社会学习情境中，他人的反应是一种重要的线索性刺激。不同的行为方式会引起不同的反应。在模仿过程中，示范者的行为给观察者提供了许多线索，这些线索如果与随后的奖赏相互联系，观察者就会把它们作为特定模仿行为的线索。米勒和多拉德还认为，在社会环境中，模仿者通过观察示范者的行为反应，能减少“尝试-错误”的次数，习得恰当的反应。奖赏概念和强化概念没有什么实质差异，与赫尔的观点一致，他们也认为奖赏的作用是降低驱力。

米勒与多拉德解释一些学习类型（包括社会学习和模仿）的基本模式可以归纳如下：

线索→（内部反应→驱力）→外部反应→奖赏

（二）班杜拉的社会学习理论

班杜拉（A. Bandura）从一开始就反对行为主义者将动物研究成果推广至人类社会，并强调人类并非放大的白鼠或鸽子，同时也认识到了米勒和多拉德研究的局限性。他认为，强化理论不能说明观察者在没有练习这种行为，没有对示范者或观察者的强化，以及对行为的强化被延宕等条件下的模仿。[①] 因此，在他的学习理论中，他特别强调认知的作用。

班杜拉认为，在观察学习中必须对学习行为的获得与学习行为的表现加以区分，只有这样才能发现强化对学习行为的作用。就行为表现而言，强化是必要因素；而就行为获得而言，强化只是促进因素之一。与强化不同的是，行为的内部决定因素即认知调节，在观察学习情境中总是特别重要。因为在观察学习情境中，人们从一开始就以符号形式掌握模式动作而形成自己的“内部模式”，而这种“内部模式”对观察者的反应也同样起着重要的指导作用。

班杜拉并不认为“认知”与“强化”是两个没有内在联系的概念，他甚至认为“内部模式”的形成依赖于强化，只是这种强化不非得是对依据于“内部模式”的行为所施加的强化。因为在班杜拉那里，“强化”概念已具有认知的意味。他指出，人不仅处于自身直接体验到的结果的影响下，而且也处于从别人那里观察到的强化方式的影响之下，这就是所谓的替代强化。

班杜拉还指出，人们已经社会化后就不再依靠外在奖惩来调节自己的行为，而是靠自我调节，即依据自己的内部标准、期望、评价等来调节自己的行为。这样，班杜拉就把强化、认知、信念和价值体系等因素联系起来分析人的行为发展变化。由于他

① DeLamater. Handbook of Social Psychology. New York：Kluwer Academic，2003.

强调了认知和自我调节在人类学习中的重要作用，实际上也就提出了人、行为和环境之间关系的相互决定论。

三、对社会学习理论的简要评价

从严格意义上讲，真正可以称为社会学习理论的只有班杜拉的理论。因为他将行为主义的研究原则扩大到两个人和群体情境中的人的行为的习得和改变上来。虽然他也指出了强化在学习中的作用，但强化只是促进学习的因素，而不是引起学习的因素，个体在模仿学习以前就具有反应能力。因此，没有必要把榜样的反应和观察者的反应作为强化条件。① 他还通过实验证明赫尔和 G. 米勒等主张的需要降低是学习的必要条件一说并不正确，而认知因素（例如对奖与罚的认知）在学习中起重要的作用。总之，在班杜拉的理论中开始注重中介变量中的认知过程，从而突出了观察者的主观能动性，对儿童的社会化、行为矫正、观察学习、自我调节等研究领域的发展做出了重要贡献。

从研究内容上看，社会学习理论在行为主义范畴内描述了学习过程，确定了与学习情境变量有关的许多规律、原则，但是这些规律、原则并不能有力地解释人类的一切行为，例如人类所特有的对外部环境的改造性活动。而社会学习理论恰恰特别强调环境对行为的影响，所以便有意或无意地回避了对改造性活动的分析研究，难怪皮亚杰（J. D. Piaget）和英海尔德（B. Inhelder）要批评社会学习理论“往往忘记动作的主动性和创造性的特征”②。另外，从研究层次上看，社会学习理论既研究个体社会行为发展的内在机制（如自我调节过程），又研究人与人之间相互产生影响的行为模式（如观察学习过程）。但是对于更高层次的问题，如社会阶层或角色对行为的影响、文化规范与行为的关系等，社会学习理论都乏善可陈。

学以致用

攻击行为的模仿：“波波娃娃”研究

班杜拉认为除直接的鼓励和惩罚外，行为的塑造还有一种重要的方式，即可以通过简单观察来模仿其他人的行为。他和助手设计了“波波娃娃”实验，证明了榜样对攻击行为的影响。

参加这项研究的被试由36名男孩和36名女孩组成，他们的年龄在3～6岁之间，平均年龄为4岁零4个月。24名儿童被安排在控制组，他们将不接触任何榜样；其余的48名被试被分成两组，一组接触攻击性榜样，另一组接触非攻击性榜样，每个儿童分别接触不同的实验程序。首先，实验者把一名儿童带入一间活动室。在路上，实验者假装意外地遇到了成人榜样，并邀请他过来“参加一个游戏”。儿童即被试坐在房间的一角，面前的桌子上有很多有趣的东西，有土豆印章和一些颜色的贴纸，他可以把它们贴在一块

---

① 安德列耶娃．西方现代社会心理学．北京：人民教育出版社，1987：51.

② 安德列耶娃．西方现代社会心理学．北京：人民教育出版社，1987：41.

贴板上。随后，成人榜样被带到房间另一角落的一张桌子前，桌子上有一套儿童拼图玩具、一根木槌和一个 1.5 米高的充气波波娃娃。实验者解释说这些玩具是给成人榜样玩的，然后便离开房间。一分钟后，攻击性榜样便开始用暴力击打波波娃娃。

10 分钟的游戏结束以后，在各种情境中的所有被试都被带到另一个房间，那里有非常吸引人的玩具，如火车模型、喷气式飞机、包括多套衣服和玩具车在内的一套娃娃。研究者相信，为了测试被试的攻击性反应，使儿童变得愤怒或有挫折感会令这些行为更可能发生。为了实现这种目的，他们先让被试玩这些有吸引力的玩具，不久以后告诉他这些玩具是为其他儿童准备的，并告诉被试，他可以到另一间房间里去玩别的玩具。

结果支持了班杜拉和他的助手们在实验前提出的 4 种假设中的 3 种。

若被试看到榜样的攻击行为，他们就倾向于模仿这种行为，男性被试平均有 38.2 次，女性被试平均有 12.7 次模仿了榜样的身体攻击行为。此外，男性被试平均 17 次、女性被试平均 15.7 次模仿了榜样的言语攻击行为。

实验假设中提到的性别差异受到实验结果的明显支持。在同性别模仿下，女孩更多地模仿语言攻击，而男孩更多地模仿身体攻击。几乎在所有条件下，男孩比女孩都更明显地表现出身体攻击的倾向（见图 3-3）。

图 3-3

第三节　社会认知理论

社会认知理论其实并不是一种具体的学说，它没有统一的理论体系，只代表了社会心理学的一种研究取向。它泛指所有从社会认知入手，对人类的社会心理和行为进行研究的社会心理学理论。心理学家更多的是在方法论意义上使用这一术语，因为与行为主义相反，社会认知理论将注意力转向人内在的心理活动和心理结构，重点研究个体的认知结构。他们认为，人类的行为是受其内在的认知过程支配的，“更多的社会心理学家感到，行为的准备比显在的行为本身更为重要”①，所以要分析和理解人类行为，就必须深入这种内在的认知体系。

一、社会认知理论的理论渊源

社会认知理论的最初产生受到了**格式塔心理学**和勒温场论的直接影响，并在其形成发展过程中得到现代认知心理学的有力推动。格式塔心理学主要关注知觉的研究，并认为传统的联结主义心理学把意识经验分析为元素，将知觉看作各个感觉元素的总和的理论观点是不正确的。格式塔心理学坚信知觉一开始就具有整体性，观察者总是完整地观察对象，如果我们企图将其还原成各个部分或元素，那我们就不能正确地理解知觉。这一观点被结构平衡论的代表人物海德（F. Heider）所继承，并运用于人际关系的认知中。

格式塔心理学：也称完形心理学，主张研究直接经验和行为，强调经验和行为的整体性。

勒温实际上也属于格式塔心理学派，但他克服了格式塔心理学只研究知觉的局限，将知觉结构的研究转移到人的行为结构研究上来，并提出了有关个体的张力系统与心理环境之间相互作用的场论。在勒温看来，场包含了个体的主观因素、心理环境和行为，行为是前两者相互作用的结果；个体的需要会引起自身和其环境之间的张力，只有需要得到满足，张力才会消除。这一观点成为后来各种认识协调或不协调理论的重要基础。勒温以场论为基础展开的群体心理学研究无论在方法还是课题上都对其后的社会心理学产生了重大影响。

一般认为，社会认知研究开始于20世纪40年代，以往的心理学家们在研究人的知觉时，往往局限于个体对客观物体的知觉过程，注重知觉对象物理特性对知觉的影响，对知觉主体本身的动机、人格、经验及其他社会因素对知觉的影响则极少涉及。布鲁纳（J. S. Bruner）率先提出了“社会知觉”的概念，开始强调社会因素对知觉过程的制约作用。到20世纪50年代初期，社会认知概念在广度和深度上都向前迈进了

① 舒伦伯格．社会心理学的大师们．沈阳：辽宁人民出版社，1987：136.

一步，人们对从社会知觉到社会印象再到社会判断的整个社会认知过程进行了全面的研究，并就有关问题提出了各种认知学说。

此外，社会认知理论中还有另一种研究路径，其来源是以**信息加工**为主要观点的认知心理学。20 世纪五六十年代，在信息论和控制论等思想的影响下，现代认知心理学应运而生，对长期统治美国心理学界的行为主义心理学提出了有力挑战，并逐渐渗透到社会心理学以及心理学各个领域，于 70 年代成为世界心理学的主流思潮。现代认知心理学的核心思想是信息加工观点，它将人与计算机作类比，把人看作一个逻辑理论家，把人的大脑看作一个信息加工系统，这个系统能够用符号表示外部环境中的事物和自身的操作过程，并对它们进行信息加工。

> **信息加工**：对收集来的信息进行去伪存真、去粗取精、由表及里、由此及彼的加工过程。
>
> **社会认知的一致性理论**：个体的行动朝最大限度保持或恢复其认知系统协调一致的方向进行。

二、社会认知的一致性理论

社会认知的一致性理论，又称平衡理论，它是社会认知理论中一个重要的亚理论取向，其基本假设为个体的行动永远朝着能够最大限度地保持或恢复其认知系统协调一致的方向进行，并且这种假设可以扩展到群体中去。海德、纽科姆（T. N. Newcomb）、费斯汀格等人的学说都是在这一理论假设的指引下产生和发展的。

较早研究社会认知的是海德。1944 年，他在《社会知觉和现象的因果关系》一书中阐述了这样一种思想，即人们倾向于产生一种有秩序、有联系的世界观。1958 年，他在《人际关系心理学》一书中首先提出了认知一致性概念，并以此为核心阐述了认知结构平衡理论。海德假设了这样一种认知情境，该情境由 P、O、X 三者组成，其中 P 是认知主体，O 是作为 P 的认知对象的个体，X 是与 P 和 O 都有特定关系的事物、现象、观点或人。海德认为，认知情境中存在着单元关系和情感关系，P、O、X 三者通过单元关系和情感关系发生联系。当单元关系和情感关系和谐一致时，认知主体的认知系统就达到平衡状态，即认知一致性；当单元关系和情感关系不能和谐一致时，认知主体的认知系统就处于不平衡状态。处于不平衡状态时，个体会产生一种心理驱力，驱使其转向平衡；如果不可能转向平衡，个体心理就会处于紧张状态，形成不平衡的张力，导致单元关系、情感关系以及认知结构的重组。

海德有关个体有一种使自己的认知系统保持平衡的倾向的思想在纽科姆那里得到了进一步发扬，纽科姆将这种均衡从个体的认知系统延展到了群体的认知和沟通系统中。纽科姆指出，除了心理驱力、不平衡或趋向平衡的压力之外，信息对个体态度的改变也起着重要的影响作用，因而他强调沟通在人际关系中的重要地位。他的基本命题假设是：当两个个体彼此主动感知并与第三者建立某种关系时，就会产生指向第三者的趋同意向，并且这种趋同意向会随着人际沟通的发展而加强。因此，如果两个个体或群体成员对某一客体的指向产生差别，就会引起个体的不协调感，进而导致沟通频率的变化。

在勒温场论及其他认知理论的影响下，费斯汀格于1957年提出了著名的认知失调理论（cognitive dissonance theory），该理论一出现，就立即成为20世纪50年代社会心理学研究中最重要的成就。该理论认为，心理上的不适、不协调的存在，会推动人们努力去减少不协调而达到协调一致。当不协调出现时，除设法减少它以外，人们还可以能动地避开那些能使不协调加剧的情境与信息因素。

三、社会认知的归因理论

到20世纪60年代中期，社会心理学家不再满足于社会认知过程的笼统研究，也不再试图建立一种能阐明社会认知整体过程的理论模型，这致使认知一致性方面的理论研究开始走下坡路，并逐渐被阐述社会认知过程本身的归因理论所代替。归因理论认为，在日常的社会交往中，人们为了有效地控制和适应社会环境，往往对发生于周围环境中的各种社会行为有意识或无意识地做出解释，即认知主体在认知过程中，根据他人某种特定的人格特征或某种行为特点推论出其他特点，以寻求各种特点之间的因果关系。

20世纪60年代，琼斯（E. A. Jones）和K. 戴维斯（K. E. Davis）出版了《从行动到倾向性：人的知觉中的归因过程》。在书中，琼斯和戴维斯将研究焦点放在认知主体的归因过程上，建立了一种能系统解释个体根据具体行为推断行为者意图的理论，被称为**对应推断理论**。

对应推断理论：根据认知主体的归因过程建立系统解释个体根据具体行为推断行为者意图的理论。
三度归因理论：根据一致性、一贯性和特异性三种信息组合抽象为归因的过程模式理论。

20世纪70年代，归因理论研究走向高潮，成为社会心理学中的热门领域，十年间有关归因的研究文献就高达900多种，其中尤以H. 凯利的**三度归因理论**影响最大。在研究中，凯利首先将归因现象划分为两类：一类是认知主体根据多次观察同类行为或事件而进行的归因，这种情况称为多线索归因；另一类是认知主体依据一次观察就做出归因，这种情况称为单线索归因。凯利强调了一致性、一贯性和特异性三种信息的重要性，并且将它们之间的组合抽象为归因的过程模式，所以他的理论又被称为三度理论（cube theory）。

早期的归因理论家着重从个体理性角度分析归因动力，而现代归因理论家则更重视情绪情感、社会文化等因素对归因的作用。[①] J. 特纳在其情感交换理论（affect exchange theory）中重新阐释了归因动力，认为积极的情绪体验会使个体产生近体偏见（proximal bias），从而作出内部归因，消极的情绪体验会使个体产生远体偏见（distal bias），从而作出外部归因。而地位建构理论（status construction theory）也涉及了归因动力。该理论认为：在社会中处于高地位的个体会对其成功作出内部归因，从而认为其权力和地位都是合法合理的。低地位个体如果人为地位规则已经合法确立了，则

① 黄雪娜，金盛华，盛瑞鑫．近30年社会心理学理论现状与新进展．社会科学辑刊，2010（3）．

会作出内部归因；如果规则没有确立，则会作出外部归因，认为高地位者施行了不公正的行为。如果事与愿违了或者高地位者和低地位者之间产生了不一致，则高地位者会作出外部归因，责怪低地位者并加以处罚，低地位者则作出内部归因，并体验消极情绪。

另外，自 20 世纪 90 年代起，由于认知心理学研究的发展，一些研究者用现代认知心理学观点提出了许多新的归因理论和模型。与此同时，经典归因理论也在不断深入，衍生出许多与归因有关的情绪和动机理论，比如成就动机理论、自我效能理论和习得无助理论等。此外，随着文化心理学的崛起，归因研究开始关注文化差异以及跨文化比较等问题。

四、社会心理学中的信息加工观点

信息加工的认知心理学是于 20 世纪 50 年代末 60 年代初诞生的流派。一般认为，1967 年美国心理学家尼赛（U. Neisser）的《认知心理学》的出版标志着信息加工的认知心理学正式作为一个学派而成立。如上文所述，信息加工的认知心理学受到计算机科学的影响，用计算机信息加工的术语和原则类比人的一些心理过程。信息加工观点继承和发展了行为主义的客观化原则，但在研究对象等方面则可以视作行为主义的对立面。因为信息加工观点重新将被行为主义抛弃的人的内部心理过程作为研究对象。① 受这种理论范式的启发，一些社会心理学家也试图用这种观点解释人的一些社会心理和社会行为。传统的社会心理学着重揭示社会心理和社会行为的“事实”，而很少涉及在发生这类“事实”时人的心理过程如何。因此在某种意义上，用信息加工的观点和术语分析人的社会心理和社会行为，是在试图回答人何以表现出特定社会心理和社会行为这个问题。

信息加工观点的中心概念就是**图式**（scheme）。从早期的格式塔心理学家开始，不同的学者对于图式都有所阐释。总体上看，图式可以被看作人脑中的知识单位，或进行认知活动时的认知结构。② 围绕图式建立的认知模型就是对人类认知机制的模拟。社会心理学中，图式概念可以被用来理解人们如何加工、解释复杂的社会信息。社会认知中的图式是一种关于社会的知识结构，包括对社会环境中各种概念和刺激的认知，比如特定的人、社会角色、关系、自我、态度以及对群体的刻板印象等。图式根据内容可以分为个体图式、自我图式、角色图式和事件图式等。

> **图式**：大脑中的知识单位或进行认知活动时的认知结构。

图式对社会认知有着重要的作用，人们利用它加工信息和解释社会环境。作为一种知识结构，它可以影响人们对社会环境中信息的整合、记忆和理解。另外，人们也

---

① 乐国安．评现代认知心理学．中国社会科学，1990（5）．

② 乐国安．图式理论对社会心理学研究的影响．江西师范大学学报（哲学社会科学版），2004（1）．

利用图式进行沟通和交流并将它们完好地保存下来。因此，研究图式可以很好地解释和说明人们在社会认知过程中的一些认识和判断。例如，利用个体图式来描述和解释人格，利用群体图式来解释和研究刻板性偏差（social bias）问题，包括刻板印象、偏见和歧视等。

另外，在自我研究方面，心理学家运用信息加工观点对“自我概念”进行了重新定义。他们认为，自我概念就是个体有关自我的一系列认知结构，在社会经验中，个体总是用这些认知结构去认识并解释与自我有关的种种刺激。例如马库斯（H. Markus）等人提出的自我图示（self-schemata）理论，它对以后的自致性偏差研究和偏见研究等有着直接的影响。

五、社会认知理论的新发展

（一）内隐社会认知

近些年来，社会心理学家们逐渐发现，在人的行为成分中，尚有许多因素无法用逻辑或理性解释清楚。因此，内隐社会认知研究成为社会心理学当前的一个热门领域。

内隐社会认知：在社会认知过程中虽然个体不能回忆某一过去经验，但这一经验对个体的行为和判断依然具有潜在影响的认知现象。

内隐社会认知的概念由格林沃德（A. G. Greenwald）等人于1995年提出，是指在社会认知过程中，虽然个体不能回忆某一过去经验，但这一经验潜在地对个体的行为和判断产生影响。[①] 与传统社会认知不同，内隐社会认知是一种深层次的社会认知活动，是认知主体不需要努力的无意识操作过程。另外，内隐社会认知和内隐认知是两个相对独立的概念，除了与内隐认知共同具有无意识性、积淀性和可启动性之外，由于内隐社会认知主要针对社会信息进行加工，因此还具有社会性、情境性等特点。

早期对内隐记忆的分离研究主要针对抽象概念的信息加工，随着研究推进，社会经验和人物的信息加工得到了更多研究。在短短十多年时间中，内隐社会认知的研究范畴几乎扩展到了社会认知的各个主要方面，最主要的如内隐自尊、内隐刻板印象和内隐态度。

（二）具身社会认知

具身认知（embodied cognition）是自20世纪末期开始逐渐兴起的心理学研究领域。具身认知最初出自认知心理学和认知科学的一种观点，认为人的心理状态与其身体和生理体验之间存在直接的联系。一个体现具身认知观点的经典实验就是，实验者让被试观看幽默动画并判断其幽默程度，在这个过程中被试将一支笔放在嘴里，其中

---

① Greenwald，Banaji. Implicit Social Cognition：Attitudes，Self-Esteem，and Stereotypes. Psychological Review，1995，102（1）：4-27.

一组被试必须用到牙齿（强制作出微笑的表情），另一组被试则要用舌头含住笔（阻止微笑的表情）。结果，用牙咬住笔的那一组（微笑组）认为动画更加幽默。这意味着，面部表情能够促进个体相应的情绪加工。①

具身社会认知就是用具身认知的观点来重新诠释社会认知问题，研究具身现象对社会认知产生的影响，比如经典的自我概念、人际、群体等。其基本观点认为，身体状态和生理体验不仅影响基本的个体心理过程（如情绪），也可以影响更高级的社会认知过程（如理解抽象概念、社会态度）。社会认知过程并不处于单独的认知网络中，而和身体的感知觉神经网络以及运动神经网络相交叉和联系，因此身体的物理属性和动作状态其实都会参与社会认知的形成过程。

目前，具身的视角在社会心理学中的应用还处于起步阶段。具身社会认知作为一种具有反传统意味的思想潮流，引发了不少争论和质疑，其观点本身也有着很多不完善之处，但它仍具有巨大的潜力，可能会为社会心理学理论带来更多变革性的发展。

六、对社会认知理论的简要评价

从社会认知观点入手研究社会心理现象，首先就是对行为主义的全面反抗。行为主义对人的内部心理过程避而不谈，而社会认知观点强调对个体认知过程的研究，主张认知过程支配行为过程，认知是主要的心理活动，并就此取得了丰硕的成果，从而动摇了行为主义在心理学界长期以来占据的统治地位。其次，社会认知观点强调认知与行为一致，肯定人具有认知外部世界并根据认知成果进行决断的能力，人能够利用过去的经验和现在的认知结构主动地反映外部世界，调整自己的社会行为而与社会达到和谐一致，这些主张无疑张扬了人类的理性光芒。

而且，社会认知理论家们是在社会心理学各个具体领域的研究实践中提出自己的学说的。因此，虽然各种理论模式是以逻辑推论的形式提出的，但却基于一定的实验依据，故而这些学说对于其所对应的社会行为就具有很强的解释功能，可以作为理解各种社会行为的工具。另外，社会认知观点充分肯定了支配社会行为的内在认知过程的可预测性和可描述性，从而揭示了了解社会心理过程的可能性。近年来，社会认知的研究越来越具体，内容不断丰富。社会认知作为社会心理学研究的重要内容，已经超越了一个特定主题，成为一个可以应用到任何研究领域的分析工具。

不容否认的是，社会认知取向的理论也存在着这样或那样的缺陷，如基本概念模糊不清，研究脱离个体的实践而只抽象地研究人的认知过程，以及研究局限于个体的认知过程而忽略群体社会心理现象等。但对于社会认知理论流派的未来，西方的很多心理学家持乐观态度，认为它的发展前景要比其他派别更为广阔，甚至有人认为，它有望成为整个社会心理学理论的发展方向。

---

① Strack，Martin，Stepper. Inhibiting and Facilitating Conditions of the Human Smile：A Non-Obtrusive Test of the Facial Feedback Hypothesis. Journal of Personality and Social Psychology，1988（54）：768-777.

第四节 社会学取向的社会心理学理论

恰如心理学家墨菲所言："当社会心理学形成之时，它趋向于分为两支，一支是心理学家的社会心理学……一支是社会学家的社会心理学。"① 心理学和社会学作为社会心理学的两个重要思想支柱直接促成了它的诞生，且在其发展过程中造就了社会学的社会心理学和心理学的社会心理学两大研究取向和两大研究传统。

一、符号互动理论

G. 米德的符号互动理论是社会学取向的社会心理学的集中代表，西方的社会学家几乎都是从互动理论涉足社会心理学研究的。符号互动理论作为社会学中心的宏观社会结构和社会心理学中心对象的个体行为之间的沟通桥梁，在社会心理学领域中的影响不亚于精神分析。

（一）符号互动理论的理论渊源

符号互动理论：主张从互动着的个体的日常自然环境去研究人类群体生活的社会学和社会心理学理论。

符号互动理论是美国土生土长的理论，米德是这一理论的集大成者，而詹姆斯（W. James）和库利等人的著作直接构成了符号互动理论的思想渊源。詹姆斯对符号互动理论影响最深、启发最大的地方在于，他认识到人类具有将自身当作客体认知和培养出针对自身的情感与意向的能力。詹姆斯将"自我"划分为"主我"和"客我"，这一思想日后直接为米德所接受，并被糅进他有关角色扮演的思想之中。而后，詹姆斯将"客我"细分为三个层次，即物质我、精神我和社会我。他在分析"社会我"这个概念时指出，个体对自身的各种感觉、认知和情感产生于与他人的互动过程，产生于个体所接受的他人对自己的看法。这一思想直接启发了符号互动理论的思维，触及贯通符号互动的核心，即个体（自我）和社会结构（社会互动过程）的关系问题。

库利作为美国第二代社会学家的杰出代表，其整个学术研究几乎都是围绕着自我和社会的关系问题而展开的。他认为，在个体与他人交往的过程中，出现了一个同我们周围的物理世界处在同样直接现实水平上的自我的社会世界。从这个社会世界中产生了内心经验，称之为心理经验；而存在于这一心理经验世界之中与个体自我有关的内心经验，又被库利称为"镜中我"，意指个体从外部环境（他人）角度观照自身客观镜像的能力。很明显，"镜中我"与后来米德关于"自我形成于人际互动过程中"的论述有着紧密的理

---

① 墨菲，柯瓦奇．近代心理学历史导引．北京：商务印书馆，1980：607.

论联系。

（二）米德的符号互动理论思想

米德作为社会心理学大师，是符号互动理论的真正奠基者。虽然他生前除了写过20多篇论文外，并没有出版过任何社会学或社会心理学方面的专著，虽然他的著作都是在1931年逝世后，由其学生根据课堂笔记整理而成，并由他的学生布鲁诺命名和传播的，但真正系统阐述符号互动理论基本思想、提出符号互动理论体系的却还是米德。他本人因对这一理论的创建而名垂青史，而他的代表作《心灵、自我与社会》则完全可以称得上是符号互动理论的《圣经》。

1. 符号与互动

米德指出，传递有机体内部信息的姿势（gesture）是人际发生互动的基础，而姿势既包括个体的动作，也包括口头语言等。但是姿势还不是人际互动的符号。因为在米德看来，只有当个体虽不言明但有意识地做出某种姿势，同时这种姿势能引起对方以同样含蓄的姿势做出反应时，姿势才变成符号。也就是说，个体发出姿势的意义必须被互动对象理解，才能成为互动符号，这样互动对象才能根据互动符号推断发出者下一步的反应，并适时调整自己的姿势及反应。而这样的沟通过程，也就是符号互动。值得注意的是，语言作为人类所独有的互动符号，得到了米德的特别关注。

米德认为，语言符号是社会情境中个体与他人顺利进行和维持互动所必需的文化前提。有了语言符号，人类的行动与动物的反应就完全不同了。人不仅生存在环境中，并且还生活在“符号环境”中。驱使和引导人从事活动的不单单是生理上的欲望和需要，而且还有富于意义和价值的符号。个体也不再仅仅是环境刺激的简单受体，而且有了自己的主观能动性。在大多数情况下，刺激要被选择、被解释，从而被赋予意义，对其做出的反应也要经过思考和选择。正是由于有了共享的意义符号，人类的社会互动才能正常地进行、展开和维持。

2. 自我与社会

正如个体能够用语言符号来表征环境中的其他行动者一样，他也可以用符号把自身表征为客体，即个体能够扮演他人的角色，从他人的角度对自己做出反应和评价。米德认为最重要的是，随着有机体的成熟，从每一个互动场合的具体他人中所形成的暂时的自我想象，最终将具体化为相对稳定的、归属于某类客体的自我概念。个体自我概念形成的过程可分为三个阶段，即预备阶段、玩耍阶段和游戏阶段。在预备阶段中，儿童经常会表现出对参加现实角色表演的他人的模仿。比如当儿童看到父母在读报纸的时候，他也装模作样地拿起报纸阅读。这种模仿或模拟为儿童更充分地进入成人社会做好了准备。到玩耍阶段后，儿童开始表现出从他人的角度看待自己的某种能力。儿童于想象中扮演了各种各样的社会角色，诸如父母、兄弟或姐妹，甚至想象中的朋友的角色。儿童学会了从其他各种角色扮演者的角度观察一个独特的自我。由此阶段再发展下去，以自我为中心的玩耍便让位于游戏的规则和配合，个体开始进入游戏阶段。个体开始懂得其他扮演者的行为有些是固定的、非私人性的，并且是可以预见的。他必须按照他在一个既定的角色网络里所处的位置来看待自己，就在这种扮演多重的和连锁的角色的过程中，并且在其他组织努力参与的情况下，自我控制出现了。

接着，米德对社会的性质进行了理论阐释。米德把社会看成是不同个体之间的有组织的互动或定型化的互动，这样的互动组织形式依赖于精神的作用，也就是使用符号进行角色扮演并选择自己的反应的能力。如果没有这种能力，个体就无法使他们的行动协调一致，也就形成不了社会。由此可以得出的顺理成章的推论是，社会不是“存在”的，而是随着互动中的人们的行动而不断被创造和再创造的，是发生于互动中的个体之间的事件流。从米德对社会的理解中我们可以看到，在他眼中，“社会”这个概念只被用于所有那些个体之间存在着相互作用的情境，互动的局限也就是社会的界限，或者说，个体的自我所辐射的“他人态度”的范围，也就是社会的界限。符号互动理论一方面拥有大批的追随者，另一方面也出现了种种分歧，他们都从自己的角度对符号互动理论加以发挥和改造，从而使该理论成为角色理论、戏剧理论、参照群体理论等的源头，为从社会学方向上研究社会心理学奠定了坚实的基础。

（三）对符号互动理论的简要评价

社会心理学自诞生之日起即有机械还原论倾向，即以机械论的观点看待人的本质，以极端的实证主义作为研究方法论。

符号互动理论的出现为社会心理学注入了新鲜的血液。它注重人的主体性与能动性，从而使被实证社会学和心理学扭曲的人性得到某种程度的恢复。此外，作为社会心理学中社会学取向的主要流派，正如米德所说的那样：“我们在社会心理学中不是根据组成社会群体的个体的行为来研究群体行为，我们主要是从复杂群体活动的社会整体出发，在这种复杂的群体活动中来分析个体的行为。”① 这就在方法论上纠正了还原论，从而为容纳更为广阔的研究视野提供了可能。

当前，符号互动理论在社会心理学中也许已不再占据主导地位，甚至也不像当初那样引人注目了，但这并不意味着它已被人遗忘。事实上，它的许多思想已融入其他学派之中，尤其是融入当今西方社会心理学中占统治地位的认知学派之中。

二、社会交换理论

社会交换理论（social exchange theory），主要是指人们在社会交换过程中出现的基本心理过程及其与交换行为之间关系的理论。从本质上说，社会交换理论源自社会学，为了理解和解释交换行为，一些社会学者力图将心理学的内容吸收进来。所以，社会交换理论在社会心理学中属于社会学取向的理论。

---

① 米德．心灵、自我与社会．上海：上海译文出版社，2008：37.

（一）社会交换理论的思想来源

18、19世纪的一些古典经济学家如斯密（A. Smith）、李嘉图（D. Ricardo）等对经济学做出了重大的贡献。他们认为，人是遵循追求快乐、避免痛苦的“享乐主义”原则的，人们在市场上与其他人进行交易时是追求最大物质利益的理性的经济人。在社会交换理论发展的过程中，古典经济学的基本假设被改造了，变得不那么绝对化了。例如，人并不追求最大利益，但他们与他人发生社会交往时总是试图得到一定的利益。人并不完全是理性的，但他们在社会交易时的确进行成本和利益的核算。除此之外，社会交换理论家还接受了古典经济学关于人性自私的基本假设，并将这个假设视为公理，社会交换理论各个层次的定理和命题都由它演绎出来。

对社会交换理论影响最大的行为主义心理学家是斯金纳。斯金纳认为，强化是行为形成和改变的根本规律，心理学作为研究行为的科学，应该研究如何安排正负强化，最经济最稳固地建立起所需要的工具性条件反射，这样就可以达到预测和控制行为的目的。[①] 斯金纳根据动物实验得出的一系列心理学命题，几乎原封不动地被社会交换理论吸收了。如有机体在既定情境中会做出获取最大报酬和最小惩罚的行为，有机体在与过去得到过报酬的相似情境下会重复那些得到报酬的行为等，都是社会交换理论的基本观点。

（二）霍曼斯的理论

现代社会交换理论家霍曼斯（G. C. Homans）采用概念联结的方法，试图将古典经济学和行为心理学的基本命题融为一体，构成其**社会交换理论**的基本命题。霍曼斯认为，经济学中的某个概念与心理学中的某个概念是相对应的，比如成本与惩罚相对应，报酬与强化相对应，需求与刺激相对应，供给与反应相对应。霍曼斯将这两者联结并融为一体，变成社会交换理论的基本概念。基本概念形成以后，霍曼斯通过推断过程，建构起一组解释社会行为的基本命题。

> **社会交换理论**：将古典经济学和行为心理学的基本命题融为一体，强调报酬概念。

霍曼斯用每一组基本命题中的主要概念来给该命题命名。这些命题分别是：

（1）成功命题（success proposition）：对于人们采取的所有行动来说，某人特定的行动越是经常得到报酬，则该人越可能采取该行动。

（2）刺激命题（stimulus proposition）：假如过去某一特定的刺激或一组刺激的出现一直使某人的行动得到报酬，则现在的刺激越是与过去的刺激相似，该人现在就越有可能采取该行动或类似的行动。

（3）价值命题（value proposition）：某人的行动结果对他越有价值，则他越有可能采取该行动。

---

① 张述祖，沈德立．基础心理学．北京：教育科学出版社，1987：87.

（4）剥夺-满足命题（deprivation satisfaction proposition）：某人在近期越是经常得到某一特定报酬，则该报酬的任何追加单位对他来说就越没有价值。

（5）攻击-赞同命题（aggression approval proposition）：当某人的行动没有得到他期望的报酬，或得到了他未曾料到的惩罚时，他就会被激怒并有可能采取攻击行为；当某人的行动获得了期望的报酬，特别是报酬比期望的要大，或者没有受到预期的惩罚时，他就会高兴并更可能采取赞同行为。

（6）理性命题（rationality proposition）：在选择各种行动时，某人会选择他认识到的结果的价值乘以结果实现的概率后得到较大值的那种行动。

背景人物

霍曼斯（1910—1989），美国社会学家，社会交换理论的代表人物之一。1932年毕业于哈佛大学，获文学学士学位，留校任教。曾参加帕雷托学说小组讨论会，并于1934年与人合著《帕雷托理论介绍》一书，从此步入社会学界。霍曼斯学术研究领域很广，包括历史学、人类学、心理学及科学哲学。他的理论被称为行为主义交换论。著有《人类群体》《情感和活动》《社会行为：它的基本形式》《社会科学的本质》等。

上述命题中包含了一些基本概念，如：行动是指人们为了获取报酬或逃避惩罚而主动发出的行为；报酬是指能满足有机体某种需要的交换结果；代价是指从事某种行为所失去的报酬或受到的惩罚；刺激是指映入人们头脑中的某些环境因素，霍曼斯特别强调刺激的主观性质，说它是“看到的东西”；价值是指报酬能够满足人们需要的程度，霍曼斯假定某个行为带来的报酬的价值总是大于零；惩罚是与报酬相对的概念。霍曼斯说：“如果一个人行动的结果给他带来的是肯定性的价值，那么我们把这些结果叫作报酬，如果带来的是否定性的价值，那么把这种结果叫作惩罚。”①

可以明显地看出霍曼斯的刺激命题、剥夺-满足命题和攻击-赞同命题吸收了行为心理学的基本命题，而价值命题和理性命题则与古典经济学的思想一脉相承。

（三）布劳的理论

社会交换理论的另一代表人物布劳（P. M. Blau）在他的《社会生活中的交换与权力》一书中主要论述了基本交换过程中社会结构的产生，这一点同霍曼斯通过基本的心理过程解释社会行为的理论取向有明显的不同。当然，布劳的理论也涉及交换行为的心理基础，诸如期待、评价、吸引、计算等心理过程。

① Homans. Social Behaviour：Its Elementary Forms. London：Routledge and Kegan Paul，1961：15-47.

背景人物

布劳（1918—2002），美国社会学家，社会交换理论的代表人物之一。出生于维也纳，后移居美国。毕业于美国伊利诺伊州的艾姆赫斯特学院，获学士学位。1952 年在哥伦比亚大学获博士学位。曾先后任教于康奈尔大学、芝加哥大学、哥伦比亚大学，出任过 1973—1974 年度美国社会学协会主席。后任美国科学院院士和哥伦比亚大学社会学系主任。布劳主要从事社会学经验研究和理论建设工作，探讨社会结构、社会组织问题。

布劳认为，社会交换是那些只要别人做出报答性反应就发生而不再有这些期待的反应就不复存在的行动。[①] 有些行动在表面上看并没有显露出行动者对某种特殊利益的要求，但那并不能说明行动者是无意图和无目的的，他的行动可能指向某种终极价值，是某种长远利益的追求。有些行动者在与他人的交换中表现出了明显的利他主义，但这种利他主义实际也受着利己主义需要的驱使，为了获得某种报酬如**社会赞许**，行动者一定要克制和超越自己的利己主义冲动而顾及他人的需要和愿望。

> **社会赞许**：是指某一行为是社会一般人所希望、期待、接受的。

在社会关系建立的初期，人们经常将一些可能的交换者进行比较，个体的心理需要决定着哪些报酬能引起他的注意，也决定了他将受哪些人的吸引。布劳用外部吸引的概念来解释人们此时的心理过程，它是指交换双方所提供报酬的某些外部特征具有的吸引力。比如某顾客受到了某商人的吸引，因为他以最低的价格销售某种确定质量的商品，这个最低价格对顾客的吸引力就是外部吸引。在交换关系确立之前，个体也要证明自己所能提供报酬的吸引力，以唤起他人对获得这种报酬的期待，布劳用男女恋爱的例子来说明外部吸引。一个男孩受到了某个女孩的强烈吸引，而这个女孩受到该男孩的吸引却没有那么强烈，于是男孩便渴望增强他自身对她的吸引力。为了做到这一点，他可能要花费许多脑筋，在她身上花许多钱，或在他们约会时做许多她喜欢的事情来使她高兴。如果交换双方想要建立起稳定的交换关系，那么他们必须从外部吸引过渡到内部吸引。内部吸引是指某个行动者具有的才智、声望、地位等内在品质的吸引力。

布劳理论的核心思想之一是权力从不平衡的交换中产生。交换的一方在上次的交换中没有能力向对方提供有实际价值的报酬，他只能向对方表示感谢，并承认自己欠对方的情。如果这一次他仍然需要对方提供帮助，可是他仍然没有提供报酬的能力，他就会感觉到自己在交换中是下等的和缺少吸引力的一方。如果下一次他还是依赖这种单方面的报酬，而对方又不愿无偿提供这种报酬，那么他所拥有的唯一办法就是向恩人表示顺从，按对方的要求和意愿做事，这时权力就产生了。通过向他人单方面地

① 布劳．社会生活中的交换与权力．北京：华夏出版社，1988：7.

提供利益，一个人就积累了一笔愿意服从的资本。不管什么时候，他只要愿意就可以利用这笔资本，把他的意志强加于别人身上。

（四）对社会交换理论的简要评价

西方的社会交换理论者如霍曼斯、布劳等都认为社会交换行为是以自我为中心的，每个人的行为目标永远指向获取物质上的满足与精神上的愉悦，个体在交换过程中总是尽可能地付出最小的代价以获取最大的报酬。但利他主义行为也可以是一种交换行为，一个人冒生命危险去救人或捐赠巨款给慈善机构都不是只给不取的行为，他还是为了获得精神上的安慰与满足。如此一来，用这种理论来解释社会上所有的交换行为就显得比较狭隘。因为这些理论，尤其是分析人们的交换心理的理论，只是比较完满地解释了社会上的一种交换行为，即利己主义的理性交换行为。

利己主义是一种价值观，除了这种价值观之外，人们之间的交换行为至少还受利他主义的价值观以及情感和规范的影响和制约。在理性上，交换的目标可以是利己的，可以是利他的，也可以同时既是利己也是利他的；在情感上，交换可能伴随着正向情感如同情、关心、爱护，可能伴随着负向情感如嫉妒、厌恶、仇恨，有时也可能是情感中立的；在规范上，交换行为可能符合社会规范，也可能违反社会规范，但它必然受到社会规范的制约。

第五节　欧洲社会心理学理论

现代欧洲社会心理学通过批判美国主流社会心理学并开展创新性的研究实践，形成了具有本土化特点的研究范式，其中很重要的一点就是理论建构。虽然发展时间相对较短，但是欧洲社会心理学家已经建构起一些比较成形的理论。这些理论体现了欧洲社会心理学特有的社会关怀，并且由于其中包含着对实证主义、个体主义和实验主义的反思而具有一定的后现代主义特征。

一、社会认同理论

20世纪70年代，由塔菲尔（H. Tajfel）和J. 特纳（J. C. Turner）等人提出的社会认同理论是群体关系研究中极具影响力的理论之一，也是欧洲社会心理学本土化的重要研究成果。社会认同理论揭示了群体行为的内在心理机制，可以很好地解释许多社会现象。

（一）社会认同理论的理论渊源

心理学中的“认同”（identity）一词最早是由弗洛伊德提出的。后来埃里克森在此基础上提出了“自我同一性”的概念。在社会心理学领域，符号互动理论就是一个深具影响力的探讨自我产生过程的学说。其后，库恩（M. Kuhn）对自我认同问题进行了进一步的研究和论述。与传统认同研究相比，社会认同理论更注重群体和社会中的认同问题。

在社会认同理论产生之前，大多数关于群体行为的研究集中于关注个人偏见和歧视的模式上。而与这些研究路径不同的是谢里夫的现实冲突理论（realistic conflict theory，RCT），它认为群体利益的现实冲突导致了群际冲突与歧视，同时也提高了对内群体的认同过程和积极依恋。然而对内群体的认同过程在现实冲突理论中却没有得到充分的重视，只是被当作群际冲突的一种副现象。这些被现实冲突理论所忽视的重要问题正是随后诞生的社会认同理论的关注重点。①

（二）社会认同理论的基本内容

社会认同主要来自群体成员身份或资格，人们努力追求或保持一种积极的社会认同，以此来增强他们的自尊。如果没有获得满意的社会认同，人们就会试图离开他们所属的群体或想办法实现积极的区分。

塔菲尔将“社会认同”定义为：“个体的一些知识，这些知识是关于他从属于某一社会群体，以及对作为社会成员的他而言具有显著感情和价值的东西。”② 正是通过这一过程，个体附属并投身于他们所属的特定社会群体之中。

社会认同理论认为，社会认同是由类化、认同、比较建立的。类化（categorization）是一个随着分类环境而变化的过程。人们在特定的处境中会将自己归入某个社会类别，自动区分内群体和外群体。认同（identity）是社会认同理论的核心，它被定义为可以将个体与他人区分开来的特征。社会认同理论认为，当人们采纳了某社会群体的成员资格来建立自己的社会身份时，会将符合内群体的特征赋予自我。在特定的社会脉络中，只有特定的认同才会显现出来。但关于社会认同的知识本身并不足以形成对其的评价，对类别资格的评价只有在社会比较过程中才能进行。比较（comparison）是指人们需要通过社会比较来评价个体和社会的属性，并且总是倾向于达到一种正向的社会认同。因此，人们进行社会比较的目的大部分是自我提升（self-enhancement），而对群体内成员的提升可以通过对群体内外成员进行比较而获得。社会比较过程是在群体层次上进行的，群体的资格获得评价，社会认同随之得到定形和稳定化。

当与外群体进行比较无法获得对自己所属群体的正向评价时，相对劣势的群体成员就会面临社会认同威胁。为了应对这种威胁，个体主要有以下几种策略：第一，个体流动（individual mobility），即个体脱离群体或从心理上与群体分离，渴望进入具有较高评价的群体；第二，社会创造（social creativity），这是一种群体策略，通过改变或重新界定用来比较的因素，为群体寻求积极的特性；第三，社会竞争（social compe-

---

① 塔菲尔，特纳．群际行为的社会认同论．社会心理学研究，2004（2）．

② Tajfel. Social Psychology of Intergroup Relations. Annual Review of Psychology，1982，33：1-39.

tition），处于劣势的群体会在导致其消极区分的维度上，向外群体直接挑战，尝试改变社会结构或群体在其中的相对地位，这种策略最可能导致激烈的群体冲突。

二、社会表征理论

社会表征理论（social representation theory）是群体行为研究领域中非常具有影响力的理论之一。这一理论由莫斯科维奇（S. Moscovici）在20世纪60年代提出，后来经由瓦格纳（W. Wagner）、乔德里特（D. Jodelet）等多位学者的研究逐步完善起来。社会表征理论集中体现了欧洲社会心理学强调群体的价值取向。

背景人物

塞尔日·莫斯科维奇（1925—2014），罗马尼亚裔法国犹太人，当代国际著名社会心理学家，定居于巴黎。1948年进入著名的索邦大学学习心理学，1961年获得心理学博士学位。20世纪六七十年代，他先后在社会研究新学院等美国和欧洲多所大学和研究所任教。1976年起任欧洲社会心理学实验室（LEPS）主任，并在巴黎社会科学高等研究院任教。鉴于他对社会心理学发展的卓越贡献，莫斯科维奇于2003年获得了全球著名的巴尔赞奖。

（一）社会表征理论的理论渊源

社会表征： 集体成员通过沟通形成的关于特定社会对象的社会共识。

社会表征的概念有相当长的历史，并跨越社会科学中许多相关的领域。在心理学领域，冯特在其民族心理学体系中，提出个人心智与集体心智两个相对的概念。冯特的观点对其后的社会学家迪尔凯姆产生了深远的影响。迪尔凯姆区分了集体和个人的表征，其集体表征（collective representations）概念是指知识的系统化部分，比如科学和宗教等，它们由社会成员共享，是社会实在的最终基础。集体表征是社会表征的最初形式，为社会表征理论的兴起奠定了一定的理论基础。20世纪50年代，莫斯科维奇继承了迪尔凯姆集体表征的想法，提出社会表征的概念。与迪尔凯姆的集体表征相比，莫斯科维奇的社会表征概念更具有动态性和转变性，通过人与人之间的互动和信息传递交流，被表征的社会对象（social object）会不断加以进化和改变。

（二）社会表征理论的基本内容

一直以来，在社会表征的研究中都没有一个被所有人普遍接受的“社会表征”的定义，不同学者关于社会表征的定义很多。莫斯科维奇将社会表征界定为集体成员通过沟通形成的关于特定社会对象的“社会共识”。[①] 总体上说，社会表征是人们用来对周围事物或目标作出反应的一系列定义性短语或形象，它们是社会的一种共享性知识，是用来解释世界的工具。

社会表征的特征包括以下三种。第一，社会共享性与群体差异性。社会表征非常重要的特征之一就是“社会共享”。但由于群体中有多个子群体存在，并不是所有的社会表征都能在群体成员中达成一致。根据一个社群内各子群体观点一致程度的差异，莫斯科维奇将社会表征划分为三个层次：被整个社群一致接受的支配性（hegemonic）社会表征；子群体对与其观点不同者的无约束性（emancipated）社会表征；存在于群体冲突中的争端性（polemical）社会表征。第二，社会根源性和行为说明性。社会表征作为一种常识性知识体系，源于人们的社会互动过程，因而具有社会根源性。社会表征又可以对社会群体成员的行为、思想和感知施加一种近乎强制的影响力量，即所谓“行为说明性”。第三，相对稳定性和长期动态性。社会表征会在社会群体的互动中得到巩固，一旦产生，就会超越个体而独立存在于社会中，所以社会表征在一定时期内具有相对的稳定性。但随着社会的变迁，以及群体成员对某一问题的经验逐渐丰富，人们会对原来的社会表征和实际感受之间的差异产生疑问，进而导致人们对社会表征做出修正甚至是重新导向。因此从历史的视角上看，社会表征具有长期动态性。

> **锚定**：整合原有知识与意义并将其变成新系统的过程。
> **具化**：使各种模糊和抽象的观念元素形成社会框架的过程。

社会表征的主要模式强调了两种过程，即**锚定**与**具化**。锚定（anchoring）是负责整合原有知识与意义并将其变成新系统的过程，即对不熟悉的事物命名或赋予特性，并以熟悉的名词来解释和定义，使其可以被解释和沟通。具化（objectifying）是使各种模糊和抽象的观念元素形成社会框架如规范、价值、行为等的过程。其产生需要两种途径，即拟人化（personification）和比喻（figuration）。具化是锚定的延续，将内隐的抽象产物具体化为主观上可见、可触、可控的现实。

社会表征作为动态过程，先是通过一种内在引导机制将新异观念或事物置于熟悉的类别脉络之下赋予意义。而后通过一种外在引导机制，将相应的产物转化为具体客观的社会共识投放到外部世界，使其成为现有社会设置的一部分。这实际是一种社会互动过程：个体的认知和评价通过大众媒介或人际沟通以符号、隐喻等方式传播出去。在不断沟通和使用中，过去被视为新异和陌生的概念就转化为社会成员的一种“共识”。同一社会情境中的人们拥有共同的社会表征，它们使人与人之间可以相互理解，也带来群体的认同。

三、话语分析的社会心理学

话语分析的社会心理学（discoursive social psychology）是 20 世纪 80 年代兴起于

① Moscovici. Social Representations: Explorations in Social Psychology. Polity Press, 2000: 3.

西欧，并在其后获得极大发展的一种社会心理学研究范式。1987年，波特（J. Potter）和韦斯雷尔（M. Wetherell）出版《话语与社会心理学》一书，第一次系统阐释了话语研究在社会心理学领域中的应用。话语分析的社会心理学最初只是引入了一种新方法，但随后表现出了明显的解构与颠覆性特征。

（一）话语分析的社会心理学的理论渊源

话语分析的社会心理学最初开始于对传统社会心理学中语言材料处理误区的分析。传统社会心理学仅仅将语言材料作为资料来理解，压制了语言材料的一个关键属性，即话语的建构性。**话语分析**的哲学基础来自20世纪语言哲学的语用学转向。在语用学模式中，语句的意义并非取决于对经验事实的表达，而是取决于我们对语句的用法，取决于该语句在语境中的具体使用。语言的本质被看作一种语言行为，是说话的活动。而“说话”实质上是对话者之间的交流行动，是人与人之间社会关系或社会存在的显现。因此，话语构成了语用学的研究平台，其研究对象是产生语言并使用语言的说话主体。在这种哲学基础之上，语言的性能得到更为深入全面的揭示，社会心理学中话语分析的范式发展起来了。

（二）话语分析的社会心理学的基本观点

首先，话语分析的社会心理学理论的基本出发点是强调话语的建构性，反对传统实证观点的个体主义和心理实体的观点。传统社会心理学认为存在一种心理实体，如态度、人格等，而谈话、行为都可由这些内在的心理实体生发出来。然而话语分析取向的研究者认为不存在脱离语言存在的客观心理实体。相反，社会关系和社会实践通过影响话语的结构来影响心理事实的建构。因此，一旦传统的内在心理的解释被超越，社会心理学中泛滥的“个体主义”认识就随之破除。

> **话语分析**：通过对实际使用中的语言的观察，探索语言的组织特征和使用特征，并从语言的交际功能和语言的使用者的认知特征方面来解释语言中的制约因素。

其次，话语分析的社会心理学在研究中引入了社会组织和社会结构。传统社会心理学以个体心理为中心进行评价，而话语分析的社会心理学则关注在社会生活和人际交往之中的话语实践。传统心理学假设社会场域是一个预先定义好的结构，而心理过程是内在于个体的。话语分析的社会心理学的社会心理学则认为，在社会处境中，个体的自我是否存在并不重要，它对人类的社会行为并不是决定性的。话语分析的社会心理学将话语置于研究中心，直接结果就是将心理学问题与社会分析结合起来。对话语的描述和分析也必然是对具体社会过程的描述和分析。

最后，话语分析的社会心理学主张，意义是在实践中依照一定的规则被生产出来的，为了把规则也融入对实践的考察中来，仅仅描述意义是不够的，还需要了解意义的生产条件。因此话语分析的社会心理学，既关注文本也关注生产文本的过程，既关注话语的功能也关注社会关系和话语结构的互动。话语分析的社会心理学解构了传统社会心理学的各种概念，如态度、自我、情绪等，用话语分析的方法重新解释相关研究中的资料，建立了一种完全不同于过去的新研究范式和解释框架。

四、对欧洲社会心理学理论的简要评价

欧洲社会心理学理论为社会心理学研究带来了创新，并集中地体现了当代欧洲社会心理学的两个特征：对美国传统研究范式的批判，以及对群体及社会的独特关怀。社会认同理论和社会表征理论可以使我们更好地理解群体心理和群体行为领域中的问题和现象，而话语分析的社会心理学对传统社会心理学方法的抨击和颠覆有助于破除其中某些危机性的误区，比如极端的个人主义和科学主义。

当然，以上三个理论学说也都存在很多遭到批评和质疑的缺陷，有待进一步发展和完善，但它们作为社会心理学领域的新兴理论体系，在实践中确实取得了令人瞩目的成就。这些理论的建构体现了当代欧洲社会心理学学科建设的努力。在批判美国社会心理学霸权地位的同时，它们也具有鲜明的欧洲本土化特征，其对社会性的重视和欧洲传统相一致。随着这些理论体系的建构，以及相应的研究活动，欧洲社会心理学成功解构了美国主流社会心理学的垄断地位，形成了独特的学科制度和研究体系。这一点对我国社会心理学的理论建设具有一定的启示。

基本概念

自我本能	性本能	生本能	死本能
本我	自我	超我	社会兴趣
基本焦虑	社会潜意识	联结理论	操作行为
场论	认知结构平衡	认知失调	对应推断理论
归因理论	自我图示	戏剧理论	参照群体理论
社会认同	社会表征	话语分析	

本章要点

1. 精神分析学说中不乏有关社会心理学的重要思想，其中尤以本能、超我、人格发展、群体心理学学说以及以“社会”视角作为立足点的发展心理动力学派的影响最为明显。

2. 发端于行为主义的社会学习理论认为，外部环境比内在心理机制更能影响人的行为，人类的社会行为主要通过社会学习习得和改变。

3. 社会认知理论学家重视人内在的心理活动与结构，重点研究个体的认知结构，认为人类的行为受其内在认知过程的支配。

4. 符号互动理论及从其延伸发展出来的诸多理论注重人的主体性与能动性，并从

复杂群体活动的社会整体出发分析个体的行为，在方法论上纠正了还原论，为容纳更为广阔的研究视野提供了可能。

5. 社会交换理论将古典经济学与行为主义学说融为一体，试图探索人们在社会交换过程中出现的基本心理过程及其与交换行为之间的关系，较为成功地解释了人类利己主义理性层面的行为。

6. 欧洲社会心理学的三驾马车包括社会认同理论、社会表征理论和话语分析的社会心理学。

复习思考题

1. 社会心理学有哪些主要理论流派？
2. 社会心理学的这些理论流派有哪些代表人物？各自的理论观点是什么？
3. 社会心理学的这些理论流派分别应如何评价？

推荐阅读书目

1. 乐国安．中国社会心理学研究进展．天津：天津人民出版社，2004.
2. 周晓虹．现代社会心理学名著菁华．北京：社会科学文献出版社，2007.
3. 乐国安，汪新建．社会心理学理论与体系．天津：天津人民出版社，2008.
4. 乐国安，汪新建．社会心理学理论新编．北京：北京师范大学出版社，2008.
5. 鲍利克，罗森茨维格．国际心理学手册．上海：华东师范大学出版社，2002.
6. 方文主编的“当代西方社会心理学名著译丛”（北京，中国人民大学出版社，2011）

推荐视频

1. 斯金纳解释操作性条件反射实验（http://www.schooltube.com/video/cd778411d70f4a56b10c/Operant-Conditioning；http://www.iqiyi.com/w_19rsyaza9l.html）
2. 华生与小奥尔波特的实验（http://www.tudou.com/programs/view/VHmu61us_gs/）

第四章

社会化

章节导读

1920 年，印度的辛格博士（J. A. L. Singh）在加尔各答东北山地的狼窝里发现了同狼崽在一起的两个小女孩，小的约一岁半，大的约八岁。后来这两个小女孩被送到米德纳波尔的孤儿院，并被取名为阿玛拉（Amala）和卡玛拉（Kamala）。

身体检查结果显示，虽然她们营养不良，但是身体的生物系统是正常的。然而人们发现她们的行为举止却完全和狼一样。她们用四肢走路，而当快走时便弯曲着腿，用手掌和脚掌着地。舔食流质的食物，白天一动也不动，一到夜间，到处乱窜，像狼那样号叫。她们怕光，怕火，怕水，拒绝洗澡。即使天气寒冷，也要把加在身上的衣服、毛毯撕掉。不接近人，有人靠近就咆哮。不久阿玛拉不幸死亡，卡玛拉也仅活到十六七岁。研究人员在人类的正常社会环境里对其进行训练，教她们识字，并让她们学习人类的基本行为方式和生活技能。刚被发现时卡玛拉的智力水平只相当于一个六个月的婴儿；两年后她才学会直立；六年以后才勉强会独立行走，但快跑的时候还是得手脚并用；临死之前卡玛拉还不会说话，智力水平只相当于三四岁的孩子。

同在 20 世纪 20 年代，美国社会学家曾报告，有一个与社会隔离的孩子——安娜，在被外祖父惨无人道地关在顶楼的一间房里长达五年，没有接触任何社会文化信息后，即使再对她进行各种训练，她的进步也很缓慢，心理和智能的发展仍然不能达到正常人的水平。她在死前仅学会很少的词语，却从未说出一个完整的句子，更谈不上有正常人的意识。

这些事实表明，人类具有生物性与社会性双重属性，生物性是与生俱来的，而社会性则需要在后天生活中习得。任何人都必须通过学习和文化的熏染，习得语言、规范、社会行为等，参与社会生活，适应社会文化，才能成为一个符合要求的社会成员。这一过程就是人的社会化。

引领性问题

- 社会化习得是否存在最佳时期？
- 社会化跨文化差异的建构过程是怎样的？
- 随着时代的发展，社会化的发生发展过程是否会发生变化？

第一节　社会化概述

社会化在社会科学领域中是一个基础性问题，受到许多学科的关注。正如罗森伯格和R. 特纳所言："由于社会科学的发展，社会化的研究在社会心理学、人类学和社会学中有着巨大的重要性。尽管每个学科在探讨个体从婴儿到老年的发展和变化上有着各自不同的方法，但是，在所有这三个领域中，社会化过程所起的作用都被看做是社会的维持和个体的福利的一座基石。"① 在社会化的研究中不同学科有着不同的角度：社会学主要从社会结构角度研究社会化，即如何培养合格社会角色；人类学偏重于文化角度，研究社会向个体输入文化的过程；而社会心理学则从人格形成与发展的角度探讨社会化。

一、社会化的定义

对于社会化（socialization），社会心理学家们曾从不同的角度进行了界定。著名社会心理学家弗洛姆把社会化定义为"社会化诱导社会成员去做那些要想使社会正常延续就必须做的事"，是"使社会和文化得到延续的手段"②。赖兹蒙（L. S. Wrightsman）指出，"没有任何一个儿童是在完全的真空状态中成长起来的。从婴儿出生的时候起，他就被各式各样的人物和事件包围，而这些人和事是会塑造他对世界的认知的。个体意识到他所属的社会的各种价值并把它们都吸收进去的过程，一般就称为社会化"③。苏联社会心理学家安德列耶娃认为，社会化是一个两方面的过程：一方面是个体通过加入社会环境、社会关系系统途径掌握社会经验的过程；另一方面是个体对社会关系系统的积极再现的过程。④ 而被广泛采用的是霍兰德（E. Hollander）在其《社会心理学：原理和方法》一书中的解释："一个婴儿是带着繁多的行为潜能来到人世间的，这些行为的发展有赖于各种复杂因素的相互联系，包括与他人的相互作用。儿童在人类社会里成长的过程中，学会了抑制某些冲动，并被鼓励获得在特定社会环境中的人所具有的特征和价值。这个过程叫作社会化。"⑤ 因此，社会化是作为获得特有的人类特征的手段而开始的，而这些特征的获得，仅仅可能产生于我们与他人的接触之中。因而，社会化过程，实际上也是适应社会生活，成为社会人的过程。

---

① 罗森伯格，特纳．社会学观点的社会心理学手册．天津：南开大学出版社，1992：141.

② Fromm. Psychoanalytic Characterology and Its Application to the Understanding of Culture//Sargent, Smith. Culture and Personality. Viking Fund，1949：1-10.

③ Wrightsman. *Social Psychology*. 2rd ed. Monterey Brooks/Cole Publishing Company，1977：450.

④ 安德列耶娃．社会心理学．天津：南开大学出版社，1984：32.

⑤ 霍兰德．社会心理学：原理和方法．广州：广东高等教育出版社，1988：187-188.

对此，我国社会心理学者也提出了自己的看法。一般认为，社会化是个体在主客观因素相互作用中形成自己人格（personality）或个性的过程，是人们能动地参与社会生活，吸收社会价值文化和发展、丰富自己个性的过程。还有一些社会心理学者从两种不同的角度对社会化进行了讨论。沈德灿等从个体发展的角度指出，社会化是自然人变成社会人的过程。[①] 陈元晖所提出的“濡化”（enculturation）即社会化的观点则是从社会文化传承的角度出发的，他认为社会化起的作用不是直接的，而是以人类长期积累下来的文化为中介而起作用的。[②] 从上述观点可以看出：第一，社会化是个体学习技能、知识、价值、动机以及在社会群体中应该扮演的角色的过程，它使个体知道社会或群体对他有哪些期待，规定了哪些行为规范；第二，社会化使个体逐步具备实现这些期待的条件，自觉地以社会或群体的行为规范来指导和约束自己的行为，让自然人变为社会人；第三，社会化是使社会和文化得以继承的手段。通过以上的分析，可以把社会化定义为：社会化是个体通过与社会的交互作用，适应并吸收社会文化而将自己整合到社会中成为一个合格的社会成员的过程。

二、社会化的内容

社会化包含的内容相当广泛，涉及人类社会生活的方方面面。个体要在社会中生存和发展，就需要通过社会化获得各种相应的技能。这些基本能力是人类随着自身的发展过程而不断习得的，主要包括以下几个方面：第一，学习生活的基本技能。作为一个人，首要任务就是学习衣食住行等各方面的基本生活技能。需要注意的是，在很多情况下，这些基本生活技能并不是简单的动作，而是包含了特定的文化意义。第二，学习谋生的基本手段。人不但要通过生产自食其力，也要为他人和社会做出贡献。因此，当个体到了一定的发展阶段时，就必须学会谋生的技能。在不同的生产方式主导下，谋生手段不尽相同，但无论如何都需要通过学习来获得。第三，学习和内化社会的行为规范。为了保障社会生活有效进行，人们逐渐形成了各种特定的群体规范。大多数行为规范是在长期生活实践中产生的，为了参与群体生活，个体必须学习相应的规范。而从整个社会角度来说，以社会规范来指导和约束个体的行动是社会化的主要目的。第四，明确生活目标。群体与社会的一个重要目标是向成员灌输价值观，对成员的人生给予指导，让后者能成为社会和群体期望的社会角色。

除了以上这些为了在社会中生存所需要学习的基本内容之外，社会化还包括其他一些独特的重要方面，主要有道德社会化、政治社会化、法律社会化和性别角色社会化等。

（一）道德社会化

道德是一定社会调整人们之间以及个人与社会之间关系的行为规范的总和。将特

---

① 沈德灿．论个体的社会化．北京教育学院学报（社会科学版），2005（2）．

② 陈元晖．论濡化．社会心理研究，1990（1）．

定社会所肯定的道德规范逐渐内化的过程就是**道德社会化**（moral socialization）。不同社会中，道德社会化的方法和内容有所差别。

西方社会心理学中有关道德社会化的理论研究很多，其中最广为人所接受的是由瑞士心理学家皮亚杰提出，并由美国社会心理学家科尔伯格（L. Kohlberg）进一步发展的认知发展理论。这种理论将儿童的认识和判断看作道德发展的核心问题，认为儿童的道德社会化是整个认知发展的一部分。

对于道德社会化，还有一些与认知发展理论不同的观点。如尤尼斯（J. Youniss）等的道德发展的实践活动观，着重道德行为实践与道德同一性发展的交互作用。与传统的认知发展观不同，该理论将道德发展的机制从道德认知和推理转向道德情感，认为道德是在日常生活中逐渐养成，并在日常生活中自然流露的一种情感或品质。①

道德社会化：将特定社会所肯定的道德规范逐渐内化的过程。
政治社会化：个体逐步接受与获取为现有政治制度所肯定和实行的政治行为取向与行为模式的发展过程。

在中国，传统道德社会化的主要途径是“家教”和“尚贤”。在传统社会中，家教既为个人一生的道德社会化打下了良好的基础，又贯穿了道德社会化的整个过程。对于现代社会的道德社会化，我国社会心理学者进行了诸多的研究，例如：罗毅研究了中国人道德感情的基本特点和道德社会化的主要途径②；章志光等人通过实验研究，提出了“品德形成三维结构”的设想③；刘文革对思想品德的知、情、行结构进行了具体细化研究。还有许多学者对于当代中国人或当代中国青少年的道德观念及道德判断等问题做了多方面的研究。

（二）政治社会化

政治社会化（political socialization）是个体逐步接受与获取为现有政治制度所肯定和实行的政治行为取向与行为模式的发展过程，或者说，是个体的政治态度和政治信念形成的过程。政治社会化是使自然人变成政治人的过程，其目的是将个体培养和训练成为遵守政府规定、服从国家法律、行使正当权利、承担应尽义务、促进政治稳定的合格公民。政治社会化是一个社会中的年轻人学习该社会中的主流规范行为模式的过程。政治社会化促进了一个社会政治秩序的稳定和活力，在任何一个现存的政治系统中都发挥着一定作用。④

政治社会化是一般社会化的核心。任何一个社会或政府都非常关注其成员政治社会化的程度，这关系到该社会或政府的稳定、巩固与发展。因此，社会心理学、社会学、政治学均对此十分关注，其中社会心理学家比较注重人的政治意识形成的心理过程、人的发展与政治行为之间的重要联系等。

儿童青少年的政治社会化实际上就是形成对政治的理解和态度，即形成“政治心

① 陈会昌，谷传华，秦丽丽，等．尤尼斯道德发展的实践活动观述评．心理科学，2004，27（1）．
② 罗毅．关于中国人道德感情社会化的一些历史资料．社会心理研究，1992（3）．
③ 章志光．试论品德的心理结构．北京师范大学学报，1990（1）．
④ Patrick. Political Socialization of Youth. The International Social Studies Forum，2002，2（1）：59-69.

理”的过程。在一开始，儿童一般通过比较简单的对象，以拟人化的方式来了解政治体系：一类是与自己有接触的人物，比如警察；另一类是遥远的政府概念的某些象征性人物，比如总统。这些人物就代表儿童心目中的“政府”。而随着儿童的进一步发展，他们开始逐渐认识到政府并不是个人，并理解政府机构的存在和意义，这就是对政治体系认识的扩大。①

国家意识或爱国情操的培养也是公民的政治态度与政治意识发展的重要部分。心理学家赫斯（R. D. Hess）与托尼（J. V. Torney）曾对1.2万名美国小学生进行调查研究，发现儿童的国家意识按照三个连续阶段逐渐发展。早期儿童以国旗、国歌或国家领袖为具体的国家象征。升国旗、唱国歌与悬挂领袖肖像是培养儿童国家意识的途径。中期儿童以有关国家、政治群体的抽象观念作为爱国的根据。通过他们自己或家庭所享有的公民权利、履行的社会责任、参加的各种社会活动来培养儿童的国家意识。随着年龄增长，儿童逐渐知道世界由许多国家所组成，他们所在的国家是国际社会中的一员。其爱国观念扩展到自己所在国家在国际上所承担的职责上，不再局限于自己所在的国家了。

当然，政治社会化的过程并不是单向的，而是双向的。个体在政治社会化的过程中会通过自己的主观能动作用，整合社会的各种政治观点，接受社会的政治改造，同时反作用于社会政治，这也是政治社会化的实质所在。

（三）法律社会化

法律社会化（legal socialization）是关于法律信仰的形成、法律准则规范的内化及法律遵从行为等方面的社会化过程。

> **法律社会化**：关于法律信仰的形成、法律准则规范的内化以及法律遵从行为等方面的社会化过程。

关于法律社会化的研究最初是在政治社会化和道德社会化的研究领域里进行的。从20世纪60年代末开始，法律社会化的研究才逐渐从这两个领域里分化出来。对法律社会化研究最具代表性的人物首推美国心理学家塔普（J. Tapp），他最先提出了“法律社会化”。从20世纪70年代初期开始，他提出一组关于规则本质的开放式问题，对儿童青少年的法律推力发展做了大量的研究，并得出了法律社会化发展的三阶段结论。

（1）前习俗（pre-conventional）阶段。这个阶段关键在于服从，其特征为：法律防止具体的身体伤害并被视作限制行动的要求；遵从避免惩罚的原则，权力被看作最终的指针，法律被视为一成不变的。

（2）习俗（conventional）阶段。这个阶段关键在于维持规则，其特征为：法律惩罚坏人，保护弱者，维持社会秩序；规则被视为促进社会秩序的整体系统，是行动的指南；与法律制定者所想吻合的就是好的行为，法律只是在极端情况下才会被打破。

---

① Easton, Dennis. The Child's Image of Government. The ANNALS of the American Academy of Political and Social Science, 1965, 361 (1): 40-57.

(3) 后习俗（post-conventional）阶段。这个阶段关键在于制造规则，其特征为：人们被看作自我调节和管理的，法律不同于道德原则，法律的功能是达到社会福利的理性目的，服从基于理性决定，并达到功利目的，行动由正义感引导，法律可以因为使用目的或公正程度而被改变。

继塔普之后，荷根（R. Hogan）也根据自己的研究得出了与塔普相似的结论，认为法律社会化包括了对规则的遵从、对社会期望的敏感和他人生活的关心，以及观念的成熟。

近年来有关法律社会化的研究主要关注儿童青少年发展中的差异对其后法律行为的影响。研究者用法律社会化的发展来解释儿童违反法律的频率和原因，以及儿童和执法者的互动方式。有些研究者则认为，法律社会化属于儿童青少年整体发展的一个特殊维度，可促进儿童青少年学习对法律的顺从以及与执法者的合作。[①] 中国学者李伟民应用自编的关于法律的态度量表及关于法律的两难问卷，考察了自小学到大学的不同年龄阶段学生的法律观念的发展，得出了和塔普类似的发展模型。[②] 此外，张积家、王惠萍在20世纪90年代中期做了有关青少年法律社会化问题的研究[③]，将青少年法律意识的发展大体上分为两个阶段：一是道德-情感定向阶段，这一阶段的青少年法律观念还很模糊，法律判断受道德观念和个人情感影响较大；二是法律-理智定向阶段，这一时期的青少年已经对法律知识有了较多的了解，法律意识基本形成。

(四) 性别角色社会化

社会角色是指社会群体对处于某一特定地位的个人所规定的一套行为模式。众所周知，男女两性的差异不仅表现为不同的生理特征，而且还表现为不同的社会特征。在不同的社会和文化背景中，人们对不同性别的人有着不同的角色期待，而个人学习自己所属文化所规定的性别角色的过程即为性别角色的社会化（gender socialization）（见图4-1）。

社会角色：社会群体对处于某一特定地位的个人所规定的一套行为模式。

对于性别角色及其差异，精神分析大师弗洛伊德的理论核心是无意识和本能过程，或者说是由于男女两性所具有的不同生理解剖结构而决定的心理成熟过程。他认为“女性的人格发展只是男性人格发展的一种不成熟的变种”。对此，文化人类学家玛格丽特·米德（M. Mead）提出了质疑，认为性别角色社会化基本是因文化而异的。20世纪30年代，米德对新几内亚的三个部落进行观察，写成了《三个原始部落的性别与气质》一书。她发现在一个叫阿拉佩什（Arapesh）的部落中，男女都有一种一般人看来是属于女性特征的个性，他们性格温和，待人热情，强烈反对侵犯、竞争和占有欲，男女都照看孩子。与此相反，邻近的一

① Fagan, Tyler. Legal Socialization of Children and Adolescents. The International Social Studies Forum, 2002, 2 (1): 59-69.

② 李伟民．青少年法制观念发展过程的研究//广州师范学院研究生硕士学位论文集．26-49.

③ 张积家，王惠萍．青少年法律意识发展的研究．心理科学，1996 (4)．

图 4-1

说明：大多数小女孩会偶尔尝试化妆。女孩子在分清了什么是女人做的事而什么是男人做的事之后，就会穿上妈妈的衣服，戴上妈妈的首饰，并用妈妈的化妆品化妆。我们很难想象男孩子会模仿这种行为。

个叫蒙杜古莫（Mundugumor）的部落则是一个有吃人肉习性的部落，部落里的男女凶暴，并富有攻击性，女人们很少表现出母亲的特征，她们害怕怀孕，不喜欢带孩子。第三个部落名为德昌布利（Tchambuli）。与前两个部落不同，这个部落里的男女性别角色差异明显，但与通常的性别角色行为截然相反。女人专横跋扈，不戴饰物，精力旺盛，是家庭经济的主要支柱；男人喜爱艺术，喜欢饶舌，富于情感和具有依赖性。由此米德指出，"两性人格的许多方面极少与性的差异本身有关，就像社会在一定时期内所规定的男女的服饰、举止等与生理性别无关一样"。她认为，所谓男性气质（masculinity）与女性气质（femininity）的观念是极具文化取向的，通过各种文化中的性别行为模式的学习、模仿和认同后形成，而并非不可磨灭的天性。

背景人物

玛格丽特·米德（1901—1978），美国人类学家，以研究太平洋无文字民族而闻名，尤其是在心理学和文化如性行为的文化制约、天性以及文化变化等方面的研究，成绩卓著。1928 年，米德根据萨摩亚的田野研究资料，出版了著名的《萨摩亚人的成年》一书，探讨了正值青春期的萨摩亚少女的性和家庭风俗。随后，她对新几内亚三个原始部落进行研究，并在此基础上写成了《三个原始部落的性别与气质》一书。

总的说来，文化人类学家一般是用功能主义的观点来解释性别角色社会化的。他们认为，性别角色的社会化是保持某种特定的生活方式所不可缺少的。心理学家们提出以"能动性"和"合群性"来解释性别角色社会化，认为"能动性"和"合群性"这两种基本形式能代表所有的生存形态。"能动性"将有机体描述为一个在自我保护、自作主张和自我扩张中表现自己的个体。"合群性"则指在与更大的集团关系中，在与别人的合作所产生的感情中表现自己的单个有机体。"合群性"是女性的特征，"能动性"则成了男性的特征。性别角色的分化就是迫使男孩子培养能动性品质，鼓励女孩子培养合群性品质。当然，这种角色分化不是水火不容的，一个全面发展、成熟的个体将同时具备这两方面的品质。

以行为主义为基础的性别定型说（sex typing theory）和以发生认识论为基础的自我归类说（self categorizational theory）则认为，对男女两性的差异对待以及个体本身对符合自己的性别角色模式的归类认同是性别角色社会化的关键所在。有趣的是，一项综合资料显示，尝试以无性别化的方式养育子女并没有降低他们在行为与态度方面的性别类型特征。为此，哈里斯（J. Harris）提出的群体社会化（group socialization）理论认为，自我归类成为两个二分群体，使得男女两性在生物学上的差异进一步扩大，男孩与女孩发展了对比的群体基本框架与对比的同辈文化，性别分隔群体在性别角色社会化中发挥着至关重要的作用。

三、社会化的历程

个体的社会化并不会在某个特定的年龄结束，它会在人的一生中进行，是一个持续终生的过程。在丰富的社会生活中，生命展现为一个不断变化的系列。根据人的发展周期以及各个发展阶段的特点，可把这一历程分为儿童期、青春期、青年期，以及成年期。

（一）儿童期的社会化

儿童期的社会化也被学者们称为**基本社会化**，是指个体在儿童期学习生活知识、语言，培养其他认识能力，掌握行为规范，建立感情联系，确立道德及价值判断标准的过程。这一阶段从婴儿期直到学龄初期，社会化的内容主要是由家庭来教授基本生活技能，启发心智发展，同时逐渐进入同辈群体和学校等社会机构（见图 4-2）。

基本社会化：个体在儿童期学习生活知识、语言，培养认识能力，掌握行为规范，建立感情联系，确立道德及价值判断标准的过程。

图 4-2

说明：社会化过程中，个体、群体和组织都能行使文化传递的职能。例如，左图中的幼儿园教师在和小朋友们一起玩游戏，以及右图中的母亲在教孩子读书识字。

个体的社会化从出生就已经开始了。新生的婴儿生理机能（特别是高级神经系统组织）很不完备，心理活动处于萌芽阶段。但在最初的几个月里，父母对其基本生物需要的满足已经响应了婴儿的情感需求。大约三个月，婴儿就能辨认出人的面貌，此阶段他必须开始发出和接收强烈的情感信息。到 12～18 个月时，儿童对外部世界开始产生兴趣和注意。随着语言的发展和对符号的理解，儿童的自我概念开始逐步发展，从这时候起的社会化过程对个体意义重大。3～6 岁期间，儿童开始形成最初的人格倾向，这一时期的儿童心理活动带有明显的具体形象性，抽象概括能力还比较差（见图 4-3）。而到了学龄初期，儿童社会化发生了质的转变，学校使儿童的身心得到了家庭之外的集体锻炼，儿童社会化有更强的目的性和系统性，儿童的心理向更加抽象的逻辑思维过渡。

图 4-3

说明：随着延迟模仿这种认知技能的获得，儿童能够模仿他们过去看到的人和情景。如图中的儿童，她也许并不明白手机的功能和用途，但能够像模像样地用玩具手机模仿过去曾经看到过的大人打电话的样子。

（二）青春期的社会化

大量青少年期的社会化是以**预期社会化**（anticipatory socialization）的形式出现的，预期社会化是为未来角色及未来的社会生活做准备的社会学习过程。尽管预期社会化跨越了整个生命周期，但预演未来的成人角色在青少年身上表现得特别明显。

> **预期社会化**：为未来角色及未来的社会生活做准备的社会学习过程。

青春期是一个敏感期，处于该阶段的个体在身体与思想方面都会发生戏剧般的变化，同时他们的社会地位和角色等也会有新的变化，个体需要努力地学习以适应这些变化。在现代社会中，这个时期的个体不仅受到家庭的影响，而且更多的影响来自学校与同辈群体。与儿童期相比，个体的抽象思维能力得到了充分的发展，同时个体能在更大程度上采纳别人的意见，逐渐学会自觉地评价自己的人格，其自我意识得到进一步的发展。在这一阶段的社会化中，青少年主要面临着以下问题：第一，青少年需要从心理上脱离对父母的依赖，这对于青少年的心理会形成一定的冲击；第二，青少年要从现代社会纷繁复杂、变化迅速的价值观念中选择适合自己的正确价值观；第三，青少年要面对理想和现实的矛盾，儿童期的很多理想化观念在青少年真正接触社会时会受到现实的冲击，可能会产生一定的挫折感；第四，青少年要面对社会迅速变化导致的代沟问题，他们会发现年长者在很多新的社会事件上无法成为自己的楷模，因此这也对社会化提出了新的要求。

（三）青年期的社会化

尽管青年期属于青春期与成人期之间一个不明朗的时期，但此阶段的个体生理上已经成熟，世界观初步形成，人格发展接近定型，各方面的知识技能日趋完善，个体生活的范围更加广泛。不过有研究表明，现代社会的青年期个体在心理上与经济上独立的时间越来越推迟了。在现代社会以前，从儿童到成年的过渡相对比较简单，这主要是因为生产活动的单一，而工业革命之后的现代社会具有多样化和精细化的生产生活内容。因此，儿童在社会化成为合格的社会成员的过程中要经历一个在自然成熟的基础上进一步学习和熟悉社会生活的过程，这就是青年期社会化的主要作用。因此青年期的社会化可以说是儿童期和青春期社会化的延伸。

从社会的角度来说，青年期社会化的一个重要内容是确立职业角色，参加社会生产生活。为了真正地进入社会，青年要进行职业的选择，学习所选职业的工作技能。这个时候，个体才正式脱离学生的角色，开始进入具体的社会各行业，过独立的社会生活。这种社会角色的巨大变化可能会给青年带来现实中和心理上的各种困难和不适应，而青年需要克服这些问题，顺利完成这个阶段的社会化，从而成为符合社会期望的合格成员。

（四）成年期的社会化

进入成年期以后，所谓的**初级社会化**（primary socialization）——在个体的早期阶段为各种成人生活角色所做的基本准备（包括基本社会化和预期社会化）——已经完成，个体的自我已经发展起来，但是个体的人格依然在成长变化。社会生活是不断发展变化的，个体将随着环境和自身状况的变化继续学习社会知识、价值观念与行为规范，接受新的期待和要求，承担新的责任、义务和角色，以适应这些新的挑战，这一过程称为继续社会化或发展社会化。一方面，当社会或群体在发展中出现新的知识时，个体为了适应社会的要求就要继续学习这些新知识。另一方面，由于各种原因，个体有时可能需要进入新的社会群体或新的社会角色，那么个体必须学习一些与新环境相适应的社会知识和规范。

初级社会化：个体的早期阶段为各种成人生活角色所做的基本准备。

在成年期社会化的过程中，个体不断选择、学习与尝试各种社会角色，对现行角色进行重新定义与再创造，其生活与事业趋于稳定，心理上更加成熟。而到了成人晚期、老年期，个体必须调整自己，以面对声望降低、身体衰老以及死亡等。这一时期，个体将不断调适自己与他人的关系、完善自己的人格、适应新的社会角色，并力求达到一个平和的心境，正确地面对自己的过去和将来，度过生命的维持期。

（五）再社会化

尽管社会化在整个生命周期都在进行，但人格所形成的大部分是建立在初级社会化过程中所习得的未发生变化的价值观基础上，建立在当时确立的自我认同上。但是在某些情况下，青少年和成人经历着一种特殊的社会化形式——**再社会化**（resocialization）。它是指个体的生活环境或所担任的社会角色发生急剧变化，原有的社会化失效的情况下，为了适应新的情况，个体有意将旧的价值观和行为模式等进行重大的调整甚至忘记，接受新的价值观与行为。

再社会化：个体的生活环境或所担任的社会角色发生急剧变化，原有的社会化失效的情况下，为了适应新情况，个体有意将旧的价值观和行为模式等进行重大的调整乃至忘记，接受新的价值观和行为。

一般来讲，再社会化有两种不同性质的基本形式：一是强制性的，当某些人不遵从主流的社会价值和行为规范，主流价值的代言人就认为这些人的社会化失败了，因此会强迫他们接受再社会化，以使其重新认同主流价值观。强制的再社会化一般发生在全面控制机构（total institutions）中，即为了基本改造一个人的人格、价值观与自我认同，把一个人一天 24 小时都置于管理人员完全控制的地方，如监狱中对罪犯的全面改造。二是非强制性的，是个体需要进入一个文化差异巨大的新社会环境时，为适应社会文化与生活方式的急剧变迁而主动进行的，如新兵入伍、移民国外等。

第二节 社会化的因素

长期以来，是人类的天生本性还是后天所处的社会文化与社会环境对个体发展起决定性作用的争论一直备受人们关注。尽管这场争论至今尚无定论，但是人们已经开始意识到，支配和影响个体行为发展的因素很多，而生物遗传因素以及社会文化与社会环境因素都是必不可少的。社会心理学就是从个体与社会的相互作用来研究个体行为发展的。

一、遗传因素

遗传是父母的生理、心理特征经过受精作用传递给子女的一种生理变化的过程。它从以下三个方面对个体的发展起决定作用：（1）基本特征。在生理方面，遗传决定个体的身高、体型、肤色、血型等；在心理方面，遗传的决定作用不如生理那样明显，但一般认为个人的智力、知觉、动作等行为特征均与遗传有密切关系。（2）男女性别。（3）是单胎还是多胎。

具备人的遗传素质、生理结构、神经系统尤其是大脑，这是人之所以为人的基本条件。没有这些因素，无论什么环境都不能培养出真正的社会人、文化人。20 世纪 30 年代，凯洛格（G. Kellogg）夫妇让一只七个半月的黑猩猩同他们九个月的儿子生活在一起。他们让两者的生活学习环境完全相同，同样穿衣、喂食，同样练习站立、行走、开门、用杯、用匙、坐便盆，并给以同样的关心和爱护，共历时八个月。当孩子一岁半已经学会说20多个单词的时候，黑猩猩只能听懂指示命令做出喝水、坐下、开门等70多个动作，却说不出话来。20世纪60年代，加德纳（A. Gardner）夫妇教一只一岁的黑猩猩瓦苏学习美国聋哑人所用的手语。三年后，这只黑猩猩学会了85个手势符号，然而始终未能学会像人那样用连贯的手势表示完整的意思（见图4-4）。黑猩猩始终未能学会使用人类抽象语言符号的事实表明，无论什么样的环境教育都不能超出种族遗传所提供的范围。而且，同样是人的孩子，具有人的遗传素质，除去同卵双生子之外，人们之间的遗传素质是各不相同的，这对个体今后的行为发展同样是有影响的。

图 4-4

说明：1965年生于非洲的瓦苏是世界上第一只懂人话的黑猩猩。1966年，它被美国内华达大学的心理学家加德纳夫妇收养，并以内华达州瓦苏县的名字命名。

尽管很少有科学家认为人类的行为完全由遗传基因单独决定，但是许多社会生物学家却坚信，大量的人类行为是有机体的后果，人类基因包含了大量的信息，这些信息就是一种程式，规定了人类的社会行为。

相对于动物而言，人类有较强的学习能力、逻辑推理能力和语言能力，这些因素使人类文化的传承和创新成为可能。人类还有较长的依赖生活期，这是人能够接受广泛而深入的社会化的重要条件，同时也是个体与他人和社会总体建立终生的社会和情感联系的重要时期。

毋庸置疑，遗传因素是人社会化的潜在基础和自然前提。从生物学的意义上讲，正是由于有一种由上代为下代提供的有利于人类从事社会活动的特殊遗传素质，才为人的社会化奠定了生物学的基础。但是，只有这种生物学的基础，人是不能完成社会化的。

二、社会文化与社会环境因素

国内外的很多研究不同程度地说明了遗传因素对行为的作用，然而即使是遗传基因完全相同的同卵双生子间也存在行为差异，可见社会文化与社会环境因素对个体行为的影响是不容置疑的事实。近现代以来，无数人类学家、社会学家、社会心理学家的研究都证明了社会文化和社会环境因素对个人成长的不可或缺性。

（一）社会文化

文化（culture）的概念从拉丁文 cultus 而来，后来人类学家从 cultus 中推出 cultura 一词，cultura 便是现代意义上的文化一词的起源。因此，在西方对文化的解释最早是从人类学开始的，后来社会学和社会心理学对文化有自己的解释。文化人类学把文化规定为人类行为的一种模式，一个思想与行为相一致的完整的综合体。而在社会心理学中，文化是一个广义的概念，它不仅包括文学、艺术、教育、科学等精神财富，而且包括社会的政治、经济、宗教、风俗、习惯、传统及生产力水平等，它是人们在长期的社会生活中凝聚起来的生活方式和行为方式的总体。

各个社会的文化是社会整体性的产物。其特点是：

（1）文化具有普遍性和共享性。它一经产生就陶冶每一个社会成员，渗透在人们的日常生活中，成为社会环境背后一种深层的力量，深刻地影响着该文化模式中的个人和群体，使人们的思想、观念、心理、行为与生活实践自然地符合它的要求与准则。

（2）文化是后天习得的。婴儿在出生时，并不具备社会行动所要求的文化价值、信仰和规范。这些是在孩子的成长过程中，经过不同方式的教与学才具备的。林顿（R. Linton）把文化视为人类的“社会性遗传”。

（3）文化是以象征符号为基础的。文化需要传播一种浓缩了的表达方式，使之更容易被人们记忆和学习。这种表达方式被人类学家称为象征，文字就是这些象征符号中最典型的一种。象征是一种语言，也是一种浓缩了的历史和知识。萨皮尔（E. Sapir）认为，语言是纯粹属于人类的非本能的交流观念、情感、期望的方式。这种方式通过受意志控制而产生的符号体系表现出来，因而人类能够把文化一代代传递下去。

（4）文化具有整合性。它是一个民族的历史产物，是联结民族群体的纽带。文化带着它对一个民族的生存发展所做的贡献而激发的情感因素，以价值观念形态积淀丁民族心理意识之中，得以世代相传，并在实际生活中发挥程度不同、功能不一的社会效应。

文化常常通过某种方式和途径进入民族成员的心理结构中，这就是文化的内化。皮亚杰用同化和顺应等概念来解释文化的内化。同化是个体将文化直接纳入自己心理结构的方式，而顺应则是调整和改变自己的心理结构，再以同化的方式，形成某种特定的认知图式，从而表现出一定的心理。当然，文化并不是决定人们心理、性格以及行为方式等的唯一因素，文化虽然为人们营造了一种普遍的社会环境，对人们的社会思想和社会行为产生深远的影响，但是身在其中的人们依然各具特色。人的社会化、意识、人格及社会角色等其实是在社会环境和物质环境中各种因素相互作用的结果。在这个过程中，不可避免地涉及一系列广泛的个人、群体和机构等，其中最重要的和最有影响力者被称为社会化的主体。

（二）社会化的主体

1. 家庭

自从有人类历史以来，最重要的社会化主体一直是家庭。这主要是由于三个原因：第一，儿童期是人一生社会化的关键期。儿童时期的智力水平、个性特征、社会品质的形成和发展对后来的社会化有着举足轻重的影响。我国著名心理学家陈鹤琴指出，从出生到七岁，是人生最重要的一个时期，习惯、言语、技能、思想、态度、情绪都在此打下一个基础。若基础打得不稳固，健全的人格就不容易建构了。第二，儿童期在生理和心理上对家庭的依赖是一生中最强烈的时期。父母是孩子的第一任老师，对儿童有着足够的权威和支配作用。这一时期儿童的绝大部分时间是在家庭中度过的。第三，家庭是社会结构中的一个基本单位，各种社会关系通过家庭中介反射到儿童身上。因为家庭是一个小的初级群体，其成员之间有大量的面对面的接触机会，父母的生活态度、行为方式及其他可能存在的与家庭相关的社会关系等都会在潜移默化中传授给孩子，构成孩子社会化内容的一部分。

家庭中影响个体社会化的因素很多。由于父母与子女的关系是一种以抚养为纽带的情感关系，家庭及父母在促使儿童社会化中发挥着一种巨大的权威性影响作用，因此各种家庭因素，诸如父母的文化素养、家庭教养方式、家庭气氛、父母的表率等都不同程度地影响着儿童的社会化。其中，家庭教养方式、态度和家庭气氛由于具有明显的奠基性、针对性、感染性、长期性和社会性等特点，对儿童社会化成败起着举足轻重的作用。

有学者就家长的四种教养方式对儿童的人格、行为发展的影响进行了探讨。

(1) 宠爱型。这种教养方式下的孩子长大后在人格上多表现为依赖性强，遇事退缩，缺乏同情心，情绪不稳定，自制能力和自信心差，易受别人意见的左右。

(2) 放任型。采取这种方式不能使子女养成是非观念，子女缺乏教养，因而以后很难适应集体生活。

(3) 专制型。这类家庭出身的儿童在性格上多表现为诚实、礼貌、细心、负责任，但在其他方面却表现出羞怯、自卑、敏感、对人屈从的性格。

(4) 民主型。这类家庭出身的孩子表现为自立、自信，能主动解决自己的困难，情绪稳定，易理解他人。

另外，家庭气氛中占优势的态度和情绪，对儿童个性的形成也有重要影响。气氛宁静和谐的家庭，其成员之间互敬互爱、和睦相处，会使孩子感到安全愉快、生活乐观、信心十足、情绪安宁、待人和善。这是儿童顺利实现其社会化的最好条件。而气氛紧张的家庭，则使孩子经常在激烈的冲突、无休止的争吵中生活，长期处于提心吊胆、极度不安的状态，容易形成忧郁、不信任感和情绪不安的个性特征。其中破裂家庭对儿童个性有着更为不利的影响。破裂家庭的构成有两种情况：一为父母死亡，一为父母离异。无论何种情况，对子女的影响均是不良的。据研究发现，父亲或母亲去世时间的早晚对子女的人格发展有不同程度的影响。婴幼儿时丧母比丧父对以后人格发展的影响要大，但在儿童期丧父比丧母的影响要大。父母离异可能影响儿童的智力、情感和社会发展①，这种影响在离异一年以后达到峰值。一些国外的心理学家指出，离异家庭里的儿童与母亲以及同辈群体的互动都呈现副作用。这种影响在男孩和离异的母亲构成的家庭里表现得尤其明显。这类男孩有较多的问题行为和互动冲突，不论是在学校还是在家里。作为成年人，经历过父母离异的人更难以进行身体调适，因此更可能酗酒、吸毒和犯罪。美国心理学家休格（M. Sugar）、麦克德莫特（J. F. McDermott）等人的研究表明：离异家庭的儿童在个性方面表现为抑郁、敌对、富有破坏性、容易激动、孤独、悲伤、易闯祸，甚至会自杀等。我国学者林崇德、陈会昌等人的研究也发现，违法乱纪的青少年有10%～30%来自离异家庭。可见，家庭气氛对儿童社会化有着极其重要的影响。

虽然家庭在个体最初社会化过程中占据着主导地位，然而并不是所有的家庭都是有效的社会化主体。由于父母很少对孩子进行社会化的明确训练，再加上现代社会的父母工作繁忙，与孩子之间面对面的接触大为减少，因此家庭以外的社会化主体已经变得非常有影响力了。

2. 学校

学校是家庭以外的最主要的儿童社会化主体。学校是有计划、有组织、有目的地向社会成员传授知识、技能、价值标准、社会规范的专门机构。当儿童进入学龄期以后，学校的影响逐渐上升到首要地位，成为最重要的社会化因素。

首先，学校作为一个重要的社会化机构，其首要作用是进行系统教育。除了传播各种知识、技能外，学校提供的信息、概念和各种活动对培养学生的政治意识、政治态度也起着相当重要的作用。通过正规的学校教育，儿童获得其在该社会和文化传统中生活所需要的技能和态度。

其次，学校的重要作用还表现在它具有独特的结构。儿童在入学以前，主要是与家人交往。步入学校后，儿童才真正初步接触社会。因为每个学校实际上是一个小社会，有其独立的地位、亚文化、价值标准、规范等，所有这些都为他们将来进入成人世界奠定基础。

3. 同辈群体

当儿童进入学校或日托中心以后，他们就全面地暴露在另一个社会化主体——**同辈群体**面前了。同辈群体是一个由地位、年龄、兴趣、爱好、价值观等大体相同或相近的人组成的关系亲密的非正式群体。在儿童时代，同辈群体的形成大部分出于偶然，而在今后的生活中，个体将会有选择的空间。例如：个体在七岁的时候，个体的同辈群体一般就是他在学校里的同班同学及他邻近的同龄群体；而在成年以后，他们的同辈群体一般以共同的兴趣、活动，相似的

同辈群体：一个由地位、年龄、兴趣、爱好、价值观等大体相同或相近的人组成的关系亲密的非正式群体。

① Hetherington，Cox. Effects of Divorce on Parents and Children//Lamb. Nontraditional Families. Hillsdale，NJ：Erlbaum，1982.

收入水平、职业或社会地位为基础，而且此时同辈群体的年龄局限更有伸缩性。同辈群体是一个独特的、极其重要的社会化因素，尤其在个体进入青春期后，同辈群体的影响日趋重要，甚至在某些方面远远超过父母和家庭其他成员的影响，因为家庭里的成员资格是被归属的，而同辈群体的互动是自愿的。同辈群体给儿童提供了一个新的活动天地和满足他们心理适应及发展的小环境，对儿童身份多样化的发展贡献很大。

同辈群体作为一种特殊的社会化因素具有以下几个特点：（1）同辈群体是一种非正式群体，它为儿童提供了一个可以自由选择互动对象的场所。个体可以自由组合和自由选择，并在平等的基础上与同伴交往。这使其成员产生较高的心理认同感。（2）同辈群体成员之间在兴趣、爱好上相近，并根据自己的意愿来安排活动内容，极少带有强制的性质。（3）同辈群体有自己的一套行为规范、价值准则，群体成员有自己心目中的英雄、榜样，甚至在发型、服装上都有一致或相近的要求。由于同辈群体成员的年龄、兴趣、爱好相近，成员间的地位平等，他们可以相互倾吐不愿向他人暴露的思想、看法、情感，有共同的语言。同时，每个成员在群体中都可自由充分地表现自己。这些都使个体在心理上得到极大的满足。

4. 工作单位

工作单位是以工作和行业为纽带形成的社会组织，是现代社会的基础。作为青年面向社会的地方，工作单位在本身职能之外，也承担着对其职工进行教育的责任。人们在走出学校，进入工作单位后，仍然没有脱离社会化的过程。青年离开学校之后要进行职业的选择，进入新的职业角色之后，仍然需要一个社会化的过程去融入新的角色。在这个过程中，工作单位对青年社会化的重要作用就体现出来了。有时候，青少年会很早进入社会工作。因此，工作单位变成和学校一样重要的社会化机构。[①] 工作单位的社会化以劳动和工作为基础展开，一般是围绕着具体工作的不同而具有各自所需的方式和特点。同时，员工对于工作单位的社会化是有选择性的，因为他们自身已经形成了具有一定完备程度的人格和价值观体系。

工作单位在社会化上的作用具有以下一些特征。首先，工作单位的社会化主要关注于使个体符合职业的要求，以劳动生产技术和工作能力为基础展开，补充学校教育的不足，重视理论与实践的结合。其次，工作单位的社会关系要远远复杂于个体过去的社会化主体，如家庭和学校。这其中包括与领导以及同事的关系，又有工作关系和私人关系等。能否正确处理这些社会关系，关系到个体能否很好地融入当前的社会角色，因此也是工作单位中社会化的一个重要内容。另外，工作单位的性质和工作环境对员工的观念和行为方式具有一定的影响。国外曾有许多研究者对不同职业人群进行过人格特征的研究，研究报告显示不同职业人群确实在某种程度上表现出不同的人格倾向。[②] 当然，工作者的个性特征也可能影响他们对工作的选择。但在工作环境中，个

---

① 谢弗．社会学与生活．北京：世界图书出版公司，2006.

② Costa，McCrae，Kay. Persons，Places，and Personality：Career Assessment Using the Revised NEO Personality Inventory. Journal of Career Assessment，1995，3：123-139. Costa. Work and Personality：Use of the NEO-PI-R in Industrial Organizational Psychology. Applied Psychology：An International Review，1996，45：225-241.

体的行为方式会渐渐受到定向的调整，这也是工作单位在社会化过程中起到的作用。

5. 大众传媒

大众传媒（mass media）是传达于广大人群之中并对他们产生影响的传播方式，尤其是指报纸、杂志、电视、广播和网络。在现代社会，大众传媒在社会化中起到了极其重要的作用。在大众传媒出现之前，信息传递很缓慢，主要靠口头传达。现在的信息，几秒钟之内就传遍了全世界。大众传媒迅速地向人们提供有关社会事件和社会变革的信息，还向人们提供各种不同的角色模式、角色评价、价值标准、行为规范等，对个体社会化起着潜移默化的作用。

大众传媒尤其是电视对个体的社会化有着积极作用。电视对受众的文化水平要求不高，直观易懂，易于被儿童接受。从儿童中期到整个青少年时期，个体对电视节目的理解能力都在迅速增长。首先，它使个体有效地了解社会，增长知识，开阔视野，丰富了个体的想象。其次，丰富多彩的电视节目向儿童灌输了各种道德观念，强化了其他社会化主体所倡导的价值，提高了儿童辨别是非的能力。最后，大众传媒已成为全体社会成员（特别是儿童）的“第二学校”，可以有效促进儿童智力的发展，是一种十分重要的教育途径。但是，社会心理学家也注意到了大众传媒在社会化中的消极作用。大多数研究者形成一种共识——电视暴力直接影响少年儿童（这对成年人也同样适用）的侵犯行为与侵犯倾向（见图 4-5）。

图 4-5

说明：研究表明，儿童通过模仿攻击行为榜样可以学会攻击行为。当儿童玩玩具枪表演攻击行为时，就向这一学习过程迈进了一步。左图为一名手持玩具枪的巴勒斯坦儿童在加沙参加集会；中图为车臣儿童用玩具枪与俄军人“对峙”；右图为巴格达街头，孩子们在玩玩具枪。

当今社会处于一个高度信息化的时代，网络作为一种特殊的大众传媒，以其特有的方式与丰富的内容向人们展示出一个全新的虚拟世界。网络所特有的广泛性、开放性与即时性对人们的教育、生活方式与价值观念产生了深刻影响，迅速拓展了原有社会化的环境空间。网络对个体社会化（主要是青少年社会化）的影响主要表现在：(1) 个体可通过网络学习文化知识，掌握生活技能，尤其是网校的开设促进了个体知识技能的提高。(2) 网络所创设的虚拟世界为青少年提供了扮演多种社会角色的实践空间，有助于其对不同角色的领悟与理解。(3) 网络的匿名性提高了个体接受社会化的自主性，有助于个体个性的培养以及独立自主意识的提高。但是，网络是一把双刃剑，它在给社会化过程带来无数便利的同时，也给青少年的社会化带来了无数的隐患。

首先，网络中充斥着暴力与色情的垃圾信息，对青少年社会化产生极大威胁。其次，网络世界的非现实性会让某些青少年沉迷在这个虚拟的世界中，弥补自己在现实生活中的失落而远离现实世界，造成青少年对现实社会的认同危机。最后，网络传播信息的异质性容易导致他们的认知偏差，不利于青少年健康人格的培养。

第三节　社会化理论

社会化是社会学家和社会心理学家共同关注的课题，在有关社会化的理论构建中，社会学家和社会心理学家都做出了很大的贡献。不同学派对社会化的认识角度和取向都有所不同，因此形成了内容迥异的社会化理论。就社会心理学的领域来讲，可以把众多理论分为五大派别：一是从本能与动机的取向着手，即精神分析学说；二是从认知取向着手，即认知发展论；三是强调环境作用的社会学习理论；四是强调互动本身的符号互动理论；五是强调先天遗传的生物因素影响的理论，其中主要包括正常成熟论以及群体社会化理论。

一、精神分析学说的观点

由弗洛伊德首创的精神分析学说比较完整地解释了人格结构和人格发展，它主要从本能和动机的角度对社会化问题进行分析。在弗洛伊德之后，埃里克森进一步发展了精神分析关于社会化过程的理论。

（一）弗洛伊德的观点

弗洛伊德是心理分析的奠基人，是人类行为研究领域的一个关键人物。他强调个体与社会之间的冲突，强调生理基础与情感在个体社会化过程中的作用。弗洛伊德认为，心理活动产生于无意识领域，这是意识与理性难以进入的区域。弗洛伊德关于社会化的理论仍离不开他的人格理论，即人格是由“本我”“自我”“超我”三个部分组成的整体。人的社会化过程就是由这三部分的交互作用所决定的。弗洛伊德认为，如果一个人要达到心理健康，那么人格的这三个部分必须是和谐的，而社会化过程就是促使人格的三个部分平衡发展。他认为，婴幼儿期的生活经验是构成个体人格的主要因素，也是社会化的最重要阶段。童年期的社会化奠定了个人一生发展的基础。

（二）埃里克森的观点

埃里克森深受弗洛伊德的影响，但是他修正了弗洛伊德的理论。弗洛伊德强调本我的冲动，而埃里克森主要关心的则是更为理性的“自我”的世界。

背景人物

埃里克森（1902—1994），是美国现代最有名望的精神分析理论家之一。埃里克森出生于德国法兰克福，1927年，他开始接受弗洛伊德的女儿安娜·弗洛伊德的精神分析训练。1933年，为了逃避纳粹迫害，埃里克森举家迁居丹麦，后又迁往美国。他先后任教于哈佛大学、耶鲁大学和芝加哥大学。埃里克森从1960年起任哈佛大学人类发展学和精神病学教授直到退休。

认同危机：人在成长或者说社会化的各个阶段遇到各种心理问题，如果不能成功解决，就会出现危机。

他把自我的发展分为八个阶段，每一个阶段是由**认同危机**（identity crisis）来定义的。一个稳定的自我认同源自对这些认同危机的积极解决。埃里克森认为自我发展有如下八个阶段。婴儿期，此阶段面临的是信任对不信任；儿童早期，此阶段面临的是自主性对羞怯和怀疑；学龄前期，这时的儿童面临的是主动性对内疚；学龄期，这时的儿童需要解决的是勤奋对自卑；青春期，这一阶段面临的是同一性对角色混乱；青年时期，这一时期主要面临的是亲密对孤独；中年期，这一时期主要面临的是繁衍对停滞；老年期，这一时期主要面临的是自我完整对失望。

在弗洛伊德理论的基础上，埃里克森的理论主要有如下发展：第一，他认为人格的发展持续于人的一生，而不是弗洛伊德所认为的童年期的经验就决定了人的一生。第二，他注意了主体的自我作用与社会文化的影响。第三，他对人格发展的每一阶段都提出了一个具体的心理社会问题，对学校教育中人格培养、对精神病的预防与治疗都有很大的现实意义。然而，埃里克森的发展模型建立在对中产阶级的研究基础上，研究了人格的一般发展，没有去考虑社会阶级、种族群体或可能性机会的影响。而且，其立论多从经验观察而来，缺乏客观的科学实验根据。

二、认知发展论的观点

瑞士心理学家皮亚杰提出的认知发展论关心的是人格发展的局部，即主要从认知的发展角度研究人的社会化。认知发展论详细论述了个体出生后在适应环境的活动中认知及思维能力发展的不同阶段，特别是描述了儿童在各个发展阶段是如何思考的。

（一）皮亚杰的道德发展理论

皮亚杰强调个体在认知过程中具有一定的认知结构，在认知活动中表现出同化和顺应两种功能。同化是把环境因素加以过滤和改变而纳入现有的认知结构之中；顺应则是在现有认知结构不能同化客体时，改变或调整原有的结构而去吸收、掌握新的经验。这样，认知的发展就表现为主体和环境积极互动的过程。因此，社会不能被理解为规范和价值从上一代向下一代的简单传递，个体本身也是他所在社会的道德法则的积极加工者。皮亚杰特别强调儿童的道德发展。他认为儿童的道德发展和他的认知发展水平是平行的，即儿童的道德判断能力随着他认知结构的变化和认知水平的提高而提高。皮亚杰把儿童的认知发展水平划分为四个阶段。

感知运动阶段：儿童对世界的了解是完全通过他们的感觉器官的，与此同时会在大脑中建构和再构客体。

前操作阶段：儿童学会使用和理解符号，学会讲话，并开始描摹客体。

具体操作阶段：儿童懂得如何去构想具体的客体，或者认识客体属性。

形式操作阶段：青少年发展起了高度抽象思考的能力。

（1）**感知运动阶段**（0～2岁）。在此阶段，孩子对世界的了解是完全通过他们的感觉器官的，与此同时会在大脑中建构和再构（construct and reconstruct）客体。对婴儿来说，“视线之外”的东西，就意味着“存在之外”。但是在感知运动阶段的末期，儿童就能在大脑中获得对客体的影像。

（2）**前操作阶段**（2～7岁）。在这个阶段，孩子学会使用和理解符号，学会说话，并且第一次有了描摹客体的企图。这个阶段的孩子是高度的自我中心主义者，他们几乎完全是从自己的角度来看待世界的，因而也就不能领悟他人的角色并从他人的角度来看待世界。

（3）**具体操作阶段**（7～11岁）。在这段时期，儿童懂得如何去构想一个具体的客体，或者以不止一种方式来认识客体的类属。他们能够形成关于事物之间联系的概念，也开始发展起了从他人的位置来想象自我的能力。

（4）**形式操作阶段**（11～15岁）。这时的青少年发展起了高度抽象思考的能力。他们可以对现实的可能性进行思考，建构理想，以及对未来进行实际的推理。这种能力也使青少年能够逻辑地推敲与事实相反的陈述。

在认知发展水平研究的基础上，皮亚杰认为儿童的道德判断要经历两个发展阶段：在第一个阶段，儿童根据行为的现实后果来判断是非，道德判断服从权威，以成年人的观点为标准；在第二阶段，儿童根据行为者的意图来判断行为的是非，并且以自己的观点为道德判断的标准。举个例子来说，处于第一阶段的儿童，面对一个男孩为了帮助妈妈清理厨房打破了五个盘子，另一个男孩企图偷吃蛋糕打破了一个盘子的时候，他会认为第一个男孩更坏，即他们判断是非只考虑后果。而处于第二阶段的儿童则会结合行为者的意图，认为第二个男孩更坏。

（二）科尔伯格的道德发展理论

科尔伯格关于人的道德发展的学说是当前最有影响的学说。他设计了一些两难故事来测定儿童的道德判断水平。

在科尔伯格设计的两难故事中最为典型的就是“海因茨偷药”的故事。海因茨的妻子患了癌症，生命垂危。医生认为只有一种药能救她，那就是城里一位药剂师新发明的镭。但制造这种药要花很多钱，并且药剂师索价还要高出成本的10倍。海因茨四处借钱，才只够药费的一半。他恳求药剂师便宜一点卖给他，或者允许赊账，但药剂师都不同意。海因茨走投无路，不得已只能去撬开店门，为妻子偷来了药。由此询问儿童，海因茨是否应该这么做？为什么应该，为什么不应该？在这些两难故事的测试中，科尔伯格真正关心的不是对它们的回答，而是支持回答的推理或理由。

科尔伯格认为皮亚杰道德发展的阶段划分过于笼统、简单，他在皮亚杰研究成果的基础上，把人的道德发展过程分为前习俗、习俗、后习俗三个水平和六个阶段。

（1）**前习俗水平**。处于这一水平的儿童，对是非的判断取决于行为的后果，或服从权威、成人意见，并以自身的利益为转移。该水平又可分为两个阶段：

> **前习俗水平**：儿童对是非的判断取决于行为的后果，或服从权威和成人意见，并以自身利益为转移。
> **习俗水平**：儿童在判断是非时能注意家庭与社会的期望，较全面地关心他人的需要。

第一，服从与惩罚的定向阶段。判断行为的好坏是根据有形的结果，即是被赞扬还是被惩罚，支配自己行为的是奖励和惩罚。

第二，工具性的相对主义的定向阶段。此阶段的儿童对于规定和原则只有符合其利益时才遵守，行为是为了满足自己的需要。所以这又被称为朴素的利己主义阶段。

（2）**习俗水平**。处于该水平的儿童在判断是非时能注意家庭与社会的期望，较全面地关心他人的需要。该水平包括两个阶段：

第一，好孩子、好公民的定向阶段。此时的儿童，判断行为的正确与否，是看其能否被别人喜欢，能否帮助人或受人的赞许，而不是考虑行为本身是否正确。此阶段的儿童按照善良人的形象来行事，注重别人的评价，希望在自己和别人心中都是一个“好孩子”。

第二，维护权威与社会秩序的定向阶段。在这一阶段的儿童认识到要尊重法律和维护社会秩序，不仅自己应当如此，并且别人也应当如此。

（3）后习俗水平。处于该水平的人，能发展出一套独立的、超越社会群体的、自己所持有的道德标准，并以此来判断是非。该水平可分两个阶段：

第一，社会制度和良心的定向阶段。处于该阶段的个体，认识到法律和道德准则仅仅是一种社会契约，它是由大家商定的，是可以改变的。所以不能用这种单一的标准去衡量人们的行为。如果法律和各种规定不合理，就应当加以修改。

第二，普遍的道德原则定向阶段。个人有某种抽象的、超越法律的普遍原则。这些原则包括全人类的正义、人性的尊严、人的价值。个人根据这些带有普遍意义的道德原则来判断是非。

科尔伯格指出，这六个阶段依照次序展开，不能超越，但并不是所有的人都能达到最高水平。他认为道德判断能力的发展除成熟因素外，还依赖于智力的发展和社会经验的获得。

三、社会学习理论

1913 年，华生的《行为主义者心目中的心理学》一文开辟了心理学研究的新纪元。心理学研究开始将注重人的内在心理的传统转到了研究外显行为的新航道上来。而社会学习理论就是在行为主义的直接影响下形成的一种社会心理学理论。

在社会化研究中，社会学习理论者的主要观点是将社会化的过程看作有机体和环境交互作用的过程，用以下三种主要机制来解释社会化。

第一，奖励与惩罚。在社会化过程中，教师、家长确实是经常用奖励（正面强化）来肯定儿童青少年的某些行为表现，而用惩罚（负面强化）来否定儿童青少年的另一些行为表现的。例如，孩子的学习成绩有了进步以后，得到老师、家长和同学的重视和赞赏，则以后孩子会更加努力，希望能不断得到肯定。相反，如果孩子学习不努力，成绩下降，老师和家长对其加以斥责，孩子贪玩的行为就会受到限制和约束。当然，除了有外在环境施加的奖励和惩罚外，还有来自社会化对象自身内部的奖励和惩罚，也叫自我奖励和惩罚。这是个体根据在某项活动中是否达到了自定的标准而给自己的奖励或惩罚。这同样是社会化的重要方式之一。例如，上述例子中，当学习成绩达到了自己预定的目标时，孩子可能会给自己买一把心仪已久的口琴，当作对自己的奖励。而当学习成绩下降，没有达到自己的预期目标时，他可能会缩短自己下一阶段的玩耍时间作为一种惩罚，给自己施加压力，以求得改善和进步。一般而言，自我的奖励和惩罚机制会成为一种自我监督机制，对个体的成长和进步有着积极的促进作用。

第二，模仿。模仿是依据模式的示范而产生具体的行为反应。法国社会学家塔尔德提出社会模仿论，认为社会的过程不外乎两方面，即个人创造与个人同化。前者为发明，后者为模仿。塔尔德认为，社会就是由善于相互模仿的一群人组成的。社会学习理论者把模仿的概念引进社会化研究。与传统的行为主义观点不同，他们强调强化和惩罚影响的是儿童再现某种模仿的行为，而不是学习这种行为。社会学习理论将模仿视为人类彼此相互影响的重要方式，认为它是个体行为社会化的基本历程之一。模仿在社会化过程中的必要性是毋庸置疑的。在我们的社会日常生活中，孩子们总是在刻意地模仿大人说话、穿着打扮或行动。当然，被模仿人和模仿人的特点以及模仿的模式等因素会影响模仿行为的发生和效果。

第三，认同。认同和模仿较为相似，但是认同还包含了对实在或象征对象的一种“视为一体”的感觉，它不受时间的限制。一般来说，认同是为了补偿心理上的不足。在成长过程中，个体发现自己在人格方面有某些欠缺，就会把他周围或自己虚拟出来的人物形象作为自己的崇拜对象，在行为和思想上去模仿和趋近，并将这个人的人格特点加以吸收，成为自己的一部分。事实上，认同是一个扩展自我范围的历程，由于这种历程，我们可以在心理上将身外的人物看成自我的一部分。

学以致用

大众传媒中的暴力对儿童青少年社会化的影响

随着信息技术的进步和发展，依托于电视、互联网等新兴传媒的现代视觉文化已经大规模普及，几乎成为和衣食住行同等级的生活常态。特别是儿童青少年花在此类传媒上的时间越来越多。据卡内基（N. L. Carnagey）等人调查发现，美国儿童平均每天消耗在电视、电影和游戏上的时间超过5小时，而其中约90%的儿童在玩视频游戏。[①] 中国互联网络信息中心的统计结果显示：截至2011年12月底，中国网民规模突破5亿，达到5.13亿。其中19岁以下的未成年人占网民总数的近30%。[②]“网络游戏成瘾”等与青少年上网相关的问题已经成为社会和政府普遍关注的问题。而新媒体中泛滥的暴力呈现对儿童青少年发展及社会化的影响则是研究者们尤为关注的一个问题。

过去此领域的研究主要集中于电视节目中的暴力。电视对社会生活的影响在20世纪下半叶开始为人们所熟悉，其对青少年社会化过程的影响受到关注。从20世纪50年代社会心理学家希姆尔韦特（H. Himmelweit）对电视节目和儿童的研究开始，相关研究在半个世纪中快速发展。[③] 很多实验和相关调查表明，相对很少看暴力事件的儿童青少年而言，观看了许多电视暴力事件的儿童青少年更具有敌意和攻击性。同时，即使没有表现出攻击行为的，电视暴力也仍然会影响他们的世界观。研究表明，对暴力电视明显偏爱的7～9岁的孩子最有可能相信暴力片是日常生活的真实再现。[④]

近年来，网络和电子游戏中的暴力呈现对儿童青少年发展的影响得到研究者们越来越多的关注。对于暴力电子游戏的大量研究表明，暴力电子游戏提高了儿童青少年的攻击性情感和攻击行为的水平，而相反亲社会行为则减少了。同时，暴力游戏对儿童青少年攻击型人格特征的发展也具有一定的影响。[⑤] 还有一种理论认为，经常暴露在不论现实还是媒体的暴力中可能降低人们对暴力的认知敏感性。也就是说经常在游戏或者电影中见到暴力甚至死亡场面的儿童青少年，可能会对现实中的同样现象感到司空见惯和麻木不仁。[⑥]

不过，对于媒体暴力给儿童青少年造成的长期影响也是有争议的。大多数研究认同，短期内，媒体上的暴力会增加儿童青少年的暴力和恐怖行为。而长期纵向的研究结论则并不能一致地支持这一点。[⑦] 因为儿童青少年的攻击性发展以及犯罪行为还受到很多其他因素的影响，比如个性和家庭教育，而不是单纯取决于这些孩子是否看过暴力节目或者玩过暴力游戏。这也从一个侧面说明了社会化因素的复杂性。

---

① Carnagey, et al. Media Violence and Social Neuroscience: New Questions and New Opportunities. Current Directions in Psychological Science, 2007, 16 (4): 178-182.

② 中国互联网络信息中心．第29次中国互联网络发展状况统计报告．2012.

③ Murray. The Violent Face of Television: 50 Years of Research and Controversy//Palmer, Young. The Faces of Televisual Media: Teaching, Violence, Selling to Children. Mahwa, New Jersey: Lawrence Erlbaum Associates Publishers, 2003: 143-160.

④ 谢弗．发展心理学：儿童与青少年（第六版）．北京：中国轻工业出版社，2005：599.

⑤ Anderson, Bushman. Effects of Violent Video Games on Aggressive Behavior, Aggressive Cognition, Aggressive Affect, Physiological Arousal, and Prosocial Behavior: A Meta-Analytic Review of the Scientific Literature. Psychological Science, 2001, 12: 353-359.

⑥ Funk, Baldacci, Pasold, Baumgardner. Violent Exposure in Real-Life, Video Games, Television, Movies, and the Internet: Is There Desensitization? Journal of Adolescence, 2004, 27: 23-29.

⑦ Browne. The Influence of Violent Media on Children and Adolescents: A Public-Health Approach. The Lancet, 2005, 365: 702-710.

四、符号互动理论

符号互动理论是社会学家在社会心理学领域中进行的理论研究，其创立者是G.米德。米德主要是通过“角色扮演”（role taking）的概念分析个体自我概念的发展，并进而来论述个体的社会化过程的。而在米德之后，科塞特（W. A. Corsart）运用符号互动理论来说明个体的社会化过程。科塞特的解释理论（interpretive perspective）着眼于互动本身，认为儿童的任务就是发现社会群体（如家庭等）的共同意义。这一发现过程需要与父母、其他成人以及儿童进行交流，尤其重要的是参与社会文化常规。因为这些文化常规是反复发生并且可以预测的，是日常社会生活的基础。例如，打招呼的礼节、常规游戏、用餐时的礼仪等。这些社会日常惯例是我们生活的细枝末节，但是却又必不可少，它们为个体提供了安全保障感以及群体归属感。

根据解释理论，个体的社会化或发展是一个再生的过程，儿童不仅仅学习文化，而且还在日常互动中使用着他们学习或发现的语言和解释技巧。当他们更熟练地进行交流并且对家庭等社会群体的共同意义理解得更多以后，他们就更深入地理解了文化。儿童就是通过互动来获得和再生文化的。因为当儿童在学校或游戏中与他人交流时，他们不仅仅模仿习得的文化，并且运用已有的知识创造属于他们自己的独特的同辈群体文化。例如，儿童在学校玩传统的捉迷藏游戏，但他们会根据自己的需要改变游戏的规则。因此，从早期开始，儿童就既能够模仿文化，也能够创造文化。

五、强调先天遗传的生物因素影响的理论

最后一种社会化理论派别与以上几种理论的差异主要在于对社会化的影响因素看法不同。相对于突出社会化中的社会环境因素，这类理论更强调先天遗传或者生物因素在社会化中的作用，如正常成熟论以及群体社会化理论。

（一）正常成熟论

该理论是由美国心理学家格塞尔（B. Gessell）等提出来的，他们认为人的社会化并不单纯是由社会规范、社会压力等外部力量塑造的，而是一个相对独立的自然成熟过程。所谓成熟指由基因引起并指导器官形成与动作模式有序扩展的过程。人类的生命从单个极小的细胞开始，集中起来形成有机体的不同部分，它们遵循一种规则而有秩序地发展。例如，心脏总是第一个发展和发生机能的器官，随后是中枢神经系统——脑和脊髓，脑和头的发展在臂和腿之前。当然，格塞尔并未完全否定环境的作用。他提出儿童需要一个好的环境以保证其天赋的顺利实现，不过，当“环境因素支持、改变和控制”成长时，“它并不导致发展的根本进步”，这些进步来自内部。格塞尔认为，儿童的发展是“按阶段和自然的程序成熟的。坐先于站；喃喃自语先于说话；先说假话，后说真话；先画圆圈，后画方形；先利己然后利他；先依靠别人然后依靠

自己。他的所有能力包括道德都受成长规律支配"[①]。

正常成熟论因过分推崇遗传因素而受到人们的批评。批评主要集中于格塞尔提出的年龄常模的方式上，认为他的常模包含太多的一致性，人们无法知道在任何的特定年龄到底有多少差异可以期待。而且他的常模是以美国中产阶级儿童为基础的，不能适用于其他阶级及文化背景。

正常成熟论：认为儿童的发展是按照阶段和自然的程序成熟的。

群体社会化理论：认为影响个体发展的因素可以简化为遗传与环境。

（二）群体社会化理论

在儿童社会化研究领域中，人们一向认为，家庭是儿童社会化的重要动因。但是，20世纪80年代初，美国心理学家麦考比（E. E. Maccoby）和马丁（J. A. Martin）以翔实的研究资料为依据，提出"父母对孩子的影响可能很小"，但这一观点在当时并未引起人们的注意。1995年，美国心理学家哈里斯在美国颇具影响的杂志《心理学评论》（*Psychological Review*）上发表论文，首次提出了一个"群体社会化发展理论"，并否定家庭环境影响的重要性，而主要描述家庭外的社会化过程。

哈里斯提出的**群体社会化理论**同样也受到了行为遗传论的影响，甚至可以说是自然天性论的代表。同大部分心理学家一样，他也认为影响个体发展的因素可以简化为"遗传＋环境"，只不过这里的遗传因素可以解释成人之间人格差异的50%左右的原因，剩下的可以由社会环境即哈里斯所特指的儿童期与青春期的同辈群体来解释。群体社会化理论强调，儿童青少年强烈地认同他们的同辈群体。比起家庭内获得而言，孩子更偏爱家庭外的行为体系。哈里斯将此归结于人类长期群居的进化史，孩子可能从生理上就倾向于抛弃在生命早期习得的东西。儿童之间结成联盟、同辈之间彼此相似是一种对自然选择的适应。

哈里斯的群体社会化理论的一个中心假设是：社会化是一种高度依赖背景的学习形式，儿童分别学习如何在家庭内与家庭外进行行为表现。家庭外社会化主要是一种群体过程，发生于儿童期与青春期的同辈群体中。群体内的同化作用传递了文化规范，使孩子与他们的同辈更加相似；同时，群体内的分化作用又使得个体间的差异增长。他还认为不仅孩子之间互相影响，成人之间也互相影响，文化传递的模式不是个体对个体，而是群体对群体——从父母的群体到孩子的群体。

哈里斯提出的群体社会化理论无疑为人类的认知与社会发展提供了一种崭新的审视角度。然而，由于其理论在很大程度上与后天教育理论针锋相对，且尚处于被证实之中，因而受到了来自各方的批驳。

---

① 格莱因．儿童心理发展的理论．长沙：湖南教育出版社，1999：33.

基本概念

社会化	道德社会化	预期社会化	初级社会化
文化	再社会化	同辈群体	社会学习理论
模仿	认同	解释理论	

本章要点

1. 社会化是个体通过与社会的交互作用，适应并吸收社会文化将自己整合到社会中，成为一个合格的社会成员的过程。社会化包含的内容非常广泛，主要包括道德社会化、政治社会化、法律社会化和性别角色社会化等。个体的社会化不是短期或暂时的，而是一个持续终生的过程。根据人的发展周期以及各个发展阶段的特点，我们可以把这一历程分为儿童期的社会化、青春期的社会化、青年期的社会化和成年期的社会化。此外，在某些特殊情况下，还存在再社会化的特殊形式。

2. 在个体社会化过程中，生物遗传因素以及社会文化环境都具有重要的影响力。遗传因素是个体社会化的潜在基础和自然前提，没有这种生物学的基础，人是不能完成社会化的。但是个体后天接触的社会文化，所处的家庭环境、学校环境，以及个体的同辈群体等同样是个体社会化的重要因素。社会文化为人们营造了一种普遍的社会环境，对人们的社会思想和社会行为产生影响。家庭是人类最重要的社会化主体，个体社会化的关键时期儿童期就是在家庭中度过的，家庭的文化氛围、教养方式，以及父母的相互关系和行为方式等都会对个体的人格特征和行为方式产生深远的影响。学校是家庭以外最主要的儿童社会化主体，学校所提供的系统教育使儿童获得与该社会和文化传统相适应的技能和态度。学校的独特结构也为个体接触社会、了解社会期望、认识自我等提供了可能性。同辈群体是一个由地位、年龄、兴趣、爱好、价值观等大体相同或相近的人组成的关系亲密的非正式群体。同辈群体的互动是自愿的，它为个体提供了一个新的活动天地和满足他们心理适应及发展的小环境，对个体身份多样化的发展、个体的独立性等有着积极的作用。工作单位则是个体进入工作角色之后另一个重要的社会化机构。此外，大众传媒迅速地向人们提供有关社会事件和社会变革的信息，还向人们提供各种不同的角色模式、角色评价、价值标准、行为规范等，对个体社会化起着潜移默化的作用。由于个体对大众传媒所提供的信息在反应和吸收上的差别，大众传媒对个体发展会产生正反两方面的影响。

3. 社会化的理论可以分为五大派别：一是从本能与动机的取向着手，即精神分析学说，弗洛伊德首创，当代以埃里克森为代表；二是从认知取向着手，即认知发展论，以皮亚杰为首，当代以科尔伯格为代表；三是强调环境作用的社会学习理论，当代以班杜拉为代表；四是强调互动本身的符号互动理论，以 G. 米德为首，当代以科塞特为代表；五是强调先天遗传的生物因素影响的理论，其中主要包括正常成熟论以及群体社会化理论。

复习思考题

1. 什么是社会化？社会化包括哪些内容？
2. 试论述社会化的三种方式。
3. 谈一谈社会化的发生发展过程，以及再社会化的两种基本形式。
4. 影响社会化的主要因素有哪些？
5. 社会化理论的主要派别有哪些？

推荐阅读书目

1. 阿伦森．社会性动物．邢占军，译．上海：华东师范大学出版社，2007.
2. 阿伦森，威尔逊，埃克特．社会心理学：阿伦森眼中的社会性动物．侯玉波，朱颖，译．北京：机械工业出版社，2015.
3. 吉登斯，萨顿．社会学．北京：北京大学出版社，2015.
4. 阿隆．社会学主要思潮．葛秉宁，译．上海：上海译文出版社，2015.

推荐视频

1. 剑桥公开课：人类学（http://open.163.com/special/opencourse/anthropology.html）
2. 麦克马斯特大学公开课：发现心理学（http://open.163.com/special/opencourse/discoverpsychology.html）

第五章

社会角色

章节导读

莎士比亚说："全世界是一个舞台，所有的男男女女不过是一些演员。"运用同样的比喻方法，可以说，所有的群体成员都是演员，每个人都扮演一种角色。我们这里运用的"角色"这个词，是指人们对在某个社会性单位中占有一个职位的人所期望的一系列行为模式。如果我们每个人都只选择一种角色，并可以长期一致地扮演下去，对角色行为的理解就简单多了。但是，实际情况是，我们需要扮演多种不同的角色，要理解一个人的行为，也要弄清楚他扮演的角色。

2016年随着美国总统大选高潮迭起，韩国政坛也开始风波不断。持续推进和发酵的"闺蜜门"使得韩国上下炸了锅，丑闻不断蔓延升级，时任总统朴槿惠的民众支持率跌至历史最低，身边幕僚纷纷辞职。这场风波蕴含了社会角色的相关内容。作为总统，朴槿惠女士的社会角色面向全体国民，其处理的文件，甚至发言稿和着装仪表都不容权力之外的人干预。而其"闺蜜"替总统审阅演讲稿，甚至私下干预国家大事。韩国国民不禁会问，究竟是朴总统主政还是崔总统主政？亲信干政风暴越刮越猛，相关内情不断披露，涉及人物浮出水面，待查事项不断增加，各方政治势力缠斗、角力。总统角色由他人幕后替代，总统权力被亲信架空，对朴槿惠一向为国奉献、清廉奉公的社会形象造成了致命性打击。这反映了韩国文化中家族式治理模式早已渗入政治领域，"闺蜜"崔顺实能以无任何官职和行政角色而介入国家政治甚深，正是家族式治理中角色不清、任人唯亲的积弊体现。本章中我们一起来讨论关于社会角色的问题。

引领性问题

●大学生从学校走向社会，如何成功扮演其职业角色？

●运用所学的角色理论，分析现代社会心理压力大的原因。

●现代社会女性最突出的角色冲突是什么？如何缓解？

个体的社会属性通过人们的社会认同高度影响人们的社会心理和行为，那么，个体的人是怎样与整体的社会发生联系的呢？社会心理学中，从个体水平的分析过渡到群体和更高水平的宏观分析的一个桥梁就是人之所以成为社会人的角色问题。在整个人生过程中，我们要不断变换自己的角色，如子女、配偶、父母、祖父母、退休人员等。每一个角色都需要角色习得，学习一些期望和技能以融入新的角色。许多组织和群体为人们提供社会化的机会，帮助他们掌握新的角色。当然，人们也可以去一些专门的学校进行学习，为将来进入新角色做好准备。在现代社会心理学中，角色（role）或社会角色（social role）已经成为十分流行的概念。我们可以将社会角色视为个体在群体或社会中的一种功能，这样可以帮助我们解释人的社会行为的模式。同时，我们也可以将社会角色考虑为一种人格状态或完整人格的一个侧面。从这样的意义上说，一个人就像在社会生活中学习各种习惯和掌握各种品质特性一样学习他的社会角色。因此可以这样说，社会角色的概念为我们弥合以个体和以群体或社会为中心的社会心理学这两种研究途径之间的鸿沟提供了现实的可能性。

第一节　角色的概述

一、角色的含义

角色最初是由拉丁语 rotula 派生出来的，这一概念最初在学术著作中出现是在 20 世纪 20 年代社会学家齐美尔（G. Simmel）的《论表演哲学》一文中，当时他就提到了“角色扮演”的问题。

背景人物

格奥尔格·齐美尔（1858—1918），出生于德国柏林，基督徒，西班牙裔犹太人，社会学家、哲学家和心理学家。他中期最广为人知的著作是《货币哲学》与《社会学》。他是“形式社会学”的创立者，形式社会学的目标就是对社会生活的各种可能形式进行分类，而不是实例分析。

> **角色**：一定社会身份所要求的一般行为方式及其内在的态度和价值观基础。

但直到 20 世纪 30 年代，“角色”一词才被专门用来谈论角色问题。在此之前，角色一直是戏剧舞台中的用语，是指演员在戏剧舞台上按照剧本的规定所扮演的某一特定人物，但人们发现现实社会和戏剧舞台之间是有内在联系的，即舞台上上演的戏剧是人类现实社会的缩影。莎士比亚在《皆大欢喜》中这样写道：“全世界是一个舞台，所有的男男女女不过是一些演员。他们都有下场的时候，也都有上场的时候，一个人一生中扮演着好几个角色。”[①] 而美国社会学家 G. 米德和人类学家林顿则较早地把“角色”这个概念正式引入社会心理学的研究，于是角色理论成为社会心理学理论中的一个组成部分。

社会角色：在社会系统中与一定社会位置相关联的符合社会要求的一套个人行为模式。

社会角色是什么？社会学家以及社会心理学家对这个问题都进行过专门的研究，并提出了自己的看法。莱威（M. J. Levy）将角色等同于社会地位，他在《社会结构》一书中将角色定义为“由特定社会结构来分化的社会地位”[②]。纽科姆在《社会心理学》中将角色理解为行为本身，他认为“角色是个人作为一定地位占有者所做的行为”。林顿在《个性的文化背景》中将角色理解为行为期望或规范，他认为角色是地位的动力方面。个体在社会中占有与他人地位相联系的一定地位。当个体根据他在社会中所处的地位而实现自己的权利和义务时，他就扮演着相应的角色。角色理论研究者彼德尔（B. J. Biddle）将角色视为行为或行为的特点。他在《角色理论：期望、同一性和行为》中强调，角色是一定背景中一个或多个人的行为特点。森冈清美把角色分为两种：群体性角色与关系性角色。以家庭为例，所谓群体性角色是观察家庭内的各个位置与家庭群体的整体关系时的概念，如户主、主妇、户成员的区别那样；所谓关系性角色是从家庭关系角色来观察各个位置时的概念，如妻子对于丈夫、儿子对于母亲那样。这样，如把家庭成员数设为 n 的话，一个位置就会伴随（$n-1$）个关系性角色。[③] 台湾社会心理学家李长贵把社会角色定义为“个人行动的规范、自我意识、认知世界、责任和义务等的社会行为”[④]。安德列耶娃认为，社会角色是社会中存在的对个体行为的期待系统，这个个体在与其他个体的相互作用中占有一定的地位；角色是占有一定地位的个体对自身的特殊期待系统，也就是说，角色是个体与其他个体相互作用的一种特殊的行为方式；角色是占有一定地位的个体的外显行为。[⑤] 我国学者还指出，社会角色包含了角色扮演者、社会关系体系、社会地位、社会期望和行为模式五种要素。于是，他们把社会角色定义为“个人在社会关系体系中处于特定社会地位，并符合社会期望的一套个人行为模式”[⑥]。正如彼德尔所说，这些角色定义都无所谓对和错，它们都从某种视角强调了角色现象的一个侧面。

综上所述，可以发现，科学的角色定义包含三种社会心理学要素：角色是一套社会行为模式；角色是由人的社会地位和身份所决定，而非自定的；角色是符合社会期望（社会规范、责任、义务等）的。因此，对于任何一种行为，只要符合上述三点特征，都可以被认为是角色。因此，角色是一定社会身份所要求的一般行为方式及其内在的态度和价值观基础。

---

① 莎士比亚．莎士比亚四大悲剧．上海：上海译文出版社，2006：139.

② 金盛华．社会心理学．北京：高等教育出版社，2005：32.

③ 青井和夫．社会学原理．北京：华夏出版社，2002：66.

④ 李长贵．社会心理学．台北：台湾书局，1973：68.

⑤ 安德列耶娃．西方现代社会心理学．天津：南开大学出版社，1984：170.

⑥ 奚从清，俞国良．角色理论研究．杭州：杭州大学出版社，1991：6.

二、角色的分类

社会上的角色多种多样、千万变化，有的人在某一时期内可能同时扮演着许多角色（见图 5-1）。怎样对如此纷繁复杂的角色进行分类呢？国内外许多社会学家、社会心理学家从不同的角度，根据不同的标准对社会角色进行了各种各样的划分。

图 5-1

说明：我们每时每刻都在思考这样一个问题："角色，现在扮演哪一个好呢？"

资料来源：迈尔斯．社会心理学（第 8 版）．北京：人民邮电出版社，2006：57.

（一）角色存在形态的维度

理想角色，也叫期望角色，是指社会或团体对某一特定社会角色所设定的理想的规范和公认的行为模式。理想角色总是尽善尽美的，它是一种"应该如何"的观点。如做教师就应该为人师表，身教重于言教；做医生就应该救死扶伤，具有人道主义精神。理想角色可以是明文规定的，许多规章制度体现了理想角色的本质及其要求；理想角色也可以是不成文的、约定俗成的，表现于社会公德、社会习俗和社会传统等对人的各种要求和期待之中。理想角色属于社会观念形态。

理想角色：社会或团体对某一特定社会角色所设定的理想的规范和公认的行为模式。

领悟角色：个体对其所扮演的社会角色的行为模式的理解。

领悟角色，是指个体对其所扮演的社会角色的行为模式的理解。理想角色是领悟角色的基础，但是，由于个体所处的环境不同、认识水平不同、价值观念不同、思想方法不同等因素，不同的人对同一个角色的规范、行为模式的理解是不完全相同的。如对于领导角色的理解，有些人认为领导应该是民主型的，应该以关心人为重点；而有些人认为领导应该是专制型的，应该以关心工作为重点。所以，领悟角色属于个体观念形态。

实践角色，是指个体根据他自己对角色的理解而在执行角色规范的过程中所表现出来的实际行为。领悟角色是实践角色的前提和基础。但是，由于每个人的自身条件和环境条件不尽相同，因而，即使对角色有相同的理解，落实到行为也未必相同。实践角色属于客观现实形态。

（二）角色获得方式的维度

先赋角色，指个体与生俱来或在成长过程中自然获得的角色，它通常建立在遗传、血缘等先天的或生物的基础之上，如性别角色以及由父子关系产生的父亲角色或儿子角色等。还有一些角色是由社会规定的，如封建社会中通过世袭制继承所形成的皇帝、公爵等角色，也属先赋角色。

自致角色，指个体通过自己的努力和活动而获得的角色。自致角色体现了个人的自主选择性。在现代社会中，个体一生中扮演的多数角色是自致角色，包括职业的选择、婚姻家庭的缔结、事业的成就等方面的角色，这些都是个体凭借自己的努力而达到的。如学生、战士、教师等都属于自致角色。自致角色的获得需要具备独特的素质、才能、技巧和特殊的训练。

实践角色：个体根据自己对角色的理解而在执行角色规范的过程中表现出来的实际行为。

先赋角色：个体与生俱来或在成长过程中自然获得的角色。

自致角色：个体通过自己的努力和活动而获得的角色。

规定性角色：对角色扮演者的行为方式和规范都有明确的规定，角色扮演者不能按照自己的理解自行其是。

开放性角色：个人可以根据对自己地位和社会期望的理解，自由地履行角色行为。

（三）角色规范制约程度的维度

规定性角色，也称正式角色，是指对角色扮演者的行为方式和规范都有明确的规定，角色扮演者不能按照自己的理解自行其是。他们在正式场合下的言谈举止、责任、权利、义务以及办事的程序都有明确的规定，应该做什么和不应该做什么都必须按照规定办。如政府外交官、法官、议员即属此类。规定性角色要求理想角色和实践角色是高度一致的。

开放性角色，也称非正式角色，是指个人可以根据对自己地位和社会期望的理解，自由地履行角色行为。如父亲、朋友、非正式群体的自然领袖等都属于开放性角色。这类角色的行为者有很大的行为自由，有利于适应不断变化发展的社会生活。

无论是正式角色还是非正式角色都可以被测量，大多数研究者侧重于研究表现更为主观的非正式角色，他们一般采取三种研究方法：观察群体成员；要求群体成员描述他们在群体中的角色及确认谁会和他们扮演相应的角色；要求每一个群体成员概括出自己所扮演的角色。

（四）角色权力地位的维度

支配角色、受支配角色是德国社会学家达伦多夫（R. Dahrendorf）关于冲突理论中的两个基本概念。他认为，只要人们聚在一起组成一个群体或社会，并在其中发生互动，则必然有一部分人拥有支配力，而另一部分人被支配。具有支配他人的权力的就是支配角色，而受他人支配的即受支配角色。达伦多夫认为，在现实社会中，这两种角色具有下列特征：(1) 在每一个受权力关系支配的群体内，作为支配角色的人和作为受支配角色的人必将形成针锋相对的非正式阵营。一般来说，作为支配角色的人总是极力维持现状以维护其既得的权力，而作为受支配角色的人必将设法改善受人约束和限制的现状以获得自己的权力。(2) 这两种角色必然要建立符合自己利益的群体，各有自己的方针、计划和目标。总之，这两种角色始终处于动态变化发展的关系之中。

（五）角色扮演者意图的维度

功利性角色，是指该角色行为是计算成本、讲究报酬、注重实际效益的。这种角色的价值在于利益的获得，在于行为的经济效果。生产行为和商业行为就属于此类。一个公司经理的角色行为，在于能为这个公司带来经济效益。功利性角色对社会的发展有重要的意义。

表现性角色，是指该角色行为是不计报酬的，或虽有报酬但不是从获得报酬出发而采取的行为模式。表现性角色，其目的不是报酬的获得，而是个人表现的满足。如艺术家表演、医生看病、教师教学等，都是强烈的“自我实现”的愿望所驱使的角色行为，是个人地位的责任感、义务感的实现。很显然，对于真正的艺术家来说，观众的掌声比票房收入更能使他获得满足感。

> **功利性角色**：角色行为是计算成本、讲究报酬、注重实际效益的。
> **表现性角色**：角色行为是不计报酬的，或虽有报酬但不是从获得报酬出发而采取的行为模式。

（六）角色参与程度的维度

在萨宾（T. Sarbin）和艾伦（V. I. Allen）的《角色理论》一文中，两位角色理论家根据角色参与的程度，将角色分为七种类型（见表 5-1）。

表 5-1　角色参与分类

参与程度与角色类型	角色实例
1. 0 度参与	街上行人、电影院观众
2. 漫不经心参与	浏览商品的顾客
3. 传统仪式性参与	婚丧仪式中参与的亲友
4. 生物性参与	母亲、专心致志的科学家、虔诚的教徒
5. 神经质型深度参与	职业赌徒（倾家荡产在所不惜）
6. 情迷意乱的参与	深爱对方的情侣
7. 精神与外物合一的参与	神灵附体的道士

资料来源：全国十三所高等院校《社会心理学》编写组．社会心理学．4 版．天津：南开大学出版社，2008：69.

第二节 角色理论

角色理论并非完整严密的理论体系，而是指这一名称所涵盖的来自不同知识领域的侧重于“角色”这一核心概念的研究。相关的实际研究学者共同为所谓的“角色理论”做出了贡献。

一、角色理论的概念与来源

角色理论（role theory）是一种试图从人的社会角色属性解释社会心理和行为的产生、变化的社会心理学理论取向。由于角色理论的概念体系本身接近真实生活，具有良好的解释能力，因而它不仅受到社会心理学的重视，也受到社会学、人类学、管理学、教育学等多领域研究者的高度重视。从其发展渊源上看，它的概念演化、发展和完善是由多种来源共同促成的，在20世纪20年代至60年代逐步发展和确立起来，并且主要受到了来自社会学中的符号作用论的影响、来自心理学的角色扮演技术的影响和来自人类学的结构功能论的影响。戈夫曼的拟剧论就是利用戏剧的词汇来分析日常生活中的社会互动的。在戈夫曼看来，社会生活就是一个剧院，每一个社会情境都可以看作一个戏剧舞台，受角色规定的行动者在这舞台上照本宣科地表演着真实生活的戏剧。

角色理论：试图从人的社会角色属性解释社会心理和行为的产生、变化的社会心理学理论取向。

戈夫曼所讲的“框架”，是指人们内化了的现存的社会规范和社会准则，是一系列的惯例和共同理解，也就是人们在社会生活舞台上进行演出的依据。戈夫曼认为，人们在社会生活中以不同的角色在不同的场次进行表演，如果能够按照剧本表演就按照剧本表演，当剧本不明确或不完整时就要随机应变、临时创作。表演框架包括以下几个环节或因素。

第一，剧本期望。剧本期望也就是社会规范对各种社会角色的限定。社会是一个一直在演出的戏剧舞台，每一个人都是社会生活舞台上的演员。但是，在个人行动的后面隐藏着强有力的“剧作家”，这个“剧作家”就是社会体系，它不允许个人离开剧本。人们的行动受社会体系预先写好的“剧本”的限定。当然，人们的行动也会受其他人，包括其他演员和观众的影响。

第二，剧情。所谓表演，就是在某种社会情境中，人们为了给他人留下某种印象而做出的所有活动。我们每一个人都在社会生活舞台上扮演着角色，都是表现剧情的人，即剧情表演者。表演的目的是要表达某种意义。比如，一个女大学生周末接到男友约她去看电影的电话时，可能会故意大声说话，该表演的目的就是要告诉其他同学“有人约我去看电影”。戈夫曼认为，表演者可能很真诚地相信他所表演的行为，也可能不相信自己所表演的行为，而是做给别人看的。

第三，剧组。戈夫曼把在“表演某种剧情时进行合作的一些人”称为剧组。处理好剧组成员之间的关系是重要的。因为，首先，当剧组正在表演时，剧组中的每一个成员都具有采取不适宜行为而使演出中断或走样的能力，每一个成员的演出都依赖于同伴的合适行为，反之亦然；其次，剧组成员都了解他们正在上演同一幕剧，了解舞台演出技巧中的秘密，都是“知情人”，他们彼此熟悉，共同保守剧组的秘密。

第四，表演区域，包括前台与后台。前台是按固定方式进行表演、为观众规定的特定情景的舞台部分，主要由布景、个人外表和举止等三个部分组成。布景是演员表演必需的场景，包括装置、舞台装饰和其他道具等，比如会计的电脑、学者的书架、医生的手术室等。个人外表是反映表演者社会地位的那些标志，比如年龄、性别、种族、服饰，以及提示行动者地位的其他信息（如身上穿着白大褂、脖子上挂着听诊器，表明这是一个医生）。举止则是人们期待如何行为的特定信号，比如一种亲昵的举止就表示期待一种亲密的行为。人们在扮演某种既定的社会角色时通常会发现，一种特定的前台其实早就已经设计好了，只能按规定去进行表演。后台是不让观众看到的、限制观众和局外人进入的舞台部分，只有关系更为密切的人才被允许看到“后台”正在发生的一切。比如医生可以在值班室里（即后台）同护士开玩笑，这是病人看不到的，但在病房（前台）却不能这样。后台与前台是相对的，如果有观众闯入后台，后台就变成前台，成为另一场不同演出的前台，比如一个病人突然闯入了值班室。

第五，假面具。在戈夫曼看来，人们之间的互动，就是每个人都在表演自己，但不是表现真实的自己，而是表现伪装起来的自己，在他人面前故意演戏，也就是戴着假面具在社会中生活。假面具是同社会公认的价值、规范、标准相一致的前台行为，是一种角色面孔。戈夫曼认为，假面具并不等于欺骗工具，两者是有区别的。

因此，按照戈夫曼的理论，人类互动最重要的特征就是印象管理（impression management）或自我呈现（presentation of self）——为了使他人按照我们的愿望看待自己而在他人面前展示自我的努力。许多人掌握了一些修饰自己形象的技巧，比如在舞会上，某人经人介绍与一群证券经纪人相识，他可能会对证券市场表现出浓厚的兴趣。与此类似，推销人员也总是试图制造出与他们所销售的物品相符合的形象。在第一印象非常重要的情景中，人们通常小心地策划他们的表演，以便使其行动与他们所想制造出的印象一致。因而，印象管理可能是有目的的。行动者可能想欺诈、侮辱、迷惑、误导或打发别人，但是不管怎样，正如戈夫曼所指出的那样，它总是为了使行动者能更好地控制别人的行为。[①] 这样的目的是通过印象管理的过程达到的，这种印象管理能够诱导对方做出行动者所期望的行为。

行动中，有时甚至是两个或更多的人一起协作，组成剧组（team），以制造某种预期的形象，如两位销售人员可能一起出演双簧，赞赏某位顾客对服装的选择，而实际上他们只是想尽快卖出商品。偶尔在制造某种印象时，行动者几乎是无意识地露出马脚，使观众感到原来他们一直是在看表演。例如，当父（母）教育孩子时，可能其中

① 波普诺．社会学（第十版）．北京：中国人民大学出版社，1999：122.

的一丝微笑暴露给了孩子，说明他（她）可能并未真正生气。当观众发现这一线索的时候，他们会弱化演员所展示的形象，也有可能造成表演失败的状况。

根据拟剧论的观点，当行动者意识到其表演已经失败，没能在观众中制造出所预期的印象的时候，就会出现尴尬的情形。面对尴尬的情形，表演者可能会继续更换表演方式，以便挽回面子。

二、角色理论的两种取向

将这些来自不同知识背景的学者的研究做一个大致的归纳，我们即可发现，它们大体上分为两种取向：一种是对角色理论持结构性观点，另一种是采用过程的研究策略。前者称为结构角色论，后者称为过程角色论。

（一）结构角色论

结构角色论的代表是林顿，他认为角色概念是用于构造其关于社会结构、社会组织理论体系的基石。“结构角色理论家认为，社会是一个由各种各样的相互联系的位置或地位组成的网络，其中个体在这个系统中扮演各自的角色。对于每一种、每一群、每一类地位，都能区分出各种不同的有关如何承担义务的期望。因此，社会组织最终是由各种不同地位和期望的网络组成的。”①

背景人物

拉尔夫·林顿（1893—1953），美国文化人类学派的主要代表之一，曾任威斯康星大学、哥伦比亚大学、耶鲁大学等校的教授，对文化人类学的发展有显著的影响。著有《人类研究》《文化树——世界文化简史》等。

结构角色论：认为角色概念是用于构造其关于社会结构、社会组织理论体系的基石。

过程角色论：以社会互动作为基本出发点。

简言之，地位和相应的一系列期望组成了潜在的社会结构，这些期望通过角色承担者个体自我的角色理解能力和角色扮演能力来传递，最后通过个体的具体角色行为来实现。显然，结构角色论强调了社会过程既定的、结构化的一面，即强调了围绕社会关系系统中的地位、代表社会结构因素的期望对角色扮演者的行动的制约作用（见图5-2）。

（二）过程角色论

以J. 特纳为代表的**过程角色论**者则以社会互动作为基本出发点，围绕互动中的角色扮演过程展开对角色扮演、角色期望、角色冲突与角色紧张等问题的研究。特纳还

① 特纳．社会学理论的结构．杭州：浙江人民出版社，1987：428.

对结构角色论提出了一连串的批评：第一，早期角色理论强调规范、社会地位和规范预期的设定，使得早期论证对社会的看法是泛化的；第二，该理论倾向于把大量的研究和理论建构的努力集中在“失范”的社会过程比如角色冲突和角色紧张上，从而忽视了对人类互动常态过程的分析；第三，结构角色论与其说是理论，不如说是一系列前后不相关联、彼此没有联系的命题和经验概括；第四，结构角色论没有把 G. 米德的角色领会概念当作核心概念。① 作为对这些问题的修正，特纳展开了强调互动过程而不是受社会结构支配的角色论述。

图 5-2

说明：当牙买加裔加拿大短跑运动员本·约翰逊获得奥运会男子 100 米冠军后，加拿大媒体描述一位“加拿大人”取得了胜利，而当约翰逊由于滥用类固醇而被取消金牌之后，加拿大媒体就开始强调他的“牙买加”身份。

资料来源：Stelzl，Seligman. The Social Identity Strategy of MOATING：Further Evidence. Paper Presented at the Society of Personality and Social Psychology Convention. 2004：353.

特纳用米德的角色领会概念来描述社会行动的本质，他假定把现象世界形塑成角色，这是作为互动中心过程的角色领会的关键所在，是大势所趋。特纳强调，行动者在互动时做出一定的姿态和暗示如话语、身体姿势、嗓音的抑扬顿挫等，以便让自己置于他人角色之上，这样调适自己的路线以利于合作。为了强调这种观点，特纳先是简单地追随米德的角色领会的定义。然后，特纳对米德的概念作了发展。他指出，角色的文化定义往往模糊不清甚至自相矛盾。这种定义最多不过是提供了一个个体行动者从中建立行动路线的总体框架。因此，行动者建构角色，并在与他人的交往中告知对方自己在扮演何种角色。特纳指出，人们就是在这样的假定的基础上行动的。这一假设给了互动一个共同的基础。运用这一假设，人们能够有效地解读他人的姿态和暗示，以便确认他人正在扮演什么角色。这种努力因他人建构和固化其角色的行为而变

① 特纳．社会学理论的结构．杭州：浙江人民出版社，1987：49.

得容易，这样，个体就可以主动地暗示自己正要扮演的角色（见图 5-3）。

图 5-3

说明：角色理论家认为，就像演员在一场戏剧中扮演一个角色一样，人在实际生活中的角色行为是整个行为系统的产物。

于是，对特纳而言，角色领会就是角色建构。人们在三种意义上建构角色：第一，他们通常面临着一个松散的文化结构，这时他们必须建构一个角色以扮演之；第二，他们假定他人也在进行角色扮演，所以努力建构隐藏在一个人行为背后的角色；第三，在所有的社会情境中，人们都试图为自己建构一个角色，主要是通过向他人发出暗示，确认某一角色来实现。这样，互动就成了角色领会和角色扮演过程的连接点，使互动双方彼此受益。

结构角色论和过程角色论看似针锋相对，实际上则是互补的。许多学者认识到这一点，并努力融合二者，以期建立一个统一的角色理论。他们努力把互动过程看成在结构框架之下具有角色规定的方向性，而角色扮演者同时又进行着发挥创造性作用的能动辩证过程。作为社会结构中的一员，人与社会环境和周围人群所发生的直接的和间接的、外显的和内隐的、真实的和想象的联系，会在个人态度和习惯行为的各个层面发生相互作用。而且在现实社会结构中占据一定社会地位或身份的个人的行为是由客观的行为环境、社会的要求与规范、他人在各自地位上的角色表演，以及自身对角色的理解、个性和能力等因素共同决定的。但角色理论强调社会环境对行为的定向作用，同时也重视个人可能的角色创造，因而被认为是社会有限决定论。

第三节 角色的行为模式

角色是处于一定社会地位的个体，依据社会的客观期望，借助自己的主观能力适应社会环境所表现出来的行为模式。从这一角度出发，这种行为模式一方面取决于个体所处的社会地位的性质，另一方面又受到个体的心理特征和主观表演能力的影响。如果仔细探讨这种行为模式的形成，就能够发现个体进入或占据一定的社会位置的过程，其实就是相应的角色学习、角色扮演和角色转换、角色冲突等的过程。

一、角色学习

角色学习： 角色扮演的基础和前提，包括形成角色观念和学习角色技能。

角色学习（role learning）是角色扮演的基础和前提。它包括两个方面，一是形成角色观念，一是学习角色技能。角色观念是指个体在特定的社会关系中对自己所扮演的角色的认识、态度和情感的总和。角色观念的内容包括四个方面：第一，角色地位。这是指个体对自己所处地位的认识。第二，角色义务。这是指个体对自己所应履行的角色义务职责的认识。每个人扮演一种角色，就要履行一定的义务，角色义务观念集中地体现了角色的社会价值。一般来说，谁能履行自己的角色义务，谁就是合格的角色；谁能出色地履行自己的角色义务，谁就是优秀的角色。第三，角色行为。这是指个体对自己所扮演的角色的行为模式的认识。角色应按对应的行为模式行动，若角色扮演者错误地按另一模式行动，就会发生角色混乱。第四，角色形象。这是指个人对自己所扮演的角色所应具有的思想、品格和风格方面的认识，也就是说在与别人的互动中，应以什么样的形象出现。

关于角色观念的形成过程，借用纽科姆关于自我概念形成的自闭阶段、绝对观念阶段和相互并存阶段这三个阶段划分的观点，可以把角色观念形成过程分为拒绝角色阶段、承认角色阶段和接受角色阶段三个阶段。① 事实上，个人形成角色观念的过程也是个人角色学习的过程。在多数情形下，这是一个主动的过程，而不是被动的、被迫的过程。只是个人的角色学习除了形成角色观念之外，还包括学习角色技能，即形成顺利完成角色扮演任务、履行角色义务、塑造良好角色形象所必备的知识、智慧、能力和经验等。

对于角色学习，可以从总体上这样来理解。首先，角色学习是综合性学习，而不是零碎片段的学习，因为角色是根据他所处的地位而由各种行为方式组合起来的一个整体，任何零碎的、片段的角色学习都可能导致角色错位、角色混乱和角色冲突。其

① 奚从清，俞国良．角色理论研究．杭州：杭州大学出版社，1991：103.

次，角色学习是在互动中进行的学习。没有相应的角色伴侣，没有参照个体或参照群体作为角色学习的榜样和楷模，就很难体会角色的权利、义务和情感。因此，角色学习是在社会交往活动中实现的（见图5-4）。最后，角色学习是随着个人角色的改变而进行的学习。一个人在一生中，不断地随着自己本身和社会环境的变化而变换着自己的角色，这就需要不断学习，以适应新的角色的要求。

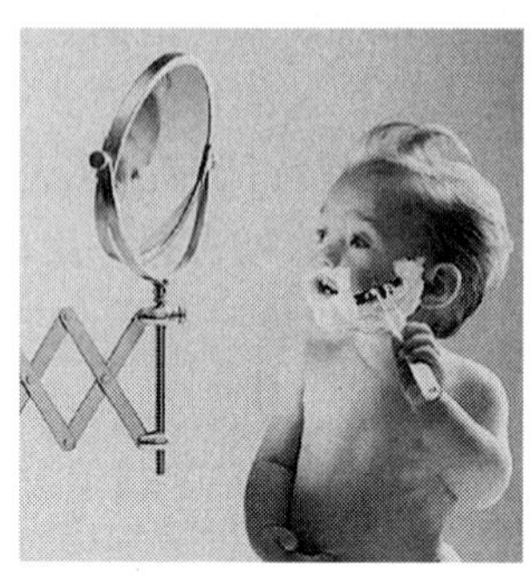
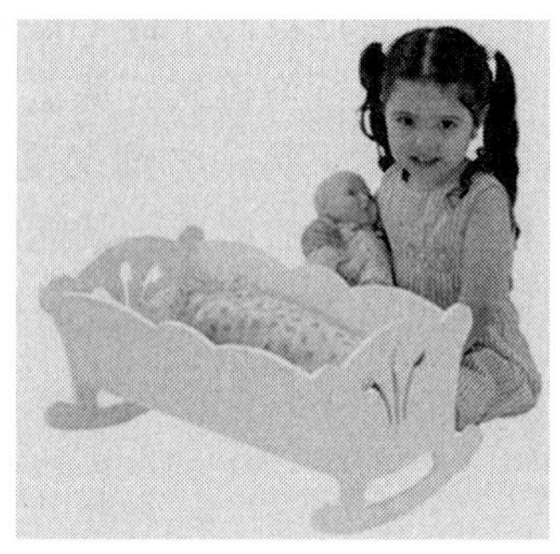

图 5-4

说明：根据社会学习理论，儿童从他们对他人的观察中学习与性别相关的行为和预期。

二、角色扮演

角色扮演是指人们按照其特定的地位和所处的情境而表现出来的行为。从社会学和社会心理学的历史来看，许多著名的角色理论家曾作为一个十分重要的内容对角色扮演进行过深入的探讨和研究。

（一）社会学视角：互动与表演

第一个需要论述的当属G.米德。米德认为，角色扮演是互动得以进行的基本条件。人与人之间之所以能够进行互动，就是因为人们能够辨认和理解他人所使用的交往符号的意义并通过角色而预知对方的反应。米德把这些基本能力称为“扮演他人角色”的能力，这是一种能够洞悉他人态度和行为意向的能力。[①] 在米德的理论体系中，这种角色扮演能力被称为“心灵”，它包括：理解常规姿态的能力；运用这一姿态去扮演他人角色的能力；想象演习各种行动方案的能力。这种被称为“心灵”的东西是在“社会过程之中、在社会互动的经验母体之中产生和发展的”。如果个体具备了这些能力，他便具备了与他人进行互动的基本条件。

> **角色扮演**：人们按照其特定的地位和所处的情境而表现出来的行为。

紧随其后，在心灵基础上发展起来的自我是能否成功地进行角色扮演的关键条件，因为自我能够传递对角色期望的认识以及角色扮演的方式。在一定程度上，角色扮演的技巧取决于人们在互动中的自我形象。这种在互动中形成又影响着互动进行的自我

① 波普诺．社会学（第十版）．北京：中国人民大学出版社，1999：133.

形象，就是通常所说的角色意识。米德强调指出，正如人们能够用符号标示环境中的其他成员一样，他们也能像对待客体一样用符号表示自己。个体在与具体他人的互动中产生的是一种暂时的自我形象，这种自我形象不断发展，最后进入将自己确定为某一类客体的“自我观念”阶段。这时便意味着自我的真正形成。正是这种自我，左右着个体的角色扮演。

在米德看来，不仅心灵和自我是人们互动的产物，社会结构本身也是人们互动和角色扮演的产物。因为这种关系，社会自然也依赖于人们“心灵”和“自我”的发展，因为没有这种由心灵和自我支配的角色扮演能力，人们便无法协调他们的行动，社会就无法有秩序地存在和发展。考虑到这一点，米德指出，角色扮演的直接效果，反映在个体对他自己反应的控制之中。只要个体能够扮演他人的角色，他就能自动控制他自己在合作过程中的行动。正是这种通过扮演他人角色而实现的对个体自己的反应的控制，才使得这种沟通对群体中的行为组织具有价值。

米德的论述是有关角色扮演的较早的阐释，但他只是抽象地论述了角色的扮演，而未触及角色扮演的具体情形。米德之后，虽然帕克（R. Park）、林顿、布鲁默等人沿着米德的方向进行了一系列深入的研究，但是，有关角色扮演的具体而完整的论述直到戈夫曼的《日常生活中的自我表演》一书的出版才真正出现。戈夫曼对角色扮演进行了非常具体的研究，他的理论特色就是从角色概念出发，将社会与舞台进行了广泛的比较，从而提出了他的拟剧论。他几乎把现实生活的情境完全比作戏剧表演，把社会成员看作演员，着重研究角色行为的符号形式。他的研究引入了“观众”“门面”“前台”“后台”等一系列舞台术语。观众是对角色扮演产生影响的其他人。门面由周围环境、角色扮演者的个人外貌以及行为方式组成。前台与后台是根据角色与观众互动时所处的位置来区分的。在前台，角色与观众发生直接互动；而在后台，角色所表现出来的行为虽然可能与角色的扮演有关，但通常不为观众所直接感知，因而可以看成是角色与观众进行的间接互动。对于角色扮演者来说，在前台要求他严格按照角色要求行动，而在后台则没有这种要求。戈夫曼的这种分析对于角色扮演显然具有较大的操作价值，但是将丰富多彩的社会生活还原为舞台上的表演，则过于重视个体的主观能力在角色扮演中的作用，而且有可能造成对社会生活本质的歪曲。从这样的意义上说，现有的社会学或社会心理学理论对角色扮演的论述离真实的社会生活情形仍有相当的距离。

（二）社会心理学视角：技术与手段

在社会心理学中，角色扮演被认为是一种技术手段，是指将人暂时置身于他人的社会位置，并按照这一位置所要求的方式和态度行事，以增进人们对他人社会角色、自身原有角色的理解，从而学会更有效地履行自己的角色。这一技术最初是由社会心理学家莫里诺（J. L. Moreno）于 20 世纪 30 年代为心理治疗的目的创立的。

后来许多心理学家在分析该技术的原理和推广方面做了大量工作，使这一技术成为社会心理学领域公认的应用范围最广、实施最容易、效果最好的方法之一。角色扮演使人们能够亲身实践他人角色，从而更好地理解他人处境，体验他人在各种情况下的内心情感。只有获得与他人相同或类似的体验，才知道在与别人发生相互联系时，应该怎样行动，采取怎样的态度。因此，角色扮演技术在发展人们的社会理解能力、改善人际关系方面有着非常重要的作用。而且，心理学家研究发现，较长时间的角色扮演，可以改变人们的心理结构；角色扮演中的直接情感体验、所扮演角色的某些特征，最终可以被固定在人们的心理结构中，使其个性发生实质的变化。因此，角色扮演技术被当作一种心理改变技术应用于心理咨询和心理治疗的实践中。

一个社会心理学中的经典性实验即"斯坦福监狱实验"，让人看到了角色扮演力量带来的惊人后果。心理学家从加利福尼亚的学生志愿者中抽取被试，利用抽签决定他们将在模拟监狱中扮演的角色，一方为囚犯，另一方为看守，他们将在模拟监狱中度过为期两周的时间。作为囚犯的一方被蒙上眼睛，送入监狱，脱光衣服，喷洒消毒剂，穿上囚徒制服。而看守一方则八小时轮流值班。这些学生一旦接受了随机分配给他们的角色之后，处于看守角色的人，原本温文尔雅的大学生，变得盛气凌人，有时甚至残酷暴虐。看守们要求囚犯无条件地遵守规则，否则剥夺其看书、写字或交谈的权利。后来他们甚至要求囚犯们即使所犯错误微小，也要关禁闭或用手清洁厕所等。看守们总是构思新花招使囚犯感到自己的卑微无力，这样几天后，囚犯们明显感到情绪抑郁、思维混乱。到了第六天，心理学家被迫终止了原本预期两周的实验。由这个实验可知，角色创造了在监狱情境中行之有效的地位和权力的差别，没有人告诉他们应该如何扮演角色，所有参与者都没有参观过真实的监狱，他们完全凭借自己的想象在扮演着角色，并进行角色之间的互动（见图5-5、图5-6）。在斯坦福监狱实验中，随机分派扮演的囚犯和看守角色彻底影响了参与者的行为。六天的互动观察记录表明，在25个观察记录阶段中，囚犯多表现出被动抵抗，而看守则变得比较专横、支配性强和充满敌意。

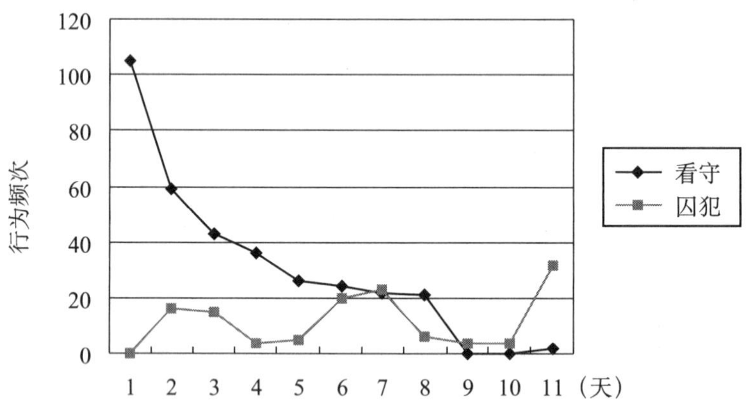

图5-5

资料来源：格里格，津巴多．心理学与生活（第16版）．北京：人民邮电出版社，2003：529.

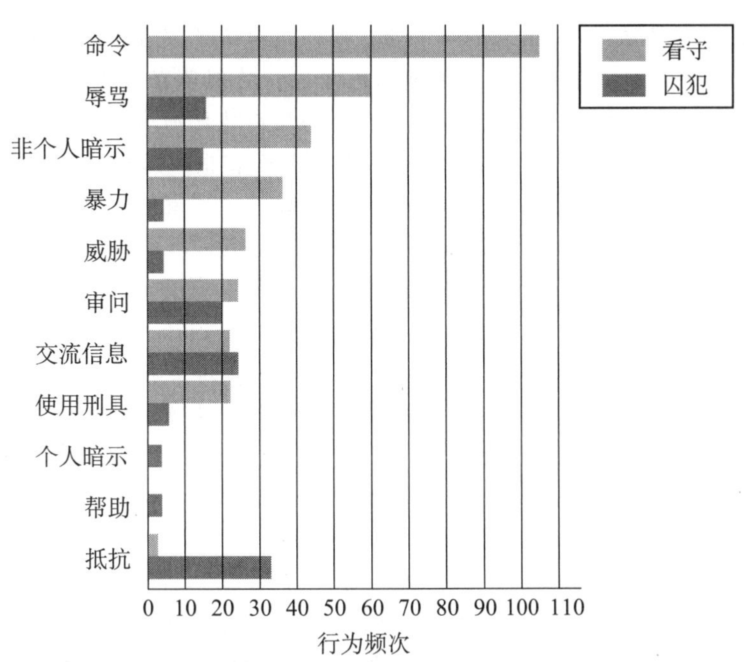

图 5-6

资料来源：格里格，津巴多．心理学与生活（第 16 版）．北京：人民邮电出版社，2003：529.

学以致用

斯坦福监狱实验

菲利普·津巴多

一个相当具有说服力的角色实验是由斯坦福大学的心理学家菲利普·津巴多（Philip Zimbardo）和他的同事所完成的。

他们在斯坦福大学的心理学系办公大楼地下室里建立了一个“监狱”，他们以每天 15 美元的价格雇用了 24 名学生来参加实验。这些学生情绪稳定，身体健康，遵纪守法，在普通人格测验中，得分属正常水平。实验者对这些学生随意地进行了角色分配，一部分人为“看守”，另一部分人为“囚犯”，并制定了一些基本规则。然后，实验者就躲在幕后，看事情会怎样发展。两个礼拜的模拟实验刚刚开始时，被分配做“看守”的学生与被分配做“囚犯”的学生之间，没有多大差别。而且，做“看守”的人也没有就如何做监狱看守受过专门训练。实验者只告诉他们“维持监狱法律和秩序”，不要把“囚犯”的胡言乱语（如“囚犯”说禁止使用暴力）当回事。为了更真实地模拟监狱生活，“囚犯”可以像真正的监狱中的囚犯一样，接受亲戚和朋友的探视。“看守”每八小时换一次班，而“囚犯”除了出来吃饭、锻炼、去厕所、办些必要的其他事情之外，要日日夜夜地待在他们的牢房里。“囚犯”没用多长时间，就承认了“看守”的权威地位，或者说，“看守”调整自己，进入了新的权威角色之中。特别是在实验的第二天，“看守”粉碎了“囚犯”进行反抗的企图之后，“囚犯”的反应就更加消极了。不管“看守”吩咐什么，“囚犯”都唯命是从。事实上，“囚犯”开始相信，正如“看守”经常对他们说的，他们真的低人一等，无法改变现状。而且每一位“看守”在模拟实验过程中，都做出过虐待“囚犯”的事情。例如，一位“看守”说：“我觉得自己不可思议……我让他们互相喊对方的名字，还让他们用手去擦洗厕所。我真的把‘囚犯’看作牲畜。而且我一直在想：‘我必须看住他们，以免他们做坏事。’”另一位“看守”补充说：“我一到‘囚犯’所在的牢房就烦，他们穿着破衣服，牢房里满是难闻的气味。在我们的命令面前，他们相对而泣。他们没有把这些只当作一次实验，一切好像都是真的，尽管他们还在尽力保持自己原来的身份，但我们总是向他们表明我们才是上司，这使他们的努力收效甚微。”

这次模拟实验相当成功地证明了个体学习一种新角色是多么迅速。由于参加实验的学生在实验中表现出病态反应，在实验进行了六天之后，研究人员就不得不终止了实验。应该注意，参加这次实验的人都是经过严格挑选的神志正常、情绪稳定的人。从这个监狱模拟实验中我们能得出什么结论呢？参加这次实验的学生，就像我们大多数人一样，是通过大众传播媒介和自己的亲身经历，如在家庭（父母与孩子）、在学校（老师和学生），以及在其他包含有权和无权关系的场合，学习到了关于囚犯和看守的角色定式的内容。在这个基础上，这些学生就能够不费力地、迅速地进入与他们原来的人格迥然不同的假设角色中。在这个例子中，我们可以看到，人格正常、没经过新角色要求训练的人，也会非常极端地表现出与他们所扮演的角色一致的行为方式。

三、角色转换

每个人在日常生活中都扮演着多个角色，“身兼数职”让个体处于角色扮演的紧张状态，在扮演不同角色时采取不同的行为方式。有证据表明，承担多个角色从总体上来讲有利于个体的健康和幸福感的提升①，但多个角色带来的负面效应不可忽视，如角色转换的增加会导致角色冲突的加剧②。

角色转换：两个角色之间发生的心理上以及相应身体上的变动。

角色转换（role transition）是一种跨越边界的活动，指在两个角色之间发生的心理上以及相应身体上的变动。个体通过跨越角色边界退出一个角色而投入另一个角色。角色转换可分为微观转换和宏观转换。

① Parasuraman, Simmers. Type of Employment, Work-Family Conflict and Well-Being: A Comparative Study. Journal of Organizational Behavior, 2001, 22 (5): 551-568.

② Desrochers, Hilton, Larwood. Preliminary Validation of the Work-Family Integration-Blurring Scale. Journal of Family Issues, 2005, 26 (4): 442-466.

微观角色转换，也就是较为频繁并且循环发生的角色转换，如工作-家庭角色转换；而宏观角色转换则是较少发生常常又相对持久的较大转换，如由晋升或者退休带来的角色转换。

与角色转换相关的另一个概念是角色边界（role boundary），指用以划定角色范围的界限。角色边界具有不对称性。角色边界具有两大特征：渗透性和灵活性。角色边界的渗透性（boundary permeability）指一个角色允许个体身处该角色而心理或行为上却投入另一个角色的程度；角色边界的灵活性（boundary flexibility）指个体能够从认知或行为上离开一个角色以满足另一个角色要求的程度①，边界灵活性包括灵活性能力和灵活性意愿两个子维度。

角色间的关系是一个从高度分割到高度整合的连续体。角色分割与角色整合影响着创造、维持和跨越边界的成本和收益，从而影响着角色转换的频率、幅度和难度。高度分割的角色往往各自拥有自己的具体环境与时间，具有较低的边界灵活性和渗透性，从而使得角色转换相对较少，角色承担者往往较少受到跨角色的打断和干扰，便于降低角色模糊性，减小创造和维持角色边界的困难，但是会增加跨越角色边界的困难，角色转换的难度提高。角色整合意味着角色间的差异较小，具有高的角色灵活性和渗透性。角色整合的最大优势在于角色转换幅度较小，从而能够简化角色边界跨越过程，使得角色转换的难度大大较低，但同时提高了角色的模糊性，使得角色边界的创造和维持比较困难。

四、角色冲突

角色冲突（role conflict）是指占有一定地位的个体与不相符的角色期望发生冲突的情境，也就是个体不能执行对角色提出的要求就会引起冲突的情境。也可以说，所谓角色冲突，是指角色扮演者在角色扮演中出现的心理上、行为上的不适应、不协调的状态。

角色冲突有两种表现形式，即**角色内冲突**和**角色间冲突**。角色内冲突是指由于角色互动对象对同一角色抱有矛盾的角色期望而引起的冲突。角色内冲突既可来自不同类型的角色互动对象矛盾的角色期望，也可出自同一类型的角色互动对象矛盾的角色期望。例如对于教师这个角色，不同类型的学生就有不同的期望，好学生希望老师对他们严格要求，而差学生则希望老师对他们放任自流。同一类型甚至同一角色互动对象也可能对某一角色提出相互矛盾的角色期望，如

> **角色冲突**：占有一定地位的个体与不相符的角色期望发生冲突的情境。
> **角色内冲突**：由于角色互动对象对同一角色抱有矛盾的角色期望而引起的冲突。
> **角色间冲突**：由角色紧张造成的冲突。

① Bulger，Matthews，Hoffman. Work and Personal Life Boundary Management：Boundary Strength，Work Personal Life Balance and the Segmentation-Integration Continuum. Journal of Occupational Health Psychology，2007，12（4）：365-375.

有的丈夫既希望妻子温柔体贴、操持家务，又希望她在事业上出人头地。角色间冲突是由角色紧张造成的，有两方面的表现。第一，一个角色丛中的几个角色如果同时对其提出履行角色行为的要求，就会发生角色间冲突。第二，当两个角色同时对一个人提出两种相反的角色行为要求时，也会引起角色间的冲突，这需要角色扮演者在这两种相反的角色行为之间做出痛苦的选择。

角色冲突的强度取决于两个因素。一个因素是角色之间的共同性。角色冲突的强度与角色之间的共同性成反比例关系。角色之间的共同性越大，冲突就越小；共同性越小，冲突则越大。另一个因素是角色自身的限定性，角色的限定性越大，规定就越严格，角色执行者就越难以偏离这些要求。因此，角色冲突的强度与角色限定性成正比例关系。限定性越大，冲突时强度也越大；限定性越小，冲突时强度也越小。

不论是哪一类型的角色冲突，都会妨碍人们的正常生活。虽然我们不能完全消除角色冲突，但是我们可以通过角色协调而使角色冲突降至最小限度。不少心理学家研究了缓解角色冲突的方法。

（1）**角色规范法**。不同社会群体和组织对不同地位的角色的权利和义务都有较明确的规定，这是现代社会体系中保护角色和避免角色冲突的有效手段。当社会体系中的角色权利和义务得到清楚划分时，角色冲突就会减少到最低程度。这种对角色权利和义务的明确划分就是角色的规范化。经过规范化的角色，就会要求角色持有者按照如此规范去履行社会的角色期待。

角色规范法：对角色权利和义务的明确划分。
角色合并法：当个体同时持有两个及以上角色并发生冲突时，将矛盾角色合而为一，发展为具有新观念的角色。
角色层次法：角色持有者将两个及以上冲突的角色进行分层排列。

（2）**角色合并法**。当个体同时持有两个及以上角色并发生冲突时，在有些情况下，此人可以将这些相矛盾的角色合而为一，发展为一个具有新观念的角色。例如，当一位中年妇女面临职业妇女和家庭主妇的角色冲突时，她可以加上一个经济因素的新观念，缓和这两个角色间的冲突，发展为一个既参加社会工作获得经济收益又兼顾家庭生活的新型妇女角色。

（3）**角色层次法**。此方法要求角色持有者将两个及以上相互冲突的角色的“价值”进行分层，也就是将这些角色按其重要程度进行排列，将最有价值的角色排在首位，其次有价值的排在第二位……依次做角色重要性的心理分类，然后选择对自己来讲最重要的角色。此分类依据是依个人需要的结构和他人期待的重要程度而定的。这种方法类似于社会心理学家古德（W. G. Good）提出的角色选择法。古德认为，个体首先应该从许多角色中挣脱出来，把时间和精力用到那些对其更有价值的角色上。取舍角色的标准有三个方面：一是该角色对个体的意义；二是不扮演某些角色可能产生的积极的和消极的结果；三是周围的人对拒绝某些角色的反应。①

---

① Good. The Theory of Role Conflict. American Society Review，1955，20.

五、角色偏差

角色偏差（role deviance）是指个体的行为和心理准备长时间偏离社会期望，形成与自己社会身份不相适应的行为和心态结构。心理学家在通过实验研究探讨角色偏差原因的过程中发现，角色偏差现象十分复杂，行为偏离社会期望只是表面现象，其背后的实质是个人的整个行为动力系统的各个环节，包括外部的所受到的对待、评价与角色期望，内在的自我概念系统、动机机制，以及表现于外的行为模式和行为结果等，都偏离了特定社会身份要求的一般模型。研究表明，个体行为动力系统中的各个方面构成了一个协同活动、倾向一致的整体，系统中的内外动因与行为作为整个系统的不同环节，总是彼此相互影响、相互适应、相互一致的。这样个体的行为动力系统能否产生积极的行为和效果，不是取决于系统中的某一因素，而是取决于整个系统的运动状态，取决于运动的倾向性。

> **角色偏差**：个体的行为和心理准备长时间偏离社会期望，形成与自己社会身份不相适应的行为和心态结构。

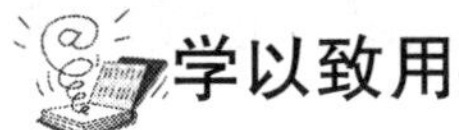

学以致用

虚拟社区与网络角色

网络空间（cyberspace）是基于电脑及网络建立起来的人与机、人与人之间的相互联系。网络空间为虚拟社区的拓展提供了赖以生存的技术前提和物理条件。最早提出“虚拟社区”（virtual community）概念的是英国学者霍华德·莱英古德，他认为虚拟社区是以虚拟身份在网络中创立的一个由志趣相投的人们组成的均衡的公共领域，如网络游戏、网络社交媒体中的虚拟社区。网络空间的网民在虚拟现实中的交往和互动，不是面对面亲身参与的沟通，而是一种电脑支持的互动，有学者将之称为“身体缺场”的互动，现实交往中那些备受关注的交往主体性特征，都能借助虚拟技术得以隐匿和篡改，人们的交往也被赋予了虚拟化、非实体化的特征。由此，人们在虚拟社区的交往遵循的是不同的行为规范和行为模式，即网络角色。

网络角色具有匿名性，虚拟社区中的交流使得交往双方的身份和现实背景都具有很强的隐匿性，由此人们在网络中的角色扮演能够摆脱现实社会利益和规则的约束，充分展示自己的真实情感，呈现出更真实的自己。网络角色的扮演有其独特的方式，不同于现实社会角色扮演时的语言、表情和身体动作，网络角色是通过在线语言、表情符号等实现交流的。网络角色的获取具有更大的随意性和自主性，只需要获得某个网络社区的网址，申请和注册 ID 即可。这些特点都决定了网络角色不同于现实社会角色的角色期待和行为模式。

在网络游戏中，最受欢迎的是多人在线角色扮演游戏（massive multiplayer online role-playing game，MMORPG），其真正的魅力不在游戏而在人际互动。从拟剧论的角度来分析网络社交媒体，网络社交媒体是剧场，用户是演员。用户利用网络社交媒体进行表演，是其自我呈现和社会化的重要方式。网络社区是网络角色扮演的前台，网络之外的现实生活则是后台。网络角色之间、网络角色与现实社会角色之间也会产生角色冲突。网络角色之间的冲突是由于角色双方对网络角色理解程度的差异和对网络角色扮演能力的差异造成的；网络角色和现实社会角色之间的冲突则是由于网友对这两类角色的模糊认识造成的。

基本概念

角色	理想角色	领悟角色	实践角色
先赋角色	自致角色	规定性角色	开放性角色
支配角色	受支配角色	功利性角色	表现性角色
结构角色论	过程角色论	角色学习	角色扮演
角色转换	角色冲突	角色偏差	

本章要点

1. 角色是社会身份所要求的一般行为方式及其内在态度和价值观基础的总和。

2. 根据角色存在形态的不同，可把角色分为理想角色、领悟角色和实践角色；根据角色扮演者获得角色方式的不同，可以把角色分为先赋角色和自致角色；根据角色扮演者受角色规范制约程度的不同，可将角色分为规定性角色和开放性角色；根据角色和角色之间的权力和地位关系的不同，可把角色分为支配角色和受支配角色；根据角色扮演者的最终意图的不同，可把角色分为功利性角色和表现性角色；根据角色的参与程度的不同，可把角色从参与程度低到参与程度高分为七种类型。

3. 角色理论是一种试图从人的社会角色属性解释社会心理和行为的产生、变化的社会心理学理论取向。

4. 角色理论有两种取向：一种是对角色理论持结构性观点，另一种是采用过程的研究策略。前者称为结构角色论，后者称为过程角色论。结构角色论的代表是林顿，他认为角色概念是用于构造其关于社会结构、社会组织理论体系的基石。以J. 特纳为代表的过程角色论者则以社会互动作为基本出发点，围绕互动中的角色扮演过程展开对角色扮演、角色期望、角色冲突与角色紧张等问题的研究。

5. 角色是处于一定社会地位的个体，依据社会的客观期望，借助自己的主观能力适应社会环境所表现出来的行为模式。

6. 角色学习是角色扮演的基础和前提。它包括两个方面，一是形成角色观念，一是学习角色技能。

7. 角色扮演是指人们按照其特定的地位和所处的情境而表现出来的行为。

8. 角色冲突是指占有一定地位的个体与不相符的角色期望发生冲突的情境，也就是个体不能执行对角色提出的要求就会引起冲突的情境。角色冲突有两种表现形式，即角色内冲突和角色间冲突。心理学家研究了缓解角色冲突的方法，包括角色规范法、角色合并法、角色层次法等。

9. 角色偏差是指个体的行为和心理准备长时间偏离社会期望，形成与自己社会身份不相适应的行为和心态结构。

复习思考题

1. 什么是社会角色？如何理解社会角色的本质？
2. 社会角色的种类有哪些？
3. 何为角色冲突？造成角色冲突的原因以及缓解角色冲突的方法有哪些？
4. 请简述结构角色论与过程角色论。

推荐阅读书目

1. 哈克．改变心理学的 40 项研究：探索心理学研究的历史．北京：中国轻工业出版社，2004.
2. 周晓虹．现代社会心理学名著菁华．北京：社会科学文献出版社，2007.
3. 谢弗．社会学与生活．北京：世界图书出版公司，2006.
4. 奚从清．角色论：个人与社会的互动．杭州：浙江大学出版社，2010.
5. Miller. Gender Roles. Alphascript Publishing，2009.
6. Grace. Role Conflict and the Teacher. Routledge，2011.

推荐视频

1. 中国大学视频公开课：心理学与生活（http://www.icourses.cn/viewVCourse.action?courseCode=10055V005）
2. 中国大学视频公开课：当代中国社会心理热点问题（http://www.icourses.cn/viewVCourse.action?courseCode=10007V003）
3. 斯坦福监狱实验（http://www.zimbardo.com/zimbardo.html）

第六章

自我意识

章节导读

2016 年，一场 AlphaGo 与世界顶级围棋高手李世石的人机世纪对战，在全球引发了人工智能新的浪潮。同年在中国举行的夏季达沃斯论坛上，中外最新人工智能机器人齐聚一堂，中国首个美女人形机器人“佳佳”，以及日本最尖端科技代表 ChihiraAico 美女机器人纷纷亮相。据悉，佳佳具有人机对话理解、面部微表情、口型与身体动作匹配以及大范围动态环境自主定位导航和云服务等功能；而 ChihiraAico 则内置了全球最先进的面部表情系统，通过 43 个气压传动装置提供肢体运动。

人工智能逐渐进入人们的视野，变为一种社会需要。未来带有自主学习功能的人工智能机器人，会做家务，能当伴侣，拥有自我意识，甚至拥有潜意识，有感情、有意志的机器人或许和人类共处。人们不禁想问：未来人工智能到底可以发展到什么程度？人工智能能真正拥有自我意识吗？人工智能会取代人类甚至主宰人类吗？

有科学家认为，AlphaGo 战胜李世石的世纪之战，并不代表人工智能强于人类，AlphaGo 虽然可以进行深度学习，但依然属于“弱人工智能”，没有独立意志、情感认知能力和自我意识。因此，人工智能再“强大”，未来也不可能威胁到人类。但科学家内部也有不同的观点，有科学家认为，人工智能具有自我意识只是一个时间问题，随着人工智能技术的发展，人工智能机器人或将拥有自我意识，那么理应被当作“生物”。

人是目前唯一产生了自我意识的生物，人工智能机器人会像人一样在未来拥有自我意识吗？虽然，现在人工智能机器人还不拥有自我意识，但是机器人是否会拥有自我意识，这恐怕是我们每个人都渴望得到解答的问题。对这个问题的解答，要从探讨什么是自我意识开始。在这一章中，我们将围绕自我意识这一概念，来详细阐述自我意识的发生发展，自我意识与人格的相互关系，以及自我意识的表征形式，进而了解我们怎样清楚地认识自己，是什么影响和决定我们对自己的认知这一过程。

引领性问题

- 查阅文献，了解当前自我研究的新动向。
- 通过相关研究，论证自我意识对个体行为的调节作用。
- 通过自我分析，理解个体自我意识发生、发展的过程及其重要的影响因素。

社会化的结果，就个体方面而言是自我意识和个人人格的形成。自 1890 年威廉·詹姆士（W. James）在其著作《心理学原理》中首次提出“自我意识”以来，自我意识在心理学领域一直是经久不衰的研究课题。自我意识是人类特有的高级心理活动形式，它是社会的产物，反过来又作用于社会，指导个体适应社会生活，并对周围社会生活环境产生积极的影响和作用。因此，自我意识和人格成为社会心理学关心的主题。

第一节　自我意识概述

“我感觉不像我自己了”“我都搞不懂我自己”……当我们无法回答“我是谁”，当我们缺乏现成的答案来定义我们自己时，我们总会感到异常的焦虑和沮丧。作为潜藏在人们心灵深处的心理结构，自我意识是个人意识发展的高级阶段，也是人格的自我调控系统。在过去几十年里，它一直都是社会心理学中最重要也最令人兴奋的研究领域。近年来，国内外的心理学、教育学工作者们对自我意识进行了大量较为系统的研究。

一、自我、自我意识与自我概念

自我、自我意识和自我概念是三个既有联系又有区别的概念。

自我是指自己各种身心状况或是各种身心状况的总和。一般认为它包括三个部分，即物质的自我、精神的自我和社会的自我。在西方，自我存在两个易混淆的概念，即 self 和 ego。一般而言，大多数实证研究是围绕 self 进行的，对于 ego 则一般作思辨性探讨。

自我意识是指个体对自己身心状况、人-我关系的认知、情感以及由此产生的意向，简而言之就是个体对自己各种身心状况的意识。自我意识是一个具有多维度多层次的复杂心理系统。一般认为其表现为认知的、情感的和意向的三种形式，分别称为自我认知、自我情感和自我意向。自我认知，即对自己各种身心状况、人-我关系的认知；自我情感，即伴随自我认知而产生的情感体验；自我意向，即伴随自我认知、自我情感而产生的各种思想倾向和行为倾向。举例来说，个体对自己身高、相貌、健康状况、性格或是自己与父母、老师、同学的关系好坏等的认识就是自我认知。对自己身高、相貌的满意与否产生的愉悦或自卑情绪，对自己性格的欣赏或不满情绪，以及与人相处过程中的喜怒哀乐等就是自我情感。根据自己外在条件而扬长避短地控制自己的想法、培养自己积极乐观的生活态度等就属于自我意向的范畴。

> **自我**：自己各种身心状况或是各种身心状况的总和。
>
> **自我意识**：个体对自己身心状况、人-我关系的认知、情感以及由此产生的意向。

自我意识是在自我发展到一定阶段产生和分化出来的。也就是说，个体在有了一定的思维能力后，可以把自己与客观世界、自我与非我区别开来的时候，自我意识才出现。自我意识是人类所特有的意识的重要形式之一，它是从自我中的精神自我部分产生发展而来的。因此，从这个意义上看，可以把自我意识看作精神自我的一部分，也就是自我的一部分。但自我意识一旦产生，便有了相当大的独立性。

自我概念是自我意识的认知范畴。自我认知包括自我观察、自我图式、自我概念、自我评价等。自我概念只是自我认知中比较重要的一部分，它反映着自我认知甚至自我意识发展水平的高低，对自我体验和自我调节有着深刻的影响。

二、自我意识的结构

所谓自我意识的结构，是指自我意识由哪些心理成分或基本表现形式所构成。

许多心理学家一致认为，自我意识内部各要素间既有联系又有区别，但在对待自我意识包含哪些结构元素方面意见却不尽相同。

自我概念：自我认知中的重要部分，反映自我认知和自我意识发展水平的高低。

詹姆士提出的是"扩大的自我"。"扩大的自我"包括所有能用"我的"来称呼的事物，如我的学习、我的身体等。这个自我还可以区分为物质我、精神我、社会我和纯粹我四个既相互联系又相互区别的组成部分。"物质我"的核心是对身体的自觉；"社会我"是对他人印象中的自己的认识；"精神我"则是对自己的意识状态、心理倾向和能力的认识；"纯粹我"是一种独立的自我意识。弗洛伊德在其人格结构理论中深入探讨了自我结构。① 他把自我结构划分为本我、自我、超我三个部分。

社会学家库利、米德和心理学家沙利文（H. S. Sullivan）从自我形成的角度提出了各自的理论。库利提出，自我是在社会交往中产生的，并在人的生命历程中不断变化。自我在很大程度上是由他人对其反应决定的，库利把自我称为"投射自我"（reflected self）或"镜中我"。米德也强调社会经验在自我形成中的作用，他指出自我不是与生俱来的，而是社会化过程中产生的。

背景人物

库利（1864—1929），出生于美国密歇根州安娜堡市，美国社会学家和社会心理学家，美国传播学研究的先驱。1890 年获得工程学学士学位后，库利进入密歇根大学主修政治经济学和社会学，并在 1894 年以论文《交通理论》（The Theory of Transportation）获得经济学和社会学博士学位，此后一直在密歇根大学执教。1918 年被选为美国社会学学会主席。其主要著作包括《人类本性和社会秩序》（1909，1922）、《社会组织》（1909）、《社会过程》（1918）等。

① 弗洛伊德．精神分析引论新编．北京：商务印书馆，1987：57.

罗杰斯（C. Rogers）根据自己的临床实践，认为自我包括主观我和客观我两个方面。其中，主观我是自我的主动力量，是自我活动的过程；客观我是主观我意识的对象，同时也是自我意识的本体，通过他人对自我的有组织的态度系统而形成。这样，罗杰斯就将詹姆士和米德的主我（I）、客我（me）的概念整合到了一起，使自我的内涵同时具有对象和作用两个方面。此外，罗杰斯还区分了与现实自我相对应的理想自我。前者是我认为我是什么样的人，后者是我希望成为什么样的人。他认为这两种自我都很重要，任何一种出现困难都可能导致心理问题。

后来，G. 奥尔波特又提出八个自我成分，包括自我一致性（ self-identity）、自我增强（self-enhancement ）、身体感觉（bodily sensations ）、自我扩展（self-extensions）、自我形象（self-image）、理性执法官（rational agent）、面向未来的努力或动机（future-directed strivings）和作为监控其他自我的知觉者（the knower）。奥尔波特这里的“自我扩展”相当于詹姆士的“扩大的自我”。虽然奥尔波特对自我结构的组成元素的辨认不同于詹姆士，但他对这些元素之间辩证关系的看法与詹姆士相当一致。

西方对自我意识的内部结构进行分析的理论还有很多，但以上述几种观点最为典型。这些理论的共同点在于：它们都论证了自我意识是一种具有多重属性的心理结构，既相互联系又相互区别是自我意识各构成元素的特点。

在我国，心理学者们对于自我意识的结构划分也存在着几种不同的看法，归纳起来大致有两分法、三分法和四分法。持两分法的学者认为，意识和自我意识作为人的主观活动的高级形式，深刻地体现着人类不仅适应环境而且能改造环境这样一个本质属性。① 所以，自我意识也必然包含认识活动和意向活动两个方面。即人的自我意识可分为自我认识（自我感觉、自我评价等）和自我意向（独立性、自信心、自制力等）两个辩证统一的方面。持三分法的学者认为，人的自我意识是由知、情、意三方面的统一所构成的一种高级的反应形式。② 知即自我认知，包括自我感觉、自我观察、自我评价、自我概念；情即自我情感，包括自我感觉、自我体验；意即自我意向，包括自我控制、自我掌握。事实上，三分法是将二分法中自我认识囊括的自我感觉和自我体验分化出来，构成三分法中的自我情感部分。这种划分方法较二分法而言，更加明晰。持四分法的学者认为，自我意识随着思维的发展而发展，其内容一方面逐渐扩大、分化和丰富，另一方面逐渐概括化、整体化和统一化。③ 他们认为自我意识的构成形式包括如下四个方面：自我存在、自我地位、自我的双重性以及自我的世界观与人生观。

综上所述，对自我意识结构划分的方法很多，不同的学者从不同的角度来进行划分。目前的许多调查研究中，人们多以三分法来考察人的自我意识的发展问题，即将自我意识的结构划分为自我认知、自我情感和自我意向三个部分。

---

① 李德显．关于大学生自我概念发展规律的研究．社会心理研究，1995（4）．

② 王垒，付凯．中国人自我认知及其相关情绪的系列研究：中国文化与国民心态的关系．社会心理研究，1995（1）．

③ 乐国安，崔芳．当代大学新生自我概念特点研究．心理科学，1996（4）．

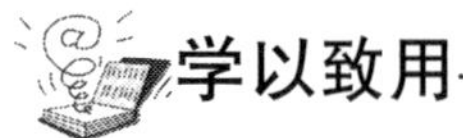

学以致用

自我意识情绪

自我意识情绪（self-conscious emotions，SCE）也称自我意识评价情绪（self-conscious evaluative emotions），它包含内疚（guilt）、羞耻（shame）、尴尬（embarrassment）、妒忌（jealousy）、自豪（pride）等，是个体情绪系统的重要方面。自我意识情绪是由自我参与的一种更高级的情绪，这些情绪关系到对自我意识的伤害或增强，因此统称为自我意识情绪。自我意识情绪对个体的行为具有显著的自我调节功能和道德功能，可以服务于人际交往的需要，也可以通过驱使人们去做有社会价值的事来指导个体的行为。

自我意识情绪的出现晚于基本情绪（basic emotions）（如快乐、恐惧、悲伤、生气、厌恶、吃惊），是在近些年才得到研究者越来越多关注的一个课题。不同于基本情绪，自我意识情绪不能仅通过面部表情进行识别，还需要借助非面部表情，如身体的动作、头部的运动、胳膊的姿势等。它包含更加复杂的认知活动。在实验环境中，比基本情绪更难引发。

自我意识情绪的产生需要三个条件：第一，要有自我表征（self-presentation）、自我觉察（self-awareness）和自我评价（self-evaluation）过程的卷入；第二，情绪的自我归因（self-attribution）；第三，当观众（他人）在场，个体的社会地位或社会接受（social acceptance）受到威胁时，自我意识情绪才会被引发。目前，自我意识情绪的研究方法主要分为四类，分别是自我报告测量（self-report scales）、非语言行为编码（coding of nonverbal behavior）技术、言语报告和行为测量（verbal reports and behavioral measures）相结合的编码技术，以及脑神经成像（如PET、fMRI）技术。

三、自我意识的内容

自我意识的内容可以从不同的角度进行分析。常见的分析方法有两种：一是将自我意识的内容分为生理（物质）自我、社会自我和心理自我；二是将自我意识分为现实自我和理想自我。

（一）生理（物质）自我、社会自我和心理自我

（1）**生理（物质）自我**。指个体对自己躯体、性别、体形、容貌、年龄、健康状况等生理特质的意识。有时候人们也将个体对某些与身体特质密切联系的衣着、打扮以及外部物质世界中与个体紧密联系并属于“我的”人和物的意识和生理自我一起统称为物质自我。在情感体验上表现为自豪或自卑。在意向上表现为对身体健康、外表美的追求，物质欲望的满足，或对自己所有物的维护等。

> **生理（物质）自我**：个体对自己躯体、性别、体形、容貌、年龄、健康状况等生理特质的意识。

（2）社会自我。在宏观方面指个体对隶属于某一时代、国家、民族、阶级、阶层的意识；在微观方面指对自己在群体中的地位、名望，受人尊敬、接纳的程度，拥有的家庭、亲友及其经济、政治地位的意识。在情感体验上也表现为自豪或自卑。在意向上表现为追求名誉地位，与人交往，与人竞争，争取得到他人的好感和认可等。

（3）心理自我。指个体对自己智能、兴趣、爱好、气质、性格等诸方面心理特点的意识。在情感体验上表现为自豪、自尊或自卑、自贬。在意向上表现为追求智慧、能力的发展和追求理想或信仰，注意行为符合社会规范等。

生理（物质）自我、社会自我和心理自我既相互联系又相互区别，它们是个体自我意识的有机组成部分。

（二）现实自我和理想自我

从实际存在或是观念存在的角度进行分析，可以将自我意识分为现实自我和理想自我。

现实自我指个体对自己受环境熏陶炼铸，在与环境相互作用中所表现出的综合的现实状况和实际行为的意识，它是自我状况和社会存在的真实反映。**理想自我**指个体经由理想或为满足内心需要而在意念中建立起来的有关自我的理想化形象。尽管理想自我的内容是客观社会现实的反映，包括来自他人和社会规范的要求的反映以及它们是否满足个体需要的反映，但这些内容整合而成的理想自我却是观念的、非实际存在的东西。

> **现实自我**：个体对自己受环境熏陶炼铸，在与环境相互作用中所表现出来的综合的现实状况和实际行为的意识。
>
> **理想自我**：个体经由理想或为满足内心需要而在意念中建立起来的有关自我的理想化形象。

现实自我和理想自我的形成与社会环境的影响密切相关。现实自我产生于自我同社会环境的相互作用，理想自我则产生于这种相互作用中他人和社会规范的要求内化后在个体头脑中整合形成的自我的理想形象。

在正常情况下，当理想自我的形成建立在理智认识或对他人和社会规范的自觉内化之上时，理想自我可以在现实自我和社会环境之间起积极的调节作用，指导现实自我积极地适应和作用于社会环境。这时，理想自我、现实自我和社会环境要求可以在新的水平和方向上达到协调一致，自我得到健康发展。

在非正常情况下，当理想自我的形成是基于焦虑或者非理性认识时，理想自我和现实自我以及社会环境要求之间可能产生尖锐的矛盾冲突。在这种情况下，可能会导致攻击、自卑、依赖，或逃避、退却等脱离现实的消极心理倾向。这种心理倾向如果用于指导现实生活或人际交往，就必然同现实自我、社会环境发生矛盾冲突，引发个体内心的迷惑和混乱，从而造成生活适应上的困难，严重的可能引发心理疾病。

四、自我意识的特点

自我意识作为人类所特有的意识的重要形式之一，有其特殊之处。

首先，自我意识具有社会性。自我意识是个体社会化的产物，其产生、形成和发展都是在社会化过程中进行的。从内容上看，自我意识是社会意识内化于个体头脑之中的结果。从M. 米德的《三个原始部落的性别与气质》一书中就可以看出，生活于不同社会意识环境中的人具有不同的自我意识和角色认知。在每一个特定的社会文化环境中生活的个体，其自我意识都不可避免地打上一定社会意识的烙印。一个人如果从小脱离社会，没有社会化的过程，就不会产生自我意识。例如狼孩、熊孩等脱离了人类的社会生活，没有人类社会意识环境的熏陶，只能被称为生理意义上的人，而不是社会意义上的人。

其次，自我意识具有能动性。自我意识为人类所独有，使人类能够将自己与客观世界区分开来。人类一旦有了主体与客体的区别认识，就会为了自己的生存和发展不断地适应外在的客观世界，并且发挥自己的主观能动性去改造世界，为自己的发展创造更好的环境。同时，个体还要正确地分析和认识自己的主观世界，对自己的能力和其他有关方面做出正确的估计，从而支配自己投入积极的实践活动。

此外，自我意识还具有独特性。自我意识是个人对自己存在的意识、对自己以及自己与周围事物关系的意识。而每个人在认知水平、体验能力以及行为调控能力方面都存在着差异，这使得每个人的自我意识必然呈现独特性。

五、自我意识对个体活动的影响

自我意识包含了自我认知、自我情感和自我意向三个要素。其中自我认知、自我情感是自我意向的基础，而自我意向则直接影响个体的外显行为。个体的自我意识一旦产生，就会对个体的活动产生很大的影响。

自我意识使个体活动具有同一性。个体的现实生活总是富于变化的，但是人们的反应却是按一贯的方式进行的，这使得个体产生活动上、行为上的恒常感。之所以如此，是因为自我意识把自己看成一个统一的连贯实体，从而产生了维护这种一致性的强烈动机。如果破坏了这种连贯性，个体就会产生不安的感觉。例如，在日常生活中，人们常常会根据自己的身材、性格和气质等特点来装扮自己，从而在穿着上表现出一定的风格。这其实就是自我意识中自我形象意识在支配着人们的装扮方式和购物行为。如果外在因素突然改变了这种着装风格，人们就会感到不舒服、不自在。值得指出的是，虽然自我意识会使个体自身活动保持一致性，但当与他人的活动相比较时，自我意识会支配自我寻求自己与他人不同的特点，强调自己的独特性，这种情况多发生在预期个体活动可能受到奖励的时候。

自我意识是个体活动的觉察者、调节者和发动者。自我意识能使个体知道自己处于什么状态，进行什么活动以及进展如何，并且还会根据这些认知来对该状态和行为做出正确的评价，并根据对实际情况的最新估计随时保持或调整自己行为的内容、方向和强度等。有时候，自我意识还是个体活动的发动者，个体的活动并非都是由外部因素来决定的，个体的内在需要和价值观对个体的行为也有重要的支配作用。一旦个体意识到了自己的需要，就会产生满足需要的动机、意向。当外在环境许可时，个体的行为就可能会发生。胡宓和蔡太生发现，儿童自我意识是儿童社会退缩行为的影响因素之一。[①] 聂衍刚和丁莉通过对中学生的调查发现，青少年自我意识对社会适应行为有预测作用。[②]

自我意识还会制约个体的活动范围和活动强度。在现实生活中，有的事情与个体无关，而有的事情却与个体的利益、信仰、价值观密切相连。当个体意识到那些与自己有重要关系的事情时，就会产生较大的反应。否则，反应程度较小。在个体幼年时期，自我意识介入的事情非常有限，自我认知的水平还很低。到了成年之后，自我认知水平提高了，个体能够认识到很多事物与自己息息相关，自我意识介入的范围就会变得广阔。这个介入范围不仅包括财产、家庭、职业、朋友、名誉、目标等，还包括国家、政党、民族、社会政策等。一旦这些领域发生变化，个体就会做出反应。

自我意识把个体自身作为个体活动的参照。个体对外部世界的反映，大多是相对于自身的状态而言的。自我意识不仅对个体的活动有巨大的影响力，而且对个体人格的发展产生重要的影响。

第二节　自我意识的发生与发展

“我是谁?”这一问题是古往今来一直让人类迷惑的问题。现代心理学将自我研究列入中心议题。同时，“认识你自己”也是一条镌刻在德尔斐的智慧神庙上的箴言。也许是受到这条古老格言的启示，古希腊哲学家苏格拉底提出了“认识你自己，照顾你的心灵”。

自我意识是在个体生理和心理能力发展到一定成熟程度的基础上发生、发展的，也是在个体与社会环境长期相互作用的动态过程中形成和发展的，许多因素对自我意识的形成和发展起着重要的作用。

一、个体因素

（一）生理因素

自我意识的发生、发展与个体生理的发展、年龄的增长是密切相关的，离开了生理及相应的心理能力的发展，自我意识不可能发生。

自我意识的发生或形成主要有物-我知觉分化、人-我知觉分化和有关自我的词的

① 胡宓，蔡太生．自我意识及父母教养方式与儿童社会退缩行为的关系．中国临床心理杂志，2008（3）．

② 聂衍刚，丁莉．青少年自我意识及其与社会适应行为的关系．心理发展与教育，2009（2）．

掌握三个标志。

物-我知觉分化可分为三个发展阶段。最初出现的是物-我感觉分化。刚刚出生的婴儿不知道自己身体的存在，其吮吸自己的手指、触摸身体部位就像吮吸、触摸别的东西一样。当婴儿感觉到两者的区别时，婴儿就出现了物-我感觉分化。此时，婴儿出现了主体（自我）感觉。到一岁末时幼儿开始能将自己的动作和动作的对象区别开来，在感觉上对自己的动作与动作的对象或结果产生了分化，这是在物-我感觉分化基础上形成的对自己动作和与动作相联系的外物的分化知觉。在进一步的发展中，幼儿开始直觉到他所做的动作是自己发动的，自己是活动的主体，这标志着儿童出现了最初的相对于客体（尤其是无理性客体）的主体意识。

人-我知觉分化可以分为两个发展阶段：一是对人微笑；二是从形象上区分他人和自己（见图6-1）。婴儿认识他人的形象早于认识自己的形象。6个月以前的婴儿已经能够对不同的他人做出不同反应，从镜中认识父母的形象；7～8个月的婴儿开始关注镜中的自我形象；10个月左右时出现想与镜中自我玩耍的倾向；1岁零8个月开始能区分同伴（包括照片区分）；2岁零2个月的幼儿能准确认识镜中或照片上的自我形象。这标志着儿童出现了最初的（相对于他人）的自我意识——自我知觉。

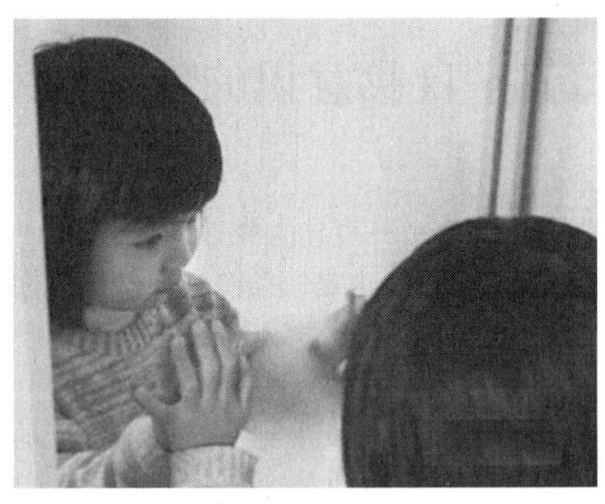

图6-1

说明：18个月大的儿童已经能够清晰地表现出自我感。

学以致用

婴儿知道自己是谁吗？

1972年，阿姆斯特丹（P. Amsterdam）运用盖洛普在黑猩猩实验中使用的“红点测验”来研究婴儿的自我意识。在不让婴儿觉察的情况下，在婴儿（3～24个月）的鼻子上涂一红点，然后观察婴儿照镜子时的反应。阿姆斯特丹假设，如果婴儿在照镜子后能立即发现鼻子上的红点，并用手去摸它，表明婴儿已能将自己的形象和加在自己形象上的东西区别开来。24个月的婴儿几乎都会利用镜子去抹掉不属于自己的“红点”（见图6-2）。

图 6-2

实验研究表明，婴儿对自我形象的意识要经过三个阶段。第一个阶段是游戏伙伴阶段。婴儿看到镜中自己的映像后，对着映像微笑、发声，拍打镜中的映像，还会到镜子后面去找那个并不存在的人。第二个阶段是退缩阶段。婴儿见到镜中的映像似乎感到害怕，从镜前退缩。此时，有些观察家认为婴儿的自我认知迹象已经初露端倪，如有的婴儿见到自我映像似乎显得害羞、窘迫，有的则似乎在自我欣赏。但阿姆斯特丹认为，婴儿的这些表现很可能在模仿成人照镜子时的模样，不能说已经具有了自我意识。第三个阶段是自我意识或自我认知的出现阶段。婴儿一见到镜中自己的映像，立即去触摸自己鼻子上的红点，而不是去碰镜中映像的鼻子，24 个月的婴儿几乎都有这样的表现。

1975 年，阿姆斯特丹通过实验进一步发现：9～10 个月的婴儿对镜子很感兴趣，但是对镜子中的自我映像并没有兴趣；直到 1 岁以后，婴儿才开始对自我映像有兴趣，对着镜子亲吻、微笑，并跑到镜子后面去找这位小伙伴；大概到 18 个月以后，婴儿会特别注意镜子里的映像与镜子外事物的对应关系，对镜中映像随着自己做动作更是显得好奇，24%的婴儿能认出镜中的映像是自己；而到 18～24 个月的时候，大部分儿童已经能够借助镜子去摸自己的鼻子。

语言的出现为人们提供了更多关于自我的信息。一岁以后，幼儿开始能将自己同表示自己的词语（名字）联系起来。同时，发展起对自己躯体的认识和对自己身体感觉的意识。“我”这个词的掌握在儿童自我意识的形成上是一个质的变化。儿童从把自己当作客体的人转变为把自己当作主体的人来认识，最终形成了自我意识。由此出发，儿童随着年龄的增长，在社会生活中进一步发展起自我评价，产生自我情感，到三岁时出现明显的自尊心和羞耻感。

当然，除了生理的发展以外，个体的年龄也是影响个体的自我意识水平的因素。自我意识不是一成不变的，而是在一个人的一生中不断发展变化的。个体自我意识从发生、发展到相对稳定和成熟，大约需要 20 年的时间。韩进之等的研究表明，中小学生自我意识发展的总趋势呈现由低到高的曲线形，这一总趋势还呈现了三个上升期和三个平稳期。第一个上升期为小学一年级至小学三年级，由小学三年级到小学五年级处于平稳期；第二个上升期为小学五年级到初中一年级，此后到初中三年级处于平稳期；第三个上升期为初中三年级到高中一年级，此后到高中三年级处于平稳期。其中自我评价随着年级的增加几乎呈现直线上升的趋势。自我体验的发展则是先快后慢，不能随着理性认识的提高而同步上升。在自我控制方面，低年级学生行为控制偏向于外在权威，高年级学生行为控制的外在压力则逐年减弱，自主性增强。

个体自我意识发展的第二飞跃期是初中阶段。马斯（H. W. Marsh）和西瓦森（R. J. Shavelson）、海特（E. Hater）假设，自我意识最不稳定的阶段是在青少年时期的中段。杨心德的研究发现，初中生自我意识各个因素的发展是不平衡的，初中二年级可能是自我意识发展的一个重要时期。[①] 杨善堂等的研究表明，初中生的成人感、独立性、自尊心及自我评价能力均随着年级升高而不断发展，其中初中二年级是自我意识发展的关键期。[②] 有的学者还认为，个体间的性别差异也是影响个体自我意识发生和发展的因素。

（二）心理因素

自我过程是影响自我意识形成、方向或目标的心理加工过程，它对自我意识的形成与发展有重要的影响。其中，自我评价、自我修养对自我意识有较大的作用。

自我评价： 个体对自身状况所做的肯定或否定的判断。

自我评价是个体对自身状况所做的肯定与否定的判断。它常常发生在我们希望准确地、客观地描述自我的时候。自我评价通常依赖社会比较和自我估价来实现。社会比较指通过将自己与他人比较以获取有关自我的重要信息的过程。自我评价作为自我意识的一部分，同时也是自我过程的一部分，其本身的发展变化也就影响了自我意识的变化。自我评价发生了变化，必然会引起一定的心理行为的变化，而这些变化又会使自我意识出现相应的波动。

自我修养就是个体培养正确对待自己、端正自我态度的过程。自我修养要求准确全面地认识和评价自己；设立切合实际的努力目标；学会进行自我批评，正确对待成绩和挫折。而自我修养的这些内容本身就是自我意识得以健康发展的因素。

二、社会因素

自我意识的产生并非与生俱来，而是后天形成和发展而来的。生理的成熟和发展是个体产生自我意识的关键，但这只是一个前提条件，自我意识的形成和发展还有赖于个体在生理成熟和发展的同时参与社会生活和社会互动。个体自我意识的形成和发展与社会环境息息相关（见图6-3）。

---

① 杨心德．关于初中生自我意识的研究．心理科学通讯，1985（2）．

② 杨善堂，等．初中学生自我意识发展特点的研究．心理发展与教育，1990（1）．

图 6-3

说明：事实上，社会心理学家发现，人的很大一部分自我认知源自社会化。

（一）家庭环境

个体最早的社会环境是家庭，家庭对个体自我意识的形成和发展起着关键性的作用。一般而言，家庭环境是指家庭的物质生活条件、社会地位，家庭成员之间的关系及家庭成员的语言、行为、感情的总和。杜亚松等人的研究表明，自我意识得分高者对家庭环境各方面的评价都高于自我意识水平低者。[①] 1967 年，霍金斯（G. Hawkins）研究发现，城市中学生自我意识各分量表得分及总分均高于农村学生，我国学者钱秋玲等人的研究结果与之一致。钱秋玲等人的研究还发现，高社会阶层的儿童自我意识高于低社会阶层的儿童自我意识。杨善堂的研究发现，初中学生自我意识的发展存在着显著的城乡差异。

国外不少研究者发现，父母离异对儿童心理发展（包括自我意识的发展）有显著的消极影响。国内学者赵志民等在 2014 年上海农民工学校三至九年级 4 350 名学生的调查中发现，农民工单亲家庭子女的自我意识发展普遍低于非单亲家庭的子女。[②] 但也有研究表明，父母分居、离异对儿童自我意识并不产生远期的负面影响。

很多研究者认为，儿童对自己的看法是他们父母如何看待他们的反映。哈特（J. A. Hattie）的研究表明，父母的满意度、教育、兴趣、对待孩子的态度和方式与孩子的自我概念显著相关，如父母对孩子的情感和关注持积极的态度，可以提高孩子的自信心，有利于孩子更好地发展。[③] 一些国外研究者还发现，父母的教育兴趣、适度控制和接受性与子女的自我意识显著相关。我国港台地区学者卢钦铭、陈李绸、张春兴等发现，学生越感觉父母用关怀、奖励、宽容、赞赏、爱护、温暖和高期望的态度来

---

① 杜亚松，等．寄宿制重点高中生家庭环境对自我意识的影响．中国心理卫生杂志，1999（3）．

② 赵志民，等．农民工单亲家庭子女的自我意识与父母养育方式．中国健康心理学杂志，2014（1）．

③ Hattie. Self-Concept. Lawrence Erlbaum Associates，Inc.，1992：181-189.

管教他们，他们的自我意识就越高。

国外研究表明，孩子自我意识中的多个因子与父母采取情感温暖、理解式教育方式呈显著正相关，与惩罚、严厉、拒绝、否认式教养方式呈负相关。德琼娜（T. Dejana）研究发现，父母与孩子的沟通交流对孩子的自我意识有令人惊讶的作用——自我意识低下者常常缺乏与父母的交流。[①] 劳（S. Lau）等人的研究发现，父母对儿童的评价，尤其是母亲的评价与儿童自我意识明显相关，父母评价的一致性与儿童自我意识明显相关，父母教育不一致的儿童的自我意识低于父母教育一致的儿童。[②]

（二）学校环境

学校是个体除家庭以外的主要生活环境之一，个体自我意识发展的黄金时期大多是在学校里度过的。作为学校权威的老师，以及个体在学校中的同辈群体都会对个体自我意识的发展和变化产生重要的影响。其中，老师对待学生的态度与方式、师生关系和学生学业成绩对学生自我意识的形成与发展具有非常重要的作用。

师生交往是学生的一种重要的社会交往形式，良好的师生关系是促进学生学习和减少学生行为问题的关键因素。个体有关自己的大多数信息来源于他人，是对他人评价的反映。他人评价对自我意识的形成具有重要作用。在师生交往中，老师对学生行为的评价、情绪反应和行为表现影响着学生对自己的体验和评价，尤其是对学生个性发展中的诸多心理因素如自我意识和自尊心等影响深刻。林崇德等人的研究发现，处于冷漠型和冲突型师生关系的学生在自我意识发展方面低于亲密型师生关系的学生。

对于学生学业成绩与自我意识的关系，各国学者的研究结果并不完全一致。哈特在1992年的研究表明，自我意识与学业成绩存在显著的相关，且这种相关因年龄、社会地位、文化、种族和测量量表的不同而不同。[③] 马斯等人在2000年的研究发现，学业成绩好但学业自我意识却低，在学业自我意识基础上形成的学校地位也低，对自我意识有不良影响。但是他们在2002年的研究发现，学业成绩和学业自我意识呈中等程度的相关，但与非学业自我意识无相关或负相关。国外学者还在低社会阶层的学生中做过一项研究，他们发现，成绩优良的学生在评估有关自我的三个方面——个人能力、学业能力和社会能力时，都比成绩落后的学生给自己打的分高。我国台湾学者杨国枢等人的研究发现，自我意识与学业成绩、智力几乎无相关或相关性很低。关于学业成绩与儿童自我意识的关系还有待进一步研究。

此外，个体在学校中的同学和朋友对个体自我意识的形成和发展也会产生影响。学校是一个人际互动的重要场所，尤其对于儿童青少年来说，他们会依据同伴的看法和反应反观自己，重新定义自己、评价自己。同时也会在和同学的交往中通过不同的角色扮演来促成自我意识的发展，使自己更加适应社会环境。而且，学校学习生活中

---

① Dejana. Tasic，Croatian. Medical Journal，1978，1：23-25.

② Lau，Pun. Parental Evaluations and Their Agreement：Relationship with Children's Self-concept. Social Behavior and Personality，1999，27：639-650.

③ Hattie. Self-Concept. Lawrence Erlbaum Associates，Inc.，1992：181-189.

的“榜样”作用也不容忽视。“榜样”可以说就是参照群体。一般而言，个体常常根据参照群体的价值取向定义自己，形成自我观念。将参照群体的价值取向理解为一种期望，约束自己的思想、行为，融入自己的意识之中，与参照群体比较以进行定位。因此，个体在学校生活中选择什么样的人作为自己的“榜样”对其自我意识的发展和变化至关重要。社会心理学家谢里夫把参照群体的规范看作个体的社会目标、自我评价、社会评价乃至世界观形成的基准线。

（三）社会文化环境

社会文化对个体社会化过程有重要的影响，必然也与自我意识的形成和发展密不可分。政治、经济、国家的宣传体系、宗教团体、风俗禁忌、习惯传统以及生产力发展水平等都在日常生活中潜移默化地渗透到人们的自我意识中。在同一文化背景下生活的人们，就可能形成共同的自我意识成分。这在跨文化研究中有明显的例证。例如，美国的儿童更为积极、主动、进取，敢于向环境中的问题挑战；而墨西哥的儿童更为被动、驯良、忠顺，忍受环境压力而不去改变它们。

第三节　自我意识与人格

许多心理学家强调自我与人格关系密切。有人认为自我是人格的一部分，如弗洛伊德。在弗洛伊德的人格结构理论中，自我就是其中的一个构成元素。有学者在使用自我一词时基本与人格等同，如 G. 奥尔波特、埃里克森等，他们的人格发展理论即自我的发展理论。更多的心理学家认为自我是人格的核心，是人格的自我调控系统，对人格的形成和发展起着组织、控制和推动作用。

一、自我与人格的关系

狄尔泰流派的哲学心理学家罗特哈克（E. Rothacker）认为人格结构可以分为自我、人层、深部人格三个层次。深部人格位于人格结构的底层，在发展上是人格的最早层次，它包含着各种保存个体或延续种族的植物性、动物性机能和本能、欲求、冲动、情绪等。人层为中间层，起着补充自我、协助自我、控制深部人格的作用。人格结构的最上层自我是整个人格心理活动的中枢。它唤起觉知、决定对象、激发意志、督促思考、控制深部人格。G. 奥尔波特把“人格中有利于人格统一的所有方面”称为统我。卡特尔（R. B. Cattell）的人格结构图式是自我位于中心，根源特质包围着自我，表面特质则在最外层。G. 凯利（G. Kelly）认为一个人的人格就是他的构念系统，而“自我构念”（construal of self）是构念系统的核心与基础。人格主义（personalism）创始人鲍恩（B. P. Bowen）则认为自我与人格基本同义。他认为，“我们有思想、情感和意志，这是属于我们自己的；我们还有一种自我控制的手段，也就是自己支配自己的力量。所有的经验中我们知道有个‘自我’和相对的‘自主’……这就是人格的意义”。

背景人物

G. 凯利（1905—1967），出生于美国堪萨斯州，1926年在派克学院获物理学和数学学士学位。后考入堪萨斯大学主修教育社会学，1928年获硕士学位。1930年在艾奥瓦州立大学心理系学习，并于1931年获哲学博士学位。1931—1943年在堪萨斯福特赫斯州立学院任教，兴趣转向临床心理学，建立了一套心理治疗体系。他综合了现象学、存在主义、认知心理学和行为主义等不同来源的思想观点，形成了个人构念论，建立了角色构建贮藏测试，在当代人格心理学领域中大放异彩，故也有人称他为好标新立异的折中主义者。

二、自我意识对人格形成和发展的作用

人格的形成和发展，虽然受着遗传和环境两方面的作用，但是在这两方面的相互作用下，人不是被动的。人是万物之灵，人与动物的重要区别之一就在于人有意识。人不仅能够驾驭外界环境，而且还能驾驭自我本身，驾驭自我与外界的关系。人总是不断地在进行着自我评价和自我调节，以求人格的自我完善和理想自我的实现。在一定意义上，可以说每个人都在塑造着自己的人格，每个人都在书写着自己的历史。因此，自我意识作为个体的自我认识调控系统，在人格的形成和发展中起着积极的、主导的作用。

根据已有的研究，自我意识在人格形成中的作用主要有以下几方面。

（1）自我意识调节着遗传和环境因素对人格的影响，也是导致人格差异的重要原因。人的遗传因素只是人格发展的生理基础，要通过自我意识来参与人格的形成。不可否认，遗传素质对人格的形成和发展是有重要影响力的，例如神经系统的遗传特征、感官特征与外貌体形特征对人格发展的影响。但是，人并非只是静止地、被动地接受这些因素的影响。人有自我意识，不但会对自己的生理特征做出认识和评价，更重要的是人还能根据自己的认识和评价来进行自我调节。同样是外貌的不足或体形的缺陷，但会因为自我认识和评价的不同表现出截然相反的人格。

环境和教育因素属于外因条件，它们对人的影响具有被动性和均等性，是通过自我意识的中介而发生作用的。人格和自我意识一样，受社会环境如家庭、学校、社会文化等的深刻影响。但是，米歇尔（W. Mischel）指出，“我们的行为虽然受到外界条

件的控制，但也受自己确定的目标和达到目标的计划的调节和支配”①。逆境可以使人消沉，也可以通过自我调节使自己变得更加坚强。环境及其变化能否产生影响，取决于自我意识到的环境及其变化与自己的关系，以及自我对这种关系的评价和情感反应，同时还取决于自我对反应的调节和控制。自我意识调节着遗传生理因素和环境社会因素对人格的影响。当自我意识到生理因素与社会因素同时作用于自己并发生矛盾时，自我意识则将二者协调统一起来，并做出对自己最有利的选择。

（2）自我意识可以对自己已有的人格品质本身进行认识、评价和调节，主动引导人格向更高目标发展，实现人格的自我完善。每个人心中都有一个理想自我，自我意识据此对自我进行监督，不断地进行反馈调节，使自己朝着理想目标去行动。人们在采取行动的前后总是要思考、反省，例如：“我该怎么做?”“我应该更坚强些。”“这么做不是我的风格。”当意识到自己某些人格特征不好，不是理想人格时，个体就会采取相应的措施进行调节和控制。对于不同的人，自我认识、自我评价标准不同，理想人格的目标不同，以及自我监督控制、自我能力不同，也导致了人格差异。

（3）人格的发展水平与自我意识的发展水平呈正相关关系，自我意识水平是人格成熟度的标志。在社会化理论中可以包括埃里克森的人格发展八阶段理论、皮亚杰的道德发展理论以及科尔伯格的道德发展理论等，这些不仅是对社会化理论的阐述，同时也是对人格和自我意识发展的理论阐述。从这些理论介绍中不难看出，自我意识发展水平与人格发展水平、社会化程度是密切相关的。

（4）自我意识是维持人格发展连续性和稳定性的因素。每个人的自我意识中都有三个自我：实际自我、他人眼中的自我和理想自我。理想自我总是根据实际自我，参照他人眼中的自我和自己心中崇拜的偶像来确立的。理想自我确立以后，个体便根据理想自我对实际自我提出行动准则和要求，以实现理想自我。在此过程中，自我意识与个体行为实现了统一。如果这种同一性和稳定性遭到破坏，人格便会出现异常。

自我意识的障碍是导致人格异常、心理障碍的重要原因。精神病学告诉我们，人格分裂、精神病患者一般都表现为自我意识障碍。抑郁症患者的自我评价常常过低；躁狂症患者的自我评价又往往过高。自我意识的混乱冲突常常导致心理的异常和痛苦。心理治疗中关键的一点在于改变病人的自我认识和评价。我们常常发现，生活中自我意识发展水平较差的人，人格也总是显得幼稚和不成熟。正如以上所说，人格的发展水平与自我意识的发展水平呈正相关关系。

第四节　自我的认知表征

研究发现，自我的认知结构对人们加工信息的方式及如何与周围世界互动方面起

① Mischel. Introduction and Personality. New York：Holt Rinehart and Winston，1980：54.

着重要作用。人的自我意识和人格的其他方面一样，长期处于比较稳定的状态。每个人在其发展早期就形成了自己是谁的心理表征。

一、自我图式

认知心理学认为，对信息的选择、组织和加工是由个体内在的认知结构决定的，这些认知结构可以称为图式。自我图式是对自我的认知结构，“它来自过去的经验并对个体社会经验中与自我有关的信息加工进行组织和指导”[①]。个体通过自我图式将自己加以分类和描述。因此，**自我图式**可以看作人格发展的一个内部原因。[②] 马库斯（H. Markus）认为自我图式是有关自我的认知结构，是关于自我的认知概括。里帕（R. A. Lippa）指出，自我图式是自我认知和自我评价的基础。[③] 积极的自我图式有利于心理健康，如自我悦纳、善待自我等。一些与健康相关的人格特质与积极或消极的自我图式相关。如神经质、孤独、社会依赖的个体常常具有消极的自我图式。可见，积极与消极的自我图式是判断人格健康与心理健康与否的依据之一。[④]

自我图式：人脑中已有的知识经验网络。

通常，关于我们自己的基本信息组成了我们的自我图式的核心。这包括姓名、外貌、关系密切的亲朋好友等。尽管每个人的自我图式各不相同，但这些基本元素几乎可以在我们每个人中找到。更令人格心理学家感兴趣的是自我图式中的独特性。[⑤] 自我图式一旦建立，就会起到选择机制的作用，从而影响与自我有关的信息输入和输出，决定个体是否关注信息、如何建构信息、信息对其的重要性程度以及随后对信息的处理。因为人和人组成自我图式的元素各不相同，所以加工的有关自我的信息也各不相同。正是有了自我图式这些方面的个体差异，人们彼此的行为才产生了不同。

那么，个体自我图式的结构是如何被判断出来的呢？根据自我图式的分析，在做选择或回答时，个体觉得容易的问题，是因为已经有了相应的、定义很好的图式。例如，当被问及是否是一个有竞争意识的人时，那些立即做出肯定回答的人，便有一个很强的竞争图式，并且这个图式已经成为他们自我图式的一部分。图式使得他们能够理解问题，并立即回答问题。没有明确的竞争图式的人就缺少快速加工这方面信息的能力。有关自我图式的早期研究多数是建立在上述推理基础上的。以“独立-依赖”维

---

① Markus. Self-Schemata and Processing Information about the Self. Journal of Personality and Social Psychology, 1997, 35: 63-78.

② 任国华．自我图式、他人评价与人格发展的关系．心理科学，2003（5）.

③ Lippa. Introduction to Social Psychology. California: Wadsworth, 1990: 521-545.

④ Mor, Inbar. Rejection Sensitivity and Schema-Congruent Information Processing Bias. Journal of Research in Personality, 2009, 43: 392-398.

⑤ Markus, Sentis. The Self and Social Information Processing//Suls. Psychological Perspectives on the Self: vol 1. Hillsdale, NJ: Erlbaum, 1982: 41-70. Markus, Smith. The Influence of Self-Schemata on the Perception of Others//Cantor, Kihlstrom. Personality, Cognition, and Social Interaction. Hillsdale, NJ: Erlbaum, 1981: 233-262.

度实验为例，马库斯把被试分为独立图式组、依赖图式组和中间型组共三组，然后让他们坐在电脑前，根据屏幕上呈现的形容词在两个按钮之间做选择，一个表明“是我”，另一个表明“不是我”。被试的任务就是判断这个词是否可以描述自己，并按下相应的按钮。研究指出，独立图式组做出独立行为的频率高，依赖行为的频率低；依赖图式组刚好相反；而中间型组在两种对立行为维度上的频率分布则是一条水平线，做出独立和依赖行为的频率没有差别。如此，通过定义操作化的过程，马库斯将行为从情境中完全脱离出来。从特质决定行为的假设出发，被试在某种特质维度上是否会随着情境而变化行为成为有无图式的必要条件。

此外，自我图式还相应地提供了一个组织和储存相关信息的框架。根据相关理论假设，当个体关于某一主题的自我图式很强时，那么从其相关记忆中提取信息比从零散储存的记忆中提取要容易得多。为了验证这个假设，研究者选取大学生为被试，在计算机屏幕上呈现一套40个问题的问卷，被试以选择“是”或“否”的方式尽快做出回答。其中，30个问题不需要借助自我图式加工信息就可以容易地回答。其余的10个问题，则需要用自我图式来加工有关信息。结果显示，被试更有可能记住那些他们回答过的、有关自己的信息。[①] 研究者指出这一发现正是自我图式起作用的证据。“当被问及某一词是否可以描述他们自己时，被试需要通过自我图式加工这个问题。因为自我图式中的信息更容易获得，所以，自我指向的词比那些不通过自我图式加工的词更容易被记住。”[②] 自我图式的信息处理对涉及自我的刺激具有高度敏感性，并且对涉及自我的刺激能进行较好的回忆和再认。

二、可能的自我

自我认知中有一类是与个体的潜能和未来相关的，即“可能的自我”（possible self）。可能的自我是对我们认为自己可能会成为什么样的人的认知表象。它包括我们渴望成为的自我，比如健康的自我、成功的自我、快乐的自我，也包括我们不希望成为的自我，比如疾病缠身的自我、贫穷的自我、抑郁的自我。可能的自我还包括人们希望将来具有的品质，比如热情、善良、忠诚。“可能的自我是自我系统中有关未来取向的成分。”[③] 可能的自我不单是一些想象的状态或品质，在某种意义上表征了希望和梦想（见图6-4），也表征了恐惧和焦虑。作为人格建构的一部分，可能的自我在时间上相对稳定。

可能的自我有两项重要功能。首先，它激励未来的行为。自我图式由于包含了可能的成分，因此具有动机的功能。人们行动前，会考虑自己的选择能否实现将来的自我。可能的自我是行动取向的表征，它使个体的内部结构和外显行动之间建立起更明

---

① Rogers，Kuiper，Kirker. Self-Reference and the Encoding of Personal Information. Journal of Personality and Social Psychology，1977，35：677-688.

② 伯格．人格心理学（第六版）．北京：中国轻工业出版社，2004：314.

③ Markus，Nurius. Possible Selves. American Psychologist，1986，41：954-969.

显的联系。任何可能的自我都能对行为产生一定的影响，但要切实有效地调节行为则必须转化为运作的自我概念。当个体趋向于一个目标时，积极的可能的自我（positive possible self）起主导作用并成为运作的自我概念。如果这些积极的可能的自我能保持一定的水平，并且与之竞争或相左的可能的自我能受到抑制，那么这些积极的可能的自我将对个体的行为进行组织、指导和激励。反之，个体所恐惧的可能的自我占据了运作的自我概念，行为表现就会杂乱无章且受到损害，直到一个正面的自我战胜这个负面的自我。[①] 其次，它具有评价与解释的功能。可能的自我除了激励的功能之外，还为“现在的自我”（the now self）提供了一个评价和解释的情境。

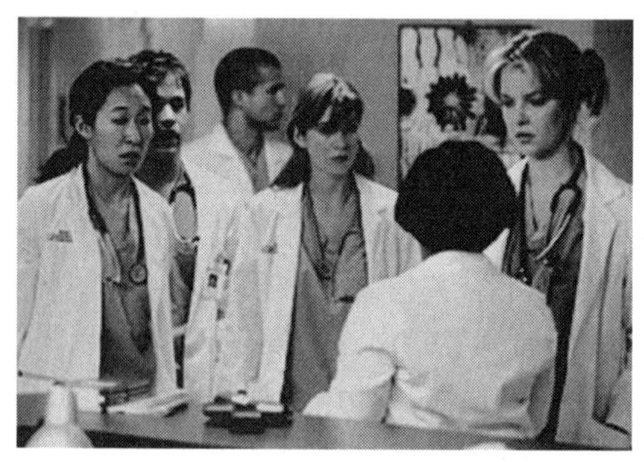

图 6-4

说明：可能的自我中包含了人们的目标与渴望。图为美剧《实习医生格蕾》剧照，该剧主人公梅蕾迪斯是一名西雅图格蕾思医院的第一年外科实习医生。此时，她正经历着医务新人最残酷的时刻。

自我不一致理论：个体的自我意识与自我导向之间出现矛盾或不协调，从而产生内部冲突。

相关青少年犯罪的研究揭示了可能的自我与潜在的问题行为之间的关系。1990 年，奥斯曼（D. Oyserman）和马库斯调查显示，超过三分之一的青少年罪犯建立起的可能的自我就是罪犯，在这些青少年罪犯中把社会期望的目标作为可能的自我的人非常少。[②] 当这些青少年罪犯把成为罪犯的可能的自我看成是自己的目标和期望时，那么他们长大后成为罪犯也就是顺理成章的事情。所以，对青少年来说，知道自己想成为什么样的人是至关重要的。

三、自我不一致理论

社会心理学家还探索了不同自我意识间的关系。希金斯（E. T. Higgins）在自我意识理论基础之上提出了**自我不一致理论**（self-discrepancy theory），认为个体的自我表

① Ruvolo，Markus. Possible Selves and Performance：The Power of Self-Relevant Imagery. Social Cognition，1992，10：95-124.

② Oyserman，Markus. Possible Selves and Delinquency. Journal of Personality and Social Psychology Copyright，1990，59：112-125.

征有两大认知范畴："主体自我"和"他观自我"。其中，主体自我包括三种不同的自我认知表征：首先，我们每一个人都有一个"实际的自我"，即关于我们对自己实际是什么人的看法。这与其他心理学家提出的自我概念相似。其次，我们还有一个"理想的自我"，即我们希望成为什么人，包括梦想、抱负和人生目标等。最后，还有一个"应该的自我"，即认为自己应该成为什么人，包括自己的义务和责任。① 他观自我主要包括：他观实际的我，即他人认为该个体实际是什么人；他观理想的我，即他人希望该个体是什么人；他观应该的我，即他人认为该个体应该有怎样的义务和责任。按照该理论，个体的自我表征正是通过上述六种形式体现出来的。

理想的自我和应该的自我使我们专注于相关信息，在做重大决定时向我们提供参照。特别是，我们经常比较我们的行为方式（实际的自我）和想要的行为方式（理想的自我）及应该的行为方式（应该的自我）。如果比较呈现差异，某些消极情绪就会产生。根据该理论，实际的自我和理想的自我不一致时就会引起失望和抑郁。② 此外，实际的自我与他观实际的我反映的是自我意识，其他自我表征的具体形式则构成"自我导向标准"或"自我指引"。"自我不一致"正是指个体的自我意识与自我导向之间出现矛盾或不协调，从而产生内部冲突。

理想的自我与应该的自我是个体自身评价的两个标准，也是个体完善自己时所努力的方向。如果实际的自我不符合这两个标准，或者说当自我概念与自我指引之间出现不一致时，就可能会引起心理和躯体的不适。根据研究，当实际的自我与理想的自我之间不一致时，个体会产生失望、不满、悲哀等与沮丧有关的情绪；当实际的自我与应该的自我之间不一致时，个体则产生恐惧、烦躁、抑郁等与焦虑有关的情绪。一般来说，它们之间不一致往往促使人们采取建设性的行动来缩小差异。同时，研究者还发现，许多从该理论产生的预测大多得到了支持性的结论。

在人格的一致性的跨文化研究方面，北山忍（Shinobu Kitayama）、马库斯等人于1997年比较美国文化和日本文化对自我的影响时发现，美国人倾向于自我批评，当体验到实际的自我与理想的自我之间不一致时，往往预示着抑郁；但是在日本，实际的自我和理想的自我之间不一致更严重，却没有引起更高水平的抑郁。③

四、自我不确定

自我不确定（self-uncertainty）主要是指个体在与自我有关的方面所具有的不确

---

① Higgins. Self-Discrepancy：A Theory Relating Self and Affect. Psychological Review，1987，94：319-340. Higgins. Self-Discrepancy Theory：What Patterns of Self-Beliefs Cause People to Suffer? //Berkowitz. Advances in Experimental Social Psychology：vol 22. San Diego：Academic Press，1989：93-136.

② 伯格．人格心理学（第六版）．北京：中国轻工业出版社，2004：314.

③ Kitayama，Markus，Matsumoto. Individual and Collective Processes in the Construction of the Self：Self-Enhancement in the United States and Self-Criticism in Japan. Journal of Personality and Social Psychology，1997，72（6）：1245-1267.

定[①]，包括个体对于自我概念、身份、地位等的不确定。不确定存在于人们日常生活中的方方面面，而只有与自我相关的不确定才具有一定的心理学意义。高自我不确定会让人们感到焦虑、紧张和压力，而人们都有试图降低自己的自我不确定以获得稳定感的倾向。关于自我不确定的结构，研究者将自我不确定分为“认知”和“感受”两个维度。前者是指人们意识到了自己正处于不确定的状态中，后者则是指个体有由不确定所带来的焦虑、紧张等情感体验。相较于前者，个体更容易在情感体验上感受到不确定的存在，但可能并不清楚产生这种体验的具体原因。

现今大部分与自我不确定有关的研究还多集中在其与群体认同间的关系上。社会认同理论认为，当人们需要对某群体内的某成员进行了解时，会认为该个体具有其所属群体的成员的一些普遍特点，以节省自己的认知资源，而这也是社会心理学领域中刻板印象概念所产生的主要原因之一。研究者对自我不确定概念和社会认同理论进行深入辨析后认为，对于群体内的成员来说，自我不确定高的个体会依据群体内成员的普遍特点来要求和规范自己，高群体认同有助于降低自身的自我不确定。[②] 与此同时，个体的自我不确定水平也被认为与群体极化和极端行为有关。研究者研究发现，无论是校园社团还是社会群体，高自我不确定的个体都更倾向于加入那些较为极端的团体。[③]

基本概念

自我	自我意识	人格	实际的自我
理想的自我	镜中我	自我构念	他观自我
物-我知觉分化	人-我知觉分化	自我知觉	可能的自我
自我图式	自我不一致		

本章要点

1. 自我、自我意识与自我概念是三个既有联系又有区别的概念。自我是指自己各种身心状况或是各种身心状况的总和；自我意识是指个体对自己身心状况、人-我关系的认知、情感以及由此产生的意向；自我概念是自我意识的认知范畴，是自我认知中

① Hogg. Uncertainty-Identity Theory. Advances in Experimental Social Psychology，2007，39（6）：69-126.

② Hogg. Self-Categorization and Subjective Uncertainty Resolution：Cognitive and Motivational Facets of Social Identity and Group Membership. Social Mind Cognitive & Motivational Aspects of Interpersonal Behavior，2003：323-349.

③ Hogg，Meehan，Farquharson. The Solace of Radicalism：Self-Uncertainty and Group Identification in the Face of Threat. Journal of Experimental Social Psychology，2010，46（6）：1061-1066. Hogg. From Uncertainty to Extremism. Current Directions in Psychological Science，2014，23：338-342.

比较重要的一部分，它反映着自我认知甚至自我意识发展水平的高低，对自我体验和自我调节有着深刻的影响。自我意识是一种具有多重属性的心理结构，通常人们将自我意识的结构划分为自我认知、自我情感和自我意向三个部分。将自我意识的内容分为生理（物质）自我、社会自我和心理自我，或是分为现实自我和理想自我。自我意识作为人类所特有的意识的重要形式之一，具有社会性、能动性、独特性。自我意识常把个体自身作为个体活动的参照，是个体活动的觉察者、调节者和发动者，它会制约个体的活动范围和活动强度，使个体的活动具有同一性。

2. 自我意识是在个体生理和心理能力发展到一定成熟程度的基础上发生、发展的，也是在个体与社会环境长期相互作用的动态过程中形成和发展的。首先，自我意识的发生、发展与个体生理的发展、年龄的增长是密切相关的，离开了生理及相应的心理能力的发展，自我意识不可能发生。个体自我过程中的自我评价和自我修养对自我意识的形成与发展有重要的影响。其次，个体所处的家庭环境、学校环境以及社会文化环境都会影响个人自我意识的发展。

3. 自我与人格关系密切，自我意识对人格的形成和发展具有重要意义。这主要表现在：自我意识调节着遗传和环境因素对人格的影响，也是导致人格差异的重要原因；自我意识还可以对自己已有的人格品质本身进行认识、评价和调节，主动引导人格向更高目标发展，实现人格的自我完善；人格的发展水平与自我意识的发展水平呈正相关关系，自我意识水平是人格成熟度的标志；自我意识是维持人格发展连续性和稳定性的因素。

4. 自我图式是对自我的认知结构，它来自过去的经验，并对个体社会经验中与自我有关的信息加工进行组织和指导。个体通过自我图式将自己加以分类和描述。可能的自我是对我们认为自己可能会成为什么样的人的认知表象。它包括我们渴望成为的自我，也包括我们不希望成为的自我，还包括人们希望将来具有的品质。因此，可能的自我是自我系统中有关未来取向的成分。在某种意义上，它表征了希望和梦想，也表征了恐惧和焦虑。作为人格建构的一部分，可能的自我在时间上相对稳定。而当自我意识与自我导向之间出现矛盾或不协调，从而产生内部冲突时，便产生了所谓的“自我不一致”。

复习思考题

1. 什么是自我意识？自我意识的内容有哪些？
2. 结合自我意识的特点，说说自我意识对个体行为的影响。
3. 简述自我意识在人格形成中的作用。
4. 结合你的实际描述一下“实际的自我”“理想的自我”和“应该的自我”。

推荐阅读书目

1. 艾森克．心理学：一条整合的途径．上海：华东师范大学出版社，2000.
2. 米德．心灵、自我与社会．上海：上海译文出版社，2005.
3. 布朗．自我．北京：人民邮电出版社，2004.
4. 布里尼克，克里．自我与人格结构．北京：北京大学出版社，2008.
5. 格里格，津巴多．心理学与生活（第16版）．北京：人民邮电出版社，2003.
6. 朱滢．文化与自我．北京：北京师范大学出版社，2007.
7. Hamilton. Self Consciousness. Createspace，2010.

推荐视频

1. 哈佛大学公开课：幸福课（http://v.163.com/special/sp/positivepsychology.html）
2. 当前意识与过去意识（http://www.iqiyi.com/v_lqrrifgo48.html）

第七章
社会态度

章节导读

四年一度的美国大选总能吸引全世界的目光，2016 年美国大选尤其如此。

美国大选是指美国总统大选，四年一次，全国选民投票在选举年的 11 月份第一个星期二举行，这一天被称为总统大选日。所有美国选民都到指定地点进行投票，表达自己的政治态度。

2016 年美国大选的两党候选人都深陷争议，这增强了选民的不满情绪和对未来的不确定感。特朗普以注册选民高达 60%的不满意度成为近 25 年来最不受欢迎的总统候选人，希拉里·克林顿以微弱的差距紧随其后。特朗普的“税单门”“大嘴门”让选民的不满意度达到峰值，随后希拉里的“健康门”“邮件门”又进一步使政治丑闻持续发酵。两人的电视辩论更是成为互相的“揭短大会”，人身攻击多于政策和执政理念的争论。特朗普和希拉里被国民认为是最不受欢迎的总统人选，绝大部分美国人对两人持负面态度。在美国经济复苏不平衡的背景下，政治极化、中产阶层衰退、枪支泛滥、种族歧视问题愈演愈烈，社会裂痕进一步加大。民调显示了选民对总统候选人的态度，在为数众多的选民看来，他们的态度更支持选出能解决种种问题和症结的总统。美国东部时间 2016 年 11 月 9 日美国总统选举结果揭晓，共和党总统候选人特朗普战胜民主党候选人、前国务卿希拉里，成为美国第 45 任总统。

一般情况下，态度决定行为，行为是态度的外部表现，态度有其独特的形成和变化的过程。美国总统大选的选民的态度受到了阶层、地位、肤色、受教育程度、以往经验等多方面的影响，投票便是政治态度的表达。在本章，我们将一起讨论社会态度的形成与发展。

引领性问题

- 请使用态度理论分析一个现实生活中的实例。
- 在进行态度量表选择时，应考虑哪些方面的问题？
- 举例说明现实社会中的某一种偏见，分析其产生的原因，并说明如何消除它。

社会心理学的目的是解释、预测和控制人们的社会行为，而社会心理学家一直认为，态度是行为的决定因素，也是预测行为的最好途径。因此，社会心理学研究一直很关注态度问题的研究。早期著名学者托马斯认为社会心理学就是态度的科学。1936年，盖洛普民意测验以不到1%的误差成功地预测了罗斯福总统的当选，更强化了态度课题在社会心理学中的地位。F. 奥尔波特1968年指出，态度的概念可能是美国社会心理学中最有特色、最不可缺少的概念。

第一节 态度的实质

“态度”一词广泛出现在日常生活的各个领域中，比如领导批评下属说“态度不端正”，消费者不满意商家的服务说“态度真恶劣”，会议主持者征求大家意见说“都表个态”等。那么态度究竟是什么，社会心理学从态度的定义、特性、构成要素及对其与相关概念的辨析等多方面对态度的实质进行了深入研究。

一、态度的定义及其特性

现代语言词汇中，**态度**（attitude）被用来指一种社会生活中常见的社会心理现象，但在19世纪中叶以前这一词语的含义是多重的。英语中的attitude源于拉丁语aptus，其含义一般包含两种：一是指“适合”或“适应”，指行为的主观的或心理的准备状态；二是指在艺术领域中，雕塑或绘画里人物的外在和可见的姿态。前一种具有心理学上的含义。在现代意义上使用态度含义的是斯宾塞，他在《第一原理》（*First Principle*）中提出，对有争议的问题的判断依赖于所具有的态度和保持正确的态度。在心理学中，最早涉及态度的实验是朗格(E. Langer)的有关反应时间的实验。20世纪初，伴随着托马斯等人的移民研究和实验社会心理学的兴起，对态度的研究迅速发展起来，并已成为社会心理学中重要的研究领域。

> **态度**：个体自身对社会存在所持有的具有一定结构和比较稳定的内在心理状态。

（一）态度的定义

尽管态度的研究在社会心理学的诸多研究领域中有着很长的历史，但态度的概念依然众说纷纭。社会心理学中有关态度的定义总的来说可分为这样几类：

（1）将态度视为认知和评价的组织或倾向，如罗克奇（M. Rokeach）认为“态度是个人对同一对象数个相关联的信念的组织”。

（2）偏重于情绪情感，如爱德华兹（A. L. Edwards）将态度视为“与某个心理对象有联系的肯定或否定感情的程度”。把态度看作情感的标志，衡量态度就是衡量赞成与不赞成、好与恶。

（3）把态度看作行为反应的准备状态，强调态度的行为意向，如 F. 奥尔波特、格根（K. J. Gergen）等人。奥尔波特认为，态度是这样一种心理的神经准备状态，它由经验予以体制化，并对个人心理的所有反应过程起指导性的或动力性的影响作用。

（4）把认知、情感和行为都平行地纳入态度中，试图包容上述三类定义的内容，如弗里德曼（G. Fridman）、迈尔斯（D. G. Myers）[①]、安德鲁（H. Andrew）[②]。弗里德曼等人指出，“态度对任何给定的客观对象、思想或人，都是具有认识的成分、表达成分和行为倾向的持久体系”。这一定义为当前社会心理学界所主要采用的定义。

（5）偏向社会学的定义，即强调组成群体的每一位成员所采取的普遍态度。这是为社会群体成员所普遍接受的看法，对社会生活所起作用越大，个体在社会生活中就越会发展和体现这一态度。社会学取向的态度涉及的是社会文化的主观层面，而不是个体层面。

根据态度在实际生活中对人们的心理作用以及之前社会心理学家们的研究，可以将态度定义为个体自身对社会存在所持有的具有一定结构和比较稳定的内在心理状态。对此界定可以从以下几个方面进行理解：

（1）态度的对象是社会存在。社会存在是指与个体有关联的他人、他事、他物以及个体自身等具有社会意义的存在物。

（2）态度的构成具有一定结构。态度作为心理状态不仅由多种成分组成，而且呈一定的结构。正因为如此，态度才具有一定的职能，对人的内隐心理和外显行为起着动力作用。

（3）态度具有比较持久的稳定性，能够持续一定时间而不发生改变。态度的这种稳定性是相对而言的，指的是在一定的时间内和在一定的程度上态度是稳定的。

（4）作为态度的心理状态是内在的，存在于个体自身内部的，是难以直接观察到的。人们通常所表露于外的意见、看法、观点、主张等，虽然反映和体现了个体所持有的对某事物的内在态度，但这只是态度的表达或态度外化的产物，而不是态度本身。

（二）态度的特性

作为一种重要的社会心理现象，态度具有如下几种特性：

（1）态度的社会性。态度不是生来就有的，而是个体在后天的社会生活中通过学习获得的。个体在其后天长期的社会生活中，通过与他人的交往和相互作用，通过接受周围生活环境和社会文化的不断影响和浸染而逐渐形成对他人、他事、他物的一定态度。态度本身所包含的内容及其变化充分体现了态度的社会性。

（2）态度的主观经验性。个体的意识世界可分为两种：一种是观念世界，以后天社会生活中不断积累的各种经验为基础，包括以一定的观念形态存在的信念、价值观、人生观及其他各种思想观念；另一种是经验世界，它是在个体与周围环境的直接相互

---

① Myers. Social Psychology. The McGraw-Hill Companies, Inc., 1997: 125-313.

② Andrew, Micherer, DeLamater. Social Psychology. Harcourt / Brace & Company, 1999: 12.

作用中形成的，包括以一定的经验形态存在的认识、判断、评价及各种体验和感受。态度则介于这两者之间，一方面它与个体的观念世界尤其是其中的信仰和价值观有着密不可分的联系，常常反映个体所持有的各种思想观念，另一方面它又包含了相当大的经验成分。因此，态度本身就具有主观经验性。

（3）态度的动力性。态度对个体自身内隐的心理活动和外在的行为表现都具有一种动力性的影响，同时对个体与他人的相互作用和个体对社会生活环境的适应也具有这种影响，表现为激发、促动和调整、协调的作用。

（4）态度的双重性。态度具有外显性和内隐性，外显态度能被人们明显地意识到或承认，内隐态度则根据已有经验潜在地影响个体的认知、情感和行为。内隐态度的稳定性强于外显态度，较难被改变。

二、态度的构成要素

作为一种具有认知基础的心理反应倾向，态度兼具认知、情感和行为三种成分，并且这三种成分是彼此相互关联的。

态度的认知成分是指人们作为态度主体，对于一定态度对象或态度客体的知识、观念、意象或概念，以及在此基础上形成的具有倾向性的思维方式。充分理解是人们对一个事物、一个现象形成一定态度的一个前提，如果没有一个清晰的、全面的认知，那么态度的形成就会是模糊的，可信度较低。态度的认知成分具有倾向性和组织性，这种倾向性和组织性会成为头脑中的既定模式或刻板印象，使人倾向于按照类属思维来认识态度对象，并对其进行思考。因此，态度的认知成分区别于一般的事实认知，有时会带有偏见的性质。

态度的认知成分：人们作为态度的主体，对于一定态度对象或态度客体的知识、观念、意象或概念，以及在此基础上形成的具有倾向性的思维方式。

态度的情感成分：个体对态度对象所持有的情绪体验。

态度的行为成分：个体对态度对象所持有的内在反应倾向。

态度的情感成分是指个体对态度对象所持有的情绪体验，如尊敬和鄙视、喜欢和厌恶、同情和嘲讽等。态度的情感成分与认知成分紧密相关，社会心理学家认可态度具有认知成分的观点，但同时他们又相信，通常人们以肯定或否定、赞成或反对、接受或拒绝、选择或不选择为典型的态度反应方式，这属于情感反应（见图7-1）。不过，态度的反应或选择并不单纯是情感反应，而是兼具认知和情感因素的综合性反应。一切态度的反应即便看起来是情感反应，其中也必定有认知成分的积极参与。

态度的行为成分是指个体对态度对象所持有的内在反应倾向，是个体做出行为之前所保持的准备状态。

一般来讲，尤其是从理论上来看，态度构成中的这三种成分之间是协调一致的，如果出现了矛盾和不协调，个体则会采用一定的方法进行调整，重新恢复其协调一致的状态。但现实生活中，这三者之间关系并不是如此简单，在一定程度上往往存在不协调和不一致。

此外，认知、情感、行为这三种成分相互之间的关联程度也不尽相同。研究结果表明，情感和行为的相关程度高于认知与情感和认知与行为的相关程度。由此可见，在三种成分中，认知成分的独立程度要更高些，与其他两种成分之间的相互影响相应会较小。

图 7-1

说明：球迷的悲喜映射出对自己的国家和球队的态度。

三、态度与有关概念的区分

个体所持有的态度与个体观念世界中的信念和价值观有着密不可分的联系。一方面，个体的态度往往反映和体现出个体的信念和价值观；另一方面，个体的信念和价值观又影响和决定着个体所持有的态度。然而，这几个概念之间毕竟有不同之处，不能混为一谈。

（一）态度与价值观

> **价值观**：为人们提供了进行判断和决策的准则。

价值观（value idea）是一个较为宽泛和抽象的概念，缺乏具体的对象和明确的界域。它为人们提供了进行判断和决策的准则。这种准则就是事物或对象本身对人们所具有的意义，而某一事物或对象对人们所具有的意义也就是其本身所具有的价值。世间各种事物，概括地说具有如下几种价值：理论价值、实用价值、审美价值、社会价值、权力价值和宗教价值。态度的核心是价值，因而态度受价值的调节。人们对某一事物或对象所具有的态度，取决于该事物或对象对人们所具有的意义，亦即该事物所具有的价值。而价值观是比态度更广泛、更抽象的内在倾向。人们的各种态度会构成一个具有整体性的态度体系，越是接近价值系统中心的价值核心，越是接近态度体系中的核心态度，对行为的影响就越大。同时，价值观和态度之间又是相互支持的，价值观会被用作护卫和证实个体已经形成的态度，而态度的诸多功能中最重要的就是表达价值观。[①]

---

① Eagly，Chaiken. The Psychology of Attitudes. San Diego：Harcourt Brace Jovanovich，1993：22.

（二）态度与信念

信念（belief）指对人、对事、对物及对某种思想观念是非真假的认识，通常以对某事某物的相信或怀疑的方式表现于外而以观念的形式存在于人们的头脑之中。信念往往是高于价值并影响价值的，它为人们进行判断和决策提供了基本的依据。但在现实生活中，信念又常常受价值的调节和影响。信念可分为两种：一种是生活信念，即关于今生今世之中各种事物是非真假的认识，如“善有善报，恶有恶报”；另一种是理想信念，又称信仰，是关于来生他世之中各种事物是非真假的认识，如“共产主义必将到来”。这两种信念均与态度保持有密切的联系。信念对态度表现为定向的影响，规定态度的基本取向，受信念影响的态度往往能维持较长时间而不改变基本的取向。

信念：对人、事、物及对某种思想观念是非真假的认识。

第二节　态度理论

半个多世纪以来，有关态度的理论研究可以按照其基本理论观点和方法的不同而大致划分为如下四个类别。

一、强化论观点的态度研究

所谓强化论观点的态度研究，如度布（L. W. Doob）认为态度是有关社会重大事件的某些特定刺激与具有动因性反应之间的强化联系而形成的行为倾向性，这种倾向性往往以对社会现象的好坏评价而表现出来。态度即对社会对象进行好坏评价的倾向性，它通过学习强化而获得，强化论观点的态度研究可分为三种。

（一）古典条件反射理论的研究

度布等人用古典条件反射理论解释态度的形成与变化过程。他们认为，如果把态度作为对社会对象的评价或情感，那么以态度对象为条件刺激，以人已经具有的肯定或否定性评价、情感等为无条件刺激，多次结合强化后，人们对作为条件刺激的态度对象就会形成与无条件刺激同样的评价和情感，即形成特定的态度。斯戴兹（A. W. Staas）在对被试放映不同国家名称的幻灯片的同时，让其反复听肯定或否定性评价的单词（如快乐、痛苦等），然后测定被试对各国家名称的态度。结果发现，被试对伴随肯定性单词的国家名称多具肯定性态度，而对伴随否定性单词的国家名称则多具否定性态度。后来斯戴兹将作为无条件刺激的单词换成电击和噪音，也得到了同样的结果。还有许多其他类似的实验，虽然结果并非完全一致，但大多数研究支持斯戴兹等人的观点，即依靠古典条件反射可以形成特定的态度。

（二）操作性条件反射理论的研究

希尔苏姆（I. Hilsum）认为，借助操作性条件反射机制可以有效地改变态度。他们利用电话采访大学生对大学教育情况的态度。当学生的回答属于褒奖之类时便立即给予鼓励性的语言报酬；反之，则给予批评性的语言惩罚或不作反应。结果发现，前者的肯定性发言有所增加而后者的否定性发言有所减少。英斯科（C. A. Insko）的类似研究也得到了同样结果，当然报酬不仅限于语言，只要加以及时强化，许多物质和精神手段就可以令特定的态度发生变化。

（三）学习理论的研究

学习理论关于态度改变的基本观点是认为人们态度的改变过程实际上是一个学习的过程，其实质是在强化原理的支配和控制下所进行的特定刺激与特定反应的联结过程。这一理论的另一个基本观点是，个体自身是介于刺激与反应之间不可缺少的中介环节，在改变他人态度时，既要了解和掌握刺激与强化作用的特性，也要了解个体本身的情况。因此，只有了解他人的原有态度以及所经受的强化经历，才能充分发挥刺激和强化在改变其态度过程中的作用。基于这种理论的态度转变研究，一般分为两大方面：一是注重对强化的研究，力求据此总结出一套精确的强化法则；二是注重对刺激和作为中介环节的个体的研究，具体探讨刺激自身的特征、刺激的来源、刺激过程及刺激接受者等因素对态度转变的影响。

总而言之，态度改变的学习理论的基本原理及观点并未超出行为主义学习理论的范围。因此，与其说这一理论是独立的，有其特定概念、原理和法则，还不如说这一理论是行为主义学习理论应用于态度改变研究领域中的产物更为准确。

二、认知论观点的态度研究

认知论观点的态度研究注重于“态度是对社会对象的评价”，力图从评价的角度来探索态度的内部心理机制。其代表性的研究表现在如下几个方面。

（一）紧张减缓理论的研究

该理论以认知统合倾向的态度形成与变化为核心。所谓认知统合倾向是指人们具有一种使自己已有的认知关系结构保持相对平衡不变的倾向性，当这种倾向性受到干扰破坏时，人就会产生否定性的评价及相应的情感态度（如不安、紧张、恐惧、不快等），并努力排除干扰，维持认知结构关系的平衡稳定性，在达到目的以后便会产生肯定性评价及其相应的情感态度（如安定、轻松、愉快等）。这方面的研究很多，诸如平衡理论、认知失调理论等。其中以认知失调理论对态度改变研究的影响最大。

认知失调理论是由费斯汀格于1957年提出来的。所谓**认知失调**是指个体所持有的认知彼此矛盾，处于相互对立的状态。这里所说的认知包括思想、态度、信念以及人们认知上所感知到的行为。在费斯汀格看来，这些认知之间首先存在着相关和不相关的关系，如“我每天早上7点起床”和“我对足球很感兴趣”两者之间是不相关的关系，而“我是一个有头脑的人”和“我总是忘记给自己制订一个学习计划”两者之间就是相关的关系。其次，只有在具有相关关系的各种认知之间才会存在矛盾或一致的关系，继而产生协调或失调的状态。

认知失调：个体所持有的认知彼此矛盾，处于相互对立的状态。

认知失调在程度上有大小之分，这取决于以下两个条件：第一，失调的认知数量与协调的认知数量的相对比例；第二，每一种认知对个体具有的重要性。如果处于失调状态中的认知对个体来说是无关紧要、影响不大的，则其所引起的心理紧张只能是微弱的；如果这种认知对个体来说是意义深远、关系重大的，则其所引起的心理紧张就是强烈的，并驱使个体去努力减轻或消除紧张。这两个条件与认知失调程度之间的关系如下述公式所示：

失调程度=(失调的认知数量×认知的重要性)/(协调的认知数量×认知的重要性)

根据这种理论的基本假设，当在认知上产生失调状态时就会引起个体心理上的不愉快和不舒适的感觉体验，造成心理上的紧张感，从而驱使个体减轻或消除失调状态，使认知互相协调一致。下面，我们以持有“吸烟危害健康”和“自己每天都要吸烟”两种矛盾认知的人为例，说明消除失调状态的四种方法。

（1）改变认知，使之与自己持有的其他认知保持一致。将“吸烟危害健康”改为“有许多吸烟的人身体仍很健康”，这样两个认知之间便协调一致了。

（2）改变行为，使关于行为的认知与其他认知保持一致。吸烟的人只要戒烟，就能够使互相矛盾的两个认知协调一致起来。

（3）增加新的认知，使原来认知之间的矛盾得到合理的解决。例如增加“许多吸烟的人依然能长命百岁”的新认知，那个吸烟人的原有认知矛盾在得到合理的解释后得以消除，失调的状况得到缓解或改变。

（4）降低认知的重要性，吸烟人只要认为“吸烟危害健康”的作用强度较低，也能够缓解两个认知的失调状态。

费斯汀格的认知失调理论于1957年发表后立即成为社会心理学的中心议题，并在以后十几年中一直是实验研究的主要课题。1959年，他和同事还进行了一次经典性的认知失调实验，影响极大。他们让大学生被试做一种极其枯燥的工作：把十几个钥匙放进一个盘内，然后又一个个地取出来；然后再放回去，又拿出来。这样反复机械地工作半小时。然后又让他们做同样枯燥的工作，也是半小时。在实验中，除控制组外，所有的被试在工作完毕后被要求对等在门口的一个妇女（研究者的同谋）说谎话：“这项工作是非常有趣而愉快的。”同时，给一些说谎的被试1美元做奖赏，而给另一些说谎的被试20美元做奖赏。最后要求所有被试说出自己对工作的喜欢程度。结果发现：得20美元的被试中，大多数认为这项工作枯燥无趣，不太喜欢；得1美元的被试中大多数人则说，从事这项工作是有趣的、愉快的。研究者对以上结果的解释是：得 1 美元奖励者为了搪塞自己，于是用“工作也还有趣”来协调心理上的不平衡，由于内心没有认知失调，当然表达了他们的真实思想；得 20 美元奖励者，由于高报酬的影响，以“得到一笔可观的报酬，说谎是值得的”为理由而心安理得。这项实验公布后得到了广泛的赞扬和讨论。有人觉得，它能揭示一些很不明显的或者和我们通常印象相反的东西。还有人认为，行为主义难以解释的许多问题现在被这一理论解释了。例如，越不容易进入的团体，其成员越为人们尤其是想加入的人所尊敬和羡慕。当个体觉得自己做了一件看上去很愚蠢或不道德的事后，改变原先的看法，也会使个体相信其行为是有道理和道德的。比如，吸烟者会说：“吸烟和癌症有关的证据不完全。”考试作弊的人会说：“人家都在作弊，我为什么不可以作弊?”

继费斯汀格之后，又有许多研究者对认知失调理论进行了大量的研究，以至有关认知失调的研究被看作 20 世纪 60 年代社会心理学蓬勃发展的一个重要标志。研究发现，与认知不一致的行为如果是由个体自由选择做出的，不存在任何外来的压力和限制，则这种失调所引起的心理压力就会非常大，从而引发态度或行为的改变。但是，如果这一行为是在某种外来压力之下被迫做出的，则由此引起的心理压力就不一定会非常大，甚至可能不会产生任何心理上的不舒适感。再有，即使个体出现认知失调，但如果个体在认知中的卷入程度较低的话，则这种失调也不会引起个体心理上的紧张和压力感。还有研究发现，选择会导致人们态度的改变。对喜爱程度相当的陌生面孔图片进行二选一后，人们会产生认知失调，并导致对二者的喜爱程度出现差异。情绪对认知失调具有调节功能，积极情绪和消极情绪都会导致认知失调的加剧。①

（二）归因理论的研究

归因理论基本上强调我们怎样知觉自己和怎样知觉他人。个体倾向于把其具有消极结果的行为归因于环境条件，即向外归因。而当行为具有积极的结果时，个体倾向于向内归因，认为是自己能力的结果。观察者对他人行为结果的知觉表现为对其能力的知觉和对他试图去做的动机的知觉。当个体行为不适当的原因被看作缺乏能力而不是缺乏努力时，他会得到较肯定的知觉。贝姆提倡以归因理论来说明态度改变的心理机制，即自我知觉理论（self-perception theory）。依据这个理论，人能够清楚地意识到自己的态度与情感，并常常积极主动地将当前的认识对象及有关评价与过去的经验相比较。人们一般都能表述出自己为什么会具有这样或那样的态度，对态度形成与变化的心理原因也有一定的自我认知。虽然不排除潜意识的作用，但总体而论，态度的形成与变化建立在人们有意识的理性评价的基础之上。

> **归因理论**：强调个体怎样知觉自己和怎样知觉他人的理论。

---

① Ariely，Norton. How Actions Create—not Just Reveal—Preferences. Trends in Cognitive Sciences，2008，12 (1)：13-16. 凌虹，陆爱桃，连松洲，等．不同情绪对认知失调冲突的影响研究．心理研究，2015 (2)．

（三）社会判断理论的研究

这种理论是由谢里夫和霍夫兰（C. Hovland）在1961年首次提出的，其理论基础来源于谢里夫等人在1958年根据心理物理学的原理和方法所进行的关于物体重量知觉判断的研究。在这项研究中，首先要求被试用一个六等级尺度来判断一些物体的重量，这些物体的重量分布在55～141克之间。六等级尺度上的第一等级代表最小的重量，第六等级代表最大的重量。结果表明，不管被判断的物体自身重量的实际分布如何，被试对这些物体重量在六等级尺度上的分布做出的判断都具有均等分布的倾向。接着，谢里夫改变了实验中判断的情境，即在被试进行判断之前就为被试提供一个帮助其进行判断的参照物。一种做法是让被试在手中掂量一下重141克的物体，并告知他们这一重量对应于尺度上的第六等级，然后让被试对所有物体的重量进行判断。结果发现，被试所做出的判断在尺度上的分布倾向于聚集在尺度等级较高的一端。对此，谢里夫称为"同化效应"（assimilation effect）。另一种做法则是先让被试在手中掂量一下重347克的物体，这一物体的重量明显重于被试在实验中真正要判断的所有物体重量，并且告诉他们该重量对应于尺度上的第六等级，然后让被试对与上述两次实验中判断过的相同重量的物体进行判断。结果发现，被试所做出的判断在尺度上的分布倾向于聚集在尺度等级较低的一端。对此，谢里夫称为"对比效应"（contrast effect）。

从这项实验所得结果中可概括出这样一个原则，即在人们对他物进行判断时，如果他们自己已经持有某种判断的参照标准或是拥有帮助其进行判断的参照物，而在实际的判断过程中，若是被判断的事物与这种参照标准或参照物相差较大的话，人们则倾向于将其判断为比实际上的差异更大。如果被判断的事物与参照标准或参照物比较相似的话，人们则倾向于将其判断为比实际上的更加相似。

谢里夫将这个结论用来解释态度改变。在他看来，个体所持态度是不能用量表测量尺度上的某一个点来代表的，而应该用一段区域来表示。这段区域是由三个部分组成的，即接受的区域、态度不明朗的区域和拒绝的区域。当个体遇到某一个劝说信息或新的观点和看法时，首先对此进行判断，弄清楚这些信息、观点是什么性质的，即弄清其在个体自身的态度中位于哪一个区域，然后才可能根据上述原则做出改变态度或拒绝不变的反应。如果个体通过判断发现新的观点主张位于自己态度的接受区域，就会因此而接受这种新的观点主张，并相应改变原有的态度；如果位于自己态度的拒绝区域，就会拒绝改变原有的态度。此外，当新的观点主张位于个体的态度不明朗区域时，同样会引起个体原有态度的变化。

谢里夫还进一步地研究了态度区域的大小与态度改变之间的关系、新的观点主张和原有观点主张相似或相异的程度与态度改变之间的关系。结果发现，拥有较狭窄的接受区域的个体，其态度的改变较为困难；而接受区域较为宽广的个体，其态度的改变较为容易。再有，当一种新的观点主张与个体原有的观点主张极为相近或相似时，就会出现新的观点主张被原有的观点主张同化的情况，由此不一定会引起态度的改变。而当新的观点主张与原有的观点主张相差极大时，就会遭到个体的拒绝，因而同样不能引起态度的改变。只有其处于这两种极端的中间，即位于态度不明朗区域，其所具有的劝说作用才最大，因而才会引起个体态度的明显改变。

社会判断理论具有较明显的认知色彩和个人主义的特征，它强调的是个体自身对刺激信息的知觉判断，并认为这种判断是态度发生改变的中介物，是先于态度改变而进行的。同时，这种理论还认为，每一个人对他自己所持有的态度是知晓的，对自己所愿接受的态度和不愿接受的态度也是知道的，由此个体才可拥有一个关于某一事物或对象的态度区域，并能据此进行判断。此外，根据这种理论对态度改变进行的分析可以发现，其所探讨的态度改变基本上局限于态度强度改变的范围之内，而较少涉及态度方向改变的问题。

三、功能理论

功能理论的基本主张是，人们持有的某种态度是为了满足个人的某种需要，特别是心理上的需要。因此，应以了解态度满足人们何种需要为前提，通过改变他们的内在需要来改变他们的态度。

功能理论分两种，由 K. 史密斯（K. Smith）等人和卡茨（D. Katz）于 1956 年和 1960 年分别提出。两种理论的基本观点极为相近，但在论述态度所具有的功能方面则不尽相同。下面的阐述将以卡茨的理论为主。

（1）工具性、调适性或功利性的功能。以行为主义强化理论为基础，卡茨认为人们对某一态度对象持有积极肯定的态度，是因为这一对象对满足个体需要是有用的、有效的；而对某一态度对象持有消极否定的态度，则是因为其阻碍和不利于个体需要的满足。个体的态度不仅反映和体现了个体的内在需要，而且能够帮助和促进个体需要的满足。对态度功能的这种表述显然是以行为主义强化理论为基础的。

（2）自我防御的功能。受精神分析理论的影响，卡茨认为态度能够帮助个体回避或忘却有关自己的真实情况，尤其是个体的缺点、不足以及过去的不愉快经历，帮助个体回避严峻的环境和难以正视的现实，从而保护个体的现有人格和心理健康。

（3）认识的功能。个体所持有的态度也是个体认识周围环境的重要途径，这一功能表述具有一定的认知理论色彩。每个人为了理解周围所发生和存在的各种事物，而将获取的各种知识、经验、信息加以汇集、整理、分类，使之与各种事物相联系，使个体能够对其周围的事物有所认识和了解，并将这种认识和了解组织进自己的态度之中。

（4）价值表达的功能。在卡茨看来，人们正是通过态度满足自我表现的需要，表达自己的价值观和价值，充分显示自己的人格和对人生意义的追求，比如通过表明态度显示自己的社会价值（见图 7-2）。主动表明态度、积极参与某个隶属群体、实际帮助别人等都是人们选择并表明一定态度的方式。心理学家达顿（K. Dardon）曾经设计过一个巧妙的实验，在被试回答有关种族问题时，给被试连接上测谎仪器。实验结束后，一半被试被告知测谎仪上显示他们有种族偏见，另一半被试则被告知他们的回答是真实的。当被试走出实验大楼时，门口有十几位实验助手扮演的乞丐在乞讨。结果发现，被评价为有种族偏见的被试，施舍给黑人乞丐的钱明显多于另一组被试，而两组被试对白人乞丐的施舍则无差异。这说明被评价提醒后的被试，通过行为表明自己无种族偏见态度的需要加强了。当然，在这个实验中，被试自己对这种过程并不自觉。

图 7-2

说明：2007 年 3 月 29 日，在墨西哥首都墨西哥城，几千名妇女走上街头，表明自己支持堕胎合法化的态度。她们高举标语，高呼口号，称“堕胎是一个妇女自由的选择和决定，社会应给予尊重，国家应给予保障”。一些男人也参加了当天的游行。

态度的功能理论除了强调态度所具有的需要满足功能外，还承认态度改变中存在着个别差异。此外，功能理论还具有在理论观点上兼收并蓄的特点，它不是以一家的理论思想贯穿始终，而是各取所需，融各家于一体。其不足之处是，在实际应用中人们很难对态度所满足的需求进行客观、准确的测量。因此，这一理论在应用方面有着很大的局限性。

四、态度改变三阶段理论

态度改变三阶段理论是由科尔曼（H. Kelman）于 1961 年提出来的。他认为，个体态度的改变不是一蹴而就，而是经过服从、认同、内化三个阶段。

（1）**服从**（obedience）。人们为了达到某种物质或精神的满足或为了避免惩罚而表现出来的行为叫作服从。服从行为并非出于个体的内心意愿，并且是暂时性的，只是为了达到自己一时一地的目的而被迫表现出来的表面的行为。

服从：为了达到某种物质或精神的满足或为了避免惩罚而表现出来的行为。

认同：个体自觉自愿地接受他人的观点、信念、态度和行为。

内化：个体完全从内心相信并接受他人的观念，彻底改变自己的态度。

（2）**认同**（identification）。认同是指个体自觉自愿地接受他人的观点、信念、态度和行为，并有意无意地模仿他人，使自己的态度和他人要求相一致。例如，当一个人置身于一个特定的社会位置，获得新的社会角色时，他的自我同一性自然需要与新的社会身份和社会角色相一致，此时他就需要采纳新的态度。

（3）**内化**（internalization）。态度改变进入内化阶段以后，个体就完全从内心相信并接受他人的观点，从而彻底改变自己的态度。内化意味着把他人的观点、态度完全纳入自己的价值体系，成为自己人格的组成部分。

第三节　态度的测量

态度是无法用肉眼直接观察的内隐的心理活动，对人们态度的了解和认识通常是通过对人们的外显行为（如口头语言、书面语言以及行为表现）的观察和记录进行的，所以关于他人态度的了解和认识实际上是通过由外向内的间接推断而获得的（见图 7-3）。态度的测评即对人们的外显行为进行观察、记录并据此进行间接推断的过程。态度测评的方法有许多种，比较成熟的技术是量表法，包括等距量表、总加量表、语义分化量表和格特曼量表。另外，问卷法（自我报告法）、投射法（测验法）、行为观察法和生理反应法也被用于测量态度系统的部分成分。

图 7-3

说明：人们对于同一个主题可以同时有外显和内隐的态度。外显态度是那些我们能意识到的并易于报告的，内隐态度则是自然而然的、不受控制的，并且有时是无意识的。社会心理学对于态度的测量问题一直是非常热衷的。

一、量表法

量表法又称自我评断法，是运用根据一定的测量、统计原理而编制的态度量表来测评个体所持态度的一种方法。被人们广泛运用的态度量表有等距量表、总加量表、语义分化量表和格特曼量表。

（一）等距量表

等距量表（equal interval scales）由瑟斯顿于1929年首创，之后曾一度被广泛使用。编制这种量表时，编制者首先要收集有关所测问题、事物的各种态度的表述语。编制者收集态度表述语一般通过报刊摘录和找人谈话以记录其观点、看法，从而保证收集的态度表述语客观真实。编制量表时收集的表述语数目应比最后正式使用的数目多一倍以上，并请有关专家学者作评断。根据每一表述语所含观点、赞成和反对的程度，将所有语句排放在一个11点的尺度上。然后根据全部评断者对每一态度表述语评断的结果，求出态度表述语在尺度11点上的累积评断次数，画出曲线图。用作图法以50%为基准确定每一态度表述语的量表值，再用作图法算出每一态度表述语的Q值（四分位差）。Q值是语句筛选的一个重要依据。

> **等距量表**：收集关于问题、事物的各种态度表述语而编制的量表。
> **总加量表**：收集关于问题的态度表述语，确定量表，分数加总。
> **语义分化量表**：测量某一概念或事物本身对人们所具有的意义。

所有态度表述语的量表值和Q值都算出后，就可进行语句的筛选，剔除不合适的语句。用筛选合格的态度表述语编制成正式测量用的量表，测量时要求被试勾出自己所赞同的语句，算出这些语句量表分的总分，即为被试态度测量的得分。得分的意义可参照11点尺度而进行解释。瑟斯顿等距量表的特点在于侧重态度的认知维度，编制方法较为严谨，不足之处则是过于烦琐、费时。

（二）总加量表

总加量表（summated rating scales）由李克特于1932年创制。这种量表的编制过程较为简单，编制者首先收集或编写关于某一问题或事物的一系列态度表述语，每句态度表述语之后附有一个五种等级的选项，如“人们应该顺其自然地生育”这一表述语后附有选项“非常赞成、赞成、不置可否、不赞成、非常不赞成”，对于这五个等级的分数最高为5分，最低为1分。将这样的问卷发给一些被试填答，之后计算每个被试所得总分以及在每一态度表述语上的得分，根据这些分数进行态度表述语的筛选，以确定用于正式量表中的语句。

通过上述方法和步骤，即可编制正式量表，其形式基本上仍与上述问卷一样。通常每一量表所容纳的态度表述语为20句以上。被试填答完后，将其每句得分加在一起即为测量所得分数。被试得分的意义则要参照量表中所有态度表述语的分数总和情况来定。

总加量表的最大优点是编制过程较为简单，分数的评定简便易行，因此被人们广泛采用，以至于在一般的调查访问中也采用这种形式来编制问卷。总加量表的另一个特点即对态度的情感维度的侧重，通过对被试所持观点、看法的情感强度进行测定来确定被试态度的异同。

（三）语义分化量表

语义分化量表（semantic differential scales）由奥斯古德（C. E. Osgood）和苏西

(G. J. Suci) 于 1957 年创制，用于测量某一概念或事物本身对人们所具有的意义。例如，“家庭”这一概念，其词语含义是统一的、相对稳定的，但其对具体的每个人来说则可能具有不同的意义。有的人想到家庭时可能会产生温暖、舒适的感受，有的人则可能会联想起悲伤或痛苦的经历，还有的人则可能会产生一种梦幻式的体验。

奥斯古德和苏西根据语义分化的测量，使用因素分析法分析出各种概念或事物对人们产生意义的三个维度，即评价维度、潜能维度和活动维度。他们认为，态度即一种关于概念或事物的评价，因此使用有关评价维度的语义分化量表只是语义分化技术在态度测量中的应用而已，是一种测量方法的应用，并不包括量表的编制方法在内。这一点是与等距量表和总加量表显著不同的。

实际测量时，研究者要求被试在一个七点尺度上评断自己对某事某物的看法。七点尺度的两端是成对的形容词，尺度上的每一点均有相应的分数，被试只需根据自己的看法在尺度上选择出能够代表或表明自己这种看法的那一点，圈画出标记即可。研究者将被试圈画的那一点上的对应分数加在一起，即得到被试态度测量的得分。对被试得分的解释方法类似于总加量表中运用的方法，即要参照量表容纳的所有尺度的分数总和情况。

(四) 格特曼量表

格特曼量表图分析法（Guttman scalgram analysis）以可接受性为标尺，将一系列陈述由“非常容易接受”到“极其难以接受”依次排序，对某一单独或单维的态度进行测量。如果被试接受某一级别的表述，那么代表他们能接受更小级别的所有陈述。

格特曼（L. E. Guttman）在编制量表时，向被试呈现关于某种态度的大量描述，并规定一系列的标量类型（scale types）将遵循一个特定的阶梯形顺序，被试的回答如果是其中一种特定顺序，即被判定符合特定回答模式。比如，被试不接受任何一个描述即得 0 分，接受描述一得 1 分，接受描述一和描述二得 2 分，接受描述一、二和三得 3 分，以此类推。但如果被试只接受描述三，而不接受描述一和二，即被判定做出非标量反应模式（nonscalar response pattern），那么，格特曼就认为自己犯了一个反应错误，他通过分析所有的反应错误数量，删除不恰当的描述和重复测验，便可获得最终量表。

格特曼量表多被用于测量态度卷入的研究，以确定人们是否接受某项态度的范围。通过相应标量类型上的分数，或者被试做出非标量反应模式时，最接近其反应的标量类型分数，能够测量被试所能接受的陈述，进而获得其态度。由于人们的态度反应往往不基于单一维度，所以很难编制出完美的格特曼量表。

二、其他方法

问卷法（questionaire method）是通过编写一些问句让被试填答，并回答自己的看法、观点、主张等，又被称为自我报告法。编制问卷时只要注意问句中可能出现的语句问题即可，如问句的长度、结构，所提问题是否明确，语句有无暗示性及避免一题多问等。从问卷形式上一般划分为开放式和封闭式两种。开放式问卷是由研究者提出问题，但不提供任何可能的或供选择的答案，由被试自由回答，使之能够充分自由地表述出自己的态度。封闭式问卷是由研究者提出问题，同时提供几种可能的选项，由被试根据自己的看法和想法从选项中选择一个作为自己的回答。

投射法（projective testing）间接地了解人们内隐的心理活动，是一种心理测验方法。通常是向被试提供一种情境刺激，通过分析这一情境刺激在人们头脑中所引起的联想或想象来推测其所持有的态度。例如：图画测验，被试观看一幅幅的图画时根据自己的理解编一个故事，描述图中的人和事；画人测验，研究者如果要了解被试对某种人的态度，可要求被试用笔在纸上画一个这样的人；语句完成法，研究者编写关于态度对象的未完成的描述语句，由被试补充剩余描述。被试在编故事、画人、补充描述的过程中，都会不知不觉地投射出自己的态度，研究者利用各类测试固有的分析法便可了解被试的态度。

投射法：间接地了解人们内隐心理的测验方法。

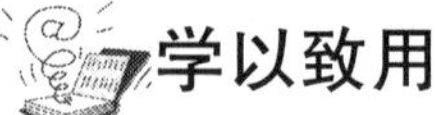

学以致用

罗夏墨渍测验和主题统觉测验

罗夏墨渍测验（见图7-4），是由瑞士精神病学家罗夏（H. Rorschach）于1921年设计编制的。该测验内容包括10张内容不同的墨渍图片，其中5张为黑色，2张加了红色，3张为彩色。该测验在最初制作时，是将墨汁滴于纸片中央，然后将纸对折猛压，使墨汁四溢，形成不规则但对称的各种图形。罗夏曾以各种不同的图形开头，对各种不同被试（包括正常人与精神病患者）进行测试，最后选定具有代表性的10张，作为暧昧刺激情境的测验题目之用。读者可以想象，不同的被试面对墨渍图形时，必定会表现出不同的反应。罗夏墨渍测验的10张图片，编排有一定顺序，使用时每次出示一张，同时向被试发问："你看这张的图形像什么？"或问："这张的图形会使你想到什么？"并允许被试转动图片，从不同的角度去观看该图形。测验实施时，每次以一位被试为对象，根据预定标准观察被试对各图形的部位、形状、颜色等各方面的反应。

主题统觉测验（见图7-5），是投射测验的一种。该测验由美国心理学家摩根

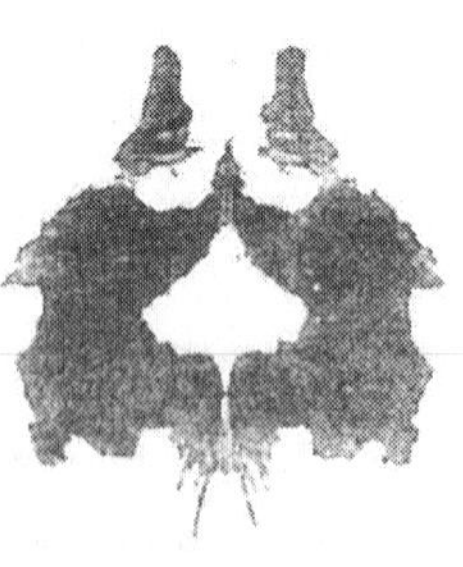

图 7-4

(C. D. Morgan) 和默里 (H. A. Murray) 在 1935 年编制而成，可以用于了解被试的心理需要与矛盾及内心情感。全套测验包括 30 张内容暧昧的黑白图片及一张空白卡片。实际使用时，测验人员按被试的年龄、性别从 30 张黑白图片中选取 20 张图片，被试的任务是看一张图片，然后据此讲个故事，故事的叙述应该包含三个基本维度：(1) 图片中的情境是怎么造成的；(2) 图片中的情境表示发生什么事件，并描述其中角色的情绪表现；(3) 结果会怎样。被试叙述故事时眼看空白卡片，它起着集中被试的注意和刺激想象的作用。测验中不对被试所编故事的内容进行任何限制，但可事先提示被试故事必须涉及图示情境、意义、背景、演变及其个人感想五个方面。对被试所编故事进行的分析是以被试在每个故事中涉及的主题为核心的，这在人格理论中是被假定反映着个体深层需要、欲望、矛盾、恐惧等状态的。该测验的目的在于通过被试的自由陈述将其内心的情绪自然投注于故事上，从而寻找出个人生活经验、意识、潜意识与其当前心理状态的关系。主题统觉测验的长处在于呈现的刺激更有结构性，要求更复杂、意义更明显的语言表达。但是其短处也很明显。它没有标准化的施测规程，临床上实际是根据被试的年龄、性别等特征而随意调整指导语等。

图 7-5

行为观察法 (behavioral measure) 通过个体的外在行为表现来推测其内在的态度，是一种间接方法。实际研究中，应尽可能将之同其他方法一起使用，以保证结论的可靠性。社会心理学研究者曾采用这种方法，以选择座位的距离作为观察指标，研究白人学生对黑人学生的种族歧视态度。歧视态度较强的则座位相距较远，反之则较近。

> **行为观察法**：通过个体的外在行为表现来推测其内在态度的间接方法。
>
> **生理反应法**：根据被试生理反应的变化来确定态度的间接方法。

生理反应法 (physiological measure) 根据被试生理反应的变化来确定其态度，也是一种间接方法，同样需要结合其他方法一起使用。这种方法的道理就在于态度中包含情感因素，情感在态度中起着重要作用。以皮肤静电反应、脉搏等为生理指标，当态度发生变化时，总会伴有由于情感变化而引起的体内生理反应的变化，如呼吸急促、脉搏加快、瞳孔放大等。对这些生理变化的测定，即可推测人们的内在态度。

对内隐态度的测量通常采用内隐联想测验。**内隐联想测验**（implicit association test，IAT）是由格林沃尔德（A. G. Greenwald）于1998年提出的一种新的内隐社会认知的研究方法，以反应时为指标，通过测量概念词和属性词之间的评价性联系而对内隐态度进行测量。内隐联想测验的基本过程为，对被试呈现一属性词，让其尽快进行辨别归类（归于某一概念词）并按键反应，反应时被自动记录下来。概念词和属性词之间存在相容或不相容关系，相容为二者的联系与内隐态度一致，或者对被试而言二者具有紧密且合理的联系，否则为不相容。研究者认为，和其他态度测量方法相比，内隐态度更能准确地预测人的行为。近年来，内隐联想测验在内隐社会认知中得到了广泛的应用，同时其信效度、内在机制和影响因素等方面也得到大量研究。①

内隐联想测验：以反应时为指标，通过测量概念词和属性词之间的评价性联系而对内隐态度予以测量。

第四节　态度的形成与改变

个体的态度是在后天社会化的过程中形成的，态度一旦形成便具有一定的稳定性。但这种稳定性是相对的，通常随着主客观因素的改变，个体的态度会发生变化。

一、态度的形成

个体所持有的各种态度都是在后天的社会生活环境中通过学习而逐渐形成的。因此，个体态度的形成一方面要受到社会生活环境中各种因素的影响和制约，另一方面则是通过联想、强化和观察等学习方式不断学习的结果。

（一）环境因素的影响

1. 社会环境的影响

社会环境对个体的影响自个体出生之时起直至生命结束始终存在。这种影响主要是通过社会规范、准则的要求和约束，各种思想观念的宣传和教育，风俗习惯的潜移默化和文化的熏陶等方式进行的。社会环境对个体态度形成的影响常表现出选择性、持久性和多元性。选择性是指个体了解或接触事物的某一方面、某一部分或某一种类，从而形成一定的符合社会要求的态度。持久性是指社会环境不断作用于个体并伴随个

① Rothermund，Wentura. Underlying Processes in the Implicit Association Test：Dissociating Salience from Associations. Journal of Experimental Psychology General，2004，133（2）：139-165. Back，Schmukle，Egloff. Measuring Task-Switching Ability in the Implicit Association Test. Experimental Psychology，2005，52（3）：167-179. Czellar. Self-Presentational Effects in the Implicit Association Test. Journal of Consumer Psychology，2006，16（1）：92-100.

体一生。多元性是指社会环境的不同方面或不同因素对个体态度形成的影响往往是不一致的，甚至是相互矛盾的。社会环境的影响对个体态度的形成来说，本质上是一种宏观影响，对人们态度的形成起着导向作用，因而对个体态度形成的要求和约束往往是一般意义上的。

2. 家庭的影响

对于个体态度的形成，家庭及父母的影响也具有十分重要的作用。个体幼时在家庭生活中所受到的教育和抚养对其态度的形成及以后态度的变化和发展具有决定性的作用。个体在早期形成的态度往往会一直保持到成人期，有些态度则可能会影响其一生的发展。家庭及父母的影响还通过家庭成员之间的人际关系以及家庭成员共同生活的方式表现出来。家庭成员之间除了以血缘辈分为基础的长幼先后的关系外，还包括互相之间的情感关系，而情感关系对个体态度的形成具有较重要的作用。情感关系较融洽，则互相之间的影响就较大，在态度上也易趋于相近或相同。此外，家庭共同生活的方式也具有显著的影响。从小就生活在一个充满民主、平等气氛家庭中的孩子，容易形成与人相处的良好态度，往往采用平等的方式与人相处，用民主的方式解决问题。

3. 同伴的影响

随着个体年龄的增长，父母及家庭的影响作用会逐渐减少，而同伴的影响作用会逐渐增大。个体开始经常把自身所持有的态度观点与同伴们的态度观点进行比较，并以同伴们的态度观点为依据来调整自己原有的态度观点，使自己与同伴们保持一致。

4. 团体的影响

个体自身所参加的团体对其态度的形成也具有影响作用。每个团体都有自己的行为规范和准则，并要求团体成员必须共同遵守。当个体加入了某一团体之后，其一言一行就必须与团体保持一致，个体所持有的态度也必须与团体保持一致。由此，团体对个体的这种影响和约束作用就可以促进个体态度的形成和转变。团体对其成员所具有的影响力大小主要取决于这样几方面的条件：第一，团体对其成员吸引力的大小。如果团体对成员有较大的吸引力，那么团体所具有的影响和约束力较大；反之，则较小。第二，个体在团体中所处的地位。一般来说，个体在团体中的地位越高或越重要，则其感受到的团体规范的压力和约束力就越大。

（二）个体的学习

个体态度的习得是通过联想学习、强化学习和观察学习而实现的。三种形式的学习分别以古典条件反射、工具性条件反射和社会学习三种理论为基础。

1. 古典条件反射理论与联想学习

古典条件反射理论是由俄国生理学家巴甫洛夫（I. P. Pavlov）创立并完善的。在巴甫洛夫的动物实验中，一种无条件刺激的呈现必能引起动物的本能反应，如唾液分泌。这种反应称为**无条件反应**，引起这种反应的刺激称为无条件刺激。当一种无条件刺激的呈现反复多次伴随一种新的刺激后，

> **无条件反应**：无条件刺激的呈现引起的本能性反应。

则只要这种新的刺激单独出现，就可引起动物的无条件反应。这种新的刺激称作条件刺激，由其所引起的反应称作条件反应。动物之所以能够对条件刺激做出条件反应，就在于动物凭借了联想（association）过程，即在刺激之间建立了联系。古典条件反射原理也被用来解释和说明态度的习得过程。例如，人们通常对丑陋、肮脏、贪婪等品性具有厌恶和反感的情绪体验。当这类使人反感的品性总是与某个人或某群人联系在一起并反复多次后，则原先和这类品性相联系的反感和厌恶就会和这个人或这群人联系起来，此时只要这个人或这群人出现就完全可以引起人们厌恶和反感的情绪体验。换句话说，人们原先对不良品性所具有的情绪体验在联想的作用下扩展到了另一个事物或对象上面，这就是态度的习得过程。

背景人物

巴甫洛夫（1849—1936），诺贝尔奖获得者、俄国生理学家，他是最早提出古典条件反射的人。他在研究消化现象时，观察了狗的唾液分泌即对食物的一种反应特征。他的实验方法是，把食物显示给狗，并测量其唾液分泌。在这个过程中，他发现如果随同食物反复给以一个中性刺激，即一个并不自动引起唾液分泌的刺激，如铃声，那么狗就会逐渐“学会”在只有铃声但没有食物的情况下分泌唾液。一个原来是中性的刺激与一个原来就能引起某种反应的刺激相结合，而使动物学会对那个中性刺激做出反应，这就是古典条件反射的基本内容。

2. 工具性条件反射理论与强化学习

工具性条件反射理论是由斯金纳创建的。在斯金纳看来，行为结果对行为习得具有强化的作用，行为的习得是在强化作用（reinforcement）的基础上来进行的。因此，只要掌握了行为结果所具有的强化作用的内在规律，就能有效地控制人们的学习行为。强化的原理也同样可用于解释人们态度的习得过程。英斯科曾在实验中用言语的强化来研究态度的习得，结果发现：那些受到正强化的学生所表达出的态度，不仅其基本观点没变，而且在程度上更为强烈；而那些受到负强化的学生所表现出的态度，虽然其基本观点也没有大的变动，但在程度上则明显不如受到正强化的学生强烈。

3. 社会学习与观察学习

观察学习（observational learning）是美国心理学家班杜拉在20世纪60年代提出的概念，是指个体通过对他人言行的观察而进行的学习，这种学习同样可使个体习得许多新的行为。个体在对他人进行观察时，将他人的言行举止记忆在头脑中，在以后遇到相同或相似的场合时再将头脑中所储

观察学习：个体通过对他人言行的观察而进行的学习。

存的这些言行举止通过行动表现出来。人们态度的习得同样也可以通过对他人的观察来进行。例如，通过看电影和看电视，人们就可习得对某些事物、对象的态度。通过观察他人而进行的学习基本上是依靠在观察后对他人进行模仿而实现的，模仿得如何则首先取决于观察得如何。此外，模仿尚受强化因素的影响，这种强化可以是个体自身所持有的自我强化，也可以是外界施加于个体的直接强化，还可以是从他人被强化的事实经验中所感受到的替代强化。个体在对学习对象有了较好的观察，又受到了强化因素的激励后，就能较好地进行模仿而习得新的行为。

上述三种不同形式的学习是态度形成的主要途径，它们具有不同的特点和作用。一般来说，个体态度的形成是在这三种学习的共同影响和相互作用下进行的。

二、态度的改变

态度改变指的是个体已经形成或原先持有的态度发生了变化。这种变化包括两个方面：一是指方向上的改变，即质的改变。例如，某个人原先对抽烟持赞成态度，认为抽烟可显示个人的成熟特征，后来却反对抽烟，认为抽烟有损身体健康。二是指程度上的改变，即量的改变。例如，某人原先不是很赞成清晨跑步，但后来在他人的带动下也积极起来，赞成并参加清晨跑步。改变态度的方法大致有这样几种：劝说宣传法、角色扮演法、团体影响法、活动参与法。

> **态度改变**：个体已经形成或原先持有的态度发生了变化。

（一）劝说宣传法

这是一种借助报纸、杂志、广播、电视、电影、广告等各种传播媒介来传播信息，影响人们，使之态度发生改变的方法，是一种极为常见和广泛使用的方法。有关这方面的研究基本上来自霍夫兰及其领导的耶鲁学派。采用这一方法来改变他人的态度，是把整个劝说宣传过程看作一个信息的传递沟通过程，分析的着眼点主要在于信息的传播者（劝说者）、信息的传播过程、信息的接受者（被劝说者）及传播情境四个方面。信息传播的最终目的是要使被劝说者接受传播的信息。

1. 传播者的特性因素

传播者自身所具备的各种特点常常对劝说宣传有着极大的影响，一些个人特性本身往往就是有效的宣传和证明，仅此就足以使人们信服而不再猜疑。与劝说宣传有联系的个人特性主要有：

（1）专家身份。这是由传播者所受过的教育、专业训练和所从事的社会职业、所具有的专业身份决定的。研究表明，专家身份足以使传播者在某些特定的方面所传播的信息比没有专家身份的人更易被人接受，更令人信服。不过，专家身份所具有的劝说效用只是在特定的、有限的范围或领域内才能奏效，一旦涉及与其不相关的领域时，劝说作用就不会有多大的影响。

（2）社会身份。这是指传播者所具有的社会地位、社会名望、知名度及年龄、经验等。事实表明，在一些不属于或不涉及专业性知识内容的问题上，具有较高社会身份的人比社会身份低微的人具有更大的影响和说服力。

（3）吸引性。这是指传播者的人格特征、仪表体态以及言谈举止所具有的吸引力。吸引力大，则易引起他人的好感和愉快的情感体验；吸引力小，则不易使他人产生好感，甚至有可能产生厌烦、不愉快的情感体验。对于传播者来说，吸引力大则会增加其自身的影响和说服力，改变他人的态度；而吸引力小就难以说服他人接受自己的观点。

（4）相似性。这是指传播者自身的身份、职业、背景及态度、观点等与被劝说者有相似或相近的特征。一般来说，传播者与被劝说者之间在身份、职业、参加的团体以及年龄、性别、出生地等方面相似或相近，会促进双方之间在态度上的趋同，从而导致被劝说者态度的改变。例如：在日常生活中，青年人容易接受其他青年人的劝说，同他人取得一致的看法；有着共同的经历、职业、籍贯的人之间也易于互相劝说，求取一致的态度。

（5）可信赖性。这是指传播者自身被他人相信和信赖的程度。这种特性主要受被劝说者关于传播者的内心动机的知觉的影响。如果传播者被认为是怀有个人目的，出于一己私利，并非公正无私的，传播者就不会为他人所相信，其说服力就会大大降低。如果被劝说者认为传播者的观点、看法与传播者自身利益不相符合甚至是矛盾的时候，则被劝说者就容易接受传播者的影响，其态度也容易产生较为明显的改变。

2. 信息的传播因素

信息在传播过程中的呈现和组织方式也是影响劝说效果的重要因素。同样的信息内容在传播者采用了不同的传播方式和技巧后，所产生的劝说效果往往是很不相同的，通过对信息内容进行有效合理的组织编排，就有可能提高其劝说效果，增加其对被劝说者的影响。

首因效应：交往双方形成的第一次印象对今后交往关系的影响。
近因效应：交往双方形成的最后印象对今后交往关系的影响。

（1）单方面传播与双方面传播。在劝说他人的过程中，劝说者往往只叙述能够证实自己观点主张或者是赞同自己观点主张的各种看法和论据，对与自己不同甚至是反对自己的其他观点主张则闭口不谈，或者一味强调与自己对立一方的不足之处。这种向被劝说者传播劝说信息的方式是单方面传播。与此相反，在详尽地阐述了自己的观点主张是合理的、有根据的、值得相信的同时，也对与自己对立的一方的观点主张加以介绍并进一步肯定其虽不可取但也不乏借鉴之处，这种做法就是双方面传播。双方面传播的另一种形式指，在劝说中不仅强调自己观点主张的正确性、合理性，同时也指出其缺陷和不足之处，或者是在指出他人观点主张的缺点和错误的同时，也指出他人观点主张的优点和长处。

（2）信息传播的**首因效应**和**近因效应**。在采用单方面的信息传播方式劝说他人改变态度时，往往会遇到这样一个问题：在劝说中是开门见山地提出自己的观点主张好，还是将自己的观点主张放在最后来说好？在采用双方面的信息传播方式时，则常常会遇到这样一个问题：在劝说中是先叙述赞同、支持并证实自己观点主张好，还是将此放在后面说，而一开始就陈述反对自己、与自己观点主张相矛盾的观点主张好？所有这些都涉及在传播过程中信息呈现次序对信息劝说效果的影响问题。在社会心理学中，先呈现的信息产生的影响较大称为首因效应，后呈现的信息产生的影响较大称为近因效应。

在实际劝说中，究竟是应先叙述自己的观点主张还是应后叙述自己的观点主张，要依自己所面临的具体情境条件而定，有时先讲有利，有时后讲有利。单就两种效应而言，劝说者应该考虑的一个重要因素就是时间，即先后呈现的两种信息之间的时间间隔和信息呈现与态度测评之间的时间间隔。这两种时间因素会影响信息的首因或近因效应，从而影响信息的劝说效果。一般来说，在先后呈现的两种信息之间的时间间隔较为短暂，而信息呈现与态度测评之间的时间间隔较为长久时，则会产生首因效应。反之，则会产生近因效应。除此之外，在其他的情况下一般都难以产生首因或近因效应。

（3）信息传播的渠道。在信息传播的过程中，人们总是要借助于一定的手段或工具，如通过电台广播或电视来传播信息，或者是通过交谈，书写文章、书信来劝说他人。这些不同的方法、手段对信息的劝说效果所产生的影响各不相同。较早的研究曾表明，生动形象的视觉信息，如通过图片、录像所传播的信息，要比单调的听觉信息更有劝说效力，而这种单调的听觉信息又比用书面文字所传播的信息更有劝说效力。近期这方面的研究则发现，事实并非如此简单，被劝说者在接受他人劝说信息的过程中实际上是经历了两个不同的阶段，即理解信息的阶段和根据信息做出行动的阶段。在前一个阶段，被劝说者要对信息进行分析，领会其含义，认识其基本要求和意图；在后一个阶段，被劝说者则根据自己对信息的理解及自己内心的态度观点来决定行动。由于这两个阶段不同，因而应有针对性地采用不同的传播方法。在第一阶段，用书面文字传播的信息具有较好的劝说效果，尤其是涉及比较复杂、难以掌握的信息时更是如此。在第二阶段，用图片、录像等生动形象的视觉形式传播的信息则具有较好的劝说效果。

3. 被劝说者因素

被劝说者本身所具有的某些特点对劝说效果也具有相当的影响作用，或者是有助于劝说的有效进行，或者是妨碍和抵制劝说的进行。这些特点大体分为以下几个方面。

（1）原有态度。人们自小形成并保持一生不变的态度是难以改变的。因为这种态度已经是内化了的态度，已经成为个体主观世界不可缺少的组成部分，如成为观念系统中的一部分或作为个人的某些信仰或价值观的体现。而形成于一时一事的态度则容易改变。根据个体的亲身经历和直接经验而形成的态度难以改变；反之，依据道听途说或其他的间接经验而形成的态度则较易改变。出于某种无奈或迫于某种压力而形成的态度容易改变，而自主选择的或自觉自愿接受的态度则不易改变。自身协调一致，不存在矛盾冲突的态度不易改变，而自相矛盾、互不协调的态度则较易改变。这里所指既包括态度自身内部组成成分之间的协调一致或矛盾对立联系，也包括态度与态度之间的和态度与行为之间的关系。

（2）人格特点。生活中有的人依赖性较强，缺乏独立自主的判断能力，信服权威，因而较易接受他人的劝说而改变自己的态度；有的人则固执己见，不易接受他人的意见，故态度较难改变。自尊心较强、自我评价较高的人，过于相信自己和保护自己，因而不易接受他人的劝说和影响；自我评价较低、缺乏自信心的人，则常怀疑自己而相信他人，因而容易接受他人的劝说并改变自己的态度。再有，个体所持有的社会赞许期望的高低也是一个重要的人格因素。期望高的个体则易受他人和社会的影响，改变自己的态度，与他人和社会保持一致；期望低的个体则不在乎周围他人对自己的评价，我行我素，故而其态度较不易改变。

（3）信息加工。在劝说中，除要考虑到被劝说者的原有态度及自身人格这两方面之外，还有一个重要的方面也是不可忽视的，这就是被劝说者是如何接受劝说信息的，即劝说信息在被劝说者的头脑中是怎样被加工、储存和提取的。这方面的研究是自 20 世纪 70 年代起随着认知社会心理学的发展而开始兴起的。已有的研究表明，个体对劝说信息的接受方式多种多样，有的信息可能是通过记忆产生影响，有的信息则可能是在最初的感知中就产生了影响。个体对信息进行加工处理的方式不同，不可避免地会影响信息的劝说效果，从而影响态度的改变。

4. 情境因素

使态度改变的劝说过程并不是仅仅在劝说者和被劝说者之间孤立地进行的，而总是在一定的情境条件下进行的。因此，一定的情境条件也会对劝说效果产生影响。

（1）信息繁多的情境。在现实生活中，每一个人都会遇到一个充满了各种各样信息的环境，都会同时看到或听到关于某一事物的种种相同或不同的观点、主张、看法。在这样的环境中，个体态度的变化和改变就不再是某一种劝说信息单独作用的结果，而是多种信息交互作用的结果。换言之，在此时某一劝说信息对个体态度改变所产生的影响是与其他多种信息的影响交织在一起的，同时也是受其他信息的影响的。鲍姆加德纳（M. H. Baumgardner）等人于 1983 年曾以学生为被试做实验，让他们一次接受关于多种品牌商品的 54 种劝说信息。在一种条件下，劝说信息对相类似的商品都给予了称赞；在另一种条件下，对各种产品的劝说信息则是有褒有贬。研究者让被试接受了这样的信息后，再来测评他们对这些产品的态度。结果发现，在第一种条件下，被试会将自己对某一种商品的态度泛化为对其他商品的态度，而且由这种泛化而得到的态度保持得比较长久。在第二种条件下，被试对各种商品的态度则没有呈现这种泛化现象，而且被试在劝说信息的影响下所产生的态度改变也不易长久维持。由此可见，在信息繁多的情境中，单一信息的劝说效用是受其他信息影响和制约的，若各种信息互相之间的相似或一致性越多、越明显，则其中的某一信息的劝说效用就会得到增强和提高。但是，如果各种信息互相之间的差异或矛盾越多、越大，则其中的每个单一信息的劝说效用就会降低和被削弱。

（2）令人分心的情境。他人在场和其他信息的同时呈现，都会导致人们对劝说信息注意力的分散，从而影响信息的劝说效果。因此，在那种充斥着其他各种信息或者有许多无关的并非是被劝说者的人在场的情境中，通过劝说宣传来改变他人的态度就不是一件轻而易举的事情。因此，对被劝说者进行单个劝说或单一信息的劝说，避免其注意力的分散，劝说的效果就会好些。然而，注意力的分散并不总是导致信息劝说力的被削弱和降低。有的时候，注意力的轻微分散反而会增强信息的劝说力。其原因就在于，被劝说者会为了克服注意力的分散而做出较大的努力，从而使其接受到更多的信息，对信息有更完全的了解。同时又不至于有更多的时间和思想准备去考虑对立的观点主张。此外，注意力的轻微分散会影响被劝说者对信息的了解和掌握，包括正反两方面的信息，使其对自己的态度和判断缺乏自信和确认，因而增加了其自身被说服的可能性。

(3) 信息重复的情境。反复多次地重复某一信息会加深人们对它的印象，巩固对它的记忆，从而增强这一信息对人们的影响，有助于人们态度的改变。但是，重复的作用是有限度的，过多的重复则可能会引起相反的效果，原因也许是重复引起了厌烦情绪以及继之而起的逆反心理。

（二）角色扮演法

这种方法是以角色理论为依据的。角色理论的核心原则即个体的行为应与其所承担的角色相一致，应该符合这一角色身份的要求。无论是何种角色，客观上都包含着标志这一角色的各种象征（如权力、地位、待遇）和符号（如称呼、头衔、级别），包含着为这一角色所特有的行为规范和准则以及他人对角色的期待。对于个体而言，担当起某一角色，也就意味着要使自我的内涵与角色的内涵相吻合，使自我与角色协调一致。这一方面意味着个体的变化和发展，另一方面则意味着个体被约束和受制约。

角色扮演法是通过角色对承担角色的个体所具有的约束和影响来改变个体态度的，该方法在态度改变方面具有特殊作用。著名的态度研究者詹尼斯等人自 1965 年开始进行追踪研究，发现角色扮演是扭转人们日常生活中顽固态度与行为的很好的方法。他们以嗜烟女大学生为被试，用角色扮演的方法促使她们戒烟。具体操作是，让吸烟者扮演一名患者，由医生告诉她说，你已经身患肺癌，必须尽快进行手术。结果被试对吸烟的态度和行为改变十分明显：实验前，被试平均每天抽 24 支烟，角色扮演后很快降到不足 13 支。18 个月后，再接触这些被试，发现其抽烟量继续下降到 11 支。没有参加角色扮演的被试在同样的时期内抽烟量没有发生任何变化。

（三）团体影响法

团体对个体所具有的影响也可以有效地改变人们的态度。著名心理学家勒温进行了这方面的实验研究。被试是美国的一些家庭主妇，当时由于二战期间食物短缺，政府希望人们多用动物内脏做菜。勒温向第一组被试讲解用动物肝脏做菜的好处，并赠送每人一份烹调菜谱；而对第二组被试，勒温组织她们进行讨论，并由营养专家亲自试验烹饪。结果发现，第一组被试只有 3%的人改变态度，而第二组被试有 32%的人改变态度。勒温指出，团体讨论中的态度转变经历了三个过程：(1)“解冻”了原有的抵制改变的团体态度；(2) 建立起新的态度；(3)“凝固”了新的态度。团体的影响来自团体的规范准则，这种规范准则对团体成员具有无形的约束力，促使团体中每个人的一言一行都与团体的规范准则保持一致。在这种情况下，一个成员的言行如果符合团体规范准则的要求，就会受到团体的接受、承认、赞同和支持，被其他成员视为自己人，在团体中确立自己的位置；如果其言行违背了团体规范准则的要求，就会受到团体的拒绝、排斥、否定和打击，被其他成员视为离经叛道的异己分子，在团体中被孤立起来甚至被逐出团体。无论是正式团体或非正式团体，还是隶属团体或参照团体，其所具有的规范准则都具有这种约束力。正因为如此，通过将人们组织进一定的团体，并制定相应的规范准则来影响和约束他们的一言一行，能够有效地改变他们的态度。

(四) 活动参与法

引导人们积极地参与有关的活动，能达到改变人们态度的目的。心理学家对此进行了一些实验研究，费斯汀格找到一些彼此不认识的黑人和白人做被试。在第一种实验情境下，他让白人和黑人一起玩纸牌游戏；在第二种实验情境下，让白人和黑人一起观看别人玩游戏；在第三种实验情境下，白人和黑人同处一室但不组织任何活动。在上述三种实验情境下，白人对黑人显示出友好态度的人分别为66.7%、42.9%、11.1%。实验结果证明，共同活动的状况影响着白人对黑人的态度，即共同活动越积极，白人对黑人的态度转变就越好。这种方法是通过引导人们参加与态度改变有关的活动来改变人们态度的。例如，通过劳动锻炼来改变轻视劳动、好逸恶劳的态度。在通常情况下，人们所参与的活动或者是与所要改变的态度有着密切联系，或者就是所要改变的态度对象本身。此外，人们参与活动时的自愿程度或感受到的压力大小对人们态度的改变有很大影响。如果人们觉得参加这项活动是自觉自愿的，则其态度的改变就会大些；如果人们觉得是出于某种自身之外的原因如奖励或惩罚，感受到了某种压力如权威和团体的压力，则即使其积极参加了活动，其态度也未必会发生很大的改变。再有就是所参与的活动如果是经常性的、较长久的，则态度改变相应地就较大、较持久；如果只是一次性的活动或短期的活动，则态度改变的效果就不是很明显或难以持久。

> **偏见**：对某个人或团体持有的一种不公平、不合理的消极否定的态度。

第五节　偏见

偏见 (prejudice) 是对某个人或团体所持有的一种不公平、不合理的消极否定的态度。由于偏见是社会生活中的一种独特的态度，因而也包括态度的三个主要成分，即认知、情感、行为。例如，大男子主义的拥护者对女人持有偏见，他们认为“女子无才便是德”(认知)，因此不喜欢她们独立自主(情感)，从而经常以不公平的方式来对待她们（行为）。偏见常和歧视联系在一起，所不同的只是歧视偏重于因对某个体或其所属团体存有偏见而引起的不公平、不合理的行为方式。

偏见对社会生活的协调和谐往往产生破坏性后果，因此，社会心理学家对这个问题相当重视。一般情况下，社会心理学家在研究偏见时，往往把重点放在产生偏见的原因、偏见造成的后果、偏见的消除措施等方面。

一、产生偏见的原因

社会心理学家对偏见得以产生的原因进行了大量的研究，提出了各种各样导致偏见的因素。概括起来，不外乎以下几个方面。

（一）社会群体间的冲突

在现实社会生活中，社会的各个团体、阶层之间存在着利益、文化价值观、习惯模式的冲突，这是产生偏见的重要因素。不同群体被迫竞争有限的资源时，必然产生冲突，冲突导致敌视，敌视唤醒对对方的否定性情感和心理。社会心理学家谢里夫的实验说明了这一点。他让一群来自不同地区的男孩子参加一次暑期夏令营活动。到营地后，将他们分为两组。开始两组成员彼此不相识，也不往来，各自从事自己组内的活动，逐步地各组成员内部建立了认同感。此后，谢里夫安排两组进行各种竞赛活动。而竞赛活动的奖励方式为一方之所得必为另一方之所失。随着竞赛活动的进行，两个群体间的社会距离越来越大，而且产生了日益强烈的对自己有利而对对方不利的看法。如认为自己的群体是勇敢的、坚强的、友善的，而对方是卑劣的、狡诈的、邪恶的等。即使双方的成就差不多，也倾向于高估自己而低估对方。而且，两个群体间的这种对立还扩散到实际竞赛活动外的其他场合。

（二）社会化

谢里夫的实验证明了社会团体之间的竞争和冲突与偏见产生的关系。但是，团体间的这种竞争和冲突并非偏见产生的必要条件，即使我们消除了所有的群体冲突，偏见也不会从社会上彻底消失。偏见的产生还有其文化历史因素。文化传统有很牢固的性质，使得最初的文化因素消失之后文化传统还长时间继续存在。作为文化传统之一部分的偏见也同样如此。而通过社会化过程，个体吸收并内化了文化传统，也继承了偏见（见图 7-6）。

根据美国学者 F. 奥尔波特对历史上各种偏见发生和持续过程的研究，在一个文化圈内，许多偏见最初之所以发生，主要是由于那些有权有势的社会集团为了使自己对无权无势的社会集团的剥削统治合理化而制造出来的。如在欧洲工业革命后，统治阶级与资本家大肆散布这种偏见：工人是一群缺乏独立人格的人，没有独立思考的能力；其主要的要求和欲望是维持可以养家糊口的物质生活；对这些人必须加以严格的管制监督。这种偏见一旦形成并传播开来之后，便融入了文化传统，并在社会上形成一种偏见的氛围。在偏见的氛围中成长起来的儿童对于带有偏见的规范是服从的。首先是形式上的相符，后来就内化于心。儿童的社会化过程融于其父母的偏见文化之中，他们面临的许多压力会使他们拥有与父母和其他指导者相符的思想和行为。

图 7-6

说明：当人们街头偶遇时，由于社会化的影响，人们在大脑中会立刻将对方进行群体分类。

（三）个体的人格和心理因素

在同一社会文化氛围中成长起来的人们在偏见倾向上并非一致不二，而是存在着很大的人际差异。这是因为一些独特的人格和心理因素影响着偏见的产生。

首先，具有权威主义人格的人易产生并固守偏见。权威主义人格一般具有以下特点：（1）固守传统的等级观念，排斥、轻视违反传统价值的人；（2）顺从于所属群体的道德权威，以权威和地位为行事的依据；（3）敌视其他群体的人；（4）对周围的事物偏好作两分法的简单判断。显然，具有这些特点的人是很容易产生偏见的。

其次，偏见和某些独特的心理作用与心理感受有关。弗洛伊德认为，偏见是一种人类倾向于投射的功能。投射有两种。第一种是相似性投射，即我们所有的人都有把自己不受社会赞许的欲望投射到他人身上的倾向，如想看到别人做我们最害怕被抓住的事情。按照这种观点，具有将他人视为有敌意和侵犯品质的明显倾向的人往往暴露了他自己的敌意和侵犯品质。第二种是互补性投射，如资本家在剥削工人时可能认为，他们这样做不是因为他们贪婪，而是因为被他们剥削的人能力低。除了投射这种心理作用可能导致偏见之外，许多社会心理学家还认为，挫折感也会导致偏见。

(四) 历史与文化的遗留

津巴多与利佩（M. R. Leippe）认为，当前对一个目标群体的歧视，可能是若干年前或若干世纪前的某一特定历史时期因为某些原因而形成的价值观的体现。这些原因现在也许还存在，也许已经不存在。这种历史的视角强调对群体间甚至国家间的敌意的理解，这些敌意起源于代代传承的老传统、刻板印象、戏谑和信念系统，而没有考虑到事情的真相或变化着的环境。比如，我国传统文化中对女性的态度，至今仍有部分被保留，并影响当代女性的社会生活。

二、偏见造成的后果

虽然偏见会给社会生活的协调和谐造成破坏性的后果，但在社会心理学的研究中，最引起人们重视的是偏见给受害者带来的心理后果。

(一) 自我实现预言

罗森塔尔效应（Rosenthal effect）可以用来说明偏见的这一后果。1968 年，美国心理学家罗森塔尔（R. Rosenthal）等人所做的实验证明，如果教师对某些学生持有积极的看法，那么这些学生的课堂表现会有显著的进步，学习成绩会提高，尽管教师的这种看法可能是完全不正确的。既然积极的看法会导致积极的效果，那么消极的看法也可能导致消极的效果。如果学生知道老师看不起自己，认为自己愚蠢，那么这种消极的期望可能会变成他的**自我实现预言**。他的成绩可能会变得很差，并且还会形成自卑感。社会中其他的对团体、对个人的偏见通常也具有这种效果。

> **自我实现预言**：直接或间接导致预言本身实现的一种预测。

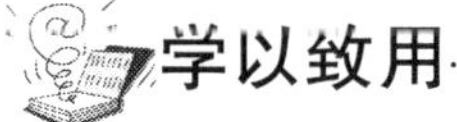
学以致用

罗森塔尔效应

罗伯特·罗森塔尔（1933—　），美国社会心理学家，主要研究兴趣是人际期望，即一个人对另一个人行为的期望本身将导致该期望成为现实。同时他还对非语言交流很感兴趣。

罗森塔尔效应是罗森塔尔在实验中获得的教育效应。开始，他把一些"聪明"的老鼠交给一位实验员，而把一些"不聪明"的老鼠交给另一个实验员。过一段时间，他把这些老鼠都放进迷宫里进行测试，结果那些"聪明"的老鼠比起"不聪明"的老鼠要灵活得多。其实罗森塔尔事先并没有考察过这些老鼠，"聪明"与"不聪明"都只是对实验员讲讲而已。但实验员根据他的评价却产生了不同的观念，在训练时也就有不同的想法和做法，结果训练效果有所不同。

罗森塔尔马上把这种实验方法扩大到学校。1968年的一天，罗森塔尔和助手们来到一所小学，说要进行七项实验。他们从一至六年级各选了三个班，对这18个班的学生进行了“未来发展趋势测验”。之后，罗森塔尔以赞许的口吻将一份“最有发展前途者”的名单交给了校长和相关老师，并叮嘱他们务必要保密，以免影响实验的正确性。其实，罗森塔尔撒了一个“权威性谎言”，因为名单上的学生是随便挑选出来的。八个月后，罗森塔尔和助手们对那18个班级的学生进行复试，结果奇迹出现了，凡是上了名单的学生，个个成绩有了较大的进步，且性格活泼开朗，自信心强，求知欲旺盛，更乐于和别人打交道。显然，罗森塔尔的“权威性谎言”发挥了作用。这个谎言对老师产生了暗示，左右了老师对名单上学生的能力的评价，而老师又将自己的这一心理活动通过自己的情感、语言和行为传染给学生，使学生变得更加自尊、自爱、自信、自强，从而使他们的各方面得到了异乎寻常的进步。

（二）性别角色

在社会中还存在着对女性的许多偏见，如认为女人是依赖的、被动的等。这种偏见对于形成女性心理和女性性别角色有着很大的影响。如西方心理学家们所说的“灰姑娘情结”，即女性通常认为自己是无力的、依赖的，需要“白马王子”来追求和保护等，就和上述这种偏见紧密相关。此外，关于女性的偏见还造成了女性的逃避成就动机，在男性面前的自卑感等。

（三）疏离

社会隔离会导致并强化偏见，而偏见又反过来会增加隔膜和疏离。在学校中，如果学生知道自己不受老师喜欢，就可能避免见到老师，与老师疏远，并且进而与同学疏远。这种疏远会导致受偏见的个体人格失常，并对周围的人产生强烈的敌意。

三、偏见的消除措施

在我们社会中，偏见是普遍存在的，并且产生了各种各样的消极后果。但是，偏见并非是不可消除的。只要我们对症下药，便可达到预防和消除偏见的目的。社会心理学家们对此做了大量的研究，提出了各种解决措施。概括起来主要有以下几条。

（1）消除刻板印象。偏见和一般的态度一样，也具有认知、情感、行为三种成分。而偏见的认知成分往往是一种社会刻板印象。一般人对某些群体的成员常有一定的刻板印象，如白人认为黑人智力低下、不求上进，男人认为女人有依赖性、被动性等。根据研究，由偏见对象表现出与刻板印象相异的行为来，会有助于偏见的消除。例如，如果黑人从事一些社会地位较高的工作，并在其中取得成就的话，就有助于减少人们对黑人持有的偏见。

（2）增加平等的、个人间的接触。平等的接触和个人间的接触都是为了深入全面地了解接触双方的独特性。不平等的接触妨碍双方相互间进行深入、细致的了解，并且还易产生先入为主的、刻板化的判断，这种判断往往是对地位低下者不利的。同样，非个人间的接触通常也只能导致接触双方之间肤浅的、形式化的认识。只有平等的、个人间的接触，才有利于真实地了解对方独特的能力、性格、爱好、抱负等，避免形成先入为主的判断，从而达到预防和消除偏见的目的。

（3）共同命运与合作奖励。社会心理学家谢里夫在暑期夏令营的研究中发现，竞争可以引发两组原来互不相识的群体相互间的敌视和偏见。那么，如何消除这种敌视和偏见呢？在该实验中，谢里夫对营区的供水系统加以破坏，使两个群体都面临一个共同的命运，这个困难只有依靠两个群体全部成员的共同合作才能消除。结果证明，共同命运与合作奖励（奖励的给予视全体人员是否共同合作而定）是消除群体间的敌对情绪和偏见的重要途径。

（4）制定有助于消除偏见的社会规范。人们都有服从并认同社会规范的行为倾向。如果社会规范认为其他群体是可以接受的，人们就有可能改变对其他群体的偏见。

基本概念

态度	态度的认知成分	态度的情感成分	态度的行为成分
紧张缓解理论	社会判断理论	服从	认同
内化	等距量表	总加量表	语义分化量表
自我实现预言	偏见		

本章要点

1. 所谓态度指个体自身对社会存在所持有的具有一定结构和比较稳定的内在心理状态。

2. 作为一种重要的社会心理现象，态度具有如下几种特性：态度的社会性、态度的主观经验性、态度的动力性和态度的双重性。

3. 作为一种具有认知基础的心理反应倾向，态度兼具认知、情感和行为三种成分，并且这三种成分是彼此相互关联的。

4. 半个多世纪以来，有关态度的理论研究可以按照其基本理论观点和方法的不同而大致划分为如下四个类别。强化论观点的态度研究，可区别为三种。认知论观点的态度研究注重于“态度是对社会对象的评价”，力图从评价的角度来探索态度的内部心理机制。功能理论的基本主张是认为人们之所以持有某种态度，是因为这种态度能够满足他们个人的某种需要，特别是心理上的需要。因此，要改变人们的态度，应首先了解态度所能满足的需要是什么，通过改变人们内在的需要来改变人们所持有的态度。态度改变三阶段理论是由科尔曼于1961年提出来的，他认为个体态度的改变不是一蹴而就的，而是经过服从、认同、内化三个阶段。

5. 态度是无法用肉眼直接观察的内隐的心理活动。态度的测评即对人们的外显行为进行观察、记录并据此进行间接推断的过程。态度测评的方法有许多种。经常使用的有量表法（自我评断法）、问卷法（自我报告法）、投射法（测验法）、行为观察法、生理反应法和内隐联想测试。

6. 量表法又称自我评断法，是运用根据一定的测量、统计原理而编制的态度量表来测评个体所持态度的一种方法。被人们广泛运用的态度量表有等距量表、总加量表、语义分化量表和格特曼量表。

7. 个体所持有的各种态度都是在后天的社会生活环境中通过学习而逐渐形成的。因此，个体态度的形成一方面要受到社会生活环境中各种因素的影响和制约，另一方面则是通过联想、强化和观察等学习方式不断学习的结果。

8. 态度改变指的是个体已经形成或原先持有的态度发生了变化。这种变化包括两个方面：一是指方向上的改变，即质的改变。二是指程度上的改变，即量的改变。改变态度的方法大致有这样几种：劝说宣传法、角色扮演法、团体影响法、活动参与法。

9. 偏见是对某个人或团体所持有的一种不公平、不合理的消极否定的态度。由于偏见是社会生活中的一种独特的态度，因而也包括态度的三个主要成分，即认知、情感、行为。社会心理学家们对偏见得以产生的原因进行了大量的研究，提出了各种各样导致偏见的因素。概括起来包括几个方面：社会群体间的冲突、社会化、个体的人格和心理因素，以及历史和文化的遗留。在我们社会中，偏见是普遍存在的，并且产生了各种各样的消极后果。但是，偏见并非是不可消除的。只要我们对症下药，便可达到预防和消除偏见的目的。社会心理学家们对此做了大量的研究，提出了各种解决措施。概括起来主要有以下几条：消除刻板印象，增加平等的、个人间的接触，共同命运与合作奖励，以及制定有助于消除偏见的社会规范。

复习思考题

1. 什么是态度？其特点是什么？
2. 设计一个测量态度的总加量表。
3. 评述认知失调理论和平衡理论。

推荐阅读书目

1. Babbie. The Practice of Social Research. 9th ed. Belmout，CA：Wadsworth Pub-

lishing Company，2001.

2. Bohner，Wanke. Attitude and Attitude Change. New York：Psychology Press，2000.

3. Perloff. The Dynamics of Persuasion：Communication and Attitudes in the 21st Century. 4th ed. New York：Routledge，2010.

4. Aiken. 态度与行为：理论、测量与研究．北京：中国轻工业出版社，2007.

5. 津巴多，利佩．态度改变与社会影响．北京：人民邮电出版社，2007.

6. Coon. 心理学导论．北京：中国轻工业出版社，2004.

推荐视频

1. 巴普洛夫古典条件反射（http://www. tudou. com/programs/view/4W7RZgF3ipE）

2. 罗森塔尔效应（http://psych. wisc. edu/braun/281/Intelligence/LabellingEffects. htm）

3. 网易公开课：社会认知心理学（http://v. 163. com/special/sp/socialcognition. html）

4. 爱课程之资源共享课：社会心理学之社会态度（http:///www. icourses. cn/jpk/changeforVideo. action? resId = 788535&courseId = 3735&firstShowFlag = 14；http://www. icourses. cn/jpk/changeforVideo. action? resId=788535&courseId=3735&firstShowFlag=15）

第八章

社会认知

章节导读

一位司机因闯过停车路标，冲进了迎面而来的车流中，引发 5 辆汽车的连环追尾事故，从发生到结束不过短短的 4 秒钟时间。但请不要担心人员伤亡问题，因为这只是心理学家洛夫特斯（E. F. Loftus）进行实验研究时人为设计的短片，整个电影不超过 1 分钟。参加实验的 150 名被试被分成两组观看该影片，随后每人做一份 10 个问题的问卷。结果，问卷第十题以“轿车 A 前面是否有停车路标?”这一同样的描述问及被试，却获得截然不同的答案。一组被试中有 40 名说他们看到轿车 A 前面有停车路标，另一组被试中说看到的却只有 26 名，这一差异已经达到统计学意义上的显著性。为什么观看同样的影片，两个小组之间的结果却不一样? 原来有 40 名被试回答看到停车路标的小组所答问卷的第一题是这样问的：“轿车 A（闯过停车路标的那辆车）闯过停车路标时速度有多快?”另一个小组的问卷第一题则是：“轿车 A 右转弯时的速度有多快?”可见，两个小组的被试在判断第十题时，已经在无形中受到额外信息的影响。那么，同一小组的被试间也存在判断差异的情况，原因又是什么呢? 这就是社会认知所要解释的内容。

所谓社会认知是研究人们如何从社会环境中获取信息，并如何形成推理的过程。有关社会认知方面的研究主要包括人们如何对他人、社会团体、社会角色以及人们自身经验做出判断。在日常生活中，我们并不会认真分析自己是如何做出以上判断的。事实上，做出社会判断的过程比我们所能想象的要复杂得多。在社会认知过程中，我们常常会面临这样的情况，我们所获得的信息有时不完整，有时模糊不清，有时甚至是相互矛盾的。在复杂的社会认知过程中，我们还要面临大量需要加工的复杂社会信息。我们将如何利用这些信息，并最终做出恰当的判断呢? 这就是社会认知所要研究的核心问题。

引领性问题

- 社会认知研究和认知心理学的关系是怎样的?
- 社会认知和社会知觉有什么不同?
- 归因理论中的“因”和科学研究中科学家试图发现的“因”有什么不同?

我们是如何认识别人以及我们生活于其中的世界的？人的内心世界与外部世界是如何联系起来的？为什么在大多数情况下我们只凭借经验就可以对形势做出准确的判断？为什么在另外一些时候，我们却未能形成对周围世界的正确理解？哪些因素影响了我们认识他人和世界的准确性呢？诸如此类的问题，几乎都是社会认知的研究对象。

第一节　社会认知概述

一、社会认知的定义

社会认知（social cognition）始于社会知觉研究。1947年，美国心理学家布鲁纳率先提出社会知觉（social perception）这个概念。社会知觉是指受到知觉主体的兴趣、需要、动机、价值观等社会心理因素影响的对人的知觉。随着人际知觉领域研究的兴起，社会知觉概念被等同于人际知觉（或称对人知觉）。**人际知觉**（interpersonal perception）是指对他人或自我所具有的各种属性或特征的整体反映，其结果即形成关于他人或自我的印象。人际知觉是社会认知的一种特殊形态，即以人作为对象的知觉。社会知觉服从于社会认知的普遍规律，同时也具有一般社会认知所不具有的特点。20世纪60年代之后，随着认知心理学的兴起，社会认知的概念逐渐取代了作为术语的社会知觉和人际知觉的主流地位，它指的是个体对他人的心理状态、行为动机和意向做出推测和判断的过程，属于人的思维活动的范畴。

> **社会认知**：个体对他人的心理状态、行为动机和意向做出推测和判断的过程。
> **人际知觉**：对他人或自我所具有的各种属性或特征的整体反应。

背景人物

布鲁纳（1915—2016），美国哈佛大学心理学教授，著名的认知心理学家和教育改革家。他引领了20世纪60年代美国教育改革，构建了认知结构学习理论和教学理论。他在教学理论上提出的一些主张都是建立在他对学生认知和发展的研究结果上的。这些研究成果对我们今天的教学观念和教学策略仍有启示作用。

由于学者对社会认知的理解不尽相同，社会认知的定义也有若干种。比较有代表性的有以下几种：（1）有些因素会影响人对信息的获得、表征和提取，社会认知主要研究这些影响因素，以及这些影响因素与知觉者的判断之间的关系。（2）社会认知通常是指两种认知：关于人、群体的认知和人具有情感、动机态度的认知。（3）社会认知通常是指对人、自我、人际关系、社会群体、角色和规则的认知，以及对这种认知与社会行为之间关系的认识和推论。（4）社会认知研究的对象是那些发生在他人和自己身上的心理事件以及人们对社会关系的思考。（5）社会认知是人们根据环境中的社会信息形成的对他人或社会群体、社会角色及自身经历做出的推论。

综合以上定义，可知社会认知有两个基本特征：其一，社会认知是人对社会性事件的认识和加工；其二，人的社会认知对其社会行为能起到一定的调节作用。所以我们可以这样给社会认知下定义：社会认知是指认知主体对认知客体外在特征的认识、对认知客体内在特征的推理与判断，以及对认知主体与认知客体之间关系的理解与推断。简言之，社会认知感兴趣的是认知主体对他人、对人际关系的社会信息加工以及与之相伴随的自我省察过程。

二、社会认知的基本范围

社会认知涉及很多相关的社会心理学概念，如自我、角色、态度和人际关系等。对这些概念进行深入研究离不开社会信息加工过程，而社会信息加工与社会认知的关系也非常密切，它贯穿于社会认知的全过程。那么，社会认知与其他概念所涵盖的范围应该如何区分呢？本章所讲述的社会认知主要涵盖了以下几个方面。

（一）对他人外部特征的认知

外部特征包括一个人的仪表、表情等可以凭感官觉察的特征。相对而言，仪表（appearance）是一种静态的外部特征，而表情（expression）往往是通过一种动态过程所流露出来的。

在人的各种特征中，仪表是最为重要的组成部分，它构成了人的具体形象。当我们初次和一个人接触时，他的相貌、衣着、高矮、胖瘦、肤色以及肢体等情况，会决定他在我们心目中的印象。我们通过把对方的各种物理特征加以整合，很快就会对他做出一些判断，无论这种判断是否准确（见图8-1）。对于仪表的认知是通过感官活动进行的，但是认知主体的经验、知识和性格等也会影响这种认知活动。在我们的社会认知活动中，我们通常不会把他人的仪表特征看作简单的物理现象，而倾向于认为仪表有可能向我们提供有价值的信息，并力图从中发现其所代表的含义。例如某人衣着朴素，我们极有可能会推论他要么生活节俭，要么经济条件差。

表情一般可以分为面部表情、眼神、身段表情和语言表情四个部分。面部表情（facial expression）以面部肌肉的变化作为标志，通过观察面部肌肉的各种变化来判断人的情绪是可能的。埃克曼（P. Ekman）认为，人们能够比较准确地从面部表情上辨别出各种情绪，包括快乐、悲哀、惊奇、恐惧、愤怒和懊悔等。不过人的面部表情所能显示的情绪不止以上六种，个人的情绪体验也往往不是其中单独的某一种，而是多种情绪的混合。此外，以上六种情绪还各有高低强弱的差异。[①] 眼神（expression in one's eyes）的情绪表达功能为我们所熟知，我们经常把眼睛比作“心灵的窗口”，在人的社会认知活动中，一般不应该忽略眼神的奥妙。身段表情（body expression）又称姿势。个体的情绪可以在身体姿态的变化中流露出来，例如低头、颤抖等。在身段表情中双手最为关键，从双手的动作上认知他人情绪，其准确率不亚于对面部表情的认知。语言表情（speech expression）不是指语言本身，而是指说话时的音量、声调、节奏等特征，这些被看作一种辅助语言。日常生活中，我们经常通过别人说话的方式来判断其内心状态，所谓“听话听音”就是对这种经验的总结。有些时候，语言表情所传达的信息比语言本身更加可靠。

图 8-1

说明：在社会认知过程中，我们最先认识到的往往是对方的仪表，并据此判断对方的内在品质。

（二）对他人性格的认知

性格是一个比较模糊的概念，它除了包括情绪反应之外，还主要包括意志反应特征。要了解一个人的性格，必须了解他对各种社会现实所采取的态度，以及与这种态度有关的习惯化的行为方式。从如上论述可以看出，通过仪表或表情判断出一个人的情绪变化，并不等于说我们已经了解了某人的性格，但在实际生活中，人们倾向于从其他人的情绪表露，甚至是相貌上判定其性格。这种认知倾向具有一定的局限性。在相对准确的性格认知过程中，认知主体需要收集有关客体的尽可能多的信息。实质上，对他人性格的社会认知应该是在与他人的实际交往过程中形成的。长期认真的交往才是实现性格认知的基本条件。

---

① Ekman. Lying and Nonverbal Behavior：Theoretical Issues and New Findings. Journal of Nonverbal Behavior，1988，12：163-176.

（三）对人际关系的认知

对人际关系的认知主要包括：对认知主体与他人关系的认知、对他人与他人关系的认知等。通常，对他人的社会认知已经暗示了如何选择自己与他人的关系形式。例如：当我们认为某人具有良好的品质时，我们倾向于与之建立亲近的关系；当我们认为某人的性格不好时，我们很可能对他产生反感和疏远的态度。人们愿意与和自己性格相似的人接近，所以，当人们选择交往对象时，非常注意对方与自己的相似点，因此，相似性认知构成了认知主体与他人关系认知的重要部分。估量他人之间的关系状况，也是人际关系认知的重要方面。此外，人际关系认知还包括确定某人在群体中的社会位置。

三、社会认知的特征

作为一种特殊的社会心理过程，社会认知具有如下几个基本特征。

（一）互动性

在社会认知过程中，认知主体和认知客体处于对等的主体地位。首先，认知主体与认知客体的划分不是绝对的，认知客体同时也是认知主体，而认知主体也作为认知客体存在；其次，两者之间相互影响，不仅认知客体会影响认知主体，而且认知主体也会影响认知客体，从而使社会认知的发生过程不是单向的，而是双向的。社会认知正是产生、发展于这种相互依赖、相互影响的过程之中。

（二）间接性

社会认知是一种间接的心理活动，它不仅是认知主体对他人外部属性的直接反映，更主要的是通过对他人可以感知的外部特征如行为表现等，达到对他人内部人格特征的间接把握和反映。简言之，社会认知是认知主体综合应用所获得的外部信息来推理事件内在本质的信息加工过程，这种信息加工过程是主体对客体的间接反映，而非直接反映。

（三）完形特征

人的社会认知具有完形特征，认知主体在进行社会信息加工的过程中，会自觉或不自觉地贯彻完形特征。所谓完形特征又可以称为格式塔（gestalt）原则，是指人倾向于把有关认知客体的各方面特征材料加以规则化，并形成完整的印象（见图8-2）。

当我们对一个人的内在品质进行判断时，社会认知的完形特征就会表现得非常明显。如果我们看到这样一个人：他既是好的又是坏的，既是诚实的又是虚伪的，既是热情的又是冷淡的，那么，我们在认知上会感到左右为难和难以接受，我们会认为自己还没有完全认清这个人的真实面目。人们似乎一生下来就无法忍受自相矛盾的判断。

认知中出现的相互矛盾的判断被称为认知分离。个体智力和知识的局限性构成了认知的剥夺体验，造成个体认知与认知对象之间的分离。为了消除这种分离，个体一方面会加强其收集新信息的欲望和动力，以寻求更多的信息来摆脱认知剥夺，另一方面也有可能向幻想的方向发展，即利用想当然的办法给认知对象添补细节，使认知带有浓厚的主观色彩。

图 8-2

说明：格式塔原则包括接近性、相似性、连续性、封闭性等。例如，其中的封闭性是指人们倾向于将缺损的轮廓加以补充，将其知觉成一个完整的封闭图形。

四、社会认知的理论假设

自从社会认知研究兴起以来，关于社会认知的理论假设经历了几次重要的转变。所谓理论假设是指具体的研究范式，是学者们对社会认知特点的总体看法，实质上就是社会认知研究的前提假设。这些理论假设指导着不同时期的社会认知研究方向。到目前为止，社会认知研究的理论假设大致经历了三个发展阶段。

（一）“朴素的科学家”假设

20 世纪 70 年代以前，社会认知研究的基本前提是**“朴素的科学家”假设**。这种假设认为，每个人都是一个朴素的科学家，在社会认知过程中，就像科学家一样寻找、确定事件发生的原因，以达到预测和控制的目标。在“朴素的科学家”假设的基础上，社会心理学家提出了一些认知理论和模型，例如海德的朴素归因理论和 H. 凯利的三度归因理论。

（二）“认知吝啬者”假设

从 20 世纪 70 年代，随着社会认知研究的不断深入，社会心理学家越来越多地发现，人在社会认知过程中并不完全或精确地运用他们所获得的信息，因此，社会认知和社会判断中会出现大量的偏差。特别是随着信息加工心理学对社会心理学研究的影响不断深入，社会认知中“朴素的科学家”假设

> **“朴素的科学家”假设**：人人都是科学家，都在确定事件发生的原因并达到预测和控制的目标。

开始向“认知吝啬者”假设转变。**“认知吝啬者”假设**认为，人们在社会认知过程中，面临的信息往往是不确定的、不完全的和复杂的。人们在进行信息加工过程中，要想达到最满意的合理性是非常困难的。人的认知资源有限，人在社会认知过程中常常偏爱走策略性捷径，以尽量节省时间和加工资源，而不是采用精细的统计学的分析。人偏爱使用最小限度的观察去进行社会判断的策略性加工，这是社会认知偏差产生的根源。

（三）“目标明确的策略家”假设

从20世纪90年代，社会认知的研究假设再次发生转变，认为人是目标明确的策略家。**“目标明确的策略家”假设**认为，人有多种信息加工策略可供选择，并在目标、动机、需要和环境力量的基础上对策略进行选择。人能够实用地选取适当的信息加工策略，以应对当前的情境需要，并努力使事情得以完成。因此，在必要的时候人会更多地注意复杂的信息，进行系统、费力的加工。当目标不存在这种必要性时，人会依赖于认知捷径、简单策略和先前的知识结构进行决策。总之，人能够灵活地调节自己的认知过程以适应环境的需要。

第二节　社会认知的信息加工

20世纪50年代末，受计算机科学的影响，认知心理学开始借用计算机信息加工的术语和原则解释人的一些心理过程。受其影响的社会心理家也试着用这种观点来解释人的一些社会心理和社会行为，例如自我、态度改变与刻板印象等。其中，社会认知研究无疑是受信息加工理论影响最大的社会心理学领域。

一、自动化信息加工

人们的社会认知过程常常是在无意识中进行的，无意识的社会认知过程主要借助于**自动化信息加工**过程。对于刚结识的人或面对新的人际关系时，我们常常会迅速地做出判断并付诸实施。例如：当我们认识了一个新人时，我们很快会推论他是一个什么样的人，应该怎样与之进行交往等；当我们加入一个新的团体面对新的人际关系时，我们很快就会明确自己的定位，知道应该如何表现自己等。凡此种种，往往都是没有经过深入思考的、自动化信息加工的结果。自动化信息加工是指无意识的、不带明确意图的、自然而然的社会信息加工过程。自动化信息息加工经常是自动运行的，认知主体对其思考过程和思考内容没有过多的了解和意识，

“认知吝啬者”假设：人们在认知过程中面临的信息不确定、不完全和复杂性使得认知过程偏爱走策略性捷径。
“目标明确的策略家”假设：人有多种信息加工策略可供选择，并在目标、动机、需要和环境力量的基础上对策略进行选择。
自动化信息加工：迅速做出判断并付诸实施的过程。

这种社会认知方式可以使我们付出很少的思维努力，但其思考结果基本上可以应对多数情况。

自动化是人们社会认知的一条心理捷径，虽然信息加工的结果可能不是最准确的判断和最佳的决定，但其优点在于可以帮助我们在最短的时间内做出最有可能正确的判断和决定。我们之所以能够对社会信息进行自动化加工，主要是以我们过去有关社会交往的经验和知识作为基础的。所以，自动化信息加工的正确性受到以往经验和知识的制约。例如，在一次社交场合中我们看到一位男士正在使用润唇膏，有些人可能会马上认为他是一位非常讲究生活质量的人，有些人可能会认为他有女性化的倾向，这些观点通常都不是经过客观的问询和缜密的思考得到的，而是认知主体根据自己以往的经验和知识进行自动化思考的结果。这种思考结果有助于认知主体快速地决定此后的交往策略，但其正确性却是值得质疑的，也许那位使用润唇膏的男士当时正受到嘴唇干裂的困扰，而与他的生活质量或女性化倾向没有任何关系。

二、控制性信息加工

与自动化信息加工不同，控制性信息加工需要认知主体更多的意识参与，并且对思维过程的控制程度更高。**控制性信息加工**是有意识的、有明确意图的、需要付出努力的社会认知方式。认知主体可以根据自己的意愿开启或关闭这类社会认知方式，并且可能充分意识到所思考的内容。

> **控制性信息加工**：有意识、有明确意图、需要付出努力的社会认知方式。

控制性信息加工需要耗费更多的心理能量，它与自动化信息加工是相互制衡的关系。通常，我们所接触的社会信息是非常庞大的，我们没有能力对全部信息进行深入的加工，自动化思维可以帮助我们处理其中大部分信息，而控制性思维主要运用于处理不同寻常的重要事件。例如，当你置身于一次舞会之中时，你可能会自动记录并判断每一个出现在你面前的人。突然之间你看到了一个人，他很像你久未谋面的初中同学，这时控制性信息加工通常就会启动，你会认真分析眼前的这个人与印象中的同学有哪些相似又有哪些不同。

自动化信息加工在日常生活中使用的频率远高于控制性信息加工。控制性信息加工的启动通常与社会认知动机、事件不同寻常的性质等方面有关。当我们对某人具有较高的社会认知动机时，我们通常会对他的信息进行深入分析和处理。诚然，尽管我们带着强烈的动机并且尽了很大的认知努力，也有可能会得出错误的推理，但是，获得准确信息、形成无偏差判断的动机越高，就越有可能得出正确的社会认知。此外，事件不同寻常的性质也有可能启动我们深入的思维活动，尤其当这种不同寻常的性质与我们切身利益息息相关时。

三、社会认知的图式

图式是认知心理学的一个重要概念。在认知心理学家看来，图式是组织信息的方式，是用来帮助人们认识世界和解释世界的。在社会心理学家看来，图式不仅是社会认知的结构和有组织的知识，而且是人们组织有关社会信息的思维方式。

（一）图式的含义与分类

图式是有关某一概念或者刺激的一组有组织、有结构的认知。它包括对某一概念或刺激的认知以及各种相关认知的关系，其内容可以是对特定的人、社会角色的态度，自我对特定客体的态度，对群体的刻板印象以及对共同事件的知觉等。根据图式的内容，可以将图式分为四类：个体图式、自我图式、角色图式和事件图式。

> **个体图式**：描述典型或者特别个体的心理认知类型。
> **自我图式**：个体对自己加以分类和描述的心理认知类型。
> **角色图式**：描述范围较宽泛的社会角色和群体的心理认知类型。
> **事件图式**：人们对于事件或事件序列的图式。

个体图式（person scheme），是一种心理认知类型，它描述了典型的或者特别的个体，例如“陈世美图式”和“秦香莲图式”就是典型的个体图式。在人们的心目中，对特定认知对象存在典型的形象即特定的图式。人们对认识对象的判断通常是套用典型图式的结果。当我们得知某个男人在发财后与妻子离婚时，我们可能会把他看成是“陈世美”那样的人，认为这个我们并不熟悉的男人可能与陈世美有很多共同点，并且应该受到惩罚。

自我图式（self scheme），是指个体对自己加以分类和描述的方式。例如，我们关于自己的图式可能包括“聪明的”“独立的”“外向的”等特征。如果一个人把自己的行为归入某一类别，他就会成为一个具有图式化行为的人。被贴上“慈善的”标签的人会受到“慈善的自我图式”影响，做出慈善行为，就是认同“慈善的”标签，把自己归为慈善这一类的结果。

角色图式（role scheme），是一种描述范围较宽的社会角色和群体的心理认知类型。每个人都有关于性别、社会阶层、专业群体的图式（见图8-3），例如有人认为女人通常是“心肠软的”“感情丰富的”，农民是“吃苦耐劳的”“憨厚老实的”，黑人是“擅长歌舞与体育的”等。

事件图式（event scheme），是指人们对于事件或者事件序列的图式，尤其是指一段时间内一系列有标准过程的行为。有的学者也称事件图式为剧本（script），它是社会事件的心理分类。它包括社会事件在发生前后以及因果关系上的普遍特征。例如“约会”这一事件图式，典型地包括开始会见、到餐馆吃饭、看电影、送回家、道晚安等。

（二）图式在社会认知过程中的作用

图式对社会认知有着重要的作用，人们利用图式加工社会信息、解释人际环境。当我们处于一个新的人际环境时，我们通常不会重新认识它，而是利用过去相似情境中的知识做出解释。正是通过这种方式，图式帮助我们加工社会信息。图式对社会认知的积极作用主要表现在以下几个方面。

图 8-3

说明：很多时候我们会用角色图式来进行社会认知加工。当我们知道某人的父亲是一位艺术家时，我们可能会想象他留着长头发或大胡子，或者其行为有些古怪。这种角色图式来自我们所熟知的伟大艺术家们所赋予艺术家角色的一些内涵，例如文森特·梵·高（左）、萨尔瓦多·达利（右）等。

（1）图式能够帮助记忆。当我们将过去的人或事形成图式化表征时，记忆效果最佳。在科恩（C. E. Cohen）的一项研究中，让被试看一个女人和她丈夫坐在家中的录像，一半的被试被告知这个女人是图书管理员，另一半被试被告知她是个女招待。这个女人既有符合图书管理员的角色图式，例如戴眼镜、弹钢琴；也有符合女招待的角色图式，例如房间里没有书架，吃巧克力蛋糕。结果发现，无论是马上回忆还是一周后回忆录像细节，被试均能较好地记忆与已知图式一致的细节。①

这并不意味着对与图式不一致的信息的记忆就会差。与图式一致及不一致的信息都比与图式根本不相关的信息更好记，而那些与图式无关的信息则容易被忘记。有时，与图式矛盾的信息比一致的信息回忆效果更好，这种现象在图式相当完善或者相当不完善的情况下特别明显。

（2）图式有助于自动化信息加工。认知者通常无须任何有意识的努力，就可以产生一些与图式有关的推论。例如，当我们遇到一个非常热情的人，我们可能会把与“友好”相关的社会认知特征自动地赋予他，如开朗、善良等，而这一过程几乎完全是在我们无意识的情况下完成的。当环境中的信息强烈地暗示某个特定的图式时，或者当图式涉及我们极其关心的人或事时，这种自动化信息加工最有可能发生。

（3）图式可以完善剧本的信息。图式可以帮助我们增补剧本或故事中的空白部分。例如，当我们阅读一个有关医生的故事时，虽然故事没有明确指出医生的服饰，但是我们根据医生的角色图式，会认为他在工作时间里穿着白大褂。

（4）图式中包含着情绪。图式中包含着针对图式内容的情绪。当我们使用某个图式时，就会伴随着某种情绪反应，这种情绪称为图式驱动的情绪。当环境中的信息与图式相吻合时，与该图式相一致的情绪就会被引发出来。仅在头脑中想象具有图式的

---

① Cohen. Person Categories and Social Perception：Testing Some Boundaries of the Processing Effects of Prior Knowledge. Journal of Personality and Social Psychology，1981，40：441-452.

客体就能强化个体对客体的情感。例如，如果你认为老师对你课堂上的发言不满意，那么你想这件事的时间越长，你的情绪可能会越低落。

虽然图式为我们社会认知的信息加工提供了大量的帮助，但图式加工也有缺点。我们有选择地吸收那些与图式相一致的信息，对那些我们不知道的信息依据图式来给予补充，但是，这些信息未必是合乎真实情况的。即使图式并不适合我们所面临的某种情况，而我们依然按照它做出判断。图式一旦形成，人们就不太愿意去更改。这些都是图式的缺陷，以这种方式进行社会认知的信息加工，可能会产生错误的判断、推理，不正确的期望，刻板印象和僵化的行为模式。

第三节　社会认知的影响因素

社会认知离不开认知主体和认知客体，以及两者之间的关系。没有认知客体，就不存在认知主体推理和判断的对象，没有认知客体和认知主体的关系，亦无法构成完整的社会认知。所以，关于认知主体、认知客体（认知对象）以及认知情境的因素均会影响个体的社会认知。

一、认知主体因素

社会认知发生在认知主体的思维过程之中，认知主体的原有经验、价值观念、情感状态、认知偏见和文化背景等因素都会影响社会认知的内容与过程。

（一）原有经验

认知主体的原有经验对社会认知过程有着特殊的影响。社会认知的主体在先前经验的基础上，形成某些概括认知对象特征的标准和原型，从而使其认知判断更加简洁明了。如果我们没有关于“聪明”和“大方”的原型，我们就没有办法很快地判断认知对象是否是聪明、大方的人。认知主体的原有经验还会制约其认知角度，例如面对同一座建筑物，建筑师可能更多地着眼于它的构造和轮廓等，而广告商则可能更多地着眼于该建筑物设置广告的潜力。

（二）价值观念

认知主体如何评判社会事物在其心目中的意义或重要性直接受到其价值观念的影响，而事件的价值则能增强认知主体对该事件的敏感性。F. 奥尔波特等人做过一项实验，目的是检测背景不同的被试对理论、经济、艺术、宗教、社会和政治的兴趣。实验者将有关词汇呈现在被试面前，让他们识别。测验结果发现：不同被试对这些词汇做出反应的敏感程度不同；背景不同的被试由于对词汇价值的看法不同，识别能力显示出很大的差异。

（三）情感状态

认知主体的情感状态会直接影响其认知活动的积极性。巴特利特（F. C. Bartlett）证实，应征入伍的人由于对即将面临的新环境感到不安，与那些未应征入伍的人相比，他们把军官照片看得更加可怕，并且还能指出哪位军官有较强的指挥能力。莫瑞（H. A. Murray）证实，处于恐惧状态下的人对恐惧更为敏感。在一次实验中，他先让一些女孩做一种很吓人的游戏，再让她们和其他女孩一起判断一些面部照片，结果那些做过游戏的女孩与没做过游戏的女孩相比，容易把面部照片判定为更加可怕。情绪饱满的人往往活动领域比较开阔，消息比较灵通；而情绪低落的人则容易把周围看成一片灰暗。[①] 菲德勒（F. E. Fiedler）的研究还发现，好恶感会影响认知主体对他人个性的认识。当我们对某人怀有好感时，容易在对方身上看到与自己相似的个性特点。[②]

（四）认知偏见

在社会认知过程中，个体的某些偏见经常会影响认知过程的准确性，使社会认知发生偏差。这种带有规律性的现象在许多情况下是难以克服的。

（1）**光环效应**（halo effect）。如果个体被赋予了一个肯定的或者是有价值的特征，那么，他就有可能被赋予其他许多积极的特征。例如，人们相信一个外表迷人的人会更加聪明，或者相信一个人如果不诚实就不会体谅他人等。这种社会认知偏见就是所谓的光环效应，其实质是把各种相互独立的、没有必然联系的特性予以叠加，统统赋予认知对象。

（2）**积极偏见**（positive prejudice）。认知主体表达积极肯定的评价往往多于消极否定的评价，这种倾向又叫宽大效应。相关研究表明，无论认知对象是否熟悉，被试对他们的肯定评价要多于否定评价。有些学者解释说，肯定评价就像“奖金”一样，用于别人身上就可以指望获得报偿。每个人都期待着得到别人的承认和接受，因而经常会设身处地地考虑他人意愿，放宽对人的尺度。一些实验证实，积极偏见只适用于对人的评价，当认知对象是不具有人格的物体时，它就不会出现。

> **光环效应**：若个体被赋予肯定或者有价值的特征，则有可能会被赋予其他许多积极的特征。
> **积极偏见**：认知主体表达积极肯定的评价往往多于消极否定的评价。
> **类化原则**：认知主体按照一定的标准将认知对象分类和进行归属。

（3）**类化原则**（generalization）。认知主体总是按照一定的标准将认知对象分类，把认知对象归属于一些预设好的群体之中。当社会认知涉及个体时，一旦发现他所属的群体类别，就会将群体的特征加到他的身上。例如，当我们新结识一位日本人后，

---

① 周爱保．社会认知的理论与实验．兰州：甘肃教育出版社，2002：119.

② Fiedler. Recent Developments in Research on the Contingency Model//Berkowitz. Group Processes. New York：Academic Press，1978：209-225.

我们可能会认为他具有日本人注重礼仪的特征。当我们接触认知对象时间不长、机会不多、认识不深入的时候，类化原则最有可能影响我们的社会认知。

（4）首因效应（primary effect）和近因效应（recency effect）。人们根据最初获得的信息所形成的印象不容易改变，甚至会左右认知主体对后续信息的解释，这就是首因效应。在社会认知过程中，个体尽管可以获得多种信息，然而决定印象形成的却是最初的信息，其余信息则被忽略。也就是说，第一印象的作用是非常大的。当近因效应发生时，我们倾向于注意认识对象的当前表现，而忘记了他最初留给我们的印象。

（5）**相似假定作用**（similarity assumption）。在社会认知活动中，人们有一种强烈的倾向，即假定对方与自己有相同之处。初次接触一个陌生人，当我们了解到对方的年龄、民族、国籍以及职业等与自己相似时，最容易做出这种假定。在社会生活中，背景相同的人并不一定有相似的个性和行为特征。但是，人们却往往根据一些外部的社会特征，判断自己与他人之间的相似程度。如果没有新的信息资料，人们就很可能用这种假定的结论来代替实际的认知结果。

相似假定作用：认知活动中人们常会假定对方与自己有更多的相似性。

隐含人格理论：把认知到的各种特征有规则地联系起来并依照人格假定形成整体形象。

（6）**隐含人格理论**（recessive personality theory）。每个人在成长过程中都发展了自己关于人格的看法和朴素理论，这是一套关于个人的各种特征怎样相互适应的没有言明的假定。这种人格理论之所以是隐含的，是因为它很少以正式的词汇表述出来，甚至个体自己也并未意识到它的存在。伯曼（J. S. Berman）等人把这种人格理论称作相关偏见。这种偏见为人们提供了一种方法：把认知到的各种特征有规则地联系起来。每个人都依照自己有关人格的假定，把他人的各种特征组织起来，形成一种整体形象。例如，罗森伯格等人发现，大学生在形容他们所认识的人时，最经常使用的词汇是自我中心、聪明、友好、雄心勃勃、懒惰等。[①] 那些被形容为很聪明的人，同时还可能被形容为友好的，但很少被形容为自我中心的。在这里隐含人格理论发挥了作用：聪明与友好应当并列，而聪明和自我中心则无法构成一个整体形象。

（五）文化背景

不同文化背景下的认知主体面对同一事件可能产生不同的认知关注点。尼斯贝特（R. E. Nisbett）向来自日本和美国的被试呈现同一幅描绘水底世界的画面，结果发现日本被试反映画面背景特征的信息比美国被试多出60%，日本被试更多地描述物体间的关系，比如“青蛙挨着水草”；而美国被试则更多地描述物体特征，比如“有一条独自游着的大鱼”。可见，日本的集体主义文化和美国的个体主义文化导致认知主体出现了不同的关注点。

---

① Rosenberg，Nelson，Vivekananthan. A Multidimensional Approach to the Structure of Personality Impressions. Journal of Personality and Social Psychology，1968，9：283-294.

二、认知对象因素

认知对象是社会认知客体的重要组成部分，与认知主体一样，是具有主体意识的个体，其魅力、知名度、自我表演等因素均影响认知主体的社会认知。

（一）认知对象的魅力

构成个体魅力的因素既有外表特征和行为方式，也有内在的性格特点等。我们常说某人有魅力，这意味着他具有一系列的积极属性，比如容貌美、聪明、友好、正直、有能力等。但是，在实际的社会认知过程中，认知对象只要具备其中一两个特征就可能被认为是有吸引力和有魅力的。

美貌通常是最快、最容易被人认知的外表特征，它是形成个人魅力的重要因素，并且容易产生光环效应。戴恩（K. Dion）等人在实验中向被试展示了外表魅力明显不同的人物照片，然后要求被试评定照片人物在其他方面的特征。结果发现：外表有魅力的人几乎在所有特征（如人格的社会合意性、婚姻能力、职业状况、幸福感等）方面都得到了最高的评价，而外表缺乏魅力的人得到的评价最低。①

除了美貌之外，高尚的道德、正直的人格、过硬的专业能力、和善友好等一些品质也可以增加个人魅力。印度圣雄甘地的巨大魅力不是来自外表，而是来自他的精神力量和追求正义的勇气。

（二）认知对象的知名度

认知对象知名度的高低，也影响着别人对他的认知。一个有较高知名度的人，人们可以通过某些传播媒介或其他人所传递的有关他的信息，在正式结识他之前就已经开始进行社会认知了。根据间接材料所进行的社会认知，受他人的影响比较大，无论认知主体是否相信这些口口相传的信息，他都会据此形成一定的判断。一旦亲身接触知名人士，认知主体首先会检验原有的看法。一般说来，某人的知名度越高，社会评价越积极，那么，对认知主体的认知活动影响越大，认知主体越会先入为主地将他看成有吸引力的人。

（三）认知对象的自我表演

社会认知是双向的，互动性是其重要特征。就单向的社会认知而言，认知对象也不是完全被动的，认知对象可以根据自己的意愿来表现自己的一些方面，同时隐藏另外一些方面，从而影响认知主体的认知活动。戈夫曼创立的戏剧理论认为，每个人都可以通过表演，即强调自己的一些属性，来隐藏其他属性，试图控制别人对自己的印

---

① Dion K L，Dion K K. Correlates of Romantic Love. Journal of Consulting and Clinical Psychology，1973，41：51-56.

象。如果表演成功的话，认知对象可以给不同的认知主体留下不同的印象。① 例如，我们可以让老板认为我们非常成熟而且坚定，可以让父母认为我们顽皮而且长不大，可以让亲密朋友觉得我们机智而且有趣等。

三、认知情境因素

社会认知活动离不开认知情境，认知客体、认知主体与认知客体的关系等借助认知情境得以体现，比如空间距离影响认知主体对他人关系的判断，背景环境引发认知主体对认知对象行为的想象等。

（一）空间距离

空间距离可以显示两个人的接近程度。在人们的认知活动中，空间距离构成了一个情境因素。人际空间距离可分为四种：亲密距离（0～0.55米），主要表现在夫妇和恋人之间；个人距离（0.55米～1.21米），主要表现在朋友之间；社会距离（1.21米～3.66米），主要表现在熟人之间；公共距离（3.66米以上），主要表现在陌生人之间，或者是一般性的社会交往场合。人与人之间的距离是人们无意间确定的，却能够影响认知主体的社会判断。② 例如，看到两个人相互接近低声交谈，我们会认为他们正在说一些不想让别人听到的话，这反映了两人的关系较为深入。

（二）背景环境

在社会认知活动中，认知对象所处的背景也常常成为判断的参考系统。巴克（K. Back）认为，认知对象所处的环境，常常会引起我们对其行为的联想，从而影响判断（见图8-4）。人们往往会以为出现在特定背景环境下的人必然是从事某种行为的，

图8-4

说明：左图让你联想到了什么？对于大多数人来说可能是夫妻吵架，因为他们坐在一张床上，一个在床头另一个在床尾。而右图把画内的人物单独拿出来，放在没有背景的框架中，就没有这么容易判断了。

---

① Goffman. Encounters: Two Studies in the Sociology of Interaction, Fun in Games and Role Distance. Indianapolis: Bobbs-Merrill, 1961.

② Hall. The Silent Language. New York: Doubleday, 1959.

因此，其个性特征也可以通过背景环境加以判断。背景环境不但可以帮助我们判断对象的个性，还可以帮助我们判断对象的感情。科尔曼等人认为，单纯从人的面孔和身体姿势中传达出来的信息是很少的，背景可以提供有力的线索，协助我们判断认知对象的感情。假定一个人在笑，只有通过背景线索，才能显示出这一动作到底是高兴还是难堪。

第四节　印象的形成

当代社会认知研究包括两个重要的方面：一是印象；二是归因。所谓印象（impression）是指认知主体对他人外部特征、内在性格的判断和认识；所谓归因是指认知主体对于他人（偶尔包括自己）的行为原因的判断和推理。在社会认知活动当中，我们一旦对认知对象的某些属性做出判断，印象就已经形成了。从本义上讲，印象组织了人们关于认知对象各方面特征的认知成果，它所反映的应该是认知对象的总体特征。但多数情况下，我们不会等到掌握全部特征之后再形成印象，甚至只要看过认知对象的照片，或者跟他说过几句话，就可以做出不少判断。这种情况是由社会认知本身的特点所决定的。

一、印象形成的一般规则

印象的形成是非常复杂的过程，我们至今还没有完全掌握其形成机制，但总体来说，印象的形成存在某些基本规则。

（一）一致性规则

所谓**一致性规则**，是指认知主体对客体的印象应该是一致的，而不是矛盾的。如果认知主体收集到的关于客体的信息前后矛盾，认知主体会根据一致性规则把各种矛盾的信息整合起来。在对一个人进行社会认知时，认知主体倾向于把他作为协调一致的对象来观察，尤其是在评价该对象时更是如此。一个对象不会被看成既是好的又是坏的，既是诚实的又是虚伪的，既是热情的又是冷淡的。如果有关某个对象的信息是前后矛盾的，认知主体也会尽力消除或者减小这种冲突，把对方看成多种特征相融合的、一致的人。

> **一致性规则**：认知主体对客体的印象是一致的。

印象形成的一致性规则经常需要解决信息冲突的问题。印象的客体是丰富生动的人，他可能会传达多样的甚至是冲突的信息给认知主体，而认知主体在形成印象的过程中，需要处理这些相互矛盾的信息，分别给予不同的权重，试图把各种特性以一致的线索整合起来。例如，单位来了一位新同事，他外表英俊并且聪明，但是常常以自我为中心，我们在形成对他的印象过程中，就不得不协调他的“优点”和“缺点”，最后形成相对一致的印象。最有可能的形式是，他基本上是一个好人，或者基本上是一个不好的人。印象形成的一致性规则最终可能会形成一个以偏概全的结论，但这种结论更加符合认知主体的心理需要。

（二）评价的中心性

假如单位新来了一个同事，他有很多特性如英俊、聪明、幽默、有能力并且非常自信，但另外一方面，他又比较易怒、喜欢吹嘘自己、对个人得失很计较，在这种情况下，我们会对他形成怎样的一致性印象呢？或者换句话说，我们最终所形成的以偏概全的印象会把他的哪种特性放在中心的位置上进行评价呢？

奥斯古德等人通过实验发现，被试用于描述认知对象的全部形容词主要涉及三个维度，即评价（好还是不好）、力量（强还是弱）、活动（积极还是消极）。① 好与不好的“评价”维度是主要的，会影响有关“力量”和“活动”的描述。一旦人们判断了认知对象的好坏属性，其印象也就基本确定了。罗森伯格同意奥斯古德将评价维度放在中心的位置上，并进一步区分了评价的内在结构。他们认为，认知主体是根据社会特性和智能特性来评价他人的（见表8-1）。而后，汉密尔顿（D. L. Hamilton）等人通过实验证明：让被试看到较多的关于社会特性的判断，一般会影响被试对认知对象的喜欢程度；让他们看到较多关于智能特性的判断，则会影响他们对认知对象的尊重程度。②

表8-1　　关于评价维度的结构与内容

	好的	不好
社会特性	助人的	不幸福的
	真诚的	自负的
	宽容的	易怒的
	平易近人的	令人讨厌的
	幽默的	不受欢迎的
智能特性	科学的	轻浮的
	果断的	动摇不定的
	有技能的	笨拙的
	聪明的	愚蠢的
	不懈的	不可靠的

从以上不难看出，至少有三个大的维度和若干具体特性会影响我们对他人的印象。

---

① Osgood. Objective Cross-National Indicators of Subjective Culture//Poortinga. Basic Problems in Cross-Cultural Psychology. Amsterdam：Swets & Zeitlinger，1977.

② Hamilton，Gilfford. Illusory Correlation in Interpersonal Perception：A Cognitive Basis of Stereotypic Judgments. Journal of Experimental Social Psychology，1976，12：392-407.

我们通常把最有分量的特性称为中心特性。评价维度与中心特性分别处于不同的层次。所谓评价的中心性是指，评价这一维度在印象形成过程中处于中心位置。而中心特性则是指某种对于印象形成具有重要作用的具体特征，这种特征甚至可以改变整个印象。阿希通过一系列实验证实了中心特性的存在。

学以致用

阿希的中心特性研究

所罗门·阿希（1907—1996），美国社会心理学家。他的研究工作主要集中于特质的因素分析、测验编制以及文化因素和团体差异对测验分数的影响等方面。1967 年获美国心理学会颁发的杰出科学贡献奖。他最为著名的研究是群体中的从众（conformity）行为。阿希认为，为了形成对某人的印象，我们至少要掌握关于此人的几项特征，但我们不会认为人是由几种不同特征所拼凑而成的，我们会对一个人形成一种总体的印象。阿希通过实验证实了这一点。

阿希招募了两组大学生作为被试，A 组有 90 名被试，B 组有 76 名被试。主试要求被试仔细听一组描述人的性格特征的形容词，并对被描述者形成某种印象，两组被试听到的单词表分别如下。

A 组：聪明的、灵巧的、勤勉的、热情的、坚定的、现实的、谨慎的。
B 组：聪明的、灵巧的、勤勉的、冷淡的、坚定的、现实的、谨慎的。

两组词中只有一个单词发生了变化，即把“热情的”变为“冷淡的”。然后，阿希请两组被试谈谈自己对这个人的看法。结果发现：两组被试关于某人的印象很不相同。例如，第二组被试中只有大约 10%的人相信此人是宽宏大量或者风趣的，其中多数被试认为此人斤斤计较、没有同情心、势利等。而第一组被试中有 90%的人将其描绘成慷慨大方的，77%的人认为他是风趣的。因此阿希认为，热情与冷淡是中心特性，这两个词的替换导致印象的显著差别。

阿希还做了大体相似的第二个实验，即招募了两组大学生被试，A 组 20 名，B 组 26 名，也向他们呈现了两组单词表。与上面一个实验相比，“热情的”被替换为“礼貌的”，“冷淡的”被替换为“粗鲁的”，这种替换并没有像第一个实验那样，引起被试对被描述者做出具有较大差异的描述。因此，“礼貌的”与“粗鲁的”不是中心特性。

中心特性的作用是非常复杂的，一个特性是否是中心特性，首先取决于描述一个人的其他信息，其次取决于他人做出的判断。换言之，如果关于其他特性的信息很多，“热情”和“冷淡”的具体作用就可能被削弱。同样，当要求一个人对运动技巧做出判断时，“热情”与“冷淡”可能就没有什么特殊影响了。然而，尽管有这样那样的限制，我们仍然可以说中心特性对大多数印象的形成有着重要影响。

二、印象形成的基本模式

印象的形成有其特定的规则，这些规则对印象的内容发挥着重要的作用。那么，印象形成的模式又是如何的呢？目前存在三种假说，每种假说都有各自的适用范围。

（一）平均模式

平均模式认为，印象形成的过程其实是对认知对象的各种特征求平均值的过程。例如，我们认为某人是真诚并且机智的，那么，我们可能会对他有一个较好的评价，因为这两种特征都是有价值的；相反，随便和健忘则是相对没有什么价值的特征，这两种特征通常不会构成吸引力。但是，如果一个人同时具有真诚、机智、随便、健忘等特征的话，我们对这个人的印象又会如何呢？平均模式认为，印象在形成过程中会将全部特征的价值相加并求平均值，最后的平均值即我们对该人的印象分。假如真诚可以得3分，机智可以得2分，随便和健忘为0分的话，那么我们对这个人的印象应该是（3＋2＋0＋0）/4＝1.25分。平均模式可以较好地解释这种情况：一开始我们认为某人很好，可是随着交往的深入，越来越觉得此人没有开始认为的那么好。

平均模式：认为印象形成的过程是对认知对象各种特征求平均值的过程。
增加模式：认为印象形成过程中特征总和更为重要。
加权平均模式：对影响力大的极化特征采取增加模式做出评价，然后依据平均模式综合其他特征以形成印象。

（二）增加模式

增加模式与平均模式不同，它认为人们在形成印象的过程中，并不是把全部特征的平均值作为印象分，而是把所有特征价值的总和作为依据。如果依然按照前面假设的例子，那个人留给我们的印象分就是3＋2＋0＋0＝5分。也就是说，随着我们了解这人越来越多的特征，包括缺点在内，我们对他的印象会越来越好。增加模式似乎可以较好地解释这种情况：我们对一个人越熟悉就越喜欢他，虽然我们明知他有许多缺点和不足。

（三）加权平均模式

那么，平均模式与增加模式哪一种更为准确呢？N. 安德森（N. Anderson）通过一系列实验得出了支持平均模式的有力证据。同时他考虑到，就对印象形成的影响力而言，一些特征往往比其他特征更加重要。因此，安德森设想了一套**加权平均模式**。按照这种模式的假设，人们除了看重影响力很大的极化特征之外，还通过平均其他特征去形成一种综合的印象，或者说，人们对于他人身上的极化特征会采取增加模式做出评价，而后依据平均模式去综合对象身上的其他特征。安德森认为，将这两种模式结合起来，能够比较有效地说明印象形成的复杂过程和情况。

(1) 先行信息加重作用。认知主体在形成印象时，并不是同等地看待对方身上的所有特征。那些首先被发现的特征会影响人们对后来掌握的其他信息的处理方式。

(2) 消极否定信息加重作用。认知对象身上的“好”的特征和“坏”的特征，对于认知主体来说意义是不一样的，为了形成一致的印象，认知主体会把相互冲突的信息加以平均和抵消，其中认知主体更加看重的是认知对象的“坏”的特征。如果其他条件相同，传达消极否定信息的特征比传达积极肯定信息的特征更能影响印象的形成。不管一个人具有其他什么样的特征，一种极端否定的特征会使人产生一种极端否定的印象。

第五节　归因理论

归因是社会认知的重要部分。我们总是对别人行为的原因感兴趣：他今天为什么不高兴，为什么不理我？他的数学成绩为什么这么好？他为什么会喜欢她？他的晋升为什么如此顺利……我们可能会经常考虑类似的问题。普通人总是喜欢探究别人（有时是自己）行为的原因，而社会心理学家感兴趣的是普通人是如何归因的，并且已经形成了一些很有影响的归因理论。值得一提的是，长期以来归因研究似乎特别关注普通人是如何对他人或自己的成功行为进行归因的。

归因：人们对他人或自己行为原因的推论过程。

一、海德的朴素归因理论

海德是归因理论的创始人。他认为，现实生活中的人有两种需要：一是理解环境的需要；二是控制环境的需要。为了满足这两种需要，普通人必须对他人的行为进行归因，并且通过归因来预测他人的行为，唯有如此才有可能满足“理解环境和控制环境”的需要。因此，普通人和心理学家一样，都试图解释行为并且从中发现因果联系，只是普通人的归因没有什么科学方法，他们更多地依靠理解和内省。普通人的这种归因活动被海德称为朴素心理学。

背景人物

弗里茨·海德（1896—1988），美国社会心理学家，社会心理学归因理论的创始人。他生于奥地利维也纳。1920 年在哲学家迈农的指导下获得奥地利格拉茨大学哲学博士学位。海德曾赴德国柏林大学心理研究所学习，受到韦特海默、科勒和勒温等人的影响。1927 年，他受聘于汉堡大学。1930 年赴美国，任职于马萨诸塞州北安普敦的史密斯学院，成为格式塔心理学家考夫卡研究实验室的成员。海德的另一项主要贡献是提出了认知平衡的 P-O-X 模型。

导致行为发生的原因主要有两种：一是行为者内在的因素，包括能力、动机、兴趣、爱好、意愿和努力程度等；二是行为者以外的因素，例如工作环境、他人的影响、任务的难易程度等。海德认为，普通人在寻找事件原因的时候，主要从内因和外因两个方面入手，评估哪个因素在起作用。如果他认为某种行为是由行为者的内因引起的，那么，他会因此断定类似的行为今后还会发生，甚至有可能因此推断出行为者的其他特点；相反，如果他认为这种行为是由外因引起的，那么，他不会因此推断出行为者的内在特点，也无法肯定类似行为是否会再度发生。可见，行为归因与行为预测的关系非常密切。

二、维纳的归因理论

1972年，维纳（B. Weiner）在海德的归因理论与阿特金森（J. W. Atkinson）的成就动机理论基础上，提出了自己的归因理论。维纳基本同意行为的原因分为内因和外因两种。他还提出一个新的维度，即把原因分为暂时的和稳定的两种。依照这两种维度，维纳对成功行为归因做了分类。

在维纳看来，普通人对成功行为可能有四种归因（见表8-2）：第一，归因于稳定的外在环境因素，例如任务难度非常低；第二，归因于暂时的外在原因，例如机遇问题；第三，归因于稳定的内因，例如当某人形成了很强的个人能力时，那么，其在特定领域内的成功就是可以预测的；第四，归因于暂时的内因，例如努力，当某人在一次考试前做了充分准备和复习时，他很可能会考出好成绩，但是，如果他此后不再努力或者不再认真复习的话，其成绩就不好说了。

表8-2　　朴素归因理论的四种可能性

	内在的	外在的
稳定的	能力	任务难度
暂时的	努力	机遇

以上两种维度即“内在-外在”“暂时-稳定”，在归因中都非常重要。它们分别会导致不同的结果。“暂时-稳定”对预测行为具有非常重要的作用。例如，假如我们认为美国男子篮球队整体作战能力强（稳定因素）、队员个人能力强（稳定因素），那么，我们可能预测它与对手相遇时，绝大多数情况会胜利。假如我们认为甲上次考试成绩好是因为试卷简单（暂时因素），恰好他又做了相关的准备（暂时因素），那么，甲下次能否考好就难说了。同理，“暂时-稳定”维度对解释失败也同样有效。当失败被归因于稳定的内因或外因时，可能预测其后依然会失败；当失败被归因于暂时的内因或外因时，其后的情况则很难说。

海德认为，内因对普通人的行为预测具有重要作用；维纳则认为，稳定的因素才有助于行为预测。维纳的归因理论最为引人注目的地方是，归因结果对个体以后的成就行为的影响，对成功或失败不同的归因会引起个体不同的情感和认知反应，例如自豪或羞耻。有学者发现，把成功归因于努力的学生相比把成功归因于能力的学生在以后的工作中坚持的时间更长，把失败归因于能力的人相比把失败归因于努力的人在未来的工作中所花时间更少。

三、琼斯和戴维斯的对应推论理论

所谓对应推论是指将某人的行为归因为其内在特征的过程。对应推论理论比较有效地揭示了人们对他人行为做出倾向性归因的过程。琼斯和戴维斯认为，当人们看到某种行为时，首先需要判定这种行为是不是行为者有意做出的，以及这种行为所产生的效果中哪些是行为者所希望的。如果行为结果只是行为者无意造成的，就不能根据它来判断行为者的品性，即首先判定行为者的动机，然后由此推定行为者的品性。琼斯和戴维斯还提出了几种可能影响对应推论的因素。

第一，行为的自由选择性。如果认知主体观察到某种行为是行为者自由选择的结果，认知主体通常会假定该行为能够反映行为者的意图，进而由此推论其品性。如果认知主体认为外在力量强迫行为者必须如此，便可以使用情境因素来解释行为者的行为。因此，若行为者的选择自由没有受到限制，观察者就更有可能进行对应推论。例如，在一次模拟辩论赛中，甲队抽到正方的签，那么甲队的辩论言辞并不能表明他们支持正方论点；相反，当甲队自愿选择了正方的论点，认知主体就可以比较自信地认为他们支持正方的论点。

第二，行为的社会合意度。社会合意度很高的行为符合社会规范，大多数人会采取该行为，无法由此推论行为者品性。相反，那些社会合意度不高的行为更能反映行为者的动机，可以通过其行为反映其独特的品性。例如，某人在应聘营销职位时表现得非常健谈，我们无法确认他就是性格外向，因为他的行为表现可能是在迎合招聘者的要求；相反，如果他对这份工作很感兴趣，但表现得少言寡语的话，观察者就能比较确定地认为他性格内向。

第三，行为是否为角色要求。特定角色要求的行为模式，难以帮助人们判断行为者的社会动机。例如，消防员帮助市民救火是出于职业角色的要求，并不能说明他乐于助人。若无关的行人帮助救火，就可以推论他是一个乐于助人的人。

人们通常想知道行为者为什么会做出特定的行为，并且试图在个人内在稳定的品质中寻找对其行为的解释。为了实现倾向性归因，认知主体就要使用个体所在情境的线索，还要利用已知的关于个体的信息。这些资料合在一起，就能够帮助观察者进行对应推论。当然，对应推论的恰当与否取决于事实上行为者的内在属性与其行为的一致程度。

四、凯利的三度归因理论

H. 凯利所提出的三度归因理论，又被称为多线索分析理论，或称共变归因理论，是凯利在海德的共变原则的基础上提出的。他认为，人们多是在不确定条件下进行归因的。人们从多种事件中积累信息，并且利用共变原则来解决不确定性的问题。

背景人物

哈罗德·凯利（1921—2003），美国社会心理学家，在心理学和社会学领域都有很大的影响，主要贡献集中于群体社会心理学、归因理论、人际关系等方面。凯利于1943年获得加利福尼亚州大学伯克利分校心理学硕士学位，同年参军，从事美国空军人员选拔等方面的研究。他1950年任教于耶鲁大学，1971年获得美国心理学会颁发的杰出科学贡献奖，1978年当选美国国家科学院院士。

凯利认为，人们在试图解释某人的行为时，可能用到三种形式的归因：归因于行为者，归因于客观刺激物（行为者对此做出反应的事件或他人），归因于行为者所处情境或关系。例如，某人连续几天去展览馆看新展出的油画，这种行为的原因可能有三种：（1）他喜欢这幅画；（2）油画很有欣赏价值；（3）这几天他没有什么事做。为了确定哪种解释更加符合实际情况，凯利指出，观察者需要使用三种信息：区别性信息、一致性信息、一贯性信息。

区别性（distinctiveness）信息，是指行为者只对特定刺激对象产生反应，还是对许多不同的刺激对象产生相同的反应。区别性高是指行为者只对特定刺激对象产生反应；区别性低是指行为者对许多不同的对象产生相同的反应。上述例子中的某人如果只看这些油画，而不看其他展品，就说明他对不同刺激物的反应有高区别性。

一致性（consensus）信息，是指行为者的行为与其他人的行为是否一致。如果周围不少人也看了新展出的油画，则表明某人的行为与其他人一致性高；相反，这个人的行为与其他人一致性低。

一贯性（consistency）信息，是指行为者对当前刺激对象是否一贯产生相同的反应。如果行为者一贯产生相同的反应，则一贯性高；相反，则一贯性低。例如，只要这幅油画展出，这个人一定去看，说明他的行为一贯性高，相反，则说明他的行为一贯性低。

上述三类信息的使用情况，决定了我们对行为归因的可靠程度。通过对这些信息的组织，观察者就可以断定引发某种具体行为的原因。社会心理学家麦克阿瑟以实验对凯利的理论进行了较为系统的研究，揭示了三种信息与归因方向的关系。研究者给被试一个假设的事件——玛丽昨晚观看表演。当一位喜剧演员登场的时候，玛丽笑得前仰后合。研究者通过变化区别性、一致性和一贯性等信息，测定被试所进行的归因，结果如表8-3所示。

表8-3　三种信息与归因方向的关系

序号	提供的信息资料			归因
	一致性	区别性	一贯性	
1	高——每个人都笑	高——她对别的小丑没笑过	高——她总是对此小丑发笑	刺激物（外因） 小丑，61%

续前表

序号	提供的信息资料			归因
	一致性	区别性	一贯性	
2	低——别人很少笑	低——她对所有小丑都会笑	高——她总是对此小丑发笑	行为者（内因），86%
3	低——别人很少笑	低——她对所有小丑都不笑	低——她以前几乎没对小丑笑过	环境（外因），72%

只有将三个方面的信息综合起来进行分析考察，才能保证归因的准确性。然而，在日常生活中，我们经常无法充分掌握各类信息。例如，我们可能不曾在从前的某些场合观察过这个人，无法获得一贯性信息，或者我们不知道在同样情形下其他人会有怎样的反应，无法获得一致性信息。凯利认为，在信息不充分的情况下，我们有关因果关系的现成观念（即因果图式）就会发挥作用。

因果图式的种类较多，比较常用的有两种：一种是“多种充分原因模式”，可以帮助观察者从多种可能的因素中判断何者是行为的原因。例如，我们知道某人买了一部手机之后，可以想到几种可能的充分原因：他以前没有手机现在想用了，他的旧手机坏了需要新的，他想换一部新手机用。在这些解释中要判断行为的真正原因，取决于我们所掌握的信息。如果我们知道他原来有手机而且也没有坏，那么，通常会断定他只是想换一部新手机用。另一种是“多种必要原因模式”，按照这种模式的逻辑，某事件的原因至少有两个。人们经常用这种模式去解释那些极端事件。比如，甲突然和乙打起架来，那么，是因为甲生性好斗，还是乙爱招惹人呢？在这种情况下，大多数人会认为这两种解释都是正确的，或者说，观察者会寻找多个原因来解释一个事件。

五、归因偏差

上述四种归因理论，尤其是凯利的三度归因理论，基本上都假定普通人的归因是一种合理的、有逻辑的过程。但是，社会心理学者指出，普通人在许多情况下，对行为原因的解释是武断的、不符合实际的偏见。近年来，社会心理学者非常重视个体所做归因的内容，因为不管归因是否正确，个体接下来的行为常是以此为基础的。

（一）基本归因偏差

所谓**基本归因偏差**，是指人们更喜欢对行为者的行为进行内在归因，即把行为归因于行为者个人特征方面的原因。设想一下，你的一位同学每次上课都会迟到五分钟，那么，你会怎么看待他的这种行为呢？他是一个没有时间观念的人？还是他家离得太远，在路上耽搁了太长的时间呢？多数人在多数情况下，会做前一种归因。

基本归因偏差：人们更喜欢对行为者的行为进行内在归因的现象。

发生基本归因偏差的原因在于：第一，有这样一种社会规范，即个体都应该对自己的行为后果负责，因此，人们的归因重视内部因素，而忽视外在因素的作用；第二，在一个环境中，行为者比环境中的其他因素更为突出，使得我们往往只注意行为者，而忽视了背景因素和社会关系。

在基本归因偏差中存在一个有趣的现象：基本归因偏差通常只发生在我们解释他人行为的时候，而不发生在我们解释自己行为的时候。这种现象被称作行为者与观察者的归因效应。它是指我们观察他人行为时，倾向于将行为结果归因于行为者；但是，当我们解释自己的行为时，我们倾向于使用情境因素。一个原因可能是，观察者与行为者在解释行为结果时所掌握的信息不同。行为者对于行为过程的环境条件更有体会，他们可以较有把握地做出环境归因；而观察者则不太了解行为过程的环境条件，做出行为者内在因素的归因更加容易。另一个原因可能是，行为者与观察者看问题的角度有所不同。行为者倾向于把自身看作稳定不变的因素，他们的归因焦点在于不稳定的环境因素；观察者倾向于把环境条件看成稳定不变的因素，他们的归因焦点在于无法确定的行为者的个性因素。

（二）自利性归因偏差

自利性归因偏差：人们倾向于把自己行为的积极结果归因于个人因素，而把消极结果归因于环境因素。

观察者对自身行为的归因则有可能发生自利性归因偏差。**自利性归因偏差**，又称利己主义归因偏差、自我强化归因偏差、自我防御归因偏差等，指人们倾向于把自己行为的积极结果（成功）归因于个人因素，而把消极结果（失败）归因于环境因素。因为人们总是希望获得成功，正是这种倾向导致了自利性归因偏差。如果我们把成功看作加强自我权威或保护自尊心的手段的话，我们就可能对自己的失败行为做外在归因。人们往往把自己成功的原因归结于内在属性，例如能力、努力和好的品质等；与此相反，又从外在环境中为自己寻找失败的原因。当原因不明确时，这种自利性归因最容易发生。

学以致用

自利性归因偏差的原因与影响因素

自利性归因偏差是指人们偏向于把积极的行为结果归因于自身因素，而将消极的行为结果归因于环境因素。自利性归因偏差最早由维纳在1971年发现，后来在不同的领域得到证实，例如体育比赛、学校成绩等。运动员和体育教练们是否倾向于将成功归因于自己，而为失败找借口呢？当我们留心阅读报纸的体育版或者观看电视上的赛后采访时，可以从中找出一些答案。如果我们试着对竞技选手的说法进行分析，就可以发现他们是如何对自己的行为表现归因的。

举例来说，在2007年6月至7月，中国队为亚洲杯而战期间先赢后输。赢球后中国队教练认为中国队队员“比较坚决地贯彻了赛前部署”，中国队整体实力有所提高，现在已经有希望问鼎亚洲杯（内部归因）。输掉比赛之后，球员们强调“运气太差了”（外部归因），而教练则提出“可能是因为球员体能差而输掉了比赛”（外部归因）。

关于这类自利性归因偏差发生的原因，有两种彼此存在分歧意见：一种意见是从认知角度出发，用认知失调理论来加以解释，认为人们把积极结果归因于个人因素而把消极结果归因于环境因素，是由于两种结果与人们事先对结果的预期不同造成的。当一种结果符合个体对结果的预期时，它就和个体的认识处于协调一致的状态，将这种结果归因于个人因素不会导致认识上的失调；相反，当一种结果不符合个体的预期时，将这种结果归因于个人因素会导致认知失调，如果归因于环境因素则能降低失调感，维持个体认知的同一性。另一种意见是从动机的角度出发，用传统的“趋乐避苦”的原则来解释，认为人们之所以会把成功归因于自身原因，是由于成功总是和欢乐、愉快等正面的、积极的情感体验相联系的，而失败总是和痛苦、不愉快等消极情感体验相关。至少有三类动机与自利性归因偏差的产生有关：第一是增强和维护自我估价的动机；第二是给别人留下良好印象的动机；第三是避免认知失调和维持对环境控制感的动机。从本质上讲，这两种解释都是个体主义文化观的反映，只不过侧重点有所不同而已。认知解释观注重的是个体自身的认知体系的和谐一致性，动机解释观则强调维护个体的形象与自尊、保持个体的自我控制能力。它们同时体现了把他人视为竞争对手和自我利益的威胁者，力图通过提高自我、贬低他人来保持自尊的竞争主义文化内涵。

自利性归因偏差在群体中也经常发生。当一个集体合作项目获得成功时，成员很容易将主要功劳归因于自己；相反，在面对失败时成员又常常责怪其他成员。坎贝尔（W. K. Campbell）等人做了一项实验：他们让被试和朋友或陌生人一起承担一项任务，而每个人的任务反馈结果被随机分配“成功”与“失败”两种结果，这种结果实际上和他们的实际表现无关。而后，研究者要求被试对反馈结果进行归因。结果发现，与陌生人一起工作的被试更多地把成功归因于自己，而把失败归因于合作者。[①]

与自利性归因偏差相对应的一种偏差是“自我消损”，即行为者把消极行为结果完全归因于自己的一种归因方式。近年来的研究结果发现，自利性归因偏差存在着文化差异：美国的被试表现出更多的自利性归因偏差；而亚洲人尤其是日本人则表现出相反的偏差，即自我消损。对此有两种解释：一种解释是美国社会鼓励独立的自我解释。在那里，自我满足是有价值的，个体的唯一性被最大化，行为的意义是根据个人的想法和感情来决定的。与之相反，团体取向的社会，例如日本社会，鼓励和认可的是相依型自我解释。在那里，人际和谐与服从受到鼓励，其文化强调的是个体与他人相适应，行为的意义是在他人的想法和感情中被发现的。另一种解释是个体主义取向社会的成员，例如美国人，通过自我提高偏见，促进并保持了独立的自我观念，即个体是独一无二的、强壮的、有能力照顾好自己的。与此相反，集体主义取向社会的成员，例如日本人，自我提高偏见会产生自我优于他人的意识，从而把自我与他人分离，这

① Campbell，Sedikides，Reeder，Elliot. Among Friends? An Examination of Friendship and the Self-Serving Bias. British Journal of Social Psychology，2000，39：229-239.

与相互依赖的观念是相互矛盾的，会引起很大的心理冲突，所以个体会避免这种情况的发生。

（三）忽视一致性信息

凯利的三度归因理论指出，人们在归因时需要三种类型的信息：一贯性信息、区别性信息、一致性信息。但是在现实生活中，一致性信息经常被忽视。人们往往只注意行为者本人的种种表现，却不太关注行为者周围的人如何行动。其原因有三点：第一，人们习惯于注重具体、生动、独一无二的事情，往往忽视抽象、空洞和统计类型的信息；第二，人们可能觉得直接信息比间接信息更加可靠，而一致性信息涉及行为者周围的人，这方面的材料比较分散，观察者很难一一获知；第三，周围的人与行为者相比，处于较不突出的位置上，往往只构成观察的背景，因而被忽视。

（四）低估情境的诱导

观察者对他人出现基本归因偏差时，过高估计个人因素而低估情境因素的情形也同样会发生在自我归因过程中。1975年，萨拉希克（Salancik）和考维（Conway）调查了大学生的宗教行为，大学生被随机分为两组：第一组被试看到的问卷陈述中，描述支持宗教行为的陈述大多包含副词“有时”，而反对宗教行为的陈述大多包含副词“经常”；第二组被试看到的问卷陈述恰恰相反，即描述支持宗教行为的陈述大多包含副词“经常”，反对的陈述多包含“有时”。结果发现，因陈述的措辞不同，用“有时”描述支持宗教行为一组的被试中认为自己支持宗教行为的人数明显多于另一组。可见，学生们在推断自己的行为时，忽略了情境中微不足道的副词。

（五）文化差异

不同的文化环境中，基本归因偏差现象均普遍存在。只是受集体主义文化的影响，观察者对背景环境的信息更加敏感。而自小被教育从人格特质解释个体行为的观察者，总会倾向于将事件的原因归结为行为者自身。

在西方的归因理论中，基本归因偏差被认为是一条普遍的归因规律。然而，尽管这种归因偏差在西方个体主义文化背景中根深蒂固，但是，在集体主义取向的亚洲环境中则明显减少。G. 米勒等人发现，美国人通常把行为结果归因于行为者的个人品质，印度人则把行为结果归因于行为者的社会角色、义务和其他情境因素。

美国人给出的特质归因是印度人的两倍，而印度人在行为评价中给出的情境因素则是美国人的两倍。米勒做过一项调查，分别向印度人和美国人描述一个女孩总是有许多同伴，让其解释该行为发生的原因，结果印度人偏向于情境解释，如“她的朋友总是与她一起”，美国人偏向于个人气质，如“她很亲切”。米勒认为，这种归因的文化差异是通过社会化过程逐渐发展起来的。[①]

1994 年，莫里斯（M. W. Morris）等人分析了英文报纸和中文报纸对美国发生的两件相似惨案的报道。一件惨案是，一位在艾奥瓦大学的中国留学生认为受到导师的不公正待遇，为此开枪杀死了导师和几位相关人物；另一件惨案是，一位底特律邮递员认为受到了上司的不公正对待，开枪杀死了上司和几位在场者。研究者分析发现，英文报纸对这两件惨案的报道，几乎完全集中在对两位谋杀者的消极心理和个性因素的推论上，而中文报纸的推测则集中在情境、背景以及可能在工作中发生的社会因素方面。研究者进一步调查了中国大学生和美国大学生如何解释这两件惨案之后，得出结论：中国大学生更偏爱情境归因，而美国大学生更偏爱个性归因。这种归因倾向无论是对底特律邮递员还是对中国留学生都是一样的。[②]

社会认知是一个复杂的信息加工过程，它受认知主体、认知客体、认知情境因素的影响。另外，认知主体只能根据所获得的外部信息推理认知客体的本质，形成社会认知的间接性特征的同时，也因信息不全面引发认知偏差的现象。

基本概念

社会认知	表情	仪表	自动化信息加工
控制性信息加工	图式	自我图式	角色图式
事件图式	认知偏见	光环效应	积极偏见
类化原则	首因效应	相似假定作用	隐含人格理论
一致性规则	归因	基本归因偏差	

本章要点

1. 社会认知是社会心理学研究的一个重要领域。社会认知是指认知主体对认知客体外在特征的认知、对认知客体内在特征的推理与判断以及对认知主体与认知客体之间关系的理解与推断。

2. 社会认知研究所涵盖的基本范围包括：对他人外部特征的认知、对他人性格的认知，以及对人际关系的认知。

3. 社会认知具有三个比较重要的特征：一是互动性；二是间接性；三是完形特征。

4. 社会认知研究的理论假设经历了三个发展阶段：在 20 世纪 70 年代以前，社会

① Miller. Culture and the Development of Everyday Social Explanation. Journal of Personality and Social Psychology，1984，46：961-978.

② Morris，Peng. Culture and Cause：American and Chinese Attributions for Social and Physical Events. Journal of Personality and Social Psychology，1994，67：949-971.

认知研究的基本前提是“朴素的科学家”假设。从20世纪70年代开始，社会认知中“朴素的科学家”假设开始向“认知吝啬者”假设转向。从20世纪90年代开始，社会认知的研究假设再次发生转变，认为人是“目标明确的策略家”。

5. 社会认知过程中的信息加工有两种形式：一种是自动化信息加工，它可以帮助人们节省心理资源；另一种是控制性信息加工，它可以帮助人们获得更加准确的信息和结论。

6. 影响社会认知的因素主要有三个方面：认知主体、认知客体（认知对象）、认知情境。

7. 印象组织了人们关于认知对象各方面特征的认知成果，它所反映的应该是认知对象的总体特征。

8. 海德是归因理论的创始人。他较早开始研究普通人为什么进行归因，以及如何归因的问题。

9. 维纳在海德的归因理论与阿特金森的成就动机理论基础上，提出了自己的归因理论。

10. 琼斯和戴维斯的对应推论理论，比较有效地揭示了人们对他人行为做出倾向性归因的过程。

11. H. 凯利认为，人们在试图解释某人的行为时，可能用到三种形式的归因：归因于行为者，归因于客观刺激物，归因于行为者所处情境或关系。

复习思考题

1. 社会认知有哪些特征？社会认知过程的信息加工模式有哪两种类型，其区别是什么？

2. 影响社会认知的认知主体的因素有哪些？解决认知冲突的方法有哪些？

3. 影响社会认知的认知对象的因素有哪些？哪些情境因素会影响社会认知过程？

4. 常见的归因偏差有哪些？其内容是什么？

推荐阅读书目

1. 乐国安．20世纪80年代以来西方社会心理学新进展．广州：暨南大学出版社，2004.

2. 普劳斯．决策与判断．北京：人民邮电出版社，2004.

3. 斯佩曼．认知心理学新进展．英文影印版．北京：北京师范大学出版社，2007.

4. Fiske，Macrae. Sage Handbook of Social Cognition. London：Sage，2012.

5. 迈尔斯．社会心理学（第8版）．北京：人民邮电出版社，2006.

推荐视频

1. 教育部爱课程网站：创造性心理学（http://www.icourses.cn/viewVCourse.action?courseCode=10027V004）

2. 教育部爱课程网站：学习心理学（http://www.icourses.cn/viewVCourse.action?courseCode=10269V001）

第九章

人际关系

章节导读

在中国，人际关系经历了悠久的历史发展过程，从中国传统的人际交往思想，如“礼”“仁”“义”“孝”“忠恕”“敬师”“择友”“戒骄”“谦恭”“慎言保身”“尊君”“三纲五常”等可以看出，中国人的人际关系积淀着深厚的历史文化，传承了昔日人际往来凝固化了的东西，形成了自己的民族文化特点。中国的人际关系的特点尤其明显地表现在“人情”“面子”“关系”上。

在一般性的人际交往中，人与人建立交换行为是通过“人情”的，在经济交往中，人与人之间的情感因素没有太大作用甚至被冻结，但在社会交往中，人情极为重要。我们常听说“卖个人情”“送个人情”，这都反映了人情的交换特征。不仅如此，我们也说“我欠你一个人情”“他欠我一个人情”，这说明人情的交换上有亏盈的情形，社会交换和经济交换都有一个平衡表。

“面子”是中国人际关系观念中又一个重要的概念。面子是一种社会声望、社会名誉。因为人的基本需求中就有得到别人的尊重和认可，获得良好社会名望的内容，这种对于社会名望的努力追求在中国人那里就是讲面子的表现。中国人爱面子怕丢脸，一方面极大地维护自己的面子，另一方面也尽量给别人的面子。在一个非常强调团体和谐的社会中，每个人都关心和维护自己在等级机构中的正确行为。由于暴露他人的缺点会破坏关系的和谐，所以中国人很少批评他人。如果不得不批评，中国人会用模棱两可的话来表达。在中国人的心目中，如果一个人在某个情境中，能够成功地表现出被人赞许的合适形象，就是“有面子”；相反，如果表现的形象不当，那就是“没面子”或“丢面子”的行为了。因此，人们总是在各种不同的场合尽量显得“有面子”，受人尊敬和认可。

“关系”一词，与人际关系的“关系”一词具有不同的含义。后者指人与人之间的相互影响、相互联系、相互作用的程度；前者指相互联系较多，感情深厚，或者交往频繁等。因为“关系”的不同，即感情深浅不同，人们习惯于把人分为“自己人”和“外人”。“自己人”是指关系不错、感情较深的人。“外人”是指没有什么关系，没有交情或者感情很浅的人。在有了“自己人”和“外人”的区分之后，人际关系也就变得更加复杂了。

中国人讲人情、重关系、爱面子，这三者成了中国人在人际关系交往中的重要内容。那么人际关系是如何建立又是如何发展的呢？人际吸引与浪漫爱情的奥秘有哪些呢？本章将对这些问题进行逐一探讨。

引领性问题

- 运用社会交换理论和公平理论来解释组织行为。
- 在消费行为中，曝光效应对于品牌形象的建立有何影响？
- 如何解释人际吸引中的得失现象？

大量的心理学研究表明，人际关系对人的身心健康、事业成功与生活幸福有重要影响。[①] 诚如亚里士多德所说，“人是社会性动物”。人际关系在现实生活中的重要地位引起人们的广泛关注，如从陌生人之间的相互吸引，到恋爱关系的建立。社会心理学家对不同性质的人际关系进行了专门研究，希望了解人际关系发展的特点及规律，以帮助人们建立和维持良好的人际关系。

第一节　人际关系概述

作为一名社会人，任何个体都无法离开他人而独立生存。与他人交往并不仅仅是一种功利的需要，也不仅仅是生活休闲的一部分，而是如同吃饭、喝水一样，是人类生存所必需的要素。社会心理学视角下如何对人际关系进行定义？人际关系有着怎样的社会心理学基础？从素不相识到建立长期、稳定的人际关系，甚至产生爱情，确立恋人关系，这个过程是如何发生并发展的？这些问题将在本节得到逐一解答。

一、人际关系的含义

人际关系（interpersonal relationship）是人们在共同活动中彼此为满足各种需要而建立起的相互间的心理关系。可以说，人际关系是同人类起源同步发生的一种极其古老的社会现象，它的存在可以提升人类的健康水平和幸福感。

> **人际关系**：人们在共同活动中彼此为满足各种需要而建立起来的相互间的心理关系。

稳定的人际关系对人类健康生活所起到的作用并

① Lindberg，Swanberg. Well-Being of 12-Year-Old Children Related to Interpersonal Relations，Health Habits and Mental Distress. Scandinavian Journal of Caring Sciences，2006，20（3）：274-281. Nickel，et al. Anger，Interpersonal Relationships，and Health-Related Quality of Life in Bullying Boys Who are Treated with Outpatient Family Therapy：A Randomized，Prospective，Controlled Trial with a Year of Follow-Up. Pediatrics，2007，116：247-254.

非可有可无。神经生理学的研究发现，遭受人际关系排斥会使个体的情绪低落，此时所激活的脑区与生理疼痛时所激活的脑区重合。① 我们在日常生活中常常用“心痛”“心碎”来形容人际关系破裂所带来的主观感受。这项研究表明，这种情感上的“痛”确是一种切肤之痛。不能与他人建立稳定的人际关系的个体，常常会体验到抑郁、焦虑等负面心境。长期遭受社会拒绝和排斥，会导致个体的社会功能退缩，合作意识降低，认知功能受损，甚至会增加个体的反社会和攻击性行为。②

二、人际关系产生的社会心理学基础

人是社会性的动物，具有合群与群居的倾向。人们大部分时间是与他人一起度过的。拉森（R. Larson）等人对人们的时间利用进行了研究。他们让一个成人样本和一个青少年样本中的每一位被试在一周内随身携带一台呼机。每天从清晨到深夜，研究者随机呼叫被试若干次，被呼叫的被试需要填写一份简短的问卷，说明他们正在做什么，是独自一人还是与其他人在一起。结果表明，人们在将近四分之三的非睡眠时间中与他人在一起，只有在做家务、洗澡、听音乐或在家学习时才独自一人。③ 一项针对大学生的研究发现，当学生们处于清醒状态时，有28%的时间在与他人讲话。④ 与此相对，当人们在学校或是工作的时候，更倾向于和他人在一起，并且当和他人在一起时，个体表现得更快乐、警觉和兴奋。人们为什么如此需要与他人为伴呢？心理学家对此做出了各种解释。

（一）亲和需要

阿特金森等人认为，影响人们社会交往的动机有两种：一种是**亲和需要**（the need of affiliation），是个体寻求和保持许多积极人际关系的愿望，即人们有需要与他人为伴的倾向；另一种是**亲密需要**（the need of intimacy），是人们追求温暖、亲密关系的愿望。

亲和需要：个体寻求和保持许多积极人际关系的愿望。
亲密需要：人们追求温暖、亲密关系的愿望。

关于人的亲和需要，美国心理学家沙赫特（S. Schachter）有一个著名的实验。他设计了一个没有窗户但有空调的房间，里面除一张桌子、一把椅子、一张床、一个马桶、一盏灯外再无其他东西，一日三餐通过房门底部的小洞口送入。谁能在这样的房间待

---

① McDonald，Leary. Why does Social Exclusion Hurt? The Relationship Between Social and Physical Pain. Psychological Bulletin，2005，131：202-223.

② Baumeister. Rejected and Alone. Psychologist，2005，18：732-735.

③ Larson，Csikszentmihalyi，Graef. Time Alone in Daily Experience：Loneliness or Renewal? //Peplau，Perlman. Loneliness：A Sourcebook of Current Theory，Research and Therapy. New York：Wiley-Interscience，1982：44-53.

④ Mehl，Pennebaker. The Sound of Social Life：A Psychometric Analysis of Students' Daily Social Environments and Natural Conversations. Journal of Personality and Social Psychology，2003，84：857-870.

上就能得到一笔可观的报酬，目的是想测量人在这样与世隔绝的情境下能待上几天。5名大学生充当了被试，结果是其中一人只待了20分钟就受不了而选择放弃实验，有两个人待了两天，最长的一个被试也只待了八天。① 这个探索性的研究表明，人对孤独的忍耐力是有差异的，但很难有谁能无止境地生活在孤独的环境里。

社会心理学家对影响亲和需要的因素进行了深入研究，发现其与恐惧、焦虑等密切相关。

1. 恐惧与亲和需要

在20世纪50年代，沙赫特进行了一系列经典实验，试图了解能增强人们亲和需要的因素。他提出了“面临恐惧的人具有更强烈的亲和行为倾向”这一假说。为了对此进行验证，他以女大学生为被试进行了相关实验。通过给予被试不同的指导语来操纵恐惧的高低水平。研究者告诉被试，她们要参加一项电击如何影响生理反应的实验。高恐惧组的被试被告知电击非常痛但不会造成永久性伤害；低恐惧组的被试则被告知电击最多有点痒或麻的感觉。实际上她们不会受到电击，研究者只是想让被试相信自己不久将会受到这样的电击。之后，沙赫特告诉被试由于实验用的仪器还没有装配好，请她们等10分钟。并且告诉被试她们可以自己单独等，也可以与其他被试一起等。

社会比较理论：强调人们通过社会比较获得有关自己和周围世界的知识。

结果如图9-1所示：在高恐惧的情况下，人们选择与他人一起等待；在低恐惧的情况下则更愿意独自等待。沙赫特用**社会比较理论**（social comparison theory）来解释这种现象，社会比较理论强调的是人们通过社会比较获得有关自己和周围世界的知识。因此，人们与他人亲近是为了拿自己的感觉与其他在同样情境下的人比较。G. 米勒进一步认为，人们不仅通过社会比较来判断自己的能力和自我概念，而且通过它获取有关自己情绪甚至朋友选择方面的信息。

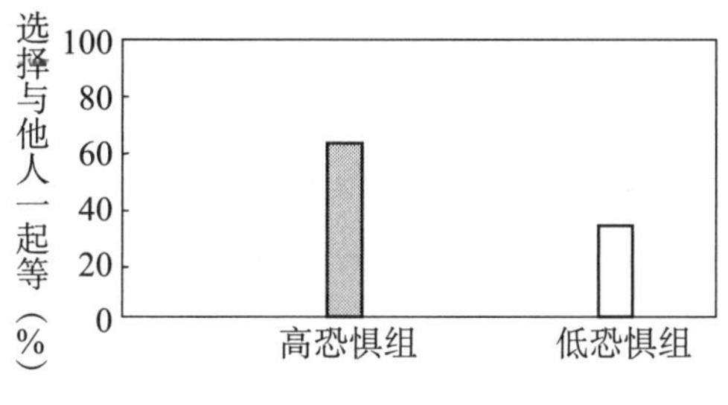

图 9-1

说明：不同恐惧情境下人们的选择情况。

资料来源：Schachter. The Psychology of Affiliation：Experimental Studies of the Sources of Gregariousness. Stanford，CA：Stanford University Press，1959.

① Schachter. The Psychology of Affiliation：Experimental Studies of the Sources of Gregariousness. Stanford，CA：Stanford University Press，1959.

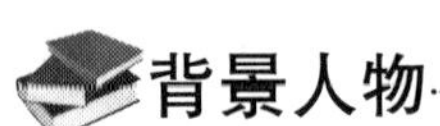

斯坦利·沙赫特（1922—1997），美国心理学家，主要的研究兴趣是上瘾和情绪。沙赫特倡导情绪认知说，认为人们无法区分一种情绪和另一种情绪，除非它们有某种与其体验有关的认知特征。他的理论是一种情绪的心理生物理论，声称生理的唤起不足以激发情绪，还必须有认知的参与。沙赫特的研究兴趣还涉及肥胖症、抽烟、紧张、饥饿、交往的需要等。主要著述有《交往心理学》《情绪、肥胖和犯罪》等。美国心理学会于1969年授予他杰出科学贡献奖。1983年，沙赫特当选美国国家科学院院士。

2. 焦虑与亲和需要

焦虑不同于恐惧，是人的另一种情绪状态。恐惧是因实际威胁存在或预期威胁将来临而产生的情绪唤起，焦虑的产生则是由非现实的、无法确定的原因引起的。我们已经知道，恐惧感越强，亲和需要就越大。那么焦虑是否也和恐惧一样会增强人的亲和倾向？

面临使人尴尬或自我意识提高但不带有生理痛楚的情境会引起人的焦虑反应。据此，沙诺夫（I. Sarnoff）和津巴多设计了一个实验，研究了焦虑、恐惧与亲和倾向的关系。实验开始时，研究者向被试提出一些特殊的要求以操纵被试的焦虑反应。高焦虑组的被试被告知在实验过程中他们需要穿围兜、吮吸奶嘴；低焦虑组的被试被告知他们需要在实验中吹响口哨。高、低焦虑组的实验结果与高、低恐惧组的实验结果刚好相反：高焦虑组的被试比低焦虑组的被试更愿意单独一个人等待实验开始。① 这表明，恐惧会增加亲和需要，焦虑却会减少亲和需要。也就是说，当一个人与他人在一起不仅不能得到安慰，反而会显得尴尬时，他宁愿单独经历尴尬场面。

（二）人际关系的报酬

随着成长，我们的社会需要变得越来越复杂和多样。我们会与那些在一起有乐趣、能够获得帮助、强有力的或接受我们的人建立人际关系。**社会交换理论**（social exchange theory）指出，人们通过社会交换获得心理与物质酬赏，因此人们会尽量寻求并维持酬赏大于付出的人际关系。人们从关系中获得的好处是人际关系形成与维持的一个重要原因，魏斯（R. Weiss）确定了人际关系能提供给个体的六种重要报酬。②

社会交换理论：人们通过社会交换获得心理与物质酬赏。

① Sarnoff, Zimbardo. Anxiety, Fear and Social Affiliation. Journal of Abnormal and Social Psychology, 1961, 62: 597-605.

② Weiss. The Provisions of Social Relationships//Rubin. Doing unto Others. Englewood Cliffs, NJ: Prentice Hall, 1974.

（1）依恋（attachment）：指亲密的人际关系提供给个体的安全感和舒适感，儿童期的依恋指向父母，成人后则指向配偶或亲密的朋友。

（2）社会融合（social integration）：通过亲和与他人交往，并与他人拥有相同的观点和态度，产生团体归属感。通常从与朋友、同事、队友、战友等的关系中获得。

（3）价值确定（reassurance of worth）：得到他人支持时所产生的自己有能力、有价值的感觉。

（4）可靠的同盟感（a sense of reliable alliance）：通过与他人建立良好的关系，让我们形成在需要时会有人帮助我们的认知。

（5）得到指导（the obtaining of guidance）：与他人交往可以使我们从他人那儿获得有价值的指导，比如从医生、朋友以及老师等处。

（6）照顾他人的机会（the opportunity of nurturance）：照顾某人给我们一种被需要和自我重要的感觉。

（三）摆脱寂寞

人们与他人交往的第三个原因是为了摆脱寂寞。寂寞（loneliness）指当人们的社会关系欠缺某种重要特征时所体验到的主观不适。这种缺陷可能是数量上的，我们可能没有朋友或者朋友数量比我们期望的要少；也可能是质量上的，我们可能感到关系肤浅或达不到期望的程度。

要注意的是，寂寞与孤独（aloneness）不同，孤独是一种与他人隔离的客观状态，孤独可以是愉快的或不愉快的，如宗教领袖与伟人经常是孤独的，但是他们是在孤独中探索精神的启示与世俗的进步。所以孤独并不意味着寂寞，可以说它们之间不存在必然的联系。

魏斯根据个体所欠缺的特定社会内容，将寂寞分为情绪性寂寞（emotional loneliness）和社会性寂寞（social loneliness）。前者是由缺少亲密的依恋对象所引起的寂寞，后者则是指当个体缺乏社会融合感或缺乏由朋友或同事等所提供的团体归属感时产生的寂寞。[①] 比如搬到异地的新婚夫妇可能不会体验到情绪寂寞，因为他们拥有彼此；但融入当地的生活还需要一段时间，因此，在他们结交新朋友，对新社区形成归属感之前，他们可能体验到社会性寂寞。一个失去丈夫的妇女可能体验到强烈的情绪性寂寞，但是她仍拥有很多社会纽带，如亲戚、朋友等。

很多时候，寂寞是因生活变化使我们离开朋友或亲密伙伴而引起的。通常能够引起寂寞的情境包括搬到新的城市居住、离开学校、开始一份新工作、不能与朋友或心爱的人见面、结束一段重要的关系等。虽然在有些情形中，摆脱寂寞很困难，但大多数人最终能从情境造成的寂寞中恢复过来，重新建立起他们满意的社会生活。不过，有些人长期受寂寞折磨，不受生活变化的影响，这被称为慢性寂寞（chronic loneliness）。长期的慢性寂寞状态对个体的生理与心理健康都有负面影响。严重的寂寞与一

---

① Weiss. Loneliness，The Experience of Emotional and Social Isolation. Cambridge，MA：MIT Press，1973.

系列个人问题相关，包括抑郁、酒精或毒品滥用、身体疾病、学业成绩差，对老年人来说，还包括进养老院和死亡的可能性。可以说，从出生到死亡，很少有人逃过寂寞的困扰，这正反映了人们对社会关系的需要。摆脱寂寞的唯一方法就是建立人际关系以满足人类“联结”的基本心理需要。

三、人际关系的建立和发展

人与人之间从互不认识到建立稳定的人际关系，需要经历一个动态的发展过程。每个人都有与他人交往的独特方式，因此，建立和发展人际关系的过程可谓各不相同。但是，这一过程也存在共性，都经历了由浅及深，由表及里，由自我信息暴露到双方的情感交流，并最终形成稳定交往模式的过程。

（一）人际关系的状态

日常生活中我们常说，某某跟某某无话不说、亲密无间，而某某跟某某之间则形同陌路。这就是我们对人际关系状态的描述。莱文格（G. Levinger）和斯诺克（D. Snoek）提出**相互依赖模型**（model of interdependence）来说明随着相互依赖关系的增加关系变化的特点。[①] 他们以图解方式对人际关系的各种状态及其相互作用水平的递增关系做了直观的描述（见图9-2）。图中圆圈表示人际关系涉及的双方。他们把共同心理领域和情感融合范围作为描述人际关系的指标。

相互依赖模型：一种模型，用来说明随着相互依赖关系的增加，人际关系逐渐增近。

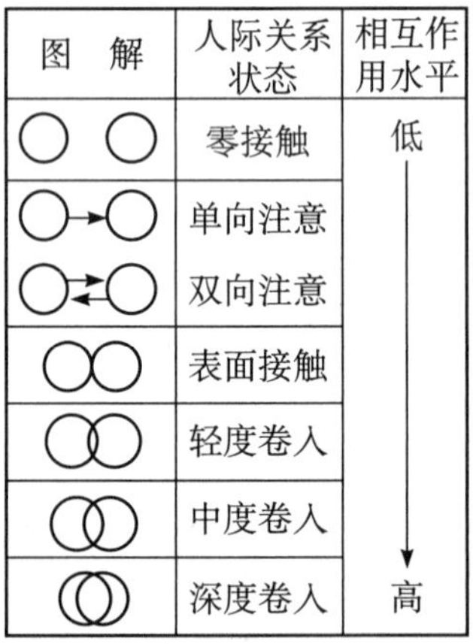

图　解	人际关系状态	相互作用水平
○　○	零接触	低
○→○	单向注意	↓
○⇄○	双向注意	↓
○○	表面接触	↓
(部分重叠)	轻度卷入	↓
(较多重叠)	中度卷入	↓
(大部分重叠)	深度卷入	高

图9-2

说明：人际关系状态及其相互作用水平情况。

资料来源：Freedman，et al. Social Psychology. New York：Prentice-Hall，1985：230.

① Levinger，Snoek. Attraction in Relationship：A New Look at Interpersonal Attraction. Morristown，NJ：General Learning Press，1972.

良好的人际关系需要经过一个从表面接触到亲密融合的发展过程。在两人彼此并没有意识到对方存在时，双方关系处于零接触（zero contact）状态。此时双方是完全无关的，谈不上任何个人意义上的情感联系。只有一方开始注意到另一方，或双方相互注意时，人们之间的相互交往才开始，彼此之间都获得了初步印象，不过这种状态还没有情感的卷入。因为双方还没有进行直接的语言沟通，彼此之间还只能算是旁观者，处于知晓（awareness）状态。表面接触（surface contact）才是人际关系的真正开始，从双方开始直接交谈的那一刻起，彼此就产生了直接接触。随着双方交往的深入和扩展，双方共同的心理领域也逐渐被发现。共同的心理领域越大，双方之间认同、接受和信任的程度就越高，情感融合的程度也越高。

心理学家按照情感融合的程度将人际关系分为轻度卷入、中度卷入和深度卷入三种。轻度卷入阶段的特点是：交往双方所发现的共同心理领域较小，双方的心理世界只有小部分重合，也仅仅在这一范围内，双方的情感是融合的。中度卷入阶段的特点是：交往双方已发现较大的共同心理领域，双方的心理世界也有较大的重合，彼此的情感融合范围也相应较大。在深度卷入的情况下，双方已发现的共同心理领域大于相异的心理领域，彼此的心理世界高度重合，情感融合的范围覆盖了大多数的生活内容。不过，在现实生活中，只有少数人能够达到这种人际关系状态，而且也只与少数人达到这种状态。有些人则从来没有与其他任何人达到这种深度，还有些人一辈子与别人的关系都只处于比较肤浅的水平。

需要注意的是，人际关系双方心理世界并不存在完全重合的情况。无论人们的关系多么密切，情感多么融洽，也无论人们主观上怎样感受彼此之间的完全拥有，两个人的心理世界都不能达到完全的重合，每个人都保留着自己最隐私的部分。人与人之间只存在多大程度上相一致的问题，而不存在完全相一致的情况。

（二）人际关系的发展与自我暴露

1. 人际关系的发展过程

自我暴露（self-disclosure）是指个体把有关自己个人的信息告诉他人，与他人共享自己内心的感受和信息。心理学家认为它是人们与他人发展亲密关系的重要途径。奥尔特曼（I. Altman）和泰勒（D. A. Taylor）以自我暴露的程度作为衡量人际关系深度的参考指标。他们由此认为，良好的人际关系的建立和发展，从交往由浅入深的角度来看，一般需要经过定向、情感探索、情感交流和稳定交往四个阶段。[①]

> **自我暴露**：个体把有关自己个人的信息告诉他人，与他人共享自己内心的感受和信息。

（1）定向阶段。定向阶段包括对交往对象的注意、选择和初步沟通等多方面的心理活动。大千世界里，人与人之间发生关联的可能是无限的，米尔格拉姆曾进行过一

① Altman，Taylor. Social Penetration：The Development of Interpersonal Relationship. New York：Rinehart & Winston Inc.，1973.

个连锁信实验。[①] 他将一套连锁信件随机发送给居住在内布拉斯加州奥马哈的160个人，信中放了一个波士顿股票经纪人的名字，要求每个收信人将信寄给自己认为是比较接近那个股票经纪人的朋友。最终，大部分信在经过五六个步骤后到了该股票经纪人手中。这个结果被称为六度间隔（six degrees of separation），又称小世界现象（small world phenomenon），即在这个社会中，任何两个人之间建立联系，最多需要通过六个人。即使这两个人并不认识，生活在地球上任何偏僻的地方，他们之间也都只有六度间隔。因此，我们几乎可以和任何一个没有联系的人只通过简单的中介就发生关联。但在现实生活中，我们并不是同任何一个相遇的人都建立良好的人际关系，而是对交往对象及交往深度有高度的选择性。通常情况下，只有当对方的某些特征能引起我们情感上的共鸣时，才会引起我们特别的注意。

选择交往对象的过程本身就反映了交往者的某种需要倾向、兴趣特征等个体心理特征。这种注意是自发的、非理性的。当我们理性地思考可以作为交往对象并与之保持良好的人际关系的对象时，就已经开始选择过程了。只有那些在价值观念等方面与我们有共识的人，才可能成为我们进一步交往的对象。

初步沟通是我们在选定某一交往对象之后，试图与这一对象建立某种联系的实际行动，希望对别人有初步的了解，以便使自己知道是否有必要与对方展开进一步的交往。同时，我们也希望给对方留下良好的第一印象，为可能形成的人际关系奠定良好的心理基础。

人际关系的定向阶段，其时间跨度因情况而异。邂逅而相见恨晚的人，定向阶段会在第一次见面时就完成。而对于可能有很多接触机会但彼此自我防卫倾向又都较强的人来说，这一阶段要经过长时间沟通才能完成。

（2）情感探索阶段。这一阶段的目的，是探讨彼此共同的情感领域来进行角色性接触，而不是仅仅停留于一般的正式交往模式。随着双方共同情感领域的发现，双方的沟通会日益广泛，自我暴露的深度与广度逐渐增加。但在这一阶段，人们的话题仍未进入对方的私密性领域或隐私敏感区，自我暴露不涉及自己深层的方面。尽管这一阶段人们在双方关系上已开始有一定程度的情感卷入，但交往模式仍与定向阶段类似，彼此还都注意遵守交往规范，彼此没有强烈的吸引力，即使关系破裂也无所谓。

（3）情感交流阶段。人际关系发展到这一阶段，双方关系的性质开始出现实质性变化。彼此的安全感和信任感已经确立，沟通和交往的内容开始广泛涉及自我的许多方面，并有中度的情感卷入。关系如果在这一阶段破裂，将会给人带来相当大的心理压力。在这一阶段，正式交往模式的压力已经趋于消失，双方交往的行为表现已经超出正式交往的范围，显示出融合的自发交往关系。此时，人们会相互提供真实的评价性反馈信息，提供建议，彼此进行真诚的赞赏和批评。

（4）稳定交往阶段。随着交往双方接触次数的增加，人们在心理上的共同领域会进一步扩大，并伴有深度的情感卷入，自我暴露更深入广泛。此时，人们已经可以允

---

① Milgram. The Small World Problem. Psychology Today，1967，67（1）：60-67.

许对方进入自己高度私密性的个人领域。但在实际生活中，很少友谊关系能达到这一情感层次。许多人仅仅是停留在第三阶段的同一水平上。

2. 自我暴露与自我分层

奥尔特曼和泰勒用**社会渗透理论**（social penetration theory）来说明自我暴露对关系发展的影响。他们认为，亲密关系的形成是渗透一个人的表面，对这个人的内在自我加深了解的过程。社会渗透在深度和广度两个维度上发生。随着关系的发展，人们会暴露更多的个人信息，自我暴露的内容范围会变得更宽广，人们会谈论更广泛的话题，一起进行各种活动。自我暴露的广度和深度成为人际关系的敏感的探测器。

> **社会渗透理论**：该理论认为亲密关系的形成是渗透人的表面，对人的内在自我加深了解的过程。

与自我暴露程度相对应的是自我层次理论。鲁宾（Z. Rubin）等把自我分为四个层次。① 第一层是自我的表层水平，涉及我们的兴趣、爱好等方面，如对饮食、日常情趣、消遣活动的选择等；第二层是我们对事物的看法和态度，如对某一政治事件的评价、对某个老师的看法等；第三层是自我的人际关系与自我概念状况，如自己与父母的关系、夫妻关系、亲子关系、自卑情绪等；第四层是自我的最深层次，属于个体的隐私部分，不会轻易向别人暴露，如自己的某些不能为社会一般观念所接受的经验、念头、行为，我们曾经产生过的偷窃念头或自己的第一次性经验等。了解别人在怎样的层次上对我们暴露自己，我们可以了解别人对我们的信任和接纳的程度，了解我们同别人关系的状况。当然，根据自己可以没有顾虑地对别人暴露哪一层次的自我信息，我们也能了解自己对别人的信任和接纳程度。

第二节　人际关系的理论

稳定的人际关系是健康心理生活所必需的部分，这种无形的人际互动为何有如此重要的地位？人际交往过程满足了人类哪些方面的需要？人际关系分为哪些不同的种类？人际关系的建立与维持需要符合什么原则？心理学家通过对人际关系的成因、本质等问题进行研究，给出了以上问题的答案。本节将重点介绍以下三种理论：舒茨提出的三维理论、关注人际交往本质的社会交换理论，以及对交换理论进行补充的公平理论。

一、人际关系的三维理论

舒茨（W. C. Schuts）提出的人际关系的三维理论认为，每个人都有与别人建立人际关系的愿望和需要，只是有些人表现得明显些，有些人表现得不明显。这些需要大

① Rubin，Shenker. Friendship，Proximity，and Self-Disclosure. Journal of Personality，1978，46：1-22.

致可分为三类：包容需要、控制需要和情感需要。每个人都有三种最基本的人际需要，而且每一类需要都可以转化为动机，产生一定的行为倾向，建立一定的人际关系。

（1）**包容需要**（inclusive need），指个体想与他人建立并维持一种满意的相互关系的需要。这种需要得到满足之后，个体就会产生沟通、相容、相属等肯定性的行为特征；反之，个体就会产生孤立、退缩、排斥、忽视等否定性的行为特征。如果孩子在家庭里与父母联系和交往的需要得到了较好的满足，那么他们将形成肯定性的行为特征；如果孩子与父母缺少必要的沟通与交往，他们就会产生否定性的行为特征。舒茨认为，适当的行为应该是社会性行为，即在人际交往中表现出良好的适应性和灵活性。这种人在人际交往中没有什么障碍，能够随着情境的变化而决定自己是否参与团体，参与多少个团体等。无论是独处还是与别人在一起，他都会感到幸福。

包容需要：个体想与他人建立并维持一种满意的相互关系的需要。

控制需要：个体控制他人或被他人控制的需要。

情感需要：个体爱他人或为他人所爱的需要。

（2）**控制需要**（dominant need），指个体控制他人或被他人控制的需要，亦即个体在权力问题上与他人建立并维持满意关系的需要。这种需要得到满足后，个体会形成使用权力、权威、影响、控制、支配、领导等行为特征，反之就是抗拒权威、忽视秩序、受人支配等行为特征。舒茨把个体的行为分为拒绝型、独裁型和民主型三种。拒绝型的人倾向于谦逊、服从，在与他人交往时拒绝权力和责任。独裁型的人则好支配、控制他人，喜欢最高的权力地位。民主型的人能顺利地解决人际关系中与控制有关的问题，能根据情况适当地确定自己的地位和权力范围，是最好的行为类型。在孩子的成长过程中，如果父母对孩子既有要求又给他们一定自由，使之有某种自主权，则易使孩子形成民主型的行为特征；如果双亲过分控制孩子，独揽大权，支配孩子的一切行为或样样包办代替，孩子就有可能形成拒绝型或独裁型的行为特征。

（3）**情感需要**（need for affection），指个体爱他人或为他人所爱的需要，即个体在与他人的关系中建立并维持亲密情绪联系的需要。这种需要得到满足之后，个体就会产生同情、热情、喜爱、亲密等行为特征，反之就是冷淡、疏远、厌恶、反感、憎恨等行为特征。舒茨同时划分了三种情感行为类型，即低个人行为、超个人行为和理性的情感行为。低个人行为表现为避免主动、亲密的人际关系，因为他担心自己不受欢迎，不被喜爱。超个人行为则表现为希望与别人建立亲密联系的迫切愿望，表现出过分的热情和主动。理性的情感行为是对自己的人际关系状态有正确的认识和评价，有良好的自信心和社会交往技能。如果孩子在小时候得不到双亲的爱，经常面对冷淡与训斥，长大后就会出现低个人行为；如果孩子生活在溺爱关系中，长大后就会表现出超个人行为；如果孩子能获得适当的关心、爱护，长大后就会形成理性的情感行为。

由于人们对于这三种基本的人际需要有主动和被动两种表现形式，因而形成了六种人际关系的取向，如表9-1所示。

表 9-1　**人际关系的六种取向**

需要 \ 行为倾向	主动	被动
包容	主动与他人交往，积极参与社会生活	期待他人吸纳自己，退缩、孤独
控制	喜欢控制他人，能运用权力	期待他人引导，愿意追随他人
情感	对他人喜爱、友善、同情，主动对他人表示亲密	对他人显得冷淡，负性情绪较严重，但期待他人对自己亲密

二、社会交换理论

根据霍曼斯提出的社会交换理论，人与人之间的交往本质上是一个社会交换过程。这种交换不仅涉及物质的交换，同时还包括非物质如情感、信息、服务等方面的交换。人们如何看待与他人的关系主要取决于人们对关系中回报与成本的评价和体验。社会交换理论认为，人们所知觉到的一段关系积极或消极的程度取决于以下方面：（1）自己在关系中所得到的回报；（2）自己在关系中所花费的成本；（3）自己应得到什么样的关系和能够与他人建立更好关系的可能程度。[①] 总之，人们总是希望以最小的代价换取最大的回报。

福阿夫妇（U. G. Foa & E. B. Foa）确定了人际关系的六种基本回报：爱、金钱、地位、信息、物品和服务。[②] 这些回报可被归为两个维度。第一个是特定性维度，即回报的价值在多大程度上依赖于提供者。比如，爱是一种特定性的回报。相反，不管金钱来自谁，它都是有用的，因此金钱是非特定性的或通用的回报。第二个是具体程度，它区分了有形回报和无形或象征性回报，如建议或社会赞许。

回报是关系中令人愉悦的一面，让我们觉得一段关系是值得的并应加以巩固。成本则相反，因为交往需要大量时间、精力，还可能意味着大量的冲突。所有友谊和浪漫关系都会有自己的成本，如忍受他人令人不悦的一些习惯和个性。人们对关系结果的评估是对成本和回报进行的直接比较，关注的是关系对我们是有盈余的还是亏空的。

比较水平：人们对他们在特定关系中可能的收益或成本的预期。

除了判定某种关系是否获益外，人们还会对关系进行两两比较。这里有两个重要的标准。第一个是**比较水平**（comparison level），指人们对他们在特定关系中可能的收益和成本的预期。比较水平取决于人们在过去关系上的经验。一些人比较水平很高，期望在一段关系中付出很小的代价而获得巨大回报。如果已有关系不能达到这个标准，他们就会感到不快。相反，那些比较水平很低的人在同样的关系中会很开心，因为他们认为维持某些关系需要付出较大的代

① Homans. Social Behavior as Exchange. American Journal of Sociology，1958，63：597-606.

② Foa U G，Foa E B. Societal Structures of the Mind. Springfield，IL：Charles C Thomas，1974.

价。第二个是**备择关系的比较水平**（comparison level of alternative），是人们对可替代旧关系的新关系中收益和成本的预期。备择关系比较水平高的人认为存在更好的选择，即使现有关系是获益的，他们也会离开；而备择关系比较水平低的人则更有可能留在一个成本很高的关系中，因为他们预期在别处获得的关系会更差。

三、公平理论

一些研究者指出，社会交换理论忽视了关系中的一个重要因素——公平。**公平理论**（equity theory）认为，人们并非简单地以最小代价换取最大利益，他们还要考虑关系中的公平性，即关系双方贡献的成本和得到的回报基本是相同的，公平的关系才是最稳定、最快乐的关系。根据公平理论，过度受益和过度受损的关系中，交往双方都会对这种关系感到不安，且双方都有在关系中重建公平的动机。过度受损的一方会不开心这很容易理解，但研究表明，过度受益的个体也会感到烦恼。研究者认为可能的原因是，公平是一个强有力的社会标准，因此利益不均衡会让人不舒服，甚至感到内疚。

备择关系的比较水平：人们对可替代旧关系的新关系中收益和成本的预期。

公平理论：人们并非简单地以最小代价换取最大利益，还要考虑关系中的公平性。

不过，在长期的亲密关系中，交换理论和公平理论都变得复杂起来。例如，你可能乐意帮同学记录社会心理学的笔记，但你显然希望他也会帮你记下英语笔记。相反，你和你最好的朋友在双方需要的时候可能经常帮忙，但谁也不会总记得付出了什么又得到了什么。为此，克拉克（M. Clark）和米尔斯（J. Mills）区分了两种类型的关系：交换关系（exchange relationships）和共有关系（communal relationships）。① 在两种关系中，交换过程都在进行，但是规范成本和回报的规则却有显著差异。在交换关系中，人们受公平原则支配，付出成本的同时期望能在不久的将来得到同等的回报。交换关系经常发生在陌生人或偶然认识的人之间或业务关系上。身处交换关系中的人不会觉得自己对对方的幸福有特别的责任。相反，在共有关系中，人们会切实感受到自己对对方的需要负有责任，人们最关注的是对他人的需要做出回应，表明自己对对方的关心，并不期望不久就要得到对方同样的回报。共有关系通常发生在家庭成员、朋友和恋人之间。

为了找出两种关系取向之间的差异，克拉克等人进行了一系列实验。研究安排被试和一个很风趣的人交往，被试要么被告知这个人初来乍到而且希望结交新朋友（这样就增加了被试与这个人建立共有关系的兴趣），要么被告知这个人已经结婚而且只是来做短期访问（这样被试就更倾向于与其建立交换关系）。结果表明：在交换条件下的被试根据公平原则进行交往；而在共有条件下的被试觉得有机会建立一种长期关系，

① Clark, Mills. Interpersonal Attraction in Exchange and Communal Relationships. Journal of Personality and Social Psychology, 1979, 37: 12-24.

相对并不在意关系中那种严格的“有来有往”式的交换模式。[①] 还有研究表明：共有关系中的人们喜欢谈论有关情绪的话题，比如什么让他们开心，什么让他们悲伤；交换关系中的人们则更喜欢谈论非情绪话题，比如他们喜欢什么餐馆或他们养花的经验。如果一个人主动提出帮助一个偶然认识的人而不是自己的密友，那么人们就会觉得他更加乐于助人。类似，如果一个人不帮密友的忙的话，和他不帮助一个认识的人相比，人们会觉得他更自私。

阿隆（A. Aron）的自我延伸（self-expansion）概念可以解释亲密关系中这种复杂的互惠模式和交换规则。阿隆认为，在亲密关系中，个体会逐渐把对方看成自己的一部分。他和同事研究发现，在一段关系中，人们认为自己与关系中的他人重叠越多，越可能报告亲密感和相互联系的行为，比如一起消磨时间。从这个角度看，在亲密关系中，他人是自我的一部分，因而让他人获益就是让自我获益。研究者认为，这正是亲密关系借以超越简单社会交换行为的途径之一。[②]

学以致用

“投桃报李”——互惠原则与组织行为

在社会心理学中，社会交换理论是解释人与人之间关系质量变化和发展的重要理论，而人与人在交换的过程中遵循的互惠原则（norm of reciprocity）是社会交换持续产生的重要前提。在中西方的文化中都有这种社会交换和互惠原则的体现。例如“投我以桃，报之以李”“礼尚往来”，这些典故说明了自古以来中国人都非常注重人际交往的规范。在接受他人给予自己的利益后回报对方的人际交往规范在西方文化背景下也有类似的表达：“You scratch my back and I'll scratch yours”（你帮我搔背的话，我也会帮你搔背）。理论上，我们用互惠来描述这种人际交往中的现象，有研究者认为互惠原则存在于每一个人的社会关系中，并且这种现象在人类社会的各种文化中普遍存在。

长期以来在组织行为学的研究中，互惠原则作为社会交换理论的核心特征被用来解释发生在组织情境中的各种关系，它与社会交换理论一同被用来解释领导力（leadership）、组织支持（perceived organizational support，POS）、心理契约（psychological contract）、领导-部属交换（leader-member exchange，LMX）、团队-成员交换（team-member exchange，TMX）、公平（justice）和信任（trust）等因素对员工的态度和行为产生的影响，例如组织公民行为（organizational citizenship behavior，OCB）、任务绩效（task performance）、组织承诺（organizational commitment）。[③] 如今社会交换理论成为组织行为学研究中最有影响力的一个概念性范例。

---

① Clark，Mills，Powell. Keeping Track of Needs in Communal and Exchange Relationships. Journal of Personality and Social Psychology，1986，51：333-338.

② Aron A，Aron E A，Tudor，et al. Close Relationships as Including Other in the Self. Journal of Personality and Social Psychology，1991，60 (2)：241-253.

③ 邹文篪，田青，刘佳．“投桃报李”：互惠理论的组织行为学研究述评．心理科学进展，2012 (11)．

吴等人的研究结果显示，互惠会对员工的心理授权（psychological empowerment）、组织信任（organizational trust）、情感承诺（affective commitment）、离职意愿（quit intention）产生影响，而且不同类型的互惠对这些结果变量的影响程度不同。[①] 广泛互惠和平衡互惠对员工的心理授权、组织信任和情感承诺产生正向影响，对离职意愿产生负向影响。尤尔-比恩（M. Uhl-Bien）和马斯林（J. M. Maslyn）的研究结果显示：高质量的领导-部属交换下互惠的群组比低质量领导-部属交换下互惠的群组和消极互惠的群组拥有更高程度的组织支持感和利他主义，但在比较它们对组织承诺产生的影响时差异却不明显，而消极互惠会降低员工的工作绩效和责任心。[②]

从中国本土化的特点来看，互惠研究可以为企业的管理者解决实际管理问题提供有益的参考。中国的社会价值观中非常注重互惠，而且互惠理论在中国的文化情境下得到了广泛的应用。很多华人学者依据互惠理论来解释华人社会中人与人之间的“关系”“人情”“面子”。例如，在解释“关系”的特点时很多研究者认为，“关系”是各方互惠的（reciprocal）表现，特别是在华人社会中，若一方接受了对方的帮助或恩惠，那么接受方就一定要通过特定的时机回报给予的一方，以此来维系彼此的相互信任和“关系”。如果“关系”失去了互惠的过程，人们之间的关系也会随之破裂。正是意识到了互惠在构建“关系”时的重要性，很多中西方学者在分析“关系”的时候都将互惠作为其中一个维度。中国文化情境下解读互惠所发挥的内在作用机制时，很多研究者选择了儒家文化视角。儒家文化对中国两千多年的影响使其所提倡的价值观易于被中国人接受，而且儒家文化所提倡的“相互性”为中国文化下的互惠研究提供了很好的社会价值观基础，如“投我以木瓜，报之以琼琚”“以直报怨，以德报德”。受儒家文化的影响，留传下来的俗语如“受人滴水之恩，必当涌泉相报”也典型地体现了这种互惠性的社会规范。此外，儒家所提倡的这种互惠包含着物质和精神上的结合，体现出交换各方愿意以情感来构建一种良好的长期关系。这种互惠则体现出个体之间精神上的相互给予，体现在相互尊重、关爱和理解等一系列的社会交换上。物质上的互惠只能带来一时快感，但精神上的互惠则能带来长久的幸福感。

第三节　人际吸引

亲密关系如何开始？什么推动了友谊和爱情的发展？诚然，关系可以发生在各种情形下，如公车上、教室里、餐厅里、相亲时、旅游时。但从心理学的角度说，关系

① Wu，Hom，Tetrick，Shore，Jia，Li，et al. The Norm of Reciprocity：Scale Development and Validation in the Chinese Context. Management and Organization Review，2006，2：377-402.

② Uhl-Bien，Maslyn. Reciprocity in Manager-Subordinate Relationships：Components，Configurations，and Outcomes. Journal of Management，2003，29：511-532.

开始的第一大步总是一样的：人与人之间的吸引。**人际吸引**（interpersonal attraction）是人与人之间的相互接纳和喜欢，普遍存在于各种人际交往中。什么因素促使我们喜欢他人？怎样才能让自己得到别人的接纳和喜欢？这些都是我们关心的问题。

一、人际吸引的基础：吸引的回报理论

人际吸引的一个基本假设是：我们会被那些其出现对我们是一种回报的人所吸引。影响吸引的有两种回报：与他人交往获得的直接回报，或者仅仅由于他人出现而带来的间接回报。直接回报指的是我们与他人交往时得到的全部的积极结果。当一个人将注意力、兴趣和赞许都倾注给我们的时候，我们是很享受这些具有回报性的行为的。当一个人既聪明又漂亮时，我们会享受这些令人赏心悦目的特点。当一个人使我们拥有我们想得到的如金钱和地位时，我们会享受这些所得。如果一个人能够给我们提供更多的回报，我们就会更多地被此人吸引。人际关系中的双方对彼此需要的满足，可以大幅增进两人的相互吸引程度。①

> **人际吸引**：人与人之间的相互接纳和喜欢。

很多时候，我们对对方产生好感并不是因为对方说了什么或做了什么。当一个人在令人愉悦的情形中出现时，我们就会喜欢与之交往。根据伯恩（D. Byrne）的理论，人们通过条件反射形成了对那些与回报性事件有关的事和人的积极感受。② 比如，当你支持的球队赢得比赛时，小薇正好和你在一起，那么你对她的喜欢程度就会高些，下次再与她接触时，你可能会体验到积极的情感反应。一周的紧张学习结束之后，我们坐在环境舒适的餐厅里，享受可口的美食、新鲜的果汁和悠扬的音乐时，就可能感觉身边的一切都那么美好，包括此刻出现在眼前的人。而如果我们正忍受着牙痛的煎熬，我们就可能对遇到的人没什么好感。在这些关联吸引中，我们对另外一个人的感情源于所处环境的感情基调。哈特菲尔德（E. Hatfield）和沃尔斯特（G. Walster）在以往研究的基础上，发现了一条与人相处时很实用的小贴士："浪漫的晚餐、在剧院看演出、在家共度夜晚、度假，这些都很重要……如果你希望维系与伴侣的关系，那么你和你的伴侣都要继续把你们的关系跟美好的事物联系起来。"③

二、人际吸引的影响因素

人们往往只简单地认为，当某人具有吸引力的时候，我们才会被其吸引，但实际情况要复杂得多。吸引是基于与另外一个人的有回报性的经历，而这些经历可以有许多不同的方式，取决于时间、地点及所涉及的人。接下来我们将探讨几种通向吸引的

---

① Byers，Wang. Understanding Sexuality in Close Relationships from the Social Exchange Perspective//Harvey，Wenzel，Sprecher. The Handbook of Sexuality in Close Relationships. Mahwah，NJ：Erlbaum，2004.

② Byrne. The Attraction Paradigm. New York：Academic Press，1971.

③ Hatfield，Walster. A New Look at Love//Reading. MA：Addison-Wesley，1978.

途径，从最简单的条件——时空接近性开始。

（一）接近性

两个人能否成为朋友的最佳预测源是他们住的远近。生活的时空性决定了我们只能与空间距离接近的人有密切来往（互联网例外），距离越接近，交往的频率可能就越高，越容易建立良好的人际关系。多数情况下，我们的友谊和浪漫关系起始于与周围人的交往。调查表明，有 38%的已婚夫妇在学校或工作场所彼此相识，还有一些是邻居，或是在上班、上学路上认识的。费斯汀格对麻省理工学院的已婚学生进行过关于接近效应的经典研究。他们所在的住宅区有 17 栋独立的两层小楼，每栋楼有 10 个单元，每个单元样式几乎相同（见图 9-3）。

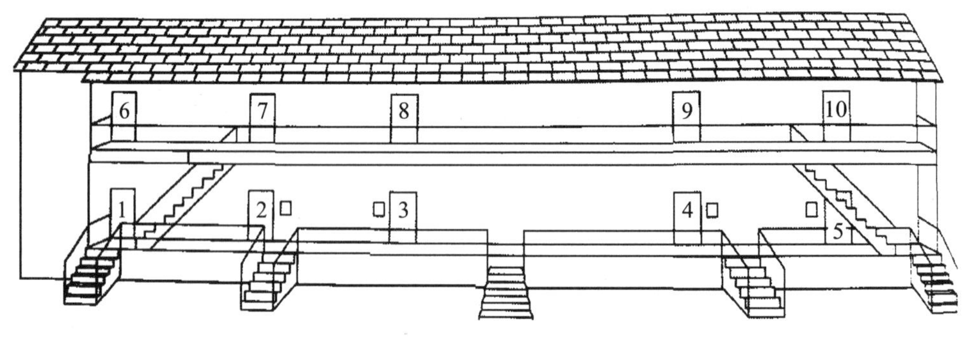

图 9-3

说明：麻省理工学院学生公寓结构简图。

资料来源：布雷姆，等．亲密关系．北京：人民邮电出版社，2005：64.

居民不能决定住在哪里，哪里有空出的公寓他们就被分配去哪里。一开始进来时，这些随机安排的住户彼此并不熟悉。一段时间后，研究者的调查结果表明，他们与住在附近的人交往更多，更容易成为朋友。事实上，大多数的房门相距只有 5.8 米，而相距最远的门之间也不过 27 米。但在同一层楼上，被提到愿意与住户进行交往的人中，隔壁住户占了 41%，隔一扇门的邻居占了 21%，而在走廊尽头的住户只占 10%。此外，住在同一层的住户与住在不同楼层的住户相比更容易成为朋友，虽然他们之间实际的物理距离是相等的。这可能是因为上下楼比起在同一走廊上行走需要花费更大的力气。所以，住在不同层的住户比起在同层居住的邻居心理距离会更远些。研究者称此为功能性距离，指的是人们与他人交往的可能性既由实际距离决定，又由房屋单元的设计决定，它决定了人们生活轨迹相交的频率。如住在楼梯和邮筒附近的夫妇有更多机会遇见楼上的住户。人们住得越近，不管这种近是物理距离还是功能性距离，人们越容易成为朋友。这样看来，如果你刚到一个新城市，想结交朋友，那么你可以尝试去租靠近邮筒的房子、坐在临近咖啡壶的桌子边、把车停在靠近主要建筑的停车点，这些都可以帮你建立友谊。

背景人物

莱昂·费斯汀格（1919—1989），美国社会心理学家，是继 K. 勒温之后将格式塔心理学原理应用于社会心理学研究的学者。主要研究人的期望、抱负和决策，并用实验方法研究偏见、社会影响等社会心理学问题。他的贡献主要来自在社会心理学上两方面的研究成果，即提出了社会比较理论和认知失调理论，尤其是认知失调理论。

怀特（W. Whyte）研究了一个新建社区的友谊模式，得到同样的结果。新建社区中的住房都是一样的，居民都是同时来的，因此可以认为他们是被随机分配到各个住宅中去的。经过一段时间相处后，怀特对居民们的调查发现，那些住得越近的居民越容易成为朋友。①

对接近性的进一步支持来自“值得纪念的人际交往”研究。拉塔内（B. Latané）等人要求被试描述他们与别人交往中最难忘的事情，同时要其指出该事件中所涉及的人的住所与自己住所之间的物理距离。结果证实了物理距离对人际吸引的重要影响。虽然10%的被试回忆起的“值得纪念的人际交往”中两人居住相距50英里以上，但大多数情况下两人是近邻，或住在同一住宅区或相距不超过一英里。② 这项研究结果在来自美国和中国的三个不同样本中得到了验证。

如何解释接近性呢？

第一，接近性增加了熟悉程度。相邻的人接触机会比较多，熟悉程度越高，喜欢的可能性就越大。

第二，接近性与相似性有关。居住在同一个地方的人，在生活方式上往往相似。另外，在有选择的情况下，人们往往选择与自己相似的人一起居住，如教师愿意与教师住在一个社区里，地理位置的接近反过来又增强了人们的相似性。

第三，从社会交换理论出发，人们能从居住接近的人身上以相对较少的代价获得社会性报酬。我们可以很方便地和邻居聊天来维持人际关系，在需要帮助时，从邻居那里能更方便地得到帮助。而对于那些与自己居住距离远的人，要建立和维持包括友谊在内的关系，付出的代价要高得多，需要时间、金钱和计划。因此，人们倾向于和居住在周围的人发展和维持友谊。

第四，根据认知失调理论，人们努力维持态度与行为的和谐一致，以平衡、无冲突的方式组织他们的喜好。如果和人们住在一起或一起工作的人是他们不喜欢的，就会引起他们的焦虑，因而在和必须与之交往的人相处时，人们会有去喜欢这些人的认知压力。认知一致的压力使人们从积极的方面去认识他们的室友、邻居或其他和他们

---

① Whyte. The Organization Man//Garden City. NY：Doubleday Anchor Books，1965. 1英里约合1.6公里。

② Latané，Liu，et al. Distance Matters：Physical Space and Social Impact. Personality and Social Psychology Bulletin，1995，21：795-805. 1英里约合1.6公里。

接近的人，进而喜欢这些人。

（二）熟悉性

人际关系的由浅入深，是从相互接触和初步交往开始的，通过不断接触，彼此相互了解，容易引发喜欢。可见，熟悉性对人际吸引会产生巨大影响，事实上，仅仅只是经常看到某人，就能增强我们对他的喜欢，这就是曝光效应，又称单纯接触效应（mere exposure effect）。查荣克（R. B. Zajonc）等用实验证实了这一点。

查荣克在研究中向大学生被试展示了一些人像照片，有的照片呈现了25次，有的照片则只呈现了一两次。然后，让被试指出他们对照片中的人物可能的喜爱程度。结果发现，被试看到照片的次数越多，他们就越喜欢这张照片和照片上的人。①

这一结果在经常见到同一个人的时候也会出现。莫兰德（R. Moreland）和比奇（S. R. Beach）招募了四名女性作为实验研究协助者，前测结果表明她们具有相等的吸引力。研究者让每名女性以学生身份去上社会心理学的课，她们不会与教授或其他学生交谈，只是走进教室安静地坐在第一排，让所有人都能看见她们。每个女助手的出勤率不同，在整个学期中分别上了1次、5次、10次和15次课。学期末，研究者向班上学生播放这些女助手的幻灯片，让他们对这些女性的吸引力做出评分。结果发现，曝光对喜欢程度有显著影响，被看到次数越多的女性越受大家喜欢。②

米塔（T. Mita）等人通过人们对自己面孔的反应证明了**曝光效应**。人的面孔并不是完全对称的，左眼位置可能高于右眼、头发分界线偏右等。朋友经常看到的是我们客观的形象，而我们自己经常看到的是镜中像，相当于朋友看到的面孔的镜像。对我们来说，右眼要高些，头发分界线偏左。根据曝光效应的假设，朋友应该更喜欢他们平时看到的我们的脸，而我们自己则更喜欢镜像的脸。米塔拍了一些女大学生的照片，然后将照片呈现给她们本人及她们的朋友看，有些照片是正常照片，有些则洗出其负相（与镜中看到的相同）。结果显示，照片本人更喜欢镜中自己的照片（68%），她们的朋友更喜欢正常照片（61%）。可见，每个人都喜欢他看到次数最多的面孔。③

> **曝光效应**：反复多次出现的事物能提升喜欢程度。

熟悉性为什么能增加好感呢？伯恩斯坦用进化论的观点加以解释。他认为在进化过程中，人类经常以小心翼翼的方式去应付不熟悉的物体或情境，而这种针对不熟悉情境的谨慎又加强了我们的生物适应性。④ 通过与这些环境不停地相互作用，给我们带

---

① Zajonc. Attitudinal Effects of Mere Exposure. Journal of Personality and Social Psychology，1968，2：1-29.

② Moreland，Beach. Exposure Effects in the Classroom：The Development of Affinity among Students. Journal of Experimental Social Psychology，1992，28：255-276.

③ Mita，Dermer，Knight. Reversed Facial Images and the Mere-Exposure Hypothesis. Journal of Personality and Social Psychology，1977，35：597-601.

④ Bornstein. Exposure and Affect：Overview and Meta-Analysis of Research，1968-1987. Psychology Bulletin，1989，106：265-289.

来危险的不熟悉的事物逐渐为我们所适应，也就变得熟悉与安全了。随着戒心的解除和舒服性的上升，人们对该事物的正性情感必然增加（见图 9-4）。

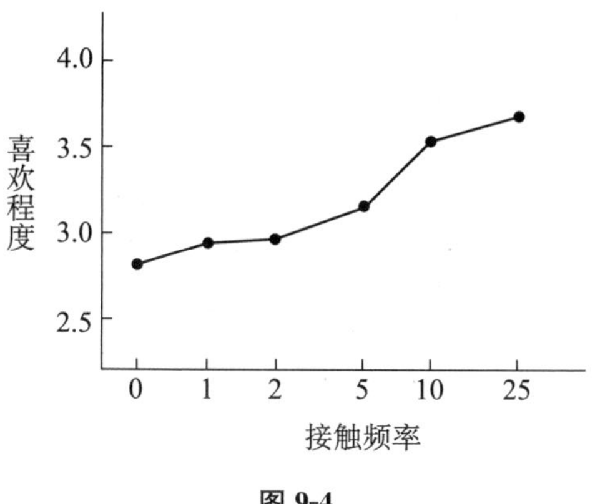

图 9-4

说明：接触频率与喜欢程度的关系。

资料来源：Bornstein. Exposure and Affect: Overview and Meta-Analysis of Research, 1968-1987. Psychology Bulletin, 1989, 106: 265-289.

还有研究者从其他方面解释熟悉性的影响：首先，多次接触通常能提高再认，这是开始喜欢某人的第一步。其次，当人们变得越来越熟悉彼此时，他们更能预测对方的行为。当我们非常清楚地知道某人如何行为以及如何对我们所做的事做出反应时，就不太容易做出令他烦恼的事。同样，当他了解我们的情况后，也就不太容易使我们烦恼。在相互熟悉的情况下，每个人都学着如何行动以避免不愉快的相互作用。最后，我们会假设经常看到的人与我们很相似。如上述莫兰德的研究中，学生在进行评价时，会认为那些经常上课的人与自己在人格、背景和对未来的规划上都更相似。然而，加西亚-马奎斯（T. Garcia-Marques）等人的研究表明，这种曝光效应也许是反向成立的，即我们喜欢的人看起来更让我们感觉熟悉。①

当然，曝光效应也是有限制的。如果一开始一个人对他人的态度是喜欢或至少是中性的，那么接触对增进人际吸引有效果；但如果一开始对对方的印象是负面的话，就未必如此了（见图 9-5）。D. 波尔曼（D. Perlman）等人的研究证明了这一点。他们给被试看三种不同类型的照片：一种是正面人物，如科学家、牧师；一种是中性人物，如穿运动 T 恤的人；还有一种是负面人物，如在警察局里排成一队的人。结果表明，熟悉增加了被试对正面与中性对象的喜欢程度，但对反面对象，却没有这种效应。②

另外，如果两个人在兴趣、需要或人格等方面有强烈的冲突，彼此避不见面、减少接触就能把这种冲突最小化。但是如果增加彼此之间的接触，冲突就会加剧。可见，

---

① Garcia-Marques, Mackie, Claypool, Garcia-Marques. Positivity Can Cue Familiarity. Personality and Social Psychology Bulletin, 2004, 30: 585-593.

② Perlman, Oskamp. The Effects of Picture Content and Exposure Frequency on Evaluation of Negroes and Whites. Journal of Experimental Social Psychology, 1971, 7: 503-514.

增进喜欢需要有一个最佳水平的曝光频率，这依赖于个体和情境差异。高于或低于这个曝光频率都会有碍人际吸引。

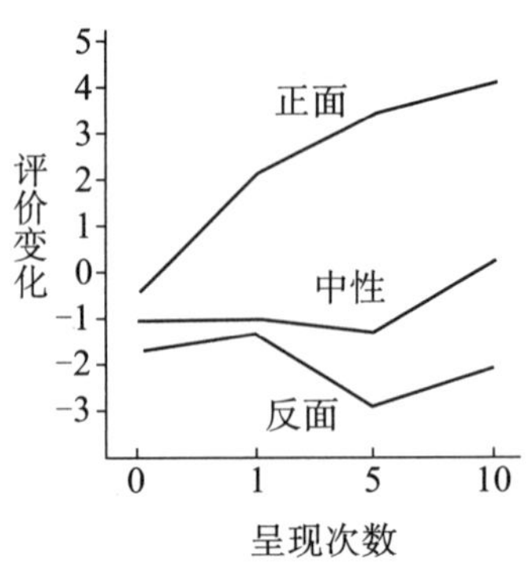

图 9-5

说明：熟悉对不同性质对象的喜好程度的影响。

资料来源：Freedman，et al. Social Psychology. NJ：Prentice-Hall，1985.

（三）外表吸引力

1. 外表吸引力的影响

虽然我们都知道“人不可貌相，海水不可斗量”，但仍很难避免在外貌基础上形成对他人的印象。当其他条件相同时，我们更喜欢漂亮的人。在一个经典研究中，沃尔斯特（E. Walster）和同事在大学的迎新活动中组织了一次“电脑舞会”，让参加舞会的大学生随机配对。研究者事先对所有舞会参加者的外貌做出评定。舞会结束后，要求学生们评价他们对自己舞伴的喜欢程度。结果显示，被实验者评定为吸引力高的人被人喜欢的程度较高。①

外貌甚至可以影响投票选举的结果。研究者让大学生被试看两位议员候选人的照片，并让被试仅根据外貌偏好预测谁可能当选议员。结果表明，人们更倾向于选择看起来成熟、稳重的候选人，而不是“娃娃脸”的候选人，预测的正确率高达67%～72%。②

西格尔（H. Sigall）等人巧妙地通过实验研究了外貌吸引力对交往的影响，结果发现，有魅力的女性比无魅力的女性更能影响男性的交往行为。③ 实验以公认有魅力和无魅力的女性为助手，让她们扮作临床心理学研究生，给男性被试的个性特征作临床心理学评价。实验结果表明，在女性无魅力的条件下，男性被试不太看重评价的结果，

① Walster，Aronson，Abrahams，Rottmann. Importance of Physical Attractiveness in Dating Behavior. Journal of Personality and Social Psychology，1966，4：508-516.

② Todorov，Mandisodza，Goren，Hall. Inferences of Competence from Faces Predict Election Outcomes. Science，2005，308：1623-1626.

③ Sigall，Aronson. Liking for an Evaluator as a Function of Her Physical Attractiveness and Nature of the Evaluations. Journal of Experimental Social Psychology，1969，5：93-100.

他们事后对实验助手的喜欢水平都是中等。但在女性有魅力的情况下，被试非常看重评价的结果。在他们得到肯定评价时，他们对女评价者的喜欢水平最高；而当他们得到否定性评价时，他们对女评价者的喜欢水平最低。在研究者询问是否继续参与研究时，他们表现出非常愿意再与有魅力的女评价者进行交往。可见，来自有魅力女性的否定对被试非常重要，他们希望自己有机会改变其对自己的评价。

在人际交往和亲密关系形成过程中，外表吸引力对男性和女性的重要程度是存在差异的。相对于女性来说，男性更看重女性的外表而非内在品质等其他因素。[①] 斯普雷彻（S. Sprecher）等人在研究中询问被试："在人际交往过程中更多地被异性的外貌还是才智所吸引？"结果表明，60%的女性被男性的才智所吸引，而只有32%的男性认为女性才智比外貌更有吸引力。[②] 这种人际交往过程中外表吸引力的性别差异，也许可以解释为何化妆品和医学整容行业中90%的市场份额来自女性。

2. 外表吸引力的力量源泉：美的即是好的与美丽的辐射效应

外表之所以具有如此强的影响力，其中的一个原因是光环效应的存在。人们认为外表好的人也会有其他优秀品质，如聪明、大方、活泼、更善于社交等，即戴恩所说的"美的即是好的"这一刻板印象。而且，这一刻板印象具有跨文化的普遍性。艾格丽（A. Eagly）等人研究显示，韩国、美国、加拿大的男女被试都认为有外表吸引力的人更友善，更善于社交，适应性更强。[③] 在其他一些与外表吸引力相伴的特质上，存在着一定的文化差异。对于美国和加拿大学生而言，他们生长在个体主义文化中，这样的文化认为独立性、个体性以及自信非常重要，而"美"的刻板印象就包括了这些个人特质，但这些特质并不在韩国人"美"的刻板印象之中。对于生长在集体主义文化中的韩国学生而言，他们的文化强调和谐的群体关系，"美"的刻板印象包括正直和关心他人，而这些特质则不在北美的"美"的刻板印象范围之内。

对美貌的刻板印象也可能导致人们混淆美貌与才智。在工作中，外表有吸引力的人更容易应聘成功并得到较高的薪酬。罗素尔（R. Roszell）等人在加拿大全国范围内进行取样，让面试官对样本的吸引力进行五等级评定（一表示相貌平平，五表示相貌出众、非常有吸引力）。结果发现，被评价者吸引力得分每增加一个等级，每年平均能多赚1 988美元。[④] 弗里兹（I. H. Frieze）等人进行了类似研究，对737名匹兹堡大学MBA毕业生的外表吸引力进行五级评定。结果显示，吸引力每升高一级，男生的年薪

---

① Fletcher, Tither, O'Loughlin, Friesen, Overall. Warm and Homely or Cold and Beautiful? Sex Differences in Trading off Traits in Mate Selection. Personality and Social Psychology Bulletin, 2004, 30: 659 672.

② Sprecher, Sullivan, Hatfield. Mate Selection Preferences: Gender Differences Examined in a National Sample. Journal of Personality and Social Psychology, 1994, 66: 1074-1080.

③ Eagly, Ashmore, Makhijani, Longo. What is Beautiful is Good, But ...: A Meta-Analytic Review of Research on the Physical Attractiveness Stereotype. Psychological Bulletin, 1991, 110: 109-128.

④ Roszell, Kennedy, Grabb. Physical Attractiveness and Income Attainment among Canadians. Journal of Psychology, 1989, 123: 547-559.

平均增加 2 600 美元，女生的年薪平均增加 2 150 美元。[①]

有意思的是，某些研究的确支持漂亮的人在社会能力方面尤其有天赋这一刻板印象。与吸引力不大的人相比，吸引力大的人的确发展出更好的社交技能，并报告有更好的社会经验。原因很明显，那些漂亮的人从小就受到很多的社会关注，这样就会帮助他们发展出良好的社会技巧。这正是自我实现预言的作用，我们对待他人的方式影响他们的行为，并最终影响他们对自己的评价。

人们喜欢有外表吸引力的人的第二个原因是美丽的辐射效应（radiating effect of beauty）。人们认为让别人看到自己和特别漂亮的人在一起，能提高他们的社会形象，就像对方的光环笼罩着自己一样。

肯尼斯（M. Kernis）和维勒（L. Wheeler）认为，当人们和一个有吸引力的朋友在一起出现时才会有这种美丽的辐射效应，与一个有吸引力的陌生人在一起则不会引起这种效应。[②] 为了验证这一观点，他们设计了一个实验室实验。被试看到两个人在一起，目标个体具有中等吸引力，而他旁边的人与之性别相同，且吸引力或高于平均水平或低于平均水平。这两个人或者作为朋友出现，或者作为陌生人出现。如研究者所预测，朋友和陌生人这两种情况的结果是相反的。当两个人被认为是朋友时，就会出现美丽的辐射效应。如果看到目标个体和非常有吸引力的朋友在一起，那么对他自身吸引力的评价会有所提高，反之亦然。但是，当目标个体与一个非常有吸引力的陌生人在一起时，对他的评价反而会降低。

3. 外表吸引力的评价标准

美丽如何衡量？是有一套统一的标准还是“仁者见仁，智者见智”？早在 1951 年，人类学家通过对 190 个部落的研究，发现人们对女性的美貌的关注要远远超过男性，但没有发现统一的标准。弗兰兹（S. Franzoi）等人的观点得到大多数人的认同，他们认为尽管统一的美的标准不存在，但在特定的时期和特定的文化内，人们对什么是美还是有共同看法的。[③] 比如，古希腊人认为男性的身体比女性的身体更能代表美，罗马帝国以瘦为美，到了中世纪晚期则以健壮为美。19 世纪早期的北美和欧洲，中产阶级的妇女经常用束身的方法保持体形，以追求维多利亚时代的病态美——18 英寸（约 45.7 厘米）的腰身。19 世纪中期以来，随着更多的妇女成为职业女性，健康、丰满成了美的象征。尽管有如此多的变化，但关于美与不美的问题，人们的想法通常是一致的。这种共识也存在于不同种族和不同文化背景中。亚洲人、中南美洲人、美国人对他们各自种族的迷人女子是有共识的。朗格卢瓦（J. Langlois）等人进行的元分析研究

① Frieze，Olson，Good. Perceived and Actual Discrimination in the Salaries of Male and Female Managers. Journal of Applied Social Psychology，1990，20：46-67.

② Kernis，Wheeler. Beautiful Friends and Ugly Strangers：Radiation and Contrast Effects in Perception of Same-Sex Pairs. Personality and Social Psychology Bulletin，1981，7（4）：617-620.

③ Franzoi，Herzog. Judging Physical Attractiveness：What Body Aspects do We Use? Personality and Social Psychology Bulletin，1987，134：19-33.

发现，人们在评判漂亮或英俊的面孔上存在跨文化的一致性。[①] 那么究竟是什么标准决定了我们对美的判断呢?

研究者们试图对可能的标准进行探索。一种方法是先找出一组被评价为有吸引力的个体，然后看看他们都有哪些共同之处。坎宁安（M. Cunningham）让男大学生评估 50 张照片中女性的吸引力程度，研究者之后仔细测量了每张照片中女性脸部特征的相对尺寸。研究发现，那些被评价为有吸引力的人分为两类：一类人有娃娃脸的特征，她们拥有大眼睛、小鼻子、小下巴及饱满的双唇，这些女性看上去更女性化，青春可人；另一类拥有成熟的外表，如高颧骨、高挑的眉毛、大瞳孔、窄脸颊及灿烂的笑容，茱丽娅·罗伯茨正是这种典型。[②] 拥有这些特征的女子在全世界范围内都是公认的美人。

男性的吸引力可能更复杂。拥有强壮的下巴和宽阔前额的男性看上去坚强而有主宰力，通常被认为是英俊的。与此同时有研究显示，当一张普通的男性面孔通过电脑成像变得略微女性化或娃娃脸的样子，看上去更热情友好，更有吸引力。更有趣的是，女性对这两种长相的偏好是周期性变化的：如果她们处于排卵期，就会觉得不修边幅的男性化特征更有吸引力；而一个月中的其他时间，她们更喜欢青春型的男孩长相。

另一种方法是测量五官和五官的分布与群体平均水平的差异。[③] 这种测量方法由朗格卢瓦等提出。他们利用数字技术手段将若干大学生的照片转化成一幅合成照片，这张合成的照片就是原先若干人面部特征的数学平均值。研究发现，参与合成的原始照片越多，合成后的面孔就越具有吸引力（见图 9-6）。一项以“德国小姐”的照片为研究材料的研究进一步支持了这种“平均即是美”的观点。研究者将 22 名“德国小姐”总决赛参选者的照片进行合成，生成虚拟的“德国小姐”，再将这张虚拟面孔与其他 22 位候选人的照片放在一起让民众评选。他们一致认为虚拟的“德国小姐”的面孔最具吸引力。[④]

这并不意味着漂亮的人长相普通，经过以上均和过程得到的形象实际上很不一般。她们的每一处特征都是与其他部位成比例的，如鼻子不会太大。均和的面孔同时又是对称的，脸的两半互为镜像，两只眼睛大小相同，两颊的宽度也一样等。面部特征对称本身就是好看的。

但明星和模特的外表并非大多数普通人平均后的样子。如果考虑到最初的吸引力，那就有可能制造一张更有吸引力的面孔。一些研究者创造了两张合成面孔：一张是 60 张个体照片合成的面孔，被称为“平均吸引力”面孔；另一张面孔由原先的 60 张中被知觉为最有吸引力的 15 张照片合成，被称为“高吸引力”面孔。结果表明，“高吸引

---

① Langlois，Kalakanis，Rubenstein，Larson，Hallam，Snoot. Maxims or Myths of Beauty? A Meta-Analytic and Theoretical Review. Psychological Bulletin，2000，126：390-423.

② Cunningham. Measuring the Physical in Physical Attractiveness：Quasi-Experiments on the Sociobiology of Female Facial Beauty. Journal of Personality and Social Psychology，1986，50：925-935.

③ Rhodes. The Revolutionary Psychology of Facial Beauty. Annual Review of Psychology，2006，57：199-226.

④ Gruendl. Beautycheck. www. beauty check. de，2005-12-14.

力”面孔的吸引力大大超过了“平均吸引力”面孔；并且“高吸引力”面孔与坎宁安等人在研究中所发现的男女特征一样，如女性有着更大的眼睛、更高的颧骨和男性有着更宽的下颚。

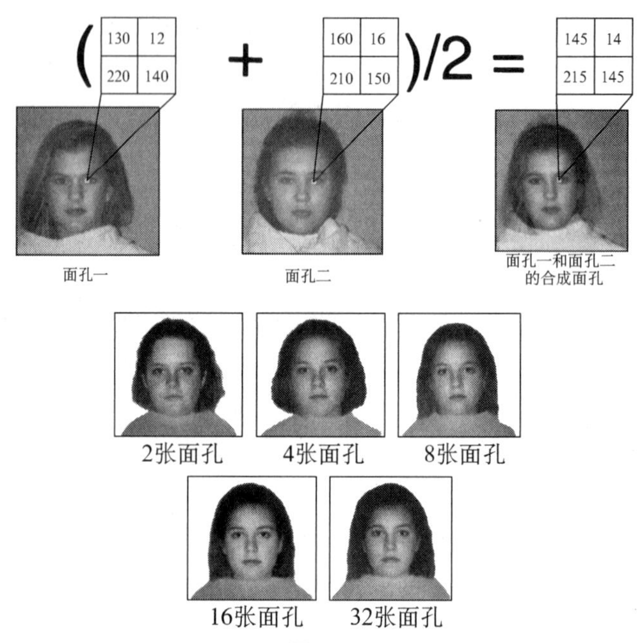

图 9-6

说明：对越多的面孔进行合成，合成的照片就越吸引人。第一行左边的两张女性照片被合并成了右边的那张“合成人像”，这张合成面孔具有的面部特征是原先两位女性面部特征的数学平均值。

资料来源：Kalat. Introduction to Psychology. Wadsworth：Thomson Learning，Inc.，2005：555. 巴伦，伯恩．社会心理学（第十版）．上海：华东师范大学出版社，2004：356.

人们对吸引力的感知还会受情境因素的影响。如果我们在对陌生人进行评价时，刚刚看过美女照片的被试比没有见过美女照片的被试给出的评价更低，这就是对比效应（contrast effect）。欣赏过美女模特的男性对自己伴侣的评价也会降低，而女性对自己爱人的感觉则不会受到类似的影响。但是，无论男女，当用格外漂亮的人作为比较标准时，往往都会低估普通人的吸引力。对比效应也同样存在于人们的自我知觉过程中。看到非常吸引人的同性后，人们会觉得自己缺乏魅力。这就产生了一个令人困扰的问题：流行文化会使我们失去对身边的美的欣赏力。媒体总是展示各种非常迷人的美丽形象，比你周围任何人都有魅力，这会抬高我们的参照标准，使我们低估伴侣和自己，花大量时间和金钱用于美容、塑身，或者整容手术。

不过，我们还可以从另一个乐观角度看问题。一个 17 岁女孩的面部吸引力对她 30 岁和 50 岁时的吸引力的预测力惊人地低。有时，一个相貌平平的青少年，尤其是一个热情、拥有迷人个性的人，成年后会变成非常有魅力的人。另外，我们不仅认为有吸引力的人讨人喜欢，还会认为讨人喜欢的人有吸引力。当你越喜欢一个人时，就越会觉得他有吸引力，他外表的不完美也就不会那么明显了。正所谓“情人眼里出西施”，人们爱得越强烈，就越不会觉得其他异性吸引人。

(四) 其他个体特征

1. 能力

一般来说，人们都喜欢那些有能力、聪明的人。因为与能力非凡的人交往，我们可以学到许多知识和经验，获得更多的好处。但是，当一个人的能力与我们相差很大，让我们感到可望而不可即的时候，这种差距就会变成一种压力，促使我们敬而远之。因为与这些人的交往总是衬托出我们自己的无能和低劣。这就不难理解为什么在一个群体中，最有才华、最有创造性的成员往往不是最受欢迎的人。所以，我们喜欢有能力的人是有一定限度的。在人们可以接受的限度内，越有能力的人就越有吸引力，人们就越喜欢他。超过一定限度的时候，人们便倾向于逃避或拒绝，其吸引力就会下降。

阿伦森等用实验证明了这一点。研究者给大学生被试呈现四种人的讲话录音：(1) 能力出众的人；(2) 能力出众但是犯了错误的人；(3) 能力平庸的人；(4) 能力平庸且又犯了错误的人。能力出众的表现是正确回答了难度很大的许多问题，犯错误的表现是不小心把咖啡洒到衣服上。然后让被试评价哪一种人最有吸引力。结果发现：能力出众但有错误的人被评价为最有吸引力；能力平庸而又犯同样错误的人被认为最缺乏吸引力；能力出众而没有出错的完美者吸引力在第二位；平庸但没有犯错误的人吸引力居第三位。可见，犯错误增加了有能力个体的吸引力，这被称为犯错误效应。

进一步的研究揭示，犯错误效应受性别角色与自尊心的影响。在性别方面，男性更喜欢犯了错误的才能出众的男性，而女性则更喜欢能力出众而没有犯错误的人，对男女对象都是如此。在自尊心方面，中等水平自尊的男性很喜欢能力出众而犯错误的人，而低水平自尊的男性则更偏爱没犯错误的能力出众者。这种现象表明，人们对喜爱对象的选择会受其自我价值保护心理的影响。中等水平自尊的被试，自觉才能与能力出众者相去不远，才能出众者犯错误会使双方距离缩短。而对于低水平自尊的被试，能力出众者本已高高在上，双方的距离更大一些，反而可以减少社会比较的压力。

2. 个性品质

一般来说，我们总是愿意与具有优秀品质的人进行交往。与这种人交往使我们具有安全感，同时可以得到适当甚至很好的回报。具有良好个性品质的人的吸引力是持久、稳定和深刻的。安德森（N. Anderson）收集了555个用来描述个性品质的形容词，让大学生评定他们会在多大程度上喜欢具有某项品质的个体。[①] 结果表明，得到人们评价最高的是与“真诚”相关的一些品质，包括真诚、诚实、理解、忠诚、真实等，而评价最低的则是说谎、虚伪、作假、邪恶、冷酷、不诚实等。可见，真诚是影响人际吸引的重要个性品质。

此外，热情也是决定喜欢的一个特别重要的品质。热情是影响我们对他人形成第一印象的主要特质，什么因素让人觉得热情呢？弗伊科斯（D. Foikes）指出，积极的

---

① Anderson. Likeableness Ratings of 555 Personality Trait Words. Journal of Personality and Social Psychology，1968，9：272-279.

看法是一个重要因素。当人们喜欢外部事物并赞美它们时，他们看起来很热情。也就是说当人们对人或对物有积极的态度时，他们显得热情。相反，当人们不喜欢外部事物、蔑视它们，认为它们很可怕并且十分挑剔时，他们就显得冷酷。

为了验证这一观点，研究者要求被试读或听一段采访。在采访中，被访问者需要对政治领袖、城市、电影和学校课程进行评估。有时被访问者对大部分项目表现出积极的态度，他们几乎喜欢所有的政治领袖、城市、电影和学校课程。在其他情况下，他们大多数时候表现出消极态度。如研究者所预测的那样，被试对那些态度积极的被访问者的好感要高于对那些态度消极的被访问者的好感。其他分析表明，这种较高的好感并不是通过观察到积极的被访问者具有更高的智力水平、知识或者态度相似而产生的。除了语言表现得积极外，人们也可以通过非语言行为，如专注的微笑、专注的观看或情感表达来使他人感到热情。

3. 致命吸引力

需要注意的是，最初吸引我们的某人身上的个人品质有时却可能成为两人关系中最致命的缺陷。这一点在菲姆利（D. H. Felmlee）对大学生浪漫关系中的“致命吸引力”研究中得到证实。研究者要求学生回忆他们最近结束的浪漫关系，并要他们列出最初对方吸引他们的特点。把回答按照频率排序，由高到低分别为对方的外貌、和对方在一起感到愉快、对方体贴、对方有能力、两人兴趣相投。然后，研究者要求学生回忆他们最不喜欢的对方特点。研究结果显示，正是一些最初吸引彼此的特点最终导致了两人的分手。如一个男生最初受前女友的吸引是因为她的聪明自信，但是后来却不喜欢女友过强的“自我”。在学生回忆的分手原因中，大约有30%涉及“致命吸引力”。研究还表明，当个体被另一个人所具有的独特的、极端的或与自己很不相同的特点吸引时，就更容易出现这种“致命吸引力”。①

（五）相似性和互补性

1. 相似性

人们倾向于喜欢在态度、价值观、兴趣、背景及人格等方面与自己相似的人。正所谓“物以类聚，人以群分”。

纽科姆最早为相似性有助于友谊的建立提供了证据。他在密歇根大学附近租了一间很大的房子，给17名男大学新生提供免费住宿，条件是参与研究。实验前对被试的态度和价值观进行测量，研究者根据测验结果进行房间分配，使有些住在一起的学生态度相近，有些则相异。此后，研究者不再干扰这些被试的正常生活。结果，一起居住的态度相近的学生，倾向于彼此相互接受和喜欢，并成为好友。而一起居住但态度迥异的学生，则倾向于彼此厌恶而不能成为朋友。②

---

① Felmlee. Fatal Attractions：Affection and Disaffection in Intimate Relationships. Journal of Social and Personal Relationships，1995，12：295-311.

② Newcomb. The Acquaintance Process. New York：Holt，Rinehart & Winston，1961.

伯恩在一系列实验中，探讨了态度相似性对人际吸引的影响。为了排除其他可能的影响因素（如相貌、人格），他发展出虚构他人技术（phantom other technique）。在其中一个典型的研究中，被试在填写完一份态度问卷后，研究者呈现给他据称是由陌生人填写的问卷。实际上，该陌生人并不存在（所谓的虚构他人）。研究者有意制造出一些和被试自己的答案十分相似或中等相似或十分不同的三种答案。然后要求被试说出他们认为自己可能会在多大程度上喜欢他们所读到问卷的填写者。研究结果显示，相似性极大地影响了喜欢程度。态度越相近，期望的喜欢程度越高。[①] 这种效应在广泛的被试群体中都得到了验证，譬如儿童、大学生、住院病人、实习生和酗酒者。当两个人的观点态度相似时，人们会对对方的性格做出更为积极的推测。[②]

心理学家在恋爱交往或婚姻方面也发现，人们往往倾向于选择与自己相似的异性为伴侣。伯斯奇德（E. Berscheid）把这种倾向称为匹配原则（matching principle）。弗克斯（V. Folkes）研究了一个录像约会服务机构的成员。作为机构服务的一部分，其成员可以观看可能约会对象的录像采访，然后决定是否与对方约会。研究者对每位成员的外表吸引程度打分，并询问他们会与谁联系要求约会。结果发现，无论男性还是女性，都倾向于追求与他们在外表吸引程度上相近的异性。[③]

罗（S. Luo）等人的研究发现，夫妻二人婚前的观点越相似，婚后生活的满意度就越高。[④] 在众多实证研究的支持下，相似催生吸引的理论已经被广泛地应用于相亲和交友网站。对相似性影响人际吸引的解释有以下几种。

第一，与我们观点相似的人使我们的观点得到了一种社会性证实，让我们产生了“我们是正确的”这种感觉，这是一种酬赏。

第二，海德的平衡理论认为，个体有强烈的欲望要维持自己对他人或事物态度的协调一致性，而这种一致性可以通过喜欢或不喜欢来达到。喜欢一个人同时又在基本问题上不同意这个人的看法会在心理上造成不适。为了最大化认知一致，我们会喜欢那些同意我们观点的人，不喜欢那些观点与我们不同的人。

第三，对于在重要问题上和我们意见相左的人，我们会做出一些负性的推论。我们会根据这个人的意见推测他是我们过去见过的那种不讨人喜欢、不道德、轻率、软弱或愚蠢的人。

第四，人们有意选择在态度和社会欢迎性上与自己相似的人作为伙伴。我们都喜欢约会漂亮、富有、出名的人，不过到最后我们的伴侣通常是那些和我们相似的人。根据期望-效价理论，人们不仅仅考虑一个特定选择的回报价值（如一位可能的约会伙

---

① Byrne. The Attraction Paradigm. New York：Academic Press，1971.

② Montoya，Horton. On the Importance of Cognitive Evaluation as a Determinant of Interpersonal Attraction. Journal of Personality and Social Psychology，2004，86：696-712.

③ Folkes. Forming Relationships and the Matching Hypothesis. Personality and Social Psychology Bulletin，1982，8：631-636.

④ Luo，Klohnen. Assortative Mating and Marital Quality in Newlyweds：A Couple-Centered Approach. Journal of Personality and Social Psychology，2005.

伴的吸引力），还要考虑成功实现这个选择的可能性（成功和此人约会）。在现实生活中，社会欢迎程度最高的个体的需求率最高，他们拒绝他人的概率也很高。期望-效价理论认为，人们倾向于接近他们真正有希望吸引到的而且又是他们所希望的那些人。因此，人们倾向于选择那些在社会吸引力上与他们相似的人。

2. 互补性

在日常生活中，我们也经常见到互补吸引的例子。依赖性强的人会为喜欢照顾别人的人所吸引，害羞的人会喜欢外向而好交际的人。事实上，很少有人愿意和自己的“克隆体”来往。友谊的欢乐包括体验刺激和新奇，获悉新的观点，欣赏丰富的人生经历。

交往的互补性是指双方在交往过程中获得相互满足的心理状态。比如，支配型的丈夫和服从型的妻子能相处得很好。但是，这种互补不是无条件的，它需要双方有近似的价值观和目标。比如在支配-服从型婚姻中，双方之所以能相互吸引，是因为他们对婚姻中男性和女性的作用有着一致的或相似的认识。这种人格特征上的互补正表明了态度和价值观上的相似或相同。

研究表明，人际吸引中的互补因素，主要发生在交往较深的朋友、恋人、夫妻间。克克霍夫（A. Kerckhoff）等人研究了那些已经建立恋爱关系的大学生。研究结果表明，对短期恋爱关系来说，熟悉、外貌以及价值观念的相似，是形成人际吸引的主要因素。[①] 然而，对长期恋爱关系来说，互补是发展密切关系的一个非常重要的因素。

还有一种与互补性相似的现象是补偿作用，即当别人所拥有的正是我们所缺少的时候，我们会增加对这个人的喜欢程度。如对一个向往某大学而又无缘考入的人来说，该大学的学生对其就具有某种吸引力。

另外，每个人身上都有自己不认可的缺点。研究发现，人们不会为和自己有相似缺点的人所吸引。[②]

总之，研究表明，相似性和互补性是影响人际吸引的重要因素。这些因素不仅是好感产生的原因，也是好感的结果。

（六）相互性：喜欢那些喜欢我们的人

我们为什么喜欢一些人而不喜欢另一些人呢？一个最普遍的答案是，我们喜欢那些喜欢我们的人。大量研究表明，人际关系的基础是人与人之间的相互重视和相互支持，就像中国人常说的“礼尚往来”，“来而不往，非礼也”。这种人际交往中的相互性在日常生活中随处可见。当一个人对对方呈现友好、热情等积极的交往方式时，如果对方也给予相应的积极反馈，他们之间就会形成良好的人际互动关系，认为双方都有

---

① Kerckhoff，Davis. Value Consensus and Need Complementarity in Mate Selection. American Sociological Review，1962，27：95-303.

② Schimel，Simon，Greenberg，O'Mahen，Arndt. Running from the Shadow：Psychological Distancing from Others to Deny Characteristics People Fear in Themselves. Journal of Personality and Social Psychology，2000，78：446-462.

吸引力。相反，如果一方以冷漠、回避的方式对待另一方，这种消极性反馈会影响两人之间的继续交往，从而导致关系的破裂。

阿伦森和兰迪（D. Landy）通过实验，对上述观点进行了验证。他们让自己的助手扮成被试与被试进行一系列简单交往。每次交往后，故意让被试“碰巧”听到实验中的助手与实验者的谈话，谈话中助手对被试进行评价。一种情况下，他总是说自己喜欢被试；而另一种情况下，助手总是挑被试的毛病。实验结束后，实验者让被试自己选择下一阶段实验的合作者，结果受到夸赞和喜欢的被试都倾向于继续选择原来的伙伴，而受到抱怨和拒绝的被试则倾向于拒绝选择原来的搭档。[①]

背景人物

阿伦森（1932— ），美国心理学家，主要研究兴趣是社会影响和态度改变、认知失调、人际吸引等。1999 年获美国心理学会颁发的杰出科学贡献奖。他是第一个在研究、教学和写作三个方面均获得美国心理学会最高奖的心理学家。1980 年，荣获美国心理学会颁发的杰出教学奖和杰出科研奖，并因在减少种族和民族歧视、改善种族关系中做出的贡献，获美国心理学会颁发的高尔登·奥尔波特奖。1992 年，荣任美国艺术科学院院士。1994 年，荣获美国实验社会心理学会颁发的杰出科学生涯奖。他一直担任西部心理学会以及人格与社会心理学会主席。

喜欢的相互性要比我们想象的复杂。如果交往中别人对我们的评价有所改变，则更容易影响我们对这个人喜欢与否。阿伦森等通过研究发现了人际吸引的增减规律。

实验中，研究者巧妙地让被试可以很自然地被合作伙伴反复评价，同时让被试每次都可以听到下列这些评价：（1）肯定。被试始终得到好的评价。（2）否定。评价始终是否定的。（3）提高。前几次评价是否定的，后几次则由否定逐渐转向肯定，并最终达到第一种情况的肯定水平。（4）降低。前几次评价是肯定的，后几次则从肯定水平逐渐下降，最后降到第二种情况的否定水平。实验的最后，让被试评价自己对合作伙伴的喜欢程度。

结果表明，人们对原来否定自己而最终肯定自己的交往对象喜欢程度最高，明显高于一直肯定自己的交往对象（见表 9-2）。而对从肯定到否定变化的交往对象喜欢程度最低，大大低于一直否定自己的交往对象。这一结果意味着，在人际交往上，我们对别人的喜欢不仅仅取决于别人喜欢我们的水平，而且还决定于别人喜欢我们的水平的变化与性质。我们最喜欢的是对我们的喜欢水平不断提高的人，而最厌恶的是喜欢我们的水平不断降低的人。后来，伯斯奇德等的实验研究也证明了这一点，

---

① Landy，Aronson. The Influence of the Character of the Criminal and His Victim on the Decisions of Simulated Jurors. Journal of Experimental Social Psycology，1969，5：141.

并把这一现象称为人际吸引的增减原则或得失原则（gain-lost principle）。阿伦森等人的研究发现了被幽默地称作对婚姻不忠的定律，意指从陌生人处所获得的赞许往往比配偶的赞许更有吸引力。因为后者对自己的喜欢水平在降低，而前者由淡漠突然转向赞许，即喜欢水平在提高。人们的这一心理倾向预示着友谊变化及发生爱情不忠的可能性。

表 9-2　　喜欢水平的增降趋势

条　　件	喜欢水平
肯定——否定	＋0.87
否定——肯定	＋7.67
否定——否定	＋2.52
肯定——肯定	＋6.42

注：表中得分是－10到＋10等级评定量表上的得分。－10为最厌恶，＋10为最喜欢。

阿伦森与林德对得失现象进行了解释。他们认为，一个人在遭到否定评价的情况下会产生焦虑和自我怀疑，从而使人们更需要肯定。因而当肯定评价最终真的来到的时候，它比通常的肯定更有意义。心理学家L. 弗里德曼（L. Freedman）等人则解释，人们在归因判断上，会认为一直给予自己肯定评价的人也会同样评价别人，缺乏对人的区分或诚意，因而贬低来自这种人的肯定。[①] 而对原来持批评态度但后来变得肯定自己的人，人们更倾向于相信他们，因而更高地估计来自他们的肯定评价，并回报以更高水平的喜欢。金盛华、章志光等用自我价值定向理论对此做出解释。[②] 新出现的自我支持力量，再小也意味着自我价值的上升，是“得”。相反，对于向来就否定自己的力量，人们在自我价值概念中已将其置于一个特定的位置并适应它的存在，不用时刻对其设定心理上的防卫。而原来肯定我们的人转向否定我们，意味着我们正在丧失既有的自我价值支持力量。因此，必定会激发起强烈的自我价值保护作用，使我们对其持强烈否定和拒绝的态度。

第四节　爱情

人际吸引是人际关系发展的前提和基础。在人际吸引的基础上，人们之间的关系会从一般性的关系发展到亲密关系。朋友、恋人、夫妻以及家人等关系都属于亲密关系，这些亲密关系对每一个人的生活都是必不可少的。爱情是一种特别的亲密关系，

① Freedman，et al. Social Psychology. New York：Prentice-Hall，1985.

② 章志光．社会心理学．北京：人民教育出版社，2006：296-297.

是人际吸引的最强烈和最高形式。爱情是人类永恒的主题，是影视、音乐、文学作品中不变的旋律，也是现代科学研究中的热门话题。心理学家在这一充满诱惑的领域进行了一系列的研究。对从爱的内涵到爱的种类，从爱的模式到爱的测量等都进行了富有启发性的探讨。

一、爱情的含义

当人们说“我爱你”的时候，他们所指的可能完全不同，因为每个人对爱的理解不同。那爱到底是什么意思呢？心理学家指出，广义的爱情是指存在于各种亲近关系中的爱，意味着人际关系中的接近、悦纳、共存的需要及持续和深刻的同情、共鸣的亲密感情。狭义的爱情是指心理成熟到一定程度的异性个体之间强烈的人际吸引。但显然，很难用某个定义来把握爱情的全貌，我们可以从以下几方面对其含义进行理解。

（一）爱情与喜欢的区别

心理学家鲁宾最早对爱情进行了科学的研究，对爱情与喜欢的关系与区别进行了系统研究。他认为，爱情与喜欢是密切关联但又各不相同的情感，它们分别代表了两个不同的维度。[①] 鲁宾把爱情定义为一个人对另一个人的某种特殊的想法与态度，不仅包括审美、激情等心理因素，还包括生理唤醒与共同生活的愿望等复杂的因素。在对大学生的研究基础之上，他确定了爱情的三个主题：（1）依恋，指需要及渴望对方的感受，这种感受可以描述为“我难以想象没有____的生活”；（2）关怀与奉献，恋人之间会彼此高度关怀对方，愿意尽自己最大的努力使对方快乐和幸福，随时满足对方的需求，如“我愿意为____做任何事情”；（3）信任，愿意把自己的一切告诉对方。鲁宾用这三个主题编制了爱情量表，用来测量爱情的强度。他指出，在三种主题中，判断某人是否恋爱，信任是最不重要的因素，而在评定友情时，信任则是最重要的因素。从这里可以看出爱情和喜欢的区别。

比较一致的观点认为，爱情与喜欢有四点不同：（1）爱情有较多的幻想，喜欢则不是由对他人的幻想唤起的，而是由对他人的现实评价唤起的；（2）喜欢是单纯的情感体验且比较平稳、宁静，而爱情则比较狂热、激烈且与许多相互冲突的情绪有联系；（3）爱情往往与性欲有关，而喜欢则不涉及这方面的需要；（4）爱情具有独占性和排他性，而喜欢则并非如此。

虽然爱情与喜欢是不同的，但喜欢是爱情的基础。研究表明，影响喜欢的因素也影响爱情。前面所讲的影响喜欢的因素，如能力、外表、报酬、相似性与互补性等因

① Rubin. From Liking to Loving：Patterns of Attraction in Dating Relationships//Huston. Foundations of Interpersonal Attraction. New York：Academic Press，1974：383-402.

素也是决定一个人最终选择什么样的人做恋人或伴侣的重要条件。

（二）爱情的行为与体验

1. 爱情的行为

为了判断某人是不是爱自己，我们通常不仅仅依赖于语言，还要看对方的行动。如果一个人向我们表达了爱意，却忘了我们的生日，和别人约会，批评我们的外表，从不信任我们，那么我们一定会怀疑他的真诚。斯文森（C. Swensen）通过要求不同年龄的人回答什么样的行为和爱人的联系最紧密，区分出了七种爱情行为。[①]（1）对爱情的口头描述，如说“我爱你”或其他表示爱情的话语；（2）表达爱情的身体语言，如拥抱或接吻；（3）语言上的自我暴露，把自己的秘密和感受告诉对方；（4）以非语言的方式表达感情，如当爱人在眼前时，即使与对方并无直接交流，仍表现出轻松和快乐；（5）有形的爱情表征，如送礼物给对方或帮对方做一些事情；（6）无形的爱情表征，如关注对方的活动，尊重对方的想法并鼓励对方；（7）表示愿意容忍对方的一些缺点，愿意为维持这种关系做出一些牺牲。

2. 爱情的体验

爱情与友情的一个重要区别就是生理上的特殊体验。很多流行歌曲描写过恋爱中的人心跳不规则、无法入眠、难以集中精力等。为了进一步研究处于爱情中的人的生理体验，卡宁（E. Kanin）等让679名大学生评定他们在现在或最近爱情关系中体验到的不同感受及强度。结果发现，79%的人有强烈的幸福感，37%的人注意力难以集中，29%的人有飘飘然的感觉，22%的人想狂奔、尖叫，22%的人在约会前感到紧张，20%的人感到眩晕、无忧无虑。还有一些强烈的躯体感受，如20%的学生报告说他们感到手发冷、心慌、脊背发麻，还有12%的学生说他们有失眠体验。[②]

爱情行为与体验还与性因素有关。满意的性生活是浪漫爱情的重要基础，辛普森（J. Simpson）发现，性生活是爱情关系发展的一个强化剂，有性关系的恋爱要比没有性关系的恋爱持续时间长。[③] 霍华德（J. Howard）和道斯（R. Dawes）甚至用交换理论来解释爱情生活中的满意感，并给出了一个公式：

恋爱关系中的幸福感＝性生活的频率－吵架的频率

可见，在恋爱关系中，性生活越频繁，吵架越少，满意感就越高。[④]

---

① Swensen. The Behavior of Love//Otto. Love Today：A New Exploration. New York：Association Press，1972：86-101.

② Kanin，Davidson，Scheck. A Research Note on Male-Female Differentials in the Experience of Heterosexual Love. The Journal of Sex Research，1970，5（2）：64-72.

③ Simpson，Campbell，Berscheid. The Association between Romantic Love and Marriage：Kephart（1967）Twice Revisited. Personality and Social Psychology Bulletin，1986，12：363-372.

④ Howard，Dawes. Linear Prediction of Marital Happiness. Personality and Social Psychology Bulletin，1976，2（4）：478-480.

二、爱情的类型

哈特菲尔德把爱情区分为同伴式的爱情和激情式的爱情。同伴式的爱情（companionate love）被界定为我们指向他人的亲切和关爱的情感，不带有生理唤醒和激情。人们可以在非性关系，如亲密的友谊中体验到这种爱，那些不再有狂热和激情的情侣在共享他们的亲密关系时也会体验到这种爱。激情式的爱情（passionate love）是指对爱侣的强烈渴望，伴随着生理唤醒的冲动，当所爱的人出现时我们会感到气短、心悸等。

哈特菲尔德和斯普雷彻编制了激情式的爱情量表，用来测量这种爱情类型体验的强度。其中的典型题目包括："有时，我觉得无法控制自己的思想，脑子完全被____占据了""对我来说，____是最理想的爱人"等。① 研究者认为，体验激情在爱情中是普遍存在的，虽然文化因素可能会影响激情式爱情的表达方式。

跨文化研究表明，个体主义文化下的美国伴侣认为，激情式的爱情重要程度更高，而集体主义文化下的中国伴侣则认为同伴式的爱情更重要。相比之下，肯尼亚的泰特人认为两者同样重要，他们把浪漫关系定义为同伴式的爱情和激情式的爱情的结合。

加拿大的社会学家李（J. Lee）根据人们在爱情中的不同行为表现，区分了六种不同的爱情类型。亨德里克（C. Hendrick）等在此基础上，编制了相应的量表。②

（1）浪漫式爱情（romantic love）：爱是强烈的情绪体验，一见钟情是这种爱的典型，外表吸引力则是关键。拥有浪漫式爱情的人可能会同意下面的话："我和他（她）之间有那种奇妙的生物化学反应。"

（2）占有式爱情（possessive love）：对爱人有一份狂爱，容易紧张忌妒，完全被对方迷住。他（她）完全依赖于自己的伴侣，所以害怕被拒绝。他们可能会同意下面的话："如果爱人不注意我的话，那么我会感到整个人没有活力。"

（3）最好朋友式爱情（best friends love）：爱情经由友谊、共同爱好及逐步自我展露而慢慢成长起来的令人愉快的亲密关系。这种爱是深思熟虑的、温暖的、富于同情心的。处于这种爱中的人可能会认为"我最满意的爱情关系是从友谊中发展出来的"。

（4）实用式爱情（pragmatic love）：彼此都感到合适，并能满足对方的基本需求，追求满足而非刺激。他们可能认为"选择伴侣时可以考察对方如何看待自己的事业"。

（5）利他式爱情（altruistic love）：这种爱是无条件的关怀、付出及谅解。"如果我不把伴侣的幸福放在我自己的幸福之前考虑，我就不会快活。"

（6）游戏式爱情（game-playing love）：这种人对爱情就像其他人打网球或下棋一样，享受"爱情游戏"并在其中取胜。这样的游戏者可能会认同"我喜欢与不同的人

---

① Hatfield, Sprecher. Measuring Passionate Love in Intimate Relations. Journal of Adolescence, 1986, 9: 383-410.

② Hendrick C, Hendrick S. A Theory and Method of Love. Journal of Personality and Social Psychology, 1986, 50: 392-402.

玩‘爱情游戏’”。

许多研究证明了爱情中存在性别差异：男性喜欢浪漫式爱情（一见钟情）与游戏式爱情（追女人的快感）；女性喜欢最好朋友式的爱情与实用式爱情。对这种差异的解释与社会经济背景有关。[①] 当男人结婚的时候，他是在选择同伴及合作者，而女性则选择同伴和生活支柱。

三、爱情三角形理论

为了从理论上全面了解不同类型关系中的爱情，斯腾伯格（R. Sternberg）提出了爱情三角形理论（triangular theory of love）。他认为所有爱情体验都包括三个基本组成成分即亲密（intimacy）、激情（passion）和承诺（commitment），这三个成分分别代表了**爱情三角形**的三个顶点。每对情侣的情况因三个成分各自的比例不同而各不相同。

爱情三角形：斯腾伯格提出爱情包括亲密、激情、承诺三个成分，这三个成分代表了爱情三角形的三个顶点。

亲密指爱情关系中能让双方感到亲近、彼此关联的情感，包括对爱人的赞赏、照顾爱人的愿望、自我暴露和沟通内心感受、提供物质和精神上的支持等。激情指的是在爱情关系中带来强烈情绪体验的驱动力，外表吸引力和性需要可能是最明显的，其他动机如自尊、支配、养育、亲和及自我实现等需要也是能引起激情体验的唤醒源。神经科学的研究表明，激情中的个体在看到恋人时所激活的脑区与获得奖励时所激活的脑区相吻合。[②] 承诺指与对方相守的意愿及决定，包含两个含义：一是指短期内爱一个人的决定；二是长期关系中为维持这种爱而做出的承诺或担保。能传达承诺成分的行动有誓约、忠实、共渡难关、订婚、结婚等。在这三种成分中，亲密是爱情的情感成分，激情是爱情的动机成分，而承诺则是爱情的认知成分。

背景人物

斯腾伯格（1949—　），美国心理学家，耶鲁大学心理学和教育学教授。他的研究领域包括爱情和人际关系、人类智慧和创造性等，最大的贡献是提出了人类智力的三元理论。此外，他还致力于人类的创造性、思维方式和学习方式等领域的研究，提出了大量富有创造性的理论与概念。斯腾伯格较晚近的著述有《思维方式》和《爱情心理学》，并与他人合作编著了《亲密关系中的满足感》和《性别心理学》。

---

① Hatkoff，Lasswell. Male-Female Similarities and Differences in Conceptualizing Love//Cook，Wilson. Love and Attraction：An International Conference. Oxford Pergamon Press，1979：221-227.

② Aron，Fisher，Mashek，Strong，Li，Brown. Reward，Motivation，and Emotion Systems Associated with Early-Stage Intense Romantic Love. Journal of Neurophysiology，2005，94：327-337.

斯腾伯格根据这三个成分在爱情中所占的不同比例，区分了七种爱情形式（见图 9-7）。

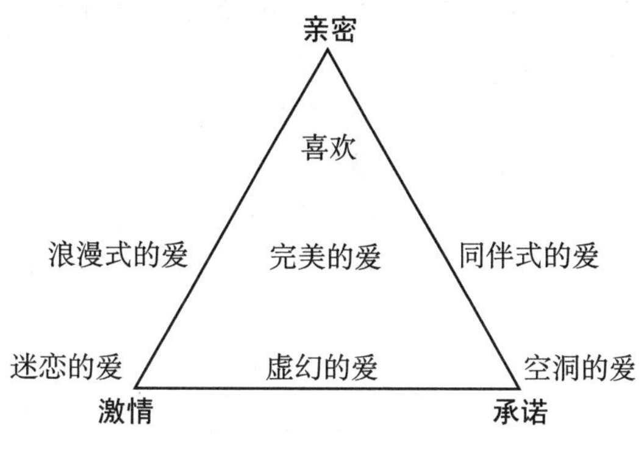

图 9-7

说明：斯腾伯格的爱情三角形结构。

资料来源：Sternberg. A Triangular Theory of Love. Psychological Review，1986，93（2）：119-135.

（1）喜欢（liking）：只包括亲密，如友谊关系。

（2）迷恋的爱（infatuated love）：主要是激情，没有亲密和承诺，如在少男少女的初恋中常见到这种爱。

（3）空洞的爱（empty love）：以承诺为主，缺乏亲密和激情，如中国古代依媒妁之言而成的婚姻关系中的爱。

（4）浪漫式的爱（romantic love）：激情和亲密的组合，但没有承诺。情侣在身体和情感上相互吸引。

（5）同伴式的爱（companionate love）：有亲密和承诺，没有激情。爱人之间感情平淡、细水长流。如在激情过后的长久婚姻中看到的爱。

（6）虚幻的爱（fatuous love）：有激情和承诺，没有亲密。这种爱情从相识到坠入爱河快速短暂，因缺乏亲密要素的维持，激情过后，感情往往迅速消退。

（7）完美的爱（consummate love）：是爱情的最高体验，激情、承诺和亲密俱有，但是很难达到。

目前为止，我们讨论过的人际吸引和亲密关系的影响因素都是以“此时此地”为背景框架的，如相似性、吸引力、对待彼此的方式等。进化论取向的研究则采用长程的视角，认为人们今天的行动根植于人类通过进化得来的行为模式。近些年来，社会心理学家采用中程的视角来看待成年人之间的关系，认为成年人关系中的行为根植于幼年时期与主要照顾者之间互动的经验，强调依恋方式（attachment styles）的重要影响。

学以致用

社会交换与爱的权衡

人们总是把爱情和美好的品质联系起来，比如无私、关爱、利他。在我们眼中，不求回报的付出是真爱的标志，但是，从社会交换理论的角度来看，爱情关系中双方的互动是持续进行的彼此奖赏的活动。在这一过程中，个体付出代价，得到回报。没有这样的彼此交换，爱情关系就不会存在。在爱情关系这样的利益共同体里，交换是怎样运作的？研究者认为，根据平衡理论，不平衡的感觉会导致烦恼，人们会通过恢复平衡感消除烦恼。① 具体来说，在爱情关系中，不平衡的状况（付出大于收益或者付出小于收益）会推动人们改变自己对伴侣的投入以及由此产生的结果。这样，就出现了付出与索取的行为，这些行为通常以与伴侣联结或者自我保护为目标，通过目标的实现获得暂时的心理平衡感，但是，当新的生活事件打破平衡时，个体可能会进入新的交换过程。

交换规则与关系公平有关。过去几十年，研究者做了很多研究探索平衡规则是否适用于爱情关系。他们发现，情侣的确会根据平衡规则计算成本和收益，特别是在选择配偶和关系解体的阶段，而且关系的平衡状况和关系质量正相关。但是，一些学者提出了不同的主张。他们认为将收益最大化、成本最小化是平衡理论的主要观点，因此它不适用于以爱为特征的爱情关系。因此，对于爱情交换，可能存在其他规则。一个是平等规则，是指不管情侣双方对关系的贡献有多大差异，都平等分配成本和收益。一些研究者认为，平等规则很适合爱情关系，因为它不会引发竞争或者施舍。另一个是按需分配规则，这个规则要求情侣根据每个人的需要分配资源。第三个是共有规则，这种规则被称为爱情交换最理想的交换规则，因为爱情关系是一种共有关系，关系中的个体积极回应彼此的需要，不考虑任何回报。

个体主义和集体主义对爱情交换有一定的影响。② 在个体主义文化中，人们喜欢和重视独立性；而在集体主义文化中，人们之间有更多的相互依赖，更重视人际和谐。在一项研究中，研究者比较了我国香港人和印度尼西亚人对不同分配规则的看法。一般来说，我国香港人具有个体主义价值观和集体主义价值观的混合倾向，而印度尼西亚被视为集体主义性更强的国家。香港被试会左右为难，觉得按劳分配比较公平，更有原则性，而按需分配的人更友善更有同情心。但是对印度尼西亚被试来说，按需分配者不但公平，而且友善。集体主义文化使家庭涉入爱情关系中。在集体主义性更强的国家，比如印度尼西亚，人们是否付出感情，不仅与是否相信伴侣的爱有关，而且还要得到伴侣家庭的认可；而在个体主义性更强的文化中，比如澳大利亚，个体只要相信伴侣真的爱他们，就愿意付出情感。

与文化有关的另一个影响因素，是婚姻中的性别角色刻板印象。③ 根据传统的性别角色期望，女性应该有较少权力，更多义务和限制，更多工具性投入和情感投入。因此，在平衡公式中，女性的投入被赋予较少权重。也就是说，即使女性对关系的实际投入量多于男性，得到的收益并不多于男性，关系双方仍然会觉得关系是平衡的。性

---

① 黎坚，李一茗．爱的权衡：在付出与索取中保持或恢复心理衡平感．心理科学进展，2012（4）．

② MacDonald. Family Approval as a Constraint in Dependency Regulation：Evidence from Australia and Indonesia. Personal Relationships，2006，13：183-194.

③ Van Yperen，Buunk. Equity Theory and Exchange and Communal Orientation from a Cross-National Perspective. Journal of Social Psychology，1991，131：5-20.

别角色刻板印象作用很大的文化中，这种现象会表现得更突出。爱情交换模式的多样性在某种程度上来自性别差异。男性有更强的性别角色刻板印象，所以他们更可能把女性对关系的较多付出视为理所当然，这可能会在一些日常领域如家务和照顾孩子上引发冲突。幸运的是，女性的共有倾向更强，可能会减少冲突的可能性。女性喜欢为保持关系投入更多，把伴侣的幸福当作对自己的奖赏。另一个性别差异是关于平衡的情感反应。付出多于收获会让男性感到愤怒、憎恨、怨恨和受伤，女性也会感到愤怒，但是她们更可能感到难过、沮丧和抑郁。除此以外，男性和女性在某些成本或收益的鉴别上是不同的。相对于男性，女性认为与伴侣的家人关系良好是对关系的积极贡献，而漠不关心是很不好的行为。

基本概念

人际关系	寂寞	自我暴露	包容需要
控制需要	情感需要	人际吸引	物理距离
功能性距离	曝光效应	辐射效应	对比效应
犯错误效应	匹配原则	得失原则	爱情
亲密	激情	承诺	依恋

本章要点

1. 人是社会性的动物，人们大部分时间是与其他人一起度过的。

2. 人际关系产生于人类的亲和需要，这种亲和需要与恐惧和焦虑有关；人际关系的产生还可能是为了获取社会报酬，摆脱寂寞。

3. 良好人际关系的建立和发展，一般需要经过定向、情感探索、情感交流和稳定交往四个阶段。

4. 自我暴露是人们与他人发展亲密关系的重要途径。自我暴露的程度可作为衡量人际关系深度的参考指标。

5. 舒茨提出的人际关系的三维理论认为，每个人都有三种最基本的人际需要：包容需要、控制需要和情感需要。

6. 社会交换理论认为，人们对关系结果的评估是对成本和回报进行的直接比较，同时还会对关系进行两两比较。公平理论认为，公平的关系才是最稳定、最快乐的关系。在长期的亲密关系中，交换理论和公平理论更加复杂。

7. 人际吸引的基本原则是回报理论，即我们会被那些其出现对我们是一种回报的人所吸引。

8. 人际吸引因为接近性、熟悉性、外表吸引力、相似性、互补性和相互性等而增强。能够增强吸引力的其他个体特征包括能力和某些个性品质如真诚、热情，以及致命吸引力。

9. 爱情的内涵可以从爱的行为与体验上加以把握，研究者区分了不同的爱情类型。

10. 斯腾伯格提出爱情三角形理论，从理论上全面探究了不同类型关系中的爱情。他认为，所有爱情体验都包括三个基本组成成分，即亲密、激情和承诺，这三个成分分别代表了爱情三角形的三个顶点。

复习思考题

1. 人际关系的定义及特点是什么？人际关系的发展经历了哪几个阶段？
2. 社会交换理论和公平理论关于人际关系的基本观点是什么？
3. 距离接近会对人际交往产生什么影响？为什么？
4. 现实生活中有哪些曝光效应的例子？
5. 外表吸引力为什么会影响人际吸引？

推荐阅读书目

1. 乐国安．当前中国人际关系研究．天津：南开大学出版社，2002.
2. 布雷姆，等．亲密关系．北京：人民邮电出版社，2005.
3. 杨国枢．中国人的心理与行为：本土化研究．北京：中国人民大学出版社，2004.
4. 郑全全，俞国良．人际关系心理学．北京：人民教育出版社，1999.
5. 格里格，津巴多．心理学与生活（第16版）．北京：人民邮电出版社，2003.
6. 翟学伟．中国社会心理学评论：第二辑．北京：社会科学文献出版社，2006.
7. Rhodes，Zebrowitz. Facial Attractiveness：Evolutionary，Cognitive，and Social Perspectives. Westport，CN：Ablex，2002.
8. Clinton，Sibcy. Attachments：Why You Love，Feel and Act the Way You Do. Brentwood，TN：Integrity Publishers，2002.
9. West，Turner. Understanding Interpersonal Communication：Making Choices in Changing Times. Boston：Wadsworth，2010.

推荐视频

1. 超星视频：社会心理学的价值（http://video.chaoxing.com/serie_400005628.shtml）
2. 恒河猴依恋实验（http://www.tudou.com/programs/view/Abja1gbBRBo/）

第十章

人际沟通

章节导读

2011 年 11 月，《麻省理工科技评论》（*MIT Technology Review*）杂志上刊登了一篇关于虚拟护士的文章，美国西北大学的研究者开发出了虚拟护士，因与其交流舒适且高效，虚拟护士深受患者群体的欢迎。2014 年，美国一家医疗保健公司获得了 120 万美元融资。就像苹果的 Siri 和微软的 Cortana 一样，该公司也为用户提供了一位私人助理，她的名字叫作莫莉（Molly）。这是一位专职的虚拟私人护士，充当着医疗服务提供商与病人的接触点。虚拟护士能询问患者的症状和疼痛水平，也能回答患者提出的一些较为常见的健康问题。美国西北大学的研究人员强调，虚拟护士能够对处于困境中的患者表达共情。在一项初步研究中，病人平均每天和护士有 17 次谈话。在事后，对这些患者进行访谈时，虚拟护士似乎可以有效排解患者因独自一人住院而经常产生的孤独感，并且有许多患者表示，与真人医生或护士相比，他们更喜欢与虚拟护士之间的互动，因为虚拟护士不会显得匆匆忙忙或者以居高临下的语气回应他们。

虚拟护士这项技术能够取得成功的一个主要原因就是，研究者努力加入非语言沟通的细节来使互动显得更加真实，比如虚拟护士能够变换不同的面部表情、运用各种手势，还能改变声音的特征。研究表明，与不能使用非语言符号系统的虚拟护士相比，人们更倾向于对流利地进行非语言沟通的虚拟护士作出回应。随着虚拟技术的进步，虚拟护士的非语言沟通会变得更加接近真实，也更能满足患者的需求。

医疗保健费用的增长和人口老龄化的趋势，使得虚拟护士这一类的技术变得越来越重要。虚拟护士的例子，向我们展示了人际沟通的重要功能，以及人际沟通的规律在医疗保健方面的运用。人际沟通不仅是我们主动地与他人建立关系、维持关系的基本手段，反过来也能被运用到我们生活的方方面面。在接下来这一章的学习中，让我们更加深入地了解人际沟通。

引领性问题

- 语言沟通与非语言沟通各自的优缺点是什么？
- 影响沟通的障碍有哪些？思考如何克服这些障碍从而达到更有效的沟通。
- 如何提高人际沟通的技巧？

人不是孤立的荒岛，人们每天通过语言和其他符号系统向别人表达自己的思想和感情。借由沟通，人与人连接起来，不再过着孤单的生活；通过沟通，人们互相影响彼此的思想和态度。因此，不论是心理学家还是一般人，都希望了解沟通的基本历程。对一般人来说，掌握沟通的技巧可以提升自己的社交能力；对心理学家而言，认识沟通的历程有助于了解人际互动的规律。难怪沟通在心理学中一直是一个十分重要又十分有趣的课题。

人际沟通：社会中人与人之间的联系过程。

第一节　人际沟通概述

人际沟通（interpersonal communication）简称沟通，就是社会中人与人之间的联系过程，即人与人之间传递信息、沟通思想和交流情感的过程。这个过程不仅包括口头语言和书面语言，也包括肢体语言、个人的习气和方式、物质环境等赋予信息含义的任何东西。

一、人际沟通的过程

（一）人际沟通的过程模型

在人际沟通中，思想、情感也可以看作信息的一种类型。因此，人际沟通就可以归结为信息的交流。人际沟通的过程就是信息交流的过程，它服从信息传递的一般规律。图10-1是人际沟通最一般的模型。

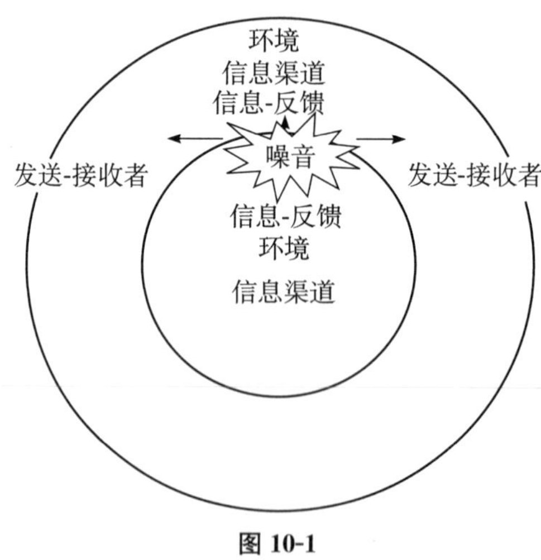

图10-1

从这个模型中我们可以看出，实现人际沟通的必要条件如下。

第一，发送-接收者（sender-receiver）。没有信息源，就无法进行人际沟通。没有接收者，沟通也不能实现。信息源和接收者，即沟通的双方互为沟通的主体和客体。比如：甲和乙是进行人际沟通的双方，当甲发出一个信息给乙时，甲就是沟通的主体，乙则是沟通的客体；乙收到甲发来的信息后也会发出一个信息（反馈信息）给甲，此时乙就变成沟通的主体，甲就变成沟通的客体。

第二，信息（message）。信息是沟通的内容。人们进行沟通，要是没有内容，沟通的必要性就不存在了。所有的沟通信息都由语言符号和非语言符号组成。语言中的每一个词都是表示特定事物或思想的语言符号（verbal symbol），语言符号包括具体符号和抽象符号。非语言符号（nonverbal symbol）是我们不用语言而进行沟通的方式，如声调、表情、肢体动作、空间距离、外表等信息。

第三，信息渠道（information channel）。信息渠道是信息的载体，即信息通过何种方式、用什么工具从信息源传递给接收者。信息一定要通过一种或几种信息渠道，才能到达目的地——接收者。常用的信息渠道有对话、动作、表情、广播、电视、电影、报刊、电话、电报、信件等。在沟通中，选择合适的信息渠道十分重要。不同的沟通目的、信息内容和沟通背景，要求信息发送者选择不同的渠道。

第四，反馈（feedback）。即信息发送者和接收者相互间的反应。信息发送者发送一个信息，接收者回应信息，使其进一步调整沟通内容，因此沟通成为一个连续的相互的过程。沟通中及时反馈是很重要的，反馈可以减少沟通中的误会，让沟通双方知道彼此的思想和情感是否按他们各自的方式来分享。

第五，噪音（noise）。即沟通中阻碍理解和准确解释信息的因素。比如环境中的噪音，沟通双方的情绪、信念和偏见以及跨文化沟通中对不同符号的解释等，都是沟通的噪音。噪音可以存在于沟通的任何一个环节。噪音包括物理噪音、生理噪音、心理噪音和语义噪音。物理噪音是说话者和倾听者的外部噪音，比如工地的噪音。生理噪音是信息的发出者或接收者自身造成的阻碍信息和信息传递的因素，比如视觉缺陷、失聪、失忆、口齿不清等。心理噪音是指沟通双方将注意力集中于个人的思想和感情而忽略了沟通，比如丈夫因为考虑工作的事情而没能注意到妻子说的话。有时候心理噪音来源于沟通双方的信念和偏见。语义噪音是由人们对词语情感上的反应而引起的，比如在我国，“小姐”一词就必须看场合使用，否则会引起误会。

第六，环境（context）。沟通发生的环境影响沟通的效果，环境会影响信息的内容和形式。环境至少包括四个方面的内容：物理环境、时间环境、社会心理环境、文化环境。物理环境是进行沟通时有形的与实际的环境，空间的大小、温度、人数也属于这个范畴。时间环境包括某一个时间点以及特定信息在整个沟通过程中所处的时间顺序。社会心理环境包括沟通者的地位关系、所扮演的角色、仪式或者场合的庄重程度等。文化环境包括人们的文化信仰和风俗习惯。研究表明，在跨文化环境中，人际沟通遗漏的信息（接近50%）要比在同文化环境中遗漏的信息（接近25%）多得多。①

（二）人际沟通的心理过程和动作过程

人际沟通的过程包括心理过程和动作过程两大部分，因而分析人际沟通过程可以从这两方面入手。

1. 人际沟通的心理过程

人际沟通过程中的心理活动主要体现在沟通动机、对信息的选择和理解方面。

（1）沟通动机。在日常生活中，我们因为各种需要而进行沟通。人际沟通往往是在以下两种情况下进行的：其一，沟通双方有着相似的态度和共同的语言，其沟通动机是为了同对方一起了解和共同占有信息，扩大共同的经验领域。通过交流，我们可以从沟通中分享经验，得到放松和乐趣，感受被接纳和理解。其二，沟通双方之间出现某种不一致，其沟通动机是通过信息的传递最终使沟通双方达成一致。

针对群体内如何通过沟通达成意见一致，心理学家们从不同的角度进行了解释。沙赫特认为，群体内的沟通主要是指和脱离群体准则的离异分子的沟通。他做了以下一个实验：在5～7人组成的大学生群体里，加进主试事先安排好的三个人。第一个人充当反对该群体大多数成员意见的离异分子，第二个人充当起初反对后来赞成群体立场的动摇分子，第三个人充当一直赞成群体立场的一般分子。结果，沟通集中于离异分子，目的是迫使他改变观点。而当离异分子接受群体的立场被认为已经不可能时，群体成员与他沟通的念头就被打消，转换成把离异分子从群体内排斥出去的动机。对动摇分子，沟通集中于其最初持反对立场的时候，在其立场转变后沟通随之减少。对一般分子，沟通的量是很少的，这种情况在内聚力大的群体中表现得更为明显。

那么有强大内聚力的群体，当态度或意见不一致的时候，为什么会出现更为活跃的沟通呢？纽科姆的解释是，沟通就是A-B-X模型中想要维持和恢复均衡的过程。如果认知者（A）、认知对象（B）之间形成好感关系，但对X的态度却不一致，这时系统内就会产生紧张，为恢复平衡的动机所驱使，A、B之间便会展开使对方改变态度的沟通。

费斯汀格的解释是，群体内的态度、意见不一致时，除容易导致群体活动的无效率外，由于社会实在性受到威胁，群体内会产生一致性的压力。所谓社会实在性，是指当自己的态度、意见的妥当性没有明显的判断标准时，以自己的态度、意见和周围的人保持一致作为妥当性的依据。态度、意见一致的对方，在提供社会实在性这点上是理想的存在。但是态度、意见一旦产生不一致，社会实在性就会受到威胁。因此，不仅为了维持和发展有效率的群体活动，而且为了确保社会实在性，说服对方回心转意的沟通才得以产生。

此外，成员希望改变在群体内的地位的愿望，也是沟通的动机之一。群体内地位低的成员具有提高地位的愿望，在获得信息之后，往往有一种倾向，即首先向地位高

---

① 德维托．人际传播教程（第十二版）．北京：中国人民大学出版社，2011：155-157.

的成员传递。另外，地位低的成员在希望提高地位的愿望难以实现的时候，也往往想以同地位高的成员再三进行沟通作为补偿和满足。

（2）对信息的选择。接收者对信息的接收并不是一视同仁的，而是有选择性的。不同的信息接收者选择信息有以下几种不同的倾向。

第一，倾向于选择自己赞同的信息，排斥自己不赞同的信息。埃利希(Ehrlich)等人曾研究过某人从A车和B车中选购一种物品的情况。若他购买了A车的物品，他就十分关心关于A车的广告而对B车的广告没有多大兴趣。这类事例在日常生活中很常见。

第二，对两种截然相反的信息并没有明显的选择性。斐泽（W. D. Feizer）在1963年曾做过以下的实验：他给吸烟者和不吸烟者同样一个阅读文章的机会。文章有两篇，一篇说吸烟引起肺癌，一篇说吸烟与肺癌无关。被试只论述吸烟致癌的文章。对于吸烟者来说，这是非赞同性信息；对于不吸烟者来说，这是赞同性信息。但是，被试（吸烟者、不吸烟者）通读这两篇文章之后没有表现出喜恶。

第三，喜欢选择反对自己观点的信息。例如，1968年春天美国发生了反战大抗议，许多大学生在"我们不去"的反应征请愿书上签了字，其他许多学生也考虑了是否签字。1970年，贾尼斯（I. Janis）等人在耶鲁大学中挑选了具有四种不同态度的学生，他们的态度分别是马上拒绝签字、在仔细考虑后拒绝签字、同意这个誓言表示可以签字、已经签了字。贾尼斯测验了他们对相反信息的选择性。研究者给每个学生八篇关于战争的文章，其中四篇支持"我们不去"的誓言，其余四篇则反对这个誓言，然后统计学生们对这些文章的感兴趣程度，结果是支持誓言的学生对支持誓言信息的兴趣低于对反对誓言信息的兴趣，即学生喜欢选择反对自己观点的信息。

第四，越是不让接触的信息，人们越想选择。例如，一个公开的报告会结束后，未听报告者中并没有多少人关心和打听报告会的内容；相反，一个只允许某一级领导干部参加的内容暂时保密的报告会结束后，会有不少本来不该知道的人千方百计地打听报告的内容。再如，老师对学生说某本书是"毒草"，这本书本来不受学生欢迎，甚至不为学生所知，然而经老师这么一讲，学生却争先恐后地看这本书。

由此可见，人们选择信息的心理是极其复杂的，很难确切地说某种信息人们乐意选择而某种信息人们不太愿意选择。影响人们信息选择心理的因素主要有：第一，经常可得性。凡经常的、容易得到的信息易为人所选择。第二，传递人的倾向性。传递信息的人对该信息的喜爱或厌恶的倾向性常可左右接收者对信息的选择与否。第三，有用性、可信性和趣味性。凡有用的、可信的和有趣味的信息容易为人们所选择。

（3）对信息的理解。接收者在理解信息的过程中力求运用各种各样的线索，如信息发送者的表情、视线、姿势、动作、说话的声调等，准确理解发出的信息。影响一个人理解信息的主要因素有个人的知识、经验和个性心理特征等。在解释信息的时候，常常会出现个体根据自己的经验常识及偏爱来加以理解的情况。如在黑板上画一个"○"，数学家说它是一个圆，运动员说它是一个球，作家说它是一轮明月，儿童说它是一张饼，语言学家说它是一个句号。尤其在信息内容本身不明朗时，接收者更有可能根据以往的经验、当时的需要和社会情境来加以理解。

2. 人际沟通的动作过程

人际沟通除了心理过程外，往往还要借助沟通者的动作来实现，因而许多社会心理学家十分重视研究人际沟通的动作。在这方面，美国学者贝尔斯（R. F. Bales）的研究尤为突出。贝尔斯通过在实验条件下对一个由五人构成的团体进行观察，发现团体内各成员间的沟通动作可以分为两大类：一类是以满足对方的交往需要和情感需要为目标的；另一类是以提供信息、方向或发布指示为目标的。在此基础上，贝尔斯把人际沟通的动作分为以下12种。

（1）追求团结一致，提高对方的地位，或表示支持对方的意见。

（2）镇静，与所有的人都容易相处并表现出毫无拘束，常面带笑容，显示满意的表情。

（3）表示同意、默认。

（4）给予指示或发指示，但表现得彬彬有礼。

（5）提供意见，批评并分析意见，表示意图和感情。

（6）提供信息，介绍情况，解释清楚。

（7）获得信息，请求重复问题（采取强硬的办法或温和的态度）。

（8）询问意见，要求得到评价与分析，求得对方的明确表示，尤其关注对自身行动的评价。

（9）请求告知各种可能的行动方式。

（10）消极地拒绝意见，不予帮助，表示不同意。

（11）显露紧张及不满情绪（受压抑、情绪不安、受挫折）。

（12）表现出攻击行为，贬低对方，肯定自己。

贝尔斯记录了团体内各个成员在谈话、讨论或辩论过程中的动作次数，发现团体内每一次交往过程中都包含有上述12种动作。他还发现在不同性质的团体中，12种动作的分布有不同的特点。例如，在企业组织内协调性的动作较多，而在家庭生活中则沟通情感的动作较多。一般家庭内讨论问题总是经历着以下过程：第一阶段是提出问题，多半是采用第（7）、（8）、（9）三种动作；第二阶段是展开讨论或辩论，大都是属于第（10）、（11）、（12）三种动作，这一阶段最为紧张；第三阶段是解决问题，第（4）、（5）、（6）三种动作居多；第四阶段是结束阶段，以第（1）、（2）、（3）三种动作为多。

贝尔斯的学生们所进行的进一步研究表明，美国的一切小群体都存在这一过程。即使是法院里的陪审小组，虽然互不认识，且与犯人亦无多大联系，但在讨论案子时也同样会出现上述过程。贝尔斯所分析的人际沟通动作在现实生活中确实是客观存在的，他的分析也较细致，对我们探索人际沟通过程有一定的参考意义。然而，他的研究是在实验室内进行的，带有很大的人为性。彼得罗夫斯基认为，贝尔斯的动作分析只涉及动作本身，而没有考虑决定行为的动机。①

① 彼得罗夫斯基，施巴林斯基．集体的社会心理学．北京：人民教育出版社，1984：98.

背景人物

贝尔斯（1916—2004），哈佛大学社会学博士，哈佛大学社会关系学教授。他的主要研究兴趣是社会心理学中小团体中人际沟通和互动的本质。此外，他也关注在社会互动中个体人格的角色。他认为社会心理学的研究对象是团体而非个体。通过研究许多小团体，贝尔斯希望能够找出团体中反复出现的一些模式。他还发展了一套系统的观察和测量团体互动的方法，并为观察方法本身和观察行为评估开发了一些创新性的技术。

二、人际沟通的功能

传递信息是信息沟通最基本的功能。通过与他人进行沟通，我们可以交流信息、交流思想、交流情感。但人际沟通与一般信息沟通最大的不同在于，人际沟通会对人的心理产生影响，乃至对整个人类社会产生影响。

（一）协调整合功能

人际沟通的协调整合功能体现在两个方面：其一，协调情感，即人际沟通可以使沟通者心理得到满足；其二，协调动作，即沟通者从沟通的信息中自动调节自己的行为。人际沟通有利于提供信息，调节情绪，增进了解，增强团结。人们通过沟通相互之间进行联系，形成一定的社会关系。为了协调共同活动的需要，使社会成员有秩序地生活，避免各种矛盾和冲突，人们在沟通群体中制定了一系列群体规范和社会行为准则，成为群体内人们的共同态度、共同语言、共同目标存在的基础。这些规范和准则要发挥作用，必须通过人际沟通，把信息传达给群体中的每个成员，以促使人们的行为保持一致。只有实现充分的信息沟通，群体内才能形成凝聚力；否则，群体内部的人际沟通不充分，受到各种干扰，人们之间容易发生误会、矛盾和纠纷，导致群体涣散，群体成员行动不能一致。社会学家的许多研究已经表明，只有在人际沟通的情境下，群体内部才会出现标准化的倾向。健康的社会思想也通过人际沟通进行传播，以促使人们社会行为的规范化，使社会稳定有序。

（二）心理保健功能

心理保健功能是指人际沟通为人们的心理健康所必需。人际沟通是人类基本的社会需要之一，同时也是人们赖以同外界保持联系的重要途径。沟通保证了个体的安全感，增强了人与人之间的亲密感。如果沟通的需要得不到满足，就会影响个体的身心健康。因此，人际沟通对于个体来说，也是不可缺少的行为。保持人与人之间充分的情感和思想交流，能使人心情舒畅，可起到保健的作用。

（1）人有亲和需要。当内心产生恐惧时，更需要和他人在一起。人都有归属的需要，通过彼此沟通，可以诉说各人的喜怒哀乐，这样就增进了成员之间思想、情感的沟通，产生依恋之情。事实表明，沟通剥夺（communication deprivation）同感觉剥夺（sensory deprivation）一样，对人的心理损害是极其严重的。例如，长期关押在单人牢房的囚犯，由于沟通被剥夺从而导致精神失常的事例屡见不鲜。

（2）人有自我暴露的需要。自我暴露是将有关自己的信息主动传递给别人，它通过人际沟通来实现，其深度与广度因沟通对象而异。根据研究发现，自我暴露与心理健康存在着相关性，自我暴露与心理健康是一种曲线关系，即中等程度的自我暴露最有利于健康，过多或过少的自我暴露都不合适。

（三）心理发展动力功能

通过人际沟通，人与人之间交流各种各样的信息、知识、经验、思想和情感等，为个体提供大量的社会性刺激，从而保证个体社会性意识的形成与发展。婴儿一出生就通过与父母的沟通获得生理的和心理的满足。随着年龄的增长，个体与他人沟通的范围日益广阔，接受各种社会思想，形成一定的道德体系，逐渐完成各个年龄阶段的人生发展课题，社会意识由低级向高级迈进，形成健全的人格特征以适应复杂的社会生活。沟通可以是积极的、建设性的，也可以是消极的、破坏性的。唯有从开放、诚挚、建设性的沟通中才能体验自我成长，才能建立起良好的自我概念。

（四）社会心理构建功能

人的社会心理正是在同他人进行人际沟通的过程中，逐渐形成和发展起来的。社会心理现象主要包括个体在社会、群体和他人的影响下心理发展变化的规律，个体对群体、群体对个体的影响和心理效应，以及群体间的相互影响和作用，而这些心理现象又无一不是以信息沟通为前提的。没有人际沟通，就没有社会心理的产生。社会心理形成后又作用于个体心理，对社会成员之间以及社会成员与外来人员的人际沟通产生影响。

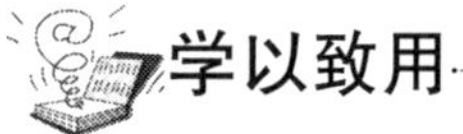

学以致用

感觉剥夺实验

赫伦（W. Heron）在1957年进行了一项感觉剥夺实验。实验中，研究者给被试准备了一个小的隔离室，被试均为自愿参加，如果愿意待在隔离室里，就能每天得到20美元的收入。被试的手臂上被套上纸板筒，腿脚用夹板固定，以限制其触觉；戴上半透明的护目镜，使其难以产生视觉；用空气调节器发出的单调声音限制其听觉。在隔离室里有固定的器械，被试可以随时通过操作器械来获得食物和饮料。

研究者的要求是被试必须安静地躺在小床上，不能随意走动。在感觉剥夺期间，研究者会通过话筒对其中的一部分被试进行一些测验或提出一些问题，同时还会向被试呈现一系列令人厌烦的阅读资料。而另一部分被试作为控制组则坐在安静的房间里，听录音中的对话。

图 10-2 是被试的实验环境。

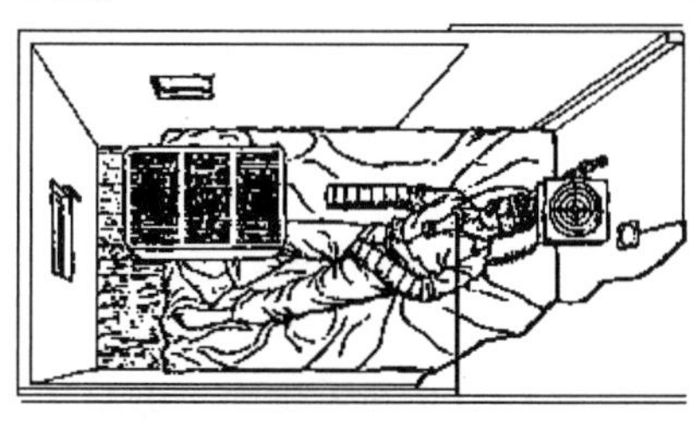

图 10-2

研究者对实验的预期是被试起码会在隔离室待上几天。但是结果有一半的被试不到 48 小时就放弃了实验。尽管报酬很高，却很少人能在这项感觉剥夺实验中忍耐三天以上。在实验的感觉剥夺期间，隔离室中的被试表现出了明显的紊乱现象，他们没法解决简单的问题，感到恐慌，进而产生幻觉，出现错觉，注意力涣散，思维迟钝，出现紧张、焦虑、恐惧等反应。实验持续数日后，被试会产生一些幻觉，例如看到一大群老鼠行进的情景，或者听到有音乐传来等。当实验进行到第四天时，被试出现了双手发抖，不能笔直走路，应答速度迟缓以及对疼痛敏感等症状。

研究者发现大概有 80%的被试报告有幻觉体验。

（1）被试报告感觉身边有好多线条或圆点在闪现。

（2）被试常常伴有把自己的身体看成两部分的幻觉。

（3）在实验过程中甚至实验结束后，被试判断距离的能力和审视三维空间的能力都有些紊乱。

此外，研究者继续进行追踪调查，发现被试在实验结束后，需要三天以上的时间才能恢复到原来的正常状态。

三、人际沟通的分类

按不同的分类标准，可将人际沟通进行不同的分类。

（一）按照沟通线路分类

1. 单向沟通和双向沟通

从信息发送者与信息接收者的地位是否变换的角度来看，可将沟通分为单向沟通和双向沟通。**单向沟通**（unilateral communication）是指发送者与接收者的地位不变，发送者只发出信息，接收者只接收信息而不做出反馈；**双向沟通**（bilateral communication）是指发送者与接收者的地位不断变换，双方互为发送者和接收者（见图 10-3）。发布命令、做报告、发表演说等是我们通常所见的单向沟通

单向沟通：发送者与接收者的地位不变，发送者只发出信息，接收者只接收信息而不做反馈。

双向沟通：发送者与接收者的地位不断变换，双方互为发送者和接收者。

形式，会谈、讨论等是我们常见的双向沟通形式。

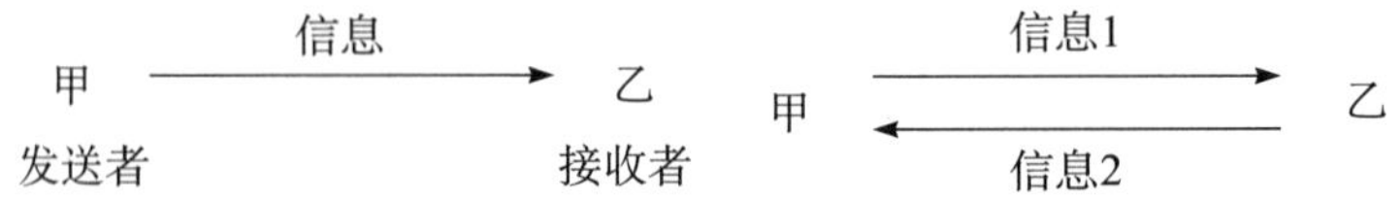

图 10-3

说明：单向沟通与双向沟通。

心理学家莱维特（H. J. Leavitt）在1964年曾经做过关于单向沟通与双向沟通效率的比较研究。实验者用两种方式要求被试在纸上画一系列的长方形。采取单向沟通的方式时，被试背对实验者不准提问；采取双向沟通的方式时，被试面对实验者并可以提问。通过比较实验，莱维特得出了有关单向沟通和双向沟通的几个一般的特点：单向沟通的速度快，易失真，信息接收者对自己的判断无信心，信息发送者的心理压力较小；而双向沟通与此正好相反，其速度慢，准确度高，信息接收者对自己的判断有信心，信息发送者要承受较大的心理压力。

因为双向沟通比单向沟通增加了反馈的过程，因此：

（1）单向沟通的速度比双向沟通快。因为双向沟通容易受到干扰，并缺乏条理性。

（2）双向沟通比单向沟通准确。双向沟通的双方可以不断地就不一致信息进行讨论。

（3）双向沟通中可以增强信息接收者对自己的判断的信心。通过双向沟通，信息接收者知道信息失真在哪里，然后不断修正。

（4）双向沟通中，信息发出者感受到的心理压力较大。因为他随时可能受到信息接收者的批评。

2. 上行沟通、下行沟通和平行沟通

在组织群体中，地位高低的差异使得组织里的人际沟通呈现上行、下行和平行的趋势。

> **上行沟通**：组织中地位较低者主动与地位较高者沟通。
> **下行沟通**：组织中地位较高者主动与地位较低者沟通。
> **平行沟通**：组织中身份和地位相仿者之间沟通。

（1）**上行沟通**（upward communication）。上行沟通又称上沟通，是指组织中地位较低者主动与地位较高者沟通，其沟通的信息常是向上级“诉苦”，报告工作情况，汇报某个成员的问题，向上级提出要求等。

（2）**下行沟通**（downward communication）。下行沟通又称下沟通，是指组织中地位较高者主动与地位较低者沟通。一般是前者将工作指示、工作信息、工作程序、工作方法、工作评价和工作目标等传递给后者。

（3）**平行沟通**（lateral communication）。平行沟通是指组织中身份和地位相仿者之间沟通。平行沟通可以协调人际关系，加强成员间的友谊，增强团体的凝聚力。

美国学者K. 凯利等人研究了团体里的人际沟通，发现地位较低的成员主动与地位较高的成员沟通多，即在群体中上行沟通多于下行沟通。[①]

（二）按照沟通方式分类

1. 假相倚沟通、非对称性相倚沟通、反应性相倚沟通和彼此相倚沟通

德普雷特（E. Dépret）等人按照沟通者之间相互依靠、相互联系的情况，将人际沟通分为假相倚沟通、非对称性相倚沟通、反应性相倚沟通和彼此相倚沟通。[②]

（1）**假相倚沟通**。在人际沟通过程中，沟通者只按照自己预定计划，即按自己的意愿进行沟通，很少顾及对方的反应，这就是假相倚沟通。例如，在讨论场合中，有些发言者只根据自己事先拟好的稿子发言。在履行某种社会仪式过程中，人们常刻板地进行沟通，也属假相倚沟通。

（2）**非对称性相倚沟通**。有时候，沟通的一方只按照自己预定计划进行沟通，而另一方则以别人的行为作为反馈来调节自己的言行，这种沟通称非对称性相倚沟通。如人事干部和求职者之间的沟通就是如此，前者按照事先准备好的问题发问，后者只是根据这些问题答复。口试时教师和学生之间的沟通也属非对称性相倚沟通。

（3）**反应性相倚沟通**。它是指沟通双方都以对方的行为作为自己行动的依据，做出相应的反应，而并不按照原来的计划进行沟通。例如，顾客看到售货员的冷漠态度而发脾气，售货员则以更生硬的态度对待顾客。

> **假相倚沟通**：人际沟通过程中，沟通者只按照自己预定计划进行沟通的方式。
>
> **非对称性相倚沟通**：人际沟通中，沟通一方按照自己预定计划沟通，另一方以其行为作为反馈调节自己的言行。
>
> **反应性相倚沟通**：沟通双方都以对方作为自己行动的依据。
>
> **彼此相倚沟通**：沟通双方一方面以自己的计划同对方沟通，另一方面又根据对方的反应来调整自己的行为。
>
> **工具式沟通**：发送者将信息、知识、感情、想法与要求传给接收者，目的是影响和改变接收者的行为。
>
> **情感式沟通**：沟通双方表达感情，获得同情、谅解与理解，满足精神上的需求。

（4）**彼此相倚沟通**。它是指沟通双方一方面以自己的计划同对方沟通，另一方面又根据对方的反应来调整自己的行为。例如，朋友间的谈心就是彼此相倚沟通。前三种相倚沟通在人际沟通中所占的比例较少，绝大多数的沟通属于彼此相倚沟通，即沟通双方根据对方的信息反馈不断进行思路、情感等的调整，从而做出信息上的回应。

2. 工具式沟通和情感式沟通

（1）**工具式沟通**（instrumental communication）。发送者将信息、知识、感情、想法与要求传给接收者，目的是影响和改变接收者的行为，达到组织目的。

（2）**情感式沟通**（emotional communication）。沟通双方表达感情，获得同情、谅解与理解，满足精神上的需求，最终改善人与人之间的关系。

---

① Kelley. The Situational Origins of Human Tendencies：A Further Reason for the Formal Analysis of Structure. Personality and Social Psychology Bulletin，1983，9：8-30.

② Fiske，Dépret. Control，Interdependence and Power：Understanding Social Cognition in Its Social Context. European Review of Social Psychology，1996，7：31-61.

这是按沟通功能进行的划分。一般的人际沟通这两方面的内容都会涵盖，很少有单纯的工具式沟通或情感式沟通，但在具体沟通者的沟通中，会有工具式或情感式的侧重。

3. 正式沟通与非正式沟通

按组织里的沟通渠道，可以把沟通分为正式沟通和非正式沟通。

（1）**正式沟通**（formal communication）。它是指在一定的组织系统中通过明文规定的渠道进行信息的传递与交流。即信息按企业规章制度的安排，以正式的渠道传递。例如，上级向下级下达指示、发送通知，下级向上级呈送材料、汇报工作，以及定期的会议制度等。

正式沟通：在一定的组织系统中通过明文规定的渠道进行信息的传递与交流。

非正式沟通：在正式组织系统以外进行的信息传递与交流。

口头沟通：以语言为媒介，借助口头语言进行的沟通。

书面沟通：以文字为媒介，借助书面语言进行的沟通。

（2）**非正式沟通**（informal communication）。它是指在正式组织系统以外进行的信息传递与交流，以个人为信息的主要传递渠道，非正式沟通传递的信息又被人们称为小道消息。非正式沟通的方式，包括组织员工间的非正式接触、交往，非正式的郊游、聚餐，闲谈、谣言、耳语的传播等。非正式沟通建立在团体成员的社会关系上，乃是伴随由成员交互行为而产生的非正式组织而来的正常且自然的人类活动。

正式沟通受组织的监督，信息源谨慎从事，接收者严肃认真，所以沟通的信息真实、准确；但因为这种沟通往往必须逐级进行，沟通速度较慢，有可能延误信息传递的时间。非正式沟通灵活方便，速度快，因为它不受组织系统的监督和限制而自行选择沟通渠道，所以它可以提供正式沟通难以获得的某些消息，人们的真实思想和意见也往往能在非正式沟通中表露出来，但信息的可靠性无法保证。由于小道消息通常是不完整的，所以即使它的细节都是对的，也会令人产生极大的误解，组织里的沟通者虽试图通过非正式沟通传播事实，但很难传播事实的全貌。非正式沟通的这种不充分性在传播中还会不断累积，整体上引起的误解往往比其本身小部分错误信息可能引起的误解大得多。

4. 口头沟通和书面沟通

人际沟通以凭借的沟通工具来划分，可分为语言沟通和非语言沟通两大类（将在本章第二节进行具体探讨）。其中，语言是最常用的信息渠道。按语言的不同形式，人际沟通又可分为口头沟通和书面沟通。

（1）**口头沟通**。以语言为媒介，借助口头语言进行的沟通称口头沟通，如演讲、讨论、会谈、电话联系等。其优点是简便易行，灵活迅速，尤其可伴有手势、体态和表情等，增强传递信息的效果；缺点是信息保留的时间较短，使用也受条件的局限。

（2）**书面沟通**。以文字为媒介，借助书面语言进行的沟通称为书面沟通，如布告、通知、书信等。其优点是信息可以长期保存，对一时辨别不清的信息可以反复研究；缺点是信息对语言文字的依赖性强，沟通效果受文化修养的影响很大，对情况变化的适应性较差。

戴尔（M. Daher）对口头沟通和书面沟通的效果进行了比较研究。他对某大公司员工从口头沟通、书面沟通、口头与书面混合沟通三种方式中获得的信息内容进行测验，得到口头与书面混合沟通效果最好，口头沟通次之，书面沟通最差的结论。[①] 各种不同沟通方式效果比较如图 10-4 所示。

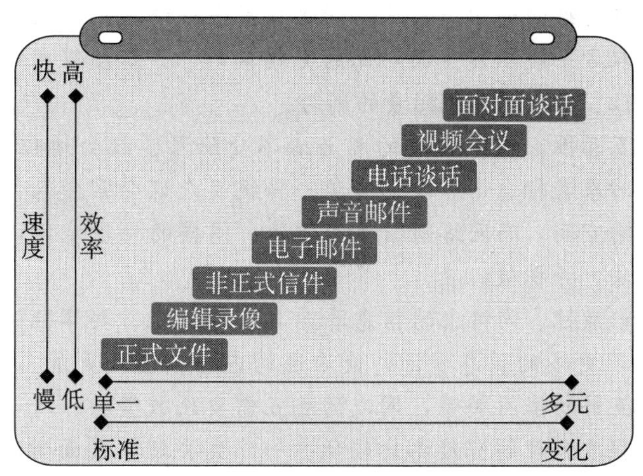

图 10-4

说明：面对信息化的时代，沟通方式越来越多元化。多媒体技术可以实现不同地区的人们同一时间交换信息，其高效和便捷程度可以与面对面的交流相媲美。上图为各种不同沟通方式效果的比较。

随着电子信息技术的广泛应用，从书面沟通发展出来一种新的沟通形式，即电子沟通。电子邮件、BBS（电子公告板）及许多即时网络聊天工具等都是电子沟通的表现形式。它以快速高效和有强大的多媒体功能支撑等特点，已在很大程度上取代了借助纸笔的书面沟通的某些重要人际沟通功能，甚至削弱了口头沟通的某些功能。但不要忽视，人是社会人，人的情感沟通更需要人与人之间的口头沟通。

学以致用

人际沟通的新形式——网络沟通

想一想，现在你早晨起来后最有可能做的事情是什么？很有可能是打开电脑查收邮件，阅读新闻，然后再开始一天的工作。拥有一台电脑，意味着我们就可以足不出户而完成许多工作，你可以通过电子邮件和世界任何一个地方的朋友交流，也可以通过网页、论坛快速得到许多信息，可以网上购物，也可以网上娱乐。

网络沟通具有许多传统沟通方式不具备的特点：

（1）便捷性。方便快捷是网络沟通最显著的特点，这有助于扩大沟通范围，使社会成员获得新的社会地位，扮演新的社会角色。在传统的沟通方式中，对于书信和文字阅读，有一个沟通回应的时间差，其即时性远远不如网络沟通，无论从时间上还是空间上，网络都给沟通行为带来了巨大的便利。

① 全国十三所高等院校《社会心理学》编写组．社会心理学．4 版．天津：南开大学出版社，2008：230.

（2）虚拟性和超时空性。网络使沟通摆脱了地理空间的限制，依托非物理化的空间，人与人的互动形成虚拟性的社会关系网络。数字化的现代网络信息技术使沟通不受时空的限制，从而消除了时空距离，人际沟通得以打破时空的界限。

（3）非现实性和隐匿性。沟通是发送和接收信息的过程，必须有信息源、信息和接收者三个要素。在网络沟通中，特殊的网络技术手段使人们沟通的非现实性和隐匿性得以实现，沟通双方一般不发生面对面的直接接触，这就使得网络沟通比较容易突破年龄、性别、地位、身份等传统因素的制约。

（4）平等性和互动性。网络聊天的参与者不受阶层、社会地位、身份等的影响，可以和一个或多个对象进行自由平等的交流。传统大众媒介常使人们成为被动的信息接收者，缺乏互动的空间，而网络则提供了便捷、间接的互动空间，使人们更主动地参与交流，发表看法，并积极回应。

（5）开放性和松散性。网络上的信息资源具有开放性、共享性的特点，人们可以通过网络获得并使用更多的信息资源，使沟通的内容、形式更加自由和开放。同时，网络沟通双方存在互补的依存关系，网友的相互需要比较繁杂，所追求的是互惠互利的交往原则，信任程度和理解程度都比较低。一旦失去联系或面对新的选择，就很可能导致沟通中断。

（6）弱社会性和弱规范性。在现实的人际沟通中人们十分看重的身份地位、职业、金钱、容貌、家庭背景等沟通主体的社会特征和社会地位，在网上的人际沟通中可以全然不顾；在现实交往中要遵守的一些社会规范，在网络沟通中也可以不遵守。这种弱社会性和弱规范性，容易使一些人暂时摆脱现实社会诸多人伦关系的束缚和行为规范的约束，甚至放纵自己的道德行为，导致非人性化的倾向。

（三）按照沟通网络分类

沟通网络是根据人际沟通中信息传递的方向而形成的路线形态。根据群体组织里正式沟通和非正式沟通的情况，沟通网络又分为正式的沟通网络与非正式的沟通网络。莱维特研究了小群体内的沟通网络，提出了几种固定形态。[①]

1. 正式的沟通网络

20世纪50年代，巴维拉斯（A. Bavelas）提出小群体沟通网络的概念。他讲的沟通网络，是指一个小群体成员之间较固定的沟通模式。后来，莱维特以五人小群体为研究对象，发现沟通网络有四种形态：Y型沟通、链型沟通、圆型沟通和轮型沟通（见图10-5）。

由于在轮型与Y型的沟通网络中，沟通者之间的信息传递受居于中心位置的人控制，所以也称这种类型的沟通网络为中心化的沟通网络；在链型和圆型的沟通网络中，

① Leavitt. Applied Organization Change in Industry：Structural，Technical and Human Approaches//Cooper，Leavitt，Shelley. New Perspectives in Organizational Research. New York：Wiley，1964.

沟通者不受居于中心位置的人控制，可与其他人进行直接沟通，故这种类型的沟通网络被称为非中心化的沟通网络。

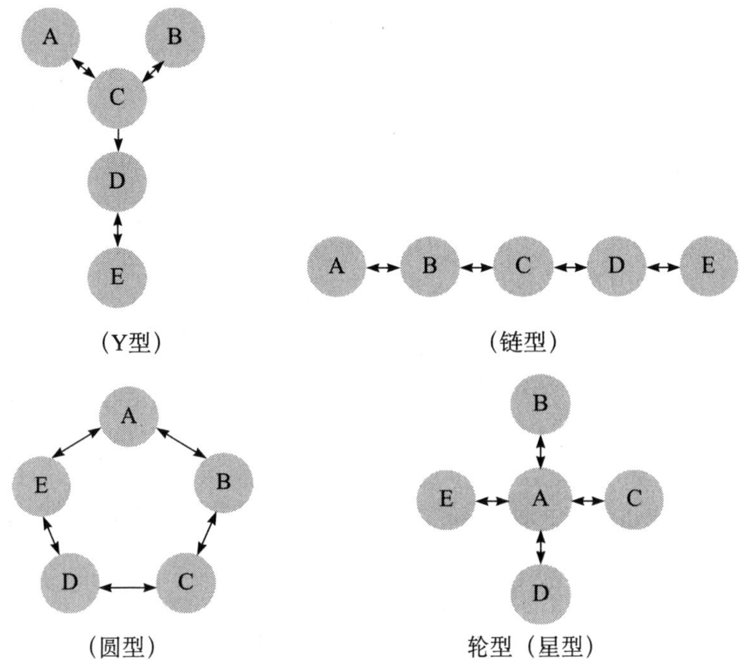

图 10-5

莱维特研究的结论为：(1) 从信息传递速度来看，轮型沟通网络最快，圆型沟通网络其次，而链型沟通网络最慢。(2) 在轮型沟通网络中，居中心位置者是该小群体的核心人物或领导者。(3) 在Y型沟通网络中，中心位置是中心信息传达者，外界的信息必须经他才能到达其他成员那里，高层沟通者的信息也需经他才能传递给下面成员，因而这一特殊位置的人在某一组织中可能具有秘书身份。

后又有学者研究了组织中常见的沟通网络，在莱维特研究的基础上加入全通道型，并将五种沟通网络相比较，从而得出它们各自的特点。全通道型沟通网络也是一种中心化的沟通网络（见图 10-6），但它除处于中心位置的沟通者控制信息沟通外，其他沟通者也能通过其他通道彼此间传递信息，因此是一种全方位的沟通网络。就成员满意度而言，人们在非中心化的沟通网络比在中心化的沟通网络中更满意。但在非中心化的沟通网络中难以产生领导者，因此在领导控制力上不如中心化的沟通网络。

2. 非正式的沟通网络

非正式的沟通网络是群体组织里进行非正式沟通形成的信息传递渠道。根据莱维特的研究，非正式的沟通网络有下面四种（见图 10-7）。

非正式的沟通网络也就是我们通常所说的传播小道消息的渠道。集束型是指将小道信息有选择地告诉相关的人，这也是传播小道消息最普通的形式；流言型是一个人将小道消息传播给所有的人；单线型是通过一连串的人将小道消息传播给最终的接收者；偶然型是在偶然情况下将小道消息传播给其他人。

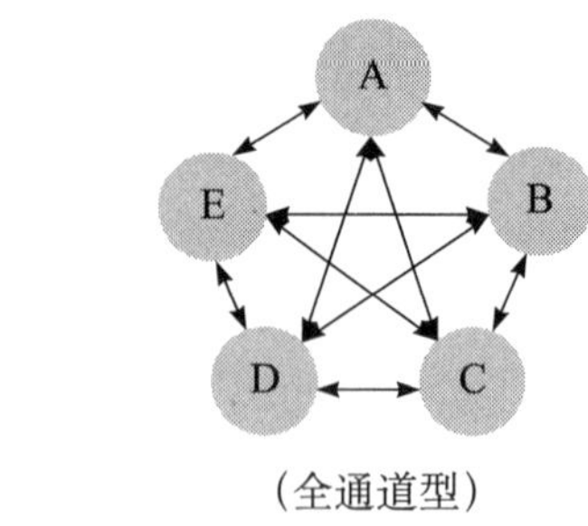

图 10-6

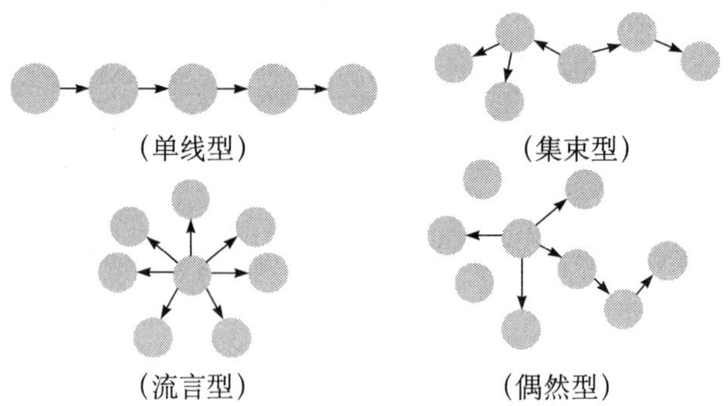

图 10-7

小道消息的一个重要特征是它的传播速度极快。由于它的灵活性和个人化，信息传播的速度往往比绝大多数正式管理沟通系统快得多。有研究表明，上述四种小道消息的传播方式中传播速度最快的是集束型，因为它是有目的的、选择性的传播。小道消息还因穿越严密的组织保密屏障的不同寻常的能力而著称。它通常能够跨越组织防线而直接与知情人进行交流，所以小道消息也因其成为秘密信息的来源而闻名。

背景人物

哈罗德·莱维特（1922—2007），他的职业兴趣包括小型团体的功能定位、交流网络、思考方式、管理教育和技术加速所带来的问题和缺陷等。他的研究工作促进了管理心理学的发展。莱维特博士于1958年正式开始用管理心理学（management psychology）这个名称取代了原来的工业心理学，并出版了第一本系统研究管理心理学的著作，使管理心理学成为一门独立的学科。20世纪60年代，莱维特首次引入组织心理学（organizational psychology）的概念，强调群体心理学在企业中日益重要的作用。

第二节　人际沟通的工具

作为信息传递的过程，人际沟通必须借助一定的符号系统才能实现，即人际沟通的工具。

一、人际沟通的工具

符号系统是人际沟通的工具。我们可以把符号系统划分为两类，即语言符号系统和非语言符号系统。

（一）语言符号系统

语言符号系统（verbal sign system），是指利用语言进行言语沟通，是人类最重要的沟通工具，也是信息传递的最有力手段。它以语词符号为载体，包括口头沟通、书面沟通和电子沟通等。语言符号沟通是有目的的社会活动，通过使用语言，达到交流目标。[①]

1. 语言的分类

语言可以分为口头语言（oral speech）和书面语言（written speech），即语音符号系统和文字符号系统。

语言符号系统：利用语言进行言语沟通，是人类最重要的沟通工具，也是信息传递的最有力手段。

在面对面的沟通中，口头语言是最常用的，而且收效最快。例如，会谈、讨论、演讲及当面对话都可以直接、及时地交流信息，沟通意见。

在间接沟通中，一般采用书面语言。它不受时间和空间的限制，可以长时间保存，可以远距离传递，信息发送者可以充分地考虑语词的恰当性。书面语言扩大了人们认识世界的范围。

2. 语言的设计特征

心理语言学家霍凯特（C. Hockett）于1959年提出了沟通系统的设计特征（design feature）。

霍凯特认为，人类语言的特色在于它的替换性（interchangeability）、随意性（arbitrariness）、独立传意（specialization）的专职和文化传播（cultural transmission）。这些特色使人类语言能摆脱人的生理限制和环境限制，使语言成为有弹性、创造力和与时俱进的独立传意系统。人类语言的替换性极高，人只要能使用语言，就能传递任

---

① Wenneker，Wigboldus，Spears. Biased Language Use in Stereotype Maintenance：The Role of Encoding and Goals. Journal of Personality and Social Psychology，2005，89（4）：504-516.

何信息。但基于一些约定俗成的语言规范和社会规范，人们会自行约束使用语言的自由度。例如，在日本，女性与男性和女性沟通时，会使用不同的称谓语，而同样的语言使用规范却不适用于男性。可见，限制人类语言替换性的因素，并非源自人类的生物特性，而是来自社会文化的规范。这些因素会随着社会的变迁和文化的发展而改变。独立传意是指沟通符号与由沟通符号产生的直接结果两者间的关系是相互独立的。人类使用语言，并不只是为了诱发固定的行为结果，而且是借着语言传递信息。人类的语言肩负着独立传意的职责。随意性指同一符号，可以表达多种意思；同一个意思，也可以用不同的词句表达。文化传播指人类与生俱来的语言学习能力，但语言中沟通符号的意思是社会文化的成果。因此，在不同环境中长大的人，用的语言不相同，在同一环境内，随着社会生活的变迁，语言的使用会发生变化。

3. 语言的社会功能

语言对我们的影响是巨大的，通过语言交流，我们实现了不同的目的。语言的社会功能主要包括：认知功能、行为功能、情感功能、人际功能和调节功能。

（1）认知功能，是语言最基本的社会功能，是指我们通过语言来传递某种知识、信念或观点。我们需要通过清晰的表达来传达具体的信息，比如如何操作一台机器。

（2）行为功能，是指我们通过语言去影响听话人的行为、态度，或改变听话人的状态等，以完成某项工作。比如老师对学生说："去把作业拿来!"这样就通过语言交流影响了学生的行为。

（3）情感功能，指我们用语言来表达情绪体验、联络感情。我们需要通过有力、生动的语言来表达自己的感情、感染听众、激励他人，比如我们熟知的马丁·路德·金的那篇著名的演讲《我有一个梦想》。

（4）人际功能，即语言被用来建立、保持和维护人际关系的功能。比如见面时彼此打招呼和问候等。

（5）调节功能，我们用语言来调节身心状态。我们都有过类似的经历，通过向信任的人诉说自己的苦恼来缓解心理压力。语言的表达有宣泄情绪、促进心理健康的作用。在心理咨询中，来访者的语言宣泄本身就有着治疗的功效。①

4. 语言的复杂性和策略性

语言并不是一个传递信息的机械系统。语言讲究的并不是传递信息的效率，而是传递信息的有效性。语言是一种有弹性、有创造力和与时俱进的独立传意系统。因此在沟通时，语言的运用要根据不同的对象和环境而改变，不然就有可能在任何一个沟通环节出现误会。

显然，在交往中，面对复杂多变的情境，人们表达同一意图的语言形式并不是唯一的。有大量的研究表明，人们对语言的运用，表现出明显的策略性。我们说话时要依赖不同文化背景下的社会约定俗成的规则、交际礼仪和契约；我们还会根据特定的情境和交际对象，话语时而直接，时而委婉；最后，我们采用的语言表达形式也体现

---

① 金盛华．社会心理学．北京：人民教育出版社，2005：274-275.

了语言的策略性。

说话是一门艺术，虽然我们每天都在说话，但是没有几个人是真正的语言高手。作家、诗人和演讲者都是语言运用的高手，他们能用语言给我们打开一个世界，激发我们的感情、想象和行动。如果没有这些美丽的语言，我们的生活该是怎样的枯燥乏味。语言的表达如此重要，但制定在所有场合和情况下如何选择语言的规则是不可能的，语言的学习有赖于多年的学习和实践。

（二）非语言符号系统

非语言符号系统（nonverbal sign system），是指在人际知觉和沟通过程中，进行信息传递所凭借的动作、表情、实物、环境等。人们常常认为非语言符号系统是不重要的、数量较少的，但是事实并非如此。美国传播学家梅拉比安（A. Mehrabian）通过实验把人的感情表达效果量化成了一个公式：信息传递的100％＝7％的语言＋38％的语音＋55％的态势。[①] 从这个公式可以看出，非语言符号系统在沟通中具有重要的功能，它能补充、调整、代替或强调语言信息。

> **非语言符号系统**：人际知觉和沟通过程中进行信息传递所凭借的动作、表情、实物和环境等。

需要强调的是，绝大多数的非语言信息具有特定的文化形态，在传达时是习惯性的和无意识的，它可能与语言信息相矛盾，以非常微妙的方式传递感情和态度。非语言符号系统一般有以下几种形式。

1. 无声的非语言沟通

手势、面部表情、体态变化等都属于这个系统。动态无声的皱眉、微笑、抚摸和静止无声的站立、依靠、坐态等都能在沟通中起作用。除此之外，身体空间也传递了一些人际交往的信息。

（1）动态符号系统。

第一，面部表情。信息接收者能准确地解读面部表情表达的各种情绪，尤其是喜怒哀惧等人类基本情绪，已是不争之论。在沟通过程中出现的面部表情，除了可以让信息接收者知道信息发送者是什么情绪状态外，亦是一种反馈渠道，能让信息发送者知道信息接收者是否成功地接收沟通信息。沟通就是在这种彼此协调合作的环境下进行的，让双方形成对沟通内容的共同理解。

当言语和身体语言所表达的信息不一致时，影响力最大的就是面部表情。[②] 人的面部可以有许多种不同的表情，喜、怒、哀、乐、悲、恐、惊等人的各种情绪都是通过人的面部表情流露出来的。埃克曼（Ekman）和弗里森（Friesen）对有文字文化和无文字文化的群体（新几内亚）进行了大样本的研究，发现被试对于各种表情的识别基本一致。[③] 针对表情共性的质疑，埃克曼等人又进行了后续研究，他们让来自十种不同

---

① Mehrabian. Silent Message. Belmort，CA：Wadsworth，1971.

② Mehrabian. Silent Message. Belmort，CA：Wadsworth，1971.

③ Ekman，Friesen. Constants Across Cultures in the Face and Emotion. Journal of Personality and Social Psychology，1971，17：124-129.

文化的被试对不同强度的面部表情进行评判，发现对于强度很高的表情被试的评判亦非常相同，为跨文化的一致性提供了更有力的支持。[①] 利文森（R. Levenson）等对比了美国学生群体和西苏门答腊岛的一个母系伊斯兰教农业群体的面部表情（那里的文化对于公开场合表达负性情绪有着严格的禁忌），也发现了两者在自主神经系统上的很多共性。[②] 贝赫尔（Biehl）等比较了匈牙利、日本、波兰、苏门答腊、美国和越南的个体对于面部表情的判定，结果在这些多样性人群中发现了非常高的一致性。[③]

虽然以往大量研究都偏向一致性的观点，但是新近的一些研究则为面部表情在地域、种族等文化上的差异提供了更多证据。[④] 盐入（T. Shioiri）等对比了日本被试和美国被试在表情识别上的差异，发现日本被试对表情的识别率相对美国被试要低，指出在研究中必须考虑表情范例的文化差异。[⑤] 埃尔芬拜因（Elfenbein）等的研究支持了方言理论（dialect theory），即表情呈现和方言的差异是相似的，他们发现来自魁北克和卡本的被试对群体外成员表情的判别率低于对本群体成员的，并且做出部分表情如平静、羞愧、鄙视、愤怒、悲伤、惊讶和高兴时运用的脸部肌肉也有差异，但是在其他的表情如恐惧、厌恶或难堪上则没有明显差异。[⑥]

在面部表情中，目光接触（eye contact）一般被认为是最明确的感情表达方式，它是人际互动中的视线交叉，是一种广泛的非语言交流形式，具有非常重要的作用。心理学的研究表明，人们在观察对方时，聚焦于眼睛和嘴。一个人的语言可以修饰，但眼神信息却是很难掩盖的，我们甚至常常可以透过一个人的眼神来归纳对方的品质，是温暖的、真诚的，还是凶残的、狡猾的。目光接触有以下几个重要的功能。[⑦]

一是观察反馈。比如，当你和他人谈话的时候，你要看着他们，以观察他们对你谈话的反应。你要试着去解读他们的反馈，然后根据这些信息调整接下来的谈话内容。

二是吸引注意。当你同时和两个人或三个人谈话的时候，保持和他人的眼神接触，有助于吸引他人的注意力和引起听者的兴趣。当听者的注意力不够集中的时候，你可能会增加与他人眼神的接触，以期增加他人的注意力。

三是调控谈话。眼神的接触有助于调控、管理和控制谈话。通过眼神接触，你可以告诉他人应该参与谈话。比如大学课堂上，老师将目光锁定在某位同学身上，这样

---

① Ekman，Friesen. A New Pan-Cultural Facial Expression of Emotion. Motivation and Emotion，1986，10：159-168.

② Levenson，Ekman，Heider，Friesen. Emotion and Autonomic Nervous System Activity in the Minangkabau of West Sumatra. Journal of Personality and Social Psychology，1992，62（6）：972-988.

③ Biehl，Matsumoto，Hearn. Matsumoto and Ekman's Japanese and Caucasian Facial Expressions of Emotion：Reliability Data and Cross-National Differences. Journal of Nonverbal Behavior，1997，21：3-21.

④ 雷婕，丁亚平．面部表情：一些争论．心理科学进展，2013（10）．

⑤ Shioiri，Someya，Helmeste，Tang. Cultural Difference in Recognition of Facial Emotional Expression：Contrast between Japanese and American Raters. Psychiatry and Clinical Neurosciences，1999，53（6）：629-633.

⑥ Elfenbein，Beaupré，Lévesque，Hess. Toward a Dialect Theory：Cultural Differences in the Expression and Recognition of Posed Facial Expressions. Emotion，2007，7（1）：131-146.

⑦ Richmond，McCroskey，Hickson. Nonverbal Behavior in Interpersonal Relations. 6th ed. Boston：Allyn & Bacon，2008.

的眼神接触是在要求这个同学回答问题。

四是界定关系的性质。眼神交流就好像一个联结信号，能够界定两个人之间的关系性质是积极的还是消极的。在不同的文化中，眼神接触可能表达你对他人的爱慕，避免眼神接触也可能表达尊重。

五是界定地位。眼神接触经常用于表明地位，表示挑衅。尤其是在年轻人当中，过长的眼神接触通常意味着挑衅，常常可能引发肢体冲突，其原因就是眼神的接触时间超过了那个文化中的正常标准。①

六是填补空间距离。眼神接触通常用于填补较大的空间距离，通过眼神的交流，你能够从心理上拉近与他人的空间距离。②

第二，肢体语言。与沟通有关的手脚肢体活动不同于面部活动，它所依赖的机理较之要简单得多，常不能提供意义明确的信息。但由于人们不善于控制细小的肢体动作，所以它通常能比面部表情透露出更多沟通者的真实意图。比如，当对方双手抱在胸前和你讲话时，可能意味着对方有戒备心。微笑代表友好和赞同，但对美国人而言，微笑更多意味着友好，他微笑着听你说完你的提案，但并不代表他同意你的意见。手叩击桌子代表不耐烦，扬眉往往意味着怀疑，双手紧紧握住对方的臂肘代表很有诚意，而攀肩搂腰的一方则暗示着其支配的地位。

手势最少可以分为三种：第一种是符号手势（symbolic gestures）。每个符号手势在一个特定语区（linguistic community）或次语区中都会有约定俗成的意思。例如，在北美洲，“V”字的手势代表“胜利”。第二种手势常被称为击节手势（beats），它在日常交谈中出现得十分频繁。击节手势的动作几乎没有任何意义。击节手势出现时，手部会随着说话时的节奏快慢、音调的轻重、音节的抑扬顿挫做出协调而重复的动作，像是在打拍子一般。在做出击节手势时，发言者的手就像乐队指挥的指挥棒，随着说话的韵律挥动。因此，击节手势又名指挥棒动作（batons）。在一般交谈时，击节手势并没有传递信息的功能。而沟通者也很少会刻意采用击节手势来沟通思想感情。第三种手势是辞藻活动（lexical movements）。这类手势经常在沟通时出现。它似乎和发言者说话时所用的辞藻有关，例如当发言者说：“他的脸很尖，但眼睛却很圆。”他在说“尖”字时，会用双手的拇指和食指比划一个三角形；当说到“圆”字时，会用双手的拇指和食指比划一个圆形。

手势在沟通中起着重要的作用。劳舍尔（F. Rauscher）和克劳斯（M. Krauss）在1996年的实验中将被试分为两组，其中一组在说话时双手可以自由活动（自由活动组），另一组在说话时却不可以移动双手（手势限制组）。参加者一面观看一套动画，一面转述动画内容。与自由活动组的被试相比，手势限制组的被试在描述动画时，说话较缓慢且不流畅。可见不允许说话者在说话时做手势会干扰信息的传递，降低沟通效率。此外，还发现手势会令说话更加流畅。

---

① Matsumoto. Culture and Psychology. Pacific Grove，CA：Brooks/Cole，1996.

② 德维托．人际传播教程（第十二版）．北京：中国人民大学出版社，2011：155-157.

（2）静态符号系统。

第一，姿势。姿势也是非常重要的非语言沟通手段，一定的姿势通常透露着一定的态度，传达着一定的信息。如身体的倾向，当信息发送者倾向于信息接收者时，常被视为对后者怀有正面的态度，也有助于产生亲密感。戈夫曼认为可以从社会地位解析人的姿势，他在《依从和社会行为的本质》一书中，分析了在医务人员会议上不同人的姿态：医生采取的是舒适而随便的坐态，但护士、护工的坐姿要规矩得多。在现实生活中，人们对低地位的人要随意，对地位与自己相同的人次之，对地位高的人则较为拘谨。人们在交往过程中，身体的放松程度确实反映沟通双方的社会背景、学识水平和一般的社会状态。①

第二，个体空间距离。个体空间的一般距离会因文化而异，也会因地位与性别而有所区别。在社交环境里，人们都要遵守支配空间使用与运动的社交准则。有关人们在人际互动中如何使用空间和距离的研究，被称作空间关系学（proxemics），这是由E. 霍尔（E. Hall）提出的概念，他将人际空间距离分为四种：亲密距离、个人距离、社会距离和公共距离（见图10-8）。

亲密距离，0～1.8英尺（0～0.55米），属于亲爱的人、家庭成员、最好的朋友。在此区域中，可以有身体接触，如拥抱、爱抚、接吻等，话语富于情感，并排斥第三者加入。

个人距离，1.8～4英尺（0.55～1.21米），同学、同事、朋友、邻居等在此区域内交往，由于距离有限，在此区域内说话一般避免高声。

社会距离，4～12英尺（1.21～3.66米），在此区域内人们相识但不熟悉，人们交往自然，进退比较容易，既可发展友谊，又可彼此寒暄。

公共距离，12英尺（3.66米）到目光所及处，是与陌生人的距离，表明不想有发展，在此区域内人们难以单独交往，主要是公共活动，如做报告、等飞机等。②

每天随着交往环境的变化，我们使用不同的人际空间距离。在学校做演讲时，你和听众之间的距离最大，是公众距离；在和客户谈判时，你们之间的距离是社会距离；个人距离是你和朋友聊天的距离；等你回到家，和孩子、爱人之间的亲密接触就是亲密距离。若人们违反了这些规则，就会引起对方不舒服的感觉。和特定的人保持特定的距离受很多因素的影响，比如性别、年龄和性格。在不同的场合，女性之间保持的距离要比男性之间保持的距离更近，人们与女性保持的距离也比与男性保持的距离要近；人们和年龄相近的人保持的距离更近些，而与比自己年长或年轻的人保持的距离远些；性格内向的人或是高度焦虑的人比性格外向的人和其他人保持的距离更远。理所当然，你和自己熟悉的人比陌生人保持的距离要近，和自己喜欢的人比不喜欢的人保持的距离要近。③

---

① 周晓虹．社会心理学．北京：高等教育出版社，2008：144.

② 许静．传播学概论．北京：北京交通大学出版社，2007：53。

③ Burgoon，Bacue. Nonverbal Communication Skills//Greene，Burleson. Handbook of Communication and Social Interaction Skills. Mahwah，NJ：Lawrence Erlbaum，2003：179-220.

非语言交流的研究者对人们保持距离的行为做出了很多解释，其中影响比较大的有保护理论、均衡理论、违背期望理论。保护理论认为，人们在自己周围建立了一个缓冲区域，以避免遭受不喜欢的人的触碰和攻击。当个体感到自己可能被攻击时，缓冲区域会相应扩大，个体需要更大空间；当个体觉得受到保护，感到安全时，缓冲区域会缩小。① 均衡理论认为，人际距离和亲密程度有关，个体会和与自己有亲密关系的人保持较近的距离，而与没有亲密关系的人保持较远的距离。② 在一些情况下，人们之间的距离并不能反映其亲密程度，此时人们就会调整自己的行为。比如：在宴会上你和亲密的人被安排到不同的餐桌，此时你们会通过眼神接触或是面向对方来拉近心理距离；而当你迫不得已与一些并不亲密的人保持近距离的时候，比如在拥挤的地铁和公交车上，你会通过避免与他人的眼神接触，或者背对他人的方式来拉大心理距离，减少打破平衡的不适感。违背期望理论试图解释在人际交往过程中，人际距离拉长或者缩小时发生的现象，每种文化下人们对于谈话时所保持的距离都会有一定的期望值，打破期望距离会导致对方关注你们之间的关系。③

辅助语言：语言非词语特点，包括声量、声调、停顿、语速等。

另外，对时间的概念也影响沟通过程。在约会中守时，能使对方感到言而有信，从而创造良好的交流情境。

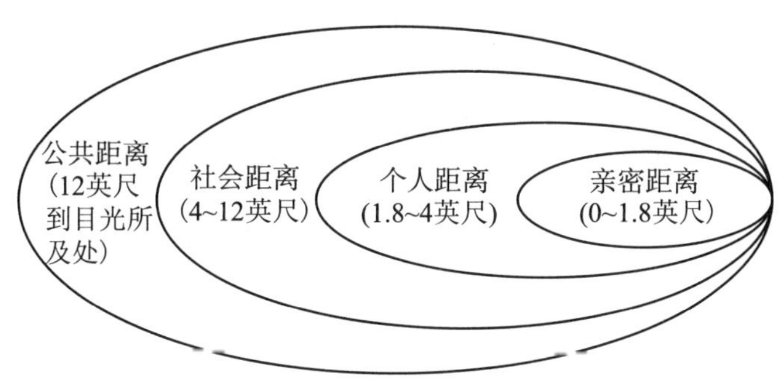

图 10-8

说明：人们对空间的需求有很大的文化差异，并且随着年龄而改变，这些相距的数值并不是固定的。上图为四种距离圈。

2. 有声的非语言沟通

（1）辅助语言系统。**辅助语言**是语言非词语方面的特点，包括说话过程中的声量、声调、节奏与强度、说话速度及声音的犹豫和颤抖等。音质、音幅、声调、言语中的

① Dosey，Meisels. Personal Space and Self-Protection. Journal of Personality and Social Psychology，1976，38：959-965.

② Argyle，Dean. Eye-Contact，Distance and Affiliation. Sociometry，1965，28：289-304. Bailenson，Blascovich，Beall，Loomis. Equilibrium Theory Revisited：Mutual Gaze and Personal Space in Virtual Environments. Presence：Teleoperators and Virtual Environments，2001：583-595.

③ 德维托．最有效的沟通．北京：中国人民大学出版社，2014：158-159.

停顿、语速快慢等因素，都能强化信息的语意分量。例如：较低的声调可传达兴奋、生气、惊讶，但悲哀及沮丧时，却刚好相反；一个人在说谎时，声调则会提高。

我们看到，不同的演讲者表达同样一个主题时会有不同的效果。在这种差异中，辅助语言是一个很重要的影响因素。一位非语言沟通研究者估计，沟通中39%的含义受声音的表达方式的影响，在英语以外的语言中，这个百分比可能更高。比如，研究显示，在交往中语速对第一印象有重要影响。讲话急促表达的是激动兴奋，并可能具有表现力和说服力，但讲得太快会使对方神经紧张。另外，辅助语言研究者迪保罗（B. M. Depaulo）1982年的研究发现，鉴别他人说谎的最可靠的因素是声调。尽管老练的说谎者可以控制自己的语言和表情，但其说谎时声调提高却是不自觉的。同时，一句话的含义常常不是取决于字面意思，而是决定于弦外之音。语言表达方式的变化，尤其是语调的变化，可以使相同的词语表达不同的含义。例如"谢谢"一词，可以动情地说出来以表示真诚的谢意，也可以冷冷地吐出来以表达轻蔑的含义。

（2）类语言系统。**类语言**特指无固定语义的发音，哭笑、呵欠、呻吟、喷嚏等都是类语言。这些同样有个人差异，也有沟通思想和交流情感的重要作用。

类语言：无固定语义的发音，如哭笑、哈欠、呻吟、喷嚏等。

非语言符号系统的形式在人际沟通中起着十分重要的辅助作用，可以加强或减弱口头语言的力量。但因为它的使用具有较大的不确定性，每个人使用起来都不大一样，放在不同的情境里也有很大差异，所以还需沟通者有较高的理解能力。研究显示，透过说话的人的声音，人们能够辨认出说话者的年龄、性别和社会阶层。说话时的声调变化可以让别人准确地判断说话者的情绪变化。当说话者心情郁结时，声调会变得低沉，说话也较缓慢；当说话者心情紧张惶恐时，声调会提高，说话也较急促。非语言符号系统需要和语言符号系统配合使用才能取得最好的沟通效果。

学以致用

说谎时语言和非语言线索

在美剧《别对我撒谎》（Lie to Me）中，男主人公可以不借助任何仪器，只通过观察微表情就能鉴别人们说话的真实性。事实上，通过说谎者可能暴露的语言和非语言线索来进行谎言识别一直是心理学家的研究兴趣所在，对说谎线索的研究将非常有助于人们对说谎现象的正确了解和识别能力的提高。

根据具体语言及非语言线索所揭示内容的不同层次，可以将线索划分为两大类：（1）是否在说谎的线索（deception cues）；（2）揭示谎言掩盖下真实情感的线索（leakage cues）。目前，绝大部分关于说谎行为的研究所提到的线索属于前者。从线索的性质划分，可以分为静态线索和动态线索。静态线索指那些在交往过程中相对恒定的因素，例如个性、衣着、长相、肤色、气质等。动态线索指那些随着彼此交流的进展而不断变化的因素，例如肢体动作、语音语调、眼神等。

祖克曼（Zukerman）等人的研究发现，一些人无论说谎与否，都会被判断为说谎，而另一些人总会被判断为没有说谎，进而提出了仪表偏见（demeanor bias）的概念。[1]这些偏见有可能源自一些稳定的外表特征，给人造成无辜或有罪的直观印象。也就是说，对方的外在形象会被观察者直接视为判断其可信度的静态线索。对静态线索的研究主要集中在说谎者的外在魅力、面部特征和性别年龄等因素对识别者判断准确率的影响方面。外表有魅力的人由于高于普通人的自信，在许多方面具有较强的能力，他们在说谎时表现得更加娴熟自然，更善于控制自己的非语言行为（包括举止和表情），暴露的线索更少。

根据社会知觉的生态学理论，人在社会活动中的知觉具有适应和演化的功能，某种外在的生理特征所揭示的内部心理品质如果对某个物种的生存或对某个个体的社会适应具有重要作用，就会影响印象的形成。比如婴儿和抚养、保护、成长锻炼等概念是联系在一起的，而成人和性、智慧甚至伤害等概念是联系在一起的。当具有婴儿面部特征的人不是婴儿的时候，这些特征仍然会起到刺激源的作用，使人产生相应的回应，这种现象被称为“娃娃脸概括效应”（baby-face overgeneralization effect）。有关娃娃脸和识别者判断准确率的研究表明，当书面陈述和具有娃娃脸特征的成年人照片（声称是书面陈述的作者）同时呈现在判断者面前，人们更倾向于判断书面陈述是真实的。

对说谎者性别和年龄因素的研究表明，女性似乎更善于交际，更容易获得信任；儿童和年长者更容易被判断为不诚实的。此外，人们对不同文化的刻板印象也会对诚实的判断准确率产生影响。

对动态线索的研究一般都是通过实验组和对照组的组间比较，或是同一组被试说谎和说真话时的语言及非语言行为特点的比较来进行推论的。通常情况下，人们普遍对语言的控制能力较强，而说谎时所要经历的紧张、害怕被识破、兴奋等情绪和与这些情绪“自动链接”的肌肉活动是不易控制的，说谎者容易暴露的线索多属于非语言性质的表情和肢体动作。

迪保罗等人对人们说真话与说谎话时的88种语言和非语言线索进行了比较。结果发现，通常情况下，说谎者的具体表现与说真话者比较有以下特点：（1）表达较为收敛。例如说话时间、回答中对细节的描述都显著少于说真话时的情况，双唇紧闭的时间较多等。（2）说服的力度较弱。例如逻辑结构、语言的卷入程度、举例都显著少于说真话时的情况，词语的重复显著多于说真话时的情况，在措辞和表达上保持和所述内容的距离，态度和语气不是很肯定等。（3）更加紧张。例如音调较高，瞳孔扩大，小动作增加等。（4）缺少正常表达过程中存在的不完美之处。例如对所述内容的及时修正显著少于说真话时的情况，也较少承认记不得了。

需要注意的是，对说谎者一般表现的总结并不代表出现频次的多少，而是与说真话时各种行为表现相较而言的结果。对说谎行为的判断必须基于对同等条件下说真话时行为表现的客观认识。

---

① 张亭玉，张雨青．说谎行为及其识别的心理学研究．心理科学进展，2008（4）．

人们在判断对方是否说谎时通常会关注哪些方面的线索呢？虽然有研究表明人们单纯依据视觉线索进行判断的准确率低于凭借单一的听觉线索或视听线索进行判断的准确率，通常情况下，当人们在判断对方是否诚实时，对视觉线索的依赖要高于听觉线索，被称为“视觉优先现象”（video-primacy）。有研究表明，对情境的熟悉程度会影响人们识别谎言时对线索的选择：如果背景对识别者来说比较熟悉，则判断线索主要来自对方的陈述内容；如果背景对识别者来说是陌生的，判断时会兼顾语言和非语言线索。

二、非语言交流与语言交流的关系

非语言交流与语言交流各有其作用，在人际沟通中往往是相互依存和补充的。有时语言交流的作用大些，有时非语言交流的作用大些。但近些年，社会心理学家越来越强调非语言线索的作用。例如，有研究者认为，语言在交谈中只表达不超过30％～35％的信息。梅拉比安认为，当语言及身体语言所表达的信息不一致时，其中影响力最大的是面部表情。① 有的研究者甚至认为情绪信息的表达完全是通过视觉通道完成的。②

在多数情况下，人际沟通中传递的非语言信息与语言信息是一致的，只不过在一致程度上存在着差异，有时非语言信息夸大了语言信息，有时非语言信息弱化了语言信息，使语言信息打了折扣。在少数情况下，非语言信息与语言信息之间发生矛盾，非语言信息会否定语言信息。另外，还存在非语言信息与语言信息毫不相干的情况。科纳普（M. L. Knapp）和J. 霍尔（J. A. Hall）指出，非语言行为和语言是相互关联的。它们的关联方式主要有六种。③

（1）重复，非语言信息重复语言信息。例如，一边说“请进，请坐下”，一边用手势指着房间和椅子。

（2）矛盾，非语言信息与语言信息矛盾。例如，说的话是“我喜欢你”，却伴着皱眉头和生气的语调。

（3）替代，用非语言信息替代语言信息。例如，你问别人：“你好吗”？对方微笑，这微笑就代替了“哦，很好”。

（4）补充，非语言信息能够补充或更改语言信息。例如，一个人说他觉得不舒服，语速很快并发出呻吟声，这些非语言信息就强调了不舒服这一语言信息。

（5）强调，非语言信息能强调语言信息并加强语言信息的效果。例如，某人嘴里说着关心、同情之类的话，同时辅以皱眉头和流眼泪等面部表情和身体前倾、用手抚

---

① Mehrabian. Silent Message. Belmont，CA：Wadsworth，1971.

② 中国大百科全书编辑委员会．中国大百科全书·心理学．北京：中国大百科全书出版社，1991：282.

③ 科米尔 S，科米尔 B. 心理咨询师的问诊策略．北京：中国轻工业出版社，2000：158-159.

摸等非语言暗示，就能使其语言信息得以加强。

（6）调整，非语言信息有助于调整交谈。例如：当一个人说话的时候，如交谈对象不停地朝他点头，则他会受到强化继续说下去；若交谈对象东张西望且不停地变换身体姿势或低头看手表，则他可能会停下来，至少是停顿片刻。一般来说，交谈的一方会根据对方某些确定的非语言信息作为判定其是否倾听的线索，从而调整自己的谈话。

许多研究表明，当我们得到的语言信息与非语言信息相矛盾时，我们会更相信非语言信息。具体地说，当语言信息与非语言信息不一致时，主要依赖于非语言信息。

总之，在人际沟通过程中，语言交流和非语言交流都很重要，只是由于沟通内容、沟通情境等原因，有时非语言交流显得更重要些，有时语言交流显得更重要些。

第三节　人际沟通的障碍和策略

人际沟通会因为很多人际沟通特有的特点产生障碍，同时人际沟通作为一种信息沟通也会受到信息传递过程中干扰的影响。沟通的研究使心理学家们受到了很大的启发，他们相信为了克服沟通中的障碍，实现成功的沟通，交往者在不同的场合应选择相应的交往方式和技巧。

一、人际沟通的影响因素

了解什么因素在影响沟通的进行，有利于我们提高沟通技巧，改进沟通品质。信息传递的各个环节常会受到某些因素的作用，从而影响人际沟通的进行。影响人际沟通的因素主要有以下几个方面。

（一）影响信息源的因素

（1）信息源所使用的传播技术，包括信息源的语言文字表达能力、思考能力以及手势、表情等方面表达的优劣程度。

（2）信息源的态度，包括是否自信、尊重对方、竭力使对方对沟通感兴趣等。

（3）信息源的知识程度，包括知识、社会经验、人情世故等。

（4）信息源的社会地位。人们获得信息的来源之一就是权威，当信息源处于较高社会地位时，我们倾向于相信对方的话。

（5）信息源的吸引力。美国心理学家阿伦森与西格尔合作完成的一个实验证明了漂亮的女性比缺乏魅力的女性对男性的影响力更大。一个美女仅仅因为漂亮，就能在一个与其美貌毫不相干的问题上对观众的观点产生很大影响。①

（二）影响信息的因素

（1）语言和其他符号的排列与组合次序。信息发送时有首因效应和近因效应，即最先呈现的信息和最近呈现的信息容易被记住。

（2）信息的内容。信息的内容直接影响沟通双方，信息发送者力图通过信息的内容传达自己的信念、态度和知识，从而试图影响或改变对方。

（3）信息的处理情况。选择合适的语言和非语言行为来表达信息是非常重要的，同一则信息用不同的语词和语气来表达会有不同的效果。

（三）影响信息渠道的因素

同一信息经过不同的信息渠道传递，其效果大不一样。因此，要注意选择适当的信息渠道，使之与传播的信息相配合，并符合接收者的需要。比如：教儿童数数时，借用实物可使孩子更容易理解；演讲时，使用投影仪或电脑展示的图表、图画等信息令人印象深刻。

地位障碍：由于地位各异而具有不同的意识、价值观和道德标准，从而造成沟通困难。

我们的感官都可以接收信息，但日常生活中所发生的沟通主要是视听沟通。电视、广播、报纸、电话等，都可以被用作沟通的媒介。心理学家研究显示，面对面的沟通方式在各种沟通中影响力最大。

（四）影响接收者的因素

（1）接收者的心理选择性。例如，有些信息接收者乐意接受，而另一些信息接收者不乐意接受。

（2）接收者当时的心理状态。例如，处于喜悦情绪状态的人容易接受他人所提出的要求。

在实际沟通过程中，上述四个方面的因素通常是共同发生作用的。

二、人际沟通的障碍

在现实生活中，某些影响人际沟通的因素会造成沟通的必要条件缺失，导致人际沟通受到阻碍。

（一）社会障碍

1. 地位障碍

社会中每个个体都处在一定的社会地位上，由于地位各异，通常具有不同的意识、价值观念和道德标准，从而造成沟通困难，这就是**地位障碍**。不同阶级的成员，对同

---

① 郑日昌．沟通心理学．北京：北京师范大学出版社，2015：14-15.

一信息会有不同的甚至截然相反的认识，例如他们对同一政治、经济事件往往持有不同的看法。职业差别也有可能造成沟通的鸿沟，所谓“隔行如隔山”便是此意。

讲话适应理论认为，人们在人际互动过程中倾向于适应彼此的讲话风格（双方趋同）以改善沟通，并通过互惠和提高相似性来增强吸引力。但是，具有较高威望讲话风格的人会强调他们的讲话风格的表现——差异性。具有较低威望讲话风格的人会显示出向具有较高威望讲话风格的人靠拢的倾向，除非他们认为其低地位是不稳定的和不合法的，在这种情况下，他们会坚持自己的讲话风格，于是就会产生沟通障碍。①

2. 组织结构障碍

有些组织规模庞大，层次重叠，信息传递的中间环节太多，从而造成信息的损耗和失真；也有些组织结构不健全，沟通渠道堵塞，缺乏信息反馈，从而导致信息无法传递。这便是**组织结构障碍**。另外，不同的组织氛围会影响沟通。鼓励表达不同意见的组织氛围促进沟通，组织内信息泛滥（overload）则会导致沟通不良。处于不同层次的组织成员，对沟通的积极性也不相同，也会造成沟通的障碍。

3. 时空距离障碍

时间限制是常见的人际沟通障碍。人际沟通并不是某个时间片段中的独立事件，它与未来的事件必然有关联。在不能与他人面对面沟通的情况下，空间距离也是一种障碍。假如一个人与另一个人之间的空间距离很远，彼此间的中介环节会随之增多，因此在信息传递过程中造成的信息量的消耗及对信息的歪曲就必然增多。这便是**时空距离障碍**。

组织结构障碍：组织结构出现问题，造成信息损耗和失真以至无法传递。

时空距离障碍：人际沟通障碍中的时间和空间限制。

（二）文化障碍

文化背景的不同给沟通带来的障碍是不言而喻的。如语言的不通带来的困难，社会风俗、规范的差异引起的误解等在我们社会生活中是屡见不鲜的。

1. 语言障碍

我们已经知道，在沟通过程中人们必须使用一套语言符号系统。但人们使用了同一种语言，语言沟通的障碍仍可能出现。一方面可能是信息发送者意思表达不清，也可能是信息接收者的理解能力不够；另一方面则是由于语言如同生活中的其他方面一样是不断创新的，如一些专业词汇和一些市井俚语用于特定范围的小群体沟通没有问题，甚至在表达某些特殊的意义上会更加明白，但一旦超出了这个群体的范围，这些词汇的使用就会造成沟通障碍。此外，语言障碍还容易因具体语言环境的差异而产生，甚至同词不同义，都会导致谬误的发生。

2. 文化背景障碍

有一则故事：一个美国老师在一个中国家庭中当家庭教师，当孩子们很热情地请

① 波利克，罗森伯格．国际心理学手册．上海：华东师范大学出版社，2002：457.

老师休息一下，吃些水果时，老师却会理解为："我是不是看起来很老，力不从心了？"

每个人出生以后所处的文化环境不一样，从小到大经历的事件不同，接受的教育培训也不可能完全一致，这些都成为一个人与他人沟通的背景。我们难免会把以往所吸收的信息累积为经验，每个人都会以过去的经验过滤我们的信息，造成信息的失真。两个人沟通就像两个圆试图相交，两个圆重叠的部分越大，沟通的流畅度就越高。朋友、亲人间因为一起经历过许多生活事件，又多处于同样的风俗人情、民族、宗教、价值体系乃至流行风尚之中，故沟通起来非常顺畅。陌生人之间的沟通则很可能因为缺少共有的参考架构而非常吃力。

阻碍沟通的文化背景障碍主要来自三个方面。首先是认知障碍（cognitive constrains），沟通双方持有不同的世界观和不同的问题意识。这个层次的障碍是最难克服的。其次是行为障碍（behavior constrains），不同的文化对在不同场合中什么样的行为是合适的有不同的规定。比如在巴基斯坦的课堂上，提问是被禁止的，因为这代表对老师的蔑视，而在美国的课堂中，同样的行为却是受到鼓励的。最后是情绪障碍（emotional constrains），不同的文化对不同场合中情绪的表露程度是有限制的。在公众场合，中国人是不被鼓励表露自己的真实情绪的，这会给人留下不成熟的印象，而同样的规则在西班牙就行不通了。

（三）个性障碍

这主要指人们不同的个性倾向和个性心理特征所造成的沟通障碍。气质、性格、能力、兴趣等的不同，会造成人们对同一信息的不同理解，导致沟通障碍。个性偏见、信任度、情绪状态对沟通顺畅产生极大影响，怀有偏见和歧视的态度、对他人持普遍的不信任态度、情绪低落或持有敌对情绪，都很容易造成沟通的障碍。个性的缺陷也会对沟通产生不良影响，如一个虚伪、卑劣、欺骗成性的人传递的信息往往难以为人所接受。

（四）心理障碍

人人都需要与他人沟通，但对人际沟通的恐惧相当程度地伴随着人们。它表现为个人在与他人或群体沟通时所产生的害怕与焦虑。如果沟通个体存在沟通恐惧的心理，沟通将无法进行。对沟通有恐惧心理的人，轻者为了保护自己而表露有碍进一步沟通的信息，重者甚至无法与人交谈。这种沟通上的心理障碍除直接对沟通产生影响外，还会因为沟通者不能获得人际沟通所附带的积极意义，其社会功能必然受到严重影响。比如说，在生活习惯上比较孤独封闭，在学习态度上比较消极退缩，在人际接触中逃避，因此被认识与被赏识的机会减少了，被误解与被排斥的机会反而增加了。沟通恐惧的长期经验会降低个人的自尊心。在现代服务业发达的社会中，沟通恐惧会造成个人丧失许多就业机会等。

(五) 环境障碍和其他干扰因素

环境障碍在这里主要指一些物理因素，如噪音、高温或寒冷、空气不佳、气味不好等都会影响人际沟通的顺利进行。

沟通受到干扰而突然中断，当然会形成障碍，而且这种情况在沟通过程中可能会发生许多次。情境不同，有时干扰被克服而沟通者能继续沟通，有时干扰会直接导致沟通失败。各种大大小小的干扰，尤其是日常工作环境里的一些噪音，例如文书处理机、打印机、电话铃声、其他同事的交谈声等，经常会打断我们的沟通。由于这些干扰无所不在，我们很容易忽略这类障碍。但是任何挡在信息发送者和信息接收者之间的事物都是沟通的障碍，就算其不会完全阻隔信息的传递，也会扭曲信息的内容。要想达到良好的沟通效果，沟通者对此必须予以重视，在沟通的过程中尽量排除各种干扰。

三、人际沟通的策略

沟通是可以学习的，这一点很重要。由沟通者的沟通技巧不佳所造成的沟通障碍不在少数，有效的沟通技巧是建立良好人际关系的根本条件。人们都应该有意识地进行沟通技巧学习，以保证与他人的沟通顺利完成。国外已经有许多社交技能训练的成功范例。通过改进社交技能，受训者可以改进对自己的情感控制，提高沟通技巧。在人际沟通中，一般存在以下沟通策略。

(一) 印象整饰

在人际交往中，交往者使他人形成的有关他自身的认知即印象非常重要。印象整饰就是一种给人际交往对象留下良好认知的策略，它通过有意识地运用语言和非语言行为来修饰自己，影响别人对自己的印象形成。下面提出以下几种印象整饰的具体策略以供参考。

1. 投其所好、符合标准

外貌的修饰、美好人格特质的养成、符合社会公认标准及社会角色的行为的展现等都属于此项。比如说，按社会公认的标准或按沟通对象的套路来打扮自己，在约会中守时，能使对方感到言而有信，便能创造良好的沟通情境。

2. 恭维、逢迎

赞扬沟通对象的优点可以提升沟通对象的自我效能感或尊严感；借由表达与沟通对象相同的意见、观念和他关心的信息，也可帮助对方肯定自我。这就相当于给了沟通对象极大的回馈，符合人际吸引的回馈原则。恭维、逢迎策略有些具体的技巧，如应选择对方不肯定但又很在乎的内容进行，向恭维、逢迎对象表示已经知道他一些明确的缺点的同时赞扬他另一方面的优点，恭维、逢迎不要选择会被别人认为是例行公事的场合进行，最好让一些关系很亲密的第三者转达恭维、逢迎等。

3. 意见服从

意见服从是一种重要的人际交往资源，甚至某些时候在人际沟通中会比一个人的能力更加有用。这里也有一个小技巧，那就是在你服从沟通对象的意见之前可以就一些无关紧要的问题发表看法或者针对第三者发表看法，这有助于表达你不是一味服从，即你的服从是针对沟通对象的。

（二）倾听技巧以及非语言行为的掌握

1. 倾听技巧

在中国文化中，倾听被赋予了很高的价值。《说文解字》解释“听”（聽）字：“听，聆也，从耳悳。”钱穆认为，目视偏于形物，耳听深入心意。任何不能被理解的沟通都不能算是成功的沟通。在有效的倾听中，我们用耳朵去理解别人，表达的是一种尊重的态度。相较于说而言，听是较被动的。我们可以主动地表达自己的意见，但是当听的时候，我们就得力图去理解他人的想法和感情，这就要求听者搁置自己的偏见和先见，所以倾听是很需要修养的一项沟通技巧。①

在我们每天的交流中，听是多于说的。虽然我们花在听上的时间最多，但在听说读写的沟通技能中，倾听却是被教得最少的一项技能。②

为了学习如何有效倾听，我们先看看是哪些因素影响了我们的有效倾听。具体说来，有12种沟通障碍。

（1）对比。听者总是在评价谁更机敏、更聪明或者更能干。

（2）猜测。听者惯于猜测别人的心思，往往不相信别人的话。

（3）演练。别人说话时听者却总在构思自己的意见。

（4）过滤。听者只听到某些信息，对其他信息充耳不闻。

（5）先入为主。在倾听具体内容前就做出自己的判断了。

（6）心不在焉。对方的话题触动听者一连串的联想，却没有专心听对方说话。

（7）自居。把别人说的一切都抓住不放，并拿来和自己的经验相对照。

（8）好为人师。听者随时准备提供帮助和建议，还没有听对方讲多少，就开始思索建议。

（9）争辩。当讲话者观点与自己不一致时，易激动，好争辩。

（10）刚愎自用。听者想尽办法（歪曲事实、百般辩解、责难、翻旧账等）固执于自己的意见。

（11）转移话题。在谈话过程中，突然转移话题。

（12）息事宁人。想讨人喜欢，什么都说好，似听非听，没有真正投入其中。③

了解了阻碍有效倾听的因素后，倾听者在倾听时就要时刻检验自己的倾听习惯，

---

① 周一骑．感应与意义体悟：传统心性修养之学的核心问题．天津：南开大学出版社，2006：26.

② 黑贝尔斯，威沃尔二世．有效沟通．北京：华夏出版社，2005：80.

③ 麦凯，戴维斯，范宁．人际沟通技巧．上海：上海社会科学院出版社，2005：6-8.

同时在非语言行为的各方面都要予以配合，流露全神贯注的神情，视线经常投注在对方身上，身体略微倾向沟通对象，全身展现一种轻松、自然、开放的姿态，这些都是好的倾听者所必备的。

2. 非语言行为的掌握

人际沟通中，人们认为非语言行为比语言行为透露出沟通者更多的真实意图，事实也经常如此。因此，与沟通语言一致的非语言行为或者能表达对沟通对象关心、关注的非语言行为是有助于人际沟通的，而与沟通语言不一致的非语言行为会让沟通对象觉得非常不舒服，因而妨碍沟通。非语言行为的掌握需要注意许多方面，包括面部表情、目光、身体姿势、肢体动作、语音语调等，一切以传达沟通者的真诚、尊重与关注为标准。

（三）自我暴露

奥尔特曼与泰勒 1973 年提出的社会渗透模式说明了自我暴露可以诱发人际交往中的进一步吸引力。自我暴露除了传递有关沟通者自己的信息让沟通对象更了解自己以外，也传递着对沟通对象表示信任这样的信息。被信任对象会给予回馈，暴露更多有关自己的信息，这样人际沟通就进入良性循环。自我暴露还能让自己为他人所熟悉，这也符合人际吸引的熟悉原则，有助于建立更紧密的人际关系，使沟通更加顺畅。从来不谈自己的人，不管能力多强，只能让人信服，却无法缩小与他人的距离感，沟通障碍就会存在。

虽然自我暴露促进沟通，但是自我暴露并不经常发生。一方面，人们对自我暴露心怀恐惧，害怕暴露自我的隐蔽面后，他人会拒绝、嘲笑甚至利用自己。另一方面，社会对自我暴露有限制，过多地谈论自己或者在亲密关系以外谈论自己，会被认为是不合适的。在这种心态下，我们要学习把握自我暴露的程度，利用适当的自我暴露来促进人际关系的良性发展。健康的自我暴露者知道权衡利弊，知道什么情况下对什么人说什么话。

（四）表达

作为沟通的一方，我们自己的表达方式直接影响对方对信息的理解。因此，一个好的沟通者，必然是善于表达自己的，包括表达自己的观点、态度、感情和需要。清晰的表达会让对方及时做出回应，促进良性沟通。

我们在表达的时候首先要清楚了解自己要传递什么信息，希望对方了解什么。然后要分析对方的状态，要运用对方可以理解和接受的语言和方式来表达自己。比如沟通对象是孩子，那么在沟通时所使用的语言要尽可能简单、形象。此外，要留意场合和环境，公开的演讲所采取的表达方式显然和课堂的授课不同。

为了有效地表达自我，我们在传递信息时应该遵循几个原则。首先，信息表达应该直接。有时候我们以各种暗示的方法告诉对方我们需要什么，想当然地认为对方会理解，但是事实上对方可能并不知道你想要告诉他们什么。其次，信息表达应该及时。

延误沟通只会恶化我们的感受，而及时沟通可以让对方知道我们的需求并及时调整沟通行为。最后，表达信息应力求清晰、准确。语言的使用应该简单明了，过短、断断续续或者过长的讲话都会使听者不能迅速理解你的思想。①

很多时候，我们因为自己的各种防备心理，比如自卑、羞怯、傲慢、紧张等，害怕表达真实的想法，因此不敢直接地、及时地、清晰地表达自己的需要，但这样只会让情况恶化。我们应该以更加直率、真诚的态度来面对沟通，表现真实的自我。人本主义心理学家罗杰斯在面对来访者时可以营造一种安全、信任的氛围，其关键就在于他的沟通态度。他认为，真诚地表现真实的自我是维持亲密关系的重要因素。当沟通双方能够分享真正的感受时，问题就随之解决了。②

如果每个人都能彼此有效地运用上述沟通理念、策略与具体原则来进行人际沟通，相信有效且具有建设性的积极沟通就会建立起来。进一步而言，良好的人际沟通有助于人际关系的改善并进一步促进心理健康。

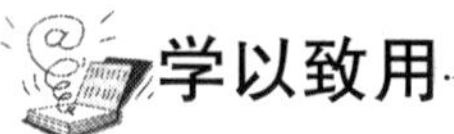

学以致用

运用PAC理论提高人际沟通水平

PAC理论是一种交往分析的方法，即提高人际交往能力和促进信息沟通的方法，是对个体及其所接触对象的行为分析方法。

PAC理论又称相互作用分析理论、人格结构分析理论、交互作用分析理论、人际关系心理分析理论，是由加拿大心理学家E. 伯恩（E. Berne）于1964年在《人们玩的游戏》（*Game People Play*）一书中提出的。他将传统的理论加以提升，创立了整套的PAC理论，成为一种针对个人的成长和改变的系统的心理治疗方法。

这种理论认为，个体的个性由三种比重不同的心理状态构成，这就是“父母”“成人”“儿童”状态。取这三个词的第一个英文字母——parent（父母）、adult（成人）、child（儿童），所以简称为PAC理论。

PAC理论把个人的“自我”划分为“父母”“成人”“儿童”三种状态，这三种状态在每个人身上都交互存在。也就是说，这三者是构成人类多重天性的三个部分（见表10-1、表10-2）。

表10-1　PAC理论的主要特点

	心理标准	心理特点	行为表现	讲话方式
P	权威和优越感，以长者自居	统治人、训斥人以及其他权威式作用	凭借主观印象办事，独断专行，滥用权威	你应该…… 你不能…… 你必须……

① 麦凯，戴维斯，范宁．人际沟通技巧．上海：上海社会科学院出版社，2005：38.

② 罗杰斯．罗杰斯著作精粹．北京：中国人民大学出版社，2006：20-32.

续前表

	心理标准	心理特点	行为表现	讲话方式
A	客观和理智	成熟、理智、客观	待人接物冷静、慎思明断，尊重别人	我个人的想法是……
C	情感和感觉	一会儿逗人喜爱，一会儿发脾气惹人生气，感情冲动又容易表现出服从	无主见，遇到事情畏缩或感情用事，激动易愤怒	我猜想…… 我不知道……

表 10-2　　PAC 分析行为特征

P-A-C	行为特征
高-低-高	喜怒无常，支配欲强，武断，难以共事，喜欢被颂扬
高-低-低	墨守成规，照章办事，家长制作风，希望他人依赖自己
低-低-高	稚气，对人有吸引力，喜欢寻求友谊，爱幻想
高-高-低	容易将父母状态过渡到成人状态，有成功领袖的潜力
低-高-高	容易有好的人际关系

父母自我状态（P 角色）指保护性、指导性、养育性与批评教育性角色。父母态以权威和优越感为标志，通常表现为统治、训斥、责骂等家长制作风。当个体的人格结构中 P 成分占优势时，行为表现为凭主观印象办事，独断专行，滥用权威，这种人讲起话来总是“你应该”“你不能”“你必须”等。

成人自我状态（A 角色）指个体有理性、有计划性，处于求实和非感性的心理立场。成人态表现为注重事实根据和善于进行客观理智的分析。通常表现为能从过去存储的经验中推测各种可能性，然后做出决策。当个体的人格结构中 A 成分占优势时，行为表现为待人接物冷静，慎思明断，尊重别人。这种人讲起话来总是“我个人的想法是”。

儿童自我状态（C 角色）指自发性、依赖性、难以管束和创造性角色。儿童态像婴幼儿的冲动，表现为服从和任人摆布。一会儿逗人喜爱，一会儿乱发脾气。当个体的人格结构中 C 成分占优势时，通常表现为遇事畏缩，感情用事，喜怒无常，不加考虑。这种人讲起话来总是“我猜想”“我不知道”。

PAC 理论的技巧是学会分辨你的谈话是出自你的父母态、成人态，还是儿童态。哈瑞斯（T. Harris）提出了分析沟通问题的一些规则：

（1）学会认识你的儿童态，它的脆弱、恐惧，以及表达这些情感的主要方式。

（2）学会认识你的父母态，它的规矩、禁令、刻板的观念，以及表达这些命令的方式。

以上规则告诉我们要对自己的儿童态和父母态保持敏感，识别其独特的语言风格，在了解自己的同时也关注他人的沟通状态，理解他人也和你一样，会表现为惩罚性的父母态、任性的儿童态。

基本概念

人际沟通	信息渠道	反馈	噪音
单向沟通	双向沟通	上行沟通	下行沟通
平行沟通	正式沟通	非正式沟通	非语言符号系统
印象整饰	自我暴露		

本章要点

1. 人际沟通是人与人之间传递信息、沟通思想和交流情感的过程。沟通在现代社会的意义是非常重要的。

2. 人际沟通过程包含几个必需的要素，包括发送-接收者、信息、信息渠道、反馈、噪音和环境六个方面。每次人们在进行沟通时，这些因素都有所不同，信息传递的这几个环节常会受到某些因素的作用，从而影响沟通效果。

3. 人际沟通过程包括心理过程和动作过程两大部分。人际沟通过程中的心理活动主要体现在沟通动机、对信息的选择和理解方面。人际沟通的动作可以分为两大类：一类是以满足对方的交往需要和情感需要为目标的；另一类是以提供信息、方向或发布指示为目标的。在此基础上，贝尔斯把人际沟通的动作分为12种。

4. 人际沟通的功能主要表现在协调整合功能、心理保健功能、心理发展动力功能和社会心理构建功能等方面。

5. 沟通按不同的分类标准可以分为不同的类型，包括单向沟通和双向沟通，上行沟通、下行沟通和平行沟通，假相倚沟通、非对称性相倚沟通、反应性相倚沟通和彼此相倚沟通，工具式沟通和情感式沟通，正式沟通和非正式沟通，口头沟通和书面沟通，正式的沟通网络和非正式的沟通网络，以及语言沟通和非语言沟通。

6. 我们运用语言符号系统和非语言符号系统来进行沟通。语言符号系统是人类最重要的沟通工具，包括语音符号系统和文字符号系统，语言的运用需要学习和实践。非语言符号系统分为无声的非语言沟通（包括动态符号系统如面部表情和肢体语言，静态符号系统如静态姿势和个体空间距离）和有声的非语言沟通（包括辅助语言系统、类语言系统）。非语言信息大多具有特定的文化形态，常常是习惯性的和无意识的。非语言沟通以微妙的方式传递着比语言沟通更多的信息。

7. 人际沟通障碍的产生有许多方面的原因：社会障碍包括地位障碍、组织结构障碍、时空距离障碍；文化障碍有语言障碍、文化背景障碍；个性障碍是人们不同的个性倾向和个性心理特征所造成的；心理障碍表现为个人在与他人或群体沟通时所产生的害怕与焦虑；环境障碍和其他干扰因素也会影响人际沟通的顺利进行。

8. 正确地运用印象整饰、掌握倾听技巧以及非语言行为、适当地进行自我暴露、学习表达技巧等是建立起良好的人际沟通的策略。其中印象整饰是一种给人际交往对象留下良好认知的策略。它通过有意识地运用语言或非语言行为来修饰自己，影响别人对自己的印象形成。

复习思考题

1. 什么是沟通？说说沟通在哪些方面对我们的生活产生重要影响。
2. 沟通过程有哪几个方面的要素？这些要素是如何影响沟通过程的？
3. 沟通的分类有哪些？

推荐阅读书目

1. Edwards A，Edwards C，Wahl，Myers. The Communication Age：Connecting & Engaging. Los Angeles：Sage Publications，2013.
2. Lishman. Communication in Social Work. 2nd ed. Houndmills，Basingstoke，Hampshire：Palgrave Macmillan，2009.
3. 德维托．最有效的沟通．北京：中国人民大学出版社，2014.
4. 瑟勒，贝尔，梅泽．沟通力．北京：机械工业出版社，2014.
5. 彭凯平，王伊兰．跨文化沟通心理学．北京：北京师范大学出版社，2009.

推荐视频

1. 网易公开课：亲密关系（http://open.163.com/special/opencourse/couplespsychology.html）
2. 网易公开课：诠释社会、解读生活——社会心理学（http://open.163.com/special/cuvocw/shehuixinlixue.html）

第十一章 群体心理

章节导读

2016 年 7 月 12 日，位于荷兰海牙的南海仲裁案仲裁庭对中国南海归属权问题进行仲裁，在无中方代表出席的情况下做出非法无效的“最终裁决”，判菲律宾“胜诉”。从公布裁决结果前夕到正式发布后的一段时间里，中国人民一直对该事件高度关注，并在国内形成了一股表达赤诚爱国之心的舆论热潮。在裁决结果公布后，网络上关于这一话题的讨论迅速升温，直逼沸点。网友们关于“南海仲裁案”的各种搜索、文章转载、留言都在短时间内激增。新浪的“微博搜索”显示，7 月 12 日 18 时 20 分，尽管距离仲裁结果发布只过了一个多小时，但“南海仲裁结果”这一词条的微博搜索量达到近 450 万次，高居排行榜榜首，为排名第二位的词条的七倍。而《快讯：南海仲裁结果出炉》这条微博在一天之内则收获了五万多条留言。此外，微信公众号“侠客岛”推出的《对南海仲裁结果最好的回应就是：不要理他》一文仅过了几个小时便突破 10 万的阅读量，一天之内得到近 2 000 个赞。来自中国台湾的网友也制作了《一次让你看懂南海主权争议》的视频，该视频经转发后迅速引起网友们的热烈反响，大家对此纷纷表达认同。“只有放宽眼界才谈得上胸怀，放眼未来，以大局为重，这才是真正的中华民族的胸怀!”一位网友这样写道。网友“f 调的”表示，所谓的“仲裁案”等等荒唐事宜，说白了只是中华民族崛起过程中必然要经历的“成长烦恼”，破题的不二法门在于维护好良好的发展环境，迅速增强国力；网友“狐狸与猎犬”说，突然感觉我们国家的凝聚力很强，许多平时不怎么关心政治的人在朋友圈发布关于支持我国对南海拥有主权的新闻……可以说，在面临主权问题的时候，中国人民的群体意识被激活了，中华民族成为人们的群体标识。表达捍卫主权的决心、抒发爱国情怀成为社会赞许的行为，群体表现出强大的凝聚力和认同感。

群体为什么会产生，又有什么作用？以群体形式出现在不同场合的人们，彼此之间有怎样的关系？群体又是如何影响其群体内成员的呢？

引领性问题

- 找出现实生活中竞争与合作的例子，说一说竞争和合作是如何影响群体形成的。
- 说一说人们生活在群体中的利弊。
- 试用群体理论解释网络群体现象。

在社会生活中，人们是不能离开社会群体的，人总是作为群体成员而存在。在群体中，人们获得了安全感、责任感、亲情和友谊、关心和支持。群体是个体的价值、态度及生活方式的主要来源，而个体在群体中互动，维持了群体的活力，发展了群体的规范，巩固了群体的结构。群体具有特别的研究价值，这是因为：首先，群体是能够被群体成员和非群体成员感知的心理现实；其次，人们在群体中的行动往往不同于独处时或双人互动时；最后，虽然群体是由个体集合而产生的，但个体的这种集合是动态的、有机的，群体心理绝非个体心理的简单叠加①，它是社会心理学研究的又一层次。本章将讨论群体的心理与行为，解读群体过程，并将涉及一系列如群体规范、凝聚力等群体相关内容。

第一节　群体概述

社会心理学要研究群体，明确清晰地认识群体本身非常重要。本小节将对群体的含义、结构、类型、功能等进行探讨。

一、群体的含义和本质

许多学科会对群体进行研究，在社会心理学的研究意义上，**群体**（group）是指一群相互依赖的个体所组成的集合体，这些个体之间有情感上的联系，并且有一定的交往。成员之间的“相互依赖”（interdependence）是群体的重要特征，这种依赖不仅指成员之间相互依靠以实现群体目标，还包括成员之间的相互影响。

群体：成员间相互依赖，彼此间存在互动的集合体。

简单的统计集合体、围在路边看热闹的人群、喜欢看电视新闻的观众等不能被归为群体之列，因为其成员不存在依附关系，不发生互动，在多数情况下，这些人彼此无丝毫影响。而学校篮球队、家庭、工厂中的班组等，则可称为群体，因为其成员常常是为了共同的目标而组合在一起的，彼此间不但有面对面的接触，而且有频繁的互动，受到对方多方面的影响。

群体动力学家肖（M. Shaw）把群体定义为两个或更多互动并形成影响的人。② 麦格拉思（J. McGrath）认为，群体就是一群聚集在一起的人，他们在生活的多个方面可以自由交往，这种交往过去就有且预期未来也会持续。③ 英国社会心理学家布朗（R. Brown）将群体界定为“由于某种共同的经验或目的而合在一起的一群人，或者在

---

① Levine，Moreland. Progress in Small Group Research. Annual Review of Psychology，1990，41（1）：585-634.

② Shaw. Group Dynamics：The Psychology of Small Group Behavior. New York：McGraw-Hill，1981.

③ McGrath. Groups：Interaction and Performance. Englewood Cliffs，NJ：Prentice-Hall，1984.

一个微观社会结构中紧密联系的一群人，也就是说彼此互动的一群人”[①]。社会心理学家特纳（Turner）则认为，能够被认为是“我们”的一群人，就是个体所在的群体。

总的来说，多个个体的集合要想成为群体，必须具备如下几个条件。

（1）构成群体的个体之间必须具有一定程度的互动，即成员之间有生活、学习和工作上的交往，有信息、思想、情感上的交流。也就是说，群体成员之间存在一定的沟通，这种沟通可以是无限的，也可以是有限的。有某种形式的沟通，是构成群体的必要条件。

（2）构成群体的个体之间以某种方式相互依赖，形成有结构的群体联系。在任何一个群体中，每个成员都占有一定的地位，扮演着一定的角色，并由此构成一定的等级体系和人际关系网络。

（3）构成群体的个体之间的关系必须是相对稳定的，持续一段较长的时间，如数星期、数月或数年。尽管有时由于某种特殊的原因在很短的时间内几个不相识的人组成一个群体，如在街上追逐歹徒的一群人，但这只是一个松散的群体，不能算作真正意义上的群体。

（4）构成群体的个体具有共同的目标和利益。目标是人们想要达到的境地和标准，任何群体都有一定的目标，这种目标是群体进行活动的方向和目的。没有目标，群体就没有动力，更谈不上存在和发展。正是因为群体成员有着共同的目标，并且彼此互相依赖各自的绩效来取得群体的成功，群体才得以存在。群体的目标通常是个体无法单独达到的。

（5）构成群体的个体要明确意识到自己是属于某一群体的，以及该群体的界限。同时，群体成员要能在心理上产生共鸣，产生一定的情感和相互依赖的关系，成员间的活动发生相互影响，并能彼此相容，建立起共同的心理意识。

（6）构成群体的个体具有共同的价值和规范。群体价值就是对社会现象的一致看法和评价，它是在一致性态度的基础上形成的，并由群体在社会关系中的地位和环境所决定。群体的价值和规范是群体成员必须遵守的，它使群体成员的共同活动得以协调进行。群体成员如果违反了它，就会受到惩罚，被其他成员孤立，甚至还有可能被驱逐出群体。

群体、集体、集群是三个类似的概念，在某些场合和语境下，对于这几个概念可以不作区分，但是在社会心理学的概念体系里，它们又具有一定区别。

群体（group），也被称作团体，作为社会心理学体系中的一个范畴，通常是指那些成员间相互依赖、彼此存在互动的集合体。大部分群体中的成员之间会发生直接接触，群体成员的需要和目标使得他们互相影响。有时候，在社会心理学的研究中，群体特指小型的人群集合体即小群体，人数一般在 3～20 人。

集体（collective），是一种具有组织形式的团体，它的成员拥有共同的经济基础、思想基础、政治目的和社会利益，并且在一定的范围内活动。相对于群体来说，集体

---

① Brown. Group Processes：Dynamics within and between Groups. Basil Blackwell，1988.

具有更明确的规范、制度，甚至有一定的组织层级，其内部成员的数量较多，每个成员并非能与其他所有成员进行直接交往，其内部存在更多、更复杂的关系网络。在这种意义上，集体更强调有意识地组织在一起的人群集合。有时候，集体也被用于特指正式群体，如班集体。

集群（crowd），则是相对于集体和群体的另一种人群集合。一般情况下，集群是一个准群体，即群体的最初状态，可被认为是一个“松散群体”。[①] 其内部凝聚力较低，也没有明确群体规范、组织形式和稳定的群体成员，其能否成为一个群体或集体还有待进一步成员磨合和群体动态发展。

目前，社会心理学领域针对群体、集体和集群的研究层出不穷。小群体、群体创造力（collaborative creativity）、群体过程（group processes）、集体行动（collective action）、集群行为（collective behavior）等都是群体研究中的重要研究热点。

二、群体的结构要素

群体成员在群体内部的互动并非随机，相反，他们会遵循一定的模式进行，这种互动模式受到群体结构（group structure）的影响。每个群体都具有其独特的群体结构，这形成了群体的多样性，一些群体的互动模式可能完全不同于另一些群体。群体结构形成得非常快，可能在群体成员刚见面的几分钟之内完成，也可能立刻形成于一个外群体成员的介入之时。然而一旦群体结构形成，群体结构就变得很难改变，即使当群体内部组成发生改变时也是如此。社会学家在分析群体结构时，确立了一些共同的成分，如地位体系（status system）、群体规范（group norms）、角色（roles）以及凝聚度（cohesion）。

（一）地位体系

地位体系是指群体成员间的权力分布情况。[②] 这种权力分布的差异可以在语言层面和非语言层面体现。在语言层面，高权力地位的人说话更多，声音更大，并且更喜欢批评、命令、打断他人，他们也常常成为其他成员的语言对象。而在非语言层面，高权力地位的更喜欢挺身而立，和别人保持眼神接触，更容易介入他人的个人领域。在没有正式地位体系的群体，比如朋友圈子，各成员之间依然存在威信和权威的差异。群体地位的获得一般会被归因于帮助群体实现目标，但是帮助群体实现目标并不能让

① 乐国安，薛婷，陈浩．网络集群行为的定义和分类框架初探．中国人民公安大学学报（社会科学版），2010（6）．

② Robinson，Balkwell. Density，Transitivity，and Diffuse Status in Task-Oriented Groups. Social Psychology Quarterly，1995，58（4）：241-254.

个体一定获得群体地位：群体成员会将更高的地位给予那些值得给予的人。①

期望地位理论（expectation states theory，EST）解释了人们形成群体时如何给予特定的人以群体地位。该理论指出，当群体成员第一次相遇时就会形成对其他成员的期望，即该成员对成功实现群体目标的贡献程度。这种期望并非建立在其他成员的任务相关特征（task-relevant characteristics）上，如社交技能、专业水平、以往经验等，而是建立在泛化性地位特征（diffuse status characteristics）上，如种族、性别、年龄和经济状况等。② 拥有能够使人产生较高期望特征的群体成员就会被群体中的其他成员给予较高的群体地位。例如，群体成员很可能将群体领导的地位给予中年而且富有的白种男性，而非贫穷的墨西哥裔女性。虽然初期的地位分配可能会因为实际行动产生的行为表现有所不同，但是一开始就被不公平地给予了较低社会地位的群体成员，很难在之后的群体行动中证实自己对群体的价值。

（二）群体规范

群体规范是群体成员应该如何行动的期望。群体一旦形成，就需要群体规范来统一群体成员的信念、价值观和行为。一方面，可以起到区别于其他群体的作用；另一方面，也是为了保证群体目标的实现。每个群体都会有正式或非正式的群体规范，大多数的群体规范集中在对群体成员行为的规定和约束上，例如学校禁止打架，社区禁止住户养狗等。但是也有群体的规范会对群体成员的其他方面做出要求。例如，学生在学校必须穿校服，军队新兵必须剃头等，即对成员外表的规范。又比如，环保群体的自由主义观点，宗教群体所崇拜遵从的神主等，就是对成员思想观念方面的规范。

有时候，群体规范会以成文形式明确地告知群体成员。但在通常情况下，人们是通过日常的交流或观察其他群体成员的行为来理解和遵守群体规范的。③ 群体规范一旦形成就会保持稳定，即使群体成员已经发生了变化，群体规范也能够继续保持一段时间甚至不改变。群体规范会增强群体内部的一致性，减少偏离群体的行为。如果群体的结构鼓励个人成就、效率和工作质量，那群体也能够表现出较高的工作绩效。

群体规范是群体存在的最根本条件，有关群体规范的细致内容，将会在本章第二节中详细展开。

---

① Anderson，John，Keltner，Kring. Who Attains Social Status? Effects of Personality and Physical Attractiveness in Social Groups. Journal of Personality and Social Psychology，2001，81（1）：116. Ridgeway. The Social Construction of Status Value：Gender and Other Nominal Characteristics. Social Forces，1991，70（2）：367-386.

② Berger，Wagner，Zelditch. Introduction：Expectation States Theory：Review and Assessment//Berger，Zelditch. Status，Rewards，and Influence：How Expectationsorganize Behavior. San Francisco，CA：Jossey-Bass，1985：1-72. Berger，Fişek. Diffuse Status Characteristics and the Spread of Status Value：A Formal Theory. American Journal of Sociology，2005，111（4）：1038-1079.

③ Prentice，Miller. Pluralistic Ignorance and the Perpetuation of Social Norms by Unwitting Actors. Advances in Experimental social psychology，1996，28：161-209.

（三）角色

角色与群体规范有些相似，角色也包含对群体成员行为的期望，但是角色一般不是普适于全部群体成员的，而是对某个特定人或少数特定人的行为预期。它规定了群体中特定人所应该有的行为，例如在班集体中学生对班长的行为预期。领导者、替罪者、新成员是群体中常见的角色，一般情况下，群体成员会预期一个领导者积极主动、热情洋溢、有决断，而一个新成员是焦虑的、被动的，依赖性比较高，也比较顺从。

在一个群体内，角色常常是按照劳动分工来定义的，而定义良好的角色会增强群体的活力和凝聚力，提高群体绩效。角色有可能通过群体成员间的互动发生改变，例如新成员成为老成员。也有人会将自己以前所属群体中的角色带入新群体。例如：在班级里当班长的同学，也会在学生社团中争取领导者的位置；在家庭中是“逗乐角色”的人，也会成为朋友圈子里的“开心果”。

角色可以使群体成员更清晰地了解彼此应有的行为方式：当群体成员遵守一套明确的角色分工时，他们会感到满意且表现出色。① 然而角色也存在潜在的负面作用，群体成员可能过度关注自己的角色或他人的角色，甚至丧失了自己的身份认同和人格特性。例如一个基督徒“狱警”，因为对狱警角色的代入，也可能对监狱里的“犯人”实施虐待，而忘记了作为基督徒的信仰，著名的斯坦福监狱实验便是最好的证明。性别角色是一种常见的群体角色，许多家庭中妻子依旧被期望是“抚养子女，承揽家务，照顾丈夫饮食起居”的角色。马杰（J. Mager）和赫尔格森（J. Helgeson）在 2011 年对 1950 年至 2000 年出现在美国杂志上的广告的分析表明：女性在广告中呈附属角色（即对他人表示恭敬或接受指导）的比例明显高于男性，且这一比例还在逐年上升。②

（四）凝聚度

凝聚度是群体的文化属性，它是一个群体的能量和弹性。③ 从直观上讲，一个凝聚度高的群体能更容易克服群体困难，不容易瓦解。高凝聚度的群体中，群体成员的相似性更高，成员间也拥有更加一致的信念，更忠于自己的群体。

目前，社会心理学关于凝聚度的关注大都集中在群体凝聚力（group cohesiveness）这一概念上，本章第三节将会进一步说明群体凝聚力的形成过程，以及其对群体的价值和影响因素。

除了上述要素，有关群体的研究也关注群体成员的社会网络（social networks），

---

① Bettencourt，Sheldon. Social Roles as Mechanism for Psychological Need Satisfaction within Social Groups. Journal of Personality and Social Psychology，2001，81（6）：1131.

② Mager，Helgeson. Fifty Years of Advertising Images：Some Changing Perspectives on Role Portrayals along with Enduring Consistencies. Sex Roles，2011，64（3）：238-252.

③ Hogg. The Social Psychology of Group Cohesiveness：From Attraction to Social Identity. New York：New-York University Press，1992.

因为这是群体内成员与外群体成员的重要交流路径。[①] 群体的情感氛围（emotional climates）是群体研究的新近热点。[②] 在群体中，群体成员都倾向于体验到相同的情感，每个群体都会有其特别的情感氛围。情感氛围会影响群体中成员的行为。例如有研究表明，情感氛围会影响员工的工作行为。在积极的情感氛围中，员工会很少无故不来上班；而在消极的情感氛围中，他们会对客户更加冷淡，不愿提供帮助。此外，群体文化（group culture）也被许多研究者关注。

三、群体的分类

社会中的群体在规模、持续时间、价值观等方面各不相同。例如，从持续时间看，家庭可以延续数代，而陪审团由于某一案件而成立数天，一旦结案则自行解散。又如，宗教群体和学生群体就有不同的价值取向。因此，群体会有各种各样的类型。

统计群体：实际不存在，为了研究和分析需要，把具有某种特征的人在想象中组织起来成为群体。
实际群体：在一定空间和时间范围内存在的群体。
正式群体：有明确规章，成员地位与角色、权利与义务清晰，具有正式编制的稳定群体。

群体的分类方法有很多种，最常见的方法是将群体划分为统计群体与实际群体。其中，实际群体又可划分为正式群体和非正式群体、成员群体和参照群体，以及大群体和小群体。

根据群体是否真实存在可以将群体划分为统计群体与实际群体。所谓**统计群体**（statistic group），是指实际上并不存在，只是为了研究和分析的需要，把具有某种特征的人在想象中组织起来，成为群体。这种群体主要存在于统计学中，如老年群体。**实际群体**（actual group）是指在一定空间和时间范围内存在的群体。这类群体有着明显的界限和实际交往，如学校的班级。

下面介绍的群体都是实际群体。

（一）正式群体与非正式群体

这个划分方式由美国心理学家梅奥（E. Mayo）提出。人的社会活动主要通过两个途径进行，一个是正式的，一个是非正式的。正式的社会活动是指人们在群体中按照计划完成公开的、特定的、有目标的活动。非正式的活动主要指人与人之间自发的思想感情交流活动。与此相应，群体根据自身在人们社会生活中所发挥的作用，也可划分为正式的和非正式的两种。

正式群体（formal group）是指那些有明确规章，成员地位与角色、权利与义务都

---

① Putnam，Stohl，Randy，Pooole. Bona Fide Groups：An Alternative Perspective for Communication and Small Group Decision Making. Thousand Oaks，CA：Sage Publication Inc.，1996：147-178.

② Kelly，Barsade. Mood and Emotions in Small Groups and Work Teams. Organizational Behavior and Human Decision Processes，2001，86：99-130. Reyes，Brackett，Rivers，White，Salovey. Classroom Emotional Climate，Student Engagement，and Academic Achievement. Journal of Educational Psychology，2012，104（3）：700.

很清楚，并具有正式编制的稳定群体，如机关的科室、工厂的班组、学校的班级等。正式群体按其存在时间的长短又可分为永久性正式群体和暂时性正式群体。永久性正式群体前面已提到，如科室、班组等。暂时性正式群体是指新产品设计组、毕业生分配组等临时性组织。

非正式群体（informal group）是指那些自发产生的，无明确规章的，成员的地位与角色、权利与义务都不确定的群体。人们除了完成工作和学习任务，还有交友、娱乐、消遣等各种各样的欲望与需要。非正式群体往往借助同乡会、集邮爱好者协会、诗社、绘画小组等形式，帮助其成员满足某种需要。非正式群体往往以共同的利益、观点为基础，以感情为纽带，有较强的内聚力和较高的行为一致性。

非正式群体：自发产生的，无明确规章的，成员的地位与角色、权利与义务都不确定的群体。

正式群体和非正式群体并非截然分开，而是相互交叠的：非正式群体可能存在于正式群体中，也可能跨越几个正式群体。实际上，非正式群体普遍存在于正式群体中，特别是在正式群体的目标与其成员的需求和愿望不一致，正式群体不能发挥正常的功能，缺乏合理的领导机构时，非正式群体更容易产生。比如，在大学中，由于班级不能充分发挥其功效，同乡会、各种形式的联谊会便能吸引大量学生。

（二）成员群体与参照群体

群体也可分为成员群体和参照群体。成员群体是指个体为其正式成员的群体。但是在现实生活中，常常有人抛弃自己所属群体的观念，而向往其他群体的观念，例如低年级学生对高年级学生的模仿和向往。这种被个体视为行动标准加以模仿的群体，就是参照群体。

参照群体不是个体所属的群体，而是个人想要加入或个人理想中的群体，这个群体可以是实际群体，也可以是统计群体。个体把该群体的价值、规范和目标作为自己行动的指南，努力按照该群体的规范约束自己。参照群体一旦在个体心中确立，就会对个体的心理和行为产生明显的导向作用。有研究者认为参照群体有两种功能，即比较功能和规范功能。比较功能即个体比较自身和参照群体成员在行为、观念、收益等方面的不同或相似之处，是人们借以评价自己和他人的标准和出发点。规范功能是指个人会按照参照群体的规范自主自觉地约束自己。例如以科学家为参照群体的学生会努力学习文化知识，而以黑社会势力为参照群体的青少年更易表现出越轨行为。

当群体成员对其所属群体感到不满时，往往会寻找其他群体作为参照。个人有时会同时拥有两个或两个以上的参照群体。参照群体常常被其他群体的成员视为榜样，在某些情况下能起到模范作用，如学校的先进班集体等；但有时也会起到带头破坏社会规范的作用。研究者在研究犯罪问题时发现，在犯罪率较高的社会内，犯罪团伙中大男孩们是小男孩们的参照群体，小男孩们视大男孩们为真正的男子汉，对其尊敬并加以模仿。此外，有关参照群体的研究还涉及“相对满足”和“相对剥夺”的概念。

参照群体是人们生活之舟上的“社会之锚”，认识、分析人们心中的参照群体，有助于更好地发挥参照群体的积极意义，及时发现和消除消极影响。

（三）大群体与小群体

群体规模即群体内成员的数目，它是区分群体类型的重要维度。大量的社会心理学研究者发现，群体规模与群体凝聚力有关，也很大程度决定了群体的组织结构和群体规范，它能直接影响群体成员的情感和行为。因此，对群体规模之大小的区分，具有重要意义。大小群体，可以从三个方面进行区分。

首先，二人群体与三人群体。最先揭示群体规模问题的是社会学家斯莫尔，他比较了二人群体和三人群体。

在二人群体中，任何一人的退出都可导致群体解体，这一事实迫使二人群体成员的不断参与，相互依存。二人群体成员间因此产生了特殊的亲密感、责任感、压力感。在三人群体中，即使一个人退出，群体仍然存在，彼此间的亲密感、责任感都没有那么强烈。同时，成员间关系不再像二人群体那样面对面和公开，有了一定的匿名性和隐私性。“三个和尚没水吃”，就是三人彼此推卸责任的结果。二人群体的另一个特点是，任何人都无法扮演中间人的角色，不存在多数派、少数派问题；而三人群体不仅可以有人居间调停，还会出现少数服从多数的局面。目前，有研究者认为，二人群体是一种特殊组合，通常是一对一的交流，这种二元结构和三个或三个以上的人组成的群体有着明显区别。因此，强调区分群体（groups）和二人群体（dyads）。[①]

其次，小群体。小群体研究仅限于2～50人的群体。二人之间只有简单的一个关系，三人群体的成员之间的关系则迅速增加到三个。群体每增加一个成员，彼此之间的关系就会复杂很多倍，不仅有两个人的关系，还有个人与群内群之间的关系、群内群与群内群之间的关系等。心理学曾提出一个公式，用以计算群体内人际关系的数目：

$$X=(N^2-N)/2$$

其中，X表示群体内人际关系的数目，N表示群体成员的数目。

夫妻二人组成的家庭，彼此之间只有一个关系；生了一个儿子，三人家庭成员有三个关系；儿子结婚，四人家庭成员有六个关系；有了孙子，关系就增加到十个。这些关系多数是潜在的，并不一定发生，但又随时有可能发生。群体成员的多寡、人际关系的变化直接影响群体凝聚力的变化。

最后，大群体。大群体是指人数众多、成员间只是以间接方式联系在一起，没有直接的社会交往和互动的群体。例如，某一学校的全体师生所属的群体就是一个大群体。大群体和小群体的区别主要在于群体成员之间是否有面对面的直接接触和互动。

四、群体功能

群体是个人和社会的中介，其存在对于个人和社会来说都具有重要的功能。从个

---

① Moreland. Are Dyads Really Groups? Small Group Research. http://journals.sagepub.com/doi/abs/10.1177/1046496409358618. 阿伦森，威尔逊，埃克特．社会心理学（第八版）．北京：机械工业出版社，2014：208.

人层面来讲，群体可以完成成员的目标，还可以满足成员的多重需求。

其一，在群体中个人可以满足安全的需要。安全或安全感是个人正常心理与行为的基础。加入群体，能够获得他人的关心和帮助，减少孤独和恐惧，获得心理上的安全感。

其二，在群体中个人得以明确自我，获得自尊。根据符号互动论，个人有关自我的概念来源于与他人的交流和比较，群体能够为个体提供这种交流与比较的环境。此外，在群体活动中，受到别人的欢迎和尊重，获得一定的群体地位，也是个体自尊的重要来源。

其三，在群体中个人可以获得归属与认同。对群体的归属感和认同感会让个人遵从群体的行为规范和群体角色行事，从而减少不确定情境带来的负面影响。不确定-认同理论认为，人们对群体的认同使得他们更加明确该如何行动，将会被如何对待，从而使个人世界更可预测并且能够有效地减轻不确定感。①

其四，在群体中个人可以达成目标成就，加入群体有助于完成个人不可能完成的任务。在完成任务和目标时，分工协作是群体区别于个体的重要方面。分工将个体的优势加以区分和组合，分工导致的熟练经验还能够催生创新，这一切都使个人难以完成的目标变得具有实现的可能。

其五，在群体中个人还可以获得社会支持。群体是成员交流沟通的场域，能够提供给个人知识和信息。当个人的行为、思想符合群体要求时，就会受到群体的赞许和鼓励，这些都是社会支持的重要来源。

从社会层面来讲，首先，群体的存在使得人们具有更强的环境适应能力。聚集在一起的人们可以互相帮助，形成劳动分工，完成复杂的生存环境改造任务，从而增加人们的生存优势，提高生活水平。其次，群体还具有传承社会文化的作用。个体是容易消亡的，但即使少量成员消亡，群体还可以长久稳定地存在，而群体所推崇的价值观念、所依照的行为规范和制度法则等都是社会文化的重要内容。

第二节　个体与群体

群体由个体组成，却不等于个体的简单叠加。个体是如何形成群体的，又受到什么制约和影响，是社会心理学群体心理研究的关注重点。本节将对这些内容一一进行分析。

一、群体的形成

（一）罗伯斯洞穴实验

谢里夫等的罗伯斯洞穴实验采用自然实验法，研究了群体的形成过程，以及群体

---

① Abrams，Hogg. Social Identity and Self-Categorization. The SAGE Handbook of Prejudice，Stereotyping and Discrimination. 2010：179-193.

之间由对立到合作的全过程，揭示了群体形成的一些基本条件。研究者请互不相识的22名12岁男孩参加为期三周的夏令营。他们来自不同的学校和街区，都属于中产阶级白人家庭。研究分三个阶段进行。

第一阶段：建立两个互不相关的群体。把参加实验的被试分为两个独立群体，它们彼此并不知道对方的存在。研究者分别安排两个群体进行一系列活动，如一起做饭、修游泳池、玩垒球、一起做绳梯。结果，通过这一阶段的活动和交往，每个小组都发展起了自己不成文的规范、非正式的领导者，成为组织化的群体。甚至两个小组分别自发地为自己的群体起了名字，一个叫"响尾蛇"，一个叫"雄鹰"。至第一阶段结束，群体内每个成员的角色已发生明显分化，并且稳定下来。

第二阶段：开展两个群体之间的竞赛。安排两个群体相遇，并组织橄榄球、垒球及其他项目的比赛。这些活动必然导致一方胜利而另一方失败，于是双方的纠纷接踵而至，攻击言行明显增多，引起了对另一群体的敌意。两个小组出现了明显的"我群感"(we-feeling)，"我们"和"他们"的意识发生了明显分化。群体成员分别将自己的群体看作内群体（in-group)，认为自己所属的群体更优越；而将对方看成外群体(out-group)，似乎对方的特点都不合自己的期待。这一阶段结束时请被试在两个群体中择友，结果两个群体的成员选择本组成员作为朋友的比例，分别达到92.5%和93.6%，说明群体内成员关系友好，而群体间关系紧张。

第三阶段：开展两个群体之间的合作。开始时，两个群体对立情绪严重，研究者安排两个群体一起进行一系列共同活动，增加双方的接触和联系，如玩撒豆游戏、一起用餐、一起看电影短片，但并未有效减轻双方的敌对情绪，冲突时有发生。于是研究者安排了必须由双方成员分工合作、齐心协力才能完成的活动，如一起修野营基地的贮水池，一起协力将卡车拖出泥潭等。结果，两个群体的敌对情绪明显减弱。夏令营生活结束时再次进行择友测验，两个群体的成员选择对方成员作为朋友的比例达到三分之一，与第二阶段的结果相比，有了明显的变化。

这一实验揭示了直接交往、共同活动和目标一致，是群体形成的基本条件。

（二）群体的形成过程

群体并非构成群体的成员的简单集合。相反，群体的发展要经历一段相当长的时间，才能达到比较成熟的阶段，较好地发挥其功能。一般来说，群体形成需要经过以下五个阶段。

第一个阶段为形成阶段，也被称为检测和依赖阶段。所谓检测指的是群体成员试图从其他群体成员的反应探索出什么样的人际行为是能为群体所接受的。依赖指的是群体成员要弄懂和谁在一起才能完成任务。这个阶段的特点是群体的目的、结构、领导都不确定，群体成员各自摸索群体可以接受的行为规范，所以这是一个建立群体规则的阶段。当群体成员开始把自己看作群体的一员时，这个阶段就结束了。

第二个阶段为震荡阶段。群体成员间由于立场、观念、方法、行为等方面的差异而产生各种冲突。一方面，群体成员为争取在群体内有一个良好的位置和所希望的角色而开展活动和竞争；另一方面，群体成员彼此产生意见分歧和仇视，或者对领导产生意见和不满的情况增多，领导所设定的规则很容易受到忽略，对任务要求的抵抗经常出现。这一阶段结束时，群体的领导层次就相对明确了。

第三个阶段为规范阶段。在这个阶段中，群体内部成员之间开始形成亲密的关系，表现出一定的凝聚力。这时会产生强烈的群体身份感和友谊关系。当群体结构稳定下来，群体对于什么是正确的成员行为达成共识时，这个阶段就结束了。

第四阶段为执行阶段。群体结构已经开始充分地发挥作用，并已被群体成员完全接受。群体成员的注意力已经从试图相互认识和理解转移到完成手头的任务。这时，群体中的人际结构成为完成任务的工具。群体成员的资源汇集在一起，致力于任务的完成和目标的实现。

第五阶段为终止阶段。在这个阶段中，群体目标已经实现，群体成员已经没有理由再待在群体之中。群体成员开始放松情绪，群体趋于解散。终止和瓦解特别可能发生在为了特定的目的而建立起来的群体中，例如暂时性的委员会、团队、任务小组等。如果关键性的成员离开，或发生了剧烈的又无法解决的冲突，或长期以来在群体的目标方面不能达成一致意见，那么群体可能瓦解。

群体规范：群体拥有的一套成员应该如何做的行为规范。

不过，上述的五阶段模型只是理想假设。现在不少研究者认为，群体并不总是明确地从一个阶段发展到下一个阶段，有时几个阶段同时进行，比如震荡阶段和执行阶段就可能同时发生。而在某些意外事件的刺激下，群体甚至可能回到前一阶段。

二、群体规范

群体成员之间的互动是在群体规范中进行的，同时，成员之间的互动也会产生群体规范。**群体规范**约束着群体成员的行为方式，影响着群体内心理契约的形成，对群体内部和外部的竞争与合作也有一定作用。

（一）群体规范及其类型

在群体中工作和学习生活，有群体成员共同认可并遵守的行为规范，这就是群体规范，它是群体有别于简单人群集合体的原因之一。群体规范可能由群体领导者根据群体的目标和成员构成等情况制定而成，也可能在日常交往中自然形成。广义的群体规范包括制度、法律、道德、文化、语言、风俗等，狭义的群体规范则主要有职业规范、公约、守则、纪律等，其中既有明文规定的准则条文，也有无明文规定的行为模式。群体规范可能与主体文化高度一致，也可能有所差别。常言道：“国有国法，家有家规。”有些群体规范虽然不像社会习俗、道德、法律那样明确、具体、广为人知，却与群体成员有着更为直接和密切的联系，就像生活在有婚姻法的社会中还要听从“父母之命，媒妁之言”一样，群体规范往往是群体成员更为直接的行为准则。

群体规范可以分为正式规范与非正式规范。正式规范指在正式群体中明文规定的行为准则，如认真学习、工作，服从上级，尊敬师长等。非正式规范往往是成员间相互约定的，大家一致同意却没有明文规定。非正式规范有时甚至与主体文化规范相矛盾，但它对群体成员行为的约束能力往往胜过正式规范。

群体规范还可以分为一般的社会规范和反社会的规范。群体内部大多数规范是与社会主体文化规范相一致的，但也有些是反社会的规范，如犯罪团伙中的哥们义气、胆大妄为、争勇斗狠等。这些犯罪团伙成员的行为准则，在多数情况下是与社会主体文化规范相抵触的。

外人依据群体成员的言行可以做出成员是否遵守群体规范的判断，而群体成员则能因此明确自身言行的准则，知道在群体内应该怎样行事。群体规范明确了群体成员行为的奖惩标准，保障了群体成员行为的一致性，从而维护了群体的稳定，发挥了群体的正常功能。总的来说，群体规范是维系群体的支柱，也是统一成员认知的标尺，它能够引导群体成员的行为。对一个有效群体而言，群体规范不可缺少。

（二）群体规范的形成

有关群体规范的研究，始于美国社会心理学家谢里夫。为了考察群体对个体成员的影响，谢里夫设计了一项实验，他让被试观察一间屋子里的固定光点。由于背景的原因，这个光点看起来似乎在微微移动。主试问被试，在他们看来，光点移动了多远。问过几次之后，被试的判断基本固定了，有人说2英寸（1英寸约为2.54厘米），有人说3英寸等。然后被试被重新分组，再做一次实验，这次允许他们听到别人的判断。结果发现，被试的判断开始向一个新的群体平均数集中。最后，对每个被试单独施测一次，但他们的估计仍向整个群体的平均数集中。谢里夫认为，这一结果说明群体对个人在社会认知水平上的影响，个体逐渐形成了以群体的眼光来看光点移动的态度。这是因为，人们在共同的生活中，对于外界事物的经验，具有一种将经验格式化、规范化的自然倾向即定式。群体规范就其形成过程来说，显然属于定式。此外，群体规范的产生还受到模仿、暗示、从众、服从等因素影响。

谢里夫的其他实验还表明，在形成群体的初期，成员之间的差异是明显的，但是随着时间的推移，成员之间的差异性逐渐消失，一致性就会明显表现出来（见图11-1）。由于群体中人与人相互作用的结果逐渐形成了成员共同的判断标准或依据原则，各个成员的判断趋于稳定，这个过程就是群体规范形成的基本过程。这一形成过程不仅适用于小群体，也适用于大群体，如城市、国家和民族。

后来的研究者根据谢里夫的观点，在对霍桑电厂接线车间的研究中发现，群体工作时，会产生关于群体忠诚的非正式规章。根据这种规章，一个好伙计，既不能干活太快而使管理部门增加定额，也不能偷奸耍滑而完不成自己的任务。一起干活的工人违反了厂规，不应告密。不能势利眼，对同伴表现出高高在上的样子。大家希望群体成员都遵守这些规范，如果一个工人违反了其中一条规范，就会受到其他工人的排挤和打击。

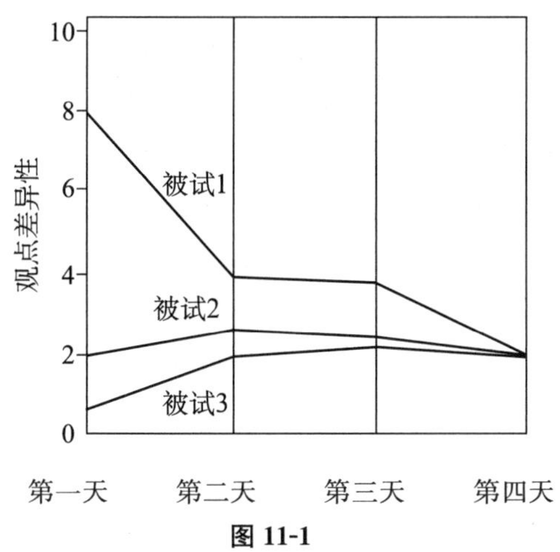

图 11-1

说明：群体规范的形成。

资料来源：Sherif M，Sherif C. Social Psychology. New York：Harper & Row，1969.

（三）社会交换

社会交换理论认为，群体成员之间的互动是社会交换，而群体规范与群体成员的互动方式密切相关。

社会交换理论认为，社会交换遵循一些命题，而这些命题体现了群体规范形成的基本原则。这些命题分别是：

其一，成功命题：某人的特定行动越是经常得到报酬，则此人越可能采取该行动。

其二，刺激命题：过去某一特定的刺激或一组刺激的出现一直使某人的行动得到报酬，则现在的刺激越是和过去的刺激相似，此人越可能采取该行动或类似行动。

其三，价值命题：某人的行动结果对其自身越有价值，则他越有可能采取该行动。

其四，剥夺-满足命题：某人在近期越是经常得到某一特定报酬，则该报酬的任何追加单位对他来说越没有价值。

其五，攻击-赞同命题：（1）当某人的行动没有得到他期望的报酬，或者得到了他未曾料到的惩罚时，他会被激怒并有可能采取攻击行为，这一行为的结果对他来说更有价值。（2）当某人的行动获得了期望的报酬，特别是报酬比期望的要大，或者没有受到预期的惩罚时，他更可能采取赞同行为，因为该行为的结果对他来说更加有利。

其六，理性命题：在选择各种行动时，某人会选择他认识到的结果的价值乘以结果实现的概率后得到较大值的那种行为。

蒂博特和 H. 凯利对群体中的社会交换行为进行了研究。他们发现，在只有两个人的关系中，社会交换可以是一种互相依赖的关系，交换者不再去认真计算每次交换的代价与报酬，这样的情况在正式群体中也容易出现。在三人或三人以上的群体中，社会交换的关系就变得复杂起来。因为在群体中有人会试图操纵群体成员之间的互动或改变规则从而使自己合法地获得最大利益。

群体中获取不公平利益的具体方法是一些成员结成联盟。比如在一个小群体中，一个人为了尽可能降低自己同其他成员之间交换结果的难以预料性，他就会试图与其他一些成员结成联盟，从而增大对没有结盟成员的控制力。

群体中联盟现象的出现依赖于三个因素：第一，联盟者想要获得的结果之间一定要有最小限度的一致性或相容性，即他们想要达到的目标起码不是相互对立和排斥的，因此具有相容或一致目标的人最容易结成联盟。第二，某些资源对于目标的实现会产生重要作用，因此特殊资源都是极具吸引力的，拥有某种特殊资源的人最容易成为他人的结盟对象。第三，拥有特殊资源的人要尽可能地获得最大比例的利益，因此在保证获得成功的前提下，他更可能与群体中最弱的人结成联盟。

施恩（E. H. Schein）认为，在正式群体中，存在于每个成员之中的没有明文规定的一整套期望就是契约。这些期望可以是人们对物质利益的要求，而对精神上、心理上的期望就构成群体内部的心理契约（psychological contract）。对于心理契约的研究多运用于正式群体。心理契约即群体（组织）双方互相关系中必须为对方付出什么，同时对方又必须为自己付出什么的主观信念，核心内容是双方互相的责任和义务。群体中的心理契约是个体如何在群体中相处的问题。心理契约不仅影响群体内部成员之间的关系，还会影响群体之间的关系。

三、群体成员资格

当一个人与其他人组成了一个群体，形成了群体规范，那么他就具有了这个群体的成员资格。群体成员资格并非固定不变，而是具有动态特征，包含有不同的阶段和过程。莫兰和J. 莱文（J. Levine）研究了人们在一个群体内的身份资格是如何变化的，以及群体成员的观念和行动是如何影响群体的。[①] 促使人们加入或者离开某一群体的心理过程有三个：现场评价（ongoing evaluation）是个体与群体的相互评价，在评价之后会产生情感承诺（feelings of commitment），承诺的变化将导致角色转变（role translation）。[②] 群体内成员评价时会包括两个方面的评价形成：其一，该个体符合群体需要的程度；其二，群体满足该个体需要的程度。

莱文和莫兰认为，个体的某一群体成员资格的身份形成通常有五个阶段。[③]

在审查阶段（investigation phase），群体会寻找那些能帮助群体实现群体目标的人，而潜在的群体成员也在寻找能够为满足个人需要提供机会的群体。如果个体和群体之间的相互承诺度足够强的话，那么这个潜在的成员就会加入该群体。虽然许多群

---

① Moreland，Levine. Group Dynamics Over Time：Development and Socialization in Small Groups//The Social Psychology of Time：New Perspectives. Thousand Oaks，CA，US：Sage Publications，1998：151-181.

② Levine，Moreland，Ryan. Group Socialization and Intergroup Relations//Sedikides，Schopler，Insko. Intergroup Cognition and Intergroup Behavior. Mahwah，NJ：Lawrence Erlbaum Associates Publishers，1998：283-308.

③ Levine，Moreland. Small Groups：Key Readings. New York and Hove：Psychology Press，2008.

体的进入标准很低，在不停地吸纳新成员，但是有的群体却建立了非常严格的进入标准，而且只是定期接受其他成员加入。对于那些更为正式的群体，新成员的进入通常还会举行一些表明个体与群体之间关系已经成立的仪式。虽然影响群体吸纳新成员的标准是宽松还是严格的因素很多，但是显而易见的是，没有成绩或关键岗位上人手不足的群体比有成绩或超员的群体在接纳新成员时更为宽松。

社会化阶段（socialization phase）是个体以新成员的身份在群体中活动的阶段。群体会努力塑造新成员的思想和行为，以便他们能够和愿意为群体做出自己最大的贡献。群体通过正式和非正式的灌输，以及以行为和观念符合群体标准的榜样做示范来实现这一目标。在这个过程中，新成员通常也会努力改变群体以符合自己的需要。[①] 在个体和群体的承诺度水平增强到个体足以成为群体的正式成员的时候，这个社会化阶段就结束了。

在保持阶段（maintenance phase），群体会对那些为群体尽了最大努力的正式成员给予一个特定的角色。同时，正式成员通常会努力确定自己在群体中的角色，以便能够最大限度地满足自己的个人需要。如果双方施加的社会影响都能满足彼此的需要，那么双方的承诺水平都会提升，而没能使双方的需要都满足的话，群体及其成员就会认为这是一种缺乏回报的关系，双方的承诺水平就会下降。

如果群体与个体之间承诺水平不断下降，原有的正式成员就可能变成边缘性成员。一旦正式的群体成员被认为是边缘性成员，那么他们就会进入再社会化阶段（resocialization phase）。在这个阶段，群体和该成员都会再次努力说服对方以满足自己的期望。如果群体或该成员成功地使对方接受了自己的期望，或双方达成妥协，那么该边缘性成员又会被重新认为是正式成员，即回到承诺水平更高的阶段。否则，该个体和群体的承诺水平将会进一步下降，并最终导致该成员脱离群体。

当群体成员退出了群体，他就进入了随后的追忆阶段（remembrance phase），而这个人变成群体的前成员。一方面，群体会就这个前成员为群体做出的贡献达成共识；另一方面，这个前成员也会追忆自己在群体中的付出与收获，并成为其作为其他群体成员的经验。

每个人都会属于多种群体，也会同时处于不同群体的不同阶段。群体成员资格的过程不一定完全按照上述的五个阶段依次发展，而可能出现反复和回溯。群体成员在不同阶段也将展现出许多社会心理过程，比如多数派和少数派的影响。群体成员资格的动力学特征和浪漫关系的动力学特征是非常相似的。这也是二人群体是否应该属于群体的争议之所在。此外，群体成员资格的发展，在集体主义文化下与在个体主义文化下的表征可能有些许不同。

---

① Swann Jr，Milton，Polzer. Should We Create a Niche or Fall in Line? Identity Negotiation and Small Group Effectiveness. Journal of Personality and Social Psychology，2000，79(2)：238.

四、群体对个体的影响

群体具有动力功能，每一成员的心理状况都与其他成员息息相关，也与群体本身的特点密切联系。群体对个体的影响主要表现在以下几个方面。

（一）社会助长

心理学实验表明，他人在场能够缩短人们完成任务的时间或提高准确性，我们可以将这种现象称为**社会助长**（social facilitation）或社会促进。早在一个多世纪前，心理学家特里普利特就注意到，自行车手在一起比赛时，成绩要比各自单独和时间赛跑时的成绩好。后来的实验也发现，儿童们一起完成在卷轴上绕线的任务比单独完成这项任务更快。在另一些心理学课堂教学中，人们又发现，他人在场会提高学生团队合作的积极性。

社会助长：也称社会促进，是指他人在场能够缩短人们完成任务的时间或提高准确性。

社会心理学家查荣克对此的解释是：他人在场会增加个体的驱动力或动机。但是能否提高绩效取决于任务的性质。对于简单任务或者人们的优势反应（即已经学习或熟练的任务），他人在场可以提高其效率；然而对于复杂或者困难的任务，他人在场反而会降低其绩效。其实，在完成挑战性任务时，支持性观众在场可能会导致个体比平时表现更差。电视剧中经常出现的情况，如第一次参加重要比赛的选手在赛场上看到父母，回想起父母辛苦因而表现得更好。这在现实生活中不大可能出现。更常出现的是，选手因看到父母在场，情绪紧张而出现失误。实际上，当个体处于群体中时，群体对个体的积极或消极反应都会有增强作用——原本做得很好的事情做得更好，原本做得不好的事情变得更糟。

社会助长这一现象的出现主要是由于以下三个因素：第一，评价顾忌（evaluation apprehension）。人们通常想知道别人是如何评价自己的，这种考虑到自己会被别人评价的忧虑会导致社会助长。同时，感知自己被评价时引发的自我意识，也会干扰人们的表现。第二，分心。他人在场让人们分心去考虑在场的他人在做什么，或者他们会有什么样的反应，注意他人和注意任务之间的矛盾带来了认知负荷，分配给任务的认知资源减少，导致自动化行为做得更好而认知复杂行为做得更差。第三，纯粹在场。查荣克认为，即使在没有评价顾忌和分心的情况下，他人的纯粹在场也会对个体产生影响。

（二）社会懈怠

如果说社会促进是他人在场让人们感到紧张，那么社会懈怠便是他人在场的另一种效应，即让人们松懈。法国工程师林格曼（M. Ringelman）发现，团体拔河中集体的努力仅有个人单独努力总和的一半。实际上，在集体任务中，小组成员的努力程度反而比较小，这就是社会抑制或**社会懈怠**（social loafing）。拉塔内等研究者注意到，六个人一起尽全力叫喊或鼓掌所制造的噪音还没有一个人单独所制造的噪音的三倍响。

有趣的是，所有被试都承认自己出现了懈怠，但是没有一个人承认是自己制造了懈怠。

在社会懈怠实验中，个体认为只有他们单独操作时才会受到评价，群体情境降低了个体的评价顾忌。从这一点来说，社会促进和社会懈怠存在同样的机制。若在场他人是作为评价者、观察者，就会增加个人的评价顾忌而产生社会促进，而在场他人是作为同伴掩盖了个人被评价的可能，那么就会发生社会懈怠。如果人们不用单独为了某件事负责或者不会被单独进行评价，群体内的责任感就会被分散。如果不考虑个人的贡献，而是在群体内一味采用平均分配，那么群体内这种“搭便车”的行为便会出现。

群体活动就一定会引发懈怠吗？答案是否定的。当任务具有挑战性、吸引力、引人入胜等特点时，群体成员的懈怠程度就会减弱。当面临挑战性任务时，人们可能会认为付出自己的努力必不可少，即使人们认为群体内的其他成员靠不住或者没有能力做出过多贡献，他们也会付出更大努力。

（三）去个性化

研究者一致认为，当个体的身份被隐藏时，就会出现去个性化（deindividuation）。群体中的**去个性化**是指个人忘记了自己的身份，遵循群体规范行为的现象。社会促进和社会懈怠解释了他人在场的两方面影响：提高人们的唤起度和责任分散。当这两种情况同时发生，即个人在责任分散的情境下被高度唤起时，就会出现去个性化，并且所在的群体越大，去个性化的程度就越大。

> **社会懈怠**：也称社会抑制，是指他人在场使个体延长完成任务的时间或降低准确性。
> **去个性化**：群体中个人丧失其同一性和责任感的现象，导致个人做出在独自一人的正常条件下不会做的事情。

群体活动有时候会引发一些失控的行为，群体一方面能对个体产生社会助长作用，同时也能使个体身份模糊。这种匿名性使人们自我意识减弱，群体意识增强。在群体中，如果人们看到别人和自己做出同样的行为，就会对自己做出的冲动性举动产生自我强化的愉悦感。当看到别人和自己做的一样时，人们会认为他们也和自己想的一样，因而这又会强化自己的感受。例如，“球迷聚众闹事”就是这样一个典型的事例。当大量球迷出现过激行为时，他们中个体的身份被模糊化。同时，见到其他球迷和自己做出一样的行为，大大强化了他们的感受，造成了严重的后果。

学以致用

体育比赛中赢得胜利的有利条件

社会心理学家们评估了主场比赛比客场比赛具有的各种优势。

研究表明，在竞争性比赛中，运动团队在主场比在客场要发挥得好。在美国和欧洲，不同的体育项目都反映了这种“主场优势”。例如，一项研究发现，无论是职业足球、棒球还是橄榄球比赛，球队在主场赢的概率都高于其他场次。这种主场优势在篮球比赛中更为明显：职业队在主场赢得了胜利中的65%，但在非主场只赢得了胜利中的35%。对1976—1977年赛季的美国职业篮球联赛的分析结果显示，即使是比赛排名最后的球队，主场也取得了胜利中的60%。而即使是最终的冠军在客场的表现也相对不好。施瓦茨（Schwartz）和巴斯基（Barsky）在1977年得出结论，主场作战是球队表现的重要因素。

为什么在主场表现得比较好呢？这里有很多原因。球队对主场的熟悉和没有旅途的疲劳可能是部分原因。在有些案例中，裁判可能会更偏向于主队。另外，领地优势有时也可能起到部分作用。从动物的领地行为来看，动物在自己的地盘争斗比在对手的地盘争斗更有优势。这种领地优势的感觉也会提高人们的成绩。

主场比赛的最后一个优势是观众。在主场比赛比在客场比赛拥有更多的支持者，更容易引起社会助长作用。因此，运动团队在主场比赛时能感觉到来自球迷的赞扬和支持，而客队却受到抑制，感觉到不被观众支持，甚至还有敌意。根据施瓦茨和巴斯基的研究，当观众的鼓励持续一段时间，并且在地点上集中时，观众支持更为有效。这就能解释为什么室内比赛（如篮球）比室外（如棒球）比赛主场优势更明显。

鲍美斯特（Baumeister）和斯坦希伯（Steinhilber）在1984年发现了与主场优势相反的现象。他们认为当球队快要赢得冠军的时候，在支持的观众前比赛会增加他们的自我关注，从而影响他们的发挥。为了验证这一假设，他们统计了美国职业篮球联赛的记录。发现在赛季初的比赛与以前的研究类似，主场更有优势。而到了赛季的后半段，球队在主场上的表现反而更糟糕，例如只有41%的主场球队赢得了胜利。因此研究者认为，主场比赛一般是有优势的，但当赢得胜利的压力过大时，主场优势会转变为劣势。这一结论后来受到很多研究者的质疑。施伦克尔（Schlenker）和他的助手在1995年分析了近来体育比赛的记录，得出结论认为没有证据表明争夺冠亚军的比赛存在主场劣势。他们认为，无论是赛季初的比赛还是最后的冠军争夺战，都没有比主场作战更好的了。

对这一研究如何定论需要心理学家们不断去研究证明。

第三节　群体表现

群体一旦形成，就会影响成员的思想和行为，从而产生一系列的群体特有表现。群体表现（group performance）是指群体成员完成群体任务的过程和结果。对群体表现的研究一直贯穿着三条主线：其一，群体如何动员成员努力完成群体任务，并协调成员行动。其二，群体成员如何达成群体决策。其三，领导者对其他成员的组织和指导如何影响群体。群体压力作为群体约束个体的主要动力，贯穿影响群体表现的方方面面，而群体凝聚力是影响群体成员的重要因素。本节将对群体压力和群体凝聚力进行分析，之后探讨群体决策和领导行为。

一、群体压力

群体对个体的影响主要是通过群体压力形成的。群体压力（group pressure）是指群体对其成员的约束力，它直接影响着群体成员行为的一致程度，影响着群体效力的发挥。

群体规范形成后，群体成员会自动地、不假思索地与群体行为保持一致，这是群体规范内化的结果。群体借助规范的力量形成了一种对其成员心理上的强迫力量，以达到对其行为的约束作用，这种力量就是群体压力。群体压力与权威命令不同：它非明文规定，只是群体内多数人的一致意见；它虽不具强制性，却是个体难以违抗的。群体压力有时比权威命令更具效力。

（一）群体压力的形成过程

阿希的一系列从众行为研究发现，人们趋于从众，是因为群体为他们带来了某些信息性的或规范性的压力。莱维特分析了群体压力的形成过程，认为主要包括以下四个阶段。

第一为辩论阶段。群体成员充分发表自己的意见，并尽量耐心听取别人的意见。经过讨论，意见逐渐趋于分为两派，一为多数派，一为少数派。这时，少数派已感到某种压力，但群体还允许他们据理力争，同时少数派也抱有争取大多数的期望。

第二为劝解说服阶段。多数派力劝少数派放弃他们的主张，接受多数派的意见，以利于群体的团结。此时，多数派已由听取意见转为劝解说服，少数派感受到越来越大的群体压力，有些人因此而放弃原来的观点，顺从多数人的意见。

第三为攻击阶段。少数派中个别人仍然坚持己见，不肯妥协，多数派便开始攻击其固执己见。此时，少数派的个别人已感到压力极大，但为了面子只能硬撑。

第四为心理隔离阶段。对于少数不顾多方劝解和攻击，仍然固执己见的人，大家采取断绝沟通的方法，使其被孤立。这时个体会感到已被群体抛弃，处于孤立无援的境地。除非脱离群体，否则将处于一种极为难堪的境地。

可以说，群体压力产生于人们对自己成为少数派的恐惧。因为成为少数派意味着更多的对手和更少的帮手，而且面临被群体抛弃的风险。少数派与多数派对立，可能遭受更多的攻击而缺少同盟和支持者，并且还面临一种风险，即一旦少数派的力量已经完全无法与多数派抗衡，将遭遇多数派的排挤和驱逐，可能丧失在群体中的地位，甚至失去群体的庇护。为了避免成为少数派并减少树敌，大多数人有选择地成为多数派，也就是从众。这也是群体压力形成的基本动力。

（二）群体压力的意义

群体压力约束了群体成员的异端行为，促使群体成员采取一致的行动。群体压力对群体至少有以下两种积极意义。

（1）群体成员的一致行为有助于群体任务的完成及群体组织的存在和发展。群体压力促使群体成员以合作的方式在群体内互动，协调了群体内不同意见及矛盾冲突，增强了群体团结，维护了群体秩序，提高了群体效率。反之，如果群体内部毫无约束力可言，成员各行其是，则必将降低群体效率，妨碍群体任务的完成，甚至会引起群体内部的不和与分裂，直至威胁群体的生存。

（2）群体成员的一致行为有助于增加个体的安全感，个体只有在社会生活中才能摆脱孤独和恐惧感，保持安定和平衡的心态。群体压力使个体与他人行为一致，促使个体的妥协和退让，增加个体被群体接受的可能。个体发现自己的观点和意见得到了多数人的赞同与支持，感到得到了多数人的欢迎和接纳，内心才有安全感。

群体压力维护了群体的团结，有助于群体任务的完成，对多数成员内心安全感的形成起很大作用，但对群体内固执己见的少数人而言，却是一种威胁，一种强大的心理压力，一种迫使他们选择归顺或独立的力量。个体为了从群体中获得精神上的支持，充分展示自己的才能，免于陷入孤立的境地，就不得不接受群体压力对其行为的约束而在一定程度上抹杀其个性。人既然加入群体，就意味着服从和限制。群体只有在不影响其目标完成的前提下，才会帮助成员充分表现其个性。既要易于从众合作的群体成员来促进群体任务的完成，也要允许具有独到见解的人来发挥其创造性，才能最大限度地发挥群体功效。

二、群体凝聚力

群体凝聚力是保证群体存在、发展的必要条件，也是群体表现的一个方面。一个群体失去了凝聚力，就失去了生命和力量，也就名存实亡了。群体凝聚力的强弱，决定了群体自身发展的快慢，决定了群体能否较好地发挥自己的功能以顺利达成群体目标。

（一）群体凝聚力的含义

群体凝聚力（group cohesiveness）也称内聚力，是指群体在其规范的基础上，使全体成员情感共鸣、价值定向相同或行为保持一致的内在聚合力，也有人把群体凝聚力解释为群体对成员的吸引力。

群体凝聚力：群体在规范的基础上，使全体成员情感共鸣、价值定向相同或行为保持一致的内在聚合力。

群体凝聚力既包括整个群体的内在聚合力，也包括群体成员间的内在聚合力。群体凝聚力的定义主要有两类：一是指群体对成员的吸引力。费斯汀格据此将凝聚力定义为所有使成员留在群体内的力量的总和。二是指群体成员彼此间的吸引力。国外一些学者将凝聚力定义为一种群体属性，可以由群体成员之间积极态度的数量和强度引申出来。高水平的凝聚力通常会有利于群体功能的实现。当群体成员喜欢一起工作，并且赞同群体目标时，群体凝聚力就会变得很强。①

特则纳（A. Tziner）提出了社会情感凝聚力（socioemotional cohesiveness）和工

① Mullen，Cooper. The Relation between Group Cohesion and Performance：An Integration. Psychological Bulletin，1994，115：210-227.

具凝聚力（instrumental cohesiveness）的概念。[①] 社会情感凝聚力是指建立在社会情感或情绪基础上的凝聚力，这种凝聚力的产生与成员参与群体决策和从群体获得情感满足有关；工具凝聚力是指基于任务目标的凝聚力，这种凝聚力产生的基础是群体成员在共同完成目标和任务过程中所必须具备的信任和合作行为。其中，社会情感凝聚力会直接正向地影响群体效率，甚至影响工具凝聚力。这是因为，在具有强社会情感凝聚力的群体中，内部沟通的链条更加紧密。[②] 此外，特则纳还指出，将凝聚力分为社会情感凝聚力和工具凝聚力只是一种静态的视角，而群体凝聚力是动态变化的。群体的情境变化可能会引起社会情感凝聚力和工具凝聚力的相互转化。

凝聚力形成过程由三个基本层次组成，三个基本层次体现了三种不同的发展水平。第一层次是以群体成员彼此感情依恋为特征的低层或表层。成员间没有密切的交往和更多方面的一致。成员对群体规范的遵守还是不自觉的、被迫的。这个层次凝聚力最弱。第二层次是以价值取向的统一为特征的中层。成员间关系较密切，互动频繁，成员比较自觉地接受群体规范，并用它来衡量一切。这个层次凝聚力较强。第三层次是以群体活动目标的统一为特征的深层。所有成员为实现群体活动的共同目标而自觉地协调一致、统一行动。群体规范和群体活动的目标已内化为全体成员的行动准则和活动目标。这个层次凝聚力最强。

群体凝聚力不仅会影响群体或组织的绩效，还会对个体的态度、行为、情感产生影响。群体决策、群体结构也会受其影响。与此同时，群体凝聚力也是多种因素共同影响的结果。

（二）影响群体凝聚力的因素

群体凝聚力类型不同，其影响因素也不同。总体而言，影响群体凝聚力的因素包括人际、群体结构、组织和情境等多方面。其中，最主要的因素有以下几方面。

（1）群体成员的同质性或互补性。同质性是指成员在兴趣、爱好、动机、价值观等方面的相似或类同。在一般情况下，成员在某个或某些方面的同质性会使成员感到彼此接近，增加人际吸引，相互产生好感，因而能增强凝聚力。互补性是指具有一致性的成员在某方面的互相补充、渗透和交融。在多数情况下，群体成员会存在异质性。如果具有异质性的群体成员之间感到彼此在某个或若干方面能够取长补短、互相补充，那么也会增进感情和密切关系，从而增强凝聚力。

（2）群体的规模。群体规模与凝聚力大小成反比。群体规模越大，群体成员间互动的机会和可能性就越小，从而难以形成凝聚力；反之，群体规模越小，群体成员间互动的机会和可能性就越大，群体成员就越容易融为一体，从而形成更强的凝聚力。

（3）群体的目标。目标一致是形成凝聚力的前提条件。首先，如果群体目标与个体目标是一致的，那么个体就会为群体所吸引。其次，群体建立共同目标的过程往往意味着确立竞争对手或“共同敌人”的过程，“共同敌人”的出现会加强群体内部的认

---

① Tziner. Group Cohesiveness：A Dynamic Perspective. Social Behavior and Personality，2002，10（2）：205-211.

② Tziner，Chernyak-Hai. Perspectives on Groups and Work Teams in the Workplace. Revista de Psicología del Trabajo y de las Organizaciones，2012，28（1）：51.

同，也会使群体成员的身份显得更加重要，从而增强群体凝聚力。最后，如果群体目标与个体目标是一致的，那么群体目标的实现，有利于群体成员产生成就感，进而增强群体凝聚力。

（4）群体对成员需求的满足。不同的群体具有不同的激励因素和激励水平，对成员产生不同的吸引力。每个群体成员都有自己的心理需求，每个人的心理需求却各不相同。有些人有归属于某一群体的需求，有些人则对权力有很高的要求，有些人有沟通与身份地位的需求，也有些人有自我评价的需求等。群体越是能够满足其成员各种合理的需求，其成员凝聚力就越大。群体领导者可以在很大程度上影响和控制这类影响群体成员需求的因素。

（5）群体的领导者。领导者是群体目标的主要决策者和群体执行任务的重要指引和动力。领导者的权威对于群体的构成、规范、群体成员需要的满足等都会产生重要的甚至是决定性的影响，从而对群体凝聚力具有很大的影响力。此外，群体中的领导者本身的人格魅力也会成为群体成员愿意继续留在群体中的重要动力因素。

（6）群体的成熟程度。群体自身要经历一个发展周期，从不成熟向成熟发展。群体特别是正式群体，其自身成熟程度如何将直接影响群体成员完成行为的成功率。在群体成熟过程中，如果出现了失败，则必然会影响士气，影响群体凝聚力。随着群体的成熟，成功率的不断提高会不断加强群体的凝聚力。图 11-2 就表明了群体成熟程度与成功率的关系。

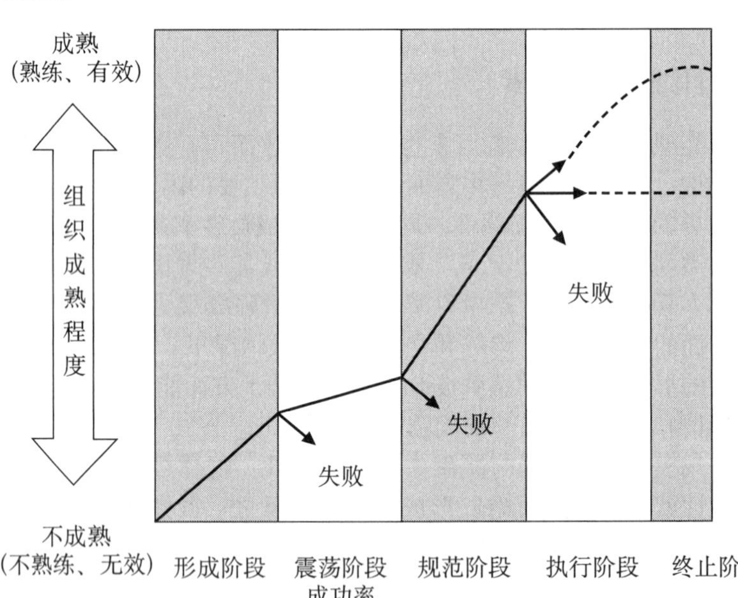

图 11-2

资料来源：Tuckmen，Jensen. Stages of Small-Group Development Revisited. Group and Organization Studies，1977，2：419-427. Kormanski. Team Interventions：Moving the Team Forward// Pfeiffer. The 1996 Annual：Volume 2 Consulting. San Diego：Pfeiffer and Company，1996：19-26.

三、群体决策

群体决策（group decision）是指当群体面临决策需要时，群体成员参与讨论，表达观点和意见，寻找解决问题的策略和途径。它是群体成员的主张和意志对群体行为的作用过程。

群体决策具有几种原则：首先，“少数服从多数”原则。当决策内容是判断性内容，没有明显对错时，群体会采取此种规则。其次，“真理至上”原则。当群体决策明显有对错之分时，一旦正确的决策被群体成员提出，即使只有一个成员提出，大家也会做出正确的选择。最后，当问题答案的对错没有那么明晰时，就会出现“受支持的观点是正确的”原则。群体成员接纳一个观点和看法的条件是，除了提出者以外，至少还有其他人支持这一观点。

群体决策：群体成员的主张和意志对群体行为的作用过程。

群体决策要经过发现问题，提出各种解决方法，分析、比较各种方法，做出决定等几个环节。其中每一个环节都由群体成员集体开动脑筋，积极思考，共同讨论。群体决策在很多情况下比个人决策更有效，但群体决策过程也会受到一些因素的影响和限制。

（一）群体决策的作用

现代社会的绝大多数重要决策是由群体做出的，这是群体的主要功能之一。因为“集思广益”“人多力量大”，人们相信群体决策优于个人决策。一些研究也确实发现，如果团体拥有专业人才，而且成员都致力于为整个群体寻找最佳方案，那么团体决策会优于个人决策。[①] 实际上，群体决策确实能够避免一些个人决策的缺陷，并对整个群体的发展具有良性作用。

第一，群体决策可以减少偏见。群体成员通过讨论，充分发表不同意见，使大家对问题有了较全面的认识和理解，减少了片面性。

第二，群体决策可以满足成员的自尊心并增强责任感，提高决策效率。由于拥有发言权和决策权，群体成员的自尊需要在决策过程中得到满足，同时也增强了执行群体决策的责任感，提高了执行决策的效率。

第三，群体决策可以加强成员间的信息沟通，改善群体内人际关系，增进了解和信任，有助于群体目标的达到和任务的完成。

第四，一些研究者将群体决策与个人决策相比较，发现群体决策解决复杂问题比个人决策效果好、准确性高。在群体中每个人可分工去解决复杂问题的某一部分，然后统一结果、交换意见，而个人则不具备这种能力。

---

① De Dreu，Nijstad，van Knippenberg. Motivated Information Processing in Group Judgment and Decision Making. Personality and Social Psychology Review，2008，12（1）：22-49.

从整体效果而言，在多步骤问题的解决上群体决策效果常优于个人决策。在具体情况下，决策效果将依赖于任务的性质、群体成员的品质、某些人的才能甚至时间等因素。社会心理学家发现，群体往往也会做出有偏差的决策。

（二）过程损失

过程损失（process loss）是导致群体决策偏差的重要因素之一，它包括抑制良好的问题解决方案产生的群体互动的多个方面。产生过程损失的原因是多样的，其中最主要的是团队中的信息沟通问题。

首先，群体决策过程中，最有能力提出最优方案的人，不一定能够说服他人接受自己的观点。在有些群体中，人们并不会互相倾听他人的观点，而对于大多数人而言，要承认自己错了也是困难的。群体决策中也很可能不会努力找出那个最能胜任的人选，而会依赖那些在言语上更具有感染力和煽动性的人，最有能力的人反而会遭遇众多的意见和怀疑。此外，群体中若有一个人主导了讨论，其他人就会缺乏责任感，变得只是随声附和而已。

其次，群体决策中，个人所拥有的独特信息难以分享。在群体决策中，大家都会将注意力集中在那些大家都了解的信息上，而忽略只有部分成员知道的事实。[①] 非共享信息通常会在一段时间的讨论后才被提及，而且群体成员很少意识到非共享信息的独特性，这会导致非共享信息难以纳入决策时的考虑因素之列。

后续的大量研究者关注如何让群体决策更多地关注非共享信息。方法之一是让群体决策时间足够长，以方便群体的其他成员了解非共享信息。[②] 此外，如果群体成员在讨论一开始即使不分享他们最初的偏好，也会增加他们对特殊的、非共享信息的关注。[③] 同时，交互记忆（transactive memory）也有助于人们关注非共享信息。群体可以建立某种分工制度，让不同的成员负责某种特定的信息或记忆内容的不同方面，其他成员也了解某一成员的负责内容，这有助于人们关注特定的非共享信息。[④]

（三）群体思维

群体思维（groupthink）是指群体更注重保持团体的凝聚力和团结，而忽略了务实思考事实的思维方式。群体思维是导致群体决策出现重大失误的重要诱因。

群体思维主要的表现有：（1）不可战胜的错觉，即成员认为团体足够强大，能够

---

① Toma，Butera. Hidden Profiles and Concealed Information：Strategic Information Sharing and Use in Group Decision Making. Personality and Social Psychology Bulletin，2009，35（6）：793-806.

② Fraidin. When Is One Head Better than Two? Interdependent Information in Group Decision Making. Organizational Behavior and Human Decision Processes，2004，93（2）：102-113.

③ Mojzisch，Schulz-Hardt. Knowing Others' Preferences Degrades the Quality of Group Decisions. Journal of Personality and Social Psychology，2010，98（5）：794.

④ Ellis，Porter，Wolverton. Learning to Work Together：An Examination of Transactive Memory System Development in Teams//Work Group Learning：Understanding，Improving，and Assessing How Groups Learn in Organizations. 2008：91-115.

战胜一切困难和敌人。(2) 群体的道德正确性，群体成员认为我群体不会犯错，群体的判断是正确的，是占有道德制高点的。(3) 对外部群体的刻板观念，以过分简单刻板的方式看待敌对群体。(4) 缺乏自我检查，群体成员不会对群体决策提出任何反对意见，想要提出反对意见的人也会因考虑到团队气势受挫、受到其他人的批判等种种问题而放弃。(5) 对反对者直接施压使其顺从。即使群体成员中有人提出反对意见，众人也会迫使他顺从多数人的意见，而不会对他的建议进行考量。(6) 集体一致性的错觉。群体不会征求异议者的观点，从而使群体决策看上去是集体一致性的结果，是大家都同意的。(7) 卫道士的存在。群体某些成员为了保证决策的顺利，也会保证领导者听不到任何反对意见。

群体思维在满足一些前提条件的情况下最容易出现：第一，群体必须是一个具有高凝聚力的群体。群体对于内群体和外群体来说，都是具有高价值吸引力的，人们都非常想成为群体的一员。第二，这个群体处于较为封闭的状态，该群体听不到不同意见，他群体的思想和利益难以介入这个群体的信息共享内容中。第三，该群体有一个命令型的领导者。领导者在群体中具有绝对权威，他的意志能够被其他人倾听和了解，并且他能够主导整个决策讨论，使得其他人的意志和观点难以表达。第四，这个群体的群体压力较大。成员能够明确感知群体压力，并了解一旦提出反对意见就将遭受强烈的排挤和巨大的损失。第五，群体的决策过程简单和缺乏自检过程。群体决策过程完全没有给予不同观点表达的机会，也没有相应机制听取成员个人的意见和诉求。产生群体思维并非需要符合上述全部前提条件，目前研究发现群体思维只要满足部分前提条件就有可能出现。

在群体思维主导下的群体决策，往往具有多种缺陷。首先，群体对解决问题的其他方案的调查不完全，没有细致比较多个方案之间的优劣，成员们也不会尽力搜索有助于决策的信息，而容易产生随众附和。其次，如此产生的群体决策不会检验偏好方案的实施风险，容易产生冒险性转移。最后，这样的群体决策是一种未建立应变计划的决策，一旦发生特殊情况就会出现恐慌、骚乱和互相责备。

为了避免群体进入群体思维，一些研究者着重研究了影响群体思维的因素。例如，有一些群体成员更可能去挑战群体的错误，有着两种不同文化经历并同时认同两者的人，更有可能顶住群体压力而表达出不同建议。① 此外，领导者在群体陷入群体思维的过程中具有重要作用，睿智的领导者可以采取以下几种措施来避免陷入群体思维：保持中立；邀请非群体成员发表见解，寻找外界观点；组建小组进行讨论并对不同小组的讨论结果进行考量；征询匿名意见。

(四) 冒险性转移

群体和个体面临挑战时，谁更富于冒险精神呢？人们在社会生活中常会面临选择，

① Mok，Morris. An Upside to Bicultural Identity Conflict：Resisting Groupthink in Cultural Ingroups. Journal of Experimental Social Psychology，2010，46：1114-1117.

要么选择风险小、报酬低的机会，要么选择风险大、报酬高的机会。例如，一个准备报考研究生的大学四年级学生，是选择一所水平低、容易考上的学校，还是选择一所质量高、很难考上的学校呢？这里的问题是，究竟是在个体决策的情况下更富于冒险性还是在群体决策的情况下更富于冒险性。已有的研究表明，群体决策往往会比个体决策更加冒险。在群体讨论中，不同的看法会趋于统一。人们趋于统一所得出的观点往往比他们原始观点所得出的平均值更倾向于冒险。群体倾向于获利大但成功率小的行为。原来倾向于谨慎从事的个体集合成群体后，倾向于冒险的现象便被称为**冒险性转移**（risk shift）。这种现象表明，当人们集合在一起时，比他们单独活动更富于冒险精神。研究者们发现，在日常生活中、在国家的内政外交中，都有类似的现象。

冒险性转移：群体成员集合在一起比单独活动更具冒险精神。
群体极化：群体讨论倾向于使群体成员的初始观点得到加强。

关于冒险性转移的原因有以下几种解释：

首先，责任扩散论。这种观点认为，群体比个体更容易做出冒险决定，是由于决定的责任广泛落到了每个成员身上，任何个体都不必对错误的决定承担全部责任，所以群体比个体更大胆。

其次，文化价值论。这种观点认为，要看人们所处的文化背景推崇冒险行为还是谨慎行为。在西方社会中，竞争激烈，强调个人的发展与表现，电影、戏剧、故事中的英雄人物往往都是大胆、勇敢的人。所以，人们在群体互动中，为了表明自己并不比别人胆小，就倾向于冒险。

最后，领导者影响论。小群体中，往往有一些极富冒险精神的领导型人物，其他成员受到他们的影响，也倾向于冒险。

以上所提到的对冒险性转移原因的三种解释，只有文化价值论最能说明群体极化现象。

（五）群体极化

群体极化（group polarization），是指群体讨论倾向于使群体成员的初始观点得到加强。在冒险性转移问题研究中也发现：当群体成员最初意见倾向于保守时，群体决策结果将更加保守；当群体成员最初意见倾向于冒险时，群体决策结果将更加冒险。在一些心理学家所设计的某些两难情境中，人们在讨论之后会变得更为谨慎。

为什么群体在决策中会出现这种现象呢？大多数心理学家支持社会比较理论和说服性辩论（persuasive arguments）的观点。社会比较理论强调在极化产生过程中规范性影响的作用，而说服性辩论的观点则把重点放在了信息性影响之上。按照社会比较理论的思路，在群体讨论过程中，成员比较关心自己在某些问题上的观点与群体其他成员相比到底如何。人们在决策开始时往往认为自己的观点在社会要求的方向上比别人的更好，但在决策过程中，通过与他人观点的社会比较，却发现自己的观点并不像当初想象的那样与社会要求一致。因为人们希望他人能对自己做积极的评价（社会规范性影响），所以会采取更为极端的方式以与他人或社会的要求保持一致，最终造成群体决策趋于极端。

与社会比较理论不同，说服性辩论的思路则认为群体极化并非由于人们希望自己或他人对自己有积极的评价，而是因为人们期望获得有关问题的正确答案。在这里，论点对决策选择更为重要（信息性影响）。因为个体从他人那里获得论点和信息，如果多数人支持这个论点，个体就会倾向于支持它；并且更多支持而不是反对的论点会出现，从而使得由它们形成的观点变得极端。

四、领导行为

领导（leadership）作为一种行为过程，是群体或组织中特定的人在一定环境条件下，为实现既定目标，对所在群体或组织和所属成员进行引导和施加影响的过程。这个特定的人即领导者（leader）。

领导行为是一个动态过程，包含领导者、领导群体和情境等三个因素。在群体中，产生领导者的主要因素有：(1) 个体在群体活动中表现出才智、良好的人际关系、优秀的个人品质，对他人有影响力。(2) 关心群体利益，能够代表群体利益。(3) 领导者一般处于信息优势地位，拥有大量的交流信息，掌握群体中的大量信息，也对群体信息有控制权。

在现实生活中，影响领导行为有效性的因素可以分为两类，分别是领导风格和情境因素。

（一）领导风格

勒温从权力定位的角度分析了领导者的领导方式及其对群体的影响，他定义了三种形式的领导方式（也称为领导风格）：专制型、放任型和民主型。

专制型领导方式是指权力集中于领导者手中。领导者自己一个人设计工作的一切方针，讲解技术，指定任务，确定群体成员的作业时间，亲自进行表扬和批评，领导者和小组成员保持一定的距离，缺乏人情味。在这样的群体中，群体任务可以被完成，但是有赖于领导者的监督，领导者一旦离开，就容易出现懈怠。此外，这种群体中易出现攻击行为和冷漠。群体成员对领导者也具有强烈的依赖感，缺乏自主性和独创性。

放任型的领导方式正好相反，群体中的权力集中在群体成员的个人手中。领导者在群体中对群体活动采取不管理、不评价、不参与的策略。只有当群体成员主动提出要求时才提供信息和建议，否则就放任自流。群体成员也不依赖领导者，也很少寻求领导者的帮助。这样的群体中人际关系是良好而积极的，但是群体任务经常难以完成，且任务完成质量很差。

民主型的领导方式权力定位于团体，但不放任在每个人手中。领导者把自己当作群体中的普通一员，鼓励群体成员讨论并决定群体任务相关的各方面内容，如执行方案、技术路线等。领导者从不下命令，自己提出的方案仅供参考，群体成员能够自由选择。领导者的批评与表扬尽量做到公正客观。在这样的群体中，群体成员能够很好地团结起来，高质量地完成任务，表现出良好的自觉。工作中的创造性也比较强。

以上三种领导风格具有一定的理想性，是领导风格的极端表达。勒温强调，在现实生活中，大量的领导者往往会采纳两种或多种领导方式的混合型对群体进行领导。

此外，有研究者指出，领导行为可以分为两类：任务型领导（task leadership）和社会情绪型领导（socioemotional leadership）。任务型领导主要是为了实现群体目标，这类领导任务的领导者通常是高知识性的，经常发布命令，缺乏人情味。而社会情绪型领导关注群体成员之间的交往感受和人际关系，这类领导人一般以友善、富有同情心为特征。在一些群体中，任务型领导者和社会情绪型领导者是一个人，而另一些群体中，则可能是两个人。

一般情况下，任务型领导者多采取专制型，社会情绪型领导者则多采用民主型。

（二）情境因素

情境对领导行为有效性的影响主要表现在三个方面：

首先，领导者与群体之间的关系。领导者和群体成员的个人关系可能很好，但也可能很差。当领导者与一部分群体成员保持良好的人际关系，而并没有与其他群体成员交恶时，他在群体内部的影响力也会随之增加。他对群体的领导也就更加有效。

其次，任务结构。任务结构是指群体任务或目标界定的明确性。任务结构清晰明确，领导者能够明确划分任务责任人，则领导行为倾向于有效。否则，就容易出现权责不清，引发成员的不公平感，导致群体凝聚力下降。

最后，领导者的职权。领导者如果有能力对群体成员的行为进行奖惩，且群体中大部分人支持领导者，那么这个领导者将在群体中具有权威，他的建议和决策能够在群体中施行，他对群体的协调能够得到成员的认可，从而领导行为也会更加有效。

综合考虑这三方面的因素，如果一个领导者与成员的关系很好，任务结构清晰，具有强大的群体权力，这个领导就具有高水平的情境控制能力。反之，则说明领导者的情境控制水平比较低。没有任何一种领导风格在所有情境中都是有效的。任务型领导者在低水平和高水平的情境控制下，都会有较高的领导效力，但是当情境控制水平在中等程度时，领导效率会显著下降。

为什么会出现这样的情况呢？在低水平情境控制的情况下，群体需要有人能带领大家提高生产力，任务型领导者所采用的命令方式能够达成这一目标，从而实现有效领导。此时社会情绪型领导者能够提供的帮助和指导很少，不能帮助群体明确任务、提高效率。当群体处于高水平情境控制下时，任务型领导者惯常使用的简洁的任务型指导会使群体效力达到最大化，而社会情绪型领导对人际关系的关注反而会降低运行功能良好的群体的生产力。与此同时，当任务不太清晰，或者领导者没什么权力可言时，社会情绪领导者通过对关系的运作更可能集结群体中的大部分力量，从而提高群体效力。

第四节　群际关系

不同的群体发生接触和交流，就会形成群际关系。群际关系衍生于人际关系即群体成员之间的相互影响，却不完全等同于人际关系。每一个群体都有其独特的群体价值取向和目标，也会形成风格迥异的群体规范和群体结构，因此不同群体之间的交往，往往会引发复杂的群际关系难题。

一、竞争与合作

竞争和合作是人际互动的主要形式，广泛存在于群体内外的所有关系互动中。合作是指至少两个人通过互动，互相配合做某事或者共同完成某项任务，任务的结果不仅有益于本人，也有益于对方。相反，竞争是指每个人都在努力，以求自己获得最高报酬而不给其他人任何好处的互动方式。

在有些群体中或者某些情境下，成员之间彼此以合作的方式互动，他们互相沟通、互相帮助，为群体成员的共同利益协调行动，例如科研团队一起做科学研究，同一宿舍的人轮流打扫宿舍卫生等。但是在另一些群体中或另一些情境下，群体成员以相互竞争的方式互动，他们将个人的利益放在首位，努力表现自己的过人之处，例如考试中争当班级第一名。人们想要抢先得到某事物或者做某事的机会都是竞争心理的表现。同样，群体与群体之间也会出现这种竞争或合作的互动模式。

虽然似乎合作能带给人们更大的利益，但是在社会互动中多数人宁愿竞争也不愿意合作。这是因为人们在选择合作与竞争时，实际上面临的是一个“社会困境”(social dilemma)：人们可以选择不合作而争取最大的个人利益，然而当大多数人采取竞争模式时，所有人的利益都会受损，即眼前利益和长远利益相矛盾的困境。

在实验室中研究社会困境问题最常见的方法是“囚徒困境”游戏。在这个游戏中，两名被试需要在选项中做出选择，但不知道对方的选择结果。而他们最终的获益则取决于两个人的选择。游戏的每个回合，两个被试都面临两个选择X和Y。如果两人都选择X，那么两个人各自获得一份收益；如果两个人都选择Y，那么两个人都各自遭受一份损失；如果一个人选择X一个人选择Y，选择X的人将面临两份损失，而选择Y的人获得两份收益。很显然，两个人都选择X是最好的结果，两个人都将获得可观的收益，但是研究结果却显示，人们常常无法确定自己能否信任对方，而最终选择所谓的安全选项Y，即损失较小也有可能获得高收益的选项，也就是竞争模式。许多研究已经发现，这样的情境会导致一系列竞争性行动的升级，最后没有人能获益。①

“运输竞赛”是一项说明竞争与合作之间关系的经典研究。这项研究是道奇（M. Deutsch）和克劳斯（R. M. Krauss）在1960年进行的。② 研究者要求两个被试想象他们正在经营着一家运输公司（阿克米公司和波尔德公司），并要求每人驾驶一辆货车尽快由一个地点到达另一个地点。两辆货车并非彼此竞争，它们有不同的起点和终点（见图11-3）。但两辆货车的捷径是一条单行道，且两辆车是以相反方向行进的。两人走捷径的唯一方式是等一辆车通过后另一辆车再走，每个人在捷径的起点都有一扇控制门，可按按钮使之关闭，以防止对方通过。此外，每辆货车还有一条备用路线，不会与另一辆车发生冲突，但路线要远得多。研究者告诉被试，他们的目标是尽快到达终点，越快得分越高，但并没有提到要比另一被试得分更高。

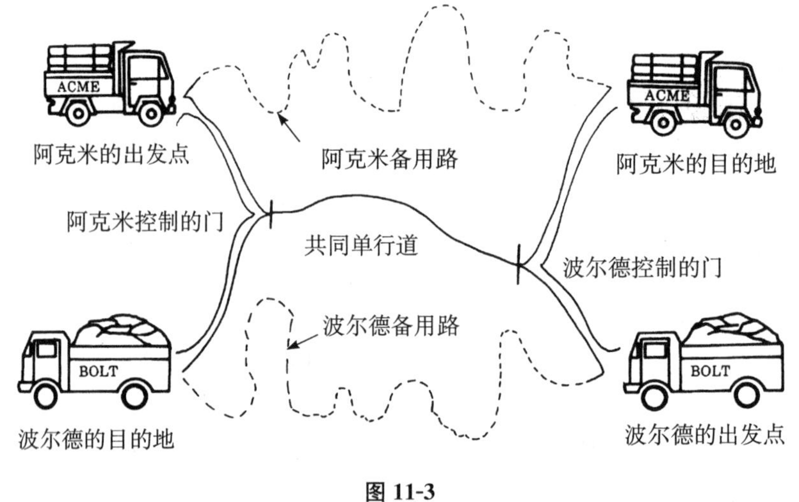

图 11-3

说明：运输竞赛路线图。

资料来源：Freedman，et al. Social Psychology. New York：Prentice-Hall，1985：293.

两名被试无疑都十分清楚，最佳方案是相互合作，轮流使用单行道，两个人都走捷径，但其中一人需稍候片刻，等另一人通过。而研究结果是，两名被试不肯合作，都想抢先通过单行道。在单行道中间碰头后，彼此拒绝让步，最终一辆车退回，关闭控制门，走另一条路。双方都得不到高分。多次实验结果表明，只是偶尔出现合作行为，大部分是竞争行为。

在社会互动中，人们不愿合作，宁愿竞争，那么在群体内部是展开竞争有利，还是展开合作有利呢？道奇做了一个简单实验，用以说明合作与竞争如何影响群体凝聚力。研究者对某一班级的一半学生说，他将以合作为基础给学生打分，全班学生都是

---

① Lount，Zhong，Sivanathan，Murnighan. Getting off on the Wrong Foot：The Timing of a Breach and the Restoration of Trust. Personality and Social Psychology Bulletin，2008，34（12）：1601-1612.

② Deutsch，Krauss. The Effect of Threat upon Interpersonal Bargaining. The Journal of Abnormal and Social Psychology，1960，61（2）：181.

同一分数，关键在于大家在辩论时如何成功地击败其他班级。对于另一半学生，研究者告诉他们将以竞争为基础打分，谁对所辩论的问题贡献大，谁的得分就高。研究结果表明，合作解决问题的群体要比竞争解决问题的群体协调，合作群体成员比竞争群体成员更能采纳别人的意见、更能友好相处。而竞争群体成员彼此很少沟通，观点重复，容易产生误解，成员间互相侵犯，心情压抑。研究表明，在一般情况下，竞争影响群体内人际关系的协调，破坏群体凝聚力。

有许多因素影响群体成员的竞争与合作。首先，成员之间的沟通程度是重要因素之一。一般而言，沟通的机会越多，合作的可能性就越大。在道奇等人的运输竞赛研究中，曾设计了三种不同的沟通情况：一组被试要求彼此沟通信息，另一组被试只是被提供一些谈话的机会，还有一组被试不允许彼此沟通。结果发现彼此沟通组产生了一些合作行为，不允许沟通组极少合作行为。沟通将起到促进群体成员合作的作用，他们有了相互讨论计划、相互信赖、相互学习的机会，有了合作的前提和可能。

其次，群体的奖励结构影响着群体成员做出竞争或合作的选择。当一个人的获得意味着另一个人的损失时，就形成了一个竞争性奖励结构。如果考试成绩使用正态曲线划定，那么只有很少的学生能取得高分。也就是说，一个人获得高分的同时意味着别人的成绩会较差。这种情境被称作竞争性共存（competitive interdependence）。在这样的情境中，如果个体希望得到奖励就必须竞争。在合作性奖励结构的情境中，群体成员结果之间的相互关系是正性的，这种情境被称作合作性共存（cooperative interdependence）。例如足球比赛中，只有球队通力合作才能取得比赛的胜利。每名球员的表现越好，球队获胜的可能性就越大。在合作性奖励结构的情境中，对希望获得奖励的个体来说，最佳途径就是合作。①

最后，个体关于竞争的价值观也是重要因素之一。个体在与他人发生关系的过程中通常采用以下三种价值倾向或策略中的一种。

（1）合作者倾向于最大化个体和他人的共同收益。

（2）竞争者倾向于使自己的收益相对于他人的收益达到最大化。他们希望比其他人做得更好。

（3）个人主义者倾向于最大化自己的收益，而不考虑他人的收益或损失。②

当人们面对运输竞赛这样的情境时，他们的价值观对他们最初的行为有着重要的影响。当然，随着时间的发展，人们会根据一方的表现改变自己的行为。如果对方是个高度竞争性的人，那么即使是最希望合作的个体也可能会对其采取竞争性的行为。

同时，群体规模和相互性也会影响群体内的竞争与合作。研究发现，随着群体人数的增加，合作行为会减少。群体成员的增加，使成员对群体的责任心降低，自利行

---

① McClintock，Liebrand. Role of Interdependence Structure，Individual Value Orientation，and Another's Strategy in Social Decision Making：A Transformational Analysis. Journal of Personality and Social Psychology，1988，55：396-409.

② 连鹏．从非实验走向实验的经济学：实验经济学简介//汤敏，茅于轼．现代经济学前沿专题：第三辑．北京：商务印书馆，2000：120-126.

为更具隐蔽性，合作因此减少。相互性是人际关系的一个基本要素。人们行为的基本准则之一是以德报德，以怨报怨。在社会互动中，如果以竞争为开端，将引起更多的竞争行为。增强合作最好的办法是相互妥协，彼此让步。这是人与人之间合作的基础，也是群体成员协调的前提。

此外，共同外部威胁的出现也会促使群体合作的产生。也就是说，面对一个明确的外部威胁，人们的群体归属感会高涨。例如，“9・11”事件之后，美国人面临着恐怖主义的进一步威胁，“由来已久的种族对抗在一段时间内得到了缓和”。18岁的路易斯・约翰逊说：“在‘9・11’之前，我只以为自己是一个黑人，现在我比以往任何时候都更加觉得自己是一个美国人。”

二、人际-群际非连续性效应

人际-群际非连续性效应（interpersonal-intergroup discontinuity effect）是指群际互动比人际互动表现出更多的竞争性或更少的合作性的现象，也就是说，群体表现出更多的机会主义和对他群体的不信任。由于群体极化和冒险性转移，社会心理学家注意到群体似乎比个体更具暴力性，在研究者将注意力锁定带有互动性的社会交往时，证实了该效应的稳定存在①，并用其解释了很多社会问题。

典型的问题即国际裁军问题，几乎每个国家都会强调和平是自己的唯一目标，但许多国家依旧会蓄有大量部队，为部队提供供给将占用大量的国家财政收入。虽然不少人呼吁裁军，但是国际上真正的裁军举措却少之又少，可见对他群体的不信任是无法通过保证和呼吁转变的。人际-群际非连续效应的研究也主要运用“囚徒困境”。研究者将被试分派到两间共同连接着中央屋的实验室，明确游戏规则后，被试双方的群体代表（或个体）会到中间的房间与对手沟通，探讨他们可能的选择，然后各自回到自己的房间中做出决定。其中，有两个实验环节存在多种可能性，分别是：（1）群体决策是民主达成还是代表决定；（2）决策双方是否进行沟通。无论在哪种情况下，人际-群际非连续性效应都稳定存在，只不过效应量的大小有所区别。

人际-群际非连续性效应在不同文化中都普遍存在。有研究证实，在集体主义文化下的日本，该效应也稳定存在。② 为什么会出现这种效应呢？社会心理学家给出了以下几种解释。

第一，基于图式的不信任感和恐惧（schema-based distrust and fear）假说认为，可能是既往经历中形成的记忆，也可能是社会文化演进过程中群体为保证自身所属的社会和文化更加繁荣，人们具有一种稳定的认知图式——“群体是贪婪的，具有攻击性。”此外，这种不信任感和恐惧还可能来源于自然选择。一项研究发现，被试对群体

---

① Wildschut，Pinter，Vevea，Insko，Schopler. Beyond the Group Mind：A Quantitative Review of the Interindividual-Intergroup Discontinuity Effect. Psychological Bulletin，2003，129 (5)：698.

② Takemura，Yuki. Are Japanese Groups More Competitive than Japanese Individuals? A Cross-Cultural Validation of the Interindividual-Intergroup Discontinuity Effect. International Journal of Psychology，2007，42 (1)：27-35.

的信任度要小于对其个体成员信任度的平均数，基本等于其成员中的最小值。[①] 这一假说强调群际偏见是群体之间互不信任的重要原因。

第二，如果仅是群体之间互相不信任导致了群际竞争，那么相似的群体因为互相了解，群际竞争应该减少，但是事实并非如此。实际上，群体不仅会让他人恐惧产生不信任感，群体自身也具有贪婪的本性，相似性会驱动由知己知彼导致的贪婪，从而引发竞争关系。休普勒（J. Schopler）等提出的可辨识性（identifiability）假说认为，群体就像一把匿名的保护伞，使得群体成员的个人身份不被识别，进而不必为自己出于利己的竞争行为负责。[②] 匿名性的主要作用是增加了个人的贪婪倾向，而由于无法降低不信任感，相似群体之间的竞争就在所难免。

第三，为了使所在群体受益，群内成员会支持彼此在群际竞争中为所在群体争取利益最大化，进而导致群内成员在整体上表现出更高的竞争性。在普通的人际情境下，竞争行为是不受鼓励的，有违个人道德。而在群体内部，由于群体成员的社会支持，减少了社会规则的限制，因而表现出群际比人际更容易产生竞争行为，这就是共享利益的社会支持（social support for shared self-interest）假说。研究者还发现，群体中对竞争的社会支持很少出现盲从，且这种支持在“增加相对收益”的情况下效应更为显著。

第四，内群体偏好标准（ingroup-favoring norm）假说则从群体压力的角度解释人际-群际非连续性效应：群内成员之间有一种潜在压力，促使个人决策始终以增加该群体的收益为首要目的，并且当群体决策是由个体独自做出时（如领导决策），由内群体偏好标准带来的压力会进一步加剧。科恩和英斯科指出，群际互动和人际互动遵循两套不同的道德系统：个人道德强调公平、诚实、信任和互惠；群体道德强调增益内群体，包括内群体偏爱、狭隘主义和狭隘的利他主义。[③] 这种增益即使是以伤害外群体为代价的也为内群体所接纳，因而引发群体不信任和竞争。可以说，人际与群际互动会激活不同的道德标准。

第五，有研究者指出，在群际情境下，群体成员可以将个人的利己行为当作是亲群体行为，这就是合理利他主义（altruistic rationalisation）假说。社会心理学家已经发现，群体成员收益的异质性程度并不会影响人际-群际非连续性效应的大小。平特（B. Pinter）等人在研究中比较了那些由领导者决策的群际互动和人际互动，结果发现，即使领导者不用对收益负责也依然存在人际-群际非连续性效应。[④] 而在高内疚倾向、

① Naquin，Kurtzberg. Team Negotiation and Perceptions of Trustworthiness：The Whole Versus the Sum of the Parts. Group Dynamics：Theory，Research，and Practice，2009，13（2）：133.

② Schopler，Insko，Drigotas，Wieselquist，Pemberton，Cox. The Role of Identifiability in the Reduction of Interindividual-Intergroup Discontinuity. Journal of Experimental Social Psychology，1995，31（6）：553-574.

③ Cohen，Insko. War and Peace：Possible Approaches to Reducing Intergroup Conflict. Perspectives on Psychological Science，2008，3（2），87-93.

④ Pinter，Insko，Wildschut，Kirchner，Montoya，Wolf. Reduction of Interindividual-Intergroup Discontinuity：The Role of Leader Accountability and Proneness to Guilt. Journal of Personality and Social Psychology，2007，93（2）：250.

要承担群体收益责任的领导者身上这一效应更强。由此他们推论其原因可能是领导者发生了“自利行为”向“亲群体行为”的转化，即领导者将获取更高利益当作为群体谋利的行为。

此外，也有研究者提出群内讨论促进了混合动机情境下的理性思考，从而导致了人际-群际非连续性效应。在群体决策中，群体能集合更多人的智慧，从而比个体有着更强的推理能力，也能更好把握博弈游戏的规则，因而更能通过理性的竞争获取收益。同时，群体极化也会导致该效应出现。

人际-群际非连续性效应揭示了群际互动与人际互动的区别，也使社会心理学家们关注群际冲突的实质。

三、群际冲突

设想一下，在资源有限且固定的情况下，一部分人聚合起来组成群体从而争取到大多数资源。社会中的其他成员也会因此被激发起来，试图保护自己的利益，并保证自己有获取利益的权力，这样，就形成了最常见的群际冲突。

冲突（conflict）的本质是感知到的利益分歧，冲突的各方都希望获得某种对方不愿意提供的结果。面对利益分歧有四种不同的处理策略。一是斗争（contending），即一方试图将存有偏好的解决方案强加于另一方，斗争容易升级为暴力冲突。二是让步（yielding），即降低自己的期望值，并且对自身所得的低于期望的地位并无不满。三是问题解决（problem solving），即双方选择一项能够满足双方愿望的解决方案。四是回避（avoiding），即暂时从冲突中抽身，不卷入冲突，其主要的形式是不作为（inaction）和撤退（withdrawal）。

本书中将群际冲突定义为一种过程，是群体各方感知到与其他方的利益分歧之后，通过一系列行动，最终达成利益分配结果的过程。因此，群际冲突包括上述四种策略的组合或轮番使用过程。

群际冲突在社会生活中普遍存在。从国家与国家之间的军备竞赛，到恐怖主义袭击，从社会仇富心态的争论到关系不和的邻里，群际冲突确实出现在人们生活的各个领域。尽管社会互动是群际冲突发生的场域，但社会互动不一定会引发群际冲突。那么究竟什么会引发群际冲突呢?

（一）引发群际冲突的因素

引发群际冲突的关键要素是利益，各种群际冲突都与利益的分配分不开。利益可以指有形的自然资源，如金钱、领土等；也可以指无形的社会资源，如声望、权力等。有些利益是普遍的，人人都需要，例如健康、自由等；也有些利益是其他利益的基础，或者比其他利益更为重要。在这样错综复杂的利益链条中，双方或多方发生利益分歧，便在所难免。

引发群际冲突的第一个因素是社会困境。公共地悲剧（tragedy of the common）是社会困境的最直观表达。假设有 100 个农民占有一块能够放牧 100 头牛的草地，当每个农民在这块地上养 1 头牛的时候，对资源的利用是最优的。但是某一个农民可能会想："如果我多养一头牛，我的收入就可以翻倍，而土地只会受到一点影响"，因此他很有可能添置一头牛。当所有农民都这么想的时候，土地就变得无法承受，出现土地荒芜，公共地悲剧就这样发生了。在社会生活中，大多数利益的分配法则是不明确的，人们都想消费更多，但是消费带来的更多是资源耗竭。这就是社会困境的本质。广泛面临社会困境的群体，都倾向于选择竞争模式与他群体竞争互动，以期望获得低风险高收益，从而引发社会冲突。

第二个因素是竞争。虽然不同群体对不同利益的价值定义不同，但存在大部分群体定义为高价值的利益，如稀缺资源、生存空间等。这个时候，群体之间的利益是相抵触的，为了能够获得稀缺资源，群体之间必然存在竞争，从而产生群际冲突。大多数情况下，人们面临的是非零和博弈，但是人们却习惯于零和思维，即相信他人多得就是自己所失。许多冲突的形成并非因为问题的本质是零和的，而在于冲突双方相信它是零和的。竞争会进一步引发群内成员知觉到外群体差异，引发外群体偏见，使得群体之间产生敌对，激化群际冲突。研究人员让被试两两配对参与电子游戏：一半参与者用竞赛模式玩游戏，即游戏结束后比较两人的得分；另一半参与者用合作模式玩游戏，游戏结束后将两人分数加总。结果显示，在竞争模式下，游戏玩家会更经常而不必要地杀死游戏中的非玩家角色（non-player character，NPC）。由此可见，竞争会引发攻击行为。

相对剥夺感或感受到的不公正也会引发群际冲突。人们通常将公正理解为公平，即付出与收获成比例，人们希望自己的付出和回报与他人的付出和回报是相等的。但是在社会生活中，人们对自己的付出和回报与他人的付出和回报往往不能达成一致。年龄大的员工希望按资排辈，因为自己已经为公司付出了青春和精力，但是年轻的员工则希望绩效评价。这种认知上的不一致将导致相对剥夺感，从而引发不满和侵犯，即群际冲突。

第四，偏见和误解也是引发群际冲突的重要诱因。实际上，社会生活的大量群际冲突，真正存在对立目标的只是其核心处的一小部分，更多的问题来自对对方动机和目标的误解。自我服务偏见会使个人或群体乐于承认自己做的好事，而推卸自己做的坏事。而且当人们形成一个群体时，就会自然而然地划分他们和我们，强调差异而形成群体偏见，而负面的刻板印象一旦形成就很难改变，并成为群际沟通的重要阻碍。"当局者迷，旁观者清。"处于冲突中的双方都会扭曲地认知另一方，难以消除误解。此外，社会心理学家还发现一个有意思的现象，那就是在冲突中，双方对对方的误解常常具有令人吃惊的一致性，这就是镜像知觉（mirror-image perception）。镜像知觉是双方对他群体缺陷和危害的自我证实，大家都会产生"我们想要合作但是他们不愿意"的判断失误。

（二）群际冲突的意义

群际冲突具有重要的社会意义，它往往会带给社会、个人巨大的痛苦和损失，但是对社会和个人也具有积极作用。

从积极方面讲：（1）群际冲突是社会变迁的动力。当人们认为自己受到了不公平的对待，或者当前的政策不合理的时候，就会与旧有秩序的维护者形成群际冲突，从而改变现状。人类社会巨大的进步和变迁都是在群际冲突的基础上实现的。（2）公开冲突有益于避免不成熟的群体决策。惧怕群体内部对抗是群体成员接纳第一个貌似合理的决策的重要原因。群体中第一个提出的建议往往具有不成熟的缺陷，而公开冲突则有利于人们充分表达自身的想法。（3）群际冲突有助于协调人们的合法利益。一些冲突以一方获胜另一方失败告终，而另一些冲突则最终结束于群体之间的妥协让步，以及寻求共赢。群际冲突使得各方的利益都有表达空间，冲突成为一种创造驱动力。（4）群体内部的冲突往往能够促进长期的群体团结，而群际冲突则是群内团结的重要推动力。那些已经发生过冲突的群体是更为成熟的群体，群体成员之间也更为团结。而在缺乏变迁活力和成员利益没有得到恰当协调的群体，群体效力和群体凝聚力都会下降。

但是群际冲突带给人们的危害常常掩盖了其积极方面，群际冲突演化的暴力事件乃至战争是人类社会极力避免的。群际冲突首先会消耗大量的时间和精力，妨碍其他事情的正常进行。当人们陷入剧烈的群际冲突中时，生理和心理的健康都会受到干扰和损害。特别是，冲突有可能导致第三方受害者，例如家庭之间的冲突会给儿童青少年带来深远的负面影响。群际冲突还会演化为暴力事件和战争，给整个社会带来灾难，第二次世界大战便是由强烈的民粹主义引发的。

因此，如何减缓群际冲突是社会心理学家特别关注的问题。

（三）减缓群际冲突

社会心理学家认为，要想减缓群际冲突，获得和平，可以通过以下四种方式：接触、合作、沟通、和解。

（1）接触（contact）。接触能增加群体之间的了解，减少偏见，从而减缓冲突。接触所带来的接近性、曝光效应等都会增加群体之间的好感。但是并非所有的接触都能减缓冲突。如果接触是竞争性的，或者是缺乏权威支持的不平等接触，则会引发更加激烈的群际冲突。此外，在现实环境中，直接的群际接触可能会遭遇很多障碍，比如群体制度与准则不允许、接触的机会太少，而且直接的群际互动还可能引发群体成员的交往焦虑、恐惧、不自在等负性情感，使得群际关系无法继续深入。社会心理学经过研究发现，如果个体得知内群体成员与外群体成员之间存在友谊关系，则可以减少其对外群体的偏见，改善对外群体的态度，这就是扩展群际接触效应（extended contact effect）。扩展接触作为一种间接的群际接触形式，有助于改善群际态度①。

（2）合作（cooperation）。尽管群际接触能够改善态度，但是这对于解决群体冲突

---

① Gómez，Tropp，Fernández. When Extended Contact Opens the Door to Future Contact Testing the Effects of Extended Contact on Attitudes and Intergroup Expectancies in Majority and Minority Groups. Group Processes & Intergroup Relations，2011，14（2）：161-173.

来说还是不够的。正常情况下，经历冲突的双方群体已经难以接纳彼此。面临共同的外部威胁引发的合作行为能够使得处于冲突情况下的群体暂缓冲突，接触并相互了解，形成团结。实际上，面对种族冲突，领导人会刻意创造出一个假想的敌人来提升民族团建。此外，建立一个超级目标，要求发生冲突的群体之间必须互相配合相互依赖才能解决，也是促进合作减缓冲突的一个好方法。竞争制造陌生人之间的敌意，而合作创造敌人之间的友谊。

（3）沟通（communication）。群际解决冲突的方法还有沟通。常见的沟通方法有直接谈判，以及由第三方加入的调解或仲裁。谈判是最直接的冲突解决方式，通过讨价还价，冲突双方可以降低对对方的期望，从而有助于互相让步。当然直接谈判可能进一步激化双方的冲突，并引发进一步损失。第三方调解人的介入有助于暂缓矛盾对立的程度，并且可以提出恰当的建议，此外他还可以使冲突双方在克制中沟通，因此更有可能消除误解，解决冲突。当冲突双方的矛盾难以达到调和却需要解决时，可以选择一个具有强力权威的第三方做出仲裁。

（4）和解（conciliation）。社会心理学家认为，通过逐步、互惠、主动地减少紧张，也可以使群际冲突得以减缓，这就是和解。主动和解的一方可以在宣布希望和解的愿望后，做出小的降低冲突的行为，并在实施每个降低冲突的行为之前都做出声明。这种做法可以使对方正确理解意图而不会认为主动和解的一方示弱或欺诈，也会带给对方舆论压力，要求对方“投桃报李”。已经有研究证实，在实验室环境下的合作竞争游戏中，这种方法是有效的，和解声明确实能够增加合作行为。

学以致用

关于竞争的实验——实验经济学中的蜈蚣游戏

蜈蚣游戏（centipede game）是一个特别的有限次序游戏（finite sequential game），从下面游戏的示意图（见图 11-4）可以看出游戏名称的由来。

在有限阶段里，两个人（以红方和蓝方分别表示）对两份大小不一的资产交替做选择。在任何阶段中，先选者可以选择“接受”或“放弃”。如果接受，他取得较大的一份（假设每个人使自己收益最大化），而另一人则得到较小的一份，游戏结束。如果放弃，游戏进入下一阶段。在新的阶段里，除了原来的两份钱加倍以及上一阶段后选者有优先选择权外，其他规则保持不变。

假设游戏共有五个阶段：

第一阶段的两份钱是 10 美分、40 美分（以下省去单位“美分”），且红方为先选者。如果红方接受 40，则蓝方获得 10，游戏结束。如果红方放弃，游戏进入第二阶段。

在第二阶段，两份钱加倍成 20、80，且蓝方首先选择。如果蓝方接受 80，则红方获得 20，游戏结束。如果蓝方放弃，游戏进入第三阶段。

在第三阶段，两份钱加倍成 40、160，且红方为先选者。如果红方接受 160，则蓝方获得 40，游戏结束。如果红方放弃，游戏进入第四阶段。

在第四阶段，两份钱加倍成 80、320，且蓝方首先选择。如果蓝方接受 320，则红方获得 80，游戏结束。如果蓝方放弃，游戏进入第五阶段。

在第五阶段即最后阶段，面对两份加倍的钱（160，640），红方选 640（最后阶段没有“放弃”的选择）而把 160 留给蓝方。

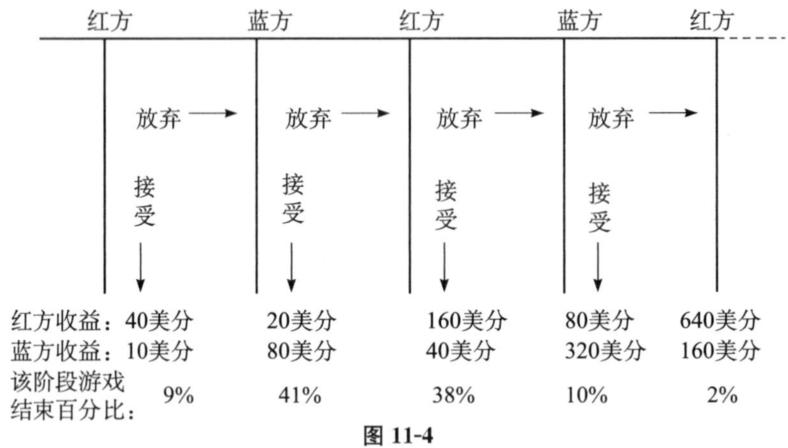

图 11-4

说明：蜈蚣游戏数据。

如图 11-4 所示，游戏从图中的左边开始，红方首先做接受或放弃的选择，直到第五阶段红方做最后的选择。从博弈理论来看，这一过程不外是一个具有完备信息的游戏（game with perfect information）。

这一游戏的现实结果是，第一个选择者（即红方）选择“接受”，取走较多的收入（即 40 美分），马上结束游戏。

这个结果可以从终点倒推（backward-induction from the terminal period）、完备信息以及双方的“理性”得出。

美国加利福尼亚理工学院的麦克维（Richard D. McKelvey）和鲍伏瑞（Thomas R. Palfrey）于 1991 年以上述参数做了一系列的研究实验。每一次实验，他们各用 10 个红蓝方为被试。每一个被试参加 10 次。实验报告发现，与完备信息游戏的理论模型相反，被试并不马上在第一阶段取走较多的钱而结束游戏。第一阶段只有少数红方取走 40 美分（8%），多数游戏在第二和第三阶段结束。但是，被试越有经验（参加过更多次实验），游戏结束得越快。

这些数据提出了一个明显的困惑。倒推式理性（backward-induction rationality）具有其理论的完美性，也部分地解释了游戏显著地早于最后阶段结束的事实，但是它却无法完全预测被试的行为。被试似乎在参加多次（与不同的人进行游戏）实验后，更常显示出倒推式理性。一种可能的解释是，行为者的理性可能不是公共信息，所以，每一个行为者是理性的，但是他不能确定其他人是否理性。

基本概念

群体	参照群体	社会助长	社会懈怠
去个性化	群体压力	群体凝聚力	群体思维
冒险性转移	群体极化	人际-群际非连续性效应	

本章要点

1. 群体是指那些成员间相互依赖、彼此间存在互动的集合体。构成群体必须具备以下几个条件：一定程度的互动；相互依赖；关系相对稳定；具有共同的利益和目标；个体能明确意识到自己属于群体，具有共同的价值观和规范。

2. 群体可以分为统计群体和实际群体，实际群体又可以分为正式群体和非正式群体，成员群体与参照群体，大群体和小群体。

3. 群体形成具有五个阶段：形成阶段、震荡阶段、规范阶段、执行阶段、终止阶段。

4. 群体成员资格身份形成通常会经历五个阶段：审查阶段、社会化阶段、保持阶段、再社会化阶段、追忆阶段。

5. 群体对个体的影响可以归纳为社会助长、社会懈怠和去个性化。社会助长是指他人在场能够缩短人们完成任务的时间或提高准确性。出现这一现象的主要原因是评价顾忌、分心和纯粹在场。社会懈怠是指在集体任务中群体成员的努力程度反而比较小的现象。当任务具有挑战性、高吸引力、引人入胜的特点时，成员的懈怠程度会减弱。去个性化是指个人忘记了自己的身份，遵循群体规范行为的现象。

6. 群体规范是群体区别于简单人群集合体的原因之一。群体规范形成后，成员会自动地、不假思索地与群体行为保持一致，从而形成群体压力。

7. 群体凝聚力是指群体在其规范的基础上，使全体成员情感共鸣、价值定向相同或行为保持一致的内在聚合力。

8. 群体决策一般情况下优于个人决策，也存在冒险性转移和群体极化现象，从而导致群体决策偏差。群体思维是导致群体决策出现重大失误的重要诱因。

9. 领导行为是群体或组织中特定的人在一定环境条件下，为实现既定目标，对所在群体或组织和所属成员进行引导和施加影响的过程。领导行为包含领导者、领导群体和情境等三个因素。

10. 群体成员之间的沟通程度、群体的奖励结构、个体关于竞争的价值观是影响群体内成员竞争与合作的主要因素。

11. 人际-群际非连续性效应是指群际互动比人际互动表现出更多的竞争性或更少的合作性的现象。产生这种现象，一方面是因为人性的贪婪和恐惧，另一方面是受群体决策的影响。

12. 冲突的本质是感知到的利益分歧。群体冲突是群体双方感知到与对方的利益分歧之后，通过一系列行动，最终达成利益分配结果的过程。可以通过接触、合作、沟通、和解来解决群际冲突。

复习思考题

1. 什么是群体？群体的类型有哪些？做这些类型的区分有什么意义？
2. 群体会对个体产生哪些影响？
3. 引发群体决策偏差的原因有哪些？
4. 群际冲突的消极和积极意义分别有哪些？怎样缓解群际冲突？

推荐阅读书目

1. 勒庞．乌合之众：大众心理研究．湖南：湖南文艺出版社，2011.

2. 肯里克，纽伯格，西奥迪尼．自我・群体・社会：进入西奥迪尼的社会心理学课堂．北京：中国人民大学出版社，2011.

3. 布朗．群体过程．北京：中国轻工业出版社，2007.

4. 特纳．社会理论指南．上海：上海人民出版社，2003.

5. Luthans. Organizational Behavior. 9th ed. McGraw-Hill，2002.

推荐视频

1. 囚徒困境（http://v.ku6.com/show/NfJzUdkm_IajLAQLGJHj-w.html?fromvsogou=1）

2. 互联网群体（http://open.163.com/movie/2016/8/1/9/MBSMLKA01_MBSMLT419.html）

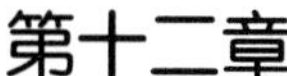

第十二章

社会影响

章节导读

你是否有过这样的经历：商场购物时，受推销员的鼓动买下了并不需要的化妆品；话剧或音乐会结束时，周围的人都站起来为演出者鼓掌喝彩，本来觉得演出糟糕透顶的你却也不由自主地起身鼓掌。日常生活中，我们常常会遇到他人试图改变我们态度和行为的各种努力，纷繁多样的社会信息影响让我们无处可逃。比如，我们经常会被快速变化的流行语以及新潮打扮的标准所影响。20 世纪 50 年代，解放装和“布拉吉”是人们的最爱；20 世纪六七十年代，学生们都梦想有一套绿军装，希望自己在同伴之中成为亮点；20 世纪 80 年代，年轻人把戴蛤蟆墨镜、穿喇叭裤看作时髦的标志，红裙子成为年轻女性的挚爱；21 世纪唐装悄然流行，男女老少争相购买。流行时尚是人们用于确认自己喜爱的群体而与其他群体保持距离的一种方法。很多人会感到来自同伴的强大压力，这使他们遵从于群体的这些不成文的衣着规范，并以此为手段来融入群体，避免遭到同伴的嘲弄。2011 年，日本福岛核电站发生泄漏，我国陷入了核辐射恐慌之中。防范核辐射的措施和手段层出不穷，在一条短信“如果实在不放心，可服用一定的稳定性碘来预防”的影响下，服用碘盐可以预防辐射的信息通过互联网迅速传播开来，从而引发了一场“食盐抢购风潮”。它最初开始于浙江、江苏等地，后来迅速向全国各地蔓延，部分地区甚至还出现了“盐荒”。不少市民排长队，就是为了买食盐，更有少部分人论箱购买食盐。

个体的行为是如何受其他人以及群体影响的呢？社会心理学家很早就认识到这一问题的重要性，因此社会影响成为社会心理学的中心问题之一。

引领性问题

●登门槛效应为什么能增加人们顺从他人的倾向？从归因角度来说，特质归因和情境归因哪一种更易于产生登门槛效应？

●假设你在一个具有积极影响的群体中，这个群体是否证实了本章中讨论的社会促进、社会抑制、社会懈怠、去个性化等原理？请举例说明。

社会影响是指在社会力量的作用下，个体的信念、态度、情绪及行为发生变化的现象。这里所说的社会力量是指影响者用以引起他人态度和行为变化的各种力量，其来源非常广泛，既可来自个体也可来自群体，既可是强制性的法律、法规也可是自发的流言、时尚等。弗伦奇（J. French）和瑞文（B. Raven）区分了社会力量的六个来源。[①]（1）奖赏。影响力可以建立在有能力为被影响者提供或许诺正性结果的基础之上。例如，帮被影响者完成一个他所期望的目标，或为其提供一项有价值的回报。（2）压制。施加负性结果或者做出施以负性结果威胁的能力是影响力的来源之一。例如，老师对不遵守纪律的学生就拥有这种影响力，可惩罚其打扫卫生；又如雇员持续迟到，管理者可用各种管理规定进行威胁。（3）专家意见。影响力还可以来源于专门的知识、训练和技术。我们相信专家的知识能帮助我们实现自己的目标，因而听从他们的意见。例如，医生建议患者吃某种药来治疗其所患的炎症，患者通常都会遵从其建议，而不管自己是否了解该药的成分和原理。（4）参照影响力。影响力的另一个来源是参照影响力，这与特殊的人际关系及群体有关。当我们崇拜某个人或认同某一组织，希望成为其中一员时，这种影响力就会存在。在这种情况下，由于我们希望自己与他们相似，因此我们可能会自愿地模仿他们的行为或按他们的要求去行事。例如，一个女大学生可能对某口红广告中漂亮、优雅的女性形象产生认同，因而专门购买了这一品牌的口红。（5）信息。人们可通过给被影响者提供其所不知道的信息或逻辑推论方式来影响他人。（6）合法权威。有时候，某些人具有权力、权威，可以要求其他人以特定的方式行事。例如，军官可命令士兵投入战斗，老师可要求未完成作业的学生做附加的作业。

社会影响：在社会力量的作用下，个体的信念、态度、情绪及行为发生变化的现象。

第一节　他人在场

人是一种社会性动物，我们时刻会感受到来自他人、群体、社会的影响。他人在场如何影响我们的行为？有时候，他人能让我们更加努力、表现更佳；另一些时候，集体工作会令我们有所松懈，努力程度减少；在群体中，个体可能会感到自我身份意识的缺失，导致冲动偏差行为增加。社会心理学家对个体在他人在场情境下的这些可能反应开展了广泛研究。

一、社会促进与社会抑制

社会促进与社会抑制普遍存在于社会生活中。当个体面对不同他人在场时，可能

① French，Raven. The Bases of Social Power//Cartwright. Studies in Social Power. Ann Arbor，MI：Institute for Social Research，1959：150-167.

出现社会促进或社会抑制，也可能不受任何影响；当不同个体面对同样的他人在场时，仍可能出现上述三种情况的任何一种。

（一）社会促进与社会抑制的含义

社会促进是指个体从事某项活动时，他人在场促进其活动完成，提高其活动效率的现象，也称社会助长。最早以科学方法揭示社会促进现象的是美国心理学家特里普利特。他发现自行车选手在有伙伴的情况下，比单独一个人时骑车速度快，提高了 30%。为了检验这一结果，他又设计了一系列实验室实验。例如，他安排 40 个儿童在指定时间里尽快地转动钓鱼竿卷线轮绕线，既安排儿童单独绕线，又安排他们两两结伴绕线，结果证实儿童结伴绕线时的速度更快。这种结伴活动提高效率的现象被称为结伴效应。研究者还指出，社会促进不仅限于人，他们在老鼠、蟑螂、鹦鹉等动物身上也发现了这种效应。如陈（S. C. Chen）发现，当蚂蚁在一起时，每只蚂蚁的平均挖土量是单独挖时的三倍。①

日常生活中，我们还经常看到这样的现象，运动员比赛时，如果有很多观众为他们加油鼓劲，他们往往能顺利进行比赛甚至超水平发挥，所以在比赛中东道主更容易获胜，这就是体育场上的主场效应。一些老教师上讲台也是如此，听者越多，讲得越起劲，思路越开阔，而且越发兴致勃勃、神采飞扬，论述问题甚至比备课时还深刻。这些现象都是观众效应作用的结果。观众效应是指有人在场观看某人从事某一项活动，会对此人产生一种刺激作用，从而提高其活动效率。

结伴效应和观众效应是社会促进作用的两个表现形式，都有可能促进活动的完成，但这也不是必然的。有时候，结伴效应和观众效应会以另一种相反的形式表现出来。我们在社会生活中发现，有时别人在场不仅不能让人们更好地工作，相反还会让他们把事情办得很糟。譬如，我们通常所说的怯场——一个新教师或新演员，在登台之前练习时，口齿清楚、表情自然，可是一到台上，面对众人就心里发慌、手足无措。有人说，这是由于不习惯造成的。这个解释说明不了为什么那些已经习惯自己职业的老教师或老演员，如果台下有自己的朋友、熟人或领导，则神情也不同以往，常会汗流浃背、内心紧张，甚至还会出现不应有的失误。这就是社会抑制（social inhibition），即个体在从事某一活动时，他人在场干扰活动的完成，抑制活动效率的现象，又称为社会干扰。有研究表明，羞怯个体和非羞怯个体在观众效应的影响下，其记忆效果表现出显著差异，羞怯个体在完成记忆任务时表现出社会抑制，而非羞怯个体则表现出社会促进。

实验社会心理学创始人 F. 奥尔波特于 1916 年到 1919 年，在哈佛大学心理实验室做了一系列有关社会促进的实验。他让大学生被试单独或者结伴从事下列复杂程度不同的活动：（1）连锁联想。实验者说出一个刺激词，被试迅速想出一个与之有关的反应词，以这个反应词为新的刺激词，再联想其他的反应词。如此继续联想下去，直到

① Chen. Social Modification of the Activity of Ants in Nest-Building. Psychological Zoology，1937，10：420-436.

时限终了为止（三分钟）。(2) 删去元音。划掉若干短文中所有的元音字母。(3) 透视转换。被试注视可以透视转换的立方体，实验要求被试迅速进行两种透视的转换，并记录他们一分钟转换的次数。(4) 乘法运算。让被试进行若干两位数乘法的运算。(5) 判断。让被试嗅 5 组 10 种（两种一组）香的或臭的气味，然后报告自己的快感程度。(6) 写批驳文章。实验者从两个古代哲学家的著作中选几段性质一致的论述，给每个被试一段，要求他们在五分钟时间内写一篇批驳短文，写得越长越好，批驳得越深刻越好。

奥尔波特为了排除竞争因素的影响，要求被试不得相互比较工作进度。实验结果表明，在前五种活动中，被试在结伴的条件下都取得了比单独活动更优异的成绩，但在写批驳文章时，单独活动效果更好。可见，他人在场或与别人一起工作，并不总是产生社会促进，随着工作难度的加大，社会促进可能会变成社会抑制。

（二）社会促进与社会抑制的理论解释

他人在场为什么会产生两种相互矛盾的作用？心理学家对此做出了各种解释。

1. 优势反应强化说

查荣克以动机和内驱力的研究成果为基础，提出了优势反应强化说。[①] 他认为他人在场会造成个体的生理唤醒状态，从而提高其动机水平，使其优势反应能轻易地表现出来，而较弱的反应则会受到抑制。所谓优势反应，是指那些已经学习和掌握得相当熟练、不假思索就可以表现出来的习惯动作。如自行车选手骑自行车，小孩子绕线、跳跃和计数，大学生连锁联想、删去元音等，都属于这种熟练活动，他人在场会提高他们活动的成绩。反之，批驳某一哲学命题、掌握无意义音节等活动是需要动脑筋或是不熟练的，他人在场使动机增强，反而会起干扰作用，降低活动效率。这一理论可用图 12-1 来表示。

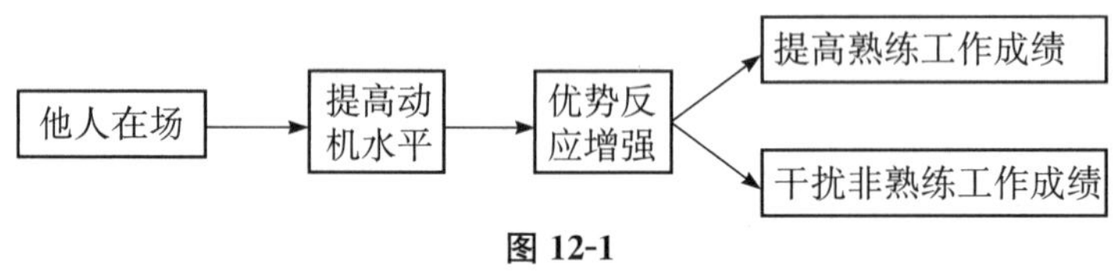

图 12-1

说明：他人在场对人活动的影响过程。

资料来源：全国十三所高等院校《社会心理学》编写组．社会心理学．4 版．天津：南开大学出版社，2008：293.

科特雷尔（N. Cottrell）的一项研究证明了他人在场的促进或干扰作用。他让被试在单独和他人在场两种情境中学习单词配对表。配对表有两类：一类由同义词组成，如荒芜-不结果，学习起来非常容易；另一类由无关单词组成，如荒芜-最重要，非常难以学习。结果显示，学习简单的配对表时，他人在场有明显的社会促进作用，而学习困难的配对表时，他人在场则带来了社会抑制。有研究表明，他人在场时他人的成

---

① Zajonc. Social Facilitation. Science，1965，149：269-274.

绩水平会对个体工作绩效产生显著影响。高低成绩水平的观众都可提高个体工作绩效，但有比自己成绩高的观众在场时，个体可达到最高的工作绩效。[①]

查荣克认为他人在场一定会影响人们的动机和活动成绩。但科特雷尔的另一项实验结果对此提出了质疑。他要求大学生默记词汇，被试被分成三组在不同条件下学习这些词汇。第一种条件是，被试单独完成这项任务；第二种条件是，被试面对两个同学完成这项任务；第三种条件是，被试在两个人在场的情况下完成这项任务，但这两个人的眼睛被蒙了起来，无法判断被试的成绩。结果发现，第一种条件和第三种条件下被试的成绩相同。按照查荣克的观点，应该是第二种和第三种条件下的成绩相同才对。显然，查荣克的理论无法解释这一现象，于是，一些学者进一步深化和发展了优势反应强化说。

背景人物

查荣克（1923—2008），美国社会心理学家，因研究出生次序、家庭规模等因素对儿童智力发展的影响以及社会促进等问题而著名。1975 年获美国科学发展协会颁发的科学研究奖，1978 年获美国心理学会颁发的杰出科学贡献奖。

2. 评价与竞争观点

查荣克认为仅仅他人在场就会产生唤醒，但实验已显示他人在场并不一定导致动机水平的提高。观众一旦被蒙上了眼睛，就不会对被试的动机水平产生影响。因此，一些学者认为观众的评价是形成社会促进的重要原因。个体在成长过程中不断受到他人的评价，并且会逐渐变得关注他人的评价，争取赢得他人对自己好的评价。因此，他人在场激发了行为者的被评价意识，从而提高了动机水平。这种对评价的关注，被称为评价顾忌。在任务简单时，意识到我们正在被评价会使我们更努力；而在任务复杂时，这种被评价的压力会降低绩效。

他人评价与动机水平之间的关系受下列因素影响。

（1）活动者知觉被评价的程度。

一般来说，活动者知觉被评价的程度越高，其动机水平就越高。马滕斯（R. Martens）和兰德斯（D. M. Landers）用实验巧妙地证明了这一点。他们让一定数量的男学生用小棍子把一个小球从某装置的下方拨到上方，它要求一定的技巧，是一项比较困难的工作。实验安排在三种条件下进行。第一种条件是，每个被试可以看到自己的得分、其他被试的得分和操作情况，这是“直接评价”条件。第二种条件是，每个被试可以看到所有的得分，但看不到彼此的操作情况，这是“间接评价”条件。第三种条件是“无评价”条件，被试既看不到操作情况，也看不到别人的得分。实验结果表明，

① 袁玉琢，孟乐，李朝旭．他人成绩水平对个体工作绩效的影响：基于社会助长理论视角．社会心理科学，2016（3）．

在“直接评价”条件下，被试的作业成绩最差，说明他们的动机水平大大提高，对复杂活动产生了抑制作用。而“间接评价”和“无评价”条件下的操作结果没有什么差别。由此可见，动机水平提高到何种程度，依赖于活动者知觉他的操作正在被别人评价的程度。对于困难较大的工作，是否有被人评价的意识，其工作结果大不相同。

（2）评价者的身份和态度。

一般来说，评价者越具有权威性，活动者的动机水平越高。一个演员，面对评委和面对观众，其动机水平是不一样的。对青年人来说，同龄异性评价者在场对其活动有较大的影响，动机水平明显提高。这其中有性的吸引力在起作用。从态度上看，评价者越是正襟危坐、严肃认真，对活动者影响就越大；如果评价者漫不经心，则对活动者影响较小。

（3）活动者的年龄和个性特征。

年龄、气质、性格不同的人，受他人在场的影响也有差异。从年龄上说，儿童更在乎他人的评价，十分希望得到他人的肯定，有他人在场时，其动机水平比成人提高得更为明显。从性格上说，易受暗示、谨小慎微、独立性差、缺乏自信的人对他人在场更为敏感些。从气质上看，胆汁质和抑郁质的人比多血质和黏液质的人更在乎别人的看法。另外，不同情绪状态下，他人在场对活动者的影响也不尽相同。

此外，他人在场不仅会唤起人们的被评价意识，还会唤起人们的竞争意识。J. 弗里德曼解释说，人在社会化的过程中，已经学会了将社会情境作为竞争情境来看待。在有他人在场的社会情境中，人们会有意无意地感到由社会比较引发的竞争压力，从而使人们行为的内在动力增大，产生促进作用。

3. 分散冲突理论

由于社会促进不仅在人类身上存在，而且在许多动物身上也有类似现象发生，然而我们认为动物是用不着“担心”评价的。为了解释这一点，桑德斯（G . Sanders）、R. S. 巴伦（R. S. Baron）和穆尔（D. L. Moore）提出了分散冲突理论（distraction-conflict theory）。[①] 该理论认为，他人存在是一种干扰，当个体正从事一项工作时，他人在场会造成他注意力的分散和转移，产生两种基本趋势即注意观众和注意任务之间的冲突。这种冲突能增强唤醒水平，对其工作效率造成影响。唤醒是增加还是降低绩效取决于该任务所要求的反应是否为优势反应。如果从事不熟悉或难度大的任务，需要高度集中注意力才能完成，分散注意力就会干扰工作进度；如果从事熟练或简单的任务，人们已达到“自动化”程度，不需要全部的注意力，为了补偿干扰，人们会更加专心、更加努力，实际效果会更好。

---

① Sanders，Baron，Moore. Distraction and Social Comparison as Mediators of Social Facilitation Efforts. Journal of Experimental Social Psychology，1978，14：291-303. Baron. Distraction-conflict Theory：Progress and Problem//Berkowitz. Advances in Experimental Social Psychology. New York：Academic Press，1986：1-40.

4. 生理心理反应模式

最近的一项研究为社会促进提供了生理心理学的解释。这种理论认为，他人在场，可能存在两种冲突的生理心理反应模式：激励或威胁。当个体具有足够的资源来应对任务时就会激发激励模式，在生理上，这种模式类似于做有氧运动时机体产生的反应；相反，当个体没有足够的资源来应对任务时就会激发威胁模式，机体上会产生类似于应对危险时的反应。不同的生理心理反应模式最终会影响个体的成绩。[①] 这个理论得到了生理心理学家的支持。

总之，可以用各种理论来解释社会促进现象，而越来越多的研究者认为，不同的理论解释之间并不是相互对立的，它们可能同时存在于社会促进的过程中。

二、社会惰化

在讨论社会促进和社会抑制时，个人的努力（跑的速度、测验成绩等）都将得到评价。这种被评价的可能性是解释社会促进发生的一个重要因素。如果群体中的成员不能被单独评估，个体感受不到这种压力，情况又会如何？接下来我们就要讨论这种情形下可能发生的一种情况——社会惰化。

（一）社会惰化的含义

社会惰化（social loafing）又称为社会懈怠或社会逍遥，是指群体一起完成一件事情时，个人所付出的努力比单独完成时偏少的现象。林格曼最早发现了社会惰化现象，他发现人们一起拉绳子时的平均拉力比单独拉时的平均拉力要小。随着人数增加，每个人付出的个人努力程度会逐步下降。在研究中，他让被试用力拉绳子并测拉力，实验包括三种情境：单独、三人组和八人组。结果表明：单独拉时，人均拉力为 63 千克力；三人一起拉时，人均拉力为 53 千克力；八人一起拉时，人均拉力只有 31 千克力。

拉塔内等人同样用实验证明了社会惰化现象的存在。[②] 在一项研究中，他让大学生以欢呼或鼓掌的方式尽可能地制造噪音，每个人分别在独自、二人、四人和六人一组的情况下做。结果表明，每个人所制造的噪音随着群体人数的增加而下降（见图 12-2）。其他研究显示，在智力任务和创造性任务中也会出现社会惰化现象。目标难度和绩效评估因素显著影响个体努力水平，设置高难度的目标，同时评估个体对群体的贡献，可以有效地激发个体努力投入创造性任务，以减少社会惰化的发生。[③]

---

① Loomis, Blascovich, Beall. Immersive Virtual Environment Technology as a Basic Research Tool in Psychology. Behavior Research Methods, Instruments and Computers, 1999, 31 (4): 557-564.

② Latané, Williams, Harkins. Many Hands Make Light the Work: The Causes and Consequences of Social Loafing. Journal of Personality and Social Psychology, 1979, 37: 822-832.

③ 李晓丽，阎力．创造性任务情境下社会惰化影响因素研究．心理科学，2011（1）．

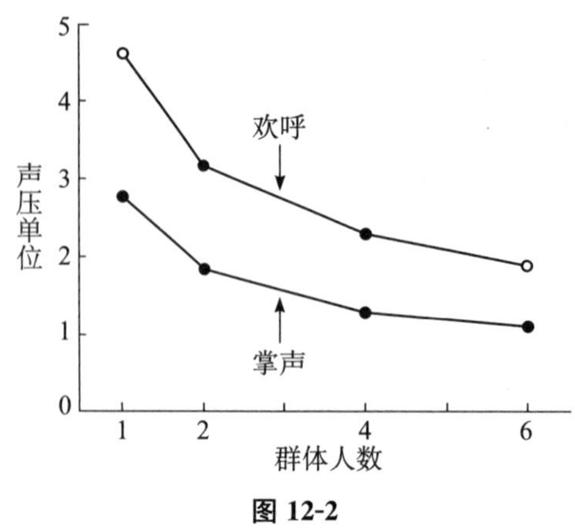

图 12-2

说明：个体制造噪音与群体大小的关系。

资料来源：Latané，Williams，Harkins. Many Hands Make Light the Work：The Causes and Consequences of Social Loafing. Journal of Personality and Social Psychology，1979，37：825.

有关的元分析为社会惰化提供了进一步的证据。杰克森（J. M. Jackson）和威廉姆斯（K. D. Williams）总结了 49 个有关社会惰化的研究（包含 4 000 多个被试）。结果表明，共同完成任务时的群体规模越大，个人的努力程度越低。当群体规模达到八人时，个人的努力程度仅为单独工作时的 80%。在一定范围内，群体规模增大，个人努力还会继续下降。①

（二）社会惰化的理论解释

为什么会出现社会惰化呢？一种解释是由克尔（N. Kerr）和布鲁恩（S. Brunn）提出来的。他们认为，在群体中，由于个体认识到自己的行为不会被单独评价，个人的努力会湮没在人群中（lost in the crowd），评价焦虑减弱使其对自己行为的责任意识下降，行为动力相应减少，从而导致努力程度下降。② 威廉姆斯、哈金斯（S. Harkins）和拉塔内在 1981 年的研究中设置了三种不同的实验情境，让被试单独大喊或在群体中大喊。③ 第一种实验情境是，让被试相信他们的表现总可以被辨别出来；第二种情境是让他们相信只有单独一人时他们的表现才能被辨别出来；第三种情境则是让他们相信他们的表现永远不会被辨别出来。结果显示，当被试觉得他们的努力在群体中不能被辨别出来时，表现最差。由此证明当个体认为只有群体的成绩可以被识别而个体的贡献不被识别时，社会惰化就会发生。

---

① Jackson，Williams. Social Loafing on Difficult Tasks：Working Collectively can Improve Performance. Journal of Personality and Social Psychology，1985，49：937-942.

② Kerr，Brunn. Dispensability of Member Effort and Group Motivation Losses：Free-Rider Effects. American Psychologist，1981，36：343-356.

③ Williams，Harkins，Latané. Identifiability as a Deterrant to Social Loafing：Two Cheering Experiments. Journal of Personality and Social Psychology，1981，40（2）：303-311.

背景人物

拉塔内（1937—　），美国社会心理学家。他和达利两人对震惊全美国的吉诺维斯凶杀案做出了“旁观者效应”的解释。他们的开创性研究说明了人们在紧急事件中什么时候会提供帮助。拉塔内也对社会惰化和群体行为进行了研究，进一步发展了社会影响理论。

卡饶（S. J. Karau）和威廉姆斯对 78 项研究进行了元分析，提出了群体努力模型（collective effort model，CEM）。[①] 他们认为群体任务中个体的努力程度主要取决于两个因素：（1）个体认为自己的努力对成功完成群体任务的重要性或必要性大小；（2）个体认为群体成功的价值大小。当个体结合成群体工作时，个体不再是决定群体成绩的唯一因素，其他成员的努力水平也会影响最终绩效，而个体努力工作的成果可能被均分，个体的贡献可能最终被抹杀。在付出和所得由于其他成员加入而变得不确定时，社会惰化便会发生，并且群体规模越大，社会惰化程度越高。

对群体绩效的不同报酬也会对社会惰化产生影响。对群体高绩效提供报酬会降低社会惰化。在一项研究中，一些学生被告知如果他们所在的群体针对某一问题能够想出的解决方案越多，就可以越早离开。而另一些学生被要求完成同样的任务，但没有可以提早离开的奖励。[②] 在这一情形下，对高努力获得回报的期望抵消了社会惰化效应。当任务有意义、复杂或有趣时，社会惰化也不容易发生。当任务困难或有挑战性时，个体一般也不会松懈下来。

（三）社会惰化的预防

虽然社会惰化普遍存在，但并不意味着它必然发生。我们可以用一些方法来减少社会惰化现象：（1）单独评价。即不仅公布整个群体的工作成绩，而且公布每个成员的工作成绩，让成员感到自己的努力和成绩是可被单独评价的。如威廉姆斯等的研究所示，如果让被试相信自己的行为效率和努力程度可以被鉴别出来，即使与群体一起完成一项工作，也不会产生社会惰化现象。[③]（2）提高认识。帮助群体成员认识他人的工作成绩，使他们了解不仅自己是努力工作的，他人也和自己一样努力。（3）控制群体规模。群体规模越大，社会作用力越分散，社会惰化就越严重。因此，在群体共同完成一项任务时，要注意群体规模不要太大。除了上述方法外，以群体整体成功为目标的奖励导向，增加工作本身的挑战性，增加群体的凝聚力等都能有效地减少社会惰化现象，提高群体工作效率。

---

① Karau，Williams. Social Loafing：A Meta-Analytic Review and Theoretical Integration. Journal of Personality and Social Psychology，1993，65（4）：681-706.

② Shepperd，Wright. Individual Contribution to a Collective Effort. Personality and Social Psychology Bulletin，1989，15：141-149.

③ Williams，Harkiné，Latané. Identifiability as a Deterrant to Social Loafing：Two Cheering Experiments. Journal of Personality and Social Psychology，1981，40（2）：303-311.

总之，他人在场有时会造成社会促进，有时会导致社会懈怠。有时会刺激我们更加努力工作，有时会使我们的努力程度降低。出现哪种情况取决于群体情境是增加了我们对社会评价的关注（因为他人在评价我们的表现）还是降低了这一关注（因为个人的努力在群体中被隐藏）。出现哪种情况还取决于任务的复杂程度以及我们对结果的关注程度。

三、社会影响理论

他人在场对个体绩效会产生积极或消极的影响，拉塔内于 1981 年提出了社会影响理论（social impact theory）来关注这些影响的大小。该理论认为他人对个体总的影响取决于他人（影响源）的三个属性：数量（number）、强度（strength）和接近性（immediacy）。图 12-3 显示了一群人（影响源）对单个个体（目标）的影响。

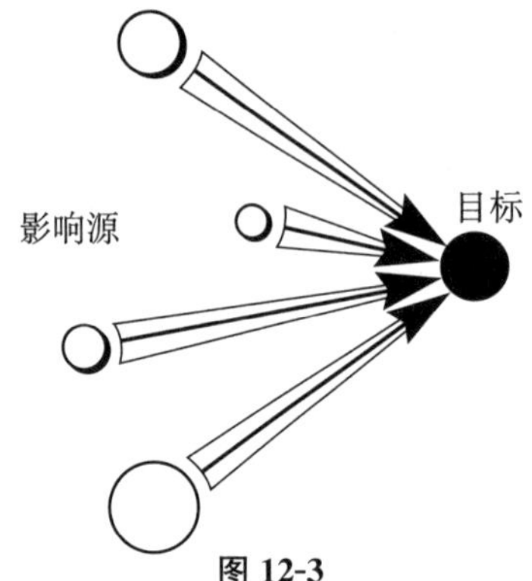

图 12-3

说明：他人对目标的影响取决于人数的多少（圆圈的数量）、接近性（圆圈与目标的距离）、重要性或强度（圆圈的大小）。

资料来源：Latané，Wolf. The Social Impact of Majorities and Minorities. Psychological Review，1981，88（5）：344.

当周围人数量增加时，来自他人的社会影响增大。一个新演员在 50 个观众面前比在 5 个观众面前感受到的舞台恐惧会更强烈。他人的强度也就是他人的重要性，与他人的年龄、地位、权力、是否为专家及其与个体的关系等有关。例如，在许多情况下，一名警官的影响要比一名小商贩的大。他人的地位越高，权力越大，他们的社会影响力就越强。他人的接近性是指他人在时间和空间上与个体的接近程度，对上面提到的那个新演员来说，观众直接观看对其的影响要大于通过录像观看。拉塔内认为，社会影响可以比喻成光照在表面上：光的总能量依赖于灯泡的数量、灯泡的瓦数和它们与表面的接近程度。

社会影响理论能够帮我们解释为什么他人的存在有时会造成社会促进，而有时又会导致社会惰化。在社会促进的情况中，个体往往是他人的唯一观察目标，他人对个体的社会影响会增大。相反，当很多人一起工作，而只有一名旁观者时，社会惰化往往就会发生(见图 12-4）。每个个体只是来自群体外的旁观者的目标之一，因此，旁观者的社会影响就分散到每个人身上，随着群体规模增大，每个个体感受到的压力会降低。

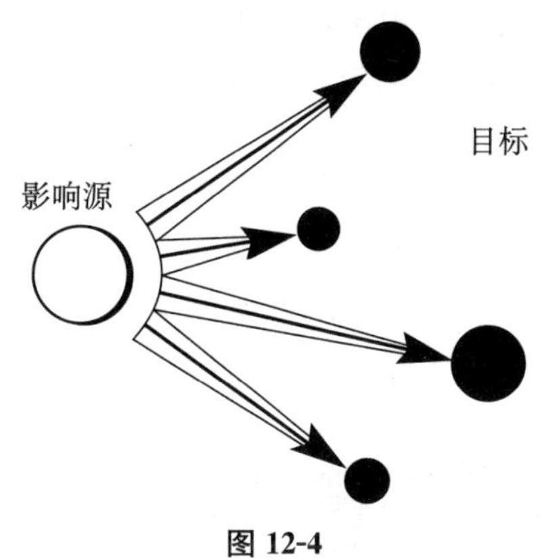

图 12-4

说明：当个体只是数个社会影响目标中的一个时，观察者对目标的影响力会被削弱。

资料来源：Latané，Wolf. The Social Impact of Majorities and Minorities. Psychological Review，1981，88 (5)：349.

四、去个性化

群体对个人产生影响的另一个例证是去个性化（deindividuation)。它指个体在一个群体中与大家一道从事某种活动时，对群体的认同湮没了个人的身份，使个体失去通常的个性感。去个性化常常使人们摆脱正常的社会规范约束而表现出极端行为。

对此现象的研究最早源于法国社会学家勒庞（G. LeBon)，他发现激动的群体倾向于有相同的感受和行为，因为个体的情绪可以传染给群体。① 在这种情况下，即使一个成员做了一件大部分人反对的事情，其他人也会倾向于仿效他。勒庞把这种现象称为社会感染（social contagion)。社会心理学家费斯汀格、津巴多用更现代的词命名这种现象为去个性化。

费斯汀格等人于 1952 年对此进行研究。他们以 23 组男大学生为被试，让他们以组为单位进行讨论，讨论内容是让每个人说说是憎恨自己的父亲，还是憎恨自己的母亲。这是一个敏感的问题，平常大家很少谈它。一部分小组的讨论在明亮的教室里进行，每个成员都具有高辨认性；另一部分小组的讨论在昏暗的教室里进行，每个成员还穿上布袋装，只露出鼻孔和眼睛，具有低辨认性。研究人员预期，具有低辨认性的被试，即去个性化的被试将会更猛烈地抨击自己的父母。实验结果证实了这种预测。研究人员还发现，去个性化的群体对成员具有更大的吸引力。

津巴多试图研究去个性化在诸如敌视、盗窃等极端行为中的作用。他以女大学生为被试，把她们分为四人一组，告诉她们将进行一项关于人类移情的实验，要求她们对隔壁房间的女生实施电击。她们可以从单向镜里看到女生被电击的情形。一些小组的被试被安排在昏暗的房间里，身着布袋装，不佩戴名签，具有低辨认性(见图 12-5)。

① Gustave Le Bon. The Crowd：A Study of the Popular Mind. London：Ernest Benn，1896：129-131.

结果证实，和没有去个性化的被试相比，那些去个性化的被试电击受害者的时间延长了一倍。当然，受害者并未真的被电击，她的哭喊挣扎是假装的，装得非常逼真。津巴多还把受害者的形象作为自变量加以改变：一个受害者看起来是个举止文雅、乐于助人的妇女，另一个受害者看起来是个十分爱挑剔、以自我为中心的妇女。实验表明：在没有去个性化的情况下，被试对那个文雅的妇女电击时间短，对那个尖刻的妇女电击时间长；而在去个性化的条件下，对这两个妇女都进行了更长时间的电击。正如津巴多所说，在这种条件下，那些平时温顺可爱的女学生尽情地电击别人，几乎每个机会都不放过。

图 12-5

说明：匿名女大学生给无助的受害者实施的电击强度要比非匿名女大学生实施的大。

资料来源：Zimbardo. The Human Choice：Individuation，Reason，and Order Versus Deindividuation，Impulse，and Chaos//Arnold，Levine. Nebraska Symposium on Motivation. Lincoln，NE：University of Nebraska Press，1970：237-307.

研究者认为，去个性化的原因主要来自以下几个方面。

（1）匿名性（anonymity）是引起去个性化现象的关键，群体成员身份越隐蔽，他就越会觉得不需要对自我认同与行为负责（见图 12-6）。津巴多实验中，当那些女大学生身着布袋装，不佩戴名签，在昏暗中电击受害者时，她们觉得自己是匿名者。

图 12-6

说明：当个体是匿名时，他们更可能对他人表现出攻击行为。

资料来源：Peterson. Psychology：A Biopsychosocial Approach. NY：Addison-Wesley Educational Publishers Inc.，1997：575.

迪纳（E. Diener）等人对儿童偷窃行为的研究也证明了这一点。[①] 在研究开始的时候，他们问了一些孩子的名字并记下，对另一些孩子则无这样的处理。研究的情境是当大人不在场时，孩子有机会偷拿额外的糖果，结果支持了匿名的效果：那些被问及姓名的小朋友不太会去多拿，即使他们知道自己不会被抓住，他们也不会去做。

（2）责任分散（diffused responsibility）。津巴多认为：个体单独活动时，往往会考虑这种活动是否合乎道义，是否会遭到谴责；而个体和群体其他成员共同活动时，责任会分散在每个人的头上，个体不必承担这一活动所招致的谴责，因此会更加为所欲为。津巴多曾做过一个实验，他们把两辆外形抢眼的敞篷跑车拉下敞篷、取下车牌，分别放到繁华的纽约和人口稀少的小城市帕洛阿尔托。结果发现，在纽约这个繁华都市行人就像展开了一场拆车大赛，纷纷停下来卸走车上的东西；而在帕洛阿尔托，一个星期都没有人对车“下手”，有一天下雨，还有人将敞篷拉上了。研究者认为，长期生活情境决定了人们的固定行为模式。对于纽约这样人口稠密的城市来说，其居民已经习惯了长期处于责任高度分散和匿名的情境中。即使在围观人群不多时，也会由于其长期身处的社会大环境而更容易萌生“我不做也会有其他人做”的心态。

（3）自我意识下降。迪纳认为引发去个性化行为的最主要的认知因素是缺乏自我意识。人们的行为通常受道德意识、价值系统以及所习得的社会规范的控制。[②] 但在某些情境中，个体的自我意识会失去这些控制功能。比如在群体中，个体认为自己的行为是群体的一部分，这使得人们觉得没有必要对自己的行为负责，也不顾及行为的严重后果，从而做出不道德与反社会的行为。人们大多数的去个性化行为是因为自我意识的能动作用丧失而引起的。

第二节　从众

个体接受社会影响的方式是多种多样的，从众、服从和顺从是其中的主要方式。从众更多涉及群体对个体的影响；服从涉及个体由于社会角色关系连带而产生的影响作用；顺从涉及的则是更为一般的人际影响。本节先介绍从众。

一、从众的含义

对于从众（conformity）的概念，不同心理学家的观点不尽相同。梅尔斯（D. Myers）认为，从众是个体在真实或想象的群体压力下改变行为与信念的倾向。弗

---

① Diener，Fraser，Beaman，Kelem. Effects of Deindividuation Variables among Hallow Trick-or-Treaters. Journal of Personality and Social Psychology，1976，33：178-183.

② Diener. Deindividuation：The Absence of Self-Awareness and Self-Regulation in Group Members//Paulus. The Psychology of Group Influences. NJ：Lawrence Erlbaum，Hillsdale，1980：209-242.

兰兹（B. Franz）则把从众定义为对知觉到的群体压力的一种屈服倾向。尽管它们在表达上有差异，但实质相同，从众就是指个体在群体压力下，改变知觉、判断、信仰或行为，使之与群体中的大多数人一致的倾向。在日常生活中，参照群体、群体规范与群体压力是广泛存在的，个体在受到真实或想象中的群体暗示或提示时，会被引导做出群体要求或期待的行为，或对情境做出一定反应。从众有不同的表现形式：可以表现为在临时的特定情境中对占优势的行为方式的采纳，如助人情境中跟随大家旁观，暴乱中跟随大家一起破坏等；也可以表现为长期性的对占优势的观念与行为方式的接受，如顺应风俗、习惯、传统，如开会形成决议时进行举手表决，少数派由于多数人举手的压力而赞成多数人意见。从众行为的具体类型非常复杂，这里可以将从众行为分为以下三类。

（一）真从众

真从众不仅在外显行为上与群体保持一致，而且内心的看法也认同，也就是我们通常所说的表里如一、心服口服的从众。真从众对于一个群体的关系处理有着积极的作用。在真从众的情况下，群体成员与群体保持着真实的一致性和对群体的真实认同，群体成员在心理上不存在冲突。这是群体与成员之间的理想关系。

真从众：外显行为与群体保持一致，内心看法也认同，表里如一。

权宜从众：个体虽然行为上与群体保持一致，但内心却并不认同，只是迫于群体压力。

不从众：个体在群体中不为群体意见所左右，坚持自己的选择。

（二）权宜从众

在某些情况下，个体虽然在行为上与群体保持了一致，但内心却并不认同群体的看法，仍坚持自己的意见，只是迫于群体压力，才暂时屈从于群体选择。这种从众就是**权宜从众**。这类从众由于外显行为同内心观点不一致，常使个体处于认知失调状态。当群体压力始终存在，而个体又无法脱离群体，必须从众时，个体就倾向于改变自身的态度，与群体取得意见上的一致，这时权宜从众可能会转变为真从众。或者个体会找出新的理由，将自己的行为合理化，从而缩小观点与行为之间的差距，达到新的平衡状态，使认识系统重新协调。

（三）不从众

不从众是从众的对立面，是指个体在群体中不为群体意见所左右，而坚持自我原有选择的行为。不从众的情况有两类：一类是表面上不从众，内心其实是接纳状态。这种从众行为往往在特定的条件下发生。通常表现为内心倾向虽与群体一致，但由于某种特殊需要，行动上不能表现出与群体一致。例如，在群体由于某种原因而群情激奋时，作为群体的领导者，情感上虽认同群体，但行动上却需要保持理智，不能为逞一时之快用自己的行动鼓励群体的破坏性行动。这是表里不一致的假不从众情况。另一类不从众是内心观点和行动都表现得与群体不一致，这是表里一致的真不从众情况。通常情况下，只有在群体对个体缺乏吸引力的时候，或个体在行动中不需要考虑与群体的一致性时才出现。另外，个体的个性特征也可能影响不从众行为的产生，对于一个比较自我、很有主见的人，往往不从众行为的比例会相对高一些。

二、从众的经典研究

从众现象的经典研究多是在实验室环境下进行的，心理学家们创造了有无他人在场的情境，观察被试的行为变化规律。

（一）谢里夫有关规范形成的研究

谢里夫利用诱动错觉研究个体反应如何受他人反应的影响。所谓诱动错觉是指在黑暗的环境中，当人们观察一个固定不变的光点时，由于视错觉的作用，这个光点看起来好像前后左右移动，即产生自主运动效应（autokinetic effect）。实验者让大学生被试坐在暗室里，在其面前呈现一个固定的光点，然后让被试估计光点移动的距离。在单独估计时，被试的判断差异极大，从一两英寸到二三十英寸的都有。谢里夫把被试分成三人一组，在同一房间里共同观察和判断，每个人还是报告自己的估计。经过一段时间后，他们会产生相互影响，彼此的判断趋于一致，趋向大家判断结果的平均数。也就是说，大家对这个问题形成了一个共同的标准，谢里夫认为这个阶段实际上已建立起了群体规范。有意思的是，在研究结束时，实验者问被试他们的判断是否受到他人的影响，被试都加以否认。

（二）阿希的线段判断实验

在谢里夫的实验中，被试对正确答案是十分不确信的。那么当刺激情境清晰时，人们还会从众吗？为了找出答案，阿希进行了一系列经典研究。他认为，在谢里夫的实验中，人们会从众是很自然的。因为实验者设置的是一个高度模糊的刺激物，被试只好以他人的判断作为自己判断的参考。但是，当人们处于一个明确的情境中时，阿希预测他们会理性客观地解决问题，当群体的言行与一些显而易见的事实相背时，他们会相信自己的知觉从而做出独立的判断。为了验证这一假设，阿希设置了以下的实验情境。

当自愿参加一项知觉实验的男大学生来到实验室时，看到六名与自己一样参加实验的被试已经在等着了。实际上，这六人是阿希的实验助手。阿希让真被试和这六个人围着桌子坐下，并依次指定为一号到七号。真被试被安排在倒数第二个回答。实验者一次展现 18 组两张一组的卡片。两张卡片中，一张上面有一条线段（标准线段），另一张卡片上有三条线段，分别标着 A、B、C（见图 12-7），其中一条与标准线段长度完全相同，而另外两条线段的长度与标准线段差异非常大。阿希告诉被试他们的任务就是报告 A、B、C 中哪条线段与标准线段一样长。呈现图片之后，七名被试按座位顺序大声报告自己的判断。显然，这一判断任务极为容易，只要视力正常的人都能看出 B 是正确答案。

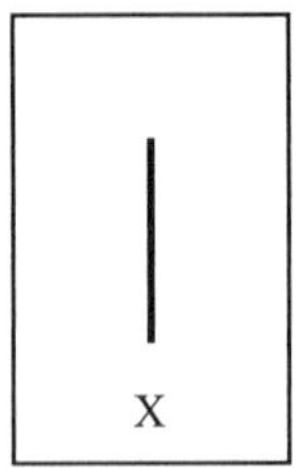

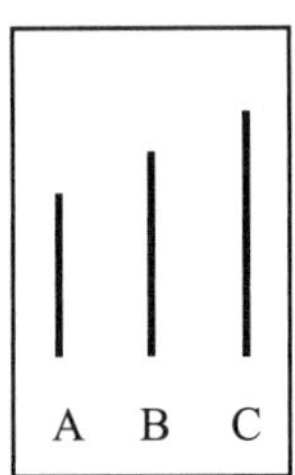

图 12-7

说明：阿希的线段判断实验。

前两轮判断中，实验助手都选择了正确答案。所有被试反应都一致。然而，在第三轮判断时，第一个“被试”仍像以前那样仔细地观察线段，但却给出了一个明显错误的答案。第二个“被试”也给出了相同的错误答案，以此类推，所有实验助手都“不约而同”地选择了错误答案。在这种情况下，真被试会不会从众呢？由于知觉判断本身很容易，控制组实验中，被试单独做判断的准确率超过98%，因此，阿希预测，表现从众的被试不会多。但结果却与其预测相反，从众行为数量相当可观，有些被试从来都不会给出错误答案，而有些被试却总是给出错误答案。总体而言，被试平均在三次回答中有一次会附和助手的错误答案，而有些被试却总是给出错误答案。在整个实验过程中，76%的被试至少发生了一次从众现象（见图 12-8）。

图 12-8

说明：在阿希的一个从众实验中，第六个被试在听到他前面的五个被试的错误答案后，内心经历着冲突和不安。

资料来源：http：//www.simplypsychology.pwp.blueyonder.co.uk/asch-conformity.html。

在实验中，被试普遍体验到一种严重的内心冲突和压力。实验结束后，实验者个别访问被试，询问其做出错误选择的原因，从被试的回答中，可以把导致错误的原因归纳为三种类型。

第一，知觉歪曲。被试确实出现了错误的观察，把他人（假被试）的反应作为自己判断的参照点，根据别人的选择辨认“正确”的答案。当刺激物的特性十分鲜明时，发生这种歪曲的极少。第二，判断歪曲。因为对自己的判断缺乏信心，对后果没有十分把握，被试虽然意识到自己看到的与他人不同，但却认为多数人总比个人要更正确，发生错误的肯定是自己。于是，从众以求心安。属于这种情况的人最多。第三，行为歪曲。被试确认自己是对的，错的是其他多数人，但是不愿意成为“一匹离群之马”，所以表面上采取了从众行为，跟着多数人做了同样的错误选择，而一旦群体压力解除，他就会说出自己真正的意见。

三、从众的原因

在阿希研究的基础上，多伊奇（M. Deutsch）和杰拉德（H. B. Gerard）对从众原因进行了说明。根据他们的观点，从众行为的产生有两个原因：一是信息性社会影响；二是规范性社会影响。①

（一）信息性社会影响

从众的一个重要原因是人们有确认真实情况的需要，而他人的行为通常能提供十分重要的信息。这就是所谓的信息性社会影响（informational social influence），我们把他人视为指导行为的信息来源从而顺应其行为。谢里夫的实验正是信息性从众的一个经典研究。我们从众是因为我们相信他人对一个模糊情境的解释比我们自己的解释更正确，而且可以帮助我们选择一个恰当的行为方式。基于信息影响而产生的追随倾向依赖于情境的两个维度：人们认为群体掌握的信息程度如何以及人们对自己独立判断的信心如何。人们越相信群体的信息，越重视群体的观点，就越容易与群体保持一致。而刺激越模棱两可、任务越困难，人们对自己的判断越易失去信心，越容易追随群体的判断。

信息性社会影响的一个重要特点就是它能导致个人接受（private acceptance）而不只是公开顺从（public compliance），对这两者进行区分是十分必要的。前者是真从众，人们真诚地相信他人言行的正确性，因而顺应他人的行为；后者则是权宜从众，一个人虽然在公开场合顺应他人的行为，但私下不一定相信。当从众来源于信息影响时（人们确信群体成员是正确的），人们通常在改变行为的同时也改变了自己的观念。因此，信息影响可被看作一种公正的理论推理过程。在这种推理过程中，其他人的行为

---

① Deutsch，Gerard. A Study of Normative and Informational Social Influences upon Individual Judgment. Journal of Abnormal and Social Psychology，1955，51：629-636.

改变了人们的观念或人们对情境的解释，因此使得人们的行为方式追随群体的行为方式。

研究表明，情境模糊不清是信息性社会影响发挥作用的关键变量，它决定着人们在多大程度上会以他人作为信息的来源。当我们不确定什么是正确的反应、适当的行为、正确的观点时，我们最容易受到他人的影响。我们越是不确定，就越会依赖他人。[①] 危机是另一个促使人们以他人作为信息来源的变量，而且常常与模糊情境同时出现。在危急时刻，我们通常没有时间停下来思考应该采取什么行动。我们需要立即行动。如果我们感到害怕、恐慌而不知所措，很自然就会去观察他人的反应，然后照着做。此外，通常一个人拥有越多的专业知识，其在模糊情境下的指导越有价值，越容易产生信息性社会影响。

（二）规范性社会影响

从众的第二个原因是人们有被接受的需要，希望获得他人的赞同，并避免他人的反对。人们通常希望别人能够接受自己，喜欢自己，友好地对待自己。当人们为了获得社会接纳而改变自己的行为方式，使其符合群体的规范和标准时，规范性社会影响（normative social influence）便起了作用。由规范原因而引发的从众行为，并不是因为我们以他人作为信息来源，而是为了不引人注目，不被他人嘲笑，不至于陷入困境或遭到排斥，因为群体成员一般都讨厌偏离者。

J. 弗里德曼等通过实验证明群体对偏离者会采取惩罚态度。[②] 被试是一些互不相识的人，实验者通过操作，首先使被试们相信，小组中有五人意见一致，只有一名被试和大家意见不一致，使之成为大家心中的偏离者。然后，实验者让他们挑选一个人去参加一个有惩罚的痛苦的学习实验，结果大家一致推选了那个被视为偏离者的人。而当实验者要求被试群体选择一人参加另一种有奖励的愉快的学习实验时，大家却尽量避免推选那个偏离者。

阿希的实验可用规范性社会影响来解释。该研究中，情境十分明确，正确答案显而易见。被试并不需要从他人那里获得信息做判断。这里，规范性社会影响发挥了作用。即使其他的被试都是陌生人，对成为孤独的异议者的强烈恐惧也会引发人们的从众行为。这种情况下，与信息性社会影响相比，规范性社会影响常常会导致人们公开地顺从群体的信念和行为，但私下并不一定接纳，也没有必要非得改变自己的个人观念。

规范性社会影响在我们日常生活的许多层面发挥作用。时尚就是规范性社会影响的一个例证。时尚是一定时期内，社会上某个群体中普遍流行的某种生活方式。很少有人甘做时尚的奴隶，但我们还是会在适当的时候穿着适当的、合潮流的服装。我们还会

---

① Allen，Levine. Social Support and Conformity：The Role of Independent Assessment of Reality. Journal of Experimental Social Psychology，1971，7：48-58.

② Freedman，Sears. Selective Exposure//Berkowitz. Advances in Experimental Social Psychology. New York：Academic Press，1965：58-97.

发现某一特定群体中的人们打扮相似，这些都是规范性社会影响在起作用（见图 12-9）。

图 12-9

说明：我们通常在外表上和我们周围的人保持一致。我们甚至批评那些不遵从标准的人。

资料来源：Philipchalk. Invitation to Social Psychology. Orlando：Harcourt Brace，1995：249.
Kalat. Introduction to Psychology. Wadsworth：Thomson Learning，Inc.，2005：561.

学以致用

规范性社会影响与进食障碍

女性通过信息性社会影响了解到特定时刻文化认同的有魅力身材的类型。通过家人、朋友和媒体，女性了解到何为有魅力的身材，自己与之比较又如何。而各种形式的媒体都在传递着这样的信息：女性理想的身材是苗条的。例如，研究者调查分析了那些以少女和成年女性为目标群体的文章和广告，以及电视节目中的女性人物，证实了上述观点。① 女性往往倾向于认为自己的体重超重并且认为比她们实际的体重还要重，如果她们刚刚见过媒体中纤细身材的女性形象，那么这种情况还会加剧。②

规范性社会影响则可以解释女性为什么会通过节食，更有甚者通过厌食症、暴食症等进食障碍来塑造这种完美身材。早在 20 世纪 60 年代，研究者就调查发现有 70% 的高中女生对自己的身材不满意并希望减肥。③ 目前促使女性保持苗条的社会文化压力，是规范性社会影响的一种潜在的致命形式。20 世纪 20 年代中期，苗条是女性有魅力身材的标准，当时出现了进食障碍的流行病。今天这一切又重现，并且出现在年纪更小的女孩身上。美国厌食暴食协会（American Anorexia & Bulimia Association，AABA）最近的一项调查发现，12～13 岁的女孩中，有三分之一的人正积极地试图通过节食、呕吐、腹泻、使用药物减肥。

研究者对从众压力与进食障碍之间的关联进行了研究。克兰德尔（C. Crandall）曾针对暴食症做过有关研究。④ 暴食症是一种饮食模式，它的特点是周期性的暴饮暴食，

---

① Cusumano，Thompson. Body Image and Body Shape Ideals in Magazines：Exposure，Awareness and Internalization. Sex Roles，1997，37：701-721.

② Fredrickson，Roberts，Noll，Quinn，Twenge. That Swimsuit Becomes You：Sex Differences in Self-Objectification，Restrained Eating，and Math Performance. Journal of Personality and Social Psychology，1998，75：269-284.

③ Huenemann，Shapiro，Hampton，Mitchell. A Longitudinal Study of Gross Body Composition and Body Conformation and Their Association with Food and Activity in Teenage Population. American Journal of Clinic Nutrition，1966，18：325-338.

④ Crandall. Social Contagion of Binge Eating. Journal of Personality and Social Psychology，1988，55：588-598.

接着又通过禁食、呕吐、腹泻等方法来清除这些食物。克兰德尔的被试是来自两所大学女生联谊会的成员。他发现，每个联谊会对于暴饮暴食都有它自己的一套社会规范。在其中一个联谊会中，团体的规范是，吃得越少越受欢迎；而在另一个联谊会中，受欢迎程度与适度的饮食相关。

暴饮暴食是规范性社会影响的一种运作方式吗？是的。克兰德尔通过对被试一学年的测试发现，新成员也必须顺应团体的饮食模式。也许，最初的从众行为出于信息性社会影响，是新成员向团体学习如何控制体重的一种方式。但是，接下来规范性社会影响取而代之，新成员必须使自己暴饮暴食的行为符合联谊会和朋友的标准。如果不采取这样的行为或者与其他人做法不同，新成员很快就会不受欢迎甚至遭到排斥。

四、从众的影响因素

影响个体从众行为的因素主要归为三类：群体因素、情境因素和个体因素。群体的一致性、规模、凝聚力以及个体在群体中的地位，是群体压力影响个体从众行为的主要途径。情境中的刺激物性质和交互作用时间段，根据个体了解情境的程度产生相应影响。个体因素则始终是影响个体行为所不容忽视的方面。

（一）群体因素

1. 群体一致性

个体在面对一致性的群体时所面临的从众压力是非常大的。当群体中意见并不完全一致时，从众的数量会明显下降。阿希在进一步的实验中，让一位假被试做出不同于多数人的反应，结果被试的从众行为减少了四分之三，因为被试有了一个“同盟者”，从中得到了巨大的支持力量。即使这个假被试并没有发表与被试相同的意见，只要他与群体意见相异，就会增强被试的信心，削弱从众行为。

艾伦（V. L. Allen）等人的研究证明，群体不一致意见一旦出现，无论持不一致意见者与真被试在情感和态度上是否相同，都会导致从众率的下降。①

群体意见不一致导致从众率下降的原因有三方面：第一，当群体意见出现不一致的时候，人们对多数人的信任度就会降低，这给本来就对群体意见有所怀疑的个体找到了支持力量，并提供了可以怀疑的空间，这就削弱了人们将多数意见作为判断参照的依赖性，导致从众率下降。第二，这种来自他人的支持力量同时也能提高个体对自我判断的信心，从而降低从众产生的比例。第三，群体出现不一致的时候，会减少人们的偏离焦虑恐惧，降低群体对个人造成的压力，使得人们进行独立判断的倾向增强，从而使从众比例下降。

---

① Allen, Levin. Social Support and Conformity: The Role of Independent Assessment of Reality. Journal of Experimental Social Psychology, 1971, 7: 48-58.

2. 群体规模

在一定范围内，人们的从众性随着群体规模增大而增大。假设你在一个让你感到寒冷的屋子里，如果屋子里还有另外一个人，他抱怨屋子太热，你可能会认为这个人不是疯子就是发了高烧。但是如果屋子里还有另外五个人，而且他们都说屋子太热，你可能会重新思考一下，怀疑自己是不是什么地方出了毛病。五个人比一个人更倾向于使人相信。

一般来说，群体规模越大，引起的从众率就越高。按照社会影响理论，影响源群体增大，影响力会相应增大，从而诱发更多的从众行为。但群体成员的人数是有限度的。在阿希的系列实验中，他通过改变小组成员的数量（在1～15人之间变化），发现随着人数的增加，从众行为更易发生。但这个人数有一个极限，即控制在3～4人，如果超出这个范围，人数增加并不必然导致从众行为的增加。杰拉德进行的阿希式研究结果虽有所不同，但也反映了同样的趋势。

米尔格拉姆等人也做过与群体规模有关的从众实验，得到的结果有相同的趋势。[①]实验在纽约市的一个热闹街头进行，由实验助手站在街边，抬头看街对面的办公大楼六层的一个窗户，并测试从这里经过的人的从众行为的发生情况。实验助手的群体规模分别是1人、3人、5人、10人和15人五种情况。实验结果表明，过路人同样也抬头观望的人数明显随着群体规模的增大而增多，5人的群体规模引起观望人数的增加非常明显，超过5人时，从众行为人数增加速度放慢。

3. 群体凝聚力

群体凝聚力是指群体对其成员的总吸引力水平。群体的凝聚力越高，个体对群体的依附性和依赖心理越强烈，越容易对自己所属群体产生强烈的认同感。他们与群体有密切的情感联系，有对群体做出贡献和履行义务的要求。霍格（M. Hogg）指出，在一般情况下，群体的凝聚力越大，从众的压力越大，人们的从众行为越可能发生。[②] 多伊奇等人做过一个阿希式的实验。不过在他的实验中，改变了小组之间的关系，让几个小组以比赛的方式进行竞争，看哪个小组出现的错误更少，并对优胜的一组进行奖励，其成员可获得两张戏票，以此来增加临时性实验小组的凝聚力及其与个人关联的密切程度。结果表明，在竞争的情境中，群体成员会努力地、有意识地、自愿地尽量达成一致意见，更容易从众。[③]

4. 个体在群体中的地位

个体在群体中的地位越高，越有权威性，就越不容易屈服于群体压力。一般来说，地位高的成员经验丰富、能力较强、信息较多，他们的看法和意见能对群体产生较大

---

① Milgram, Bickman, Berkowitz. Note on the Drawing Power of Crowds of Different Size. Journal of Personality and Social Psychology, 1969, 13 (2): 79-82.

② Hogg. The Social Psychology of Group Cohesiveness: From Attraction to Social Identity. New York: New York University Press, 1992.

③ Deutsch, Gerard. A Study of Normative and Informational Social Influences upon Individual Judgment. Journal of Abnormal Psychology and Social Psychology, 1955, 51: 629-636.

的影响，并使地位低的成员屈从，而地位低的成员很难影响他们。老师在学生面前、军官在士兵面前、领导在下属面前都会较少从众，甚至会特意通过不从众来显示自己与众不同。

5. 从众的神经结构基础

大量脑成像研究表明，大脑中与奖赏相关的脑区，如内侧前额叶、纹状体、眶额皮层，可能在从众过程中起到了重要作用，表征刺激的主观价值或反映真实选择偏好，并可以预测从众行为。[①] 从众可能与强化学习的神经机制相似。[②] 强化学习的奖惩机制可以对从众行为进行解释：期待奖赏结果的特定行为会被强化，以后出现的概率增加；而厌恶结果的行为会被抑制，再发生的概率降低。[③] 有学者认为，奖赏脑区在社会从众过程中激活，反映了对他人观点的内化，这种情况的从众更多地属于信息从众。[④] 此外，也有研究表明，提高多巴胺水平、改善大脑奖赏敏感性的某些神经递质也可能使个体在群体压力影响下倾向于从众行为。[⑤]

（二）情境因素

1. 刺激物的性质

刺激物的性质是影响从众行为的情境因素之一，人们更容易对模棱两可的刺激物做出从众反应。在阿希的实验中，如果 A、B、C 三条线段长短相差无几，即不容易看出哪两条线段与标准线段 X 有明显差异，那么被试屈从群体压力、做出错误选择的可能性就大。多伊奇等人在做阿希的实验时，先把线段给被试看几秒钟，然后拿开，再让被试进行判断。结果证实，单凭记忆做出判断，被试更容易表现出从众行为，因为这时刺激物在他头脑中的印象已经相对模糊了。

此外，如果刺激物对观察者来说是无关紧要、不涉及原则问题的，则人们更可能从众。可如果涉及伦理、道德、政治等原则问题，则人们不太容易丧失立场。对此，苏联心理学家彼得罗夫斯基曾做过一个实验。实验以一些四年级、七年级和九年级的学生为被试，先让他们填写一份问卷，上面有几条关于道德问题的判断，被试可以根据公认的准则做出回答。一段时间之后，再把包括这些问题在内的题目数量更多的问卷发给被试，在他们回答之前予以暗示，指出其他人都赞成错误判断。结果发现，绝

---

① Cialdini，Goldstein. Social Influence：Compliance and Conformity. Annual Review of Psychology，2004，55：591-621.

② Klucharev，Hytönen，Rijpkema，Smidts，Fernández. Reinforcement Learning Signal Predicts Social Conformity. Neuron，2009，61（1）：140-151.

③ Berridge. From Prediction Error to Incentive Salience：Mesolimbic Computation of Reward Motivation. European Journal of Neuroscience，2012，35（7）：1124－1143.

④ Campbell-Meiklejohn，Bach，Roepstorff，Dolan，Frith. How the Opinion of Others Affects Our Valuation of Objects. Current Biology，2010，20（13）：1165-1170. Zaki，Schirmer，Mitchell. Social Influence Modulates the Neural Computation of Value. Psychological Science，2011，22（7）：894-900.

⑤ Falk，Way，Jasinska. An Imaging Genetics Approach to Understanding Social Influence. Frontiers in Human Neuroscience，2012，6：168. Campbell-Meiklejohn，Simonsen，Jensen，Wohlert，Gjerløff，Scheel-Kruger，Roepstorff. Modulation of Social Influence by Methylphenidate. Neuropsychopharmacology，2012，37（6）：1517-1525.

大多数人未改变原来的意见。可见，在伦理道德等原则问题上，人们往往能坚持自己的判断。

2. 时间因素

时间因素对从众行为的影响可以从两方面理解。一方面，群体交互作用过程中的不同阶段对从众行为的影响是不同的。交互作用的早期更容易发生从众行为，因为这个阶段双方处在相互适应阶段，双方都试图建立规范。在这样的情况下，双方相互接纳对方的程度较高，比较易于被说服和接受他人观点。而到了交互作用的后期，相互之间会试图巩固自己的地位，从而变得不易接受影响而从众。

另外，在早期阶段如果个体自我怀疑，同时又有高群体压力，则易发生从众。这个时候，如果在表达自己的意见前，先了解别人的想法并写下来，那么轮到自己表达观点的时候，就会表现出较多的从众；但是如果在听别人说之前先思考过，那么表达的时候就会表现出较少的从众。

（三）个体因素

1. 性别和年龄

人们通常认为男性比女性更不容易从众。考勒曼（J. F. Coleman）等人 1958 年的研究表明，问题难度与从众率的相关系数男性为 0.58，女性高达 0.89。亦即问题越困难或缺乏客观标准，从众率就越高。女性在相应的困难程度下比男性更倾向于从众。但津巴多认为从众的性别差异与自信有关：当男性对从众目标更加熟悉、感兴趣而自信时，女性的从众倾向要大于男性；相反，当女性对从众目标更加熟悉、感兴趣时，男性的从众倾向要大于女性。西斯特克（F. Sistrunk）的实验证实了上述观点。他在实验中分别选择了男女均适用的材料，结果表明，在男性比较熟悉的实验材料上，男性表现了较少的从众行为，而女性比较熟悉的实验材料，如烹调、服装、看孩子等，则会使男性表现出较多的从众行为。在中性刺激材料面前，男女被试的从众程度没有什么差别。

从年龄上看，儿童青少年比成人更容易从众，因为这个时期的个体处于发展阶段，通常也被称为可塑期。随着年龄的增长、性格的稳定，在从众行为上年龄差异就不再明显。

2. 个性特征

个人的能力、自信心、自尊心、社会赞许需要等都与从众行为密切相关。能力强、自信心强的人，不容易发生从众行为。有较高社会赞许需要的人，特别重视他人的评价，往往以他人的要求与期望作为自己的行为标准，所以从众的可能性更大。性格软弱、受暗示性强的人，也容易表现出从众行为。

3. 知识经验

人们对刺激对象越了解，掌握的信息越多，就越不容易从众，反之则越容易从众。如果一名医生和一群教师讨论教育问题，那么他往往不会反对教师们的意见，因为他对此问题不甚了解；而如果讨论营养问题，那么他可能会反对教师们的一致意见，因为他在这方面有丰富的知识经验。

4. 保持自身独特的需求

许多研究证明，有时候人们不从众是为了保持自身独特的自我同一性。[①] 在辛德（C. R. Snyder）1980年完成的一个实验中，他首先让参加实验的被试相信自己最重要的10个态度与另外1 000个大学生的态度有的不同，有的则完全相同。[②] 然后这些被试参加从众实验，结果那些被告知与他人态度差异极大的被试往往通过不接受他人的影响来保持自我同一性。因此，尽管人们经常渴望获得他人的认同而从众，但有时候不从众只是因为我们感到自己与众不同。

5. 个人的控制愿望

个人的控制愿望也会影响人们对从众行为的反应。伯格（J. M. Burger）的一项研究说明了控制感对从众行为的影响。他让学生评价一些卡通片的可笑程度（实际上这些卡通片并不可笑），发现在单独评价时控制愿望高的被试与低的被试没有大的差异；但在团体情境中，控制愿望高的人不大会去附和同谋者的较高评价（分数越高越好笑），而是力图保持自己的独立判断。[③]

6. 个人的自我卷入水平

一旦一种意见被表达出来，人们就会更强烈地意识到自己已经选择了某种态度。如果由于群体压力，迫使人们表达与多数人相同而与原来选择不同的态度，人们就会明确知道自己屈服群体压力而做出了态度改变。很显然，这种意识会激发人们的抗拒反应，促使人们保持自己态度的一致，不轻易屈服于他人的压力，从而使人们倾向于做出不从众的选择。如果意见是当众表达的，则不仅有上述自我意识更为强烈的问题，还有在公众面前是否有独立性、能否坚持自己意见的自我形象问题。这种意识会使人们倾向于选择不从众。

多伊奇等人1955年的一个极为巧妙的研究证明了以上推论。研究者设计了四种情境来考察被试从众率的不同。这些情境分别为：（1）实验的刺激呈现后，被试在听到群体其他人表达意见前，完全不表达自己的判断。这一情境与阿希等人的实验情境类似。（2）被试在听到别人意见之前，先在石墨魔术本上写下自己的判断（石墨魔术本可以显示字迹，揭开其中页面后，字迹就消失，可以作为个人私下表达的方式）。听完别人的意见后，再次写出自己的意见，最后抹掉石墨魔术本上写出的内容。（3）在听别人的意见前，先在普通的纸张上写下自己的意见，但不用给别人看。（4）预先写下自己的答案，并签上自己的姓名，实验结束时交给研究者。通过这种巧妙的实验安排，四组被试就在四种不同的自我卷入水平下进行实验，并且卷入水平是由低到高逐渐提升的。研究结果表明，随着自我卷入水平的提高，人们保持自己最后行为与原先判断

---

① Maslach，Santee，Wade. Individuation，Gender Role，and Dissent：Personality Mediators of Situational Forces. Journal of Personality and Social Psychology，1987，53（6）：1088-1093.

② Snyder，Fromkin. Uniqueness：The Human Pursuit of Difference. New York：Plenum，1980.

③ Burger. Desire for Control and Conformity to a Perceived Norm. Journal of Personality and Social Psychology，1987，53：355-360.

一致的倾向越来越强烈，因而从众率越来越小（见表12-1）。

表12-1　　自我卷入水平与从众

条件	自我一致要求的水平	从众率
无预先表达	低	24.7%
石墨魔术本上的个人私下表达	↓	16.3%
普通纸张上的个人自我表达		5.7%
公开表达	高	5.7%

资料来源：Deutsch，Gerard. A Study of Normative and Informational Social Influences upon Individual Judgment. Journal of Abnormal Psychology and Social Psychology，1955，51：629-636.

第三节　服从

社会生活中，人们总是不得已而为之地做出某些行为，小学生只有完成父母的要求才能出门玩耍，企业职员必须按照领导的命令完成工作量才能拿到应得的工资，汽车驾驶员只有遵守交通规则才能避免惩罚，这就是服从行为。

一、服从的含义

服从（obedience）是指由于外界压力而使个体发生符合外界要求的行为。外界压力主要来自两个方面：一是他人；一是规范。很多时候人们会服从地位高的人或权威的命令，父母、老师、警察、上司都是我们服从的对象。除了对权威他人的服从之外，还有对规范的服从。社会靠规范来维持，规范靠服从来执行。政策法规、组织纪律、约定俗成的惯例，都是我们必须服从的。即使权威根本不存在，我们也会遵守法律、规则。比如，没有警察在场，我们也会在红灯时停下来。对权威与规范的服从也是人体社会适应良好的重要标志。但是服从有时会导致悲剧的发生。

> **服从**：由于外界压力而使个体发生符合外界要求的行为。

服从和从众的共同点是均为压力引发的行为，属于社会影响的产物，但两者在压力来源、发生方式和后果三个方面存在明显不同。服从的压力来源于外界的规范或权威的命令，从众的压力则来源于个体的内心；服从是带有强迫性质的被迫发生的行为，从众则是个体不受任何强迫或命令而产生的自发行为；拒绝服从会使个体受到惩罚，拒绝从众只会引起个体内心的不安和失衡。另外，由于人的行为的复杂性，服从和从众往往相互交织，难以截然分开。

二、米尔格拉姆的服从权威实验

米尔格拉姆在报刊上刊登广告，公开招聘被试，结果有40名不同年龄、不同职业的男性市民应招入选。实验者告诉他们将参加一项研究惩罚对学习效果的影响的实验，两人一组，抽签决定一人当老师，一人当学生。老师的任务是朗读配对的关联词，学生则须记住这些词，然后在给定的四个词中选择一个正确的，如果选错了，老师就按电钮电击学生以示惩罚。实际上，每组被试中一个是真被试，另外一个是实验助手。抽签时，总是巧妙地让真被试抽到做老师，而助手则当学生。

"老师"被带到一台巨大的控制台前，那上面有30个电钮，每个电钮都标有电压强度，从15伏依次增强到450伏。按钮四个一组，共分为七组，另外两个是单独的。各组下面分别写着"弱""中""强""特强""剧烈""极剧烈""危险"等字样，最后两个按钮用"×××"表示。"学生"被安排在另一间屋子的椅子上，让真被试看到"学生"被带子固定到椅子上，并在其手腕上绑上电极。"学生"的手旁边有一个键盘，上有四个电键，供"学生"在学习过程中回答问题使用。在"老师"的房间中，"老师"可以通过操作电极的机器及时看到"学生"的相应回答。"老师"看不到"学生"，相互之间通过电讯保持联系，如图12-10所示。

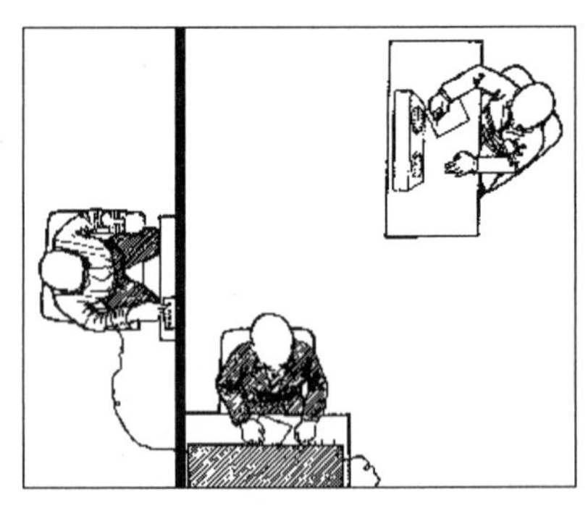

图 12-10

说明：从左至右分别为"学生""老师"和实验者。

实验开始之前，"学生"说他患有轻微的心脏衰弱。实验者让"老师"放心，电击并不会带来危险。之后实验者让"老师"接受了一次45伏的示范电击，目的是让其了解他将要给学生施加的电击是什么样的感觉。虽然实验者说这个电击很轻微，但实际上被试已经感到很难受了（见图12-11）。

实验开始后，"学生"故意频频出错。"老师"从15伏开始，按照实验者的指示，每错一次就增强一次电击。从15伏到75伏，"学生"没有反应，从90伏开始就自言自语地埋怨，到120伏就发出苦闷的尖叫，315伏发出极度痛苦的悲鸣并且已经不能回答问题了。实验者要求"老师"在10秒钟以内不见回答就视为误答并施行电击。330伏以后，"学生"就没有任何反应了。在整个实验过程中，实验者一直督促"老师"继续进行实验："请继续""实验必须进行下去""你必须继续进行下去"，并说所有的责任都由实验者承担，与“老师”无关，让其放心。在这种情况下，会不会有人把电压升至450伏呢？

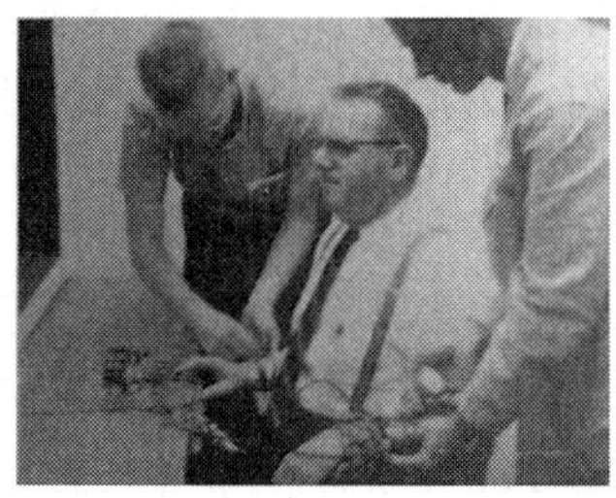

图 12-11

说明：米尔格拉姆服从权威实验过程。左图是米尔格拉姆实验中使用的电击装置。中图是实验者（右）和“老师”（左）将电极系在“学生”（实验助手）的手腕上。右图是研究者对“老师”进行指导。

资料来源：http：//www.stanleymilgram.com/milgram.php。

米尔格拉姆原先预测，在上述实验情境中，极少被试会服从实验者对“学生”施加240伏以上的“强电击”。他曾请精神病专家、大学生和一般的白领阶层成人共110人来预测结果，三个群体预测的平均电压为135伏，没有一个人预测会超过300伏。110人中的40名精神病专家预计，在米尔格拉姆的实验情境中，被试对学生施以最强的450伏电击的可能性只有0.1%。

但研究的实际结果却令人震惊。虽然，实验在电压加强到300伏时，特别设定了受电击时挣扎、蹬踢墙壁的声音，但在40名被试中，只有5人到300伏时拒绝再提高电压。有4名到315伏时开始不服从实验者的指示。在330伏停下的有2人，345伏、360伏、375伏停下的各1人。总共有14名被试最终拒绝了实验者继续增加电压的命令。但是，更多的被试服从了实验者的指示，将电压加至最高的450伏。这类被试的人数达26人，占总数的65%。服从的被试也并非对学生的困境无动于衷，一些被试提出抗议，许多被试有出汗、发抖、口吃以及其他紧张现象，甚至有的被试还会发出神经质的阵阵笑声，但最终他们还是服从了。具体结果见表12-2。

表 12-2　　米尔格拉姆的服从权威实验

电击水平	服从实验者命令的被试的百分比
轻度到非常强水平的电击（0～240伏）	100
强度电击（255～300伏）	88
极强电击（315～360伏）	68
危险：严重电击（375～420伏）	65
“×××”（435～450伏）	65

资料来源：Milgram. Behavioral Study of Obedience. Journal of Abnormal and Social Psychology，1963，67：371-378.

当然，实验中的“学生”并没有受到任何电击，其所发出的呻吟、叫喊等都是事先排练好并录了音的，实验时只是放出录音而已。实验结束后，实验者把真相告知被试并进行安抚，以消除他们内心的不安。

继米尔格拉姆之后，其他许多国家的研究者也证明了这种服从行为的普遍性。在澳大利亚服从的比例是68%，约旦为63%，德国的服从比例高达85%。[①]

背景人物

斯坦利·米尔格拉姆（1933—1984），美国心理学家，在社会心理学领域从事了大量研究，因对从众行为的研究而闻名。米尔格拉姆由于对心理学的创造性贡献而获得了许多荣誉。他揭示了对权力主义的服从，使得一些人赞成对另一些清白无辜的人施加痛苦。他认为他的实验还可以说明为什么会出现纳粹残害关押在集中营里的受害者的残暴行为。米尔格拉姆的主要著作有：《对权力的服从》、《电视与孤僻行为》（与肖特兰合著）、《社会生活中的个体》。

这一研究结果令人震惊，似乎表明如果权威命令普通人去伤害无辜的陌生人，他们虽然有些不情愿，但仍然会去做。这种服从倾向背后的因素是什么？米尔格拉姆列举了几点理由来解释为什么这种特殊的情境会产生如此强烈的服从倾向。从被试角度看，原因主要有以下几点：（1）如果这项研究是由耶鲁大学发起的，那么它一定是好事，没有谁会怀疑这样的著名学校；（2）实验的目的似乎很重要，因为我是志愿者，所以我会尽力完成我的任务来配合研究者实现这些目标；（3）毕竟，学生也是自愿来这儿的，对这项工作也负有责任；（4）我是老师，他是学生，这纯属巧合——我们是抽签决定的，其实另一种情况也完全可能，即我是学生，他是老师；（5）他们为这事给我报酬，我要尽力做好；（6）我完全不知道心理学家和被试的权力，所以我将屈从于他们的安排；（7）他们告诉我，电击是痛苦的，但没有危险。[②]

三、影响服从的因素

从产生外界压力的他人和规范，到发生服从行为的服从者，再到服从结果的反馈效应，每一个环节都存在影响服从的因素。

（一）命令者的权威性

命令者的权威性越大，越容易导致服从。职位高、权力较大、知识丰富、年龄较大、能力突出等，都是构成权威影响的因素。另外，命令者手中如果掌握着奖惩的权

① Kilham，Mann. Level of Destructive Obedience as a Function of Transmitter and Executant Roles in the Milgram Obedience Paradigm. Journal of Personality and Social Psychology，1974，29（5）：696-702.

② 哈克．改变心理学的40项研究：探索心理学研究的历史．北京：中国轻工业出版社，2004：417-428.

力，也会使服从行为大大增加。在米尔格拉姆的实验中，发出命令的是耶鲁大学一位很有名望的心理学家，并且宣称该实验研究的是一个重要的科学问题，这种权威身份增加了服从的可能性。如果主持实验的不是一位专家，服从率有可能降低。

米尔格拉姆通过进一步的实验验证了这一结论。如果实验者告诉被试，研究发起者是一家公司，则被试绝对服从的比例下降到48%。而在另一个实验中，实验者向被试介绍实验目的及程序，当他还没有来得及告诉他们如何施行电击时，一个事先安排好的电话把他叫走。另一个人（实验助手）接替了他的角色。接替者像实验者那样命令并督促被试施行电击。在这种情况下，服从到最后的被试比例降至20%。这说明，只有高度的权威才能带来高度的服从，任何接替者都无法做到这一点。

但是，若多名权威性命令者的命令发生矛盾，服从比例则会明显降低。米尔格拉姆关于服从的18项研究中，其中一项便是在被试面前呈现两个相互矛盾的权威性命令者的命令。结果发现，被试服从比例下降，并且实施最大电击强度的比例基本上与普通人发出命令的实验结果相同。

（二）他人支持与服从

米尔格拉姆在原有实验的基础上，让三名被试（其中有两名假被试，都是实验助手）在一起进行这个实验，其中依次安排两个假被试在不同电压的时候拒绝服从继续增加电压施加电击的命令。在150伏时，第一名假被试拒绝服从，并且坐在旁边观看其他人；当电压达到210伏时，第二名假被试也拒绝进行。实验结果表明，他人的支持极大地降低了权威者的命令效力，大大提高了被试的反抗程度。当有别人的反抗支持时，90%的被试会对抗实验者，拒绝服从。一些被试在假被试一退出就马上拒绝继续。另一些则延迟一会儿再做出拒绝反应。

很明显，社会支持显著增加了人们对权威的反抗。在原型实验中，被试独自进行实验，没有行为的参照系统。而在群体背景中，人们会转向用同样的行为作为自己行为的参照。当人们发现不必忍受内心巨大的冲突而去伤害别人时，就更倾向于拒绝，而不是服从。

（三）服从者的道德水平和人格特征

在涉及道德、政治等问题时，人们是否服从权威，并不单独取决于服从心理，还与其世界观、价值观密切相关。米尔格拉姆采用科尔伯格的道德判断问卷测试了被试，结果发现：处于道德发展水平第五和第六阶段的被试，有75%的人拒绝服从；处于道德发展水平第三和第四阶段的被试，只有12.5%的人拒绝服从。可见，道德发展水平直接与人们的服从行为相关。

米尔格拉姆对参加实验的被试进行人格测验，发现服从的被试具有明显的权威主义人格特征。有这种权威主义人格特征或倾向的人，往往十分重视社会规范和社会价值，主张对违反社会规范的行为进行严厉惩罚。他们往往追求权力和使用强硬手段，毫不怀疑地接受权威人物的命令，表现出个人迷信和盲目崇拜。同时，他们会压抑个人内在的情绪体验，不敢流露出真实的情绪感受。

（四）权威的靠近程度

米尔格拉姆在进一步的实验中，把主试和被试的关系分为三种：第一种，主试与被试面对面地在一起；第二种，主试向被试交代任务后离开现场，通过电话与其联系；第三种，主试不在场，实验要求的指导语全部由录音机播放。结果表明，权威越靠近，完全服从的比例越高；反之，服从率越低。权威的压力由于距离的扩大而减小。在第二、第三种情况下，有的被试还会弄虚作假，欺骗主试，例如他们发出的电击强度低于实验者的要求，而且事后不告诉实验者。

可用责任转移对此进行解释，实验中的多数被试对自己用伤害性的电击对待别人心存冲突，但大多数人还是服从了权威的命令，这是因为被试在行为归因上将行为的责任转移给了实验者，认为自己仅仅是帮助实验者达到研究目的的代理人，不对行为后果负有责任。在这种心态下，人们关心的是如何更忠实地履行自己的义务，而不关心行为的后果。而当实验者不与被试直接在一起时，他们的行为自我责任意识明显增强。在这种情况下，只有22%的被试一直服从到最后。在归因上，没有他人在场，更容易将行为责任归于自己，从而拒绝服从、停止对别人实施伤害性电击的人数显著增加。

（五）行为后果的反馈

米尔格拉姆研究的另一个变式是用不同方式来提供行为后果的反馈。结果发现，不同的反馈形式会显著影响服从行为的比例。

在变式实验中，研究者比较了四种反馈情境：（1）间接反馈。在这种情况下，真被试“老师”与充当“学生”的实验助手不在一间屋子里，因而看不到被电击者的痛苦状态，也听不到声音，只是在电压加到300伏之后，有撞墙壁的声音（录音）。最初的原型实验，使用的就是这种反馈方式。（2）声音反馈。这种反馈通过播放事先准备好的标准录音来提供，让被试听到受害者的喊叫、抱怨、愤慨和挣扎。对应于不同的电压水平，声音的痛苦程度不同。从75伏到105伏，发出不同声响的“啊!”声；120伏时说“啊！真疼!”；150伏时，声音变为“啊！实验员！够了。我要出去!”；再后来是痛苦的尖叫，声明心脏不好，拒绝再回答，发出要求退出实验等喊叫；330伏时，强烈喊叫变得缓慢，内容为“让我离开，我要走，我的心脏难受”；最后变为歇斯底里式的重复“我要离开！让我走!”。（3）身体接近。受害者的反应由专门的实验助手做规范化的逼真表演，显示各种痛苦表现和声音反馈，受害者与被试相隔仅约40厘米。（4）身体接触。这种情况与身体接近情况相似，作为“老师”的被试会将受害者的手按在电击台上实施电击。图12-12是各种情况下服从实验者的被试将电压一直加至最大的比例变化。

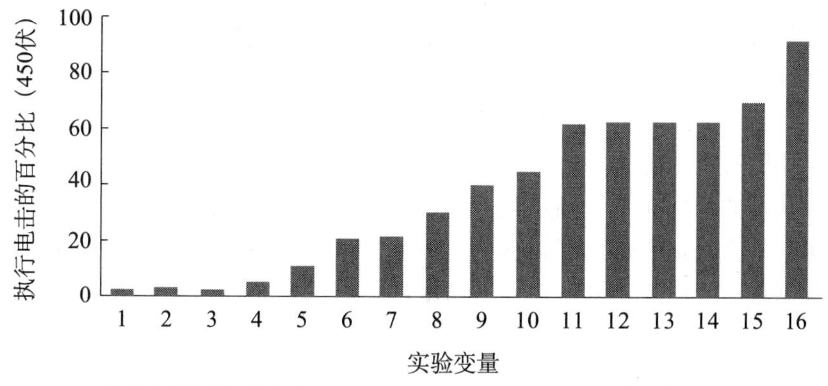

1.学习者要求被电击
2.权威人士是受害者——由普通人发出命令
3.两个权威发出相悖命令
4.被试可以自由选择被电击程度
5.两个同伴的反抗
6.普通人发出命令
7.远距离的权威人物
8.接触
9.靠近
10.规则背景
11.声音反馈
12.远距离的受害者

图 12-12

说明：米尔格拉姆的实验在不同情境下的服从水平。该图表明米尔格拉姆的实验中服从效应随着情境因素的改变从小到大的变化。情境而非个体参与者间的区别，在很大程度上控制着行为。

资料来源：Miller. The Obedience Experiences：A Case Study of Controversy in Social Science. New York，England：Praeger Publishers，1986.

从图中结果可以看到，行为后果的反馈越直接、越充分，人们服从权威做出伤害别人的行动的可能性就越小。相反，被试对自己行为的后果了解越少，服从权威而对别人施加伤害性电击的可能性就越大。社会心理学家分析，这一发现有着令人不安的现实意义。现代武器技术已经发展到控制武器发射的人丝毫不接触受害者的水平。这就存在着一种危险，即武器系统操作人员对自己工作的危险性认识越来越缺乏，就好像他们的工作对象是武器本身，而不是可能造成成千上万人丧生，甚至毁灭城市的现代恐怖工具。

顺从：在他人的直接请求下按照他人的要求做的倾向。

第四节　顺从

若两个人之间没有任何的权威作用和强制关系，也不存在群体压力和规范制约，一个人是否就无法左右另一个人的行为？答案恐怕是否定的，因为个体还有可能出现顺从他人请求的行为发生。

一、顺从的含义

顺从（compliance）也叫依从，是指在他人的直接请求下按照他人的要求做的倾向，即接受他人请求，使他人请求得到满足的行为。在现实生活中，我们经常向他人提出种种要求，希望他人顺从我们的观点和行为，我们自己也经常顺从他人的意愿。因此，顺从是人与人之间发生相互影响的基本方式之一。为什么人们会顺从他人的请求呢？主要原因有维护群体一致，希望被人喜欢，维护既有关系等。

顺从和从众的区别在于：顺从是在他人的直接请求下做出的，而从众并没有他人的直接请求，从众来自无形的群体压力。顺从和服从的区别在于：顺从来自他人的请求，是非强制性的，而服从来自他人的命令，带有某种强制性特征；命令者与服从者之间往往存在规定性的社会角色关系，如老师与学生、上级与下级，而请求者和顺从者之间并没有规定性的社会角色关系的束缚，各种人际交往之中都可以产生顺从行为。因此，顺从是一种比服从更为普遍的社会影响方式。

二、顺从行为发生的心理规律

巴斯（D. Buss）对引起顺从的环境与策略进行了探讨，指出促使他人顺从与我们对他人的了解程度、自己的社会地位、请求的性质等有关。要想使他人顺从我们的请求，创建良好的顺从环境非常重要，有三个因素有助于建立一个使人们感到愉快的顺从气氛。

一是积极的情绪。情绪好的时候人们顺从的可能性更大，尤其是要求他人做出亲社会的助人行为时。好的心情之所以有这样的作用，第一种解释认为心情好的人们更愿意也更可能参与各种各样的行为。第二种解释则认为好的心情会激发愉快的想法和记忆，而这些想法和记忆使得人们喜欢提要求的人。由于好的心情有助于增加顺从，所以人们经常会在向他人提要求之前先给他人一点好处。林登（R. C. Linden）和米切尔（T. R. Mitchell）把这种自我表现的策略称为讨好（ingratiation），预先的讨好和奉承对增加顺从十分有效。①

二是强调顺从行为的互惠性。在社会规范中，互惠规范对顺从的影响也不小。互惠规范强调一个人必须回报他人给予自己的恩惠，如果他人给了我们一些好处，我们就必须相应地给他人一些好处。这种规范使得双方在社会交换中的公平性得以保持，但同时也变成影响他人的一种手段。互惠规范被广泛地运用于我们的日常生活之中，尤其是在市场销售活动中。汽车销售人员在你购买了他们的产品之后，经常会送给你一些礼物；保险销售人员也如此，当他们挨家挨户推销保险的时候，经常会送给人们诸如台历之类的小礼品，他们这样做无非是为了增强人们的顺从愿望。

三是合理原因的效果。我们对他人的顺从也需要合理的原因，当他人能给自己的请求一个合理解释的时候，我们顺从的可能性就大。朗格（E. Langer）等就给出理由对增加顺从的影响进行了研究。在研究中，她让助手去“加塞”复印一些文件，在一

---

① Linden，Mitchell. Ingratiatory Behaviors in Organizational Settings. Academy of Management Review，1988，13：572-587.

种情况下，助手没有说出理由，只是简单地说："我可以先印这五页文件吗?"结果60%排队的人顺从了助手的要求。而在另一种情况下，助手给了一个简单的理由，他说："我时间紧张，可以先印这五页文件吗?"结果 94%排队的人顺从了助手的要求。仅仅给出一个简单的理由就可以增加他人的顺从率，是因为人们习惯于对他人的行为寻找原因，并且我们也相信他人不会提出不当的要求。①

三、促进顺从的技巧

如何促进他人顺从? 社会心理学家对此进行了深入的研究，提出了一些行之有效的策略。这些策略主要是从推销术发展演化而来的，但其运用范围已经远远超出推销的领域。

(一) 登门槛技巧

先向对方提出一个小要求，再向对方提出一个大要求，那么对方接受大要求的可能性会增加，此为登门槛效应，又称为得寸进尺效应。J. 弗里德曼等的经典实验证明了这一点。② 他先让助手访问一些家庭主妇，请她们为了维护交通安全和美化环境，在窗户上贴一些小标记或在请愿书上签名，这些主妇都接受了。半个月后，实验者再次访问这些主妇，要求她们在门前草坪上竖一块不美观的维护交通安全的广告牌，同时实验者也访问了一些以前没有访问过的主妇，提出同样要求。结果发现，前者有 55%同意，后者只有 17%同意。可见，先提出小要求增加了对方接受大要求的可能性。

登门槛技巧为什么能增加人们顺从他人的倾向呢? 弗里德曼等人认为这与个体自我知觉的改变有关。例如，在研究中，家庭主妇原先可能认为自己是不参加社会活动的人，一旦她们同意了实验者小的要求（即使是因难以拒绝而答应的），她们的自我形象就可能发生变化，既然签了名，那么她们应该属于参加此类活动的人。因此随后出现一个大的要求的时候，她们会比以前更愿意顺从。也就是说，接受小的要求改变了个体对自己的态度，这种改变减少了其对以后类似行为的抗拒。

(二) 门前技巧

门前技巧与登门槛技巧相反，是先向他人提出一个很大的要求，在对方拒绝之后，马上提出一个小要求，那么对方接受小要求的可能性会增加。西奥迪尼（R. Cialdini ）等对此进行了研究。③ 他们先要求参加实验的大学生在下一年度内每周抽出两个小时的

---

① Langer. Blank，Chanowitz. The Mindlessness of Ostensibly Thoughtful Action. Journal of Personality and Social Psychology，1978，36：635-642.

② Freedman，Fraser. Compliance without Pressure：The Foot-in-the-Door Technique. Journal of Personality and Social Psychology，1966，4：195-202.

③ Cialdini，et al. Reciprocal Concessions Procedure for Inducing Compliance：The Door-in-the-Face Technique. Journal of Personality and Social Psychology，1975，31：206-215.

时间参加一些青少年的活动，以便为他们提供“大哥哥”或“大姐姐”的榜样。毫无疑问，由于大学生没有那么多的时间，所以没有人会同意这样的要求。随后，研究者提出了第二个要求，问他们是否愿意参加“一次”这样的活动，结果50%的大学生同意后一种要求，而控制组只有不到17%的人同意随后的小请求。人们拒绝了别人的一个要求后，会愿意做出让步，给别人留一点面子，使别人获得满足，因此这一技巧又称为留面子效应。

但是，门前技巧必须满足三个前提：首先，最初的要求必须很大，当人们拒绝该要求时不会对自己产生消极的推论（如我不是一个慷慨大方的人等）。其次，两个要求之间的时间间隔不能过长，过长的话义务感就会消失。这一点与登门槛技巧不同，后者具有长期性。最后，较小的请求必须由同样的人提出，如果换了他人，该效应就不会出现。

门前技巧的发生与互惠规范有关，哈拉利（H. Harari）等人认为，当人们知觉到他人的让步时（既然不能捐出1 000元钱，捐10元钱总行吧），就会感到来自互惠的压力，即对他人的让步做出回报，从而接受他人的第二个要求。[①] 从这一点来看，门前技巧要比登门槛技巧更有效。正因为如此，该效应被广泛地应用于各种各样的协商情境中。

（三）低球技巧

这是指先向他人提出一个小要求，等别人接受小要求后马上再提出一个别人要付出更大代价的要求。例如，在商品销售中，先把价格标得很低，等顾客决定购买后，再以种种借口加价，用这种方法可以使人最后接受较高的价格。而如果一开始就标出这一价格，那么顾客是不会接受的。低球技巧和登门槛技巧都是先提出小要求，再提大要求，但两者之间是有区别的。区别在于，登门槛技巧的两个要求之间有时间间隔，而且两个要求之间没有直接的联系；而低球技巧的两个要求之间无突出的时间间隔，而且有密切联系，是围绕同一件事情提出的。

（四）折扣技巧

这是先提出一个很大的要求，在对方回应之前赶紧打折扣或给对方其他的好处。和门前技巧不同的是，在折扣技巧中不给对方拒绝大要求的机会，通过折扣、优惠、礼物等方式诱导对方接受这一要求。比如，各种电视直销商品会提供一些额外的东西去说服消费者打电话订购。布尔格（J. Burger）用一系列实验证明了这一技巧的有效性。[②] 其中某一个研究过程如下：实验者在校园里卖烤蛋糕，大概有一半经过的人会停下来询问烤好的蛋糕。在控制组中，把一块蛋糕和两块小甜饼包装在一起卖，并告知

---

① Harari，Mohr，Hosey. Faculty Helpfulness to Students：A Comparison of Compliance Techniques. Personality and Social Psychology Bulletin，1980，6：373-377.

② Burger. Increasing Compliance by Improving The Deal：The That's Not All Technique. Journal of Personality and Social Psychology，1986，51：277-283.

潜在的购买者共 75 美分。在这种条件下，40%的潜在购买者最终购买了蛋糕。在使用折扣技巧的条件下，潜在购买者首先被告知每块蛋糕 75 美分。稍后，又被告知花 75 美分除了可以购买一块蛋糕之外，还可以额外获赠两块小甜饼。在这种条件下，73%的潜在购买者最终购买了蛋糕。这一比例显著高于控制组。

（五）相同处境策略

这是指当人们觉得自己与对方有关系时，无论这种关系是多么微不足道，人们都会因为这种关系而接受要求。研究者在邀请大学生为著名的慈善组织捐款的实验中，一个情境是不提供额外信息，而另一种情境是当学生被问及是否是学生，如果回答“是”，则说“太好了，我也是”。结果有关系的学生表现出更多的捐款行为。正因为人们在做决策时渴望得到他人更多的认同，所以如发现自己与他人处于相同境地，则更有可能被说服。

（六）过度理由效应

过度理由效应是从社会心理学家费斯汀格的认知失调理论衍生出来的概念，指附加的更有吸引力的外在理由取代人们行为原有的内在理由而成为行为支持力量，从而行为由内部控制转向外部控制的现象。根据认知失调理论，如果人们的某种行为本来有充分的内在理由，如兴趣支持，则人们对行为与其理由的认知是协调的。但此时如果以具有更大吸引力的刺激（如金钱奖励）给人们的行为额外增加另外的“过度”理由，那么人们对自己行为的解释会转向这些更有吸引力的外部理由，而弱化或放弃原有的内在理由。此时人们的行为就从原来的内部控制转向了外部控制，如果外在理由不复存在，如不再提供金钱奖励，人们就没有了行动的理由，从而倾向于终止这种行为。这就是过度理由效应。

德西（E. Deci）等人及博吉亚诺（A. Boggiano）等人的实验研究也证实了过度理由效应的存在。这些研究表明，与没有得到报酬的人们相比，得到报酬的人降低了对原来喜欢的智力难题的兴趣，如果不继续付给报酬，他们就倾向于放弃解题的机会。而没有受到报酬这一过度理由影响的人，则一直保持对解题的兴趣。对于儿童，承诺付给报酬也将他们原来喜欢玩的游戏变成工作。假如不真的付给报酬，他们就不再玩这些游戏。而没有承诺付给报酬的儿童，则继续保持对游戏的兴趣。①

过度理由效应的发现，使人们找到另一种分步诱导人们顺从的迂回方法。这一方法可以由以下一个应用实例得到很好的证明。一个院子里的孩子经常在上夜班的邻居白天休息时嬉戏喧闹。邻居的多次劝告和屡次干涉都没有解决问题，因为孩子们很快就在游戏的兴奋中把吵闹会影响别人的事忘得一干二净。一位邻居的朋友是心理学家，偶然来访知道此事之后，为他的夜班族朋友找到了一个治理孩子吵闹的方法。

---

① Deci，Ryan. Intrinsic Motivation and Self-Determination in Human Behavior. New York：Plenum Press，1985. Boggiano，et al. Use of the Maximal-Operant Principle to Motivate Children's Intrinsic Interest. Journal of Personality and Social Psychology，1987，53（5）：866-879.

这一方法是先将孩子们叫到一起，告诉孩子们，谁的叫喊声越大，谁得到的钱就越多。结果，有些孩子得到5角钱，有些得到2角钱，有些只得到5分钱。等到孩子们吵闹的理由被吸引到金钱奖励上之后，突然大大减少给孩子们的钱。第二天，孩子们还希望得到的钱能够多起来，结果却是无论怎么喊叫，谁都没有得到一分钱。奖励被彻底停止了。结果，孩子们感到受到的对待更加不公正了。"昨天那么喊就给几分钱""今天怎么喊这么响一分钱也不给""不给钱了谁还给你喊"。至此，孩子们对大声喊叫完全失去了兴趣，原来的行为模式发生了根本性改变，吵闹得到了治理。

以上实例是典型的利用过度理由效应诱发人们顺从行为的例子。金钱奖励使孩子们将原来对行为自身的兴趣转变成对金钱的兴趣。最后既然金钱奖励不再存在，吵闹的行为也就没有理由保持。金钱作为外加的过度理由，很好地引发了过度理由效应。

对应于登门槛技巧、门前技巧等依从行为诱导方法的说法，利用过度理由效应诱导人们依从的迂回方法可称为欲擒故纵法。

（七）引起注意技巧

引起注意技巧是一种新生又有趣的使人服从的技巧。这种技巧建立在这样一种观念之上，人们有时会在没有对要求进行思考之前就拒绝该要求。在现代社会的许多城市中，经常会有乞丐向行人要钱。大部分行人对不断遇到乞丐感到厌烦，经常看也不看继续行走，行人如同按照一个"拒绝剧本"一样行事，通常不对乞丐的乞讨进行任何思考就拒绝其要求。

米切尔等认为，在这种情况下，乞讨要想获得成功，就必须以某种方式打断行人的"拒绝剧本"，引起他们的注意。因此，成功的乞丐应该以某种方式激发起目标人群的兴趣，从而增加其对乞讨行为做出顺从反应的可能性。为了研究这种引起注意技巧，桑托斯（M. Santos）让一些女性助手扮演乞丐的角色，到大街上找行人要钱。一种情况是进行常见的乞讨："给我一个硬币吧"或"给我点零钱吧"。使用引起注意技巧的情况是研究者采用了一种新奇的方式乞讨："给我17美分吧"或"给我37美分吧"。与研究者预期的一样，行人更多地对新奇的乞讨方式做出反应，这种情况下大约有75%的行人进行了施舍，而对常见的典型乞讨方式则较少做出反应，只有23%的行人进行了施舍，并且采用新奇方式乞讨所得的钱总数要多于一般的乞讨。① 很显然，新奇的乞讨方式激发了目标人的兴趣，干扰了其不经思考的"拒绝剧本"。新奇的乞讨方式也会增加乞讨人的被接受程度和值得同情感。

基本概念

社会促进　　结伴效应　　观众效应　　社会抑制

① Santos, Leve, Pratkanis. Hey Buddy, Can You Spare Seventeen Cents? Mindful Persuasion and the Pique Technique. Journal of Applied Social Psychology, 1994, 24 (9): 755-764.

社会干扰	优势反应强化说	分散冲突理论	社会惰化
社会懈怠	群体努力模型	社会影响理论	去个性化
匿名性	责任分散	从众	真从众
权宜从众	不从众	信息性社会影响	公开顺从
规范性社会影响	时尚	服从	顺从

本章要点

1. 当有他人在场时，有时会促进个体的绩效（社会促进），有时会削弱个体的绩效（社会抑制）。出现哪种现象与任务的复杂程度有关。可以用优势反应强化说、评价与竞争观点、分散冲突理论和生理心理反应模式来解释。

2. 社会影响理论认为，他人对个体总的影响取决于他人的数量、强度（重要性）和接近性。

3. 在群体中的人会比单独的个体表现出更多的不寻常和反社会的行为，这种现象就是去个性化。去个性化的发生是由于身份的隐藏而降低了个体的责任感。

4. 从众、服从、顺从是社会影响的三种重要形式。从众指的是个体改变自己的观念和行为，使之与群体标准一致的倾向性。顺从指的是人们按照他人的要求去行事，而不管他自己是否愿意这样做。服从是顺从的一种特例。当人们认为发出要求者具有合法权利要求我们做某事时，就发生了服从权威的现象。

5. 谢里夫关于似动程度影响从众的实验和阿希关于线段判断的经典实验都表明个体经常会从众。无论是在模棱两可的情境下，还是在清晰的条件下进行判断都是如此。人们之所以从众主要有两个原因：为了使自己正确（信息性社会影响）和为了被人接受（规范性社会影响）。

6. 日常生活中，服从合法权威通常具有适应意义。然而，人们有时会服从那些给他人造成伤害，且违背自己观念和价值的命令。米尔格拉姆对这种现象进行了研究，发现如果实验者要求正常的成年人被试去电击无助的受害者，则大部分被试会按照实验者的要求去做。

7. 人们可能因为各种原因顺从他人的要求。研究者已经发现一些让人顺从的技巧，包括登门槛技巧、门前技巧、低球技巧、折扣技巧、相同处境策略、过度理由效应和引起注意技巧。

复习思考题

1. 对社会促进和社会抑制现象的理论解释有哪些？如何减少社会惰化？
2. 简析去个性化现象及其产生原因。
3. 服从受哪些因素影响？促进顺从的技巧有哪些？

推荐阅读书目

1. 勒庞．乌合之众：大众心理研究．桂林：广西师范大学出版社，2007.

2. 梁良．从众．上海：东方出版中心，2007.

3. 津巴多，利佩．态度改变与社会影响．北京：人民邮电出版社，2007.

4. Pratkanis. The Science of Social Influence：Advances and Future Progress (Frontiers of Social Psychology)．New York：Psychology Press，2007.

5. Tedeschi. The Social Influence Processes. NJ：Aldine Transaction，2007.

6. Seiter，Gass. Perspectives on Persuasion，Social Influence，and Compliance Gaining. Boston：Allyn & Bacon，2003.

7. Gass，Seiter. Persuasion：Social Influence and Compliance Gaining. 3rd ed. Boston：Allyn & Bacon，2006.

推荐视频

米尔格拉姆的服从权威实验（http://www.tudou.com/listplay/hAlTHug0z2c/QWVAz9BINVc.html； http://www.tudou.com/listplay/hAlTHug0z2c/99aZxGFSZ0g.html；http://www.tudou.com/listplay/hAlTHug0z2c/dwin2evgwes.html）

第十三章

利他与侵犯

章节导读

2012年12月，美国康涅狄格州一所小学发生恶性枪击案，造成28人丧生，其中20人是年龄在5～10岁的学生。犯罪嫌疑人亚当·兰扎先在家中枪杀了自己的妈妈南茜·兰扎，然后携带四支枪进入学校，血洗了两间教室，在杀死20名儿童和6名成人后自杀，这是美国历史上死伤最惨重的校园枪击案之一。

2013年4月，四川雅安发生7.0级地震，江苏省一名普通村民吴锦泉得知此消息后，将两年来走街串巷替人磨刀存下的1966.2元辛苦钱，通过红十字会捐给灾区。吴锦泉年过八旬，仅靠磨刀为生，生活并不富裕，老两口还住在三间破旧的瓦房里，但他关心社会，为村里修桥补路，去福利院看望孤儿，将自己的辛苦钱毫无保留地捐献出来。

2014年12月，英国一名流浪汉把身上仅有的3英镑给了一个女学生，使其能够搭乘出租车安全回家。该女学生虽然婉言谢绝了该流浪汉，但被其善行感动，决定在街头为该流浪汉募捐，共募集了超过2万英镑。这位流浪汉的善举并不是偶然为之，他已经帮助了普雷斯顿的许多人，比如归还路人遗失的钱包，给那些冻得发抖的人围上围巾，让他们暖暖身子。为流浪汉募捐的女学生说，她想要回报他的慷慨行为，而不仅仅是接受他的善举。

2016年7月，法国南部旅游城市尼斯发生震惊世界的恐怖袭击事件：一辆卡车冲入观看国庆烟火表演的人群，造成至少84人死亡，包括10名儿童，另有202人受伤。

人类的社会行为纷繁芜杂、多种多样，正如上面几则新闻所示，有人不惜牺牲自己帮助别人，有人对他人的求助行为则无动于衷，有人甚至给他人和社会带来了巨大的伤害。如果以行为对他人或社会造成的结果作为划分标准的话，那么社会行为可以分为两类：一类是对他人或社会有益的行为，我们可以称之为利他行为，或亲社会行为；一类是对他人或社会有害的行为，我们称之为侵犯行为，或反社会行为。人类的亲社会行为是那些自发帮助别人或者有意图帮助别人的行为，其中包括利他行为和助人行为；而侵犯行为则明显对他人和社会具有不利乃至破坏性的影响。

引领性问题

- 宣泄到底是减少了侵犯行为还是增加了侵犯行为呢?
- 如何判断一个人的侵犯行为是虐待，而不是正常的情绪反应呢?
- 为什么人们会采取被动侵犯行为（passive aggressive behavior)?

从柏拉图和亚里士多德时代起，哲学家已经开始争论人类的行为是由遗传决定还是由环境决定。在社会心理学的研究主题中，利他与侵犯研究是受社会生物学影响最大的领域。在这两个领域中，有关遗传与环境的争论至今仍在延续。尽管有些观点得到了更多学者的认同，但目前还没有形成所有学者公认的结论。阅读本章的内容之后，读者可以掌握有关利他与侵犯的主要研究成果。一方面，应了解利他与侵犯的生物学基础；但另一方面，更为主要的是认识到社会情境等因素如何对这两种行为发挥着规定性的影响。

第一节　利他行为

利他是个体出于自愿而不计较外部利益地帮助他人的行为。利他行为者可能需要做出某种程度的个人牺牲，却能给他人带来实在的益处。西方社会心理学研究利他行为始于20世纪60年代中后期，到70年代中期已经取得了一些成果。研究的基本方法是提出理论观点，并用实验加以验证，逐渐深入分析这一现象。研究包括两个方面：一是人们在一般社会交往中的利他行为；二是人们在紧急事件中的利他行为，即旁观者介入行为。

一、利他行为概述

爱德华·威尔逊在其《论人性》一书中，将攻击性、利他行为、性本能和宗教行为视为人类行为基本范畴的四个方面。① 作为一名生物遗传决定论者，威尔逊认为攻击行为是人类为了确保自身的安全而形成的一种本能，利他行为也是通过基因的进化和发展而来的，其强度和频率随着亲属关系的疏远而急剧下降。② 近年来，社会心理学关于利他与侵犯的研究已经打破了社会生物学关于基因复制与种群进化的藩篱，倾向于使用环境刺激因素来解释这些行为，而认为生物遗传因素是环境与行为之间的调节变量。

---

① 周晓虹．现代西方社会心理学流派．南京：南京大学出版社，1990：325.

② 威尔逊．论人性．杭州：浙江教育出版社，1978：5，89，135.

背景人物

爱德华·威尔逊（1929—　），美国国家科学院院士、哈佛大学功勋教授，社会生物学之父。1929 年生于美国亚拉巴马州伯明翰市，1949 年毕业于亚拉巴马大学，1955 年获哈佛大学生物学博士学位，同年开始在哈佛大学执教。后来他任教于佩莱格里诺大学，并且是哈佛大学的昆虫学研究员。他的代表作有《昆虫社会》（1971）、《社会生物学——新的综合》（1975）、《论人性》（1978）。

有的时候，人愿意无偿地帮助他人。他即便并不认识此人，或者他的助人行为不会给他带来什么可以预见的好处，也仍然选择了助人的行为方式，我们把这种行为称为利他行为（altruism behavior）。利他行为是人类社会中一类美好的事物，也是社会生活中不可或缺的一部分。研究表明，18 个月大的婴儿在看到陌生人的笔掉在地上时，即表现出了帮助的意向。① 有些学者提出动物也有利他行为，例如，某些物种的老年动物会不惜牺牲自己来挽救同类中的年轻动物，用自己的生命来换取种族繁衍的机会。然而，只要进行深入的思考，人们就会产生一些疑问：人类为何会做出利他行为？人类的利他行为受到哪些因素的影响？诱发利他行为的情境有哪些特征？本节的内容旨在帮助读者理解利他行为的本质及其发生机制。

学以致用

人类的利他与合作

关于人类的进化起源，社会关系和社会组织的基本问题都围绕着利他主义和自私展开。实验证据表明，人类的利他主义是一种强大的力量，在动物世界是独一无二的。然而，在利他主义和自私的个体之间，存在着很多个体差异以及相互作用，这些对人类的合作至关重要。根据不同的环境，少数的利他主义者能迫使大多数自私的个体来合作，或者相反，一些利己主义者可诱发大量的利他主义者叛变。

最后通牒游戏很好地说明了许多来自不同文化背景的人，即使在面临高货币风险时，也愿意放弃自身的利益来惩罚别人，以防止不公平的结果或制裁不公平的行为。在这个游戏中，两个被试必须在一个固定金额的分配上达成一致。被试 A 作为分配者，可以确切地提出一个如何分配金额的建议。被试 B 作为响应者，可以接受或拒绝 A 提出的分配方式。在拒绝的情况下，两者都一无收获；而在接受的情况下，分配者的方案就被执行。这个实验中一个稳健的结果是：当分配者给响应者的金额少于可用资金的 25%时，分配者被拒绝的概率就会很高。这表明响应者并不最大化自己的利益，因为一个自私的响应者应该接受任何数额的分配。而大多分配者似乎也明白，低的报价将被拒绝。因此等分模式在最后通牒游戏中常常出现。

---

① Warneken，Tomasello. Altruistic Helping in Human Infants and Young Chimpanzees. Science，2006，311：1301-1303.

另外，“社会困境”实验范式是利他奖励研究的良好工具。该范式有各种各样的形式，比如礼物交换游戏、信任游戏或者囚徒困境。以基础的信任游戏（trust game）为例，两个被试被随机分配为委托人和受托人，双方都有10元启动资金。由委托人决定向受托人转让的数额，然后受托人再决定捐赠给委托人的数额。主试将任何给予对方的数额都双倍处理，如果双方都转让出全部的数额给对方，那么他们的获益是最大的。然而，一个自私的受托人无论收到多少数额都不会捐赠给委托人任何金额，因此一个自私的委托人预见到这种行为，一开始就不会转让任何资金给受托人。①

这些实验范式模拟了大量现实生活的情况。为了加强对人类利他主义进化的研究，还需要从不同角度和领域进行检验与探索。

社会心理学家对利他行为进行了大量的科学研究，根据许多学者公认的看法，这里将**利他行为**定义为对他人有好处，没有明显自私动机的自觉自愿的行为。

利他行为：对他人有好处，没有明显自私动机的自觉自愿的行为。

从利他行为的定义中，可以看出利他行为有如下几个特征：第一，以帮助他人为目标；第二，不期望有精神或物质的奖励，例如荣誉或奖品；第三，自愿的；第四，利他者可能会有所损失。其中第二个特征是利他行为的主要特征，例如某人冒着生命危险去帮陌生人扑灭火灾，然后连姓名也没有留下就走了，这种不期望得到回报的行为就是典型的利他行为。然而，人们的助人行为的动机很少如此单纯。通常的助人行为既包含利他的因素，也含有利己的因素。当一个慈善家大量捐款帮助穷人的时候，他可能会期望在社会上获得声誉的回报。如此说来，利他行为可能有不同的动机，其中有些行为以利他为手段、以利己为目的，有些行为有微妙的利己动机，有些行为属纯粹意义上的利他主义，即为他人的幸福而助人，丝毫没有想到自己的得失。

巴特森（C. D. Batson）认为，利他行为应该是指那些不图日后回报的助人行为。当一个人看到有人需要帮助的时候，他既有可能产生专注于自我的内心焦虑，也有可能产生专注于他人的同情情绪，因此，可能产生两种相对应的利他行为取向：一种是为了减轻内心的紧张和不安，而采取助人行为，这种情况的动机是为自我服务的，助人者通过助人行为来减少自己的痛苦，使自己感到有力量，或者体会到一种自我价值，可以称之为自我利他主义（ego altruism）取向；另一种是受外部动机的驱使，因为看到有人处于困境而产生移情，从而做出助人行为以减轻他人的痛苦，其目的是让他人感到幸福，这种情况才是纯利他主义（pure altruism）取向。既然自我利他主义行为的目标是自我报偿（self reward），那么，这样的助人行为能否归结为利他行为呢？到目前为止还没有定论，但是，多数心理学家认为，所有的利他行为最终都可以产生自我

① Fehr，Fischbacher. The Nature of Human Altruism. Nature，2003：785-791.

报偿的结果。[①]

二、利他行为研究的范畴

社会心理学家对利他行为的研究涵盖了许多类型，其中最常见的是：（1）人们在看到陌生人陷于困境时所表现出来的助人行为；（2）人们制止或干预犯罪的行为，这种行为一方面能够帮助受害人，另一方面能使罪犯无法得逞或遭到惩罚；（3）个人约束自己不做出越轨的行为，这种行为通过克己的方式取得利他的效果；（4）偿还行为，其目的是回报他人的恩惠或补偿自己曾经使别人蒙受的损失。

另外，根据利他行为所发生的情境特点，还可以将之划分为紧急情况下的利他行为和非紧急情况下的利他行为。研究者通过不同的实验设计对上述两种利他行为进行研究。最早对紧急情况下的利他行为进行实验室研究的是拉塔内和达利（J. Darley）。他们通过巧妙的设计，在实验室中模拟出了需要被试做出利他行为的紧急求助情境，证实了责任分散效应。非紧急情况下的利他行为的研究模式更为多样，例如研究者随机拨打一些电话号码，声称自己使用的是付费公共电话，身上的钱仅够拨打一个电话，但不小心拨错了号码，所以请求对方替他打电话转达口信。除此之外，研究者在实验中使用的还包括错误号码技术、丢失信件技术、互联网助人情境、公共汽车让座情境、超市里掉文件情境等。有人对不同情境中学生的利他行为进行比较后发现，一个情境中的助人水平并不能预测被试在另一个情境中的助人行为，同一个体在不同情境之间的平均助人行为水平的相关只有 0.23。因此，在对助人行为进行研究时，不能将对一个情境进行研究的结果推广到所有的助人行为模式上，要找出不同求助情境的共同点与差异性。

社会心理学不但研究利他行为的各种类型，还要研究下面这些问题：利他行为对利他者和受助者有什么样的影响或结果呢？为什么现实的社会生活必须有利他行为的存在呢？为什么有的人会见死不救呢？

毫无疑问，每个人都经历过别人需要他伸出援手的情况，在选择了利他的行为方式之后，人们通常会产生良好的自我感觉——感到骄傲或者自豪，一般情况下，受助者会心存谢意，局外人也会对利他者给予赞扬和鼓励。但事实上我们发现，在有些情况下，受助者并不感谢助人者，有时候反而以怨报德，利他者怀疑自己的助人行为是否适当，局外人没有赞赏利他者的表示。在怎样的情况下利他行为会产生这种消极后果呢？研究表明，在如下的两种情况下，利他行为会产生消极后果。

1. 当利他行为对利他者有利时

根据我们在前面所作的描述，利他行为是需要助人者付出一定代价同时并不希望借此换取个人利益的行为。但是，人的动机很少如此简单，利他者往往会期望得到奖励或者回报。利他行为常常使利他者沾沾自喜，并能够满足他自我价值感的需要，使

---

① Batson. Altruism and Prosocial Behavior//Gilbert, Fiske, Lindzey. Handbook of Social Psychology: vol. 2. Boston, MA: McGraw-Hill, 1988: 282-316.

他感到自己是有能力的。利他行为也有可能是利他者对自己从前所犯错误的一种补偿，使他由此减少罪恶感，或恢复他原来在人们心目中的形象。不过，利他者是以自己的动机来评价自己的行为的。如果他很清楚自己动机不纯，带有个人自私的目的，那么，在事后，他对自己的评价就不会很高。因此，一旦利他行为对利他者有好处，就会被认定为利他者有所企图的行为，进而带来消极后果。

2. 当利他行为对受助者有伤害时

有时候利他行为对受助者来说可能是得不偿失的，受助者就会因此而消极地看待利他者。例如，对于某些自尊心非常强的人来说，如果贸然提出借钱给他以解决其当前所遇到的困难的话，就有可能会伤害他的自尊心。因此，利他行为或助人行为都要恰到好处才能体现出它的价值。

三、利他行为的唤起

有些心理学家认为，旁观者在决定是否做出利他行为之前，会做出一系列的判断。他必须观察并判断：当时发生了什么事？当事人是否需要帮助？这种帮助是否非常紧急？自己是否应该伸出援手？应该采取什么样的行动？借助什么办法完成这一行动？因此，人们在做出助人的决定之前，有许多事需要考虑。尽管在一些非常迫切的情况下，某些人很快就做出了反应，但是，一些心理学家认为，他们在决策之前通常会逐个考虑如上几个问题。

经验表明，在旁观者认为情况紧急的时候，他们通常会对当事人施予帮助。为了研究哪些情况会被定义为紧急情况，美国心理学家肖特兰德（L. Shotland）和哈斯顿（T. Huston）曾做了一项调查研究，研究者事先把事件的紧急程度区分为五个层次：第一级是非常紧急的情况，第二级是比较紧急的情况，如此递减，第五级被定义为最不紧急的情况。他们列举了一系列事件（见表13-1），让69名女大学生和21名男大学生对它们的紧急程度加以评价。结果发现，紧急事件有如下特点：（1）突然或出乎意料地发生；（2）当事人可能要受到伤害或已经受到伤害；（3）随着时间的延续，情况越来越严重和危险；（4）没有其他人可以帮助当事人；（5）旁观者有能力给予当事人帮助。①

表13-1　有可能被定义为需要帮助的紧急情况的事件

事件	平均紧急程度
割断动脉，大量出血	1.00
房子起火，屋里有人呼救	1.00
小孩中毒	1.00
心脏病发作	1.02
某个女性正在被强奸	1.09

① Shotland, Huston. Emergencies: What Are They and Do They Influence Bystanders to Intervene? Journal of Personality and Social Psychology, 1979, 37: 1822-1834.

续前表

事件	平均紧急程度
吃多了药	2.00
晚期癌症，只能活三个月	2.00
在森林中迷路的人呼救	2.72
汽车在路边熄火	2.72
轻度醉酒的朋友驾车回家	2.84
朋友倾诉其不幸和压抑	3.18
电视节目中要求为营养不良的儿童募集 2 000 万元	3.75
有人手里拿着香烟，急着找火柴	4.87

注：表中所列事件，被评价为第一至第五等的紧急事件，从第一等非常紧急到第五等最不紧急。

随后的几项实验纷纷证明：无论是什么事件，如果人们将其判断为紧急的，就有可能给予帮助。事件被认定的紧急程度如何，决定了旁观者给予帮助的可能性大小。因此，紧急情况是利他行为唤起的决定性因素之一。求助者的需要也是重要的因素之一，但是，助人者是否有能力提供有效的帮助，也会影响他助人与否的决策。如果求助者的困境严重到没什么办法能够帮助他的话，那么，旁观者很可能不会提供帮助；反之，如果旁观者感到有能力帮助求助者，就很有可能给予实际的帮助。例如，当一个人突发病症，摔倒在街上时，想要帮助他的人只需要打一个急救电话，或者拦车送他上医院就可以了，多数人能做到，所以，理论上会有很多人帮助他。

四、利他行为的得与失

当紧急情况非常明显，而且人们也有能力提供帮助时，为什么还有人见死不救、漠然视之呢？其中一个很重要的原因就是，旁观者考虑到了帮助他人的行为可能会带来麻烦和损失。例如，当两个人非常激烈地动手打架时，旁观者一般不会贸然插手干预，因为大部分人会担心因此受到伤害。

当助人行为不会威胁旁观者的身体安全时，仍然会有人畏惧不前。这是什么原因呢？有研究表明，当旁观者看到有人跌倒在马路旁边时，他会想到如果去帮助此人的话，就会浪费许多时间。假如他没有什么急事，或许会上前相助；反之，就会减少助人的可能性。如果救助这位跌倒的路人需要花自己的钱，代价就更大了。此外，如果需要帮助的人身上很脏、浑身是血，那么与他的近距离接触有可能会带来不愉快的体验，这也是助人的代价之一。但是，当旁观者考虑到帮助此人有可能会带来奖励时，他就有可能会提供帮助。

五、求助者的特点

人们不愿意帮助一个喝得醉醺醺、晃晃悠悠走在路上的酒鬼。求助者需要帮助的程度，是决定我们是否给予帮助的重要因素。一般来说，我们更容易帮助那些我们认为他们自己没有解决问题的能力因而必须求得帮助的人。例如，迷路的小孩比迷路的大人更容易得到别人的帮助。尽管现在世人对女性的看法有所改变，不再像从前那样认为她们没有能力自助了，但是，人们仍然认为女性应付困难的能力比男性低，因此，我们会感到有责任去帮助一个遇到麻烦的女人。我们也比较愿意帮助我们喜欢的人。另外，如果有人由于外在的、大家都认为合理的原因（比如疾病或意外事故）而遇到困难的话，他们会比那些自己造成困难的人更容易获得帮助，也就是说，我们往往拒绝帮助那些由于自己的过错或不适当的行为而遇到麻烦的人，例如酗酒者、因粗心大意而酿成大错的人。

美国心理学家哈沃德（W. Havard）和克雷诺（W. Kurleno）在一所大学的图书馆里进行了一项有关的现场实验，说明了求助者的性别、旁观者与求助者的交往等因素与旁观者的帮助行为之间的关系。研究者让一位实验助手扮演“求助者”,“求助者”的角色是一位大学生，他与其他几位同学（这几位同学并不知道他们已经进入一场实验之中）坐在图书馆的一张桌子旁边看书。研究者再让另一个人扮演“小偷”,“小偷”衣衫褴褛、蓬头垢面、肮脏不堪。他走进图书馆，匆匆地看了一眼围坐在这张桌子周围的人之后，就远远地坐在另外一个地方。当“求助者”离开阅览室之后,“小偷”拣起了一本“求助者”的书就消失了。当“求助者”返回时，因为他的书不见了，所以，他表现出非常吃惊的样子，并请求其他人帮助寻找。不一会儿,“小偷”也回来了，但手里没有那本书。研究者想知道，坐在附近的那些学生会帮助“求助者”捉住这个“小偷”吗？研究结果表明：如果“求助者”是女性，会比男性更容易得到周围人的帮助；如果“求助者”在离开阅览室之前和周围的人聊过天，哪怕是问问时间，也会提高得到帮助的可能性。这说明，聊天这一短暂的交往使“求助者”与旁观者之间产生了某种微妙的联系，增加了旁观者提供帮助的责任和愿望。

许多事实和实验研究还证明，外貌有吸引力或者是人品好的人更容易得到别人的帮助。相反，如果某人的外表令人讨厌的话，人们帮助他的可能性就会大大地降低。

求助者对自己所处的困境应当承担的责任，也是影响他人给予帮助的一个重要因素。同样是一个跌倒在路边的行人，如果他手里拿着一根拐杖，人们就更愿意帮助他，如果他手里拿着一个酒瓶，就很少有人愿意帮助他。

从另一个方面来说，旁观者对别人陷入困境所应该承担的责任也是影响他们决定给予帮助的原因之一。正如我们在前面“偷书”实验中所看到的那样，即使受害者与旁观者之间有一个很短暂的交谈，也会增加旁观者帮助他的可能性。如果求助者在与旁观者谈话时要求他们帮忙照看一下东西的话，那么，旁观者在事后更有可能帮助他找书，因为他们会感到他们有责任帮助求助者看好他的东西。

在现实社会生活中，我们还总是偏爱和自己有关系的人。相对于陌生人，个体更愿意帮助与自己有亲缘关系的人（即自己的亲属），这种现象被称为亲缘利他主义（kin altruism）。汉密尔顿在1964年提出了内含适应性和亲缘选择理论，解释了亲属之间利他行为得以进化的原因。内含适应性理论的主要观点是，自然选择倾向于那些能促使有机体的基因得以传播的特性，而不管有机体能否直接繁殖后代。亲属身上携带着我们的基因拷贝，所以会对亲属给予照顾。尽管日常生活中的利他行为更多地指向朋友，但当利他行为的代价较高时，指向亲属的利他行为则更多。[①]

六、利他行为的影响因素

研究表明，影响人们产生利他行为的个人因素有本人的个性、早期的社会化情况、以前利他行为的经验、当时的身体和心理状况，以及本人的人生哲学或思想意识等。

（一）家庭中的社会化和榜样的作用

早期的社会化（socialization）对个体成年以后的利他行为有非常重要的影响。利他者在儿童时期形成的观念以及父母的言传身教，都是他成年以后所做出的利他行为的重要原因。如果父母以热情、支持和爱护的方式对待儿童，那么，儿童更有可能发展出利他和助人的心理倾向。有人曾对第二次世界大战中冒着生命危险保护基督徒的人进行访问，发现这些人有一个共同的特点，那就是他们有强烈的个人道德感，这种道德感和利他行为多是受到父母的影响而形成的。

（二）人格因素

利他行为存在着较大的个体差异。有人乐于帮助别人，将助人行为作为一种生活方式，比如雷锋、白方礼等；而有人相对来说比较自私，只顾及自己的利益是否得到满足，对于他人的求助往往无动于衷。为何人与人之间会有如此大的差异？除了环境因素之外，是否存在利他人格？如果有，利他人格由哪些特质组成？比埃尔霍夫（Bierhoff）等人提出，利他者常常具备以下五个特征：高共情能力、相信世界是公平的、高度的社会责任感、内控和低利己主义。但是，研究同时也指出，利他行为的产生是由很多因素引起的。例如，人们的价值观念、社会的规范和个人的信仰等，都会影响人们的利他行为。单就社会规范来说，就有社会责任规范（social obligation norms，指人们要帮助那些依靠他们的人）、互惠规范（mutual benefit norms，指人们要帮助那些曾经帮助过他们的人）、平等规范（evenness norms，指人们要帮助那些值得帮助的人）等。人格特征在利他行为当中只起到某种中介的作用。

（三）利他者的性别差异

经验表明，女性的人道主义思想比男性强烈。但人们的观念与现实的行为往往是脱节的，许多利他行为研究表明，男性和女性同样乐于助人，只是不同性别所做出的助人行为的性质不同。

美国心理学家詹姆斯·布朗（J. D. Brown）等人做了一项经典的利他行为的研究。[②] 这项研究是这样设计的：让一个人装扮成一个骑摩托车者，他的车在一条繁忙的

---

① 王瑞乐，刘涵慧，张孝义．亲缘利他的不对称性：进化视角的分析．心理科学进展，2012（6）.

② Brown，Smart. The Self and Social Conduct：Linking Self-Representations to Prosocial Behavior. Journal of Personality and Social Psychology，1991，60：368-375.

大街旁熄火了，他焦急地站在车旁。研究者想看看那些过路的摩托车驾驶员是否会停下来给予帮助。结果发现，利他行为存在着明显的性别差异，男摩托车驾驶员远比女摩托车驾驶员更容易停下来提供帮助。女性驾驶员在遇到有人求助时为什么不愿意停下来相助呢？研究者推测可能是由于她们认为自己没有能力在这种情况下提供帮助。如果求助者是个素不相识的男人，她们可能会有恐惧心理，更害怕停下来。

男性多在紧急情境中拔刀相助；而在没有太高风险的情境中，女性通常会做出更多的助人行为。这种性别差异很大程度上受到文化规范的影响。在多数文化中，优秀女性的特质包括细心、善良、关心他人、与周围人建立稳定亲密的人际关系等，而优秀男性的特质则包括勇敢、强壮、敢于担当等。因此，在见义勇为事件中，出手相助的多是男人，而在照顾老人、小孩，关心流浪小动物这方面，女性利他者占的比例较高。一项以青少年为研究对象的跨文化研究表明，在社区从事志愿者服务的女性要远远多于男性。而在见义勇为英雄的颁奖仪式上，男性则占了绝大多数。

（四）利他者心境的作用

在面临求助情境时，个体当时的心境会对助人行为有所影响。人们通常会认为积极情绪对利他行为有促进作用，而消极情绪对利他行为有抑制作用。但是，研究表明无论是积极情绪还是消极情绪，对助人行为都有一定的促进作用，但是两者的作用机制不同。

处于积极心境中的个体更加乐善好施，积极心境包括诸如成功、爱情、意外惊喜等带来的喜悦。伊森等人的研究中通过让被试获得意外之财（一枚硬币）的方式唤醒其积极情绪。当这位幸运儿捡到钱币之后，将遇到手持文件夹的实验助手，实验助手的文件夹在距离被试几米远的地方“不小心”掉到地上，研究以被试是否上前帮忙捡起文件夹作为利他行为的评判标准。研究结果表明，没有获得意外之财的对照组有4%的个体帮助实验助手捡起了文件夹，而刚刚获得一枚硬币的被试中有84%的人做出了利他行为。除了物质引发的积极心境之外，能够引起感官愉悦的外在环境刺激也会增加个体的助人行为，比如沁人心脾的气味。研究发现，与没有闻到任何气味的被试相比，处于柠檬香或花香环境中的个体做出了更多的助人行为。[①] 人在做出帮助他人的行为后，往往能够体验到成就感以及更高的自尊水平，这种因助人行为而带来的积极情感被称为内部奖赏。相对于平静状态的个体，处于内疚、苦恼、难过中的个体会做出更多的助人行为，以摆脱消极状态，这种理论被称为消极状态释放模型（negative-state relief model）。

据说，美国总统林肯有一次乘坐马车出行，沿途遇到一只深陷泥潭的猪仔，猪妈妈眼看着即将要被淹没的猪仔急得嗷嗷直叫，林肯命令车夫立即停下马车，并跳下车帮助猪仔脱离困境。同行人问林肯为何这样做，林肯回答说：“那只母猪的痛苦叫声使

---

① Baron. The Sweet Smell of Helping: Effects of Pleasant Ambient Fragrance on Prosocial Behavior in Shopping Mall. Personality and Social Psychology Bulletin, 1997, 23: 498-503.

我的内心感到不安，如果不帮助它们，我一整天都会不得安宁。”日常生活中的苦恼常会让我们处于消极心境中，而消除不安的最好办法，就是帮助他人。

内疚是一种让人感到非常痛苦的消极情绪，当人们为自己的所作所为感到内疚时，帮助他人可以减轻内疚带来的罪恶感。社会心理学家通过巧妙的实验设计，诱发个体的内疚。结果发现，内疚后的个体会做出更多的忏悔、道歉、利他行为，通过这些方式来消除内疚感，维持较好的自我认知。C. 史密斯（C. Smith）等人通过让被试“点击”实验助手的方式诱发高度内疚，通过让被试制造噪音的方式诱发低度内疚。结果表明，75%的高内疚组个体在实验结束后的助人情境中做出了利他行为，而低内疚组的个体只有 25%的被试实施了助人行为。

并不是所有的消极心境都可以激发更多的助人行为。处于愤怒状态的个体会产生对他人的同情，但不会实施帮助他人的行为。另一个例外的消极心境是极度悲伤和抑郁，例如经历亲友去世、地震、火灾之类的重大挫折后导致的悲痛，会使个体沉溺于自己的消极情绪中，过分关注自我，对他人求助信号的敏感度降低，从而减少助人行为。

（五）利他行为的生物学基础

达尔文曾经指出，经过一个自然选择的过程，有利他天性的生物更有可能使它们的物种留存下来。这一观点已经被当代著名的社会生物学家爱德华·威尔逊所证实。例如，斑鸠母亲在看到一只狼或者其他的食肉动物接近它的孩子时，它就会假装受伤，一瘸一拐地逃出巢穴，好像翅膀折断了一样。这样，食肉动物就会跟踪它，希望进行一次比较容易的捕食。一旦斑鸠母亲将敌人引入安全距离，它就会一飞而起，这种策略常常取得成功。但有时候也会失败，失败的话就会被敌人吃掉，它虽然牺牲了自己，却保护了它的孩子，使小斑鸠有可能活到成年，繁殖后代。人类历史上也有许多这样的例子。例如，一个家庭、国家或民族之所以能够保存下来，是因为其中少数的勇敢者献出了自己的生命。因此，许多社会心理学家假设，利他行为有遗传机制，虽然迄今为止还没有研究证实该机制的存在。

西方许多社会心理学家对年幼儿童的观察研究也证明了人类天生有利他行为的倾向。有人总结了一些对 10 个月婴儿的观察研究后发现，即便是婴儿也有利他行为。例如，他们明显地试图安慰受伤的父母或兄弟姐妹，给坐在旁边的人喂食物，把自己的玩具给别人玩，看到父母痛苦的表情时表现出畏缩和痛苦等。当然，这些行为不完全就是利他行为，有些只是观察模仿成年人的行为。但是，有些行为是儿童不可能观察到的，所以只能认为儿童具有先天利他行为倾向。不到一岁的儿童在看到另一个儿童受伤时，倾向于表现出与他自己受伤时同样的痛苦表情，这种同情和替代别人分担痛苦的行为往往是利他行为的前兆。

（六）自然环境对利他行为的影响

一般来说，令人厌恶的环境（例如，烟雾弥漫或天气闷热）条件促使侵犯倾向增强。

那么，舒适的气候和环境会增加利他行为的可能性吗？研究发现，人们较有可能在晴朗的天气里帮助他人，而较少在寒冷和刮风的天气里帮助他人。这种微妙的联系有可能是心情的中介作用导致的。天气对人的心情有直接的影响作用，而心情又会影响利他行为的实施。

此外，噪音会使利他行为减少。研究者用城市超负荷假设来解释这种现象。人们在一定的时间内只能对一定数量的刺激做出反应，过多的刺激会使人应接不暇，从而导致包括利他行为在内的所有反应的敏感度降低。生活在大城市的人之所以比生活在小城镇或农村的人有较少的利他行为，原因之一是大城市喧嚣的噪音和过多的刺激。R. 莱文（R. Levine）等人的研究表明，对助人行为有直接影响的并不是城市人口的数量，而是城市人口密度。人口密度越高，利他行为越少。①

（七）社会环境对利他行为的影响

情境中的社会性因素也影响利他行为的发生。下面我们主要讨论他人的存在对利他行为的影响。

（1）旁观者的数量对利他行为的影响。许多研究利他行为的社会心理学家认为，旁观者的淡漠是特定社会情境下的社会心理现象。人们通常以为紧急情况下在场的人越多，被帮助的可能性就越大。事实恰恰相反，越多的人在场，就越有可能没人出来相助。

学以致用

吉诺维斯事件与旁观者干预

亲社会研究的兴起源于吉诺维斯事件的刺激。1964年的一天，凯蒂·吉诺维斯在她经营的酒吧营业结束后返回公寓，她的公寓位于皇后大街一个安静的中产阶层居住区内。当她下车向公寓方向走去时，一个持刀男人袭击了她。那个男人刺了她数刀，她大声呼救。一个邻居在窗口大声警告那个男人："放开这个女孩！"歹徒正欲逃走，但他又返回将凯蒂击倒在地，再一次袭击她。凯蒂继续呼救直至最后有人报警。警察在接到报警两分钟后就赶到了现场，但凯蒂当时已经死了，袭击者不知去向。袭击行为持续了35分钟。警察在调查这一事件时发现，公寓周围共有38个人目睹了这一袭击事件，但最终只有一个人报了警。一对夫妇把两把椅子移到窗前来观看这一暴力事件，他们说他们以为已经有人报了警。凶手一直没有被抓获。

凯蒂的悲剧激发了心理学家的研究兴趣，他们开始寻找那些阻止人们伸出援助之手的心理力量。心理学家达利和拉塔内把突发事件中的帮助行为称为旁观者干预行为，把突发事件中旁观者的冷漠行为称为未干预行为。他们在分析旁观者的反应之后，提出如下解释，正是由于观看事件的目击证人太多而降低了旁观者提供帮助的意愿。

---

① Levine, Martinez, Brase, Sorenson. Helping in 36 U. S. Cities. Journal of Personality and Social Psychology, 1994, 67: 69-82.

为了证明这一假设，达利和拉塔内做了一个简单但是很能说明问题的实验。[①] 实验中的被试是男女大学生，他们每次将一位大学生被试带进实验室，分配在单独的房间里，并让被试认为他是两人、三人或六人讨论组的成员之一，准备参加一个讨论会，讨论与学校生活有关的个人问题。要求每个学生在自己的小房间里通过麦克风向小组的其他成员发表自己的意见（每个房间的麦克风只开两分钟，一个房间麦克风开着的时候，其他房间的麦克风关掉，即每次只准一个人讲话）。谈话过了一轮以后再进行第二轮，每个人对其他人的谈话发表评论。这时告诉被试在他们进行讨论的时候主试不在场，因为主试在场会影响讨论进行。每个小组里第一个发言的人实际上是研究者的助手假扮的，而且他的发言是事先录了音的，他就是本次实验所安排的假装癫痫病发作、说话语无伦次的求助者。他断断续续讲了下面的话：

"我想我——需要——如果谁——能——帮助我——因为——我——我现在——真的——不——行了，如果谁——能帮我——帮我出去——那——那太好了——因为我——我犯——病了，我的——的确——需要——帮——帮助，谁——来——快——帮我——一下（哽咽的声音）——我要死——了，我——要死——帮——（哽咽，然后没声音了）"

实验要验证的是在一种紧急情况中，旁观者越多，其中某一个旁观者出来相助的可能性越小，或者出来得越慢。结果证明了这个假设：在两个人一组的情况下，85%的被试在"癫痫病人"讲话结束之前就打开房门（他们显然是向主试求助）；在三人一组的情况下，62%的被试这样做；在六人一组的情况下，则只有31%的被试这样做。实验结论是，旁观者越多，被试就越不会轻易给予帮助。

为什么人们在群体里比单独时有较少的利他行为呢？对这一问题有几种不同的理论解释，其中之一就是责任扩散（liability diffuseness）。所谓责任扩散，是指当发生了某种紧急事件时，如果有其他人在场，那么，在场者提供帮助的责任就会减小，也就是说提供帮助的责任扩散到其他人身上。

当一个人遇到他人处于紧急情境时，如果只有他一个人能提供帮助，他就会清醒地意识到自己的责任，因而对受助者给予帮助。如果他见死不救就会产生罪恶感、内疚感，这会付出很大的心理代价。如果有许多人在场的话，那么帮助求助者的责任以及不愿给予帮助所付出的心理代价都由大家共同分担，每个人承担的责任减少，这样当然会减少利他行为。而且，旁观者甚至可能根本意识不到自己所应当承担的责任，从而产生一种"即便我不去救，也会有别人去救"的想法，造成集体淡漠（collectivity apathy）的局面。

（2）对情境的社会性定义对利他行为的影响。当我们遇到一件事时，要对这件事的性质进行解释，即判断它是否属于紧急情境，是否需要我们介入。我们要做出判断

① Latané，Darley. Group Inhibition of Bystander Intervention in Emergencies. Journal of Personality and Social Psychology，1968，10（3）：215-221.

之后才能采取行动。当事件的性质模糊不清时，我们倾向于参考他人的反应来对事件做出判断。这种对情境的判断受他人反应影响的现象，就是对情境的社会性定义（social definition）。这里面显然包括榜样的作用和社会影响。

拉塔内和达利于1968年做了一项实验，证明了对情境的社会性定义的存在。[①] 实验招募了一些男大学生，请他们来参加有关城市生活中存在问题的讨论，在他们等待实验开始的时候，要求被试先填一张预备问卷。当他们填完预备问卷的两页纸的时候，实验者开始通过墙上的通风孔向被试所在的等待室释放无害但是让人恐惧的白色烟雾。在整个六分钟的实验中，一直释放这种烟雾。这个研究分三种实验条件：在第一种条件下只有一个被试；在第二种条件下有三个被试，并且他们互不相识；在第三种条件下也有三个被试，但其中的两个是实验助手，只有一个人是真正的被试。在第三种条件下，实验助手面对烟雾既不说话也不做反应。

该研究发现，在第一种条件下，被试向实验者报告有烟雾的速度比其他两种条件的被试要快。另外，第二种条件下的被试要比第三种条件下的被试报告有烟雾的速度快。显然，在第三种条件下，实验助手所表现出来的镇定，使真正的被试认为情况并不是很严重，或者他不想慌张行事，以免在别人面前表现得很不成熟或者很傻气。这种反应在心理学上被称为评价焦虑（evaluation anxiety），即每个人都关心别人如何评价自己。一般来说，人们都尽力像别人一样做社会性安全的事，避免自己显得比别人愚蠢，这其中也有从众心理的作用。对于严重的事件来说，这种想法未免荒唐，但这的确是人们惯常的思维方式。

（八）社会文化对利他行为的规范

所谓**社会规范**就是行为、态度和信仰的模式。这些模式是社会组织以正式或非正式的方式建立起来的，并被认为是适当的行为准则。一般来说，社会中的个体面临着必须遵守这些规范的压力，如果他违背了这种规范就有可能遭到社会排斥或各种各样的惩罚。与利他行为有关的特别重要的社会规范有前述的社会责任规范、互惠规范和平等规范。

社会规范：行为、态度和信仰的模式。

另外，利他行为在不同的文化背景中也大不相同。玛格丽特·米德根据不同社会对早期儿童抚养的实践对这些差异进行了解释。她在新几内亚比较了两种不同的社会发现：阿拉佩什社会的成年人比较溺爱和纵容他们的孩子，因而培养了该社会儿童彼此亲密和同情他人的品格，这种品格一直保持到他们成年；而蒙杜古莫社会的人比较注重独立和自我奋斗的行为，对待儿童比较淡漠，很少培养儿童的同情心，因此，该社会的儿童在成年以后没有助人的愿望。米德认为，儿童早期养成的同情心很可能是影响成年以后利他行为的一个重要的因素。儿童的行为可能是对其父母行为的模仿。

---

① Darley，Latané. Bystander Intervention in Emergencies：Diffusion of Responsibility. Journal of Personality and Social Psychology，1968，8（4）：377-383.

还有人对利他行为的文化差异做出了另一种解释，这一解释认为某个社会的财富和资源影响了该社会的人的利他行为。

在社会责任规范中也显示出不同文化的差异，即不同的社会具有不同的社会责任规范。这为不同社会中人们利他行为的差异提供了另一种解释。有人在对比了美国和苏联的儿童所受的学校教育后发现，苏联的学校更强调社会责任规范。这一规范教育儿童要有社会责任感，促使人们对违反社会规范的人进行批评指责从而诱发更多的利他行为。在苏联的学校中，儿童认为在课余时间帮助学习有困难的儿童是理所应当的。社会责任规范对人们分担责任和在工作与生活中密切合作的作用在中国社会随处可见。

七、利他行为的学习和模仿

按照传统的学习理论，利他行为是通过强化而建立的。当儿童帮助母亲干家务活，将好吃的东西留给别人，或在别人难过时试图进行安慰时，父母可能会用赞扬的话、糖果甚至钱来奖励他们，父母对他们的赞扬就是一种社会性强化。同样，如果儿童不愿意帮助别人则会受到父母的指责甚至惩罚。按照学习理论，儿童将重复那些已经得到过奖励的利他行为，并去除自私的行为，这就是强化的作用，甚至很小的儿童在他们因某些偶然的利他行为而得到物质奖励之后也会重复这些行为。

当然，如果得到物质奖励的愿望是儿童利他行为的主要动机的话，那么这些行为便不是我们所定义的利他行为。对学龄前儿童的研究也表明，在提供奖励的成年人不在场的情况下，学龄前儿童很少表现出利他行为。在没有奖励的情况下利他行为消失得很快。而另外的研究则指出，年岁较大的儿童和成年人即使在没有受到奖励的情况下也会持续表现利他行为。强化不仅仅包括外部奖励，还包括内部奖励，如做成一件好事之后的满足感。这表明成年人的利他行为已经习得并且较少掺杂个人的自私动机。

第二节　侵犯行为

在大多数社会生物学家看来，侵犯行为与利他行为都是由基因所设定的。爱德华·威尔逊认为，侵犯行为是人类为了确保自身安全而形成的本能，这种本能是经过长期的进化而发展起来的，攻击性较强的个体往往具有更强的生存优势。而人类的利他行为在本质上与蜜蜂、白蚁等社会性昆虫一样，也是通过基因的进化而发展起来的，其强度和频率随着亲属关系的疏远而递减。人类的侵犯行为与利他行为和遗传相关，这已经是不争的事实，但这些行为在多大程度上受到遗传因素影响及其影响机制又如何，则需要进一步探索。

科学社会心理学发展到今天，已经逐渐超越了社会生物学对遗传因素的过分强调，其在侵犯与利他研究领域中已经取得了一些重要的成果，新的研究成果更乐意构建基于社会影响的理论解释，即在关注当事人特点的基础上着重分析社会情境特征。在下面的内容中，我们不难发现：侵犯与利他研究和其他社会心理学课题有着显著的区别，如自我意识、社会角色、社会认知、社会动机和社会态度等研究主要强调个体内在的认识、情感或意志过程，而侵犯与利他研究则更加关注个体的外在行为表现。正因如此，多数有关侵犯与利他的研究结论可以用于指导日常实践或干预现实生活。

一、侵犯行为概述

侵犯行为简称侵犯（aggression），有时也可以称为攻击行为，从在校学生之间的欺负行为到球场上的球员斗殴，从办公室同事之间的相互中伤与诋毁到美国发动的两次伊拉克战争，都可以看作侵犯的不同表现形式。几乎每个人对侵犯行为都有一定的理解，不过要给它下一个较为准确的定义却不是件容易的事情。我们在定义侵犯行为时，必须考虑行为者的动机与意图，因此，侵犯行为必须是有意图、有目标的伤害他人的行为。但如果某人在正当防卫时击伤了正在行凶的罪犯，那么这种行为算不算侵犯呢？或者当父母惩罚不听话的孩子时，他们的行为算不算侵犯呢？显然这两种暴力行为都是有意图的伤害行为，但它们却不属于社会心理学所界定的侵犯行为。社会心理学研究视野下的侵犯行为还具有一个重要特征：违反了社会主流规范。在当代中国的主流社会规范看来，“正当防卫”和“父母惩罚不听话的孩子”都不算是侵犯行为。

侵犯行为：违反了社会主流规范的、有动机的、伤害他人的行为。

综上所述，我们可以对侵犯行为做如下定义：违反了社会主流规范的、有动机的、伤害他人的行为。因此，当我们判断哪些是侵犯行为时，必须分析三个方面的情况：一是个体的外在行为表现；二是其行为是否违反社会主流规范；三是个体的内在动机或意图如何。行为表现可以直接呈现在人们面前而被观察到，行为表现是否违反社会主流规范也比较容易判断。但是，分析行为动机却是一件困难而且复杂的事，它不能直接诉诸人的感官，所以，我们可以通过下述方面来判断行为者是否具有侵犯动机。

（1）行为发生的社会情境。任何行为都发生在一定的社会情境或环境之中，环境的特点可以向我们提供获悉行为者动机和意图的线索。例如，在激烈的冰球比赛中，因撞击而造成的身体伤害通常被认为是无意的，假如这种撞击发生在办公室或者教室里，人们就不会认为它是无意的了。

（2）行为者的社会角色。教师训斥学生通常不会被认为是有意的侵犯，其对学生的教育或训斥是受社会认可的。不过，一旦社会角色颠倒过来，情况马上就不一样了，例如，学生辱骂老师会被视为性质严重的有意侵犯。

（3）行为发生前的有关线索。司机甲在行车时把路人乙撞成重伤，如果两个人此前并不认识，或者关系一直比较好的话，人们通常会认为这场车祸只是一次意外。相反，如果两个人不但认识而且关系非常紧张，甲还扬言要收拾乙的话，执法部门和群众就难免会猜测甲有意伤害乙。

(4) 行为者的身份特性。经济地位、性别、种族背景、教育程度及职业地位等，也可以提供判断行为者动机的线索。人们倾向于认为，某种身份的人有一套适合该身份的行为方式，人们会按照这种观点来推断某种行为的动机。例如：受过高等教育的人如果对别人用语粗俗，就会给人造成鲁莽粗暴、有意攻击他人的印象；相反，一位没有受过教育的人如果用语粗俗的话，则有可能被人视为缺乏必要的礼仪常识，而不一定是恶意的侵犯。

上述四个方面并不是绝对的，在分析伤害行为时我们需要综合考虑，有时还需要借助以往经验，全面细致地考察其他方面的因素，以便更加准确地判断伤害行为背后是否有侵犯动机。

二、侵犯行为的类别

侵犯行为从表面上看都是给受害者带来了生理和心理上的伤害，但其表现形式、动机和最终的行为结果却存在差异。按照不同的标准可以将侵犯行为划分为不同的类别。

(1) 根据侵犯行为的方式不同，可以划分出言语侵犯和动作侵犯。言语侵犯 (verbal aggression)，是使用语言、表情对别人进行侵犯，诸如讽刺、诽谤、谩骂等；动作侵犯 (behavioral aggression)，是使用身体的特殊部位 (例如手、脚) 以及利用武器对他人进行侵犯。

(2) 按照侵犯者的动机，侵犯可以分为报复性侵犯和工具性侵犯。如果侵犯者只是想让受害者遭遇不幸，目的在于复仇和教训对方的话，那么，这就是报复性侵犯 (retaliatory aggression)；如果侵犯者为了达到某种目的，只是把侵犯行为作为达到目标的一种手段的话，这种侵犯就是工具性侵犯 (instrumental aggression)。近年来在美国发生的校园枪击案绝大多数是报复性侵犯，侵犯者的目标在于对他人或社会实施报复或发泄不满；而绝大多数使用暴力的银行劫案则属于工具性侵犯，劫匪通常以暴力作为获取大量钱财的手段。

(3) 我们还可以将侵犯分为广义侵犯和狭义侵犯。狭义侵犯正如我们前面所定义的那样，是有意违反社会主流规范的伤害行为；广义侵犯则涵盖了全部有动机的伤害行为，而不论其是否违反了社会主流规范。根据侵犯行为是否违背社会主流规范，可以将之划分为三种亚类型：反社会的侵犯行为、亲社会的侵犯行为、被认可的侵犯行为。人们一提到侵犯行为，往往首先想到的是反社会的侵犯行为 (antisocial aggressive behavior)，诸如人身攻击、凶杀、打群架等故意伤害他人的犯罪活动，这样的行为显然违背社会主流规范，因而是反社会的；所谓亲社会的侵犯行为 (prosocial aggressive behavior) 是指不但不违背社会主流规范，还可以为维护社会秩序而服务，例如为了治安而执行除恶的任务、公检法人员抓小偷、调查贪污、惩罚罪犯都属于这类情况；所谓被认可的侵犯行为 (received aggressive behavior) 是指既不违背社会主流规范，但也不是为社会规范服务所必需的，是经过长时间而形成的社会习惯，比如父母使用体罚方式教育不听话的孩子等，是介于反社会的侵犯行为和亲社会的侵犯行为之间的一种行为。本章对侵犯行为的理解和论述是以狭义侵犯作为对象的。

三、侵犯行为是不是本能

心理学在19世纪后半期成为一门独立的学科，当时理论家受达尔文进化论的影响，把人类的动机都归因于先天的本能，暴力倾向被认为是人类最有力量的本能之一。詹姆斯认为，人类皆有好斗的劣根性。他相信侵犯倾向是通过祖先遗传而来的本能，人们基本不能摆脱它，只有通过替代性的活动消耗侵犯动力，才能使侵犯倾向得到控制。

在20世纪，精神分析学派对侵犯展开了新的本能论研究，弗洛伊德在早期的时候用自我的概念来解释侵犯本能，他认为侵犯与力比多密切相关。力比多在弗洛伊德看来象征着性冲动，因此，侵犯是和人类的性本能联系在一起的，是性压抑所产生的困扰状态。后来，弗洛伊德又提出了死本能的概念，认为死本能代表着人类自身的根及破坏的力量，表现为求死的欲望。死本能有内向和外向之分：当它指向内在的时候，人们就会折磨自己，变成受虐狂，甚至会毁灭自己；当它指向外在的时候，人们就会表现出破坏、损害、征服和侵犯他人的行为。这种观点对弗洛伊德关于人类健康状况的总体观点有着重要的影响。例如，他认为战争是不可避免的，因为发动战争实际上是一种自我保存的方式，人们相互杀戮是为了不让死亡的愿望指向自身。

20世纪60年代，动物行为学家洛伦兹把人的侵犯行为与动物的侵犯行为做了比较。他认为动物的侵犯行为有两种：一为掠食行为，目的是填饱饥腹，这种行为是一种不带情绪的、近乎天性的反应；二是争斗行为，成群而居的动物会产生同种之间如何分配食物、配偶与空间领域的冲突问题，动物解决这种问题的方式常常表现为威吓、争斗和侵犯。这种争斗和侵犯具有求得生存，并使物种不断进化与发展的功能。洛伦兹认为，从动物的争斗行为中，可以帮助我们了解人类的侵犯。他确信，侵犯是人类生活不可避免的组成部分，所以必须定期加以发泄。他建议人们采用体育竞赛和其他消耗体力的活动，如登山、航海等没有破坏性的发泄方式，代替破坏性的发泄方式。

背景人物

康拉德·洛伦兹（1903—1989），奥地利动物学家、习性学创始人之一。他开创了在自然条件下观察动物的方法，对鸟类行为的研究做出了独特贡献，并提出了动物本能行为的固定行为模式和动物学习的“印记”等概念。洛伦兹于1933年在维也纳大学获得动物学博士学位，1966年当选美国国家科学院院士，1973年与弗里希、廷伯根共同获得诺贝尔生理学或医学奖。

有关侵犯的早期研究大多认为侵犯是人类的本能行为。弗洛伊德的本能理论从精神分析的角度提出侵犯是人的内在本能；洛伦兹的习性学说从动物生存中习性发展的角度解释人的侵犯行为，认为侵犯是人内化的本能。

以上“侵犯是人类本能”的观念至今仍然保持着一定的影响。但是，詹姆斯和弗洛伊德的猜测都不足以说明侵犯是一种本能；而洛伦兹把对动物的研究直接推及人类也是不妥当的。总之，这些有关侵犯的本能理论还停留在用一种特殊概念来推测内在的生物过程（biological processes）和生物机制（innate mechanisms）的层次上。内在的生物机制和生物过程在侵犯行为中扮演着重要的角色，但是我们不能因此说侵犯是一种本能。当前的社会心理学家倾向于把生物过程看作环境刺激与侵犯之间的中介反应，也就是说，研究者普遍认为侵犯是环境刺激下的一种反应，而不是一种本能。

虽然侵犯行为同生理活动一样，依赖于神经系统的生理机制，大脑的皮下神经结构（主要是下丘脑和边缘系统）对侵犯行为起着中介作用，但大脑皮层对外部刺激的加工有选择地控制着皮下神经结构的活动。对侵犯行为的获得具有更大影响的不是生物因素，而是社会学习因素。这种学习是通过观察榜样的行为及其结果实现的，又称为观察学习或替代性学习。班杜拉以社会学习理论作为基础来解释和探索侵犯行为，认为人并非生来就具有侵犯能力，这种能力必须通过学习获得。这种观点得到了越来越多的实证研究的支持。

四、有关侵犯行为的生物学解释

对侵犯行为的生物学解释往往倾向于认为侵犯是人类的本能。虽然目前主流的社会心理学认为生物学因素最好理解为环境刺激和侵犯行为之间的调节变量，但了解有关侵犯的生物学解释可以帮助我们更好地理解这种调节变量与侵犯行为之间的关系。

（一）动物行为学

动物行为学（ethology）的观点通常来自动物学方法，后者的基本假设是：如果两个物种的行为方式比较接近，那是因为它们的进化环境相似；反之，如果它们的进化条件相同，那么两者的行为方式也会比较接近。洛伦兹就是通过观察低于人类的物种，得到了支持其观点的直接证据。他认为人类也是动物界的一个分支，其内部的侵犯能量会不断地积累，当特定的外部刺激引发了内部的侵犯能量时，侵犯行为就会发生，所积累的侵犯能量得以发泄。然后，一个新的能量积累过程又开始了。

近年来，动物行为学者提出，根据动物学研究所得出的结论——尤其是那些与人类基因十分接近的灵长类动物——可以对人类的侵犯行为做出推论。对灵长类动物组织的研究发现，社会能力的发展取决于恰当地运用侵犯行为的能力。要获得社会能力，一方面要学会在特定的条件下控制侵犯冲动，另一方面要学会在某些挑战面前恰当地使用侵犯方式来解决问题。单独饲养的猴子和完全在同辈群体中长大的猴子相比，因缺少和外界的联系，普遍地表现出不适当的侵犯行为，他们因此而被猴群排斥，也难以得到群体帮助，所以，很难在群体中获得令其满意的地位。同样，那些好斗或容易受欺负的儿童也同样受到群体的排挤，难以在群体中取得令人尊重的身份。

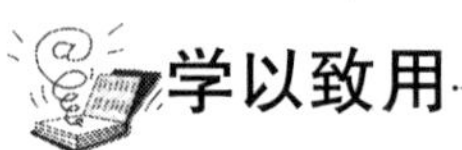

动物的侵犯行为及相关研究

动物的侵犯行为经常发生在种内个体的资源竞争过程之中，这些资源包括食物、水和空间，如营巢地、越冬地和在群体中最安全的位置等。鹿、长颈鹿、羚羊和牛等有蹄动物，在进化中都产生了专门用于战斗的器官——角。个体间的战斗常常只是一种仪式，即把角互相扭在一起进行推顶以比试力量。战斗双方从不攻击对手的侧面，而总是攻击对手有所防护的部位。例如，大角羊总是彼此用角互相冲撞，因为它们的头骨极厚，可以承受巨大的冲击力。海豹在进行种内战斗时总是将前身直立起来用长牙猛击对手的喉部和胸部，这些部位生有很厚的脂肪和像盔甲一样的皮肤。有些动物则发展了与种间天敌作斗争的专门器官。例如，臭鼬只用臭腺来对付种间天敌。在进行种内战斗时，臭鼬不使用臭腺分泌物使对手致盲，而是使用前爪和牙齿进行战斗。

洛伦兹使用“释放装置”这一术语阐释了习性学的中心概念——仪式化行为。释放装置是由一个特定动物物种的某一个体所表现出来的行为特征，使存在于同种动物个体中的释放机制活动起来，并且得到本能行为类型的一些线索。简言之，这种释放装置可以激发起本能的释放机制，并且使之活动起来。而且所谓释放装置，即指其他个体的那些已经成为陈规的刻板行为。譬如，一只在种内斗争中败给对手的狼会把自己的颈项暴露给敌手，而战胜者也不会乘胜追击置对手于死地。这种仪式化的行为就是一种释放装置。当这种刻板行为出现时，就会引发一种强有力的阻止强者屠戮弱者的行为反应。而这种阻止效果的产生，是由强者的本能释放机制所造成的，即强者出于本能行为类型所造成的。

此外，洛伦兹还提出了著名的“水力学侵犯行为模型”。该模型强调，侵犯行为完全是内生的和自发的行为，同时也是无法避免的行为。从鸡在谷仓近旁的空地上打架，到狗的互咬，到男孩子的互相斗殴，到法院内的政治争执，一直到战争和原子弹，都是侵犯行为的不同表现形式。无论有无外界的信号刺激，当侵犯行为能量聚集到一定程度时，一种本能释放机制就会导致那些聚集起来的侵犯能量进入固定运动神经类型的特殊轨道。而内在的本能与本能释放机制等，则一起构成了侵犯的内在原动力。

（二）生物进化学

生物进化学（evolutionary biology）对人类侵犯的研究，强调人类行为进化和发展过程。凯瑞斯（R. B. Cairns）提出，生物因素在人类侵犯行为模式的发展过程中，扮演着重要的角色。他细致地论证了：（1）侵犯的能力是人类固有的；（2）侵犯的年龄和性别差异在青春期中表现得最明显；（3）与男性相比，女性在青春期时的身体侵犯只扮演着不太重要的角色；（4）在青春期和成人早期中，与男孩相比，女孩更多地使用人际支配和人际惩罚等替代性方式。凯瑞斯对上述每条都提出了初步的支持性证据，并进一步得出结论：我们必须关注生物因素在不同的发展阶段和进化阶段的作用，以及生物因素是如何连接这些发展阶段，并创造各具特色的个体模式的。①

从进化的角度来看，侵犯行为具有适应性意义，是获取资源、反击侵犯、赢得交配机会的重要策略手段。进化心理学家巴斯认为，发生在男性之间的侵犯行为之所以远远多于女性之间的侵犯行为，并不是因为男性具有更高水平的侵犯本能，而是因为男性要通过相互之间的暴力斗争，来增加自己的遗传信息传递到下一代的概率。②

马戈·威尔逊（M. Wilson）和戴利（M. Daly）把男性的嫉妒看作影响男青年制造凶杀暴力事件的一个主要因素。他们认为，男性希望确信他们对自己的后代具有排他性的父权，所以他们不但要控制和支配异性，同时，还要和其他男性争夺有利于再生产的有用资源。在现代社会中，这些资源不再表现为筑巢地和猎食领域，而是表现为无形的地位和社会权力。③

（三）行为遗传学

行为遗传学（behavior genetics）领域也有大量的研究试图证明遗传因素在人类侵犯行为中所发挥的作用。其中孪生子、染色体差异、被收养者与亲生父母的比较等研究是比较常见的。研究者让普通小白鼠分别与攻击性较强和较弱的老鼠进行交配，经过若干代的繁殖后，培养出了极具攻击性和极其温和的小白鼠。一家收容罪犯的苏格兰医院对医院内侵犯性极强的 315 名男性危险犯人加以检查，发现其中 16 人的性染色体为 XYY，比正常男性的 XY 多了一条 Y 染色体（见图 13-1）。学者普赖斯等人找到 9 个具有 XYY 染色体的男犯人、16 个随机挑选出来的染色体正常的男犯人，然后查看这两组犯人的兄弟们的犯罪记录。在 9 个具有 XYY 染色体的犯人的全部 31 个兄弟中，只有一个人有犯罪记录，而且只犯过一次罪。而在 16 个具有 XY 染色体的犯人的 63 个兄弟中，12 个人有犯罪记录，犯罪案件达 39 件。普赖斯的调查说明了一种可能的情形，即正常人的犯罪行为受生活经验的影响，而染色体异常者的犯罪行为很可能由于特殊基因的变化所致，较少地受生活经验的影响。④

气质理论认为，行为的强度和频度在一定程度上是与生俱来的，在婴儿时期观察到的攻击性行为模式往往会延续到成年之后。纵向研究表明，8 岁时攻击性较低的儿

---

① Cairns. An Evolutionary and Development Perspective on Aggressive Patterns//Zahn-Waxler，Cummings，Lannotti. Altruism and Aggression：Biological and Social Origins. Cambridge：Cambridge University Press，1986：57-58.

② Buss，Shackelford. Human Aggression in Evolutionary Psychological Perspective. Clinical Psychology Review，1997，17：605-619.

③ Daly，Wilson. Homicide and Cultural Evolution. Ethology and Sociobiology，1989，10：99-110.

④ 刘宗粤．国外犯罪行为生物因素研究进展．人民检察，2002（11）．

童，在他们48岁的时候依然具有较低的攻击性行为水平。[①] 遗传因素是影响侵犯行为的一个重要因素，但在侵犯行为发生的过程中，个体的成长环境也起着重要的作用。在面对同一个可能会诱发攻击性行为的情境时，不同遗传倾向的个体会做出不同的行为反应；侵犯行为遗传倾向相同的两个个体，如果经历不同的成长环境，会发展出截然不同的侵犯行为模式。遗传和环境在侵犯行为的发生过程中交互影响，共同作用。

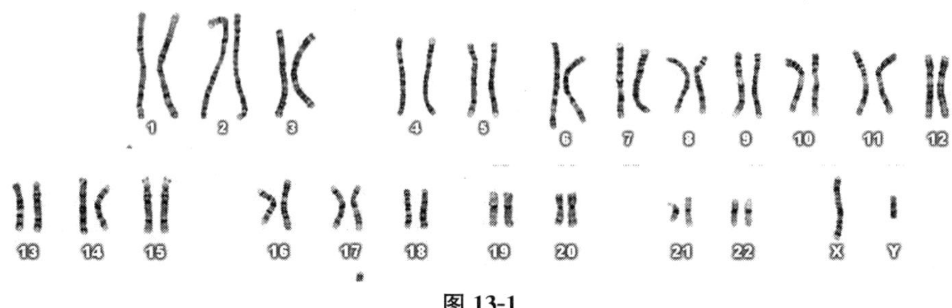

图13-1

说明：图为人类男性染色体，第1至第22对为与性别无关的体染色体。正常男性的性染色体（见右下第23对染色体）是由一条X染色体和一条Y染色体构成的。行为遗传学证据表示，多出一条Y染色体的男性是暴力犯罪的高危人群。

（四）激素活动与侵犯

人们很早就发现，雄性激素（androgenic hormones）在动物的侵犯行为中发挥着重要的作用。诸如睾丸激素（testosterone）之类的雄性激素之所以能够影响动物的侵犯行为，是因为它们能够在动物身上起到两种作用：组织和激活。在胎儿临产和出生之前，影响胎儿身体发育以及神经系统的结构和功能发育的激素浓度所起的作用是组织作用（organizing effects），而激活作用（activating effects）是在产后影响儿童和成人的情绪以及行为的荷尔蒙浓度变化的结果。现在已经证明，睾丸激素会刺激几种雄性脊椎动物的侵犯性，尤其是在生殖活动期间，会大大地增加雄性动物之间的侵犯性。但是，人类是否也会受到类似的影响，还处于广泛的争论之中。

瑞尼赤（J. M. Reinisch）调查了一些11岁的男孩和女孩后发现，如果母亲在怀孕期间接受合成激素注射的话，孩子们在面对假设存在的刺激情境时，会比他们无此经历的兄弟姐妹表现出更多的侵犯性。有一些研究发现，睾丸激素浓度和侵犯之间存在相关性，这证明了睾丸激素在侵犯行为中能够发挥激活作用。[②] 戴比斯（J. Dabbs）等人比较了同一所监狱里被判暴力犯罪的犯人和被判非暴力犯罪的犯人，发现前者的富

---

① Huesmann, Moise-Titus, Podolske, Eron. Longitudinal Relations between Children's Exposure to TV Violence and Their Aggressive and Violent Behavior in Young Adulthood: 1977 - 1992. Developmental Psychology, 2003, 39: 201-222.

② Reinisch. Prenatal Exposure to Synthetic Progestins Increases Potential for Aggression in Humans. Science, 1981, 13.

余睾丸激素水平要高于后者。[①]

在这类研究中，经常是把荷尔蒙浓度解释为原因，把侵犯解释为结果。而另有研究指出，实际情况可能正相反，和侵犯相关的经历，例如涉及竞争或过分固执的行为，有时候会影响睾丸激素浓度。有些对灵长类动物的研究发现，雄性动物的睾丸激素会随着它们的地位变化而改变，当其获得或捍卫了支配地位时，它们的睾丸激素浓度就会上升；相反，当其处于被支配地位时，它们的睾丸激素浓度就会下降。因此，我们可以看出，侵犯行为和激素之间不是简单的因果关系。睾丸激素的活动与竞赛、努力争取控制权、获得支配地位表现出相关性，而后者经常与冲突和侵犯联系在一起。

与激素活动相类似的生理证据，还包括人们的低静息心率（low resting heart rate）。研究表明临床上多种反社会行为都与低静息心率存在正相关。阿姆斯特朗（T. Armstrong）等研究人员对青年大学生群体的研究发现，控制了亲子依恋、自我控制和其他可以影响心率的因素（如身高、体重）后，低静息心率仍然与反社会行为显著相关。但也有研究发现了不一致的结果。而生理方面的证据又多与前文提到的遗传因素相关。[②]

五、挫折-侵犯理论的解释

挫折-侵犯理论（frustration aggression theory），是把人类的侵犯行为系统地定义为对环境条件的反应的第一次尝试。该理论最早是由美国心理学家多拉德和 N. 米勒等人在 1939 年提出的。挫折-侵犯理论的产生和发展一直受到精神分析理论和学习理论的双重影响。研究者之所以把侵犯与挫折联系起来，是因为一方面受到弗洛伊德把挫折与精神病相联系的启示；另一方面赫尔的学习理论可以解释侵犯行为的行为过程，即源于后天的学习。

（一）挫折-侵犯理论及其实验研究

所谓**挫折**（frustration），是指当个体为实现某种目标而努力时遭受干扰或破坏，致使其需求不能得到满足的情绪状态。多拉德提出，人的侵犯行为乃是因为个体遭受挫折而引起的，这便是所谓的**挫折-侵犯理论**。这项理论的主要论点认为，侵犯是挫折的一种后果，侵犯行为的发生总是以挫折的存在为先决条件；反之，挫折的存在也必然会导致某种形式的侵犯。可以看出，在多拉德等人刚提出挫折-侵犯理论时，他们认为挫折与侵犯之间是一种简单的、一一对应的因果关系。

挫折：当个体为实现某种目标而努力时遭受干扰或破坏，致使其需求不能得到满足的情绪状态。

挫折-侵犯理论：认为侵犯是由挫折引起的，侵犯是挫折的后果，侵犯行为的发生总是以挫折为先决条件的。

① Dabbs Jr，Carr，Frady，Riad. Testosterone，Crime，and Misbehavior among 692 Male Prison Inmate. Personality and Individual Differences，1995，18：627-633.

② Armstrong，et al. Low Resting Heart Rate and Antisocial Behavior. A Brief Review of Evidence and Preliminary Results from a New Test. Criminal Justice & Behavior，2009：1125-1140.

背景人物

约翰·多拉德（1900—1980），美国心理学家和社会学家，出生于美国威斯康星州密尼萨。1922 年获得威斯康星大学文学学士学位，1931 年在芝加哥大学获社会学博士学位，随后在德国柏林的 H. 萨克斯指导下进修精神分析一年。1932 年开始在耶鲁大学从事研究与教学工作。他的主要代表作有《生活史的标准》(1935)、《挫折和攻击》（与 N. 米勒等人合著，1939)、《社会学习与模仿》（与 N. 米勒合著，1941)、《人格与心理治疗》（与 N. 米勒合著，1950)。

挫折-侵犯理论提出后，得到了一些实验研究的支持。心理学家巴克尔（R. Barker）曾经做过一项有趣的实验。他把一群孩子分为两组——对照组和实验组，然后把他们都领到实验室的窗外，孩子们通过窗户可以看到里面放满了诱人的玩具。从一开始，只允许对照组的孩子进去玩，而对于实验组的孩子，只允许他们在一旁观看，而不让他们进去玩，直到过了一会儿，才让他们进去玩这些玩具。实验结果表明，实验组的孩子们比对照组的孩子们表现出更多的侵犯行为。巴克尔认为，这是由于实验组的孩子们在开始的时候受到挫折的缘故。[①] 19 世纪末 20 世纪初，在美国南方连续发生白人用私刑处死黑人的暴力事件。通过考察 1882 年到 1930 年美国南方经济与私刑处死黑人次数的关系后发现：当时棉花是南方最主要的经济作物，如果把棉花的销售价格当作经济情况好坏的指标的话，当棉花价格低的时候，私刑的次数就多，棉花价格高的时候，私刑的次数就少。棉花价格降低时白人的收入就会减少，经济上的挫折导致侵犯倾向增加，软弱无辜的黑人就成了白人发泄怒气的对象，而且，当时白人对白人的私刑次数也和棉花的销售价格有关。[②]

但是，随着研究的进一步深入，许多社会心理学家逐渐发现，挫折与侵犯之间并不是简单的一一对应关系，挫折只是让个体进入侵犯行为的准备状态。爱德华多（Eduardo）等人通过让实验助手 A 嘲笑被试测试表现的方式诱发被试的挫折感受，之后，让被试决定实验助手 B 在完成一项测验时手浸入冷水中的时间长度。结果发现，被实验助手 A 嘲笑并引发挫折感的被试，在实验助手 B 做出轻微的挑衅时，会让 B 的手在冷水中浸泡更长的时间；而未被 A 嘲笑过的被试，则不会对挑衅自己的实验助手 B 做出惩罚决定（将手浸入冷水中）。[③] 许多生活中的例子也表明，挫折并不一定导致侵犯行为。例如，当个体意识到自己所受的挫折是出于一些不得已的原因时，一般不会表现出侵犯行为。军人在战争中杀死素不相识的人，不是因为受到挫折，而是执行命令

---

① Barker，Dembo，Lewin. Frustration and Aggression：An Experiment with Young Children. University of Iowa Studies in Child Welfare，1941，18：1-314.

② Hepworth，West. Lynchings and the Economy：A Time-Series Reanalysis of Hovland and Sears (1940). Journal of Personality and Social Psychology，1988，55：239-247.

③ Vasquez，Denson，Pedersen，Stenstrom，Miller. The Moderating Effect of Trigger Intensity on Triggered Displaced Aggression. Journal of Experimental Social Psychology，2005，41：61-67.

的结果。另外，有人为了权力、财物而加害他人，其侵犯行为乃是为了实现特定目标而采取的一种手段，而不是受到挫折后的反应。

另外，如果在个体所处的环境之内不存在给人以引导的认识线索，挫折不一定能导向特定形式的反应。换句话说，个体在遭到挫折之后将做出什么反应，表现怎样的行为，是由环境内在的线索或者说环境提供的刺激来引导的。而反应或行为的强度，则取决于挫折所引发的侵犯唤起程度，即侵犯的准备状态。

（二）挫折-侵犯理论的修正

N. 米勒在《挫折-侵犯假说》（1941）一书中，修正并扩充了挫折-侵犯理论的内容。挫折作为一种刺激，可以引起一系列的不同反应，侵犯反应只是其中一种形式而已。挫折的存在，不一定导致侵犯行为；但是，侵犯行为肯定是挫折的一种结果。实际上，米勒保留了挫折-侵犯理论的前半部分观点，修正了其后半部分观点，他把挫折与侵犯之间一一对应的因果关系修正为一对多的关系。

在米勒之后，还有一些学者对挫折-侵犯理论进行了修正，其中最有影响的是社会心理学家伯克威茨（L. Berkowitz）提出的修正理论。伯克威茨认为，挫折的存在可以唤醒愤怒状态，但并不一定导致个体发生实际的侵犯行为。侵犯行为最终是否会发生，取决于个体所处的环境是否给他提供一定的侵犯线索。如果个体所处的环境并没有提供这样的线索，那么个体未必会表现出侵犯行为。也就是说，外在环境的侵犯线索是使内在侵犯冲动形成实际表现的必要条件，挫折可以催化侵犯行为，侵犯行为的反应强度取决于其唤起程度。

伯克威茨在一项实验中要求被试解决一些谜题。他先把全部被试分为两组，分别接受谜题测验。第一组被试所得到的谜题看起来不难，实际上也好解决；而第二组被试所得到的谜题看起来简单，操作起来却无从下手，用这些方式使该组被试受挫。接着让一部分被试观看武打影片，一部分被试则观看非武打影片。然后，让他们扮演老师的角色，教一个学生（研究助手）学习某种材料。当学生犯错时，可以用电击加以惩处。结果发现，在遭受挫折的被试中，观看武打影片的被试要比观看非武打影片的被试表现出更强的侵犯行为。这项实验的结果可解释为被试遭到失败以后，进入一种准备行动的唤起状态（arousal state），他将采取怎样的行为，由当时最占优势的反应决定，观看武打影片诱发了侵犯倾向，使侵犯成为当时最占优势的反应。

伯克威茨特别强调，外在环境的侵犯线索是使内在侵犯冲动形成实际表现所必需的条件；但后来他又指出，如果挫折引起的唤起强度达到一定水平，也可以直接引发实际的侵犯行为。他说："由于遭遇憎恶事件引起的情绪状态本身，可能会引发侵犯反应的明显刺激，因此情绪唤起程度强到某一水平时，也可以引发实际的侵犯行为。但是，外在环境或个人内在思维中，如有适当的侵犯线索出现，则实际表现外显侵犯行为的可能性会更高。”①

实际上，伯克威茨把原来的挫折-侵犯理论中挫折与侵犯之间的一一对应关系引申为更加复杂的关系，即一种侵犯行为的最终产生，除了受到挫折的影响之外，还要受到诸多其他因素的调节。从受到挫折到发生侵犯，存在着复杂的作用机制，这种机制中各种因素的共同作用，决定了挫折是否会导致侵犯行为的发生。无论是米勒还是伯克威茨的论述，始终是以挫折与侵犯之间存在一定联系为前提的，他们的修正不过是对挫折引发侵犯的机制的修正，都没有最终解决该理论的基本缺陷，即忽视了侵犯可能由与挫折无关的因素引发。

总结上述对挫折与侵犯的研究，我们可以得出这样的结论：挫折是引起人类侵犯行为的一个条件，但不是唯一的条件，挫折的一个可能作用是加强个人对暴力相关事件的侵犯反应。

近年来C. 安德森（C. Anderson）等人综合各种侵犯的理论提出了一个解释一般情绪攻击的理论模型。该模型包含四个要点：输入变量、当前的内部状态、评估过程和评估过程后的行为结果。输入变量包括人格变量（如怯懦、精神质、蛮不讲理的态度）和情境变量（如拥挤、高温）；当前的内部状态包括认知、情绪和唤起；评估过程包括自动评估和控制的再评估；评估过程后的行为结果是由评估输入变量、评估过程以及激活怎样的行为脚本而产生的。如果个体学到的是好的认知脚本，就可能不会产生攻击行为。而一个攻击性强的人头脑里可能有许多容易产生攻击行为的脚本，只要有一点点刺激就会激起攻击行为。该模型表明人类的侵犯行为可能是一种动力循环过程。可见侵犯行为是生理、心理、社会、物理因素相互作用的结果。②

六、社会学习理论的解释

社会学习理论（social learning theory）最早由著名心理学家、社会学习理论的代表人物班杜拉于1977年提出，该理论强调观察学习和自我调节在人类行为产生过程中的作用。社会学习论者认为，挫折或愤怒情绪的唤起是侵犯倾向加强的条件，但并非是必要条件。对于已经学到采用侵犯态度和侵犯行为以对付令人不快处境的人来说，挫折就会引发侵犯行为。

社会学习理论：探讨个人的认知、行为与环境因素三者及其交互作用对人类行为的影响。

（一）模仿学习

与多拉德一起提出挫折-侵犯理论的米勒、西尔斯等人，在阐述其学说的时候就曾认为，个体受到挫折之后的反应取决于过去的学习经历，或可以经由学习历程而改变。

① Berkowitz. The Frustration-Aggression Hypothesis：An Examination and Reformulation. Psychological Bulletin，1989，106：59-73.

② Anderson C A，Anderson R B，Dorr，DeNeve，Flanagan. Temperature and Aggression//Zanna . Advances in Experimental Social Psychology. New York：Academic，2000：63-133.

社会学习理论则从人类特有的认知能力来探讨人的侵犯反应的获得及侵犯反应的表现。

那么侵犯的态度和侵犯的行为如何通过学习而得到呢？就人类来说，观察模仿是一个极重要的学习历程。班杜拉强调，在观察学习中，抽象认知能力起非常重要的作用。当一个人耳闻目睹一种行为时，他会把观察到的知觉经验包括行为者的反应序列、行为后果及该行为发生时的环境状况等以一种抽象的符号形态储存在记忆系统之中，经过一段时间后，若有类似的刺激出现，他会将储存于记忆系统中的感觉经验取回而付诸行动。

班杜拉把此种观察学习历程称为中介的刺激联结。他认为，个体从观察他人的侵犯行为到表现自己的侵犯行为需要三个必要条件：第一，有榜样表现侵犯行为，如一个人在观察者面前攻击、辱骂、殴打别人或表现出其他有意伤害他人的言行。第二，榜样的侵犯行为被断定为“合理”的，如观察者看到榜样的侵犯行为得到赞扬和支持或观察者自己认为榜样的行为是合情合理的。第三，观察者在榜样表现侵犯行为的时候必须在场，即观察者处在与榜样表现侵犯行为相同的情境中。以上三者缺一不可。此外，还得有三项并非必要但却是充分的条件：第一，观察者有足够的动机去注意榜样表现的侵犯行为及当时的情境状况。第二，榜样的反应即所作所为和所有的相关刺激必须贮存于观察者的记忆系统中。第三，观察者有能力做出所观察的行为序列中的有关反应。若上述几项条件具备，则个体观察了一种行为榜样之后，便可能产生三种效果：第一，经过个体认知系统的整理过程，将相关刺激线索联结起来，使观察者习得了新的反应。第二，由于榜样的行为得到奖赏或处罚，观察者体尝到了替代的酬赏（reward）或处罚（punish），从而修正了观察者习得的行为表现。如弟弟看到哥哥对别的小孩大打出手，颇出风头，可父母知道后，对哥哥给予了严厉处罚。弟弟虽然知道打别人可以出风头，但由于哥哥的行为遭受了处罚，则弟弟会产生对该行为的抑制，不表现与哥哥相同的行为。反之，若父母不但没有惩处哥哥，反而对其行为大加赞扬，那么以后弟弟也敢于表现与哥哥相同的行为了。第三，榜样的行为助长了观察者表现已经习得的行为，也就是说，榜样的行为提示了观察者可以做些什么。

班杜拉等人在一项著名的实验里把一些小孩子分为两组，安排到不同的实验室里学习做各种图样。在孩子们的学习过程中，分别安排一个成人（即表现中性行为或侵犯行为的榜样）到实验里来。其中一组被试观察到这个成人在安静地做他自己的事情，时间大约为 10 分钟；而另一组被试则看到成人用铁锤狠狠地敲击一个橡皮人，并把橡皮人抓起来摔、压，嘴里还不时地喊“打”“打”，时间大约也是 10 分钟。当被试的学习结束后，把他们领到另外一个房间，让他们玩非常有趣的玩具，正当他们玩得兴高采烈时，有人进来把玩具拿走（实验者故意给被试制造挫折），随后研究者通过单向镜来观察被试此后 20 分钟内的行为。

被试周围有橡皮人、铁锤和其他东西。结果是，亲眼目睹成人攻击橡皮人的被试要比看到一个温和安静的成人的被试表现出更多的侵犯反应。他们对橡皮人拳打脚踢，并伴之以怒骂声。研究者发现：在被试的侵犯反应中，有些是与榜样所表现的侵犯行为完全相同的，此即模仿习得的侵犯反应；有些则不是榜样所表现过的，那是被试原有的侵犯反应，榜样的侵犯表现把被试对侵犯行为的抑制解除了。[①]

班杜拉等人后来重复了同样的研究，但略有不同的是，成人榜样表现侵犯行为后，或给以奖赏或给予处罚。当成人因表现侵犯行为而受到奖励时，那么被试会模仿这位成人；当成人因表现侵犯行为而受到惩罚时，那么被试不会模仿或很少模仿这位成年人。但是，被试没有表现侵犯行为，并不等于其没有学会这种行为。当实验者要求那些看到了成人榜样所表现的侵犯行为而自己没有侵犯表现的被试表演成人榜样的行为时，他们都能正确无误地把观察到的攻击侵犯行为表现出来。这意味着观察者把观察所得的知觉刺激保存于记忆系统中，当情况适合时就会有所表现。

（二）侵犯与大众传播

大众传播（mass communication）的普及性和深入性，提供给人们以大量观察学习的机会。根据社会学习理论所提出的模仿学习的观点，学者就会很自然地思考：电影电视节目中的侵犯行为对观众，特别是青少年会不会产生不良的影响？美国研究者在1976年做了一次调查，发现平均每25分钟就有一个人遭到袭击死亡。他们同时也做了为期两周的电视节目分析，发现每十个节目中，就有八个属于暴力和侵犯一类，并且每一个节目中平均有五次暴力侵犯的镜头。调查还发现，学生们每天平均用5～6个小时的时间收看电视节目。一方面电视播放大量的暴力侵犯节目，另一方面社会上暴力侵犯事件不断增加，因此，学者们就自然地将二者联系起来了。

那么在怎样的情况下电视中的暴力节目会产生影响人们行为的作用呢？社会心理学家们认为需具备下述条件：（1）观众所看到的某一主题内容在电视节目中频繁出现而且相当一致；（2）观众经常地、有规律地收看该主题内容的节目；（3）观众知觉并学习到该主题内容所表现的行为，可以直接或间接地应付和解决一些问题；（4）观众对于主题内容所表现出的思想必须有某种程度的接受。

受到电视节目影响最大的是儿童，因为儿童的注意力比较容易被具有强烈情绪、激烈活动以及冲突的节目内容所吸引，因此较易学习侵犯行为与侵犯态度。通过研究小学四、五、六年级男女学生被试的侵犯态度与其观看电视节目的关系发现，观看暴力攻击节目愈多，其侵犯态度就愈强。多数实验研究得出了类似的结论。

颇为有趣的是，并非所有的实验和研究都证明，观看暴力影片或电视节目与人们表现侵犯行为成正相关的关系。例如，心理学家费斯巴哈（S. Feshbach）等人通过实验研究认为，观看暴力节目有宣泄的效果，非但不会增加侵犯的倾向，反而还会减少一些侵犯的行为表现。截至目前的研究，观看侵犯与暴力节目和人们表现侵犯行为是否存在因果关系尚无定论。[②] 看来要回答这个问题，似乎应对观察者各方面的状况，如经历、心理状态等加以具体的研究与分析。由于每个人各有差异，所以影响也就不同，那种笼统而论的做法是不合适的。

---

① Bandura. Aggression：A Social Learning Analysis. NJ：Prentice-Hall，1973.

② Feshbach. Dynamics and Morality of Violence and Aggression：Some Psychological Considerations. American Psychologist，1971，26：281-292.

以上对社会学习理论做了介绍。这一理论从人类所特有的认识能力出发，指出侵犯行为及表现与否受到认知的影响，并且认为，人的侵犯行为是学习的结果，是一种后天的习得行为，这无疑都是正确的，因为这同侵犯行为的本能论观点划清了界限。但社会学习理论者认为，人的侵犯行为是否表现出来，在于他所观察的榜样行为是受奖赏还是受处罚，这个结论值得商榷。假如它只限于小孩子似乎还说得过去，因为模仿在小孩子的学习中起着十分重要的作用；但对成人来说，一种行为的表现或不表现，主要靠已经内化的道德观和价值观来支配，一个图财害命的凶手尽管知道有好多罪犯因为杀人而伏法，但在“为了金钱可以不惜一切”的信条影响下仍然会铤而走险。

七、恐怖主义与侵犯

恐怖主义作为一种极端暴力现象，经常伴随着极端攻击行为，给人们造成了十分严重的危害，而心理学界也逐渐展开了对恐怖主义的心理学研究。所谓恐怖主义即任何个体、团体或组织为了达成某种政治、宗教或社会目的，而对无辜者非法使用暴力或其他胁迫性手段，企图引起目标对象或公众的注意，并制造恐怖气氛的行为。①

恐怖主义的形成和发展，目前可以用综合征模型、自恋-攻击模型、挫折-攻击模型、工具模型、社会情境模型和其他综合性模型来解释。综合征模型把恐怖分子看作有着独特人格特质的群体，即恐怖分子在自我认识、态度、动机、价值观和行为倾向等心理特征上与非恐怖分子有着根本的区别。与综合征模型相反，恐怖主义的工具模型则认为恐怖主义分子不存在任何的心理异常或独特性，恐怖主义只是一种工具或者手段。

一些学者认为恐怖主义行为可以解释为一种极端的自恋。一些极端自恋的人把自己看得极其重要，对自己持过高的评价，但是他们设想的这种自我评价往往得不到他人的认同，在现实生活中也可能被证明是不正确的，这就可能产生自恋型的愤怒，并导致攻击行为。也有另一些心理学家认为挫折是导致恐怖主义的原因。博鲁姆（R. Borum）认为，受挫（无法实现某一目标或从事某项行动）与攻击性行为之间的联系是对人类暴力起源的主要解释。②

对于如何从心理学角度来防止恐怖主义，目前各个国家采取的措施大多是军事和政治方面的打击，但是要想根除恐怖主义，这些措施是远远不够的。应从个体、家庭、社会、媒体宣传各个方面去阻止这种行为的传递和扩大化，进行早期干预，阻止潜在人员加入恐怖组织。这就需要心理学研究在这个领域发挥更大的作用。

八、侵犯行为的转移与消除

侵犯行为通常会给他人的生理或心理带来不同程度的伤害，社会心理学研究在探

---

① 贾凤翔，石伟．基于恐怖分子的恐怖主义心理学述评．心理科学进展，2010（10）．

② Borum. Psychology of Terrorism. Tampa：University of South Florida，2004.

索侵犯行为的本质、成因，从不同的理论角度对其进行解释的同时，也对如何预测和控制该类行为进行了很多研究。

（一）宣泄

宣泄（catharsis）这一概念最早是由古希腊大思想家亚里士多德提出来的，意思是用文学作品中悲剧的手法，使人们的恐惧与忧虑等情感得以释放，以达到净化的目的。后来，这一概念被弗洛伊德引用到其学说之中。弗洛伊德认为，侵犯是一种本能，是人与生俱来的驱动力。每人都有一个本能侵犯性能量的储存器，应当不断以各种方式使侵犯性能量发泄出来，如球赛、拳击、游泳以及培养人与人之间积极的情感联系等，还可以适当地表现一些侵犯的行为和举动，否则侵犯性能量滞存过多，后果将不堪设想。洛伦兹也认为侵犯是人的本能，是人类生活不可避免的组成部分，战争是人的侵犯本能发泄的结果，因此他主张以不具破坏性的发泄途径来代替战争，如体育比赛、登山、航海等（见图 13-2）。

宣泄：把心理创伤、不幸遭遇和所感受到的消极情绪发泄出来，以达到缓解和消除消极情绪的目的。

图 13-2

说明：有学者认为，体育运动可以宣泄人类的侵犯本能。

有关侵犯的本能论虽没有被学者们广为接受，但那些考虑到挫折与侵犯行为关系的学者设想：对于那些受到挫折、体验到愤怒的人，让其适当地表现一些侵犯行为，能产生宣泄的作用。也就是说，当给遭受挫折的人表现愤怒的机会时，他以后将显示出较小程度的侵犯倾向。一些心理疗法也认为，负性情绪可以通过宣泄的方式释放，从而让个体的心理状态恢复到较为稳定平和的水平。但是，宣泄理论并未得到实证研究的支持，布什曼（Bushman）在对宣泄理论进行了一系列实验研究后得出结论说："通过宣泄的方式减少愤怒，就好比用汽油来灭火。"布什曼等人让处于愤怒状态的被试击打拳袋。被试被分为三组：组一被试在击打过程中想象惹怒自己的对象；组二被试在击打过程中想象自己变得更加健美；控制组则不分配任何想象任务。在击打拳袋之后，被试有机会对惹怒自己的人施以高分贝的爆破声作为惩罚。结果表明，组一中的被试表现出了最高程度的愤怒，并对对方施加了最严厉的惩罚，控制组则表现出了最小的攻击性。[①] 除了通过直接表现一定的侵犯行为来达到宣泄目的之外，观察他人的行为是否也能减轻人的愤怒呢？在此存在着分歧的观点。按照宣泄论的观点，答案应该是肯定的。但是，从伯克威茨的侵犯线索理论以及班杜拉的社会学习理论来看，观察他人的侵犯行为不仅不能减轻愤怒，而且还会强化侵犯的倾向和行为。研究发现，在观看足球、摔跤、曲棍球等攻击性较强的运动赛事之后，并没有使观众变得更为平和，相反，观众往往表现出了比观看比赛前更多的敌意和侵犯行为。足球流氓暴力闹事大多发生在赛中或者赛后，部分原因是比赛提供了释放侵犯行为的线索和条件，另一个因素就是观看激烈的体育赛事增加了观众的攻击性。

应当指出，宣泄的方式是值得认真加以研究的问题，寻求社会容许的有效方式来达到平息愤怒从而减少侵犯行为的目的就十分重要了。例如，引导人们去参加文娱、体育活动，学会幽默，广交朋友，谈心等。当然，不同的方式对侵犯行为的减少能起到怎样的作用，尚需进一步研究和实验验证。

（二）习得的抑制

所谓**习得的抑制**（propensity restrain）是指人们在社会生活中所学到的对侵犯行为的控制，主要指下面几点。

> **习得的抑制**：人们在社会生活中所学习到的对行为的控制。

1. 社会规范的抑制

个体在社会化过程中，会逐步懂得哪些事情可以做，哪些事情不可以做。自然侵犯行为的表现与否也包括在内，这就是接受和内化社会规范的过程。一个内化了社会规范的人，在其急欲表现违反规范的侵犯行为时，会产生一种对侵犯行为的忧虑感，这种忧虑感会抑制侵犯倾向。实验研究业已表明：对侵犯行为的忧虑越大，其抑制能力越强；相反，对侵犯行为的忧虑越小，其抑制能力越差。

2. 痛苦线索的抑制

痛苦线索是指被侵犯者受到伤害的状态。这种状态可能会导致侵犯者的一种情绪唤起，使他把自己置身受害者的地位，设身处地地体会受害者的痛苦，从而抑制自己不再进一步攻击侵犯。研究者们做了这样的实验，令某人激怒被试，然后给予被试电击这个人的机会，当被试得知被电击者的痛苦状况时，便减少了侵犯行为。有过被侵犯的体验，在某种程度上也能抑制侵犯行为。在一项实验中，实验者让一半被试自己先体验一下电击的过程，另一半被试则不体验，然后要求这些被试按实验者的指示去电击别人，受过电击的被试只给他人较弱的电击，而未受过电击的被试则给他人较强的电击。

3. 对报复的畏惧

如果某人知道自己伤害他人之后他人会加以报复的话，他在一定程度上就会抑制

---

① Bushman. Does Venting Anger Feed or Extinguish the Flame? Catharsis, Rumination, Distraction, Anger, and Aggressive Responding. Personality and Social Psychology Bulletin, 2002, 28: 724-731.

自己的侵犯行为。心理学家在一项实验中发现，当电击他人的被试得知，过一段时间后受电击的人要对他实施电击时，他对别人的电击就减少了。

（三）置换

常常有这样的情况，某人由于另外一个人的阻碍而遭受挫折和烦恼，但又不能还击他，因为那个人有地位、有权威或其他缘故。在这种情况下，他会通过另外的方式满足自己的需求，其中之一便是侵犯那些与制造挫折者相似的人。例如，一个小孩想看电影，父亲不准他去，他就会生气。但出于对父亲的地位和权威的认识，他不能攻击父亲，于是他就会向别人发脾气。他可以发泄怒气的对象很多，如妈妈、哥哥、姐姐、弟弟及邻居家的小朋友。小孩根据这些人在地位和权威方面与他父亲（使小孩受挫的人）的相似程度的高低，把这些对象排成一个序列，他们依次为（父亲）、母亲、兄弟、姐妹、邻居。研究证明，一个人与挫折的导致者越相近，受挫者对他的侵犯倾向就越强烈。

有时小孩子不冒犯父亲是因为尊敬父亲。正如小孩子把对父亲的侵犯冲动推及其他相似的人身上一样，他把对父亲的尊敬也推及与之相似的人身上。与侵犯行为一样，某人与父亲越相似，小孩子对他的尊重情感就越强烈。

有时侵犯者对于相似人物的确定，并不是像上面说的那样简单，有些侵犯行为是通过较为复杂的过程来确立对象的，比如有些青少年对双亲总是挫伤他们的愿望颇为不满，从而唤起愤怒的情绪，他们就会把怨恨转移到学校的老师、社会上的管理者，以及一些与他们双亲有友好关系的人身上。

（四）寻找替罪羊

用置换对象来表现自己的侵犯行为一般发生在挫折的来源很明确的情况下。但在现实生活中常常会有这样的情形，即个体虽感受到挫折，却不明白挫折的来源究竟是什么。这时他就倾向于去寻找替罪羊（scapegoat），从而把自己的不幸归咎于他人，并通过对他人的攻击来发泄自己的愤怒与不满。据心理学家的观察，被当作替罪羊的人往往具有如下两个特征。

第一，软弱性。替罪羊一般是软弱的，没有还击的可能。侵犯者一般是以欺软怕硬的方式来寻找替罪羊的。如阿Q受了别人的欺侮后只会找小尼姑出气。本身就比较弱的人则只好拿桌子、碗、石头等来发泄。

第二，特异性。替罪羊不仅是软弱的，而且往往还有一些与众不同之处。人们总是对那些不同于自己的人抱有好奇心，而当此人或他的亚群体又显得孱弱时，人们往往会对他表示出敌视态度，遇到挫折时，就拿他出气。

基本概念

利他　　亲缘利他主义　　情境的社会性定义　　侵犯

言语侵犯	动作侵犯	报复性侵犯	工具性侵犯
广义侵犯	狭义侵犯	挫折-侵犯理论	宣泄
置换			

本章要点

1. 利他是个体出于自愿而不计较外部利益地帮助他人的行为。利他行为者可能需要做出某种程度的个人牺牲，却能给他人带来实在的益处。

2. 研究表明，影响人们利他行为的个人因素有本人的个性、早期的社会化情况、以前利他行为的经验、当时的身体和心理状况，以及本人的人生哲学或思想意识等。

3. 侵犯是违反了社会主流规范的、有动机的、伤害他人的行为。

4. 根据侵犯行为的方式不同，可以划分出言语侵犯和动作侵犯；按照侵犯者的动机不同，可以分为报复性侵犯和工具性侵犯；还可以将侵犯分为广义侵犯和狭义侵犯。

5. 挫折-侵犯理论认为：人的侵犯行为乃是因为个体遭受挫折而引起的。挫折与侵犯之间不是简单的一一对应关系，如果在个体所处的环境之内不存在给人以引导的认识线索，挫折不一定能导向特定形式的反应。伯克威茨认为，挫折的存在并不一定会导致个体发生实际的侵犯行为，只能使个体处于一种侵犯行为的唤起状态。

6. 社会学习理论从人类特有的认知能力来探讨人的侵犯反应的获得及侵犯反应的表现，并认为，挫折或愤怒情绪的唤起是侵犯倾向增强的条件，但并非是必要条件。对于已经学到采用侵犯态度和侵犯行为以对付令人不快处境的人来说，挫折就会引发侵犯行为。

复习思考题

1. 影响利他行为的因素有哪些？
2. 如何解释侵犯行为产生的原因？
3. 减少侵犯行为的方法有哪些？

推荐阅读书目

1. Flescher，Worthen. The Altruistic Species：Scientific，Philosophical，and Religious Perspectives of Human Benevolence. Shift at the Frontiers of Consciousness，2007.

2. Yoram. War，Aggressive and Self-Defence. Cambridge：Cambridge University Press，2011.

3. Iredal，van Vugt. Altruism as Showing off：A Signaling Perspective on Promo-

ting Green Behaviour and Acts of Kindness//Roberts. Applied Evolutionary Psychology. Oxford University Press，2011.

4. Huesmann. Aggressive Behavior：Current Perspectives，2013.

5. Ricard. Altruism：The Power of Compassion to Change Yourself and the World. Atlantic Books，2015.

推荐视频

1. 网易公开课：从生物学看人类行为（http://open.163.com/special/opencourse/humanbehavioral.html）

2. 爱课程：犯罪心理学解析（http://www.icourses.cn/viewVCourse.action?courseCode=10041V002）

图书在版编目（CIP）数据

社会心理学/乐国安主编．--3版．—北京：中国人民大学出版社，2017.4
新编21世纪心理学系列教材
ISBN 978-7-300-24280-4

Ⅰ.①社… Ⅱ.①乐… Ⅲ.①社会心理学-高等学校-教材 Ⅳ.①C912.6-0

中国版本图书馆CIP数据核字（2017）第057963号

新编21世纪心理学系列教材
社会心理学（第3版）
乐国安 主 编
管 健 副主编
Shehui Xinlixue

出版发行	中国人民大学出版社		
社　址	北京中关村大街31号	**邮政编码**	100080
电　话	010－62511242（总编室）		010－62511770（质管部）
	010－82501766（邮购部）		010－62514148（门市部）
	010－62515195（发行公司）		010－62515275（盗版举报）
网　址	http://www.crup.com.cn		
经　销	新华书店		
印　刷	北京昌联印刷有限公司	**版　次**	2009年7月第1版
规　格	185 mm×260 mm　16开本		2017年4月第3版
印　张	26	**印　次**	2020年7月第6次印刷
字　数	553 000	**定　价**	52.00元

关联课程教材推荐

书号	书名	作者	定价（元）
978-7-300-28095-0	心理学基础	白学军	55.00
978-7-300-27100-2	普通心理学（第2版）	张钦	65.00
978-7-300-26722-7	心理学（第3版）	斯宾塞·A. 拉瑟斯	79.00
978-7-300-19684-8	认知心理学（第2版）	丁锦红 等	29.90
978-7-300-25882-9	生理心理学（第2版）	隋南	49.90
978-7-300-24309-2	实验心理学（第2版）	白学军	45.00
978-7-300-24134-0	发展心理学（第3版）	雷雳	45.00
978-7-300-25588-0	变态心理学（第3版）	王建平	59.80
978-7-300-27212-2	教育心理学：原理与应用	刘儒德	58.00
978-7-300-24308-5	人格心理学导论	许燕	45.00
978-7-300-24516-4	管理心理学	孙健敏	49.90
978-7-300-26659-6	高级心理统计	刘红云	59.80
978-7-300-28012-7	用户体验：理论与实践	葛列众	68.00
978-7-300-28096-7	学校心理健康教育课程设计与教法	刘宣文	49.00
978-7-300-27971-8	心理学研究方法：从选题到论文发表	王轶楠	45.00

配套教学资源支持

尊敬的老师：

衷心感谢您选择使用人大版教材！相关配套教学资源，请到人大社网站（http：//www.crup.com.cn）下载，或是随时与我们联系，我们将向您免费提供。

欢迎您随时反馈教材使用过程中的疑问、修订建议并提供您个人制作的课件。您的课件一经入选，我们将有偿使用。让我们与教材共成长！

联系人信息：

地址：北京海淀区中关村大街31号206室　　龚洪训 收　　邮编：100080

电子邮件：gonghx@crup.com.cn　　电话：010-62515637　　QQ：6130616

如有相关教材的选题计划，也欢迎您与我们联系，我们将竭诚为您服务！

选题联系人：张宏学　电子邮件：zhanghx@crup.com.cn　电话：010-62512127

人大社网站：http：//www.crup.com.cn

心理学专业教师QQ群：259019599

欢迎您登录人大社网站浏览，了解图书信息，共享教学资源

期待您加入专业教师QQ群，开展学术讨论，交流教学心得